D1723693

Verlag am Turm | zba.BUCH
Fidicinstraße 4
D 10965 Berlin

Tel.: 030 76234849
E-Mail: info@zba-buch.de
www.zba-buch.de
www.verlag-am-turm.de

Herstellung, Satz, Layout, Gestaltung:
Verlag am Turm | zba.BUCH, Berlin
Der Buchumschlag zeigt Bodenfliesen
aus dem Eingangsbereich des Hauses, in
dem die Geschwister Stellbrink aufwuchsen,
fotografiert von der Autorin.

Druck: Copy Planet, Szczecin
1. Auflage Dezember 2020

ISBN 978-3-945130-16-2

Verlag am Turm | zba.BUCH   **reihe zeitgeschichte**

Barbara Stellbrink-Kesy

Unerhörte Geschichte

Frei – aber verpönt

„Das Höchste, was man erreichen kann, ist zu wissen und auszuhalten, dass es so und nicht anders gewesen ist, und dann zu sehen und abzuwarten, was sich daraus ergibt." [*]

Ein Haus in Westfalen, ein Päckchen Briefe versteckt unter dem doppelten Boden eines Schrankes, eine Krankenakte im Archiv. Diese Funde ermöglichten es, die verschlungenen Lebenslinien der Geschwister Irmgard Heiss, geb. Stellbrink (1897-1944) und Karl Friedrich Stellbrink (1894-1943) zu erzählen. Als Kinder hätten sie gut zusammengepasst, sagt Irmgard 1926 über die Geschwisterbeziehung. Später seien ihre Neigungen und Wege auseinandergegangen. Sie gingen sogar weit auseinander, bevor sie unter dramatischen Umständen wieder zusammen fanden. Den Bruder und seine Frau Hildegard, Irmgards beste Freundin, führen sie 1921 nach Brasilien, während die Schwester „unter ihrem Stand" einen Bergarbeiter heiratet und im Ruhrgebiet lebt. Als sich Irmgard Jahre später von ihrem Ehemann trennen und die Kinder allein durchbringen will, kreisen die Briefe der Eltern um die Frage: Ist diese Frau noch normal? Sie ist es nicht, wird verhandelt und 1933 gerät sie ins Fadenkreuz der NS-„Euthanasie". Die Geschichte der bisher unbekannten Irmgard Heiss/Stellbrink und ihres Bruders Karl-Friedrich, genannt Fritz, der als einer der „vier Lübecker Märtyrer" bekannt ist, wird erzählt von deren Großnichte als eine Geschichte des Widerstandes gegen Unmenschlichkeit. Das Buch handelt auch davon, wie die Vergangenheit in die Gegenwart hineinreicht und darin ihren Ort sucht.

[*]*Hannah Arendt, Rede am 28. September 1959 bei der Entgegennahme des Lessing-Preises der Freien und Hansestadt Hamburg, mit einem Essay von Ingeborg Nordmann, Hamburg 1999, S. 36.*

Barbara Stellbrink-Kesy, einst als Pädagogin an Westberliner Schulen tätig, studierte berufsbegleitend Kunsttherapie an der Kunsthochschule Weißensee und am Goldsmiths' College, London. Sie ist verheiratet und hat zwei erwachsene Kinder und ein Enkelkind. Engagiert in der Aufarbeitung der NS-„Euthanasie" interessiert sie der Umgang mit der Vergangenheit ebenso wie der transkulturelle Austausch durch Kunst und Kreativität.

Inhalt

Vorwort von Gisela Notz

Jetzt kann sie zumindest gelesen werden, die unerhörte Geschichte. Die Großnichte der Menschen, um die es in dem Buch geht, hat sie aufgeschrieben. Familienromane gibt es viele, aber das ist ein besonderer Roman. Vielleicht ist diese Collage aus den in einem Schrank mit doppeltem Boden, in einem verschnürten Päckchen gefundenen Briefen und Postkarten, mit Dokumenten, aufgetrieben nach mühsamen Recherchearbeiten in verschiedenen „Anstalten", zeitgenössischen Fotos, Rundfunksendungen, Erzählungen, wie es hätte sein können und der fiktiven Unterhaltung mit der einsamen, vergessenen und verdrängten Tante, gar kein Roman. Aber sie ist eben auch kein Krimi und kein Märchen, obwohl sie sich so lesen ließe – wenn die Personen nicht alle existent gewesen wären. Gerade diese Collage, die erst entstehen konnte, als beide Elternteile der Autorin verstorben waren, die in keine der gängigen Schubladen, in die man das literarische Werk einordnen möchte, passt, besticht. Sie macht das Werk, das die Leserin, hat sie einmal mit dem Lesen angefangen, nicht loslässt, spannend und interessant. Zunächst vermutet man eine „ganz normale" bürgerliche Familie während des Kaiserreiches. Ein Vater, Zollbeamter, der in seiner Freizeit im Studierzimmer verschwindet, mit der Mutter, den Kindern, die sich schon mal streiten, der Protagonistin Irmgard, dem fürsorglichen Bruder Fritz. [.......]

Eugenische Einstellungen gewinnen bereits in den 1920er Jahren an Boden. Bürgerliche Frauen, nicht nur Agnes Neuhaus, auch die ebenfalls erzkatholische Helene Wessel, stricken am „Bewahrungsesetz" für Menschen mit einer „asozialen" Lebensführung; die Nazis am „Gesetz zur Verhütung erbkranken Nachwuchses". Irmgards Kinder sind davon bedroht. Eine Frau, der es nicht gelungen ist, ein „normales Familienleben", mit (standesgemäßem) Ehemann zu führen, verstößt gegen die gottgewollte familistische Ordnung, so war es zu allen Zeiten. Sie wird in Familie und „Heilanstalt" als „minderwertige, haltlose Persönlichkeit" eingestuft. Irmgard muss 1944 an TBC und mangelnder bzw. unterlassener medizinischer Versorgung sterben. Kurz vor ihrem Tod bezeichnet sie das Elternhaus, zu dem sie immer wieder zurück wollte, und das sie verleugnete, bis Barbara Stellbrink dem ein Ende gebot, als „Hexenhaus". Eine späte Erkenntnis. Irmgard hatte kein Einzelschicksal, sie steht für viele zu Unrecht vergessene Frauen. Familismus, Gewalt und Ausgrenzung von Anderen sind auch heute nicht erledigt.

„Auch die Stille erzählt"
Samisches Sprichwort

Die sprichwörtliche „Leiche im Keller", das war Irmgard. Ihre Schwestern, meine „Tanten", verloren zu ihren Lebzeiten kein Sterbenswörtchen über sie. Mein Vater, ihr Neffe, hatte ebenfalls geschwiegen. Ihr Bruder Fritz war zum Schweigen gebracht worden. Doch fanden sich erstaunlich viele Spuren, die auf sie hindeuteten. Einige meiner Vorfahren hinterließen mir ihre Worte, in anderen Fällen entstammten die Zeugnisse ihren Lebenslagen. Irmgard war auf geheimnisvolle Weise aus der Familie verschwunden. Ihre Geschichte hatte gewirkt wie ein unterirdischer Fluss, der eines Tages hunderte von Kilometern entfernt wieder zutage tritt.

1. Kindheit, Jugend und Welträtsel (1909 - 1914)

Detmold, Freitag, 27. Mai 1909

„Wo gibt's denn den Kuchen?" Fritz schaut zur geöffneten Küchentür herein, hat den Tornister an der Schwelle unter das geschnitzte Brett mit dem Schriftzug „Bete und Arbeite" geworfen und schleudert nun die Schülermütze mit geübtem Griff auf einen der Garderobenhaken – vielmehr will er das. „Mist, daneben! Heute geht aber auch alles schief." „Was ist denn noch schief gegangen?" Irmgard sitzt mit vollen Backen kauend am Küchentisch. „Du hast da was." Statt einer Antwort beugt er sich zu seiner kleinen Schwester herunter und schnippst einen Krümel von ihrer Wange. „Sag, wo gibt's den Kuchen?"

„In der Kammer, noch warm, mmmhh!" Fritz verschwindet mit einem Teller in der Speisekammer. Als er wieder erscheint, blickt er zufrieden auf den Kuchenberg, stopft sich den Mund voll und fragt: „S'is schaa schoo ruhich, wo isch'n Mütterchen, wo isch es Kleine?" „Die sind nach Apelern gefahren, zu Colo." „Wie, einfach so?" Fritz ist verblüfft. „Ich wusste es auch nicht, Mütterchen hat mir gar nichts gesagt." Die 12-Jährige schaut ihren Bruder ratlos an: „Sie wollen da übers Wochenende bleiben." „Woher weißt du das?" „Lenchen hat das gesagt." „Pah, Lenchen", Fritz ist gereizt, „... und Vater?" „Sitzt oben und schreibt." „Was gibt's denn noch zu essen?" „Nur eine Schüssel dicke Milch. Aber nimm nicht so viel Zucker, sonst gibt's wieder Ärger." „Lenchen hat uns überhaupt nichts zu sagen!" Fritz tigert aufs Neue in die Kammer und kommt mit der Schüssel und dem Zuckertopf heraus. Als er den Löffel aus der Schublade nimmt, steht Lenchen auch schon neben ihm, siebzehn Jahre alt und angriffslustig. Den letzten Satz muss sie gehört haben. „Wie kommst du dazu, einfach den Kuchen anzuschneiden? Ihr solltet euch den Eintopf von gestern aufwärmen!" „Wo ist denn Mütterchen überhaupt? Da kommt man nichts ahnend aus der Schule und dann ist keiner da." „Was redest du denn? Vater ist da, ich bin da." „Du bist nicht unsere Mutter!" „Mutter kann euch nicht mehr ertragen, sie braucht dringend eine Pause! Ihr habt sie krank gemacht, besonders du!" „Blödsinn!", giftet ihr Bruder. Empört mischt sich Irmgard ein: „Vater und Mutter haben sich gestritten, das hab ich gehört, gestern Abend war das. Du bist gemein! Es ist gar nicht wegen uns!" „Sei still, Hasenzahn und putz dir lieber mal deine ewige Rotznase. Richtig verkommen bist du, bähh!" Lenchen wendet sich wieder Fritz zu, in dem sie einen ebenbürtigeren Gegner sieht. „Schon wieder hast du den Zucker zentimeterdick auf die Milch gestreut. Du meinst immer, du kannst hier machen, was du willst! Zeig mir lieber mal deine Hausaufgaben. Was ist eigentlich aus der Französischarbeit geworden?" Irmgard schaut ängstlich von einem zum andern. „Das geht dich nichts an!" Fritz setzt sein unnahbares Gesicht auf und löffelt seine Dickmilch. „Kümmere dich um deine eigenen Angelegenheiten!" „Werd nicht schon wieder frech!"

HERM·KNETSCH
PHOTOGRAPH
MÜNSTER i.Westf.
GEGENÜBER DEM BAHNHOF.

Während die Geschwister diese Sätze über den Küchentisch schleudern, ist Irmgard leise aufgestanden und zur Garderobe geschlichen. Die werden nichts mitbekommen in dem Zustand, hofft sie noch. Doch zu spät. Lenchen hat es bemerkt und kommt ihr zuvor. „Was machst du da? Gib sofort her! Woll'n doch mal sehen, was er heute wieder angestellt hat!" Sie reißt Irmgard den Tornister aus der Hand, kreischt: „Wenn ich nachher zu Familie Oberpostmeister gehe, erzählt der Bruder meiner Freundin sowieso alles brühwarm. Wehe, du hast uns blamiert! Dann gibt es Hausarrest!" „Den kannst du auch gerade verhängen, ho ho!", höhnt Fritz. Lenchen weiß genau, wie sie ihren Bruder bis aufs Blut reizen kann. Genüsslich klappt sie den Tornister auf, fischt einen Briefumschlag heraus und hält ihn über ihren Kopf wie eine Trophäe. „Gib den her!" Fritz gerät in Rage und versucht, Lenchens baumelnden Zopf zu packen. „Wenn du ihn mir nicht sofort gibst, dann – dann schneid ich dir den Zopf ab!" „Du willst mir drohen? Dass ich nicht lache!" Mit einer energischen Bewegung reißt die Ältere den Umschlag auf und liest erhobenen Hauptes: „Aha, wieder ein Tadel! Das wird Vater aber freuen." „Gib das sofort her!" Fritz schnappt vergeblich nach dem Papier. „Hört auf, hört auf!" Irmgard hält sich die Ohren zu. „Du bist ja degeneriert, du Nichtsnutz! Ich sag's Vater! Und dann kannst du das Zelten mit Adi vergessen!" Weiter kommt Lenchen nicht, denn jetzt nimmt Fritz Fahrt auf, stürzt sich mit Geheule auf sie und entreißt ihr das Blatt. „Das ist für Vater, das ist für Vater!", schreit er außer sich. Während sie um den Küchentisch rasen, stößt er hervor: „Nimm deine schmutzigen Pfoten weg! Gar nichts wirst du Vater sagen, ist das klar? Los, spiel Klavier oder mach dich anders nützlich! Hast wohl sonst nichts zu tun, als dich in anderer Leute Angelegenheiten zu mischen?"

„Hat man denn hier niemals seine Ruhe?", hört man jetzt oben eine Stimme rufen. In die plötzliche Stille schallt es durchs Treppenhaus: „Fritz, komm sofort herauf zu mir!" „Er hat mich geschlagen, er ist nicht mehr ganz bei Trost", jammert Lenchen und hält sich den Kopf. „Er hat mir fast alle Haare ausgerissen!" „Du sollst sofort heraufkommen!" Carls Stimme klingt bedrohlich. Fritz, das zerknitterte Schreiben in der Hand, zieht den Kopf ein und setzt sich in Bewegung. „Nimm's nicht so schwer", raunt er der Kleinen im Vorübergehen zu. Irmgard stürzt aus der Küche, hüpft eilig über blaue Sterne. Wenn sie jetzt nicht auf einen tritt, geht es gut. Die Kellertreppe hinab, durch die Waschküche, die Tür zum Garten aufgerissen und die Steinstufen wieder hinauf. Wenn sie eher auf dem Scheunenboden ist als Fritz bei Vater, dann passiert ihm nichts. Die Tür zur „Scheune" aufgesperrt, die Sprossenleiter hinauf auf den Boden. Sie kauert sich hinter die alten Bienenkörbe und horcht auf das Pochen im Hals. Ob sie's geschafft hat?

Es vergeht eine Weile, bis Fritz seinen schmalen Kopf durch die Öffnung der Bodenluke steckt und den drahtigen Körper nachzieht. Er weiß genau, wo sie sich versteckt hat: „Ist ja nichts passiert, Pümmelchen, brauchst keine Angst zu haben!" Er zieht sein Taschentuch aus der Hose und wischt damit in ihrem Gesicht herum. „Fritz, warum is das so?" „Ich weiß auch nicht." „Ist es in anderen Familien genauso?" „Keine Ahnung. Weißt du was? Jetzt hat er mir eben mit dem Internat gedroht." „Oh nein, Fritz, versuch mal dich besser mit Lenchen zu vertragen, für mich, ja! Wie soll ich es denn ohne dich hier aushalten?" „Kommt Zeit, kommt Rat! Mach dir mal nicht so große Sorgen. Ich muss ..., hab Hausarrest, ... na ich werd dann Geige üben. Komm mit mir nach unten, ja!" „Na gut, aber ich geh jetzt nicht ins Haus! Ich spiel an der Werre."

Nacheinander klettern sie die Sprossenleiter herab und verlassen den Anbau mit den Gartengeräten. Fritz streicht seiner kleinen Schwester tröstend über die Wange, dann verschwindet er durch die Waschküchentür im Haus. Irmgard streift durch den Garten, zupft hier an einem Grashalm, knipst dort eine verdorrte Blüte ab. Sie müsste Unkraut im Gemüsebeet jäten, hat sie Mütterchen versprochen, aber nicht jetzt. Sie steuert den Trampelpfad ganz am Ende an, der durchs Gestrüpp führt. Ihre langen Arme teilen rechts und links das Dickicht. Dort ist ihr Lieblingsplatz.

Familiengeschichte mit doppeltem Boden

Es ist das Jahr 1998. Ich gehe durch die Räume des Hauses, in dem ich einen Teil meiner Kindheit und Jugend verbracht habe, trage alte Briefe und Urkunden zusammen, kümmere mich um den Nachlass meiner Eltern. Beruflich habe ich eine Pause eingelegt. Irgendetwas hält mich davon ab, die kleine Villa mit dem großen Garten zu verkaufen.

„Was willst du damit?", fragen mich manche und ich finde die Antwort nicht. Ja, ich lebe in Berlin mit meiner Familie. Doch die Geschichte des Hauses ist auch meine Geschichte und die letzten Gespräche mit meinem Vater haben ergeben, dass ich sie nicht gut kenne. Etwas fehlte all die Jahre, vielleicht etwas Entscheidendes? Kurz vor seinem Tod hat mein Vater zum ersten Mal von einer Tante berichtet. Man wisse nicht, ob sie ein Opfer der NS-„Euthanasie" geworden sei. NS-„Euthanasie"? Dieses Wort habe ich da noch nicht oft gehört und schon gar nicht aus seinem Mund. Ich bin wie elektrisiert: Ein Mitglied der Familie ist verschwunden und nie hat jemand daran gedacht Nachforschungen anzustellen? Meine Mutter schien genauso überrascht. Ich verberge meine Aufregung, aber tief im Inneren bin ich schockiert. Dennoch will ich meinen Vater zu nichts drängen. Es ist seine Geschichte. Doch seitdem ging mir die Sache mit Irmgard nicht mehr aus dem Kopf.

Nun sind beide Eltern gestorben. Das große Haus leert sich nur langsam. Mieter sind gefunden, der Kater ist untergebracht. An vielen Stellen finde ich Dokumente. Einen der alten Schränke aus dem ersten Stock sehe ich dafür vor, das zukünftige Familienarchiv aufzunehmen. Ich bitte unseren neuen Mieter, das Möbel mit mir in das untere Stockwerk zu transportieren, in dem ich mir einen Raum einrichten will. Auf der Treppe Gepolter, wir setzen ab und ich öffne vorsichtig die Schranktür. Ein Boden aus hellem Kiefernholz hat sich gelöst und drinnen verkeilt. Ganz unten im Schrank entdecke ich ein verschnürtes Briefbündel. Ich fische es heraus. War das ein doppelter Boden? Später setze ich mich gespannt auf das alte Sofa und löse das verblasste Seidenband um das mysteriöse Päckchen. Fast alle vergilbten Schreiben sind gerichtet: „An Fräulein Helene Stellbrink". Absender ist eine *Frau I. Heiss Weilmünster, Oberlahnkreis, Landesheilanstalt, – oder auch Provinzialheilanstalt Lengerich.* Ich falte einen der weichen Papier-

17

bögen auseinander und sehe schwungvolle Bleistiftzeichnungen, Blumen, Herzen, Tannenzweige. Noch ist die große Sütterlin-Handschrift eine Geheimschrift für mich. Mein Vater hatte mir zwar vor seinem Tod einen Kurzlehrgang darin gegeben. Warum eigentlich? Aber meine Fertigkeit reicht nicht aus. Was ich lesen kann: Sie sind unterschrieben mit *Eure Irmgard*, einmal auch mit *Eure Irma*.

Warum „Heiss“ und was sind das für Anstalten? Weilmünster, Lengerich, wo liegen diese Orte? Briefe von einem *Ewald* und von einem *Hugo Heiss* sind darunter. Was sind das nun wieder für Namen? Und was macht hier das Schreiben eines Amtsarztes aus Magdeburg aus dem Jahr 1947? Es steckt in einem blauen, zerschlissenen Umschlag, der aussieht, als sei er viele Male geöffnet und wieder geschlossen worden. Mit dem Papier in der Hand blicke ich lange durchs Fenster in den Garten. Es war wirklich ein doppelter Boden im Schrank, von meinem Vater exakt eingepasst. Das helle Kiefernholz passt nicht zum Nussbaumfurnier. Ich ahne, erst jetzt ist das Familienarchiv vollständig.

Junge Frau mit Hut

Bis ich neun Jahre alt war, lebte ich mit meiner Familie – Mutter, Vater, älterer Bruder – in der Nachbarstadt. Sonntags fuhren wir mit Fahrrädern zu den „Tanten“, die eigentlich die Tanten meines Vaters waren: Hilda und Lenchen. Wir fuhren nie zur „Omi“, die im Gartenhäuschen hauste. Meine Großmutter Magdalena war die jüngste der drei Schwestern, – dachte ich lange Zeit. In Wahrheit war sie die jüngste von vier Schwestern.

Ich näherte mich ihr beim Spielen mit Vorsicht, eine Annäherung wurde nicht gern gesehen. Wenn ich ihr im Garten begegnete, nahm sie mich mit in ihre einfache Behausung, einem Anbau der aus einem einzigen Raum bestand. Nur zögernd betrat ich ihr Kabuff, in dem es nach Kernseife roch. Dort durfte ich eine goldfarbene Gondel, ein Souvenir aus Venedig, bewundern und eine Katze streicheln, die im Garten lebte. Omi schärfte mir ein, niemals entgegen der Wuchsrichtung ihres Fells zu streichen, sonst würde sie sich wehren und ihre scharfen Krallen benutzen. Was mein Frauenbild herausforderte, war, dass Omi, damals in ihren Fünfzigern, blondierte Haare wie Zuckerwatte hatte, während meine Mutter einen Dutt trug. Verkehrte Welt! Als ich meine Scheu verloren hatte, fand ich sie irgendwie interessant. Mehrmals schenkte sie mir Bücher, die von meiner

Buchhändlerinmutter an Ort und Stelle daraufhin inspiziert wurden, ob es sich dabei auch nicht etwa um „Schund" handelte. Als ich älter wurde, verstand ich, dass Omi arm war. Wir kamen uns nie so nahe, dass sie mir von ihrer Schwester Irmgard hätte berichten können. Ich bin sicher, eines Tages hätte sie mir von ihr erzählt. So aber lebten die drei älteren Frauen dort, als sei es nie anders gewesen, als wäre Irmgard, die vierte Schwester, nicht auch in diesem großen Haus und dem wilden Garten zu Hause gewesen. Über Fritz, den Bruder, wurde gelegentlich gesprochen.

Ich lernte furchtlos, das Geländer des Treppenhauses, das all die Türen miteinander verband, so perfekt herunterzurutschen, dass ich selbst in der Kurve, in der ich umgreifen musste, den Boden nie berührte. Im Garten, meist zugewuchert, verschwand ich wie in einem Dschungel. Legte ich mich auf den Rücken, blickte ich in die Kronen eines der alten Birnbäume, dessen Früchte nur mit einer hohen Leiter zu ernten waren. Im Herbst landeten sie als Matsch im Storchschnabel. In Lenchens Gemach im Hochparterre hing eine Grafik, die ich später als Kopie des berühmten „Hundertguldenblattes" von Rembrandt erkannte. Jesus lässt darauf die Kinder zu sich kommen und segnet sie. Goethe in Italien lagerte lässig über einem der Plüschsofas. Hilda, im ersten Stock, hatte Elisabeth Vigée-Lebruns berühmtem „Selbstbildnis mit der Tochter" einen prominenten Platz in ihrem Wohnzimmer eingeräumt. Und selbstverständlich hing Zeit ihres Lebens das Porträt von Tante Lotte dort, die mir vertraut war, als hätte sie soeben gemeinsam mit uns den Kuchen verspeist. Doch Hildas Lebensgefährtin war schon in den vierziger Jahren verstorben.

Beide Schwestern besaßen je ein eigenes Klavier. Lenchens war braun, Hildas schwarz und glänzend. Ich saß in Hildas Zimmer unter dem Elfenbeingebiss des schwarzen Instruments an den Messinghebeln, während die Erwachsenen über mir Kaffee tranken und endlos redeten. Rechts und links thronten auf ihren gedrechselten Säulen „Onkel Bach" und „Onkel Beethoven" und schauten marmorblass und bedeutungsvoll über mich hinweg. Hilda und Lotte hatten sie von ihren Kollegen zu ihren 25-jährigen Dienstjubiläen geschenkt bekommen, die natürlich im gleichen Jahr gefeiert wurden, wenn nicht sogar am gleichen Tag. Als wir Kinder älter wurden, gingen wir leidenschaftlich gern ins Bodenzimmer mit seinen Geheimnissen. Blieb es uns verschlossen, durften wir Zigarrenkisten und Blechschatullen voller altertümlicher Fotografien anschauen, die Postkartensammlung von Hilda und Lotte oder das große „Buch des Lachens", eine gebundene

Jahresausgabe des „Simplizissimus". Ich wurde vertraut mit den Gesichtern der verstorbenen Menschen in den Kisten und Kästchen wie mit Lotte. Darunter auch Momentaufnahmen, geschossen mit den ersten eigenen Kameras. Hilda hatte eine und Fritz, der technikbegeistert war. Viele der Abzüge muss er selbst gemacht haben. Karl-Friedrich, genannt „Fritz", einziger Sohn des Hauses, schickte Aquarelle, später Fotografien aus fast allen Stationen seines Lebens: Soest, Brasilien, Steinsdorf in Thüringen, Lübeck. Nie vergaß er, auf der Rückseite exakt Zeit und Ort und Personen zu notieren. Alle wanderten in die Blechschatullen und Zigarrenkisten. Offiziell wirkende Porträtaufnahmen des Vaters all dieser Kinder waren darunter. Carl, Zollbeamter, mit seinem bedeutenden Vollbart. Seltener war Helene, die Mutter, abgelichtet. Als junge Frau taucht sie in schwarzer Kirchgangstracht auf. Dann erst wieder gealtert, mit den Enkelkindern.

Die sorgende Mutter trat in der Öffentlichkeit offenbar kaum zutage, außer beim sonntäglichen Kirchgang. Umso mehr fanden sich Aufnahmen von jungen Frauen: Hildas Mitstudentinnen aus dem Lehrerinnenseminar in Burgsteinfurt, Lenchens Pensionsschwestern.

Ohne Angaben war das Bild der jungen Frau, die in einer Mischung aus Scheu und Neugierde unter einem ausladenden Hut, dekoriert mit künstlichen Pfingstrosen und einem Samtband, hervorschaut. Zeigte es eine Jugendfreundin der Schwestern? Als ich später danach fragte – die Tanten waren längst gestorben – wusste niemand mehr etwas mit diesem Porträt anzufangen. Da es so aussah, als gehörte es nicht zum engeren Kreis dieser Stellbrink-Gesichter, hatten meine Eltern nichts dagegen, dass ich es aus diesem Kosmos herauslöste und in meine Berliner Welt mitnahm. Es muss in den achtziger Jahren gewesen sein. Lange stand es an meinem Schreibtisch und der Blick fiel gelegentlich beim Arbeiten darauf. Das Gesicht über der geblümten Bluse mit dem weißen Spitzenkragen zeigt noch die harmonischen, etwas unbestimmten Züge eines Mädchens. Die Nasenflügel sind nicht ganz symmetrisch, der Abstand zwischen Mund und Nase ist klein. Ein kräftiges Kinn unter einem sensiblen Mund. Vielleicht ein Bewerbungsfoto? Sie sieht traurig aus. Ich fragte mich oft, wer wohl mit dieser Profi-Aufnahme eingefangen sein mochte? Einige Jahre später, als ich gezielt Ausschau hielt nach Fotografien von dem Familienmitglied, über das nicht gesprochen werden durfte, entdeckte ich einige Bilder, die der Unbekannten in meiner Berliner Wohnung ähnlich sehen. Alle waren sie namenlos. Zu dieser Zeit erfuhr ich von meinem Vater Bruchstücke aus Irmgards Leben. Um 1916/17 sollte sie sich für einige Zeit in Berlin aufgehalten haben. Zum ersten Mal nahm ich die Prägung in dem Bild auf meinem Schreibtisch wahr: Fotostudio Elite. Und unter dem schwungvollen Unterstrich: *Berlin West, Leipziger Straße*. Das Bild hatte mich angesprochen.

Seitdem wusste ich, dass ich bei den Aufnahmen von unbekannten Frauen in all diesen Kisten und Schatullen ganz genau hinschauen musste, ob es sich dabei vielleicht um ein Foto der vierten Schwester, von Irmgard, handelt. Das letzte habe ich erst vor kurzem entdeckt.

Es sind noch Lieder zu singen, jenseits der Menschen
1. Dialog mit Irmgard

„Jeder wusste, wie sie genannt wurde, doch nirgends kannte einer ihren Namen. Obgleich der Erinnerung entfallen und durch nichts belegt, kann sie nicht verloren sein, denn keiner sucht sie, und wenn es jemand täte, wie kann er sie rufen, da er ihren Namen nicht kennt? (Toni Morrison, „Menschenkind")

I.: Wer bist du?

B.: Ich bin deine Schwester.

I.: Ich hatte drei Schwestern ...

B.: Hilda, Lenchen und Magdalena – ich kannte sie alle, von jeder ist etwas in mir. Darum bin ich wie deine Schwester, obwohl du eigentlich meine Tante bist. Meine Großtante, genau genommen. Aber ich will es nicht so genau nehmen.

I.: Sprich nicht in Rätseln mit mir! Also, wer bist du?

B.: Ich bin deine Großnichte Barbara, die Tochter von Dietrich. Als du gestorben bist, war ich noch nicht geboren. Erst sieben Jahre später kam ich auf die Welt. Wir hätten uns damals schon kennenlernen können, wenn du überlebt hättest.

I.: Gib mir einen Moment, um meine Überraschung zu bewältigen. Dietrich hat also den Krieg überlebt und ist Vater geworden? Und seine Tochter nannte er Barbara. Das heißt „die Fremde", wenn ich mich richtig erinnere. – Aus welcher Zeit kommst du und was suchst du bei mir? Du musst wissen, ich hatte nicht viel von der Familie zu erwarten.

B.: Ich weiß.

I.: Woher willst du das wissen und warum begegnest du mir?

B.: Ich komme aus der Zukunft. Ich habe deine Geschichte entdeckt und bin dir darüber immer näher gekommen. Wenn du mir nicht glaubst, unser Gespräch hier ist doch der beste Beweis! Ich habe herausgefunden, was ich immer ahnte: Ich setze deine Geschichte fort. Und da, wo ich dich nicht finde, erfinde ich dich.

I.: Nein, tu das nicht! Du weißt gar nicht, was du da redest, du Törichte. Mein Schicksal war zu schwer. Niemand soll es fortsetzen.

B.: Schwestertante, sei beruhigt. Um mich brauchst du dir keine Sorgen zu machen. Ich habe ein gutes Leben. Lass uns über deine Geschichte sprechen, dann wirst du verstehen, was ich meine. Ich fühle mich als deine Erbin. Du bist eine Ahnin, die mir so manches Mal den Weg weist.

I.: Ich, ausgerechnet! Ich habe mein Leben in Anstalten gefristet, niemand kannte mich! Ich war verpönt, einsam und vergessen. Und überhaupt, so plötzlich in die Zukunft katapultiert zu werden, ist höchst verwirrend. Ist es Traum, ist es Teil meiner Verrücktheit? Ich muss mich fassen, sortieren. – Was willst du von mir?

B.: Mit dir reden, über die Geschichte, dein Leben.

I.: Ich weiß nicht, ob ich das auch will. Lass mir Zeit!

Sterne der Hoffnung

Detmold, 17. Februar 1902

Carl bleibt in Münster, während seine Familie in das neue Haus einzieht. In Briefen des Vaters ist von aufreibender Berufsarbeit die Rede, vom vielen Reisen der Familie wegen und vom Tod seiner Mutter, die er in ihren letzten Wochen betreut hat. Kapselt sich Carl ab, weil er auf den erlösenden Brief wartet, der ihm bestätigt, dass sein Ältester, Heinrich, der vor mehr als zwei Jahren in Bremen als Schiffsjunge auf der Viermastbark „Berta" anheuerte, den Untergang überlebt hat? Seine Frau hat keine Zeit, sich so unwahrscheinlichen Hoffnungen hinzugeben. Das Haus muss eingerichtet, die Kinder müssen versorgt werden, der Garten ist zu bestellen. Sie ist wieder in anderen Umständen und hat dennoch so vieles allein zu regeln.

Erschöpft sitzt Helene zwischen unausgepackten Körben. Aus der nahen Malerschule ist ein Lehrling mit dem Musterbuch gekommen. Die fünfjährige Irmgard springt zwischen Handwerkern umher. Lenchen sitzt auf einer Kiste, balanciert das große Buch auf ihrem Schoß und wendet langsam die Seiten. „Halt mal, das da mit den Schiffen, wie findet ihr das?" Fritz weist auf Jugendstilranken mit Kastanienblättern und ockerfarbenen Bildern von Segelschiffen in voller Fahrt. Über jeder der vier „Vignetten" steht ein strahlender Stern. Lenchen nickt: „Die Sterne leuchten für unseren Bruder."

Irmgard kommt hinzu und beugt sich über eines der „Meeresstücke", als könne sie hineinkriechen. „Heinrichs Schiff?" Einmütig wählen sie das Motiv. Der Bruder und die Hoffnung auf Rettung ziehen symbolisch mit ein.

Das Deckengemälde im kleinen Empfangssalon ist der einzige Luxus, den sich die Eheleute bei der Ausstattung des Hauses erlauben. Wie erklärt Helene den Kindern, warum der Bruder nicht zurückkommt? Die Briefe des Vaters durchzieht eine dunkle Färbung. Als sollten die Prüfungen nicht enden, macht Irmgard 1905 eine schwere Rippenfellentzündung durch. Die Familie hat sie schon aufgegeben, doch nach vielen durchwachten Nächten tritt Besserung ein.

Freundinnen

Ein Mädchen steigt die Verandatreppe des Hauses aus grauem Bruchstein hinab. Die weiße Schleife im dunklen Haar wippt fröhlich auf und ab. Hildegard begrüßt das helle Licht des Aprilnachmittags. Sie greift nach dem Treppenlauf, wiegt sich vor und zurück, kneift die Augen zusammen, schaut in den Himmel. Sie löst sich und durchstreift den Garten. Am hinteren Tor bleibt sie stehen und schaut hinter sich. Niemand zu sehen. Sie öffnet und folgt dem Trampelpfad an Obstgärten und Gestrüpp vorbei bis zum Flüsschen. Mutter hat mit dem Mittagessen zu tun, Vater wird bald aus der Schule kommen. Sie ist fast vierzehn und hat Lust auf ein kleines Abenteuer. Eltern sind doch zu ängstlich. Wo sie hingehen will, fließt das Wasser schneller über die Steine. Sie kann es aus dem Fenster sehen. Dort angekommen, beschließt sie, dem Pfad weiter zu folgen bis dorthin, wo das Flüsschen einen kleinen Strand geformt hat. Unter der Kuppel aus tief herabhängenden Weidenzweigen fühlt sie sich wie in einem Kirchenschiff. Eine Bachstelze wippt vor ihr her. Prüfend lässt sie die Hand über einen der flachen Steine gleiten und setzt sich drauf. Ein verzauberter Ort, viel zu interessant, um lange auf einem Fleck zu sitzen. Sie balanciert auf den Steinen über das Wasser, lotet mit einem Stock die Tiefe aus. Ein guter Badeplatz, vor Blicken geschützt. Da, ein Knacken! Jemand nähert sich. Sie springt hinter einen Baumstamm und beobachtet von dort das magere Kind in der blauen Bluse. Die Haare hat es zu einem Zopf geflochten, den es jetzt entschlossen auf den Rücken wirft. Da setzt sich die Unbekannte doch mit zufriedener Miene auf ihren Stein! Die Fremde hat eine Scherbe und eine Flussmuschel gefunden. Jetzt spuckt sie in den Sand und schaut versonnen dem klebrigen Faden hinterher, lehnt sich zurück und beobachtet die Entenfamilie, die das Flüsschen auf leisen Paddelfüßen durchpflügt. Kaum ist die Entenfamilie vorübergezogen, stürzt sich am anderen Ufer ein Vogel genau an der Stelle wie ein Pfeil ins Wasser, wo die Blätter kreiseln. Zu schnell, um ihn genau zu sehen. Gleich taucht er wieder auf. Ist er wirklich blau? Hat er wirklich etwas im Schnabel? Schon ist er fort. Hildegard, hinter der Weide, steht regungslos. Jetzt wird Vater wohl bald kommen, das Mittagessen! Da schaut sich das fremde Mädchen um: „Hast du auch den Eisvogel eben gesehn?" „Hab ich." „Ist der wirklich so blau?" „Na klar ist der blau, was denkst du denn!" Magnetisiert schaut Hildegard in Augen, die aussehen, als könnten sie sich nicht so recht entscheiden, ob sie braun oder grün werden wollten. Honigaugen - oder Bernsteinaugen. „Ich glaub, ich muss jetzt gehen. Wie heißt du denn?" „Irmgard. Kommst du morgen wieder?" „Wenn ich darf, mal sehn."

Am nächsten Tag ist das Mädchen mit den seltsamen Augen tatsächlich wieder da. Bei ihm ein schlaksiger, aufgeschossener Junge: schmaler Kopf, blaue Augen, lange Beine. Er schaut Hildegard neugierig an und peitscht dabei beiläufig den Boden mit einem Büschel langen Grases. Fritz, der Bruder, überragt Irmgard um einen ganzen Kopf. Bald watet er mit nackten Füßen durchs Wasser. Als seine Schwester beginnt, ihre Strümpfe abzustreifen, mahnt er fürsorglich: „Lieber nicht, denk an deinen Husten!" Dann toben sie im Garten an der Teppichstange. Irmgard hängt ihre Knie daran als seien sie Haken, baumelt, nimmt Schwung und kreist fünf Mal um die Stange! Fritz führt seine Muskeln vor: zehn Klimmzüge, ohne mit der Wimper zu zucken! Die Geschwister zeigen ihr das Bienenhaus. Wächterinnen kommen ganz nah an sie heran. Erschrocken fuchtelt Hildegard mit den Armen. „Nicht schlagen!", sagt Fritz, „du musst dich ganz ruhig bewegen, dann tun sie nichts." Er versorgt die Bienen allein, wenn der Vater tagelang in seinem Studierzimmer verschwindet.

Die drei werden ein Kleeblatt. Im Backfischalter können die Freundinnen sich nicht entsinnen, seit wann sie schon beste Freundinnen sind. Vor kurzem ist Hildegards Vater als Lehrer nach einem Hörsturz pensioniert worden. Seitdem kommt Hildegard noch mehr unter wohlmeinende Kontrolle der Eltern. Sie bewundert die Freiheit der wilden Stellbrink-Kinder. Es kommt vor, dass die ganz allein zu Hause sind. Davon erzählt Hildegard den Eltern lieber nichts.

Carl Denker denkt

Detmold, 16. Mai 1912

Ein Waschtag. Nach der Schule hat Irmgard Lenchen abgelöst, die den Morgen über mit Mütterchen in der Waschküche gearbeitet hat. Hildegard hilft beim Wäscheaufhängen. Die Freundinnen wollen einen Ausflug zu den Externsteinen machen. Dorthin, wo seit Neustem die Straßenbahn zwischen den Felsen hindurchfährt. Die Fenster des Hauses sind weit geöffnet. Klangfahnen von Lenchens Klavierspiel wehen heraus. Etwas trudelt in der lauen Luft, ein Blatt Papier. „Guck mal, Irma!" Die Freundin, eine Klammer im Mund, hält inne und starrt auf das Papiersegel, das sich mit anmutigen Schwüngen auf den Zwiebeln niederlässt. Hildegard

springt hin. „Das ist die Schrift deines Vaters, oder?" „Lass mal sehen!"
Die Mädchen hocken sich neben den Wäschekorb, stecken die Köpfe
zusammen und machen sich über das eng beschriebene Blatt her:

*Mit den Tieren gemeinsam haben wir Menschen den Naturtrieb der Fortpflanzung,
den Sammel- und den Bautrieb. Alle diese Triebe sind materiell, dienen aber weisen
Zwecken der Natur (von Schöpfung Gottes). Durch den Fortpflanzungstrieb soll die
Erhaltung und Fortentwicklung des Menschengeschlechtes, insbesondere der Nachkommenschaft, sichergestellt und vom Bautrieb erhalten werden ... Die Betätigung des
Fortpflanzungstriebes soll den Zwecken der Natur gemäß sein, d.h. er soll der Erhaltung
und Fortentwicklung eines gesunden Nachwuchses des Menschengeschlechtes, nicht aber
der Lüsternheit dienen. Dies ist aber dann nicht der Fall, wenn in den äußeren oder
inneren Verhältnissen von Mann und Frau die Bedingungen nicht vorliegen, die eine
gesunde Nachkommenschaft gewährleisten, wenn der Mann oder die Frau seelisch oder
körperlich, oder in beidseitiger Beziehung nicht gesund sind: wenn die Arbeits- und
Tätigkeitsmittel oder die Möglichkeit zur Erwartung des Unterhaltes der Familie man-
geln.*

Die Backfische kichern und prusten unter der flatternden Wäsche. „Was
ist denn das Komisches?" Irmgard schnappt sich das Blatt. „Das ist wirklich von meinem Vater, er schreibt schon seit Wochen dran. Er sagt, es
wird eine philosophische Abhandlung. Hm, seltsamer Text." Sie drückt
der Freundin das Papier wieder in die Hand und greift nach dem nächsten
Wäschestück. Sie schlägt es mit einem kräftigen Ruck aus, um es in Form
zu bringen. Dann reckt sie sich zur Leine. „Was meint er denn mit
Fortpflanzungstrieb?" „Mal sehen, ich glaub, hier erklärt er das!" Hildegard
liest weiter:

*Der Fortpflanzungstrieb, eine magnetische Naturgewalt der Beziehung, fälschlich
„Liebe" genannt, hat mit Liebe (einer Gotteskraft) an sich gar nichts zu tun, muss aber
mit selbiger im Bunde stehen, wenn ein glückliches Gemeinschaftsleben von Mann und
Weib und eine gedeihliche Entwicklung der Nachkommenschaft ermöglicht werden soll.
Wenn die seelische Anziehung göttlicher Liebe sich zu materieller, magnetischer gesellt,
so sind die Hauptbedingungen des Glücks von Ehegatten vorhanden, was bei gleichzei-
tiger Gesundheit und guten äußeren Vermögensverhältnissen zu einem Vollständigen
wird. Die ganze menschliche Gesellschaft hat ein großes Interesse daran, dass nur solche
Ehen zustande kommen, bei welchen wenigstens ausreichende Erziehungsmittel und
gesunde geistige und körperliche Veranlagungen vorliegen. Nachweise hierüber sollten
zur Vorbereitung für den gesetzlichen Akt der Eheschließung gemacht werden.*

Die Freundin lässt das Blatt sinken und schaut Irmgard ratlos an. „Ich versteh nur Bahnhof!" Irmgard klaubt die Klammer aus dem Mund und steckt sie auf das Hemd, wedelt eine Biene vorbei und macht eine wegwerfende Handbewegung. „Ach, das ist wissenschaftlich, davon verstehen wir nichts!" Jetzt bückt sie sich erneut, doch statt des Handtuches pflückt sie eine Margeritenblüte, hält sie in den Frühlingshimmel und beginnt zu zupfen: „Er liebt mich, er liebt mich nicht, er liebt mich! Ha! Er liebt mich!" Sie reckt den Arm triumphierend zum Himmel und stimmt ein Indianergeheul an. „Yipiiieeeiii!", schwenkt sie den Blütenkelch ohne Blätter.

„Ist aufgegangen! So einfach ist das!" Die Freundinnen wiehern. Hildegard fällt vor Lachen um ein Haar in den Wäschekorb. „Hilfe, ich muss mal!" Irmgard droht ihr mit ausgestrecktem Zeigefinger, als stünde sie vor einer Schulklasse voller unerzogener, wilder Kinder: „Magnetische Naturgewalt – gesunde geistige und körperliche Veranlagung, jajaja!", deklamiert sie und verdreht theatralisch die Augen. Hildegard japst, verschraubt die Beine und geht endgültig in die Knie. „Ich kann nicht mehr, hör auf, sonst geschieht hier auf der Stelle ein Unglück! Ich bringe das schnell zu deinem Vater, er wird es schon vermissen!" Sie nimmt das zerknickte Blatt und flitzt los.

Was sie gefunden hatten, war eine Seite aus Kapitel XV des Essay „*Gedanken über Weltall, Gott, Mensch, Natur, Religion sowie Fragen der Seele*", von

Carl Denker (Carl Stellbrinks Pseudonym) von 1911. Darin setzt er sich mit dem Werk des bekannten Biologen auseinander, dessen neuestes Sachbuch gerade in aller Munde ist: Ernst Haeckel.

Die Welträtsel

21. Juni 1912

Lenchen hat den Liegestuhl unter den blühenden Kirschbaum gestellt und es sich darin bequem gemacht. Sie will endlich einmal selbst das vielbeachtete Buch lesen: „Die Welträtsel. Gemeinverständliche Studien über monistische Philosophie." Die älteste Tochter des Hauses ist aufgeschlossen für alles Neue und begeistert von diesem Wissenschaftler. Ihr Vater ist sehr dafür, dass sie sich selbst eine Meinung bildet zur Theorie des Gelehrten. Lenchen pustet ein Kirschblütenblatt von der Wange und liest:

„Hunderttausende von unheilbar Kranken, namentlich Geisteskranke, Aussätzige, Krebskranke usw. werden in unseren modernen Culturstaaten künstlich am Leben erhalten und ihre beständigen Qualen sorgfältig verlängert ohne irgendeinen Nutzen für sich selbst und für die Gesamtheit. … Welche Verluste an Privatvermögen und Staatskosten durch Euthanasie eingespart werden könnten … Es kann daher auch die Tötung von neugeborenen verkrüppelten Kindern, vernünftiger Weise gar nicht unter den Begriff des 'Mordes' fallen. Vielmehr müssen wir dieselbe als eine zweckmäßige, sowohl für die Betheiligten wie für die Gesellschaft nützliche Maßregel billigen."[1]

Lenchen legt das Buch beiseite, schaut in die lichtflirrende Baumkrone und fragt sich, was sie davon halten soll.

Noch Lieder zu singen jenseits der Menschen
2. Dialog mit Irmgard

I.: Fremde Nichte –

B.: Ja?

I.: Du musst es mir noch einmal erklären: Niemand suchte nach mir, wie kannst du da zu mir gekommen sein?

B.: Es gab Zeichen.

I.: Zeichen? Welcher Art Zeichen, was meinst du damit?

B.: Ich bin in deinem Elternhaus groß geworden und habe deine Existenz dort gespürt. Etwas von deinem Geist, von deinen Ideen und Vorstellungen war darin zu ahnen.

– Weißt du nicht, dass Kinder die Fähigkeit haben, hinter die Dinge zu schauen? Sie können aber nicht verstehen, was sie wahrnehmen, wenn die Realität von den Erwachsenen verleugnet wird. Und deine Existenz, deine Geschichte ist in diesem Haus lange verleugnet worden. Niemand hat bis kurz vor der Jahrtausendwende über dich gesprochen. Dennoch haben dein Neffe Dietrich, haben deine Schwestern Hilda, Lenchen, Magdalena viele versteckte Hinweise auf dich an uns, die nächste Generation, übermittelt.

I.: Wenn du mit mir sprechen willst, musst du dich schon verständlicher ausdrücken.

B.: Ich will es versuchen. – Kennst du das Spiel „Stille Post"? Das Haus, der Garten, die Nachbarn, das alles war eine „Stille Post". Ein Wispern war um mich herum. Es gab das Bodenzimmer mit seinen Geheimnissen. Es gab diese Fotografien von dir, der schönen jungen Frau, zu denen niemand etwas sagen wollte. Als ich in den „Entwicklungsjahren" war, wie man zu deiner Zeit sagte und gegen die Versteckspiele der Erwachsenen rebellierte, da gab es diese Auseinandersetzungen wieder im Haus.

I.: Es gab in meinem Elternhaus viele Türen, die man zuschlagen konnte. Das Treppenhaus erbebte wieder einmal?

B.: Gelegentlich. Ich war ratlos: Warum nur standen mein Vater und ich uns an der Biegung des Treppengeländers gegenüber und stritten darüber, welche Bedeutung die Vererbung im Leben der Menschen hat?

I.: Ja, warum denn?

B.: Ich wusste es nicht, aber ich spürte an der Heftigkeit der Angriffe, dass es um etwas viel Tieferes ging als das, was mein Vater scheinbar so sehr verabscheute: meine jugendliche Opposition gegen die Welt der Erwachsenen.

I.: Du wusstest also nichts von mir?

B.: Nein. Mir fehlte ja das Entscheidende, deine Geschichte.

I.: So sehr hatten sie mich vergessen?

B.: So sehr wünschten sie dich zu vergessen. Darum sind wir miteinander verbunden. Und da ich ja schon auf diese Weise von dir wusste, war ich auch nicht erstaunt, deine Briefe zu finden. Ich war eher erleichtert, denn nun konnte endlich die Gewissheit reifen, dass ich meinem inneren Wissen trauen konnte.

I.: Fremde Nichte, was du mir hier erzählst, ist ungeheuerlich. Ich bin wie betäubt. Ist das eine meiner Wahnideen? Spielt mir meine Fantasie wieder einmal einen Streich? Sie haben gesagt, ich litte an Größenwahn. Ist das jetzt der Beweis? – Ach was, es ist einfach eine Anmaßung! Was weißt du denn schon davon, wie mein Leben aussah! Du bist verrückt, nicht wahr? Oder bist du ein Traum?

B.: Nein, ich bin ganz real, dazu ziemlich „normal". Ich hatte ganz andere Voraussetzungen als du in deiner Zeit und konnte meinen Weg machen. Du wolltest dein Leben als Frau selbstbestimmt leben. Doch es war zu früh, die Gesellschaft war noch nicht bereit dazu. Tatsächlich umsetzen konnten diese Ziele erst die Frauen nach dir. Auch wenn dein Leben noch so schwer war, du hast den Boden dafür bereitet, dass es unseren Generationen besser erging.

I.: Ist dir klar, was du da sagst? Ich war das rote Tuch für die Familie, die Degenerierte! Niemand wollte etwas mit mir zu tun haben, bis auf Fritz und Hildegard. Fritz hat mich auch manchmal ganz schön abgekanzelt. Nein, dies ist keine Geschichte zum Weitererzählen. – Sprichst du auch mit Fritz?

B.: Nein, aber er ist mir näher gekommen bei dieser Suche nach deinem Leben.

I.: Woher weißt du überhaupt, wie mein Leben war? Ich hatte mich hineingefunden in mein schweres Schicksal.

B.: Du nennst es Schicksal, ich würde es nicht so nennen.

I.: Lass mich mein Leben und Sterben so sehen, wie ich es will. Du wühlst etwas auf in meinem Frieden, den ich mit allem gemacht hatte. – Und wenn du glaubst, meine Geschichte zu kennen, dann wirst du sie auch anderen erzählen wollen, nicht wahr? Wie sollte ich das aushalten, all das noch einmal zu erleben. Hast du darüber nachgedacht?

B.: Schau, Irmgard, ich bin schon selbst eine ältere Dame. So lange hat es gedauert, bis von dir wieder gesprochen werden – bis dein Leben verstanden werden konnte. Und jetzt willst du es nicht?

I.: Du hast nicht auf meine Frage geantwortet.

B.: Ja, ich habe darüber nachgedacht, wie es dir damit ergehen würde, sehr lange sogar. In diesem Moment bin ich die Einzige, die deine Existenz aus dem Schweigen herausgelöst hat, in das sie gehüllt war. Wir leben doch alle nur in der Erinnerung von Anderen weiter. Wenn ich deine Geschichte nicht erzähle, wird es niemand tun.

I.: Es ist keine Geschichte zum Weitererzählen!

B.: Das sehe ich anders. Glaub mir, deine Geschichte hat uns Menschen der nächsten Generationen etwas zu sagen. Dein Leben war trotz allem, was du durchmachen musstest, ein lebenswertes Leben. Niemand weiß das besser als du, oder? In den langen Jahren der Gefangenschaft hast du es vermocht, deine Persönlichkeit überleben zu lassen. Obwohl dir so Vieles genommen wurde. Du warst eine starke Frau.

I.: „Stark" habe ich mich ganz bestimmt nicht gefühlt, wie du dir denken kannst. Was ist das überhaupt für ein Gemeinplatz, „eine starke Frau"? Am Ende habe ich es doch eingesehen, dass ich krank war. Ich war schuld an dem ganzen Elend der Familie. Ich musste verborgen sein vor den Augen der Welt. Nur selten habe ich in den letzten Jahren daran gezweifelt, nicht wie zu Anfang, als ich noch Hoffnung hatte und die Kraft, mich zu widersetzen. Und mein Leben war gar nicht so wichtig.

B.: Meine liebe Schwestertante, jedes Leben ist wichtig! Du hattest Hoffnung bis zuletzt, die Dokumente sprechen eine andere Sprache. – Auch, wenn es dir nicht so vorkommen mag, das, was du geschafft hast, ist etwas ganz Besonderes: in der Unfreiheit, gedemütigt, Menschlichkeit zu bewahren.

I.: Dokumente?

B.: Und schließlich warst du auch nicht allein damit. Was dir geschehen ist, in der menschenreichen Öde, wie du es ausdrückst, ist auch anderen geschehen. Deine Geschichte kann Vieles verdeutlichen und an die erinnern, die so ausgegrenzt worden sind wie du. Heute weiß man, dass nahezu jeder Mensch, der an den Rand der Gesellschaft gedrängt wird, darüber krank wird. Glaube mir, es war nicht deine Schuld.

I.: – Schuld? Du sprichst so geschwollen.

B.: Entschuldigung, ich kann nicht anders. – Also, ich meine, wir können die Geschichte nicht heilen, aber wir könnten versuchen, sie zu verstehen. Darum frage ich dich jetzt, ob ich dein Leben erzählen darf? Mehr noch, ob du mir dabei hilfst?

I.: Ich? Wie kommst du denn darauf?

B.: Ich habe noch so viele Fragen, die mir die Krankenakte allein nicht beantworten kann.

I.: Was, eine Krankenakte über mich? Woher hast du die?

B.: Aus dem Archiv deiner Heimatstadt.

I.: Stehe unter Schock. Komme mir vor, wie bei der Kardiazolkur. – Ich muss das alles erst einmal verkraften. Setz mich nicht diesem moralischen Druck aus, davon hatte ich zu Lebzeiten mehr als genug!

B.: Kann ich mir denken.

I.: Eine Frage: Was verdient eine Frau zu deiner Zeit?

Dass du deinen Sinn änderst und dankbare Liebe zeigst

Seit Jahren sind die Eltern mit ihrem Erziehungslatein am Ende. Genauer gesagt, Mutter Helene ist es, denn sie muss ja allein zurechtkommen. Sie ist überfordert, Carl ist nicht da. Er muss seinen Dienst als Zollsekretär, pardon – als Oberzollsekretär in Münster versehen. Ja, er ist gewissermaßen immer im Dienst. Zwei bis drei Zugstunden mit der Köln-Mindener Bahn trennen ihn von der Familie. Zweimal hat der Stammhalter bereits eine Klasse des ehrwürdigen Gymnasiums „Leopoldinum" wiederholen müssen. In der Hubertusstraße verging kaum ein Tag ohne erbitterten Streit. Eine Ahnung von den rigorosen moralischen Forderungen, die auf den zwölfjährigen Fritz niedergingen wie Platzregen, offenbart ein Brief seines Vaters Carl:

Münster, den 26. Oktober 1906

Mein lieber Fritz!

Noch zwei Tage und dann begehst Du den Tag, an dem Du vor 12 Jahren das Licht der Welt erblicktest. Stehe einmal still und schaue zurück! Hat Dich nicht Gott bis hierher gnädig geführt? Hat er Dir nicht gnädig liebende Eltern gegeben und bisher erhalten? Hat er Dir nicht alles gegeben, was Dir nottat und vieles, wodurch sich Dein

Leben auch schön gestaltete? Danke Deinem Gott dafür! Lass Dich aber auch durch Gottes Güte zur Busse leiten! Erkenne, wie wenig Du die Liebe Gottes verdient, wie wenig Du Dich dieser Liebe würdig gemacht hast durch Lieblosigkeiten gegen Deine Geschwister und Mitmenschen; wie wenig dankbar du Dich gezeigt hast für diese Liebe … Darum bete zu Deinem Gott und Heiland, dass er dir Kraft gebe im Kampf wider alle Unarten und alle Trägheit … Nimm nun zu Deinem Wiegenfeste meine innigsten treusten Glücks- und Segenswünsche und verlebe im Kreis Deiner lieben Mutter und Geschwister einen frohen Tag. Ich bedaure, dass ich nicht dort sein kann. Es ist zwar Sonntag, aber die Reise greift mich immer so stark an, und dann kann ich fast 2 Tage nicht ordentlich arbeiten; die viele Arbeit erfordert aber meine ganze Kraft.

Nun haben die Eltern, die beide dem Pietismus nahestehen, einen der begehrten Plätze im Internat des Pädagogikums, Kernstück des neu erbauten Johannesstiftes in Spandau bei Berlin für ihren Sohn reservieren können. Von Ostern des Jahres an ist Fritz dort auf sich gestellt und das Kleeblatt Irmgard/Hildegard/Fritz sieht sich nur noch in den Schulferien. Das Schulgeld ist hoch, je nach „Classe" zwischen 600 – 1500 Goldmark. Um diese Summe aufzubringen, muss die Familie eines preußischen Beamten sparsam haushalten. Die Hoffnungen der Eltern richten sich fortan darauf, dass der Junge in der neuen Musteranstalt der Evangelischen Landeskirche in feste Hände – und endlich zur Vernunft kommt. Die Erwartungen scheinen sich zu erfüllen. Dem Streitklima und der Enge und Strenge dieses Elternhauses entkommen, fühlt sich Fritz im Pädagogikum ganz wohl.

Spandau, den 4.6.1911

Liebe Eltern!!

Seit Mittwoch vor Pfingsten bis Donnerstag nach Pfingsten haben wir hier Ferien. Die Meisten gehen da auf Urlaub. Nur 19 sind hiergeblieben. Da diese in allen Familien zerstreut sind, die meisten Familienväter aber auch auf Urlaub gehen wollen, so ziehen alle in ein Haus zusammen unter einem Pastor und bilden die Ferienfamilie. Darin ist es nun ganz schön. Jeden Tag geht's nach der – eine ½ Stunde entferntliegenden – Badeanstalt an der Havel, wo wir 20 Minuten lang im Wasser patscheln oder im Sande sonnen. Nachher lassen wir uns die Sonne auf den Puckel scheinen und lesen Bücher, wobei wir auf der langen Brücke sitzen, die über's Wasser führt. Einige fangen dann auch Fische oder sie schlafen. Ab und zu machen wir auch Spaziergänge. Ihr seht also, daß wir hier ein ziemlich gesundes Leben führen. Nach den Ferien wird wohl der Schwimmkursus beginnen. Es kostet 6 Mark, bis man schwimmen kann. Pastor Bauer sagte mir, Ihr müßtet aber erst Erlaubnis dazu schriftlich mir schicken (also mit Adresse an mich). Ich male jetzt manchmal oder spiele in den Ferien. Da ist vieles zu lernen,

Schach, Billard, (was ich auch schon ziemlich kann), Dame und Dichterquartett. Ab
und zu spiele ich auch Klavier oder Geige. Ihr seht also, daß es mir hier ganz gut geht.

In diesen Ferien sitzt er wieder auf dem Steg, lässt die Beine baumeln und
genießt die Frühlingssonne. Vor wenigen Tagen ist ein Paket von der Halbschwester Hilda und ihrer Freundin Lotte angekommen. Mit dem neuen
Taschenmesser hat er schon demonstrativ einen dicken Apfel aus dem
Detmolder Garten zerteilt. Nun wendet er sich den neuen Büchern zu.
„Durch Afrika von Ost nach West" heißt das eine. Wie gewöhnlich blättert
er zunächst auf der Suche nach Illustrationen oder Fotografien durch die
Seiten und bleibt bei einer exotischen afrikanischen Landschaft hängen,
in der ein Leopard herumschleicht. Als er sich sattgesehen hat, liest er:

„Oft hört man ... den Einwurf: mit welchem Recht aber drängt man sich
jenen Wilden auf und erzieht ihnen künstlich neue, unbekannte Le-
bensbedürfnisse an? Mit welchem Recht erklärt man seine Besitzrechte über
ihre Gemeinwesen, und warum hat man den ‚glücklichen Frieden', der
dort herrschte, bevor die Kultur dort hinkam, gestört? ... Man braucht nur
einfach die Gegenfrage zu stellen: ob es wohl gerecht ist, dass jene Menschen, die nichts zur Fortentwicklung der Menschheit thun, die unpro-
duktiv und träge ihr Leben führen, alleinige Besitzer und Bewohner von
ungeheueren, fruchtbaren Ländern bleiben sollen, in denen neben ihnen
noch Millionen anderer Menschenkinder ihren Lebensunterhalt finden
könnten, während in der civilisierten Welt der Raum von Jahr zu Jahr enger
wird für Alle, die da produzieren, arbeiten und dafür leben wollen?"[2]

Nachdenklich durchpflügt Fritz mit den Füßen das kühle Havelwasser.
Er möchte ja etwas zur Fortentwicklung der Menschheit tun! Ob sie jetzt
endlich mit ihm zufrieden sind? – Plopp! – Er klappt das Buch zu und
wiegt das zweite in der Hand. „Helmut Harringa". Alle Achtung! Der
Roman zieht ihn sofort in den Bann. Als er nach einer Weile aufschaut,
steht Internatsleiter Philipps vor ihm, als habe er den Blick schon eine
Weile wohlwollend auf ihm ruhen lassen.

Manches in seinem neuen Alltag begeistert den Zögling weniger:

23. August 1911

Lieber Vater,
es geht mir wieder sehr gut und hoffentlich Euch auch! Wir machten am Sonntag, den
20. wieder ein Kriegsspiel, bei dem meine Gegenpartei gewann. Meinetwegen – mich
hat's nicht gestört. Fing dabei aber eine herrliche, große Kreuzspinne, die ich mitnahm

und hier in ein Trinkglas setzte, wo sie schon innerhalb 2 Tage 1 Fliege und 1 mächtige Mücke in dem schnell verfertigten Netz fing und fraß. Kommst du in die Scheune, so ist auf dem oberen Bordt rechts ein Glas; daneben liegt ein geflicktes Drahtnetz (blau). Dieses, oder womöglich beides schick mir, bitte! ... Du erinnerst dich nun wohl, dass ich am Sonntag oder Montagmorgen noch meine Strümpfe gewaschen habe, die ich schon eine Woche lang anhatte und 3 herrliche Löcher besaßen. Dies Paar ist das einzige, welches ich bis jetzt angehabt habe, da ich nichts im Koffer und ebenso nichts bei der Geige gefunden habe. Inzwischen haben sich die, jetzt 4 Löcher, zu ingenter Pracht erweitert. Ich darf wohl bitten, ja?! Dann fehlt mir noch meine Kleiderbürste, (weiß, oben dunkelbraun, poliert, mit 6 kupfernen Schräubchen), bitte, keine andere, diese habe ich schon gehabt ... Übrigens bekommen wir hier nicht zuviel Obst, sodaß ich es dir nicht übel nähme, wenn du mit den dort gewiss billigeren Äpfeln und Birnen die Zwischenräume ausfülltest. Danke dir auch noch für den Himbeersaft sehr!!

Die Sommerferien verbringt er im Elternhaus. Carl schreibt anschließend:

26.08.1912

Mein lieber Fritz!
... Jetzt, seitdem ich für Dich ein schönes, ehrenvolles Lebensziel vor Augen habe, habe ich auch wieder mehr Lust zum Leben und kämpfen. Dies ist auch mein innigstes Gebet, mein väterlicher Herzenswunsch im Hinblick auf Deine Zukunft. Es freut mich, anerkennen zu können, daß Dein Verhalten uns allen diesmal sehr gut gefallen hat und Du Dich auch nach dem einen unangenehmen Auftritt mit Lenchen schnell wieder hast besiegen können, obwohl sie Dir durch ihr Verhalten tatsächlich Grund zur Erregung gegeben hatte. Sich selbst besiegen ist der schönste Sieg! Mögest Du dies noch oft an dir erfahren!

Bevor Philipps 1912 als Vorsitzender der Christlich-Sozialen Partei für einige Zeit in die Politik wechselt, beurteilt er den Detmolder Zögling in einem Gutachten folgendermaßen:

Spandau, den 8.3.1912

Fritz Stellbrink ist ein selbstständiger, etwas verschlossener Jüngling, der sein Herz nicht auf der Zunge hat. Er hat hier bei uns meist mit Lust und Liebe gearbeitet und sein Ziel im Auge gehabt. Für Deutsch, Latein und Griechisch hat er mehr übrig als für Mathematik und Französisch. In seinen Sachen hält er auf Ordnung, mit seinem Taschengeld geht er sparsam und haushälterisch um. Wo er Vertrauen gefasst hat, da gibt er sich offen und ehrlich. Er weiß, was er will und hat oft seinen Kopf für sich, vertritt auch seine Ansichten seinen Kameraden gegenüber und wagt zu widersprechen. In seinem ganzen Verhalten zeigt er wohltuenden Ernst. Auch für die höheren Dinge hat er Verständnis bewiesen und wird darum auch bei immer tieferem Eindringen in das Wesen des Christentums lernen, sich selbst zu besiegen und in Zucht zu nehmen, was ihm noch schwer wird. Schöne Gaben sind ihm in der Freude an der Musik und der Malerei gegeben. In beiden Künsten betätigt er sich, besonders begabt ist er in der Malerei. In letzter Zeit hat er auch den körperlichen Übungen mehr Freudigkeit entgegen gebracht und ist ein eifriges Mitglied des Turnvereins geworden. Wir würden uns freuen, wenn es ihm gelänge, seinen Plan, als Prediger ins Ausland zu gehen, ausführen zu können, und wünschen ihm dazu Gottes reichen Segen.

Dr. Philipps, Pfarrer
Vorsteher des ev. Johannesstifts

Noch Lieder zu singen, jenseits der Menschen
3. Dialog mit Irmgard

I.: Fremde! Du tauchst hier aus der Zukunft auf und sprichst gleich von so schwierigen Dingen! Und dazu noch in diesem Ton. Als ob wir uns über die Zeiten hinweg verständigen könnten.

B.: Lass es uns doch versuchen!

I.: Seit 90 Jahren habe ich mit niemandem sprechen können, wie man als Mensch mit anderen Menschen spricht. Ich war es gewohnt, für mich zu sein. Es ist anders, wenn man verrückt ist. Die, mit denen ich zu tun hatte, lauerten stets auf die Zeichen der Krankheit. Du wirst zu einem seltsamen Objekt, zu einem Insekt.

B.: Wie Gregor Samsa.

I.: Du kennst die Erzählung? Ich fand sie in der Bibliothek in Lengerich und fragte mich, ob jemand verstand, worum es darin ging.

B.: Siehst du, dein Anderssein, das war es! Die Psychiater sahen es genauso: Du hast als junge Frau gegen die Regeln der Gesellschaft verstoßen.

I.: Wegen Meta. Ich war entehrt.

B.: Möchtest du jetzt über Meta sprechen?

I.: Nein, jetzt nicht, später vielleicht. Sag mir lieber, warum du einfach meine Briefe liest. Macht man das so in der Zukunft? Gibt es kein Recht auf Privatheit, ist es wie in den Anstalten?

B.: Doch, das Briefgeheimnis zu wahren, gehört heute sogar zu den grundlegenden Rechten. In den Anstalten wird es jetzt respektiert. Ich lese deine Briefe, weil ich sie gefunden habe – und weil sie für mich bestimmt waren.

I.: Ich glaube, du bist noch verrückter als ich es war!

B.: Ich sagte dir schon: Hätten wir uns sonst gefunden? Könnten wir hier sonst miteinander reden? Mein Vater hatte deine letzten Briefe unter dem doppelten Boden eines Schrankes versteckt. Ich glaube, er hatte sie auch gelesen. Ich musste sie dort finden, glaub mir, er hat es so eingerichtet.

I.: So? – Das ist in der Tat seltsam. Sieh mal einer an, Lenchen hat meine letzten Briefe aufbewahrt und Dietrich hat sie gelesen. Sie waren aber doch nicht für die Öffentlichkeit bestimmt!

B.: Ich weiß. Aber sie zeigen, was für ein feinfühliger Mensch du warst. Sie sind schön. Du hast wieder eine Stimme. Jetzt sind es Dokumente.

I.: Was heißt hier Dokumente? Es sind meine Briefe. – Warst du überrascht, als du sie fandest?

B.: Ja und nein. – Ja, weil ich nur hoffen konnte, Spuren deines Lebens zu finden. – Und nein, weil ich es schon immer geahnt hatte: Du bist nicht spurlos verschwunden. Schwester, die Welt von heute muss deine Geschichte kennenlernen!

I.: Quatsch, wer wollte die schon hören? Die Familie würde es auch nie erlauben. Dränge mich nicht. Sag mir lieber, was weißt du noch über mich?

B.: Vieles. Deine Eltern und Fritz haben in den Briefen, die zwischen Brasilien und Deutschland hin- und hergingen, geschrieben, wie sie die Dinge in den kritischen Jahren zwischen 1920 und 1929 sahen. Die Pflegerinnen und Ärzte haben manches in der Krankenakte dokumentiert, vor allem zu Beginn deiner Aufenthalte. Ich entdecke darin Briefe von dir und von Fritz. Du warst offenbar, vor allem zu Beginn, für die Ärzte ein „interessanter Fall".

I.: Interessanter Fall? Haben sie mich vielleicht darum so gequält und gedemütigt? Sag nur nicht, du willst einen Roman aus meinem Leben machen! Ich sagte es ja bereits: Dies ist keine Geschichte zum Weitererzählen.

B.: Ehrlich gesagt, ich bin mitten drin.

I.: Ich glaube, du bist nicht ganz bei Trost! Nein, das erlaube ich nicht. Wenn ich nicht schon tot wäre, würde ich mich jetzt zu Tode schämen. Ist es überhaupt erlaubt, meine Geschichte zu erzählen?

B.: Darüber wird in meiner Gegenwart debattiert. Es gibt Gesetze, die Persönlichkeitsrechte regeln. Es soll so verfahren werden, wie der betroffene Mensch selbst gehandelt hätte.

I.: Da siehst du es. Und ich will es nicht!

B.: Du sagst vor deinem Tod, dass es ein „Theaterleben" war. Erinnerst du dich?

I.: Nein. Sagte ich das? Wer erinnert sich schon an das, was er vor dem Sterben sagt? Ich war so verfemt und jetzt willst du mein Leben noch einmal öffentlich dem Spott und den Urteilen aussetzen?

B.: Im Gegenteil, Tante. Schämen müssen sich andere, nicht du. Ich versuche, die Welt mit deinen Augen zu sehen. Ich biete all meinen Spürsinn, mein Wissen und meine Fähigkeiten dafür auf, deine Geschichte verständlich zu machen. Und ich glaube, es gelingt mir.

I.: Verstehe mich doch: Ich war nur ein Mensch, ein schwacher Mensch!

B.: Wem nützt es, wenn deine Geschichte verschwiegen wird?

I.: Du glaubst, zu wissen was mir geschehen ist? Höre ich richtig? Ich verstehe es ja selbst nicht. Ich muss dich noch einmal fragen: Findest du das nicht vermessen?

B.: Ich habe lange daran gearbeitet, dein Leben zu verstehen. Es hat ein paar Jahre gebraucht, das schon, aber ich stimme zu. Letztlich musst du darüber entscheiden.

I.: Du hast Jahre deines Lebens darauf verwendet, eine Tote zu verstehen? Warum?

B.: Es ließ mich nicht los. Ich träumte von deinem Leben, malte Bilder, die damit zu tun hatten.

I.: In meiner Jugend hielt ich mich auch für überaus wichtig. Das Leben lehrte mich ganz Anderes.

B.: Aber findest du es denn richtig, dass das Unrecht immer weiter verschwiegen wird? Viele sind wie du getötet worden.

I.: Unrecht? Getötet? Ich war krank, bin an Tuberkulose gestorben. Du verwirrst mich. – Also war es doch so? Für die Pfleger war doch reichlich zu essen da, es konnte also nicht am Krieg gelegen haben. – Ich muss darüber nachdenken.

B.: Natürlich.

I.: Ich würde dir dann meine Bedingung mitteilen.

Drei mit den Fahrrädern

Was ist das schöne und ehrenvolle Ziel, das Carl für seinen Sohn vor Augen steht? Fritz ist am Seminar für Auslandsprediger in Soest angemeldet. In den folgenden Sommerferien ist das Kleeblatt wieder beisammen. Die Freunde unternehmen Ausflüge und träumen vom Abenteuer Auswanderung. Fritz hat das „Einjährige" erreicht, das einem anspruchsvollen „Mittleren Abschluss" entspricht. In Übersee deutsche Kolonisten betreuen, das wäre ein Ziel! Für Fritz ist der Weg klar vorgezeichnet, schließlich werden die Geldmittel der Familie in seine Ausbildung investiert. Ein Mann muss die Familie ernähren. Auch Irmgard geht zunächst den gewünschten Weg und lernt an der Präparandenanstalt in Detmold. Werden sie ihr Leben selbst gestalten können oder in den Konventionen gefangen bleiben? Müssen sie heiraten, um zu überleben? Solche Fragen könnten Hildegard und Irmgard beschäftigt haben. Hildegard besucht das Lehrerinnenseminar. Die offizielle Mode schreibt für Frauen noch Korsetts vor. Nachdem Fritz am Predigerseminar angenommen ist, klingen seine Briefe unbeschwert, wie dieser an seine jüngere Schwester:

Liebes Pümmelchen!

Dein Brief hat mir ungeheuren Spaß gemacht. Vielen Dank dafür. Zugleich aber hat er mir alte Pflichten ins Gedächtnis zurückgerufen. Er war so eine Art – sagen wir mal – Moral- oder Gardinenpredigt. Aber das soll ja vorkommen, das tut ja weiter nischt. Also nun wirst Du wohl zuerst eine Entschuldigung erwarten, weshalb ich „anderen Leuten" so viel schreibe und Dir nicht, n'est-ce pas? Also da will ich mal losschießen: Du weißt doch, dass ich von Dir seit Christi Geburt und der Zerstörung Jerusalems erst 2 Briefe habe empfangen dürfen. Der erste beehrte mich mit seinem Erscheinen im Stift. Er war 2 Seiten lang und enthielt 15 7/8 Worte. Er hat lange in meinem Geheimarchiv gelegen, bis ich durch einen 2. erfreut wurde, der aus Cuxhaven kam. Dieser 2. war 5 Seiten lang und enthielt 95 5/20 Worte. Er liegt jetzt noch in meinem Geheimarchiv und wird dort sorgfältig aufbewahrt. Du siehst also: Ich weiß sehr genau über meine Briefsachen Bescheid – dann aber sagte oder schrieb mir mal jemand, er müsste erst etwas Besonderes erleben oder eine Reise machen, ehe er einen Brief schreiben könne. Ich glaube, dieser „gewisse Jemand" nannte sich „I". Und da zog ich mir die Moral aus der Geschicht:

Wenn Irmgardchen nur große Ereignisse schreibt, dann wird sie es auch wohl langweilen, wenn ich mal Kleinigkeiten erzähle. Denn große Ereignisse kann ich gar nicht berichten. Dazu bin ich selbst viel zu unwichtig. – Und nun mit einmal dieser Umschwung. Dein Briefchen war so recht klein geschrieben und jede Zeile ausgefüllt. Da hatte ich ordentlich was zu lesen. Das ist ja die Hauptsache beim Brief: nicht teure Briefbogen, sonst ärgert man sich, wenn's zuviel kostet, klein geschrieben und recht munter von der Leber oder vom Herzen runter erzählt. Ich sage Dir, lieb Irmgardchen, als ich Deinen Brief las, hab ich gequietscht vor Vergnügen. – Wenn ich an Hildegard mal geschrieben habe, so macht das doch weiter nischt. Du wirst doch nicht eifersüchtig, was?!!! Dafür schreibe ich Dir diesen Brief, der doch sicher Entschädigung offeriert durch seine Longität. – Du hast mir da so sehr ausführlich erzählt, wie Du Abschied von der Schule genommen. Da möchte ich Dir doch raten, das freundliche Anerbieten des Herrn Direktor nicht abzuschlagen, vielmehr den Verkehr mit ihm aufrecht zu erhalten und ihn nötigenfalls – und die Gelegenheit kommt sicher schon – als lebendiges Lexikon zu benutzen. Aber natürlich weiß ich ja nicht, wie du persönlich mit dem Herrn symphatisierst. Drum mach das nur, wie du es für gut hälst.

Wie alle Briefe, die Irmgard an ihren Bruder geschrieben hat, ist auch der hier erwähnte aus Cuxhaven trotz zeitweiliger Aufbewahrung im Geheimarchiv nicht aufzufinden. Darum schreibe ich ihn neu. Fritz' Brief bietet mir dazu einige Anhaltspunkte. Irmgard hatte, genau wie ihre Mutter

Helene, die Angewohnheit, in geschriebenen Texten das Bindewort „und"
mit u. abzukürzen. Ich übernehme diese – und andere sprachliche Vor-
lieben von ihr.

Cuxhaven, 21. August 1913

Lieber Fritz,

heute bekommst Du, wie versprochen, einen ausführlichen Brief von
Deiner kleinen Schwester, die überhaupt nicht mehr pummelig ist! Bitte,
– ja?! Mütterchen u. ich sind für – sage und schreibe – ganze vierzehn
Tage in Cuxhaven! Stell Dir vor, unsere Mutter hat sich endlich mal bewegen lassen! Doktor Schaft hat ihr schon so lange zugeredet. Er meinte,
wir hätten beide Erholung dringend nötig, u. das Nordseeklima sei gut für
meine Lunge. Aber Du kennst sie ja, Geld für so etwas ausgeben? Das ist
ja purer Luxus! Magdachen ist bei Tante Colo. Für ein Zimmer mit See-
blick hat das Geld nicht gereicht, ist aber nicht schlimm, denn es sind
ohnehin nur zehn Minuten bis zum Strand. Wir wohnen in der Villa
Caldera u. ich habe endlich einmal das echte Meer gesehen, mit echten
Segelschiffen – und sogar großen Auswandererschiffen drauf! Wie enttäuscht war ich zuerst, als wir zum Strand gingen! So weit man blicken
konnte, nur grauer Matsch! Ich hatte zwar in der Schule etwas von Ebbe
u. Flut gehört, aber die Wirklichkeit ist doch etwas Anderes! Jetzt liebe ich
diese ganz besondere Stimmung bei Ebbe, die Stille. Wenn nur die Rufe
der Vögel zu hören sind, die weit draußen friedlich durch das Watt staksen.
Ich bekomme dann so ein Gefühl von Freiheit und Weite!

Heute ist Kanasterabend u. unsere Mutter ist dabei! Hättest Du das gedacht? Ich jedenfalls nicht. Ich bin schnell auf's Zimmer u. nutze die Gelegenheit zum Schreiben. Ich will den Brief verschließen, bevor sie zurück
ist, sonst will sie ihn am Ende noch lesen! Nun sind es schon zwei lange
Jahre, dass Du von zu Hause fort bist. Du fehlst mir sehr! Vater ist mit irgendetwas beschäftigt, über das er nicht spricht, jedenfalls nicht mit mir.
Lenchen ist in Budapest, beneidenswert! Die elterliche Großwetterlage:
bewölkt, ab und zu heftige Schauer und Gewitter! Ich staune täglich, um
wie viele Kleinigkeiten man streiten kann. Ich würde mich bei Gewittern
am liebsten zu Hildegard flüchten, doch die muss jetzt so viel über den
Büchern sitzen. Sie hat mir anvertraut, dass Ihr Euch heimlich verlobt habt
(... ich erzähle niemandem etwas, versprochen!). Na, da gratulier ich!

Ich hoffe so sehr, sie versteht mich u. noch mehr, Du mögest es auch verstehen: Denn – jetzt mach Dich auf etwas gefasst – ich bin von der Prä-

parandenanstalt abgemeldet! Hildegard weiß es noch gar nicht. Von Anfang an war ich nicht überzeugt von dem Plan Lehrerin zu werden u. hab mich nur den Eltern zu Liebe zum Seminar gequält! Einige Wochen hat es gedauert, bis ich mir darüber ganz und gar im Klaren war. Dann verging noch einmal Zeit, bis die Eltern es eingesehen haben u. mit mir zum Direktor sind. Der hat gesagt, ich solle es mir doch noch einmal überlegen, ich könne doch so schöne Aufsätze schreiben, u. überhaupt, sei es doch einer der wenigen Berufe, die Frauen offen stünden. Aber, weißt Du, ich werde doch keine gute Lehrerin, das liegt mir einfach nicht! Ich hab das schon als Kind gemerkt, wenn ich bei Hilda u. Lotte war. Ich könnte mir nie die Namen so vieler Kinder merken! Und ich möchte doch eine eigene Familie haben. Wenn ich dann heirate, wäre ja wegen des Zölibats die ganze Ausbildung umsonst gewesen! Wieder jeden Tag die Schulbank zu drücken, wenn ich doch weiß, dass ich den Beruf nicht ergreifen will, das empfand ich als vergeudete Zeit. Ich habe ja selbst in der Schule viel lieber geträumt u. unter dem Tisch heimlich gelesen, als aufzupassen. Bevor Du mir jetzt eine Moralpredigt hälst, denk mal an Deine Jahre am Leopoldinum. Das Stöckchen, das habe ich schon immer gehasst u. mir hat's immer weh getan, wenn jemand anders geschlagen wurde! Ich weiß, Du meinst das müsste so sein und Dir hätte es nicht geschadet. – Na ja, da bin ich anderer Meinung! Du hast es vielleicht nicht zugeben wollen, aber weh getan hat es Dir auch. Wenigstens so im Inneren. Musik machen, Gesangsunterricht nehmen u. Tanzen, dazu hätt' ich Lust! Nicht so wie in der Tanzstunde, Walzer u. so – ganz frei, wie Isadora Duncan! Das wäre mein Traum! Aber das kann man bestimmt nur in München oder Berlin lernen. Ich hätte ja nichts gegen ein Großstadtleben einzuwenden. Aber ob Mutter und Vater dafür Geld geben, das ist doch sehr fraglich. Mutter sagt immer – Du kannst es Dir denken – „das schickt sich nicht für ein anständiges Mädchen." Hildegard wird aber bestimmt eine gute Lehrerin! Sie ist ja auch viel energischer als ich. Ihr Vater kann ihr bei der Vorbereitung der Prüfung helfen!

Aber jetzt zu etwas Anderem. Du musst mir versprechen, dass Du es ebenso als Geheimnis bewahrst, wie ich das Eure, ja? Vielleicht verlobe ich mich auch! Erinnerst Du Dich an Adi aus der Quarta? Wir waren zusammen in der Tanzstunde u. er schwärmt für mich! Na, nun sind wir aber erst einmal hier. Ich gehe gern zum Steuben-Höft u. schaue mir die Auswanderer an. Auf dem Portal steht: „Mein Feld ist die Welt!" Wir haben schon die „Imperator" ablegen sehen! Es sieht komisch aus, wie die

Menschen in einer langen Schlange auf der Treppe am Bauch des Schiffes klebten wie Ameisen. Am Kai weinen sie und schwenken Taschentücher, die Kapelle spielt! So wird es dann vielleicht auch bei Eurem Abschied sein. Ich würde schon gern mitkommen nach Brasilien. Aber nun seid Ihr ja ein Paar. Da wär ich dann doch das fünfte Rad am Wagen! Ob ich für ein Landleben geschaffen bin, das weiß ich auch noch nicht. Die Kolonisten dort sind doch meist Bauern, wohl? Vielleicht werde ich ja wirklich Künstlerin? Ich glaub, mein Feld ist auch eher die Welt! Wird Hildegard dann den Beruf aufgeben?

Jetzt muss ich dir aber unbedingt noch was erzählen. Im Gesellschaftsraum steht ein ganz nettes Klavier. Ich habe mich mal dran gesetzt, ein paar Lieder gespielt u. dazu gesungen. Nichts Besonderes eigentlich, die Loreley, etwas aus der Winterreise, na du weißt schon. Es kam bald ein elegant gekleideter Herr in den Raum, setzte sich und lauschte andächtig. Er stellte sich als Kunstmaler vom Main vor. Mutter kam hinzu u. er gab uns beiden einen Handkuss, lobte mich ausgiebig u. meinte, bei so viel Talent müsse man doch meine Stimme ausbilden lassen! – Mir wurde ganz anders! Mutter hält natürlich nichts davon u. sagt, ich solle mir die Flausen aus dem Kopf schlagen, das seien typische Backfischideen. Dann kommt wieder das alte Lied: 'Das schickt sich nicht für ein Mädchen aus guter Familie!' Wenn ich jetzt darauf zurückkomme, hat Mütterchen Kopfschmerzen. Ich versuche es aber weiter, dann stimmt Vater vielleicht auch zu! Ich muss zum Schluss kommen, unten packen sie die Karten ein, ich höre, wie die Stühle gerückt werden. Vielleicht schreibe ich Dir das nächste Mal lieber in unserer Geheimschrift! Kommst Du in den Ferien?

Deine, Dich liebende Schwester Irmgard.

P.S. Jetzt kannst Du Dich aber nicht mehr über zu kurze Briefe beklagen, schreib mir doch bitte recht bald wieder zurück. – U. sag Hildegard noch nichts, ich möchte ihr selbst die Neuigkeit berichten!

Der folgende Brief von Fritz ist wieder als Original erhalten.

Soest, den 22. 2. 14

Liebes Schwesterchen!

Vielleicht darf ich mich der süßen Hoffnung hingeben, dass diese Anrede nicht „respectwidrig" oder dergleichen ist. Es ist Sonnabendabend – die Pfeife schmeckt wunderbar. Da denke ich, du darfst dein Irmgardchen doch nicht so lange warten lassen, wenn es auch eine Heidenarbeit ist, denn man muss furchtbar scharf aufpassen, dass man keinen Satz schreibt, der das Schwesterchen beleidigen könnte (hm! Hm!) ...

Gestern Abend war in der Küche ein hübscher Vogel, ähnlich wie ein Buchfink, geflogen; ich hatte ihn mir gefangen und über Nacht in meinen Schrank gesetzt, da er sonst im Dunklen in die Klauen der zahlreichen Soester Katzen gefallen wäre. Es ist doch etwas wunderbares um das Gefühl, das einen durchflutet, wenn man solch kleines, hübsches Leben in der Hand hält, das man mit seiner großen Tatze durch ein kleines Andrücken zerquetschen könnte. Wie niedlich es bittend die klaren Augen zu mir aufschlug! Und dann der wirbelnde Flug, als ich es heute zum Fenster hinausließ! Es war, als wollte es alles nachholen, was es an Bewegungsfreiheit und frischer Luft in meinem Schrank entbehrt hatte! – Jeden Freitag nachmittag von 5-6 Uhr predigt einer unserer Herren der 1. Klasse. Es ist bis jetzt alles gut gegangen. Letzten Freitag predigte der letzte der Herren. Nächstes Mal beginnt der erste wieder. Über ein Jahr hätte ich dann also auch schon meine erste Predigt hinter mir. Au ha! Doch wie geht's Euch zu Hause, besonders Dir, mein Pümmelchen? Ich hoffe, diese Übergangszeit lässt Euch alle ungeschoren! ... Vorigen Montag war ein Reisender oder dergl. aus Brasilien hier bei uns, der uns aus Rio Grande alles erzählte, wonach wir fragten, da er lange Jahre dort gewesen. Später werde ich Dir mehr davon erzählen, jetzt nur soviel, dass es mir in Brasilien immer besser gefällt, dass das Leben hier gegen das dort ein wahres Hundeleben ist. Also – ich meine – es wäre gar nicht so übel, wenn Du mal zusähest, ob Du nicht irgendeine Stelle in Rio Grande erhalten kannst. Das würde famos! Am 31. III. gibt's Ferien. Da können wir mal näher darüber sprechen, wohl? Es sind ja nur noch 36 Tage bis dahin, das ist nicht mehr lange, wohl?!! Ob die Ferien dann auch wieder so langweilig werden, wie die letzten?! Es sind 4 ganze Wochen ungefähr, wenn nicht noch länger. Vier Wochen lang, wo sich kein Mensch um einen kümmert. Ob man das aushält?! Aber wozu sich jetzt schon mit Grillen plagen? Kommt Zeit, kommt Rat!

Ist Mütterchen gesund? Oder gewittert's noch täglich? Na- ich werde Ostern wohl einen ordentlichen Regenschirm mitnehmen. Gewöhnlich wird die Luft nach einem Ge-witter rein. Ich sehe, es gibt auch Ausnahmen. Frag mal bitte an, ob man schon mal das 13. Kapitel des ersten Korintherbriefs gelesen hat, was meiner Meinung nach das schönste Kapitel unserer Bibel ist. Gerade, wenn man täglich mit der Bibel umgeht, dann sieht man den krassen Gegensatz zwischen ihr und der Welt. Da möchte man ausrufen, mit dem alten Apostel Johannes, der sich noch fast 100-jährig, blind und nahezu taub in die Versammlung tragen ließ, und nicht müde wurde zu ermahnen: „Kindlein, liebet euch untereinander!" O dass doch Frieden auf Erden wäre!! – Doch nun wünsche ich Euch allen diesen Frieden von Herzen. Möge Gott Euch allen, beson-ders Dir, liebes Irmgardchen, Gesundheit und Frohsinn schenken. Es grüßt Dich im Namen Deutschlands und der umliegenden Raubstädte, und es empfiehlt sich zu her-abgesetzten Einkaufspreisen,
Dein Bruder K.F.

Alle anderen sind natürlich ebenfalls herzlichst von mir gegrüßt, besonders Hildegard und sag ihr bitte, sie möge vielmals bedankt sein für ihren lieben Brief und noch einige Tage auf Antwort warten.

Die Osterferien sind vermutlich die letzten Ferien, die das Kleeblatt miteinander verbringt. Die drei werden kaum noch Gelegenheit haben, Auswandererpläne zu schmieden. Am 1.8.1914 beginnt der Krieg gegen die umliegenden „Raubstädte", wie Fritz scherzhaft die vorherrschende Stimmung wiedergibt.

Glaubt ihr nicht, so bleibt ihr nicht!

Predigt des Licensiaten der Theologie und Seminarleiters, Hymmen – vom 1. August 1914, gehalten in Soest. (Ausschnitt)

„... Und doch fällt Licht von oben: Glaubt ihr nicht, so bleibt ihr nicht. Nicht von Diplomaten, nicht von der Wut der Menschen, sondern von Gott wird die Entscheidung dahin geschickt, wo sie sein soll. Wir dürfen stolz sein auf unser Volk. Es ist noch zu etwas da ... Noch stehen wir im Warten. Doch, wenn für uns die Zeit gekommen, in der wir kämpfen oder leiden sollen für unser Vaterland, dann sollen wir zeigen, dass wir Gottes Kraft haben. Dann sollen wir zeigen, dass wir beides können, das Kämpfen und das Leiden, dass wir uns selbst opfern können. Dann wollen wir uns aufopfern, denn Aufopferung braucht unser Vaterland. Und wir opfern uns auf Mann für Mann, Fürst wie Volk. Amen!"[3]

Nach dieser Predigt schließt das Seminar. Fritz soll sich im Februar 1915 opfern. Möglicherweise steckt er sich bereits bei der Musterung mit Typhus an. Die Erkrankung zieht Komplikationen nach sich. Das Jahr 1915 verbringt er in Lazaretten und Kasernen in Berlin. Am 15. Mai schreibt er aus dem Städtischen Krankenhaus Moabit an seinen Vater:

Mein Geburtstag verlief ziemlich – kläglich. Alles, was ihn schön machte, war (buchstäblich) mein eigener unzerstörbarer Mut, mein Humor und die Hoffnung. Und ich habe gesehen, dass ich damit mehr hatte als an jedem der vergangenen Geburtstage.

Genau einhundert Jahre später schaue ich mir während der Recherche ein Haus an, das in der Familiengeschichte im 1. Weltkrieg eine Rolle gespielt hat. Als der alte „Schreibsekretär" aus Detmold nach Berlin transportiert wurde, bemerkte ich auf der Rückwand einen Zettel mit schnörkelig geschriebener Adresse drauf. Lenaustraße 2-4. Verblüfft stellte ich fest: Der Schrank war schon mal in Berlin! An diese Adresse wurden auch etliche Postkarten von Mutter Helene gesandt. Irmgard wird darin seltsamerweise nie erwähnt. Auch der Rekrut Karl Friedrich Stellbrink – endlich genesen – und doch noch an die Französische Front geschickt, sendet Feldpostkarten in die Lenaustraße: Diese hier fällt mir auf, sie zeigt die zerstörte Kirche von Roye. Bilder von deutschen Soldaten sind säuberlich hineingeklebt. Stolz scheinen sie in den Trümmern zu posieren, als wollten sie „Selfies" unserer Tage vorwegnehmen. Die Fotomontage gefiel Fritz nicht. Auf der Rückseite hat er am 16.9.1916 für seinen Vater vermerkt: *Diese Karte bewahre bitte gut auf. Du kannst dir die Bedeutung wohl denken!*

Karteikarte

Von meiner Recherchereise nach Lübeck komme ich mit neuen Erkenntnissen. Warum Lübeck? Ab 1934 war Fritz evangelischer Seelsorger der damaligen Luther-Gemeinde im Stadtteil Moisling. Sein Nachlass ist dort bewahrt, darunter auch Familienbriefe. Ich hoffte, hier den einen oder anderen Brief aus dem Geheimarchiv zu entdecken, verfasst von Irmgard, aufbewahrt von ihrem Bruder. In dieser Hinsicht wurde ich enttäuscht. Doch ich habe eine andere, wichtige Entdeckung gemacht. Dank Fritz weiß ich nun, wo Irmgard in Berlin wohnte: Im Marienheim, Tieckstraße 17 in Mitte, Spandauer Vorstadt. Einen Steinwurf von dem Ort entfernt, an dem ich ihre Geschichte aufschreibe. Schirmherrin der vier Berliner Marienheime war die Kaiserin. Also hat sie ganz sittsam gewohnt, nicht wild zur Untermiete. Ihr Bruder hat eine ordentliche Karteikarte zu ihr angelegt, wie über alle engen Familienmitglieder. In winzigen Schriftzügen sind detailgenaue Informationen darauf verzeichnet. Sechs Briefe Irmgards sind auf ihrer Karte mit den exakten Eingangsdaten vermerkt. Nicht einer davon ist vorhanden. Das kann kein Zufall sein, aber was kann es bedeuten?

Die Leiterin dieses Marienheims war Bertha von der Schulenburg, eine im Kreuzberger Bethanien-Krankenhaus ausgebildete Krankenschwester. Sie engagierte sich in der Berufsbildung von Frauen.

Vergnügungslokale waren damals geschlossen. Niemand sollte unbeschwert sein, solange die „Blutopfer im Feld gebracht werden mussten". Aber die Jugendbewegung war dennoch unterwegs. Jetzt seien es die Mädchen gewesen, die die Sache in die Hand nahmen, schreibt Margarete Buber-Neumann in ihren Erinnerungen für Potsdam. In dieser Zeit habe sich die Bewegung politisiert.

Ich mache mich auf den Weg in die Tieckstraße und finde das Gebäude komplett erhalten, selbst die Aufschrift „Marienheim IV" hat die Zeiten – wenn auch verwittert – überdauert. Wieder einmal beherbergt die Einrichtung Frauen, die ein Dach über dem Kopf benötigen.

Eleonore Friederike Irmgard Stellbrink-(Heiss), *6.4.1897 in Münster/W. – verh. mit Hugo Heiss am 26.8. 1919, Detmold. Verlobt am Neujahrstag 1919 zu Detmold. In der Lutherkirche zu Detmold Einsegnung erhalten. Während meiner Berliner Zeit wohnte Irmgard im Marienheim IV, Nord/West 4, Tieckstr.17. Dort hatte sie eine Freundin, Olly, die ihr einen kunterbunten, aber lieben Brief schrieb... – lese ich auf der Karteikarte.

Mädchenheim Berlin, Tieckstr.17 als Flüchtlingsheim

2. Mädchenheim als Flüchtlingsheim (1916-1917)

Irmgard teilt sich die Unterkunft mit Menschen, die vor Krieg, schlechtem Leben und Pogromen fliehen mussten. Ein kleineres Bild, das darauf hinweist, ist in die Postkarte eingefügt, die ich im Antiquitätenhandel finde. Es ist eine „Wohlfahrtskarte". Aus dem Melderegister Detmold erfahre ich, Irmgard verließ ihr Elternhaus am 2.3.1916 mit dem Ziel, eine Arbeit aufzunehmen.

Noch Lieder zu singen jenseits der Menschen
4. Dialog mit Irmgard

„Wir sind Freundinnen und tippen im selben Büro, von neun bis fünf. Wir haben blonde Haare, geschminkte Augen und sind neunzehn Jahre ... Die Eltern schimpften – Eltern sind schon so!"[4]

I.: Hör mal, Großnichte!

B.: Tante?

I.: Ja, ich bin's. – Ich habe mir Folgendes überlegt: Du weißt viel mehr als ich. Kunststück. Mir hat niemand irgendetwas erklärt. Ich fühlte mich in meinem Leben wie eine Katze in einem zugebundenen Sack, die ertränkt werden sollte. Dunkelheit umgab mich, ohne dass ich umnachtet war. Du dagegen, kannst in Freiheit auf mein Leben zurückblicken. In der Zukunft ist man schlauer, nicht wahr? Hör zu – auch ich stelle dir Fragen, das ist meine Bedingung.

B.: Genau so habe ich mir dich vorgestellt. Es ist das, was in deinen Briefen aufblitzt: Du hast nie aufgehört, Subjekt deiner Geschichte zu sein. Ich hätte dich auch ungern nur ausgefragt.

I.: Womit soll ich nicht aufgehört haben?

B.: Du wolltest handeln, deine Spielräume nutzen, dich nicht unterkriegen lassen. Das gefällt mir!

I.: Ist das ein Verdienst, der ausreichen könnte, das erbärmliche Leben einer Gescheiterten in die Welt hinauszuposaunen?

B.: Oh, du solltest den Wert des Scheiterns nicht verkennen, meine liebe Tante. Das Scheitern ist ein absolut wesentliches Element individueller Entwicklung, von Erkenntnis, vom Leben an sich und enthält Momente voller Kraft und Poesie. Die Kunst ist, es zu genießen!

I.: Pah! Du kannst es ja gern genießen.

B.: Ich möchte dir etwas vorlesen: „Das Leben ist eine Abfolge erbärmlicher Missgriffe und Verfehlungen, die nur ab und zu durch kleine Heldentaten unterbrochen wird. Und ob unser Dasein uns würdig erscheint, hängt vom Verhältnis ab, in dem beides zueinander steht. Diese Würde soll uns wenigstens ein Mensch bezeugen können. Selbst wenn es gar nichts zu bezeugen gibt."[5] Bei dir gibt es aber etwas zu bezeugen. – Ich bin diese Zeugin für deine Würde. Verstehst du, Schwestertante?

I.: Findest du nicht, es ist langsam an der Zeit, sich von diesen gestelzten Anreden zu trennen? Es klingt so pathetisch – „Schwestertante". Nenn mich Irma.

B.: Gut, dann also Irma. Du bist mit 19 Jahren nach Berlin gegangen.

I.: Hältst du das für etwas Besonderes? Viele wollten nach Berlin.

B.: Es war mitten im Weltkrieg, den wir den 1. Weltkrieg nennen. Das ist vielleicht das Besondere. Ich habe es ebenso gemacht. Als ich mit 18 Jahren dorthin ging, war die Stadt als Folge des 2. Weltkrieges, den du ja auch noch erlebt hast, geteilt.

I.: Wie kann man denn Berlin teilen?

B.: Mit einer Mauer, mitten durch! Ich lebte seit 1971 im Westteil, habe das Marienheim, die Tieckstraße darum erst 20 Jahre später entdeckt. Da war die Mauer bereits wieder gefallen.

I.: Seltsam. Für mich gab es nur diesen einen Frühling und einen Sommer in Berlin.

B.: Fritz' Aufzeichnungen verraten mir, dass du in einem Marienheim gewohnt hast und eine Freundin hattest, die Olly hieß.

I.: Olly, natürlich erinnere ich mich! „Die Siamesischen" wurden wir genannt.

B.: Ich hab mich schon immer gefragt, wie das eigentlich war, als du nach Berlin gingst. Zeugnisse davon sind rar.

I.: Ich tat es ja auch heimlich. Die Eltern hätten mich nicht in den 'Sündenpfuhl' Berlin ziehen lassen.

B.: Warum denn 'Sündenpfuhl'? Dein Vater war dort und Fritz seit 1911 bereits in Spandau?

I.: Das wurde aber ganz anders betrachtet. Für eine alleinstehende junge Frau wie mich galt ein Aufenthalt in der Großstadt als anrüchig. Ich schlich mich deswegen auf Umwegen an. Das Johannesstift war ja weit außerhalb

Berlins gebaut worden, um die Zöglinge von den unheilvollen Einflüssen der Großstadt fernzuhalten. – Und Vater hatte eine kriegswichtige Aufgabe zu erfüllen.

B.: Warum wolltest du denn überhaupt von zu Hause fort?

I.: Es war so still geworden in dem großen Haus. – Nun, ich wollte etwas Neues ausprobieren, auf eigenen Füßen stehen, mein Leben selbst in die Hand nehmen. Durch den Krieg wurde das – so unwahrscheinlich es klingen mag – möglich für uns junge Frauen.

B.: Hattest du noch Kontakt zu Fritz?

I.: Ja, er war einige Wochen bei uns, nachdem das Seminar in Soest die Pforten geschlossen hatte. Als er in Berlin mit Typhus erkrankte, durfte niemand mehr zu ihm. Wir sahen uns Jahre nicht. In Detmold schien das Leben wie erstarrt.

B.: Du hattest dich verlobt!

I.: Ja, mit Adi, meinem Tanzstundenpartner. Es macht mich traurig, daran zu denken. Damals ahnte ich noch nicht, was in meinem Leben auf mich zukommen sollte. Gerade waren wir doch noch so unbeschwert und voller Erwartungen gewesen! – Der Kriegsausbruch war eben ein großer Einschnitt. Die Menschen sprachen praktisch von nichts anderem mehr als von den Soldaten und der Versorgungslage. Es war, als wenn Kindheit und Jugend jäh zu Ende gingen. Die junge Generation wurde sehr ernst. Nun gab es zum ersten Mal die Möglichkeit bezahlte Arbeit anzunehmen, nicht nur Lehrerin oder Gouvernante zu sein. Da hatte ich dann andere Dinge im Kopf als meinen Verlobten. Adi wurde auch bald eingezogen und unsere Korrespondenz schlief friedlich ein. Ich kann es ihm nicht verdenken. Nicht jeder ist so schreibfreudig wie Fritz. Wir lösten die Verlobung ganz einvernehmlich auf. – Na, da war ich dann wieder frei und ich dachte immer häufiger darüber nach, wie es wohl wäre, den Schritt nach vorn in ein neues Leben zu wagen. Mein Traum war es, eigenes Geld zu verdienen und meine Stimme ausbilden zu lassen. In Berlin, dachte ich, kenne ich Fritz, vielleicht könnten wir uns wieder etwas näher kommen, wenn er erst wieder gesund wäre. – Also du siehst, ich war eine ganz gewöhnliche junge Frau, die in die Großstadt wollte, um dort ihr Glück zu machen. Nichts Besonderes, Tausende haben es damals so gemacht.

B.: Aus dem Melderegister erfuhr ich, dass du zunächst nach Halberstadt bist. Warum bist du denn in diese Kleinstadt am Rande des Harz' gegangen?

I.: Zugeständnis an die Eltern, dort gab es diese Haushaltsschule der Inneren Mission. Das Kochen lag mir, ich habe mir gern etwas Neues ausgedacht und es gab sogar ein Klavier. Nach drei Monaten hatte ich aber genug von dem Betrieb, denn ich träumte von einem freieren Leben. Wie konnte ich Geld verdienen und gleichzeitig die Familie beruhigen? – Natürlich, indem ich wie Lenchen als Gouvernante arbeitete. Für mich sollte das dann das Sprungbrett zur künstlerischen Ausbildung sein. Ich nutzte also die der Schule angeschlossene Vermittlungstelle und fand tatsächlich eine Anstellung bei einer Hauptmannsfamilie in Potsdam. Erwartungsvoll kaufte ich eine Fahrkarte. Nach Detmold schrieb ich erst später.

B.: Potsdam! Da warst du dann ja schon fast in Berlin.

I.: Ja, das war wie ein Lottogewinn. So ein Hauptmann war ja ein „hohes Tier". Ich wusste zwar, dass das Militär den Ton in Potsdam angab, staunte aber doch gewaltig, als ich zum ersten Mal durch den Park schritt und die geschwungene Treppe zum Eingang der Villa hinaufstieg. Das Dienstmädchen zeigte mir die Kammer, die ich für mich ganz allein hatte. Frau Hauptmann empfing mich in weiße Spitzen gekleidet und erklärte mir, sie wolle nicht wie andere Offiziersfrauen hinter der Front leben. Die Kinder sollten ihre Ordnung haben und zur Schule gehen. Sie könne dort auch nicht, wie gewohnt, einkaufen gehen. Morgens hatte ich nun zwei süße Gören von sechs und acht Jahren für die Schule fertig zu machen, sie dorthin zu bringen und mittags wieder abzuholen. Ich war dafür verantwortlich, dass sie ihre Aufgaben machten. Außerdem war ich für die musikalische Erziehung der Kinder zuständig, gab ihnen Klavierstunden.

Die Große hatte lange Zöpfe. Sie war ein lebhaftes Kind, das zärtlich an ihrem kleinen Bruder hing. Während die Kinder in der Schule waren, sollte ich mich gut vorbereiten und das Stubenmädchen beaufsichtigen. Es ging auch anfangs ganz gut, die Kinder mochten mich. Doch so verlockend nahe an Berlin, wollte ich ab und zu auch etwas erleben, andere Menschen kennen lernen. Kurz und gut: Meine rebellische Natur meldete sich. Wenn ich – selten genug – frei hatte, fuhr ich sofort mit der Vorortbahn zum Alexanderplatz oder zum Centralbahnhof-Friedrichstraße, um meine Freunde im Café Bauer zu sehen. Oder wir gingen zusammen ins Kino. Wie Pilze schossen diese Lichtspielhäuser gerade aus dem Boden. In unserem äußerst sparsamen Beamtenhaushalt waren Vergnügungen eine Seltenheit gewesen. Es gab unsere Laterna Magika, aber was war sie gegen das Kintopp! Eine ganze Welt zum Träumen tat sich auf. Natürlich mochten wir auch das Varieté und den Zirkus. „Husch, husch zu Busch" lautete ein geflügeltes Wort, aus der Vorkriegszeit übrig geblieben. Jetzt gab es nur selten Vorstellungen. Wenn sich aber die Gelegenheit bot, war ich sofort dabei und gab meine wenigen Groschen dafür aus. Doch meine Faszination für Vergnügungen dieser Art forderte ihren Tribut. Die Bahn nach Potsdam fuhr nur alle Stunde. Wenn ich eine verpasst hatte, hieß es warten. Kam ich endlich in Potsdam an, fuhr die Elektrische nicht mehr. Des Nachts als Frau allein über den Neuen Markt bis zur Spandauer Vorstadt zu laufen, war natürlich ganz und gar unschicklich. Da hatte man als Frau seinen Ruf weg! Und dann kam, was kommen musste.

B.: Ich kann es mir denken.

I.: Die Köchin, bei der ich einen Stein im Brett hatte, nahm mich schon einmal beiseite und bereitete mich auf das Unvermeidliche vor. Frau Hauptmann habe befunden, ich sei kein Umgang für die Kinder und hätte zu gehen, das Maß sei nun voll. Am nächsten Tag prasselten ihre Vorwürfe auf mich ein. Was mir denn einfiele? Ihr Mann hinter der Front als Offizier, die Soldaten in den Schützengräben opferten ihr Leben und ich fände nichts dabei, mich mitten im Krieg zu amüsieren und ganz nebenbei auch noch ihren Ruf zu ruinieren! Da war nichts zu machen. Also verabschiedete ich mich zerknirscht von den Kindern, packte meine Sachen und fuhr nach Berlin.

B.: Auf gut Glück? Warum denn nicht nach Detmold?

I.: Mit diesem Gepäck konnte ich doch unmöglich nach Detmold zurück. Und warum sollte ich zurück in die Enge und den Kleinstadtmief? Nein, so schnell gab ich nicht auf! Eine Freundin hatte mir von der Tieckstraße erzählt und ich hatte Glück, es war gerade ein Bett frei geworden. Viel hatte ich in Potsdam nicht verdient, ein eigenes Zimmer hätte ich mir nicht leisten können. Die Gegend um meine neue Bleibe an der Friedrichstraße gefiel mir, wenngleich sie nicht den besten Ruf hatte. Nahe auch zu meiner neuen Arbeitsstelle. Als Telefonistin im modernen Haupttelegrafenamt anzukommen, wenn auch nur als Aushilfe, das war schon etwas. Stets war Leben in der Gegend um den Centralbahnhof. Ich mochte das.

B.: Ich hab mal gehört, Berlin galt damals als Hauptstadt der Prostitution, besonders die Straßenzüge rund um diesen Bahnhof. Wir nennen ihn heute übrigens „Bahnhof Friedrichstraße".

I.: Ja, das stimmt, es war nicht zu übersehen. Die Damen und ihre Freier störten mich nicht, sie störten sich nur manchmal an uns, weil sie uns für Konkurrenz hielten. Nun, ich hatte nicht vor, mich dem „horizontalen Gewerbe" hinzugeben. Einige Wochen war ich Verkäuferin in der Schuhabteilung bei Tietz in der Brunnenstraße. In die Rüstungsfabrik wollte ich nicht. Man hörte so viel von Unfällen und gefährlichen Stoffen. Wir wechselten häufig die Stelle, das war aber ganz normal. Von dem Verdienst blieb nicht viel übrig, sobald ich mein Bett bezahlt hatte. Meine Pläne Gesangsstunden zu nehmen und eine Tanzausbildung zu machen, musste ich aufschieben. Tanzvergnügungen waren offiziell abgesagt. Aber wir wussten immer, wo man für einige Stunden den Krieg vergessen konnte. Ich erinnere mich daran, wie ich immer gefroren habe. Es wurde ja mangels Kohlen und Holz nirgends mehr geheizt. Wir verwünschten den Krieg, der so vielen Menschen das Leben nahm und uns diese Kälte, den Hunger und die Steckrüben brachte. Das durfte man aber nicht laut sagen. Die Jungens aus unserer Jugendgruppe, die bei dem großen Generalstreik im April dabei gewesen waren, die wurden plötzlich eingezogen und verschwanden auf Nimmerwiedersehen. Manchmal gingen wir Übrigen noch ins Kino, da mussten wir unser Magenknurren nicht hören und konnten uns gegenseitig wärmen. Ich war auch schon immer für Vegetarismus gewesen und das damals verbreitete scheußliche Schlagen von Kindern machte mich regelrecht wütend. Und nun sah ich, dass es auch andere gab, die so dachten. Einige aus unseren Gruppen nannten sich „Anarchosyndikalisten". Davon hatte ich bis dahin noch nie etwas gehört. Alle waren wir filmbegeistert. Eine Karte kostete 30 Pfennige. Mein Liebling war Asta Nielsen. „Das Liebes-ABC" war herausgekommen und ich habe mir den

Streifen bestimmt fünfmal angeschaut. Von den Filmen mit Emil Jannings habe ich auch keinen ausgelassen. Im verdunkelten Saal zu sitzen, wo Kommentare gegen die Orgelmusik gerufen wurden, bis schließlich die Musik mit den Bildern verschmolz, das war das Größte! Wir waren verzaubert vom Kintopp, dem Ort, an dem wir uns eine neue Welt erträumten. Dort war ich mir am nächsten, meinen Ideen verbunden und ich spürte, dass ich nicht allein war.

B.: Verstehe. Ihr wart die erste Generation von jungen Frauen, die Unabhängigkeit und neue Rollenmodelle erproben konnte.

I.: Rollenmodelle?

B.: Ja, bald Engelchen, bald Satansbraten, mehr sinnlich als sittlich. Ihr wart „neue Frauen zwischen den Zeiten" und wolltet den öffentlichen Raum erobern. Heute finden Menschen es normal, dass Frauen überall unterwegs sind.

I.: Alle redeten von dieser „Neuen Frau", aber wer war sie? Keine von uns war ihr je begegnet. Die Wirklichkeit sah anders aus: An unseren Arbeitsstellen waren wir Arbeiterinnen, Büromäuschen, Tippmamsells, Ladenmädchen. Wenn wir uns gegen schlechte Behandlung wehrten, flogen wir raus! – In diesen Jahren gingen wir in Berlin immer häufiger mit leerem Magen zur Arbeit und am Abend hungrig ins Bett. Waren wir unterwegs, hatte aber für alle Fälle immer jemand ein Butterbrot mehr dabei. Die Freunde aus der Freidenkerjugend hatten nur oft die Volksschule besucht, aber sie bildeten sich in ihren Vereinen weiter. „Die Frau und der Sozialismus" hatten fast alle gelesen, bis auf ganz wenige aus dem Tal der Ahnungslosen wie ich. Auch die Jungens. Diese Jugend war auf andere Weise gebildet, als ich gedacht hatte. Themen wie „Gleichberechtigung, die Abhängigkeit der Frau in der Ehe und Freie Liebe", darüber konnten wir Stunden debattieren. Und es blieb nicht bei der Theorie. Doch es gab keine Verhütungsmittel und wir fürchteten uns sehr vor Geschlechtskrankheiten. Man durfte in der Öffentlichkeit gar nicht drüber sprechen. Aber in unseren Gruppen, da waren das wichtige Themen. Mehrmals besuchte ich mit Olly Versammlungen dazu von so einem Reichsbund. – Ich weiß den Namen nicht mehr. Ich bin auch einmal zu einer der Beratungsstellen gegangen und hatte Gelegenheit, mit einer Ärztin zu sprechen, sogar über andere heikle Themen.

B.: Was war denn noch heikel?

I.: Ich war doch oft krank gewesen als Kind und verbrachte viel Zeit allein. Ich fühlte mich einsam und – na ja, du weißt schon. Damals nannte man es „Onanie". Es hieß, das Gehirn würde davon weich. Angeblich machten Mädchen das nicht. Das hat mich erschreckt. Mütterchen hat mal etwas mitbekommen und hielt mich fortan für krank. War ich darum tatsächlich krank? Die Ärztin von diesem Reichsbund beruhigte mich, Mutters Ansichten hätten mehr mit überkommenen Vorstellungen von Sittlichkeit zu tun. Von ihr erfuhr ich auch, wie und wo Verhütungsmittel zu haben waren.

B.: Erstaunlich, bedenkt man, dass es die ersten offiziellen Sexualberatungsstellen erst Anfang der 20er Jahre gab.

I.: Bei uns wurde viel darüber gesprochen. „Fromms zieht der Edelmann beim Mädel an", hieß es. Eine Packung mit drei Stück kostete 73 Pfennige. Das war keine kleine Summe für uns. War die Liebe nicht Teil des Lebens? Wollte man sie uns etwa vorenthalten? Wir mussten doch schon den Krieg hinnehmen, der uns die Jugend stahl! Ja Barbara, das war meine Welt, nicht die der blumenbekränzten Jünglinge und Mägdelein, die anmutig Ringelreih tanzten. Diese Kinder brauchten keine Verhütungsmittel, wir berufstätigen jungen Frauen dagegen kamen uns sehr erwachsen vor. Meine Freunde mussten ja auch früh ins Leben. Es galt der Grundsatz, wenn der Mann das Mädchen dann später heiraten würde, sei die Sache völlig in Ordnung. Olly fand das auch.

B.: Olly, deine Freundin. Ich habe eine Szene dazu geschrieben, wie ihr euch kennen lernt. Willst du sie hören?

I.: Nur zu.

Donnerstag, 10. Mai 1917

„Leg Deinen Hut nich auf meinen. Die Federn sind empfindlich ... oben auf'm Schrank is noch Platz. Haste denn keene Hutschachtel mitjebracht?"Irmgard schaut sich erschrocken nach der Stimme um, die rau ist, dunkel und aus dem Irgendwo zu kommen scheint. Eben hat sie den kleinen Raum im Marienheim betreten. Nun dreht sie sich um und sieht auf der unteren Abteilung des Stockbettes die junge Frau. Sie könnten beide im gleichen Alter sein. Kaum hat sie ihre Tasche abgestellt, sich kurz im Raum umgeschaut, kommt schon diese Anweisung. Ist denn die ganze Welt voller Lenchen? Sie seufzt, zieht vorsichtig die Hutnadel aus dem Haar, nimmt die ausladende Kopfbedeckung sorgfältig ab und achtet darauf, dass sie das Prunkstück der anderen nicht berührt. Als sie sich zum

Fenster vorbeugt, spürt sie die Augen der Zimmergenossin im Rücken. Der Hof ist grün, die Blicke können durch einen leicht abfallenden Garten spazieren. Gemüse- und Blumenbeete wie zu Hause. Sie richtet sich auf, zupft an den künstlichen Pfingstrosen ihres Hutes herum und schaut sich um. Außer dem wackeligen Tisch mit dem Stuhl und dem Schrank gibt es in der Kammer nur noch das eiserne Doppelstockbett. Auf dessen unterem Bettenteil residiert diese junge Frau mit dem schwarzen Zopf, der sich vor ihrem Busen in ein Lockengewimmel auflöst. In Unterkleidern fläzt sie sich, die Beine lässig übereinandergeschlagen. Seelenruhig zupft sie dabei die geschwungenen Brauen, die Augen selbst sind hinter dem runden Handspiegel verborgen. Nun jedoch lugt eines neugierig darüber hinweg. „Jetzt guck nich so entsetzt, ick beiss nich. Wir werden schon auskommen. Ick bin Oda, Oda Laux. Geschrieben: Ludwig, Anton, Ulrich, Xanthippe, gesprochen: 'Loo'. So, guck mal!" Sie schiebt ihre Lippen übertrieben nach vorn, zeigt mit dem Zeigefinger auf das spitze Mündchen, als sei ihr Gegenüber etwas begriffsstutzig. „Alter hugenottischer Adel." „Wieso Xanthippe?" „Na, so wird's buchstabiert. Det Alphabet musste könn', wenn de ins Büro willst oder ins Telegrafenamt." Oda kichert und legt Spiegel und Pinzette auf ihren Schoß. Dabei schaut sie Irmgard unbefangen an: ein rundes Gesicht, kleine Nase, muntere braune Augen. „Aber nenn mich Olly, alle sagen det." Olly, komischer Name. Sie nimmt sich vor, gut mit ihrer Zimmergenossin auszukommen, was auch immer geschehen möge. Dieses Glück, noch einen Platz im Marienheim bekommen zu haben, würde sie um nichts in der Welt aufs Spiel setzen wollen, nach der Geschichte in Potsdam schon gar nicht. Wenn das die Familie erfährt!

Jetzt müsste sie wohl auch mal was sagen. Brav nennt sie ihren Namen. „Von hier biste nich, det hör ick. Wo kommste denn her?" „Ich komm aus Potsdam. Und eigentlich aus Westfalen. Lippe-Detmold, schon mal gehört?" „Wat'n det für ne Jejend? Bist 'ne Landpomeranze", stellt Olly amüsiert fest, „und wo haste denn den Hut her? Son Jemüse druff, hab ick ja noch nie jesehn." Irmgard überlegt: „Wieso Gemüse?" Dann fällt bei ihr der Groschen. „Aus Potsdam, ich war dort bei einer Hauptmannsfamilie in Stellung, da musste ich gut angezogen sein." „Det musste hier ooch überall, wenn de dich irjendwo bewirbst. Da kannste det Ding jut jebrauchen. Ejal ob Postscheckamt, Telefonzentrale oder Verkäuferin bei Tietz: Immer wie aus'm Ei jepellt sein, det is hier die Devise, wenn de 'ne Stellung haben willst." Oda nimmt erneut den Spiegel zur Hand: „Und warum biste nich mehr bei deine Hauptmannsfamilie?" „Ach, ich wollte doch lieber nach Berlin", druckst Irmgard herum. Einen Moment herrscht Ruhe. Dann lässt ihre Bettnachbarin ein kieksendes Lachen hören und den Spiegel endgültig sinken. Sie guckt aber nicht schadenfroh. „Quatsch, rausjeflogen biste!" Plötzlich wird ihr bewusst, wie angewurzelt sie dasteht. Sie zieht den einsamen Stuhl unter dem Tisch hervor, setzt sich und streicht die Falten ihres geblümten Sommerkleides glatt.

Als sie wieder aufschaut, guckt diese Oda immer noch belustigt, schlingt die Hände um eines ihrer Knie und lehnt sich mit angezogenem Bein zurück, so dass ihr Kopf in der Tiefe des Stockbettes verschwindet. Irmgard hört sie noch gickern: „Kenn ick nämlich aus eijener Anschauung. Willkommen im Club der aufsässigen Damen! Ick bin ooch man bloß son Flüchtling aus Brandenburg. In Berlin de Nächte durchmachen und denn de letzte Straßenbahn verpassen, det ham de Hauptmannsfrauen nich so jerne. Mach dir nüscht draus, det passiert nich nur dir." Mit diesen Worten schwingt sich Olly wieder unter der Matratze hervor und stemmt die Arme in die Hüften: „Brauchst nich so traurich gucken. Suchste dir ne andere Stellung. Jehste gern ind Kino? Hier um de Ecke sind unzählije. Ick liebe Kino. Und tanzen kannste hier ooch, obwohl keene Männer nich da sind. Klärchen inne Auguststraße macht manchmal Weiberbälle. Wird nich gern jesehen. Aber solln wa immer nur Trübsal blasen wejen dem Krieg? Und Klärchen muss ja auch von wat leben, wo nu ihr Männe tot ist. Aber sach's nich weiter. Solange wa hier pünktlich uf'm Zimmer sin' und mal zur Andacht jehn, passiert uns nüscht. Jehste zur Andacht?"

Du liebes Lottchen, diese Oda – Olly legt ja ein ganz schönes Tempo vor. „Mal sehen", hört sich Irmgard diplomatisch antworten, „ich muss ja nun erst mal ankommen." Sie steht auf und beginnt ihre Tasche auszuräumen. „Dann soll ich wohl das obere Bett nehmen?"

B.: Na, was sagst du dazu?
I.: Nicht schlecht. Allerdings war Olly eine Brünette.

Mädchenzeitung

Marienheim, 16. Oktober 1917

Lachend und gestikulierend nähern sich die zwei jungen Frauen dem Marienheim. Aus einem Fenster im dritten Stock winkt ihnen eine Bewohnerin fröhlich zu. Es sind berufstätige junge Frauen, die nun die Schlafplätze belegen, kleine Angestellte, seltener Arbeiterinnen. Sie versuchen auf eigenen Füßen zu stehen, kleiden sich lässig und zeigen Bein, auch Irma. Wenn die auf dem Trottoir geht, drehen sich die Männer um. „Hoppla!" Olly stolpert, prustet los und greift nach dem Arm der Freundin. Lachend balanciert sie auf einem Bein, Irma muss sich an der Gartenbank festhalten: „Olly, was machst du denn ... ich fall ja um!" „Warte mal, Donnerwetter, ick habs jeahnt, der Absatz is hin! Wat zieh ick nun nur zu Tietze an?" Als Olly sie frei gibt, klopft Irmgard sich den Kragen ab. „Meine Schuhe werden dir 'n bisschen groß sein, aber vielleicht, wenn du Zeitungspapier reinstopfst, dann könnt's gehen. Die braunen kann ich dir für morgen ausleihen."

Zeugin des Wortwechsels wird die Heimleiterin. Eigentlich ist sie meist mit der sozialen Frauenschule beschäftigt, aber ihr Herz gehört der Betreuung der Mädchen. In einer Strickjacke über der Diakonissentracht hat sie sich für einen Moment auf der Gartenbank niedergelassen und genießt die letzten Strahlen der Oktobersonne. Die abendliche Andacht im Haus ist vorüber, alles läuft zu ihrer Zufriedenheit. Nun legt sie die neueste „Mädchenzeitung" beiseite und wendet sich gut gelaunt den jungen Frauen zu. „Na ihr beiden Hübschen, ihr seid ja so ausgelassen!" „Wir war'n in Neuruppin bei meiner Familie. Schön waret, wir sind mal wieder so richtich satt jeworden. Uf'm Rückweg ham wir noch inner Verkaufsstelle von Eden vorbeijeguckt un' Tatsache 'ne Flasche Himbeersirup abjestaubt. Und inne Vorortbahn, da war es sooo lustig. – Da hatte eener ne Quetschkommode dabei. Möchten Se'n Stück selbstjemachten Ziejenkäse von meene Eltern, Frau von der Schulenburg?" „Nein danke, lieb von dir, Oda. Behalt mal deine Köstlichkeiten und genieße sie mit deinen Freunden. In Berlin findet man solche Delikatessen ja gar nicht. Seht mal jetzt zu, dass ihr zur Ruhe kommt, ihr müsst ja morgen früh raus." Das mit Irmgards braunen Schuhen probieren sie gleich aus. Olly dreht einige Runden um den Tisch, bis es klappt. Dann ist es wirklich an der Zeit, in die Betten und unter die Decken zu kriechen, denn kaum ist die Sonne weg, wird es empfindlich kalt in ihrer Kammer, zu kalt zum Lesen.

Olly legt das Heft beiseite, zieht die Decke zur Nase und schaut nachdenklich auf die Matratze über ihr, in der sich Rücken und Po der Freundin als Beulen abzeichnen. „Du Irma, wie war's denn eijentlich so bei dir zu Hause?" Irmgard lässt den „Mörder vom Kintopp" sinken, dreht sich auf den Rücken und sagt nachdenklich: „Schwieriges Kapitel. Ehrlich gesagt, bin ich froh, dass ich weit weg bin. Bei uns zu Hause wird viel gestritten, ist immer 'Theater'. Man wird ganz kribbelig davon. Sei froh, dass ihr in der Familie so gut zusammenhaltet." „Det bin ick ooch, det kannste gloobn." „Oder war das Theater, was ich da erlebt hab heute?" „Nee, det is echt. Klar knallt det manchmal. Aber denn halt'n ooch wieder alle zusamm'." „Eigentlich könnten bei uns auch alle zufrieden sein. Stell dir eine kleine Villa vor, eine Wetterfahne krönt den Giebel. Dahinter erstreckt sich ein großer Garten: Gemüsebeete, Wildnis, die bis zu einem Flüsschen reicht. Nicht allzu fern erblickt man eine Reihe graublauer Berge, von einer der Kuppen lugt das Hermannsdenkmal. Lärm im Hintergrund, der stammt von Fabriken jenseits des Flüsschens. Und der Bahnhof ist auch nicht weit. Mutter stört das, aber so ist das nun mal in der neuen Zeit. Bahnanschluss in der Nähe ist praktisch. Meine Katze streunt im Garten herum. Es gibt ein Bienenhaus, einen Anbau, genannt 'die Scheune' mit den Gartengeräten, einen Kirschbaum, alle möglichen Sorten Beeren, Apfel- und Birnbäume. Ein kleines Paradies, sollte man meinen." „– Und was stimmt nicht?" „Tja, wenn ich das wüsste!" Irmgard starrt auf die grau gestrichene Balkendecke über sich. „Ich habe drei Schwestern und einen Bruder. Hilda, die Älteste, ist schon lange Lehrerin, wohnt mit ihrer Freundin Lotte, die wie eine Tante für uns ist. Dann kommt Lenchen, mit der ich mir das Zimmer teilen musste. Der Nächstälteste ist dann Fritz und Magda ist unser Nesthäkchen."

„Und worum streitet ihr so?" „Das ist ja das Seltsame. Keiner weiß es mehr. Es ist einfach schon so lange so. Die Eltern redeten nicht miteinander, Lenchen ergriff Partei für Mütterchen und Fritz hat sich mit Lenchen angelegt. Er wollte immer, dass Vater sich durchsetzt. Er sagt, Lenchen und Mutter seien wie der schleichende Efeu, der die Eiche umstrickt. Ich war zwischen allen Stühlen. Vater und ich, wir haben uns noch nie besonders gut verstanden. Meine Mutter steht mir näher, aber gegen Lenchen komm ich nicht an. Mit Fritz konnte ich lange Zeit über alles reden. Die Eltern wollten nicht, dass ich in die Großstadt gehe. Wenn ich mal nach Hause schreibe, dann fahr ich für einen Nachmittag nach Potsdam, damit der Brief dort abgestempelt wird. Mütterchen soll denken, ich bin immer noch bei der Hauptmannsfamilie, sonst macht sie sich Sorgen und schreibt es Vater." „Watt für'n Uffwand!", stöhnt Olly unten. „Als Kinder, da haben Fritz und ich uns oft in den Garten verzogen, in unser Refugium. Wenn drinnen dicke Luft war, sind wir ans Flüsschen. Das Ufer war so bewachsen, dass man uns vom Haus aus nicht sehen konnte. Wir haben stundenlang dort gespielt, beinahe bei jedem Wetter. Bei schlimmem Regen sind wir in die Scheune. Dort haben wir uns auf dem Dachboden verkrochen und Fritz hat die Leiter hochgezogen. Da kam so leicht keiner rauf. Allerdings suchte auch nie jemand nach uns. Fritz und ich, wir haben sogar eine eigene Geheimschrift. Für meine Freundin Hildegard sah es so aus, als hätten wir sehr viele Freiheiten. Sie ist ja ein Einzelkind. Kam Besuch, wurde Komödie vorgespielt." „Ach deswejen hast jefragt, ob det in Neuruppin heute ooch vielleicht Komödje war?" „Ja. – Fritz hat mich oft beschützt. Und obwohl Lenchen und er wie 'Hund und Katze' sind, wollte er immer alle zusammenhalten. Als Hildegard dazu kam, wurden wir drei so eine Art Kleeblatt. In den Ferien unternahmen wir viel gemeinsam. Wir waren so etwas wie die 'Jugendbewegung des Teutoburger Waldes'." „Na, nu übertreib mal nich." „Glaub mir, das waren wir! Fritz und Hildegard sind jetzt übrigens verlobt." „Hmm ..." „Hilda, unsere Älteste, ist eigentlich meine Halbschwester. Vater war schon mal verheiratet. Seine erste Frau, Hildas Mutter, ist gestorben. Unser ältester Bruder Heinrich ist ganz tragisch mit einem Schiff untergegangen. An den kann ich mich gar nicht mehr richtig erinnern. Er kam einfach nicht mehr zurück und wir wussten nicht, was geschehen war." – „Muss schlimm sein, so was. Habt ihr was erfahren?" „Nein. – Als kleines Mädchen war ich in den Ferien meist bei Hilda und Lotte zu Besuch, in Brambauer bei Dortmund. Beide arbeiten dort schon seit vielen Jahren an der Volksschule. Wie sie nur die Namen all der Kinder behalten können? Lotte ist klein, rund und weich, mit einem lieben Gesicht. Sie war es, die mich in den Arm genommen und mich geküsst hat, wenn ich mir die Knie aufgeschlagen habe. Darum weiß ich, wie sie sich anfühlt. Ihre Haare reichten bis zum Boden, wenn sie den Zopf löste, den sie sich meist als Krone um den Kopf legte. Mit diesem Haarschopf hat sie sogar einmal einen Wettbewerb gewonnen. Ich hab ihr Haar immer so gern gekämmt, wenn ich zu Besuch war.

Die beiden reden viel über Frauenrechte und solche Dinge und gehen in Dortmund zu Versammlungen. In ihrer Wohnung hängen nur Bilder von Malerinnen. Leider sehen wir uns seit einigen Jahren seltener. Sie bräuchten ihre Ferien jetzt dringend zur Erholung, sagen sie immer. Mit Hilda hat sich das Verhältnis irgendwie abgekühlt, das macht mich traurig." „Det wird bestimmt wieder, wart's mal ab. Und was is mit Lenchen?" „Sie war schon in Budapest in Stellung, hat etwas von der Welt gesehen. Das beeindruckt die Eltern. Sie ist ansonsten schrecklich 'pingelig'." „Wat is das denn?" „Das sagt man bei uns, wenn jemand sehr genau ist oder kleinlich." „Also so'n Krümelkacker?" Irmgard lacht. „Das passt! Wir haben uns ständig in die Wolle gekriegt. Sie muss alles planen und ich möchte in den Tag hinein leben und hasse Regeln. Sie verlangt, dass ich mich nach ihr richte. Ich frage mich, mit welchem Recht? Bei unserer ersten Begegnung bekam ich einen ordentlichen Schreck, weil ich dachte, wieder so eine, die alles bestimmen will." Olly kichert: „Na, da hast dir aber mächtich jetäuscht, wa?" Irmgard, lugt über die Bettkante und grient verkehrt herum, die Haare wedeln wie Teppichfransen: „Na, bist du dir ganz sicher?" „Oh, nimm das sofort zurück!" Olly spielt die Empörte und greift nach ihrem Kopfkissen. Irmgard zieht schnell den Kopf ein und flötet: „Der große Unterschied ist: Mit dir, liebste Olly, kann ich über alles reden." „Danke für die Blumen. Erzähl weiter, ick liebe so'ne Verwandtschaftsjeschichten. Und was ist mit deinen Eltern?" „Die hadern beide anhaltend mit ihrem Leben. Mein Mütterchen ist ängstlich und gibt so viel darauf, was die Leute sagen. Sie meint, ich würde nicht gottgefällig leben, weil ich die häuslichen Pflichten in meinem Leben nicht an die erste Stelle setze. Sie hat viel Arbeit und verausgabt sich. Ich fürchte, sie ist enttäuscht von mir, weil ich alles anders mache, als sie sich erhofft hat: Ich werde keine Lehrerin und auch keine Diakonisse. Statt des Sonntags in die Kirche, gehe ich in die schreckliche Großstadt. Ich bin aber überzeugt davon, der liebe Gott will, dass ich auf meine Art glücklich werde." „Det gloob ick ooch." „Und Vater ist ein wunderlicher Mensch. In meiner Vorstellung schlunzt er schon ganze Ewigkeiten in diesen abgetragenen Sachen durch das Haus, dass ich mich seiner geschämt habe, wenn Schulfreunde mich besuchen wollten. Ein halber Gelehrter ist er, hat eine philosophische Schrift verfasst. Hildegard und ich haben mal eine Seite davon gefunden und kein Wort verstanden. Aber er kümmert sich durchaus auch um praktische Dinge, macht Wein aus unseren paar Weinstöcken, hält Bienen. Er buddelt auch viel im Garten und beschäftigt sich mit allerhand Erfindungen. Mutter klagt immer, damit sei kein Geld zu verdienen. Verrückte Sachen denkt er sich aus. Eine Eierkochmaschine zum Beispiel." „Jar nich so verrückt. Neulich, bei Tietz, da hab ick so wat jesehen." „Wirklich? – Na, Vater ist jedenfalls nicht erfolgreich mit seinen Erfindungen. Er hat eben einfach keinen Geschäftsgeist. Woher auch? Er bleibt doch ein Beamter. Überehrgeizig, besonders für uns Kinder. Er spricht schon seit Jahren davon, er werde demnächst sterben. Mein Vater und ich, wir haben ein seltsames Verhältnis zueinander. Wenn ich sage, ich möchte meine Stimme ausbilden lassen und Künstlerin werden, dann ist dafür kein Geld da. Aber wenn ich mich ans Klavier setze, dann sagt er so Sachen wie 'aus dir wird doch noch mal was ganz Großes' und seine Augen leuchten. Ich soll ihm meist das Lied von der Loreley spielen und weiß ganz genau, wie das dann ausgeht:

Am Ende entschwindet er in Tränen aufgelöst in den Garten zu den Bienen. Da hüllt er sich dann in seinen Imker-Nebel. Anschließend ist er so kühl zu mir. Als wenn ich etwas dafür kann, wenn er so nah am Wasser gebaut hat. Habe ich ihn etwa krank gemacht?" „Ne, haste bestimmt nich. Er wollte das doch so." „Mag sein, aber ich fühle mich dann immer, als sei ich an allem schuld: Am Unglück der Eltern, daran, dass ihre Kinder nicht so geworden sind, wie sie es erhofft haben, an allem, was sie so verdrießt."

„Und deine jüngere Schwester?" „Magdalena leidet auch. Sie fühlt sich vernachlässigt und wurde so oft zu Verwandten aufs Land gegeben. Jetzt ist sie 15 Jahre alt und durch Vermittlung von Lenchen in Budapest in einer Familie, um den Haushalt zu lernen." „Mitten im Krieg? Ick bin froh, dass bei uns alle zusammen sind. Reicht schon, dass Kurt, meen Bruder, an der Front sein muss." „Ja, wir sind in alle Winde verstreut. Kurz bevor ich nach Halberstadt aufbrach, hat Vater die Familie verlassen. Ich weiß gar nicht so recht, was er macht. Und ich hab Mütterchen dann auch noch allein gelassen. Vielleicht hat sie erwartet, dass ich zu Hause bleibe, bis ich mal heirate. Bestimmt ist sie erschöpft. Schon allein den großen Garten zu bestellen, ist ja unmenschlich viel Arbeit. Sichert aber das Überleben. – Ich frage mich schon manchmal, ob ich mir in solchen Zeiten das Recht auf ein eigenes Leben nehmen darf?" „Natürlich darfste det, Vorrecht der Jugend. Und Lenchen, die kann doch nun auch helfen? Die macht sich nich sone Sorjen wie du." „Jetzt freu ich mich so sehr auf Fritz, das kannst du dir gar nicht vorstellen! Ein bisschen bange ist mir dabei. Werden wir uns noch verstehen? Zuletzt hat er mir nach Halberstadt geschrieben. Ich hatte ihm ein Päckchen geschickt mit etwas Tabak und Briefpapier. Dieser Brief, der ist mir so wertvoll, obwohl eigentlich nichts wirklich Wichtiges drin steht. Willst du ihn hören?" „Na klar." „Warte einen Moment!" Irmgard hangelt nach dem kleinen Koffer und zieht ihn zu sich aufs Bett. Ganz obenauf liegt der leicht zerknitterte Brief von Fritz.

Barleux (sur Somme) Montag, den 4.12.16

Lieb Schwesterlein!
Endlich habe ich Zeit, und drum sollst Du auch nicht länger warten. Seit vorgestern bin ich wieder in Stellung und zwar etwas links von der vorigen. Es ist etwas hitziger hier mit der Schiesserei, doch habe ich zusammen mit einem 21-jährigen Lehrer ein niedliches Karnickelloch, worin man es schon aushalten kann, besonders da wir uns die Kiste etwas vertieft haben. Ja – wenn ich Dir so von hier erzählen will, dann weiß

ich gar nicht, wo ich anfangen soll, denn was man sich so in Zivil unter „Krieg" vorstellt, ist so verschieden von dem Geschehen hier draußen, daß man sich gar nicht gewiß wird, was davon verstanden und was nicht verstanden wird.

Jedenfalls ist das Schlimmste hier nicht das Schiessen, nicht der Kampf, sondern das unendliche Ertragen von Strapazen. Zu Kämpfen gibt's eigentlich wenig, haben doch manche, die schon 1 ganzes Jahr draussen – nicht etwa hinter der Front – sind, noch keinen Franzmann in Freiheit gesehen. Doch das Leben in steter Bereitschaft, wie ein Raubtier am Tage in einer Höhle, des Nachts draußen: das ist das Aufreibende. Z.B. vergeht mir der Tag jetzt so: die Morgensonne findet mich, oder besser findet mich nicht, denn ich schlafe – bis Mittag. Dann wird etwas gegessen, geschrieben, erzählt, etc. pp. (alles im Unterstand), und dann schläft man noch etwas bis Abends.

Um 6 wird es dunkel; da kommt der Küchenwagen, die „Gulaschkanone" heran, und um 8 Uhr haben wir unser lauwarmes Essen, denn beim Tragen bis vorne zu uns wird das Essen immer kalt. Nun – ein Spirituskocher wärmt die Geschichte wieder auf und wir essen „Mittag". Gleich hinterher gibt's dann auch Brote und Kaffee und Süssigkeiten für den kommenden Tag. Um 10 Uhr, wenn der Mond scheint, oder der Regen in Strömen gießt, da geht's hinaus in die klatschnassen Gräben. Jeder krallt sich einen Spaten, und dann wird „gebuddelt". Oder es wird Draht gezogen oder Material zum Bauen von hinten herangeschafft. Hat man aber zuviel Krach dabei gemacht, ratschbum kommen so'n paar Dinger geflogen. Da gibt's Tote & Verwundete. Meist aber geht's gut und man ist froh, wenn man nur 1 Dutzend mal im Dunkeln in Granatlöcher oder Wassertümpel gerutscht ist. Freu sich, wer dann heile Stiefel hat!! Je nach der Schwere der Arbeit dauert die Zeit der Arbeit. Je leichter die Arbeit, desto länger wird geschafft. Kommt aber der Morgen, dann muß alles wieder verschwunden sein. So verläuft der Tag, und mancher freut sich, wenn er in den II. Graben kommt, wo ich jetzt bin, denn im I. Graben macht das dauernde Postenstehen auch keine Laune bei diesem kalten, feuchten Wetter. – Doch ich habe ganz vergessen, Dir noch mal für Dein liebes Päckchen zu danken. Du weißt gar nicht, wie man sich hier auf Post freut, und gar besonders auf Pakete! Allzu gut kann ich diese Feldpostbriefe gebrauchen, denn auch dieser stammt ja von Dir. Es ist leichtes, und doch gutes Papier und tadellos passendes Format. Darf ich Dich wohl um gelegentliche Nachsendungen im Feldpostbrief bitten? Du tätest mir einen großen Gefallen, kann man doch gerade Schreibsachen nicht immer wie man sie haben will erhalten, Doch zum Schluß! – Schick gelegentlich diesen Brief auch an Vater und Hilda, wohl? Ich habe beide damit vertröstet, da ich meist nur zu Karten Zeit und Gelegenheit finde.–

Sonst geht es mir ganz vorzüglich, sodaß ich Dir nur dasselbe wünschen kann.

Mit herzlichen, brüderlichen Grüßen und Küssen, Dein Fritz

„Ich hab den Brief dann abgeschrieben, wie er sich's wünschte. Das Original hab ich behalten. – Mein lieber Fritz!" Olly hört, wie Irmgard oben einen Kuss auf das Papier drückt. „Er hat den Krieg ja ziemlich locker genommen, finde ich", murmelt die Freundin unten schläfrig. „Das kannst du wohl laut sagen. Einen Monat später war seine linke Hand zerschossen!" Olli hört noch, wie die Freundin den Brief wieder im Koffer verstaut und sich dann leise umdreht. Es dauert eine Weile, bevor rau und kieksig von unten zu vernehmen ist: „Aber nu hat er's überstanden, für ihn is der Krieg zu Ende und muss nich mehr durch die Granatlöcher stolpern, wie die vielen anderen! Nacht Kleene, schlaf jut, nu weeß ick Bescheid." „Gute Nacht Olly." Irmgard schließt die Augen und und stellt sich vor, wie es wohl sein wird, Fritz wiederzusehen.

Gespräch an der Spree

12. November 1917

Er lässt sie warten. Sie hat sich auf eine Bank in der kleinen Grünanlage beim Hohenzollernmuseum gesetzt und summt vor sich hin. Neben ihr steht die Tasche mit dem Strickzeug und dem Lesestoff fürs Anstehen. Verwunderte Blicke von Vorübergehenden. Sollen doch die Leute denken, was sie wollen. Hauptsache Fritz erkennt sie wieder mit der neuen Frisur. Nicht ganz so kurz wie bei Asta sind die Haare jetzt, mehr so wie bei Ossi Oswalda in „Wenn vier dasselbe tun". Sie würde den Film so gern noch einmal sehen, aber er ist abgesetzt, die Zensur! Anfang des Krieges war es, dass sie sich zuletzt gesehen haben, Fritz und sie. Dazwischen liegen so viele einschneidende Ereignisse: seine schwere Erkrankung, Halberstadt, Potsdam, ihre Arbeitssuche. Die Szene, die sie dazu bewog, die Munitionsfabrik fluchtartig wieder zu verlassen, kommt ihr in den Sinn, als sie am ersten Tag sah, wie die Frau neben ihr vor Erschöpfung zusammenbrach. Es folgten Fritz' Verwundung und Anfang des Jahres die Ereignisse in Russland; die Manifestationen gegen die Herabsetzungen der Lebensmittelrationen, die in den Generalstreik im April mündeten. An einem der ganz großen Demonstrationszüge haben Olly und sie teilgenommen, trotz Verbots. „Für Frieden und Brot!" stand auf den Schildern. Die Irren in den Anstalten würden bereits sterben, wurde da gemunkelt. Zunächst war ihr seltsam dabei zumute gewesen, sich in der Öffentlichkeit zu zeigen. Aber dann hatte sie sich umgeschaut und gesehen, wie viele Frauen gekommen waren, sogar mit Kindern. Die Stadt spricht immer noch davon. Spannung liegt seitdem in der Luft. „Keiner denkt mehr an den Sieg, was die Zeitungen sagen ist alles Lug und Trug! Sollen wir uns die Knochen kaputtschießen lassen, nur weil die Oberen noch Lust haben zu dieser wahnsinnigen Schlächterei?" – Und Sätze wie „Wir kriegen unsere Kameraden dazu, dass sie alle mitmachen wie in Russland!" fallen jetzt in der Gruppe. Sie friert und schlägt den Kragen hoch. Aber im Café muss man etwas bestellen und es ist doch kaum wärmer dort, beruhigt sie sich. Träge zieht die Spree vorüber. Davor eilen Menschen auf der täglichen Jagd nach dem Notwendigsten, zumeist Frauen. Sie schaut auf die graugrüne Kuppel des Kaiser Friedrich Museums jenseits der Spree. Kumuluswolken türmen sich darüber zu gebirgigen Formationen auf. Schön und wild ist dieser Himmel. Böen wirbeln trockene Blätter durcheinander. Vielleicht kommt Fritz ja von der Oranienburger? Niemand zu sehen von dort. Als sie sich erneut umschaut, entdeckt sie freudig die blauen Herbstzeitlosen auf der Wiese. Prompt stellen sich Zweifel ein, ob sie das wirklich darf? Lebensfreude empfinden. Andauernd liegt diese graue Wolke über dem Leben.

Spreemöwen segeln vorbei. Eine von ihnen lässt sich in respektvollem Abstand von ihr auf der eisernen Absperrung nieder. Jetzt gesellt sich sogar eine Nebelkrähe dazu. Die Möwe hüpft aufgeregt zur Seite und hackt in die Luft. Nach Sekunden herrscht friedliche Koexistenz. Irmgard schmunzelt über das eigenartige Pärchen. Schade, dass die Menschen ihre Händel so anders austragen. Passt bloß auf, dass euch beide niemand abschießt und ihr in der Wildhandlung landet, neben toten Eichkatzen und Sperlingen. Sie schaudert bei der Vorstellung daran, was jetzt in den Lebensmittelläden als Fleisch verkauft wird. Wobei jeder weiß, dass es für teures Geld in den Lagern und Hinterzimmern ganz andere Esswaren gibt! Sie hat dafür nicht die Mittel. So bleibt es bei den ewigen Steckrüben – als Brot, als Suppe, als Marmelade. Neulich hat ihr einer der Aufseher einen schrumpeligen Apfel zugesteckt, natürlich mit Hintergedanken. Aber da kann der lange warten. – Wo bleibt Fritz denn nur? Erkälten sollte man sich jetzt besser nicht. Das kennt sie gar nicht von ihm. Er war stets überpünktlich, bemängelte ihre Lässigkeit. Bestimmt ist es schon weit über der verabredeten Zeit. Die Sonne lugt jetzt aus den Wolkenbergen und taucht alles in eine matte Helligkeit. Sie zieht das Heftchen aus der Tasche hervor, liest ein paar Zeilen, kann sich aber nicht konzentrieren. Vom Hackeschen Markt her nähert sich eine schlanke Gestalt im grauen Anzug mit Weste, Kragen und Binder – elegant. Trotz der Kälte kein Mantel? Das könnte er sein, das passt zu seinem Abhärtungsfimmel. Die Gestalt hat eine braune

Aktenmappe unter dem Arm. Ein bekannter ausschreitender Gang, ein jungenhaftes, schmales Gesicht. Die linke Hand hält er mit angewinkeltem Arm im Jackett, wie Napoleon. – Ja, das kann er sein. Nein, das ist er: „Huhu, Huuhuu Fritz!" Irmgard schwenkt die Arme, springt auf und winkt mit dem bunten Heftchen. Dann wirft sie es kurzerhand auf die Bank und eilt ihm entgegen. Möwe und Krähe fliegen erschrocken auf. Jetzt steht er einige Meter entfernt vor ihr. Sie zögert – darf man ihm um den Hals fallen? Lieber nicht, entscheidet sie. „Schwesterchen, bist du es? Lass dich mal anschauen, ich erkenne dich ja kaum wieder!" Fritz legt seine gesunde Hand mit der Mappe auf ihre Schulter und dreht sie. „Ja, kein Zweifel, meine hübsche Schwester. Wie erwachsen du geworden bist! An die Frisur muss ich mich erst gewöhnen. Siehst aus, wie eine von diesen Schauspielerinnen auf den Filmplakaten – und so schlank!" Er schiebt das Heftchen beiseite und setzt sich auf die Bank. Sie strahlt ihn an wie ein Kronleuchter in Klärchens Ballsaal. „Du Schmeichler, dafür sorgen doch schon die schmalen Essensrationen, das weißt du ganz genau!" Sie lacht ausgelassen, nimmt seine rechte Hand und schwenkt sie. „Brüderchen, ich hab dich sofort erkannt. Warum bist du denn so spät? Wenn es regnet, können wir ins Museum gehen."

Fritz hat seinen Arm um sie gelegt. Irmgard genießt es und schmiegt sich hinein. Fast ist es wie früher. „Entschuldige die Verspätung, aber du glaubst ja nicht, wie viel im Rettungsverein zu tun ist. Ich komme gerade vom Vormundschaftsgericht, dort hatte sich mal wieder etwas verzögert, sind ja auch kaum noch Richter da. Sei mir also bitte nicht böse. Es ist ein Jammer mit all diesen Kriegswaisen und den streunenden Jugendlichen, so viel Kriminalität und Elend!" „Was hast du denn erwartet? Das ist unser täglich Brot an der Heimatfront. Die Frauen, die mit mir im Telegrafenamt arbeiten, müssen ihre Kinder oft allein lassen. Was bleibt ihnen auch anderes übrig? Ich muss heute auch noch anstehen. Sag, wie geht es Hildegard? Hat sie dich gut gepflegt?" „Oh ja, sie hat mich fast jedes Wochenende in allen Lazaretten besucht, ganz gleich wo ich war. Tapfer ist sie mir immer hinterher gereist. Du kennst doch deine beste Freundin, auf sie ist Verlass. Zu Hause wollte mich mal wieder niemand. Du warst ja auch ausgeflogen. Immer noch eifersüchtig?" „Ach, woher denn? Und wo ihr jetzt auch ganz offiziell verlobt seid, bleiben wir drei ja quasi immer zusammen. Nein, unsere Wege wären ohnehin etwas auseinandergegangen, seit ich das Seminar quittiert habe. Man kann sich ja trotzdem gut verstehen, wohl? Ich hab hier auch Freunde gefunden. Am liebsten ist mir Olly. Mit ihr teile ich mir ein Zweibettzimmer im Marienheim. Sie ist so lustig, du musst sie unbedingt kennen lernen. Wir zwei sind viel unterwegs. Mit Olly kann man selbst in dieser Zeit Optimist bleiben!" Eine Weile schauen sie schweigend auf die Spree. Sonnenlicht dringt durch einen der blauen Ausschnitte am Himmel und gleich sieht alles freundlicher aus. „Was macht denn dein Verlobter, er war doch eingezogen?", unterbricht Fritz das einträchtige Schweigen. „Ehrlich gesagt habe ich die Verlobung mit Adi gelöst. Es hatte sich so viel verändert im Leben und es gab eine andere, die ihm öfter schrieb als ich. Du weißt doch, ich bin schreibfaul. Wir waren ja beide erst sechzehn. Vielleicht wollte ich einfach nur auch verlobt sein, so wie du und Hildegard." „Aha, na meinetwegen. War mir ohnehin nicht so ganz geheuer mit einem, der mich aus dem Leopoldinum kennt. Und wo bist du denn so unterwegs, wenn du nicht gerade Verbindungen stöpselst?" „Ooch, überall und nirgends. Manchmal in Brandenburg mit Olly auf Hamstertour in Neuruppin oder in den Wäldern mit der Freidenkerjugend. Sind jetzt öfter Mädchen die Führerinnen."

Eine Weile schweigen sie erneut, blicken auf den Fluss und die segelnden Möwen. Irmgard weist zur Seite: „Schau mal da drüben, das ist das Haupttelegrafenamt, dieser Riesenbau. Das modernste Fernsprechamt Europas. Mit Rohrpost im Keller, da geh ich jeden Tag hinein. Da drin kann man sich glatt verlaufen." „Du bist also eine von diesen Telefonistinnen, eine Klingelfee? Das wollen ja jetzt neuerdings alle sein. Da gibt's ja sogar schon 'nen Schlager dazu." „Das war gar nicht so einfach, diese Arbeit zu bekommen. Ich hab extra in einem teuren Studio in der Leipziger Straße ein Bewerbungsfoto machen lassen. Ich musste an einer Aufnahmeprüfung teilnehmen, hab ganz schön geschwitzt. Es hieß, nur 'gesunde, besonders belastbare Frauen mit schneller Auffassungsgabe, exzellentem Zahlengedächtnis und starken Nerven' würden eingestellt. Viele sind durchgefallen, ich hab's geschafft! Sechs Wochen Ausbildung, anschließend Probezeit. Der Aufseher notiert sich jede falsche Verbindung für die Personalakte. Ich hab erst zwei Einträge in drei Monaten. Du kannst also stolz auf dein Schwesterchen sein." „Die Eltern glauben, du bist immer noch in Potsdam." Sie zögert. „Ja, und lass sie doch ruhig noch ein wenig in dem Glauben. Sie machen sich sonst nur unnötige Sorgen. Ich hab Hildegard gebeten, dicht zu halten. Dann erzähl du den Eltern bitte auch nichts!" Fritz sieht sie skeptisch von der Seite an. „Wenn du es partout möchtest, aber richtig finde ich es nicht. Warum bist du denn eigentlich nicht mehr dort?" „Weil ich gekündigt bin, gefeuert." Ihr Bruder macht große Augen. „Wie, gefeuert?" „Ich bin zu spät gekommen." „Zu spät? Warum zu spät?" „Kannst du dir das nicht denken?" „Nein, kann ich nicht. Du weißt doch, unsereins kennt nur das Warten im Schützengraben, Unterstände schaufeln, die Lazarette und das Büffeln. Den Dienst für andere eben. Also, warum bist du denn nun nicht mehr bei der Hauptmannsfamilie?"„Na, im Kino waren wir, in Berlin. Und dann war die letzte Straßenbahn fort." Fritz pfeift durch die Zähne. – „So, im Kino! Sieh mal einer an: Ich opfere meine linke Hand für den Sieg des Vaterlandes und mein Schwesterchen amüsiert sich derweil. Und dazu noch im Kintopp. Und gibt solch eine wunderbare Stellung auf!" Er nimmt seinen Arm von ihrer Schulter und rückt beiseite. „Ich bin enttäuscht von dir, Schwesterchen. Zeigt sich da etwa ein Mangel an Beständigkeit und innerer Zucht?" Beiläufig greift er nach dem Heft. „Und was ist das hier? 'Mord im Kintopp'", liest er stirnrunzelnd, „ein Groschenheft. So einen Schund liest du? Ich denke, im Marienheim haben sie eine Bibliothek, gibt es da nichts Anständiges zu lesen?" Ärgerlich knallt er das unschuldige Blättchen auf die Bank.

Irmgard durchzuckt ein Pfeil. Doch versucht sie, den unbeschwerten Ton zu wahren. „Ehhii, Brüderchen, pass doch auf! Das ist aus der Leihbibliothek. Das können wir noch zurücktauschen, dann sparen wir 30 Pfennje! Wir Arbeitermädchen verdienen nicht so viel. Olly ist Verkäuferin bei Tietz am Alex und ich komm grade so über die Runden mit meinem Stöpsellohn. Das meiste in der Bibliothek im Marienheim ist soo langweilig: Traktätchen, Kirchengeschichte, Schulwissen. Erinnert mich alles sehr an zu Hause. Die 'Mädchenzeitung' und 'Komm Mit'. Manches ist ja ganz nett. Wenn du aber den lieben, langen Tag tausendmal in der Stunde, katzenfreundlich immer wieder nur sagen musst: 'Hier Amt, was beliebt? Bitte melden!', und dir immer nur Nummern merken musst, dann willste am Abend etwas mit Herz und Schmerz oder mit Spannung lesen, statt dich zu bilden. Das ist viel packender. – Du, damit kann man sich richtig gut ablenken und hört nicht einmal, wie einem der Magen knurrt." Irmgard will nach dem Heft greifen, aber ihr Bruder hält es fest und öffnet es erneut. Unterhalb der Ärmelmanschette sind dabei die Folgen der Verwundung zu sehen. Irmgard schaut erschrocken auf das rote, weiche und vernarbte Gewebe. Sie sieht eine Kuhle. Wie rosa Kunstseide die Haut, als hätte eine geschickte Schneiderin sie in der Mitte mit Garn zusammengezogen. Die Hand sitzt seltsam verdreht an dem, was einmal das Gelenk war. Fritz blättert derweil scheinbar ungerührt in ihrem Lesestoff. „Ja, sieh dir das ruhig genau an. Die Handwurzelknochen sind weggefegt. Den

Daumen kann ich noch gar nicht wieder bewegen, mit den Fingern geht es jetzt schon besser. Nicht schön, oder? Ein Dumdumgeschoss, Gruß vom Franzmann." Irmgard schaut wie ertappt in eine andere Richtung. „Das hässliche Gesicht des Krieges", murmelt sie verlegen, „es tut mir so leid, du musst wirklich Furchtbares durchgemacht haben." „Es scheint dir aber nicht wirklich nahezugehen, wenn du dich amüsierst und Groschenromane liest, während das Deutsche Reich um seine Existenz ringt!" Irmgard spürt, wie sich ihr Magen zusammenzieht und schaut zum Himmel mit den Wolkengebirgen auf. „Aber Fritz, was hat denn das eine mit dem anderen zu tun? Und warst du nicht auch gegen diesen Krieg? Wie hast du dich darüber entsetzt, dass in Frankreich Kirchen von deutschen Soldaten zerbombt werden! Zuletzt hast du erzählt, dass du mit vielen gesprochen hast, die nicht begeistert davon sind, auf andere Arbeiter schießen zu müssen. Die Franzmänner kriegen ja auch unsere Granaten ab und ich hab gehört – Giftgas?" „Ja, ich weiß, so etwas habe ich vertreten. Das ist nun schon länger her und ich war da politisch noch ziemlich naiv. Jetzt bin ich zum wahren politischen Bewusstsein erwacht! Mein Bettnachbar im letzten Lazarett, das war ein Berliner, fünf Jahre jünger als ich und ein kluger Kopf. Er wurde 1917 verwundet, es war schon seine dritte Operation. Er hat mir die Augen geöffnet: Eine einige Volksgemeinschaft schaffen, die nicht von Klassenkämpfen zerrissen wird! So sieht heute die Nachfolge Christi aus. Das Luthertum muss dringend erneuert werden, um eine einige Volkskirche zu erreichen. Volk, Rasse und Familie, das sind die Losungen von heute. Nach dem Krieg, wie immer er ausgehen mag, wird es unsere vornehmste Aufgabe sein, dafür ein Bewusstsein im Volk zu schaffen, glaub mir. Dazu muss man zuallererst den zersetzenden Einfluss undeutscher Rassen im deutschen Volk zurückdrängen. Ich habe so viel mit Hans über diese Fragen diskutiert. Und hier in Berlin bin ich mit Guida Diehl in Kontakt, der Sekretärin von Pfarrer Burckhardt. Lies doch nur einmal 'Heilige Flamme, glüh! Deutschlands weiblicher Jugend im großen Krieg gewidmet'. Hildegard ist auch ganz meiner Meinung. Du siehst, es sind nicht nur Männer, die so denken wie ich! Ich werde persönlich dafür Sorge tragen, dass Diehls Schrift in die Bibliothek des Marienheims kommt. Alle vernünftigen Menschen sehen es so, auch mein alter Lehrer Philipps. Du dagegen sprichst über Deutschland wie eine Verräterin! Wenn andere aber solch oberflächlichen Individualismus an den Tag legen, wie ihn nun sogar meine kleine Schwester vertritt, dann kann ich nur sagen: armes Reich! So ist der Krieg natürlich nicht zu gewinnen! Dieser krasse

Materialismus, der nur am eigenen, kleinen, alltäglichen Leben klebt, nur an seichter Unterhaltung interessiert ist, der ist die größte Gefahr für die Volksgemeinschaft. Hast du denn gar keine Ideale?" Irmgard ist wie vom Blitz getroffen und starrt auf die Spree. Dann sagt sie leise: „Doch, aber die lauten eben anders. Viel einfacher: Frieden und Brot." „Aber das wollen wir doch alle, wir sind uns nur nicht über den Weg dahin einig. Hier, das solltest du dir mal zu Gemüte führen." Fritz sucht in der Ledertasche und zieht einen Flugzettel heraus, den er ihr in die Hand drückt: „Aus der Vorwärts-Druckerei in der Lindenstraße, ganz frisch." Irmgard besieht sich das Bild auf dem Zettel. Es zeigt einen stämmigen, grimmig dreinblickenden Mann mit Schnauzbart und Schiebermütze, die Hände hat er trotzig in den Taschen seiner groben Hose vergraben. Dabei sind doch die, die jetzt den Alltag in der Hauptstadt aufrechterhalten, die Frauen.

> „Fluch über den Mann, der jetzt müßig geht!
> Fluch über die Faust, die jetzt ruht!
> Denkt, die ihr abseits vom Amboss steht,
> draußen fließt Blut!"[6]

Bestimmt ist das wegen der Streiks gedruckt worden, denkt sie und ärgert sich. Dann sprudelt es aus ihr heraus: „Na ja, da steh ich schon lieber abseits, wenn es um den Krieg geht. Umso schneller ist er dann zu Ende und umso weniger Blut muss noch fließen. Ich hab genug Socken für die Soldaten im Feld gestrickt. An der Ostfront ist ja schon der Frieden in Sicht und die Bolschewiki wollen die Freundschaft der Völker!" „Und du glaubst das? Jetzt verteidigst du also schon den Bolschewismus nach der Art von Spartakus? Was die wollen, das ist doch grauenhafteste Unsittlichkeit und Zügellosigkeit! Wie kannst du als Frau dich nur für solche Ziele begeistern, ich verstehe dich nicht. Hast du darum auch deine Verlobung zu einem Soldaten im Felde gelöst?" Fritz hat sich in Rage geredet. Einen Moment ist Irmgard völlig sprachlos, ihre Kehle ist wie zugeschnürt. Jetzt bricht es aus ihr heraus: „Willst du mir eine Moralpredigt halten? Noch bist du nicht ordiniert, Herr angehender Pastor!" – Mist, warum muss sie immer ein so loses Mundwerk haben? Sie beißt sich auf die Lippen, als könnte das ihre letzten Worte zurückholen. Vorsichtig schielt sie zur Seite und sieht ein hochmütiges, abweisendes Profil. Fritz' eben noch liebevoller Blick ist zu einer Maske erstarrt. Schnell schaut sie wieder auf das graue Wasser und die hin- und hereilenden Menschen. „Ich wollte dich nicht kränken." Fritz steht auf und drückt ihr Nat-Pinkerton, Nr. 98 in die Hand. Dabei schaut er sie betont traurig an. Und während sie das Heftchen langsam einsteckt, sagt er, schon im Aufbruch, kühl: „Tut mir leid, Schwesterchen, ich muss gehen. Muss noch einen Hausbesuch machen. – Eines will ich dir aber unbedingt noch berichten. Vater und Lenchen sind auch in Berlin!" Sie zuckt zusammen. „Nein! Warum das denn?" „Vater ist als Beamter reaktiviert worden, er leitet die Sparkasse Neukölln. Sogar den Schreibschrank hat er mitgenommen und Lenchen, seine Sekretärin. Du kennst sie ja. Sie freut sich, dass sie mal wieder aus der Hubertusstraße herauskommt. Ich glaub, Vater wollte auch gern in meiner Nähe sein. Er wohnt nahe dem Hermannplatz. Sieh dich also besser vor, dass du den beiden nicht über den Weg läufst! Ein Wunder, dass es nicht längst geschehen ist. Und Mutter ist jetzt ganz allein mit dem Haus!" Irmgard bückt sich nach dem Stricktuch, das ihr entglitten war, will nicht zeigen, wie verstört und enttäuscht sie ist. Als sie sich wieder aufrichtet, hat sie aber ein Lächeln aufgesetzt und hält es Fritz entgegen wie ein Plakat: „Ja dann – dann musst du wohl gehen. Danke für die Warnung. Leb wohl, Brüderchen und grüß mir meine Freundin Hildegard recht schön."

„Ja, leb wohl, Schwesterchen. Gottes Segen für dich und mach mir keine Schande, ja! Das möchte ich dir noch auf den Weg geben. Hier kennen sich alle in der Inneren Mission. Nicht, dass mir da etwas zu Ohren kommt! Du weißt sicher, dass in der Tieckstraße 17 auch das Hauptbüro der Bahnhofsmission ist. Ich hoffe also, du hast mehr Grips als die Sternchen vom Film, denen du jetzt nacheiferst. Und geh doch gelegentlich mal wieder zur Andacht! In der Sophienkirche predigt Pfarrer Burckhard. Ganz wunderbar, solltest du dir anhören. Und da findest du auch Guida Diehl vom Neulandbund. Mit der könntest du dich gelegentlich mal unterhalten, sie kann dir am besten erklären, was wir wollen." Irmgard muss wieder an ihre Geheimsprache denken. Wie vertraut waren sie sich, sie konnten einst die Gedanken des anderen lesen. Jetzt versteht sie seine Worte kaum noch.

Fritz klemmt sich die braune Tasche wieder unter den gesunden Arm, schiebt die linke Hand zurück ins Jackett und macht sich in Richtung Charité auf. Einmal dreht er sich noch um und winkt ihr mit der Tasche zu. Als er außer Sicht ist, setzt sie sich wieder. Die hin- und hereilenden Passanten könnten sie glatt für eine Statue halten. Vor ihrem inneren Auge erscheint das Bild der Demonstration im April. Am Rand immer die berittene Polizei mit ihren Säbeln, die den Zug drohend begleitete. Letztes Jahr hatte die preußische Polizei diese Waffen gezogen, war mit den Pferden in die plündernde Menge geritten. Das hatte sich trotz der Zensur schnell herumgesprochen, dass es auf der Wilmersdorfer Straße viele Tote gab, Frauen und Kinder. Sind die auch alle nur Materialisten, die hungernden Menschen? Warum gab es von dieser letzten großen Versammlung eigentlich keine Bilder in den Zeitungen? Sind wohl wieder mal der Zensur zum Opfer gefallen? Weiß Fritz denn davon nichts? Sie sitzt wie betäubt und spürt jetzt den Felsen in ihrer Brust. Gut, dass sie nicht der Versuchung erlegen ist, das „deutsche Glaubensbekenntnis" aufzusagen, wie es seit dem letzten Winter überall in der Hauptstadt zirkuliert. Sie kann es auswendig. In Gedanken spricht sie es, während sie sich langsam erhebt, das Tuch festknotet und sich zur Artilleriestraße begibt:

„Ich glaube an die Steckrübe, die allgemeine Ernährerin des deutschen Volkes, und an die Marmelade, ihre stammverwandte Genossin, empfangen von der städtischen Verkaufsstelle, geboren durch die Verfügung des Kriegsernährungsamtes, durch die meine sämtlichen Hoffnungen auf Kartoffeln gestorben und begraben, gelitten unter dem Wucher der Bauern, gesammelt, gepresst und verarbeitet, aufgestrichen als Tafelobst, von dannen sie kommen wird als Brotaufstrich für Deutschlands Heldensöhne. Ich glaube an den heiligen Krieg, eine große, allgemeine Wuchergesellschaft, die Gemeinschaft der Hamsterer, Erhöhung der Steuern, Kürzung der Fleischration und ein ewiges Bestehen der Brotkarte, Amen."[7]

Ein Appel und ein Ei

So humorlos wie Fritz jetzt ist, hätte er das garantiert nicht verstanden, denkt sie, als sie auf den grauweißen Haarknoten der Frau vor ihr schaut, der aussieht wie eine Knoblauchknolle. Sie hat einen Abstecher durchs benachbarte Scheunenviertel gemacht, um wieder Leben in sich zu spüren. Dorthin, wo Familienväter mit schwarzen Hüten über eigenartigen Locken Altkleider oder Möbel anbieten. Wenn man einen der Straßennamen hier erwähnt, rümpfen die Berliner gewöhnlich die Nase. Die Frauen mit den bemalten Gesichtern und den Schlüsselbunden, die hier herumstehen, rümpfen ihrerseits die Nase über Frauen wie sie, halten sie für eine der Zigarettenarbeiterinnen bei Manoli oder Muratti, die ihnen Konkurrenz machen könnten. Wenn man sich davon nicht abschrecken lässt, findet man hier Dinge, die man woanders gar nicht mehr bekommt. Heute war es eine Zwiebel, die nun gut verstaut in der Tasche liegt. Zwei Stunden betrachtet sie die Knoblauchknolle und die Kinder, die wie magere Katzen zwischen all den alten Frauen herumstreichen, die Anstehdienste für die jüngeren erbringen. Sie hat Glück. Heute passiert es nicht, dass plötzlich eine Hand erscheint und ein Schild in das leere Schaufenster stellt auf dem „Keine Ware" steht. Nach zwei Stunden kann sie für ihre Marken ein Viertel Brot, ein Quäntchen Margarine und ein Ei ins Marienheim tragen. Ein echtes Ei, kein Ersatzei, was für ein Fest! Vorsichtig hält sie die Kostbarkeit in der Hand. Angekommen, fragt sie die Küchenfrau gleich nach einer Tasse heißen Wassers, ihr ist schwindlig. „Du Ärmste, du siehst ja auch ganz verfroren aus", sagt die und brät ihr vor Schreck außerhalb der Essenszeiten das Ei in der Pfanne. Irmgard lässt das heiße Wasser schluckweise in den Magen rinnen. Das tut gut. Doch fühlt sie sich immer noch wackelig. Also schnell ins Bett!

Irmgard stopft die Decke um ihren Körper, verkriecht sich. Sie schaut auf den Koffer und die Hutschachtel. Gut, dass Olly noch nicht da ist. Ihr wäre jetzt wahrlich nicht nach Erzählen zumute. Später wird sie ihr von ihrer enttäuschenden Begegnung berichten, später einmal. Die Wunde ist noch zu frisch. Als sie die Freundin unten kramen und rascheln hört, stellt sie sich schlafend. Wohl hundert Mal geht ihr das Gespräch mit Fritz durch den Kopf und versetzt sie immer mehr in Unruhe. Eine der Grundfesten ihres Lebens droht einzustürzen. Nicht nur, dass sie in gegensätzlichen politischen Lagern gelandet sind. Er hat sie bevormundet wie ein kleines Dummchen. – Sie soll ihm keine Schande machen, in der Inneren Mission kennen sich alle. Wie soll sie das denn bitte auffassen? Steht sie hier unter Beobachtung? Muss sie sich jetzt fragen, ob hinter ihr herspioniert wird? Er wird sich mit Vater und Lenchen treffen, nicht mit ihr. Kein: „Wann wollen wir uns wieder sehen?" Stattdessen: „Leb wohl." Pläne für Brasilien hatten sie gemacht, und nun das! Bei der Vorstellung, ihre Stadt, ihr Berlin mit Vater und Lenchen teilen zu müssen, gruselt es ihr. Wie soll sie jemals wieder in eines der Kinos an der Hasenheide und am Kottbusser Damm gehen, wenn sie ihnen jederzeit über den Weg laufen kann? Und dazu all das Elend in der Hauptstadt, es ist zum Heulen – wenn das etwas nützen würde. Wer weiß, wie oft noch die Brotrationen gekürzt werden, wie viele Steckrübenwinter noch auf alle warten, wie viele Menschen noch Hungers sterben müssen, bis der Krieg ein Ende hat? Die Gesangsstunden kann sie sich bei dem mickrigen Verdienst ja doch nicht leisten und Mütterchen ist jetzt ganz allein in dem großen Haus mit dem Garten. Wo doch der nächste Berliner Winter vor der Tür steht und im nächsten Frühjahr im Detmolder Garten die Kartoffeln, Möhren, Kirschen, Johannisbeeren und Birnen fast von allein wachsen.

Vom unteren Kopfkissen ist jetzt regelmäßiges Atmen zu hören. Was macht sie hier, was hält sie hier? Es sind die Freunde, es ist Olly. Verrät sie die, wenn sie zurückgeht? Wo ist ihr Platz? Irgendwann mitten in der Nacht laufen Tränen wie Tauwetter lauwarm an den Schläfen entlang, schmecken salzig und kitzeln sie so sanft, als wollten sie trösten.

Lenaustraße 2-4

13. November 1917

Carl hat an diesem Morgen ein kurzes Frühstück im Gemeinschaftsraum eingenommen und steigt jetzt die Stufen von der Turnhalle hinunter zum Eingangsbereich. Er lüftet seinen Zylinder für einen Offizier, bevor er die schwere Eingangstür aufdrückt. Lenchen steht wie jeden Morgen vor dem Haus und bietet ihm ihren Arm an. Vater und Tochter gehen gemeinsam die 200 Meter hinüber zur Filiale der Stadtsparkasse Neukölln am Hermannplatz. Carl holt den großen Schlüsselbund heraus und öffnet. Lenchen nickt ihrem Vater von der Garderobe aus zu: „Wir sehen uns dann in der Mittagspause." Sie verschwindet in der „Unterwelt" der Registratur im Keller.

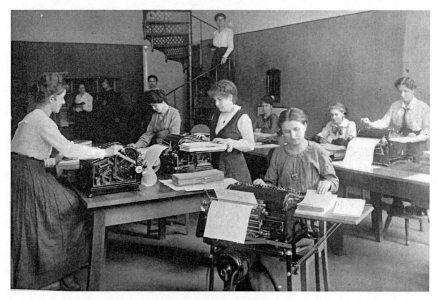

Im Hintergrund ist sie dort zwischen ihren Kolleginnen vor dem Regal zu sehen, sie hält einen Ordner in der Hand. Auf der Rückseite hat sie notiert: „Sparkasse Neukölln, Kontrollbuero".

Lenaustraße in der Gegenwart

Ziemlich genau hundert Jahre später stehe ich, die Großnichte und Urenkelin, vor eben diesem Haus. Ich habe einige Jahre ganz in der Nähe gewohnt, es aber nie bewusst wahrgenommen. War es einmal ein Hotel? Gelassen und solide steht es im heutigen „Kreuzkölln", flankiert von Hausratläden mit orientalischem Flair. Die Grafitti auf seiner Fassade trägt es mit Würde. Gespannt, was sich hinter dieser langgestreckten Front verbirgt, öffne ich die Tür, die aus den 60er Jahren stammen könnte. Im weiträumigen Eingangsbereich stapeln sich Paletten und Fahrräder. Ein junger Mann schließt eine verglaste Etagentür auf und erklärt mir, es handele sich um das Stammgebäude der Berliner Stadtmission, kurz vor einem Umbau. Ich erhasche einen Blick in den großen Saal mit einem Kruzifix an der Stirnwand und trete nachdenklich wieder auf die Straße. Nicht zum ersten Mal tritt die Familiengeschichte unerwartet nah an mich heran. Ich brauche Abstand und steuere den benachbarten Markt an. Die starken Eindrücke, die Rufe der Verkäufer, der Duft der Gewürze, all das soll mich zurück ins 21. Jahrhundert tragen.

Es ist ein strahlender Frühlingstag, die Luft klar wie sonst nur im Norden. Jedes Detail reckt sich mir entgegen. Auf dem Mittelstreifen des brummenden Dammes trotzen die magentaroten Zierkirschen dem Verkehr. Ich biege in eine ruhigere Nebenstraße ein und folge dem Klang von Musik: Eine kleine Bühne am Landwehrkanal ist die Quelle. Zwei junge Musiker singen dort sanfte Lieder zur Gitarre. Ich ahne verschwommen, warum mir Tränen in die Augen steigen, als ich die andächtigen Zuhörer betrachte, die sich vor sie hingelagert haben. Ich muss an einen von Irmgards Briefen denken, an die Randbemerkung darin: „Ewiger Jugendstil"!

Später finde ich die Internetpräsenz zur Geschichte des Hauses Lenaustraße 2-4. Danach wurde es 1887 als Neubau der kurz zuvor gegründeten Berliner Stadtmission errichtet. Die Gründung war eine Antwort auf die einflussreicher werdende Sozialdemokratie. Leiter war Adolf Stoecker, damals Hofprediger, der mit antisemitischen Reden derart hervortrat, dass es Kaiser Wilhelm II. zu viel wurde und er ihn 1890 aus dieser Funktion entfernte. Pfarrer Stoecker ließ jedoch nicht davon ab, den Judenhass weiterhin unter Protestanten hoffähig zu machen und hatte damit beträchtlichen Erfolg. Internatsleiter Philipps vom Johannesstift hatte seine Laufbahn in der Berliner Stadtmission als Mitarbeiter Stoeckers begonnen, stelle ich verblüfft fest. Der Schulleiter richtete in der Bibliothek des Pädagogikums eine Abteilung „Antisemitisches" ein. Der rührige Pfarrer Stoecker, der auch die Christlich-Soziale Partei gründete, wird in der Selbstdarstellung der Berliner Stadtmission verschwiegen.

Nur wenige Schritte entfernt von diesem Haus lagen die großen Vergnügungszentren im Berliner Süden: die „Neue Welt", das „Resi", das berühmt war für seine Tischtelefone. Um 1905 begannen „Brüder" in Uniform von der Lenaustraße aus zur Mitternachtsmission aufzubrechen, um jungen Frauen Wege aus der Prostitution aufzuzeigen. Sie fassten diese Arbeit als Beitrag zur „inneren Mission" auf. – Sozialarbeit, verstanden als Erneuerung christlichen Handelns. Allerdings gingen sie dabei mit den Urteilen ihrer Zeit zu Werk und betrachteten die Frauen als verführbar und sittenlos. In Familien waren sie als „schwarze Polizei" gefürchtet, denn sie meldeten freidenkerische, unchristliche Umtriebe wie wilde Ehen. Lenchens Adresse war zeitgleich in der nahen Weserstraße. Ich verstehe nun auch, warum sie nicht bei ihrem Vater wohnte. Das Stammgebäude der Stadtmission war während des Ersten Weltkriegs ein Männerwohnheim.

3. „Es sind die Mädchen, die sich nicht fügen können"[8]
(1917 – 1919)

Olly kommt an diesem Abend aus Neuruppin zurück und findet statt der
Freundin diesen Brief vor:

Detmold, den 20. November 1917

Liebste Olly!

Ich hoffe, du hattest ein gutes Wochenende mit deiner Familie u. konntest
dich mal wieder so richtig satt essen? Du wirst ziemlich überrascht über
die neue Zimmergenossin gewesen sein und dich fragen, was los war, dass
ich mich noch nicht einmal verabschiedet habe. Ich bin auch sehr traurig
darüber. Ich musste den erstbesten Zug vom Anhalter Bahnhof nehmen,
hätte sonst nicht gewusst wohin. Nun ist die Entscheidung gefallen. Ich
will nicht jammern, ich bin selbst schuld. - Ich war am Freitagabend bei
Klärchen, denn ich war, wie du ja weißt, nach dem Gespräch mit Fritz
total am Boden zerstört (komischer Ausdruck, kommt der vom Krieg?)
u. wollte nur eins: vergessen. Hatte einen guten Tänzer, die Musiker waren
richtig in Fahrt, Chimmey und Charleston. Da wurde es dann ein wenig
später. Dummerweise war Frau von der Schulenburg nicht da, die hätte
noch einmal ein Auge zugedrückt, da bin ich mir sicher. Es war vierzehn
Minuten nach Zehn! Aber ihre neue Vertretung kannte keine Gnade.
Vielleicht hätte ich unter anderen Umständen gekämpft u. darum gebettelt,
noch eine Chance zu bekommen. Aber nach dieser Begegnung mit
meinem Bruder fehlte mir die nötige Kraft. Vielleicht ist es ja tatsächlich
besser so? Wenn du dies liest, sitze ich wahrscheinlich schon wieder in der
Küche und erzähle Mütterchen oder helfe im Garten. Das Geld hat gerade
noch für eine Fahrkarte dritter Klasse gereicht. Gott sei Dank kam mir
unterwegs zum Bahnhof noch eine Suppenküche entgegen. Es war die
übliche dünne Brühe, aber wenigstens war sie warm.

Der Hut auf dem Schrank gehört jetzt dir samt Hutschachtel und Nadel
(in der Schachtel drin). Auch wenn das gute Stück jetzt schon ein bisschen
aus der Mode ist, als Verkäuferin brauchst du ihn doch eher als ich u. du
mochtest ihn ja so gern. Grüß mir alle Freunde u. deine liebe Familie, ich
wünsche dir nur das Beste, hab weiter Spaß im Leben u. lass dich nicht
unterkriegen! Ich bete, dass dein Bruder gesund zurückkommt u. wir uns
dann in Friedenszeiten unter besseren Umständen wiedersehen. Lange
kann es ja nicht mehr dauern. Dann gehen wir zusammen tanzen! – U.

später erzählen wir unseren Kindern von unserer Berliner Zeit. Vielleicht schreibst du mir ja mal? Ich berichte dir auf jeden Fall, wie mein Leben weitergegangen ist u. umarme dich fest. Behalt mich lieb Olly, ich werde dich nie vergessen! Deine Irma

November 1918

Mutter Helenes Freundin Colo schreibt aus dem Pfarrhaus in Apelern:
... Was sagst Du zu diesem traurigen Ende des Krieges? Es ist zu furchtbar um es recht fassen zu können. Unser armer Kaiser und wir in den Händen der Feinde. Sind dein Mann und Fritz noch in Berlin? ... Man hört so wenig von der Außenwelt durch die schlechten Bahnverbindungen. Wie schön war es vorher bei der preußischen Ordnung!

Schlaflos liegt Helene im geblümten Nachthemd im viel zu großen Ehebett. Irmgard scheint noch nicht auf zu sein, sonst wäre das Scharren des Schürhakens im Küchenherd zu hören. Natürlich nicht, sie wird ja erst wieder nach Mitternacht nach Hause gekommen sein, Berliner Unsitten! Man liest und hört ja auch so viel von dieser Asphaltliteratur. Abend für Abend gibt es jetzt diese Versammlungen im Vereinshaus. Bis zu ihnen herauf dringen die lauten Stimmen, das Gegröle. Wieder packt sie die Wut bei dem Gedanken darum, dass Irmgard also auch zu diesen Roten gehört! Während Fritz im Lazarett lag, hatte sie nichts dabei gefunden, sich zu amüsieren. Auf ihre Empörung darüber entgegnete diese unmögliche Tochter, wenn sie und alle Mütter und alle Frauen auf der ganzen Welt sich gegen den Krieg gestellt hätten, dann hätte sie um ihren Sohn nicht zu bangen brauchen. Und nun wolle sie das Leben in vollen Zügen genießen und heiraten. Ausgerechnet Irmgard! „Ja und dann? Glaubst du, dann sind alle Probleme gelöst? Schau mich doch an. Besser, du hast ein eigenes Einkommen", hatte sie eingewandt. Nach und nach kommt der ganze fragwürdige Lebenswandel Irmgards ans Licht. Sie hat in Berlin an Demonstrationen teilgenommen und ihr Geld für Kinobesuche verschwendet. Hat sie etwa dafür damals die Nächte durchwacht, als diese Tochter mit sechs Jahren fast gestorben wäre? Diese Undankbare, ihr Sorgenkind! Statt sich den Eigensinn abzuschleifen in der Welt draußen, ist er noch größer geworden.

Von der Handelsschule ist sie schon wieder abgemeldet mit der Begründung, sie könne nicht so lange in einem staubigen Büro sitzen.

Wenn sie heiraten will, dann geht es doch nicht, dass sie die Wäsche halbfertig liegen lässt, aufspringt und in den Garten läuft, nur weil die Sonne gerade so schön scheint. Und dass sie sich ans Klavier setzt und losspielt, obwohl erst die Kirschen gepflückt werden müssen, weil es gleich regnen wird. Sie tut, was ihr gerade einfällt! Immer noch hat sie die Pflicht nicht an die erste Stelle gesetzt. Und das – und nichts anderes – erfordert doch das Leben einer Frau. Und dass sie abends aus dem Fenster steigt und zu zweifelhaften Orten und Artisten entschwindet, ist ebenfalls höchst alarmierend. Sie denkt wohl, ihre dumme, alte Mutter merkt das nicht? Liederlicher Lebenswandel, Ausschweifungen, Hang zu Männerbekanntschaften – man muss sich ja schämen! Mit Bangen denkt sie an die nächste Sitzung des Frauenvereins. Kein Wunder, dass die Hauptmannsfrau Irmgard hinausgeworfen hat. Bis jetzt hat sie von deren Eskapaden nichts nach Berlin berichtet.

Detmold, den 12. Juni 1918

Liebste Olly!

... das Kapitel Handelsschule liegt nun auch wieder hinter mir. Meist habe ich unter dem Tisch gelesen wie damals in der Präparandenanstalt. Das fiel gar nicht auf. Auch wenn es eine Mädchen-Fortbildungsschule ist, wurde geschlagen. Mit dem Lineal auf die Finger! Der Unterricht war sterbenslangweilig. Da helfe ich lieber noch mehr im Garten, spiele Klavier und – ich tanze wieder. Jetzt wag ich mich an den Ausdruckstanz. Nein, ich konnte einfach nicht mehr die Schulbank drücken nach meiner Berliner Zeit. – Olly, ich muss dir etwas ganz Wichtiges von mir erzählen, vielleicht hatte ich ja auch schon so eine Ahnung. Kannst du dir denken, warum ich so ausgelassen bin? Rate mal! – Dieses Mal ist es der Richtige, glaube ich jedenfalls. Ich hab ihn so lieb! Wie ich ihn kennengelernt habe? So: Hier gastierte ein Zirkus. Ich konnte es kaum glauben, denn immerhin schreiben wir das Kriegsjahr 1918! Aber auch in unserem kleinen Provinzstädtchen wollen die Menschen ab und zu mal das Elend um sich herum vergessen. Ich bin natürlich hin, die Vorstellung so gut wie ausverkauft. Stell dir vor, wie ich in der letzten Reihe, die Zeltplane im Nacken, auf einem der billigen Plätze sitze, in dem blauen Wollkleid mit den Muschelknöpfen. Eine neue Nummer wird angesagt: Ed Jenkins, Jongleur und Entfesselungskünstler. Ich starre wie gebannt auf die schlanke Gestalt im Cowboykostüm, die mit einem Salto durch den roten Samtvorhang hereingewirbelt kommt, dass die Fransen der Jacke umherfliegen. Ich weiß sofort, diesen dunkelhaarigen Artisten mit dem Oberlippenbart habe ich schon einmal bei Barnim in Berlin gesehen! Wie er da auf dem beweglichen Brett mit Kegeln jongliert, ist vollendet elegant.

Ein Mann in der Loge schreit, es sei eine Schande, dass die Lebensart des Feindes verherrlicht werde. Ed zuckt nicht einmal mit der Wimper, sondern springt vom Brett, knallt mit der Peitsche u. lacht das charmanteste Lächeln, das ich je gesehen habe. Das war seine Antwort. Ja, u. dann legt er die Hand über die Augen u. lässt den Blick suchend umherschweifen, denn er braucht jemand für die Entfesselungsnummer. Die Damen in der ersten Reihe lehnen kopfschüttelnd ab. Sie sorgen sich um ihre Garderobe und tragen Hüte. Sein Blick trifft meinen – und schon eilt er mit langen Schritten die Stufen zu mir hinauf, nimmt meine Hand und führt mich in die Manege. Der Scheinwerfer folgt und wirft gleißendes Licht auf uns. Du kannst dir vorstellen, wie ich zittere! Als ich in der Mitte stehe, wo hunderte von Augen auf mich gerichtet sind, da verschwindet seltsamerweise meine Angst. Nun setzt ein Trommelwirbel ein und Ed beginnt, das Seil unzählige Male um mich herum zu schlingen u. alles gut fest zu ziehen. Er bringt noch eine schwere Kette mit einem Vorhängeschloss an, mit der man einen Bären hätte bändigen können. Ich komme mir vor wie eine Mumie. Nach einigen Momenten des vergeblichen Ziehens und Zerrens an den Fesseln wirbelt er um mich herum und hat mich in Nullkommanichts wieder erlöst. Schwere Ketten fallen klirrend zu Boden. Der Trommelwirbel endet in einem Tusch des Orchesters, die Spannung der Zuschauer entlädt sich in tosendem Applaus. Ich bin wie in einem Nebel. Nun küsst mir dieser schöne Mann mit den dunklen Locken die Hand, sein Schnurrbart kitzelt. Das mir jemand die Hand küsst, hatte ich bisher nur einmal mit einem Herrn in Cuxhaven erlebt. Ed Jenkins begleitet mich galant wieder zu meinem Platz auf dem letzten Rang. – Ein weiterer Handkuss u. ich sitze wie betäubt auf dem harten Brett. So ging dieser denkwürdige Zirkusbesuch zu Ende.

Schon bei der Schlussparade suchten u. fanden sich unsere Blicke wieder u. dann erwartete er mich in seiner roten Paradeuniform u. führte mich an die Zirkusbar. Den Rest kannst du dir denken. – Im bürgerlichen Leben heißt er Eduard Spitteler u. kommt aus dem italienischen Teil der Schweiz. Einmal hat er sogar ein Engagement bei Busch gehabt. Seitdem treffen wir uns fast täglich und machen Pläne. Wir malen uns aus, wie wir Tanz und Gesang in seinen neuen Auftritt einbauen könnten. Stell dir vor, ich durfte dem Direktor vorsingen! Ist das nicht Beweis für meine Künstlernatur? Jetzt kommt aber der große Pferdefuß: Ich traue mich einfach nicht, Mütterchen zu beichten. Ihr ist natürlich nicht entgangen, wie abwesend ich bei der Arbeit bin. Wir können uns darum nur heimlich treffen. Bis hierher erst einmal mein Bericht, ich halte dich auf dem Laufenden u. wünsche dir von ganzem Herzen: Du möchtest auch so auf Wolken schweben!

Grüß mir alle u. bleib gesund, in Liebe, Deine Irma.

Rückkehr aus Berlin

Helene wälzt sich nach unruhigem Schlaf auf die andere Seite. Die Zeit erbebt, die Welt steht Kopf! Matrosenaufstand in Kiel, gerade erst drei Wochen ist es her, dass in Berlin die Republik ausgerufen wurde. Gestern erreichte sie das Telegramm: Carl und Lenchen kommen zurück. Fritz bleibt in Berlin, er hat einen Platz am Kaiser-Wilhelm-Gymnasium bekommen, kann sein Abiturium nachholen. Werden die Züge auch fahren? Helene setzt sich vorsichtig auf und nimmt sich vor, gleich wieder ein ernstes Wort mit Irmgard zu sprechen. Sie öffnet die Gardine einen Spalt und schaut hinaus. Hier und da hängt noch eine welke Frucht im Geäst der Birnbäume. Bei allem Gottvertrauen gäbe sie etwas darum, in die Zukunft blicken zu können. Ob es wie in Russland kommen wird? Was wird aus Carls Pension, was aus den Kirchen, den Pastoren? Und in dem ganzen Durcheinander denkt Irmgard nur an sich!

Die Heiratsabsichten mit diesem „Künstler", die haben sie ihr als Eltern natürlich sofort untersagt, als sie endlich mit der Sprache herausrückte. Jetzt ist erst einmal das Naheliegende zu besorgen. Ist alles vorbereitet? Hektisch haben sie gestern das Haus auf den Kopf gestellt, Betten bezogen und Böden geschrubbt. Irmgard ist mit der Straßenbahn hinausgefahren, um ein paar Lebensmittel zu ergattern. Mit sechs Eiern, einem Stück Butter und zwei Litern Milch kehrte sie zurück. Und so steht einem Festtagsauflauf nichts mehr im Wege. Für einen neuen Anfang in ihrer Ehe wäre also in dieser Hinsicht bestens gesorgt. – Aber Irmgards dringende Heiratspläne geben gleich Anlass zur Besorgnis. Mag das Familienoberhaupt sich nun selbst davon überzeugen: Es ist nichts zu machen, die Ehe hat sie sich nun in ihren Dickkopf gesetzt. Nachdem sie ihr die Flausen mit dem Zirkusartisten ausgetrieben hatten – auch Fritz hatte sein Veto eingelegt – war sie auf diesen Bergmann zurückgekommen. Lenchen wird ihr Vorwürfe machen, dass sie zu nachgiebig sei und ihre Schwester verwöhne. Aber die beharrt nun einmal auf ihrem Standpunkt. Was soll man da in diesen Zeiten sagen, wenn sie ihr entgegenschleudert: „Mutter, wir können jetzt wählen!" Dann soll sie eben – in Gottes Namen – diesen

Bergmann heiraten. Das Leben an der Seite eines Arbeiters wird ihr die Hirngespinste vom Künstlerleben hoffentlich bald austreiben. Die Jungen drängt es nach den entbehrungsreichen Jahren wohl mit Macht zum Leben. – Genug jetzt der Grübeleien, es ist noch viel zu tun. „Irmgard, aufstehen!", ruft sie, „wir müssen zum Bahnhof!"

Der überfüllte Zug fährt unter Gejohle langsam ein. Rote Fahnen werden aus den Fenstern geschwenkt. Soldaten in abgerissenen Uniformen drängen aus den Abteilen. Manche mit Verbänden, verhärmten Gesichtern, andere strahlend wie Sieger. In dieser Flut erwartungsvoller Männer entdeckt sie die zitternden Hände, die einem Gepäckträger Koffer aus dem Zug anreichen. – Ach Gott, ihr Carl, wie alt er geworden ist. Seit 1915 haben sie sich nicht gesehen, doch unbeirrt hat sie ihre Karten geschrieben in die Lenaustraße 2-4, pünktlich zu jedem Feiertag. Jetzt erscheint auch ihre Älteste in der offenen Tür und winkt ihr zu, bevor sie ihrem alten Vater aus dem Waggon hilft.

Bei Ersatzkaffee und Festessen in der Küche erzählt das Familienoberhaupt noch ganz bewegt von den schrecklichen Tagen in den Straßen von Berlin: Die Sparkassenfiliale hatte er schließen und die Angestellten nach Hause schicken müssen. Er selbst versteckte sich voller Angst im Männerwohnheim, während Lenchen in aller Ruhe in der Stadt herumspazierte. Als die Gefahr vorüber schien, hatte Carl es genossen, die Gründungsversammlung des Deutschnationalen Jugendbundes in der Philharmonie gemeinsam mit seinem Sohn zu erleben. Auch, dass Fritz jetzt Vorlesungen an der Universität besucht, wie ein richtiger Student, empfand er als beglückend. Selten fühlte er sich mit seinem Sohn so verbunden. Unvergesslich der Gedenkgottesdienst im Deutschen Dom für die im Weltkrieg gefallenen Angehörigen der Berliner Universität mit der Predigt des Rektors, des Theologen Reinhold Seeberg: „Wir heißen Euch hoffen ... die heiligen, ewigen Ideale niemals aufzugeben, um die unser Fleisch und Blut sein Leben für Deutschlands Ehre und Deutschlands Macht hingegeben hat."[9] Er berichtet zutiefst beeindruckt von den Tränen der Studenten und jenen in den Augen seines Sohnes, der ja selbst das Höllenfeuer durchlitten hat. Und davon, wie das Wort „völkisch" jetzt immer häufiger zu vernehmen sei. Er erzählt von seinen Tränen, die er nicht mehr zurückhalten konnte, als er gezwungen war, die Sparkassenfiliale einer Abordnung eines dieser „Räte" zu übergeben, verlotterten, finsteren Gestalten. Wie sich alles in ihm gesträubt hat, er aber keinen anderen Weg sah. Und wie erleichtert er war, aus diesem Durcheinander heraus zu sein. Das Männerwohnheim aufgelöst. Wer weiß, was die Republik damit vorhat, ob es enteignet wird? Was nun überhaupt aus den Kirchen wird, womöglich werden sie liquidiert wie in Russland? Diese Fragen stürmen nun plötzlich auf sie alte Leute ein. Natürlich ist er überrascht von Irmgards Heiratsplänen und empört, weil sie sich ohne seine Zustimmung allein in Berlin aufhielt. Das sieht ihr ähnlich. Da merkt man, was die Großstadt in diesem Kind angerichtet hat!

Ein Ausschnitt aus Irmgards Brief an Olly vom Dezember 1918 aus Detmold:

... Wir trafen uns nach der Abendvorstellung hinter dem Zelt. Ich musste heimlich aus dem Fenster klettern u. mich durch den Garten in Richtung Werre davonmachen, damit Mütterchen u. die Nachbarn mich nicht bemerkten u. watete durchs Bachbett. Auf dem Rückweg übernachtete ich in der Scheune, schlich mich früh am Morgen ins Haus, nachdem Mütterchen die Waschküchentür aufgeschlossen hatte. Der Zirkus zog weiter. Zweimal konnten wir uns zwischen Nachmittags- und Abendvorstellung noch sehen. Dann fuhren kriegsbedingt keine Züge mehr. Es wurde immer komplizierter, Begründungen dafür zu finden, warum ich meine Pflichten vernachlässigte u. öfter fort war. Mütterchen hatte längst Verdacht geschöpft. Einige Wochen trug ich mich mit meinem großen Geheimnis. Die Revolution warf schon ihre Schatten voraus, als ich all meinen Mut zusammennahm u. von Ed erzählte. Wie vorausgesehen, brach die Hölle über mich herein! Es wurde hektisch nach Berlin telegrafiert. Nur Magda, zurück aus Budapest, ergriff zaghaft Partei für mich, aber sie wurde natürlich nicht für voll genommen. Einmal schrieb Ed mir noch u. gab die nächsten Stationen bekannt. Mütterchen hat den Brief einfach geöffnet und hielt ihn mir wutschnaubend unter die Nase! Ich hätte mit ihm durchbrennen müssen. – Ed, der Künstler vom Tingeltangel, wäre in dieser Familie niemals als Schwiegersohn anerkannt worden. Ich gestehe, Olly, dazu war ich zu feige. – Da trat Hugo in mein Leben und ich konnte Ed langsam vergessen.

4. Der Riss der Welt ging auch durch sie (1919-1920)

Ein reiches und schönes Glück

Von Irmgards Verlobung erfahre ich wieder über die Freundin meiner Urgroßmutter:

Apelern, den 14. Januar 1919

Liebe Helene!

Zu der Verlobung von Irmgard möchte ich dir die herzlichsten Segenswünsche senden. Wir hatten lange nichts von euch gehört, aber durch das Erscheinen der Verlobungsanzeige kann man ja wohl annehmen, dass es Euch gut geht. Gott wolle geben, dass sie ein reiches und schönes Glück findet. Du hast gewiss allerlei zu tun gehabt die Zeit, da alles auf dir allein ruht. Hoffentlich geht es dir gesundheitlich gut und all deinen Lieben. In Berlin ist es den Zeitungsnachrichten nach ja schrecklich. Was will noch aus allem Wirrwarr werden? Es könnte einen bange machen, wenn man nicht den Glauben hätte, dass Gott doch die Welt regiert und alles ihm dienen muss zum Heil seines Reiches. – Hoffentlich greifen die Unruhen nicht noch mehr um sich und bleibt das Land derer verschont. Bei den Wahlversammlungen geht es auch hier heiter her, auf einer war ich mit Frl. Schlüter. Wir hatten genug von der einen. – Wir sitzen sonst friedlich hinterm warmen Ofen. …

Nun sei herzlichst gegrüßt mit all den Deinen, besonders Irmgard, von
Deiner Colo Sommerlath
Schreibe doch bitte bald mal!

Als Verlobungstag haben Irmgard und Hugo den Neujahrstag 1919 gewählt. Wenn das kein symbolträchtiges Datum ist! Die Welt wurde soeben aus den Angeln gehoben, es ist eine Zeit der Hoffnung, so glauben die Verlobten. Wovon sie im letzten Jahr geträumt haben, ist tatsächlich eingetreten: der Sieg der Revolution, fast ohne Blutvergießen! Das Ländchen Lippe ist ebenfalls eine Republik, auch hier hat ein Arbeiter- und Soldatenrat die Macht übernommen. Überall herrscht große Erleichterung darüber, dass die Revolution auch im kleinsten Fürstentum des Reiches ohne großes Federlesen geglückt ist.

Helene legt Colos Brief beiseite und nimmt die Lesebrille ab. Nachdem Carl und Lenchen über Irmgards neuerliche Heiratspläne informiert sind, wäre also auch das überstanden. Natürlich haben sie nur mit dem Kopf geschüttelt, noch dazu als sie erfahren haben, dass Irmgard ihren Hugo über eine Anzeige kennengelernt hat. Wer kann aber in solchen Zeiten etwas dagegen sagen, wenn die Tochter einen Arbeiter ehelichen will, noch dazu einen, der für die Räte ist? Vielleicht ist ein Proletarier in der Familie, in die Zukunft gedacht, gar nicht so übel, haben sie sich überlegt. Sie haben also dem Drängen nachgegeben, froh, in schwierigen Zeiten eine Sorge los zu werden. Man kann die Tochter nicht mehr halten, lenken sowieso nicht. Das haben sie eingesehen und ihn eingeladen, den Heiratskandidaten Hugo Heiss mit den braunen Haaren und dem Schnurrbart. Es fällt auch nicht gleich auf, dass er den linken Fuß ein wenig nachzieht, ein Unfall während seiner Wehrdienstzeit vor dem Weltkrieg, weshalb er auch wohl nicht einberufen wurde. Dafür hat er eine kleine Invalidenrente, das ist doch etwas. Und die Familie ist ehrbar, sie haben Erkundigungen eingeholt. Ein Roter bleibt er trotzdem, vielleicht sogar ein Spartakist? Das scheint mit Irmgards Ideen zusammenzupassen. Und er ist sehr verliebt in seine Zukünftige. Wenn sie ihm etwas auf dem Klavier vorspielt, strahlt er vor Stolz. Hugo hat ja wenig Bildung, doch im Großen und Ganzen wirkt er nicht verkehrt. Die hastige Verlobungsfeier an Weihnachten war bescheiden. Immerhin hatte er dafür schon einmal einen Schinken aufgetrieben. Auch in der Verlobungszeit gab es kaum etwas auszusetzen an ihrem künftigen Schwiegersohn. Nur um Fritz muss man sich vielleicht Sorgen machen. Neuerdings schreibt er so seltsame Briefe, in denen jedes dritte Wort „Deutsch" ist. Den Monaten gibt er merkwürdige Namen wie „Nebelung" statt November. Das soll altgermanisch und damit besonders „Deutsch" sein. Nun hat Fritz also einen Germanentick. Der Verlobungsfeier blieb er fern, erteilte aber nun seinen Segen als zukünftiges Familienoberhaupt. Mit einem Mann an ihrer Seite müssen sie sich als Eltern weniger Sorgen um diese verrückte Tochter machen. Da sich doch jetzt all das Gesindel herumtreibt, die Klassen sich bunt durcheinander mischen und jede Frau ein „Verhältnis" hat. So hoffen die Eltern, dass die Ehe Irmgard, auch angesichts zukünftiger Mutterpflichten, vor weiteren Flausen bewahren wird.

Vereinigte Lichtspiele Bielefeld, Kinosaal   Februar 1919

Irmgard und Hugo fläzten sich in den roten Samtsesseln im Kinosaal der Niedernstraße, Bielefeld. Erstmals hat Hugo, der als Delegierter in der Stadt zu tun hat, Irmgard zu einer Versammlung der Unabhängigen Sozialdemokraten mitgenommen. Dort ging es auch um das Frauenwahlrecht, das bald kommen soll. Seine Zukünftige wollte dabei sein, wenn darüber verhandelt wird. Und natürlich ging es auch um die achte und nunmehr endlich erfolgreiche Streikwelle der Kumpel im Ruhrgebiet, wo sich das Paar niederlassen will. Es wird begeistert vom großen Sieg der Bergarbeiter berichtet, von der hart erkämpften Einführung der Acht-Stundenschicht, der Lohnerhöhung um 25% und von der Anerkennung der Gewerkschaften als Verhandlungspartner. Auch im Ruhrrevier haben sich überall Räte gebildet. In dem vollen Saal war es laut und verraucht, nur vereinzelt ließen sich die Textilarbeiterinnen Bielefelds blicken. Froh, dabei gewesen zu sein, kamen die Verlobten überein, dass ein wenig Zerstreuung in diesen aufregenden Zeiten auch nicht schaden könne. Irmgard liebt das Kino, und er, Hugo, muss seiner Zukünftigen schließlich etwas bieten. Da kommt ihnen die turbulente Lubitsch-Stummfilmkomödie eben recht. Wie von Hugo erhofft, fühlt sich Irmgard auch bestens unterhalten, zumal ihre Lieblingsschauspielerin die Rolle der Puppe Olympia spielt. Am Ende geht es um eine Hochzeitsfeier sowie zwei Gäste der besonderen Art, die sich gegenseitig ihrer Hochachtung versichern: Der Brautvater im Film stellt sich dabei als ein Oberzollsekretär und „Supernumerar" vor. Als sie diese Erklärung auf der Stummfilmleinwand lesen, wenden sich Irmgard und Hugo verblüfft die Gesichter zu. Genau so hatte auch Irmgards Vater sich seinem zukünftigen Schwiegersohn vorgestellt: Carl Stellbrink, Oberzollsekretär a.D. und Supernumerar. Irmgard windet sich auf ihrem Sessel vor unterdrücktem Lachen und beide können kaum an sich halten. Als sie das Kino verlassen und durch die Altstadt bummeln, nimmt sie sich vor, Olly zu schreiben. Ossi Oswalda im Film hat sie an ihre beste Freundin erinnert. Ob die wohl noch in Berlin ist? Es schien Gedankenübertragung gewesen zu sein, tags darauf kam die Freundin ihr mit einem „kunterbunten Brief" zuvor.

   Dass sie diesen Brief tatsächlich geschrieben hat, ist gesichert, nur ist er leider bis heute unauffindbar geblieben. Hätte sie Gelegenheit gehabt, die folgenden Zeilen zu lesen, hätte sie vermutlich nicht gezweifelt, dass er von ihr stammte oder von ihr hätte stammen können.

Neuruppin, den 15. März 1919

Liebste Irma,
lass dir erstmal ganz herzlich zu deiner Verlobung gratulieren. Ich freu mich für dich! Allerdings wär mir „Ed" lieber gewesen. Das war ja vielleicht eine romantische Geschichte. Das würde so gut zu dir passen, schade, schade. Hättste nicht doch einfach auf und davon machen können? Dass du nicht mehr die Schulbank drücken konntest, das war mir ja klar wie Kloßbrühe.

Nun ist also ein „stattlicher Hugo mit Mutterwitz" dein Angebeteter. Auch gut. Wo nimmst du denn bloß immer so schnell die Männer her? Hier heiraten auch gerade alle um mich herum, auch viele, die auf die freie Liebe schworen. Ich weiß nicht, was das zu bedeuten hat. Egal, Hauptsache ihr werdet glücklich. Ich hab da auch etwas zu erzählen: Bin, wie du siehst, nicht mehr in Berlin. Warum, dazu komme ich später. Unser Kurtchen ist halbwegs heil zurückgekommen. Nur sehr still ist er und elend, körperlich. Wir sind alle sehr froh. Die Freunde sind gesund und Georg, na dazu komm ich gleich. Stell dir vor, ich werd in eine ganz neue Siedlung ziehen, Gildenhall, die genau gegenüber von Neuruppin am See gebaut wird. Georg und ich sind nämlich nun ein Paar und sehen uns nach einer geeigneten Bleibe um. Im Juli kommt bei mir was Kleines! Wandern waren wir nicht mehr, es blieb keine Zeit bei dem ewigen Anstehen. Georg ist ja jetzt auch fast fertig mit der Kunsttischlerlehre, der baut da auf der Baustelle mit, sonst könnten wirs uns gar nicht leisten. Er errichtet auch eine Werkstatt für die geplante Tischlerei. Viele Künstler ziehen da ein. Irgendjemand muss die Leutchen ja auch versorgen und dieser Jemand will ich dann sein. Hab mich schon beim Kaufmann beworben für die Zeit, wo das Kleene dann alt genug ist. Omama will sich mit drum kümmern, sie freut sich schon drauf und es ist denn ja nur übern See bis zu der neuen Siedlung, Juchhee!

Aber erst mal muss nun alles gut gehen. Ich wohne jetzt bei Oma und helf hier ab und zu beim Bäcker aus. Der am Tempelgarten, weißt du noch? Haben auch eine Konditorei dabei. So langsam sieht man schon was, der Bauch wächst, det Kleene bewegt sich schon. Komisches Gefühl ist das, sag ich dir. Na, ein paar Wochen kann ich noch arbeiten. Bin ich froh, dass ich nicht mehr in Berlin sein muss. Liesel hat meinen Platz im Marienheim und fühlt sich da auch ganz wohl. Sie hat bessre Nerven als ich jetzt. Den oberen Stock hat jetzt eine Berta aus Jüterbog. Sie ist beim Kaufhof und hat Liesel da auch unterbringen können. Ich hab meiner Schwester fürs erste den Pfingstrosenhut dagelassen. Steht ihr auch gut, sie hat auch noch die langen Haare, kann ihn also besser feststecken mit den Hutnadeln. Danke noch mal dafür! Ja und warum bin ich nun nicht mehr in Berlin? Ach Irma, du glaubst ja nicht, was hier los war, es war nicht schön! Zuerst, als die Revolution dann wirklich da war, da haben wir uns alle ganz schnell gefunden und wir blieben zusammen. Am 9.11. holten mich die Freunde von Tietz ab und wir sind zu den großen Demonstrationen. Haben Liebknecht gesehen vor dem Schloss. Da war so eine

Begeisterung, so viele Menschen, man musste glatt aufpassen, dass man nicht zerquetscht wurde! Und auch viele Frauen waren auf einmal zu sehen. Endlich Frieden! Dafür haben wir unser Leben riskiert, weißt du noch? Die große Versammlung und die Streiks vor einem Jahr? Und nun ist es plötzlich wahr geworden, unser großes Sehnen: Der Krieg ist zu Ende! Ein sagenhaftes Gefühl, oder? Am zweiten Tag, am 10. November, sind sogar Liesel und Omama von Neuruppin gekommen. Ich denke, was ist denn das? Hör ich richtig? Rufen nicht zwei meinen Namen im Hof? Ich guck aus dem Fenster: Da seh ich Oma und Liesel im Garten stehen und winken. Typisch Omama. Wenn in Berlin Geschichte geschrieben wird, muss sie dabei sein, das kann sie doch nicht verpassen! Und die Enkelin bringt sie gleich mit. Was haben wir gejubelt! Ich bin an dem Tag nicht zu Tietz, das konnte ich nicht, obwohl es da ganz friedlich zuging zu der Zeit. Aber man wusste da auch nicht, was kommt. Da waren wir dann mittenmang in der Revolution. Guck mal, da gab's gleich Postkarten am nächsten Tag, von den Ereignissen und da sind wir drauf zu sehen. Ich leg dir eine mit in den Brief. Wenn du eine Lupe nimmst, erkennste mich und Liesel. Oma ist zu klein.

Ja, das war vielleicht 'ne Zeit, wie ein Rausch! Oma hat Weihnachten mit allen drauf angestoßen, auf die neue Zeit und dass sie das noch erlebt, dass sie wählen kann! Mutter war das peinlich und Vater hat nur gelacht. Aber dann, als ich aus der Vorortbahn ausstieg und wieder zu Tietz gehen wollte und erstmal Richtung Marienheim, da wär ich um ein Haar erschossen worden! Plötzlich stand da so ein riesengroßer Tank auf der Weidendammbrücke, mit so Totenköpfen drauf. Und ein Soldat mit Stahlhelm, der hatte schon auf mich angelegt! Ja und dann sah ich erst das Schild: „Wer weiter geht, wird erschossen!" Davon hatte noch niemand was jehört, die Leute sind alle, wie ich auch, nichtsahnend aus der Bahn ausgestiegen. Schreck lass nach! Na, wie du siehst, lebe ich noch. Doch für einen Moment stand mein Herz still. Das war denn der Auftakt zu den Januarkämpfen. Da hatten wir den Krieg dann in Berlin. Danach gab es andauernd Razzien. Im Wedding, Moabit und Neukölln wars am schlimmsten. Ich hab solch 'ne Angst um Georg gehabt und natürlich auch um die anderen. Und jetzt war Oma wieder da, aber diesmal zur Beerdigung: Liebknecht tot und die kleine, kluge Frau, die Luxemburg. Und die Mörder laufen frei herum! Dazwischen die Zeit – Irma – du kannst es dir nicht vorstellen: Scharfschützen auf den Dächern, tagelanges Schießen, Tote und Verwundete in den Straßen. Die hatten keine Stahlhelme, die von den Räten! Und nirgends waren Sanitäter in Sicht, nicht wie im Krieg. Niemand, der sich traute, die Verwundeten zu bergen. Morgens waren sie alle tot. Wie ein Lauffeuer ging da das Gerücht um, eine einzige mutige Ärztin aus der Charité würde sich mit einem Sanitäter vom Roten Kreuz in diese Hölle wagen. Soweit ich weiß, lebt sie noch. Tolle Frau! Der Soldat mit dem Maschinengewehr hat mich dann doch noch durchgelassen. – Aber dann: Unmöglich wars, das Marienheim zu verlassen. Im Scheunenviertel und rund um den Alexanderplatz, da war es ganz schlimm. Ich hab immer nur unten auf dem Bett gesessen und mir die Ohren zugehalten. Frau von der Schulenburg hat uns den Andachtsraum aufgeschlossen, da haben wir gebetet, dass das Morden endlich mal aufhört. Nun hat es aufgehört, aber was ist passiert? Jetzt sind plötzlich die Räte an allem schuld.

Schön, wir Frauen, wir haben endlich das Wahlrecht. Unsere Stimmen brauchten die Regierungssozialdemokraten ja nun dringend, damit wir sie in die Nationalversammlung wählen. Aber wir hatten doch noch gar keine Gelegenheit, was zu verändern. Georg sieht das auch so. Zu wählen, das war ein großartiges Gefühl. Da stand Frau doch ausnahmsweise mal gerne an. War das bei dir auch so? Aber nun haben wir beschlossen, nach Neuruppin zu ziehen. Ich glaube, die nächste Zeit wird noch sehr unruhig und da möcht ich lieber nicht so im Zentrum des Geschehens sein. Und Georg hatte auch gleich ein Einsehen. Na, und da hatte er ja schon lange die Leute kennengelernt, die Gildenhall bauen wollen. Da kann man doch wenigstens etwas Bleibendes schaffen, wenn vielleicht wieder mal alles um einen herum zusammenbricht.

So meine Liebe, nun muss ich mal schließen, Kartoffeln schälen fürs Mittagessen. Liebste Irma, ich denk an dich, bleib gesund und schreib mir wieder, was es Neues gibt bei dir! Natürlich werd ich dich auch nie vergessen und böse bin ich dir, I wo, auch nicht, wie du siehst. Ich umarme dich, deine Olly

Hubertusstraße 10

10. April 1919

Irmgard öffnet ihrem großen Bruder die Haustür. Am liebsten hätte sie ihn vor lauter Wiedersehensfreude umarmt. Doch das geht nicht. Fast wäre sie gegen den riesigen Weidenkorb geprallt, den er ächzend schleppt, das Gesicht gerötet vor Anstrengung. Die Treppe knarrt, keuchend reckt er das Kinn. „Hast du eine Idee, wo ich den unterstellen kann?" „Lass uns doch erst mal hier hineingehen", Irmgard öffnet die Küchentür weit. „Uff, geschafft!" Fritz hat seine Last abgesetzt, holt ein Taschentuch heraus und wischt sich die Schweißperlen von der Stirn. Jetzt stehen sich Bruder und Schwester zum ersten Mal seit der Begegnung an der Spree wieder gegenüber, der Koffer zwischen ihnen. „Hast du das schwere Ding den ganzen Weg von der Moltkestraße her getragen? Warum hast du keine Droschke genommen?" Fritz schüttelt die erlahmten Arme und reibt sich das Handgelenk. Dann zeigt sich das ihr vertraute, schelmische Grinsen: „Was mich nicht umbringt, macht mich nur stärker, Schwesterlein! – Also, was meinst du, wo kann ich das Zeug lassen?" „Im Bodenzimmer vielleicht, du spricht am besten mit Vater darüber. Ist ja eine ganze Menge Zeug. Aber jetzt lass dir doch erst mal zum bestandenen Abitur gratulieren!" „Danke, Schwesterchen." Fritz macht keine Anstalten sie zu umarmen. Stattdessen zieht er den Korb zur Seite. Na gut, denkt sie, dann also nicht – und drückt ihm artig die Hand. „Glückwunsch! War's schwer?" „Es ging – war nicht die Zeit, um sich aufs Lernen zu konzentrieren." „Das kann ich mir denken." Fritz nickt, zieht einen Hocker unter dem Tisch hervor und lässt sich ermattet darauf plumpsen. „Einen Moment habe ich Zeit." Irmgard gießt ihm Ersatzkaffee ein, stellt ein Kännchen Milch hinzu und setzt sich zu ihm. „Wo sind die anderen?" Fritz schlürft den heißen Kaffee und schaut sich aufmerksam in der Küche um. „Im Unterschied zur Welt um uns herum hat sich hier ja wohl kaum etwas verändert?"

Irmgard schüttelt den Bubikopf. „Das kann man so sagen. Vater arbeitet oben, Mutter ist mit Magdachen zum Markt und Lenchen zu Colo nach Apelern gefahren. Sie kommt erst in einigen Tagen wieder. Die beiden schmieden Pläne, wollen eine Pension betreiben, oder so ähnlich. Genau weiß ich's auch nicht. Lenchen redet mit mir nicht über Zukunftspläne." „Ihren Dünkel hab ich immer gehasst. Sie hält sich wieder mal für etwas Besseres!" Fritz schaut grimmig drein: „Wie hältst du's hier nur aus?" „Das frage ich mich auch, aber mein Leben wird sich nun bald ändern. Schade, dass du nicht zu unserer Verlobung gekommen bist."„Hab da so was läuten hören. Tut mir Leid, aber um Weihnachten, da war ich in Soest so ziemlich unabkömmlich und dann wollte ich ja auch Hildegard mal sehen. Ein Bergmann, habe ich gehört, nicht wahr? Stellst du mir den Herrn mal vor? Keine Bange, solange dein Bräutigam einer aus dem Volk ist, werde ich keine Einwände haben. Die Bergleute verkörpern deutsche Kraft, deutschen Geist, deutsche Sitte. Hauptsache, er ist deutschen Blutes! Den Artisten aus der Schweiz konnt ich nun wirklich nicht billigen." „Das hast du mich spüren lassen. Ich musste gleich an unsere Begegnung an der Spree denken. Wir kommen wohl nicht mehr so leicht auf einen Nenner?" „Musstest du denn auch unbedingt auf eine Heiratsanzeige antworten?" „Was ist daran so schlimm?" „Du bist doch nie um ein Verhältnis verlegen. Vater hat gewiss Schwierigkeiten damit, erst recht, nachdem er von deinem geheimen Leben in Berlin erfuhr. Wo werdet ihr wohnen?" „Ach Fritz, ich muss hier raus." Irmgard atmet tief durch und schaut in den Garten. „Ein richtiges Aprilwetter, guck mal, ein Regenbogen." „Na, wenn das kein Zeichen ist", befindet Fritz. „Wir werden nach Langendreer ziehen, da kennt sich Hugo am besten aus." Sie stehen nun aneinandergelehnt am Fenster. „Langendreer, Moment mal, das ist doch zwischen Dortmund und Bochum, nicht wahr? Da bist du dann ja ganz in der Nähe von Hilda und Lotte." „Ja, aber wir werden uns vermutlich kaum sehen. Hilda ist gegen die Verbindung mit Hugo. Und Lotte kann sie dann ja wohl auch kaum gutheißen." Irmgard seufzt. „Frag mich nicht warum, ich weiß es nicht. Sie sind scheinbar besorgt, eine Vagantin der Großstadt als Nichte zu haben."

Eine Weile schauen sie auf das farbige Naturereignis, bis es blasser und blasser wird und ganz verschwindet. Wieder am Küchentisch mutmaßt Fritz die Tasse in der Hand: „Vielleicht kennen sie sich auch zu gut aus mit den Verhältnissen der Bergarbeiter? Mir haben sie es nicht verraten, warum sie so urteilen. Aber ich sage dir, mit solchem Denken kommt unser Vaterland nicht weiter, erst recht jetzt, wo es so völlig am Boden liegt, von unfähigen Führern an der Nase herumgeführt!" Irmgard, herausgefordert, richtet sich auf, wie sie es bei ihrem Bruder beobachtet hat, greift mit beiden Händen nach ihrem Becher und sagt fest entschlossen: „Wenn es denn am Boden liegt, dann wegen des Krieges, so sehe ich die Sache. Die Revolution hat das große Sterben beendet, wir Frauen durften zum ersten Mal wählen." „Aber um welchen Preis, Schwesterchen, für welchen Frieden und was konntet ihr wählen?" Fritz steht auf und wandert in der Küche umher, bleibt am Herd stehen und schaut plötzlich in die Ferne. Dann verharrt er, ganz Napoleon, in einer Haltung, die Größeres verheißen soll. „Deutschland war groß, da es sich selbst diente, Deutschland war unbesiegbar, da der Autoritätsgedanke das deutsche Heim erfüllte, da Zucht und Sitte die höchsten und edelsten Eigenschaften des Volkes waren!" „Das ist doch nicht von dir, oder? Das hört sich so auswendig gelernt an." „Das sagt unser großes Vorbild, der blinde Leutnant Viebig, Gründer des Deutschnationalen Jugendbundes." Karl Friedrich hat nun wieder die Körperhaltung von Fritz angenommen. „Ich hab davon gehört, dass du da jetzt ein großes Tier bist. Es stand in der Zeitung." Ihr Bruder macht eine wegwerfende Handbewegung, steht mit ausgebreiteten Armen, um fortzufahren: „Gleichwie das Gotteshaus allen denen gerecht wird, die vom Schraubstock, die vom Lehrstuhle, die vom Festlande, die von der See kommen, so muß der Jugendbund auch seinen Mitgliedern gerecht werden!"

„Kannst du bitte wieder wie ein normaler Mensch mit mir reden?" Fritz lässt die Arme sinken. „Ich will es gern versuchen, Schwesterchen. Wir werden sehen, was die Zukunft bringt und wer von uns beiden Recht behält. Tu mir aber einstweilen den Gefallen, und achte ein wenig mit auf meine Sachen, ja? Du weißt, ich habe in diesem Haus nicht viele Fürsprecher. Mich beschleicht das dumpfe Gefühl, als käme ich nicht mehr oft hierher. Ich bin in meinem Elternhaus ja nur geduldet. Meine Kunstmappe ist mir wichtig, und dieses Stillleben mit Früchten halte ich für eines meiner Besten." Fritz präsentiert ihr das Aquarell und sie nickt: „Gefällt mir auch. Ich versprech's, aber ich weiß nicht, wie lange ich noch hier bin. Du weißt doch, dass ich heirate. Die Hochzeit ist am 26. August, kommt ihr?" Irmgard hat die Hand ihres Bruders genommen. „Tu mir die Liebe!" Er zieht seine Hand zurück und winkt ab. „Nimm es mir bitte nicht übel, Schwesterchen, du weißt doch, wie gründlich Lenchen mir den Aufenthalt in diesem Haus verleidet hat. Sie und ich unter einem Dach, das würde doch niemals gut gehen. Nein, ich will dir dein Hochzeitsfest nicht verderben. Ich würde Hugo natürlich gern kennen lernen, ja ich erwarte geradezu, dass du ihn mir vorstellst. Aber zur Hochzeit? – Außerdem muss ich mich um die Ortsgruppe des Jugendbundes kümmern." „Aha, also hast du dich ganz der Politik verschrieben?" „Ich bin ziemlich eingespannt, ja. Im Scheiding haben wir den Kreisverband gegründet, da muss nun erst einmal vieles in Gang kommen. Die Erneuerung des Protestantismus kann nicht warten, die Jugend läuft uns sonst davon. Unser Heliand-Orden, ich bin dort Großmeister, ist ja auch eine Chance für die Kirche. Im nächsten Jahr, wenn ich hoffentlich im Referendariat sein werde, soll ich die Jugendverbände Soests in den Kampf gegen 'Schmutz und Schund' führen. Im Frühjahr nächsten Jahres ist die Gründung der 'Volksgemeinschaft zur Wahrung von Anstand und guter Sitte' geplant. Du siehst also ..." „Ist es denn nicht auch gute Sitte, dass der Bruder zur Hochzeit seiner Schwester kommt?" „Schwesterchen, lass es gut sein, du kennst doch die Gründe. Und über Hildegard kann ich natürlich nicht bestimmen."

Irmgard stellt fest: „Da sind wir ja wieder an dem Punkt, an dem wir bereits vor zwei Jahren an der Spree waren. Der Krieg hat die Menschen verroht und das Elend, so sehe ich's. Ihr mit eurem ewigen 'Schmutz und Schund', lächerlich. Was soll das sein? Was sollen die Groschenromane bei den kleinen Büromädchen wohl für Schäden anrichten? Sei doch ehrlich, gehst du nicht auch heimlich ab und zu ins Kino? Ich jedenfalls liebe die neuen Filme aus Amerika und mit der Moral hab ich keine Probleme." Sie knallt die Kaffeetasse auf den Tisch. Fritz verzieht das Gesicht und schüttelt den Kopf: „Ästhetisch verroht, wertlos, reißerisch, schlüpfrig, Aufpeitschung der Sinne, Gefährdung unserer Kultur! Diese Alliierten nutzen die Misere aus. Erst, wenn der Materialismus seinen zersetzenden Einfluss geltend machen kann, erst, wenn sie unsere deutsche Kultur zerstört haben, dann ist der Krieg wirklich verloren! Und dabei geht es doch nur um das schnelle Geld, merkst du das denn gar nicht? Lass deine beste Freundin bitte so etwas nicht hören, falls du vorhast, zu unserer offiziellen Verlobungsfeier im Ostermond zu kommen. Falls du das nicht weißt, das ist der April. Wir feiern allerdings bei Dieckmeyers."

„Was sind das nur für markige Sprüche, Fritz! Alle gehen ins Kino, bis auf ein paar ganz verbohrte Zeitgenossen. Ich wünsch euch eine schöne Feier. Wie geht's denn Hildegard?" „Gut. Unsere Brasilien-Pläne nehmen immer mehr Gestalt an. Ich habe ihr eine Kette entworfen, hab' sie grade heute aus der Goldschmiede abgeholt." Er zieht einen geschmiedeten Silberanhänger an einer Kette aus der Westentasche und legt ihn vorsichtig auf den Küchentisch. „Meinst du, das wird ihr gefallen?" Irmgard nimmt das Schmuckstück in die Hand, lässt es durch die Finger gleiten. „Interessant. Seltsames Zeichen. Sieht aus wie 'Runen'."

„Ein christliches Kreuz kombiniert mit einem altgermanischen Sonnensymbol, genannt Hakenkreuz. Ich hab das gleich in zwei Ausführungen entworfen und sie als Hochzeitsgeschenk für uns herstellen lassen! Mein Anhänger ist an der Uhrkette, schau mal!" Sie runzelt die Stirn, während sie ihre Worte vorsichtig dosiert: „Na, wenn du so etwas magst, dann wird es ihr sicher auch gefallen! Das Sonnenzeichen, das hab ich schon mal irgendwo gesehen." „Erneuerung des Christentums im germanischen Erbe, das ist für mich wahres Deutschtum!" Irmgard schaut ihren Bruder einmal mehr skeptisch und spöttisch von der Seite an. „Geht das jetzt wieder los!?" „Ich hör ja schon auf." Da, ein Sonnenfleck auf dem karierten Tischtuch. Begeistert springt sie auf: „Der Regenguss ist vorüber. Komm, lass uns noch ein wenig hinausgehen, unserm alten Platz im Garten einen Besuch abstatten. Wer weiß, wann wir uns wiedersehen!"

Die Irmgard spricht: Nun werd ich Frau!

Fürst Leopold der IV. von Lippe hatte, bevor er abdankte, als Haupt der lippischen Landeskirche noch schnell einen Runderlass an die Pastoren gesandt:

„Fürstlich Lippisches Konsistorium Detmold, den 12. November 1918

An die Herren reformierten und lutherischen Pfarrer
Nachdem, wie den Herren anderweitig bekannt geworden sein wird, seine Majestät der Kaiser und seine Hochfürstliche Durchlaucht der Fürst dem Throne entsagt haben, ersuchen wir bis auf weiteres, das allgemeine Kirchengebet den veränderten politischen Verhältnissen entsprechend zu gestalten. Pustkuchen, Konsistorialrat"[10]

26. August 1919
Die kleine Gesellschaft tritt beim Klang der verbliebenen einsamen Glocke mit dem klingenden Namen „Haltet am Gebet" aus dem Portal der neugotischen Kirche. Menschen am Weg bewundern das schöne Paar und wünschen Glück. Ein Bräutigam mit roter Nelke im Knopfloch, eine Braut in einem rosa Kleid, das hat man in Detmold noch nicht gesehen. Meist wird noch das „gute Schwarze" getragen, kirchgangstauglich. Irmgards Eltern fürchteten diesen Moment. Auch über die Kleiderordnung hatte es keine Einigkeit zwischen Mutter und Tochter gegeben. Tröstlich, dass die Brautleute vorhaben, so schnell wie möglich ins Ruhrrevier zu gehen. Dass die hübsche Irmgard aus diesem Haus, in dem alle immer so geheimnisvoll tun, einen echten Proletarier heiratet, wer hätte das gedacht? –

Heute ist die große Flügeltür geöffnet. Unter den prall geblähten Segeln der gemalten Viermaster erwartet die wenigen Gäste eine Kaffeetafel. Irmgards einstmals engste Vertraute, Fritz und Hildegard, konnten tatsächlich nicht kommen. Dafür haben Adele und Friedrich Dieckmeyer, Hildegards Eltern, als Abgesandte des Paares einen gedruckten Segensspruch auf den kleinen Gabentisch gelegt. Hilda und Lotte haben zu Irmgards Befremden gar nichts von sich hören lassen. Nun sind die Kaffeetassen leer, auf den Tellern liegen nur noch Krümel, in der Luft hängt der Duft von Ersatzkaffee und Butterkuchen. Die Gäste erheben sich auf Bitte Lenchens, der Zeremonienmeisterin und begeben sich in den Salon. Die Leuchterarme am Instrument strahlen festlich. Nachdem sie das Brautpaar wirkungsvoll zu den Plätzen geleitet hat, stellt sich Magdalena ans Klavier und lächelt verheißungsvoll. Lenchen greift in die Tasten und die Jüngste beginnt nach der Melodie „O alte Burschenherrlichkeit" zu singen:

Die Irmgard spricht: Nun werd ich Frau
Bald bricht er an, der Morgen!
Ach Gott, mir wird ganz grün und blau,
Gedenk ich all der Sorgen,
Die solch ein Haushalt mit sich bringt
Wenn man das Küchenzepter schwingt
O jerum, jerum, jerum,
O quae mutatio rerum.
(O welche Veränderung der Dinge)

Du junge Braut, o weh, o weh,
Jetzt kommen schwere Tage
Wie wird dir's gehen in der Eh'
Und in des Haushalts Plagen
Kannst nun nicht mehr spazieren gehn
Musst einsam in der Küche stehn
O jerum, jerum, jerum,
O quae mutatio rerum.

Der Irmgard wird ganz heiß und kalt
Ihr zittern alle Glieder
Da lässt sich eine Lichtgestalt
Langsam durch's Fenster nieder
Die wandelt feierlich u. sacht
Just wie der Mond durch stille Nacht
O jerum, jerum, jerum,
O quae mutatio rerum.

Sie spricht: Getrost, Du armes Kind!
Sie nähert sich dem Bette
Du kennst mich nicht? Ei, bist du blind?
Ich bin ja Henriette.
Davidis bin ich zubenannt
Von allen Frau'n bin ich gekannt
O jerum, jerum, jerum,
O quae mutatio rerum.

...

Reizend sieht Magdalena aus, die ausdrucksvollen Augen unter geschwungenen Brauen leuchten. Und singen kann sie! Die Hochzeitsgesellschaft registriert dennoch leicht irritiert den Missklang. Da hat die Verfasserin eine ordentliche Prise Häme hineingemischt in ihre Laudatio auf das bekannte Kochbuch von Henriette Davidis, hat sie kräftig gewürzt mit echt schwesterlichem Neid. Einige Male hat Lenchen dem Hochzeitspaar beim Spielen über die Schulter übermütige Blicke zugeworfen. Der peinlich berührten Braut ist die Röte ins Gesicht gestiegen. Was Hugo wohl denkt? Jetzt ist nicht der Moment, ihn unauffällig von der Seite anzuschauen. Verunsichert beobachtet sie, wie Mutter und Vater Dieckmeyer das Lied aufnehmen. Sie will sich trotzdem freuen über das Kochbuch, das Mutter Helene ihr nun mit feuchten Augen überreicht. Interessiert schaut sie ins Inhaltsverzeichnis, bedankt sich artig und legt es zum Segensspruch von Hildegard und Fritz. Eigentlich kocht sie ja auch wirklich gern.

Als die Gäste gegangen sind, schaut sie durchs geöffnete Fenster in den Garten. Den wird sie vermissen. Als habe er ihre Gedanken erraten, stellt der Bräutigam sich zu ihr, um Abschied zu nehmen. Er wird in Bielefeld bei Genossen übernachten. So war es ausgemacht. In einigen Tagen ziehen sie nach Erkelenz. Dort hat Hugo Arbeit bekommen und fürs erste ein Zimmer organisiert. Auf Plätzen der zweiten Klasse wollen sie diese „Hochzeitsreise" antreten. Überfüllte Züge erwarten sie. Wagenladungen voller Soldaten aus Sammelstellen oder Kriegsgefangenenlagern rollen in die dicht besiedelten Gebiete. – Jetzt lauschen sie dem abendlichen Vogelkonzert. Hugo küsst sie und Irmgard umarmt ihren Ehemann. „Nicht anders als vorher", lacht sie, „gute Nacht Hugo." „Gute Nacht, Frauchen." Nachdem sie ihn zur Haustür gebracht hat, verbietet sie sich wehmütige Gedanken an Ed und Olly, an Fritz und Hildegard. Stattdessen geht sie in den Garten. Dort duftet es nach Kräutern und Kirschen.

Ein reiches und schönes Glück?

1 fraiche rosa Seidenkleid

Das Kapitel zur Hochzeit ist längst geschrieben, da werde ich auf ein vergilbtes Papier mit einer Liste in meinem Familienarchiv aufmerksam. Irmgards große, rechtsgeneigte Schrift erkenne ich inzwischen. Der mehrfach gefaltete, pergamentartige Bogen ist von ihr unterschrieben. Neben Lenchens Lied im Familienarchiv, der Scheidungsurkunde aus der Krankenakte und Fritz' Eintrag auf der Karteikarte, ist dieses Stück Papier mein einziges Zeugnis von dem großen Ereignis.

Mit „I. Heihs" hat sie es wenige Tage nach der Hochzeit unterschrieben. Auch diese Schreibweise kam vor, ich finde sie aber selten in den Dokumenten. Hugo unterschreibt stets als „Heiss". Hatte Irmgard ihren neuen Namen noch nicht häufig geschrieben gesehen? Eine Art Notizzettel ist es, Papier wie es gewöhnlich für Schnittmuster verwendet wird. Irgendein Gegenstand, der Form nach ein Bügeleisen, hat eine dunkle Spur darauf hinterlassen. In zwei Spalten sind mit weichem Bleistift überwiegend Kleidungsstücke aufgeführt:

1 Frisiermantel	*fraiche rosa Seidenkleid,*
1 Wäschebeutel	*Brautkleid*
1 Nachtmütze	*grüne Kostümjacke*
6 Binden	*1 lila Wintermantel*
1 Badetuch	*kurze Jacke (Winter)*
1 wollenes, gestricktes Kissen	*grüner Sportrock*
1 weißes Leinenkissen	*rotes Hauskleid*
(gestickt) (Bezug)	*hellblaues Hauskleid*
2 Milch u. Zuckerdeckchen	*2 weiße Blusen*
1 Waschtischgarnitur	*rosa Seidenbluse*
3 Scheibengardinchen	*buntes Hauskleid*
12 Topfentücher	*rotseidene Bluse*
3 Paar Strümpfe	*blaue Wollbluse*
1 Schwimmanzug	*blauer Kostümrock*
	roter Voilérock
	2 wollene Hausblusen
	dunkelblaues Wollkleid

1.9.1919   *Irmgard Heihs*

Was ist das für eine Liste? Das Brautkleid war also tatsächlich aus rosa Seide! Woher wusste ich das? – Es scheint, als habe Irmgard auf weitere Aussteuer verzichtet, die ihr eigentlich zugestanden hätte. Lag das an den schwierigen Zeiten, oder war es der Preis für die „unstandesgemäße" Verbindung? Nirgends findet sich ein Hochzeitsfoto. Hatten die Brautleute kein Geld für einen Fotografen oder betrachteten sie die Hochzeit mehr als Formalie und war Hugo nur zwischen zwei Delegiertenversammlungen kurz hereingeschneit? Überrascht hat mich auch Lenchens Liedtext. Gab es als Zugabe zu dem beliebten Kochbuch vielleicht auch gleich Begleit-verse? Die Auskunft des Davidis-Museums in Westfalen ist eindeutig: „Nein". Lenchen muss das Lied also selbst geschrieben haben. Hut ab, Lenchen!

Wer wir sind und was wir wollen!

Karl-Friedrich (Fritz) scheint zu dieser Zeit irgendwie „hyperaktiv". Mit Anstrengungen versucht er, seinen Zukunftsängsten zu begegnen. Dazu nutzt er frühere Kontakte, knüpft klug an alte Netzwerke an, investiert einiges Geld. Schulleiter Philipps ist jetzt Leiter des Kinderrettungsvereins in der Charitéstraße. Bei Seminarleiter Hymmen sucht er Orientierung, denn seinen Vater hält er für zu alt, um ihm raten zu können. Soll er die Ausbildung zum Auslandsprediger abschließen oder Theologie studieren? Von Zweifeln geplagt, kehrt er schließlich nach Soest zurück. Im Januar 1919 tritt er auch dem Alldeutschen Verband und dem Bund für das Aus-landsdeutschtum bei. Die lebenslange Mitgliedschaft in letzterem ist ihm 400 Reichsmark wert, auch damals keine kleine Summe. Den stolzen Betrag hat er vermutlich mit seiner besoldeten Tätigkeit als Leiter eines Jünglingsvereins und seiner Invalidenrente finanziert. Gelegentlich hat Fritz von Berlin aus auch schon Pastoren vertreten dürfen. Zu Pfingsten, am 20. Mai 1918, predigte er bereits in Drewitz und Gütergötz. Noch Aus-bildungskandidat, hält er als Kreisvorsitzender des Verbandes Soest des Deutschnationalen Jugendbundes eine flammende Rede: *Wer wir sind und was wir wollen!* Hier Auszüge aus der Ansprache zum Gründungsfest, am 7. Dezember 1919 im Adlersaal, nachmittags von ½ 4-½ 8 Uhr. Fritz hat sie aufbewahrt, ich finde die komplette Rede im Lübecker Stadtarchiv.

Liebe Deutsche Jugend! Verehrte Anwesende! ...So war die Heimat entnervt und verseucht von einem Geist, der, das sei unser Trost, nicht deutscher Geist war. Und man sah es klar: lange konnte es nicht mehr so weitergehen. Immer häufiger wurden Desertationen der Truppen, die oft in Massen den Gehorsam verweigerten und ihren

Eid, den sie geschworen, brachen. Und in der Etappe, die an erster Stelle berufen gewesen wäre, die schwer bedrängte Front abzulösen, sammelten sich Deserteure und Drückeberger und wussten sich zu verstecken vor dem Befehl zur Verteidigung der Front. Doch bevor die ersten noch mit dem Werk beginnen konnten, kam jener dunkelste Tag der deutschen Geschichte: der 9. November 1918. ... In diesen letzteren, den Ortsgruppen, und den Hundertschaften oder Gaugemeinschaften auf dem flachen Lande wird nun die eigentliche Arbeit geleistet, hier pulsiert das Leben der deutschen Jugend und schöpft immer neue Kraft, um in Gemeinschaft mit Gleichgesinnten das zu tun, was uns das Nötigste scheint: deutsches Nationalgefühl zu wecken und zu fördern in der deutschen Jugend, und Körper und Geist des heranwachsenden Geschlechts zu stählen und zu ertüchtigen zu dem Kampf, der uns bevorsteht, wenn wir je wieder aus diesem Sklavenleben herauskommen wollen zur alten, deutschen Freiheit, ohne die ein echter Deutscher nicht leben kann und will. – Aber wir mögen nicht an diese große Aufgabe gehen nur im Vertrauen auf unsere eigene Kraft, sondern wir wissen es und bekennen es frank und frei: nur mit Gott können wir Taten tun; hätten wir Gott nicht verlassen, hätte Er uns nicht verlassen. Und jenes Wort aus dem Jesajabuch soll uns als Warnung voranleuchten, das am 1. August 1914, dem letzten Tage vor dem Kampfe, Herr Direktor Hymmen seiner Predigt in der Brunsteinkapelle zugrunde legte, und das mich in all den Kriegsjahren begleitet und sich so furchtbar erfüllt hat: Glaubet ihr nicht, so bleibet ihr nicht! Für uns gilt noch die alte Parole: Mit Gott für König und Vaterland. ...Man wählte den gemeinsamen Namen: deutsch-nationales Freikorps. ... Kommen Sie, schließt euch uns an und helft uns das hohe Ziel erreichen, daß wir uns gesteckt, dass unser geliebtes, teures Vaterland nicht mehr von allen Nationen verachtet und zertreten wird, sondern dass es wieder heisse wie früher: Deutschland, Deutschland über alles!

Wenige Wochen nach diesem Auftritt besteht Fritz die Abschlussprüfung am Predigerseminar und beginnt das Vikariat in Barkhausen bei Minden. Auf dem Foto ist er neben der Säule ganz rechts anlässlich des Treffens der christlichen Männervereine beim Empfang auf dem Bahnhof im Profil gut zu erkennen.

Den folgenden Zeitungsartikel eines unbekannten Journalisten, vermutlich aus der „Hammer Zeitung", der aus der Gegenposition über die Versammlung berichtet, hat Fritz ebenfalls aufbewahrt. Aufmerksam hat er demnach auch diese Stimme wahrgenommen:

Soest, 12. Dezember 1919 Judenhetze –

Am Nikolausabend hatten wir in Soest einen heiligen Mann. Er beschenkte zwar keine kleinen, artigen Kinder, aber er war freigiebig genug und bot jedem ein Flugblatt vom „Deutsch-völkischen Bund" an. Dieser sonderbare Nikolaus war wohl zu feige, sein wahres Gesicht der Öffentlichkeit zu zeigen, drum zog er die Mönchskutte und den langen, grauen Spitzbart über seine schamlose Figur. Der Inhalt des Flugblättchens ist kaum wissenswert, es ist nur Reklame für den sauberen, deutsch-völkischen Bund und einige von A bis Z erlogene Worte. Diese schäbige Taktik des Bundes hat den ausgesprochenen Zweck, die Arbeiterschaft gegen die Mitbürger israelitischen Glaubens aufzuhetzen, damit die Alldeutschen als Schafslämmer, frei von Schuld und Makel, dastehen sollen. Wenn sich die Herren Antisemiten (lies Alldeutschen oder Deutschnationalen) in dem Glauben wiegen, auf diese schofle Art die deutsche Arbeiterschaft noch einmal zu vergiften, dann irren sie sich gewaltig. Wer der Schuldige am Ausbruch und an der Verlängerung des Krieges war, wer der politische Volksbetrüger, der Wucherer, Ausbeuter, Schieber usw. „vor", „während" und „nach" dem Kriege gewesen ist, können wir dem Deutsch-völkischen Bund genauer und deutlicher erzählen: Es waren hauptsächlich – reinrassige, echt christliche und dazu echt alldeutsche Schwindler!

War Fritz dieser Weihnachtsmann? Das Flugblatt, auf das sich der Autor bezieht, ist leider nicht erhalten. Direkt unter dem Artikel findet sich auf derselben Zeitungsseite der Bericht über die wenige Tage zurückliegende Gründungsversammlung des D.N.J. - Kreisverband Soest:

Soest, 12. Dez. Vielverheißende Knospen

Am vergangenen Sonntag feierte im „Adlersaal" die deutschnationale Jugend ihr Gründungsfest. Der etwa zehnjährige Sohn des Pfarrers Johanniswert sprach die ihm eingepaukte Festrede wie ein alter Alldeutscher Weisheitskrämer – wie die Alten summen, so zwitschern auch die Jungen – dann sprach Herr K.F. Stellbrink als Vorsitzender des Kreisverbandes, machte kräftig „Tam tam" für ein neues Kaiserreich und verlangte unter allen Umständen die Wiedereinsetzung seines lieben Wilhelm 2., des fliegenden Holländers, in Macht und Würden. Dem Sozialismus glaubte der weise Herr auch eins auswischen zu müssen und impfte die „reinrassige, echt alldeutsche Jugend" gegen Menschenliebe und für Sozialistenhatz. Was soll man über solche braven Jugenderzieher, die sich doch alle selbst kennzeichnen, noch viele Worte verlieren? Hören wir nur eine Stilprobe! Der Herr Gesinnungsgenosse des Herrn Stellbrink, Herr Pro. Dr. Dietrich Schäfer in Berlin schreibt im Monatsheft „Die nationale Jugend", das Organ der deutschnationalen Jugend, am 26. Sept. d. J.: Die Kinder andersgläubiger Eltern sind „gemeine, zufällig auf deutscher Erde geborene Menschen, Verräter am Vaterlande, nur wert angespuckt und nicht angesehen zu werden." Lieb Vaterland, magst ruhig sein! Die Jugenderziehung der Alldeutschen verspricht großartig zu werden.

Einen Monat vor der Abschlussprüfung betätigt sich Fritz an exponierter Stelle in der Sittlichkeitskampagne der Inneren Mission. Hier der Bericht über die Versammlung des Jugendringes Soest vom 23. Februar 1920 aus dem Soester Kreisblatt, die Fritz ebenfalls aufbewahrt hat:

... Die Versammlung wurde von Herrn Stellbrink eröffnet und geleitet, der im Namen der versammelten Soester Jugend für den zahlreichen Besuch dankte und mitteilte, daß zu der brennend gewordenen Frage, über die verhandelt werden solle, vier Redner sprechen würden.

... Als erster Redner führte Herr Schmitt, u.a. aus, daß ein Schrei der Entrüstung durch die Jugend unseres Vaterlandes gegen Schmutz und Schund gehe. ... Redner geißelte den Straßenbummel der Jugend, die gern alt sein möchte, wandte sich gegen das Tanzvergnügen und vor allem gegen das Kino im allgemeinen und gegen die sog. Aufklärungsfilme im besonderen, schilderte in humoristischer Weise, wie die seichten, schlüpfrigen Schauspiele jeder Kunst bar sind und verheerend auf den Charakter einwirken. Redner forderte dann die Jugend auf, alle Blasiertheit und greisenhafte Verlebtheit abzuwerfen und wieder jung zu werden, das Leben natürlich und wahr zu gestalten und zur heiligen Quelle des Lebens, der Natur, zurückzukehren ...

Herr Ommer legte u.a. dar: ...In unserem demokrat. Staat herrsche Freiheit auf jedem Gebiete. Freilich sei die Freiheit vielfach in Zügel- und Gewissenlosigkeit ausgeartet. Noch nie habe ein Volk so am Boden gelegen, wie jetzt Deutschland, das am Rande des Abgrundes stehe. Eine Hoffnung, daß wir nicht ganz versinken, ist uns in unserer Jugend geblieben, der wir eine Zukunft schaffen müssen, wie wir sie nötig haben. Da stellt sich uns ein großes unübersehbares Hindernis im modernen Kino entgegen, wie wir es kennen. Der Kinematograph ist 1896 von den Gebrüdern Lumiere erfunden worden und hat in kurzer Zeit seinen Siegeszug durch die Welt gemacht. In Berlin gab es 1910 150 Kinos mit 350 000 Besuchern in drei Monaten, 1911 waren es schon 500 000 im gleichen Zeitraum.

Heute besitze z.B. Frankfurt a.M. 25 Kinos mit 25 000 tgl. Besuchern; in ganz

Deutschland werden es 2 ½ Milionen sein ... statt auf diese Weise ein Kulturförderer zu sein, sei das Kino der größte Kulturfeind geworden, den wir unter Gottes Sonne haben. Seit die Zensur aufgehoben, seit Ende 1918, bringe das Kino fast nur Schund und moralischen Schmutz. Drei Arten von Schundfilmen seien zu unterscheiden: Erstens der geschmacklose, zweitens der kriminelle und drittens der sexuelle. Entsetzlich seien die Folgen. Es werde gezeigt, wie die Verbrecher ihre Wege gehen, wobei auch der moderne Schieber nicht fehle. Das Laster, die Zuhälterei usw. werde vorgeführt. Der Klassenhass werde durch das Kino gefördert ... Zum Schluss wurden folgende zwei von Herrn Oberlandmesser Töllner verlesene Entschließungen einstimmig angenommen:

– An das Reichsministerium des Inneren in Berlin
– An den Regierungspräsidenten in Arnsberg und an den
– Magistrat der Stadt Soest

Die heute im Adlersaal nach Tausenden zählende Versammlung des Soester „Jugendring" fordert: Erstens schnellste Einführung einer durchgreifenden Filmzensur und eines ausreichenden Volksschutzgesetzes gegen Schund und Schmutz überhaupt, nach den Grundsätzen, die Gemeingut aller anständigen Menschen sind. Sofortiger Erlass eines strengen Verbotes, auf Ankündigungsplakaten zweideutige, Lüsternheit anregende Bilder, Titel und Untertitel zu verwenden ...

5. Fessle durch Taten die jagende Zeit (1920-1923)

Langendreer, 2016

Im Bochumer Stadtarchiv ist im Melderegister des Jahres 1920 unter dem Familienvorstand Hugo Heiss, Bergmann auf Zeche Bruchstraße, als Wohnort die Augustastraße 25 verzeichnet. Diese Adresse gibt es nicht mehr. Die ehemalige Kaiserstraße ist wohl irgendwann nach der Revolution in „Alte Bahnhofstraße" umbenannt worden. Wo es keine Kaiserstraße mehr gibt, hat natürlich auch Kaiserin Augusta nichts mehr zu suchen. Sie heißt heute „An den Lothen". Der benachbarte Güterbahnhof Langendreer war damals der drittgrößte der Welt. Von dort wurde die Kohle des Reviers, wurden Koks und Stahl verladen und in alle Teile des Reiches transportiert. Von dort setzten sich die Reparationszüge mit ihrer schweren und politisch wie wirtschaftlich so folgenreichen Last in Richtung Frankreich und Belgien in Bewegung. Von dort wurde das Revier mit seinen vielen Menschen, die kaum Möglichkeiten zur Vorratshaltung hatten, täglich mit Lebensmitteln beliefert. Laut muss es hier zugegangen sein. Das Pfeifen, Stampfen, Zischen, Hämmern, Heulen der rangierenden Lokomotiven muss in den zweiten Stock gedrungen sein. Ob Hugo, der in der Nachtschicht arbeitete, sich Wachs in die Ohren gedrückt hat, um überhaupt schlafen zu können? Gegenüber dem Haus ist als ein Zeugnis der besonderen Kultur des Reviers „Heidis Trinkhalle" erhalten geblieben. Trinken sollten die Menschen gegen den allgegenwärtigen Staub. Heidi, eine Dame mittleren Alters, frage ich nach der Bedeutung einer gefundenen „Schokokarte", die an der Glasfront ihres Kiosks angezeigt wird und erfahre, dass es sich dabei um eine Schülerfahrkarte handelt. Heidi ihrerseits erkundigt sich nach meinen Fotomotiven und wundert sich, dass ich die Spur von Menschen verfolge, die hier vor fast einhundert Jahren für einige Zeit gelebt haben.

2019 wird im Landesarchiv NRW ein Bestand von Akten freigegeben, darunter eine zu Hugo Heiss. Nach seiner Selbstauskunft von 1946 war der Maschinist und Bergmann bereits vor 1919 Mitglied der USPD. Nun habe ich Gewissheit: Als Parteigänger der Unabhängigen Sozialdemokraten, politisch links von der SPD stehend, war Hugo ziemlich sicher Teil der „Märzrevolution". Die Arbeiterschaft des Ruhrreviers war politisiert, dachte mehrheitlich rätedemokratisch, setzte auf direkte Aktion und stellte weitgehende Forderungen nach Sozialisierung der Schwerindustrie. Die Arbeiter der Zeche Bruchstraße, so zeigen Dokumente, befolgten den

Aufruf zum Generalstreik nach dem Kapp-Lüttwitz-Putsch zu einhundert Prozent. Ziel des Streiks war die Beseitigung der Kapp-Regierung.

Langendreer, 6. April 1920

Irmgard schiebt die Gardine vorsichtig zur Seite und späht in den Hof. Da ist wieder das Pochen. Seit zehn Tagen hat sie nichts von ihrem Mann gehört. Davor überschlugen sich die Ereignisse: Militärputsch in Berlin, der schnell einsetzende Generalstreik, Hugos Wahl in den Aktionsausschuss. Am 16. März hatte der Bochumer Vollzugsausschuss die große Vertreterversammlung der Arbeiterräte einberufen und die Rote Armee entstand. Bald darauf der Einmarsch des Freikorps Lichtschlag in Hagen, die Besetzung Dortmunds durch die Rote Armee. Sie hat gebettelt, er solle sie nicht so lange allein lassen, bei allem Verständnis! Seitdem hat sie sich hier verbarrikadiert. Sie kennt doch niemanden und traut sich kaum hinaus, während Hugo hier aufgewachsen ist. Unruhige Nächte mit häufigem Sirengengeheul, verhallenden Schüssen und fernem Grollen wie von einer Kriegsfront, in denen Automobile mit Bewaffneten darin durch menschenleere Straßen rasen. Unheimlich dumpfer Geschützdonner ängstigte sie in der Osternacht.

Die Miete ist längst überfällig und kein Geld im Haus. Ihre Blicke gleiten an der Mauer zur Werkstatt entlang, suchen das reparaturbedürftige Fuhrwerk ab. Als schlüge sacht ein Fensterladen ans Mauerwerk, so klingt dieses Klopfen. Es ist aber gar kein Wind. Tatsächlich, Hugo hockt, halb verborgen, hinter dem Leiterwagen und schlägt mit einem Stein gegen die Deichsel! Jetzt hat er sie entdeckt, gibt ihr ein Zeichen und schleicht in Richtung Aufgang. Sie legt das Nudelholz beiseite, baut den Turm aus Stühlen unter der Türklinke ab und öffnet die Tür vorsichtig nur einen Spalt weit. Hugo drängt herein. „Mach schnell zu!", stößt er hervor. Tiefe Schatten unter den Augen, bleich, übernächtigt, schmutzig und zerlumpt steht er da, jetzt mit dem Rücken zur Haustür und fixiert sie mit den Augen eines Fieberkranken. Das, was einmal Kleidung war, hängt schlammverkrustet an ihm herab. Am Ärmelrest baumelt ein Fetzen der roten Armbinde, dem Zeichen der Rotarmisten. Im Gesicht entdeckt Irmgard Blutspuren. Einen Arm hält er auf dem Rücken. Den anderen streckt er jetzt aus und dirigiert sie in die Küche. „Psst", er legt den Finger auf den Mund. „Hugo, wie siehst du aus! Bist du verletzt, was ist geschehen? Ich hab Schüsse gehört", flüstert sie. „Wenn nicht dein Geburtstag wär, wäre ich gar nicht hier", antwortet er gedämpft, „niemand darf davon wissen, hörst du! Herzlichen Glückwunsch!" Hugo schafft es, einen Mundwinkel zu einer Art Lächeln hochzuziehen und bringt ein Bündel zerknitterter Tulpen hinter dem Rücken hervor. „Oh, du Gauner, die hast du doch bestimmt geklaut", kichert sie erleichtert. „Ein geöffneter Blumenladen ließ sich leider nicht finden", grient er. Sie nimmt die schlappen Stängel in Empfang und schämt sich der Gedanken von Verrat und Verdächtigungen, die sich in den letzten Tagen in ihr eingenistet hatten. Dann schaut sie ihn genau an, legt die Hände auf seine Schultern, dreht ihn und sucht nach sichtbaren Zeichen von Verletzungen. „Bin in Ordnung. Nur eine Schramme vom Stacheldraht. Ich hab solch ein Schwein gehabt!" Hugo streicht sich die braunen Haare aus der Stirn. Jetzt erst sieht sie die Wunde und erschrickt. „Ich lebe," winkt er ab und schaut an ihr hinunter. „Wie geht es dir, hast du alles? Waren sie hier?" „Noch nicht, aber meine Angst kannst du dir vorstellen! Ein bißchen Zwieback ist noch da, ein paar Kartoffeln, aber Wasser hab ich keins mehr und ich trau mich auch nicht raus." Jetzt flüstert sie: „Hast du sie abgegeben? Seit Tagen bist du jetzt weg und ich sterbe hier fast vor Sorge und sehe keine Menschenseele! Ich hab Angst, dass es schon losgeht!" Sie legt die Hände unter den Bauch. „Wo warst du denn die ganze Zeit um Himmels Willen? Die Miete muss bezahlt werden, der Hausbesitzer hat gedroht! Was ist passiert? Man hört so viel – auch Frauen sollen dabei sein, es soll zugehen wie im Krieg. Flugzeuge flogen übers Haus."

„Du glaubst doch nicht etwa, dass ich dich vergessen habe? Wir konnten nicht zurück, überall gab es Gefechte. – Irma, du ahnst ja nicht was draußen los ist, es ist unbeschreiblich!" Hugo sackt auf einen Stuhl und schlägt die Hände vors Gesicht. „Ich hab sie abgegeben, die meisten haben es getan und ich hab auch noch mit Engelszungen geredet. Viele der Jungen wollten nicht, sie wollten ihren Mut beweisen." Er steht auf und umfasst Irmgard und das Kind im Bauch, schaut sie fragend an und schmiegt sich – so gut es noch geht – an ihr Schlüsselbein. „Vorsicht, es hat nicht mehr so viel Platz", sagt sie lächelnd. Hugo ist ganz woanders, seine Augen schauen in die Ferne. „Und dann, dann waren wir ohne jeden Schutz preisgegeben. Wir haben uns ans Abkommen gehalten, aber sie ermorden uns. Sogar auch die Arbeitersamariter, ja, auch Frauen. War alles nur Betrug in Bielefeld! Nichts von dem, was wir ausgehandelt haben, haben sie eingehalten. Ich habe es geahnt, ich trage Mitschuld." Wie er so mit hängenden Schultern schmutzig und verzweifelt dasteht, ist keine Spur mehr an ihm von dem drahtigen Mann, der noch vor wenigen Tagen mit federnden

Schritten von der Schicht kam, ein paar Scheine auf den Tisch warf, sie beinahe jubelnd in den Arm nahm und verkündete: „Jetzt, mein Liebling, jetzt machen wir Ernst mit der Revolution! Ich muss zur Versammlung." In der Tür hatte er sich noch einmal umgedreht, ihr zugezwinkert, die Jacke über dem Arm und hatte gerufen: „Als Erstes suchen wir uns eine vernünftige Wohnung und du bekommst ein Klavier! Für den Sozialismus! Sei stark, bin bald wieder da."

Jetzt steht er mühsam auf und stößt hervor: „Sag niemandem, dass ich hier war. Geh zu Nachbarn. Wrobels kannst du vertrauen, aber sei vorsichtig, Denunzianten sind überall unterwegs. Wenn sie kommen, mach auf, sie zerschlagen sonst alles. Sag ihnen, du weißt nichts von Roter Armee und eine Waffe hast du nie gesehen, hörst du! Ich muss weiter." „Aber so schmutzig wie du bist – jeder kann ja sehen, woher du kommst!" „Ich gehe zur Pumpe oder zum Bach, ich will dich, nein euch, nicht in Gefahr bringen! Sie sind die ganze Nacht über in Richtung Dortmund marschiert. Am Bahnhof wird gekämpft. Heute Morgen habe ich zwei Bergarbeiter aus Bochum schrecklich zugerichtet in Werne aufgefunden, angeblich auf der Flucht erschossen: Gottlieb Tomaschewski und Emil Rizauer aus Bochum, zwei gute Kumpel. Und daneben die blühenden Apfelbäume, das ist so unbegreiflich!" Er legt die Hand über die Augen und schüttelt den Kopf, als wolle er das Bild verscheuchen. „Geh zur Wohngebietszelle, sobald du hier raus kannst, dort werden auch Lebensmittel abgegeben. Sie helfen dir. Aber die nächsten Stunden bleib um Gottes willen bei den Nachbarn, das ist Krieg!" Irmgard schaut ihn zweifelnd an. „Was ist mit Hilda, Lotte?" „Du kommst nicht durch bis Brambauer, bleib hier! Und wer weiß, ob sie dir die Tür öffnen würden? Oder geh zu meiner Schwester. Mehr kann ich jetzt nicht für dich tun." Hugo verschwindet im Zimmer und wühlt fieberhaft im Schrank. Irmgard setzt sich und horcht auf die Bewegungen des Kindes. „Hier, das muss weg, sofort!" Hugo, jetzt im guten Anzug, streckt ihr das Bündel Lumpen entgegen. „Wie denn, Hugo?" „Verbrennen, du musst das verbrennen!" „Es ist kaum noch Holz da. Ich gehe in den Keller. Warte auf mich!" Doch als sie wieder heraufkommt, findet sie die Tür angelehnt und die Wohnung leer. Auf dem Tisch liegen ein paar Papierabschnitte. Notgeld der Zeche Bruchstraße steht darauf. Ob der Hausbesitzer die annimmt? Und wenn, dann reicht es gerade einmal für die Miete.

Zweite Revolution

Die Familienbriefe schweigen sich über die Ereignisse aus. Fritz' Weltbild scheint keineswegs erschüttert. In seinen protestantischen Kreisen ist man damals auf der anderen Seite:

„Aber der Generalstreik kam darum doch, und im Industriegebiet wurde die Rote Republik ausgerufen und das Tohuwabohu war da. Die einzige ernst zu nehmende mobile Truppe, die es damals in Münster gab, war das Korps Lichtschlag, das sofort ins Industriegebiet geworfen wurde, weil man glaubte, die Unruhe noch meistern zu können. Aber die paar hundert Mann wurden in Wetter und Herdecke von den Aufständischen aufgerieben ... Das 1. Batallion bekam die Waffenstudenten, das zweite die katholischen Korporationen, das dritte, das zu kommandieren ich die Ehre hatte, den Rest! Bei diesem Rest waren erstaunlich viele alte Krieger und die Truppe, die so zustande kam, konnte sich wohl sehen lassen. Am Gründonnerstag pfiffen die ersten blauen Bohnen, als wir in Selm, nördlich des Städtchens Bork, die Zeche ‚Herrmann' besetzten, und abends bezogen wir auf den Nettebergen, oberhalb der Bergarbeiterkolonie, Feldstellungen."[11]

Das schreibt 1938 Martin Niemöller, der Direktor Hymmen gut kannte. Es scheint in den „Kapptagen" kein Kontakt zwischen Brüderchen und Schwesterchen bestanden zu haben. Nur Hilda und Lotte finden derzeit Gnade vor seinen Augen. Das Predigerseminar wird 1920 nach Witten verlegt und Fritz kann Hildegard näher sein.

Barkhausen, am 13. im Gilbhard (Oktober) *1920*

Meine lieben beiden Brambauer!

... Ihr wißt ja, wie viel ich auf die Belebung des völkischen Bewußtseins an Hoffnungen knüpfe. Und da bietet dieser Jahrweiser (z. Dtsch. calendae) eine so schöne Übersicht über alle Gebiete des völkischen Auflebens. ... Zu Haus hat mir Lenchen den Aufenthalt so unmöglich gemacht, so daß ich jeden Verkehr, auch schriftlichen, Hubertusstraße 10 abbrechen mußte, außer dem langsamen Hinwegschaffen meiner Sachen von dort. Ach, Schwesterchen, ich kann Dir nicht sagen, wie weh mir das tut. Es glaubt einem ja kein Mensch, besonders mir nicht. – Ich habe den Kampf zwischen Blutsliebe und Überzeugung durchgekämpft: ich darf meine Überzeugung nicht darangeben, darf mein Heiligstes nicht besudeln, darf meine Ehre nicht mit Kot bewerfen lassen, um eine Blutsgemeinschaft zu halten, der jede innere, d.h. jede religiöse, völkische, politische oder wissenschaftliche Gemeinschaft schon lange, lange fehlt. Aber furchtbar ist es, wenn die Eltern noch leben, für mich aber tot sind; wenn eine leibliche Schwester lebt, die ich

meiden muß um alles dessen willen, was mir heilig; wenn ich zwei andere leibliche Schwestern habe, die in krassem, niedrigsten Materialismus dahinleben und sich freuen, wenn die Tröge voll Fett sind. Wo ist da noch Verwandtschaft? – Doch ich will all den Schmerz nicht aufwühlen. Ich kann ihn hier so einigermaßen durch Arbeit betäuben, bis mein Schiff abstößt vom deutschen Lande. Wollte Gott, es wäre so weit!! – Ich hoffe, daß meine Ordination zum Pfarrer so Ende des Lenzing 1921 sein wird, und daß mein Schiff im Maien oder Brachet spätestens fährt. – Ich kann nicht soviel schreiben, um Dir, Euch von Allem, was mein Herz bedrückt und auch was es erhebt, Mitteilung zu machen. Es ist so viel, was ich hier erlebe. – Meine Kleine und ich planen nun einen Überfall. ... Ich habe nur so das dunkle Bangen, daß es Euch allmählig denn doch zu viel wird. Und wenn ich Wieder-gut-machung von Brasilien aus verspreche, so ist das eine Geschichte, die an die Verteilung des noch nicht erlegten Bären erinnert. Aber für den Fall, daß wir zusammenkommen dürfen, bitte ich mir ganz entschieden aus, daß ich über die Umstände mit meiner Einquartierung entscheide. Da ich jetzt noch draußen im Freien mich bade, so bin ich stark abgehärtet und muß mir entschieden jegliche Verweichlichung verbitten. Ich kann am besten auf 3 Küchenstühlen schlafen. Auf 2en geht's zwar auch schon, aber nicht so gut. Ich vermute jedoch, daß mein Mädchen das Weitere oder Nähere schon mit Euch beschrieben hat. Von irgendwoher werde ich also wohl bald meine Anweisungen (z. dtsch. Informationen) bekommen. Hoffentlich klappt's mit einem Wiedersehen!

1000 herzliche, treu-deutsche Grüße und ebenso viele Küsse (letztere teilbar zu 500 für Hildachen und Kl=Lottchen)

Euer Vikar (hm hm!) ich meine: Euer Fritz

Es könnte sich bei dem Geschenk des „Calendae" um den Hakenkreuz-Jahrweiser für die Deutschbewegung Hellerau gehandelt haben. Herausgeber war Bruno Tanzmann, der wiederum in der völkischen Volkshochschulbewegung aktiv war, Gründer der „Artamanen". Brüderchen und Schwesterchen werden sich um 1920 wohl kaum etwas zu sagen gehabt haben. Dennoch lassen sie es nicht zum Bruch kommen. Fritz wird Pate des Kindes, das bald darauf geboren wird. Der „Alldeutsche Jugendverband" konnte sich in Soest nicht lange halten. Als Fritz und Hildegard, frisch vermählt, im Mai 1921 in Hamburg an Bord des Dampfers „Argentina" gehen und die Überfahrt nach Brasilien antreten, wird kein Nachfolger für den Posten des Kreisvorsitzenden gefunden.

Irmgard trägt an ihrem 24. Geburtstag noch den lila Wintermantel. Sie sitzt auf der Bank und bewegt den Kinderwagen. Eigentlich müsste sie jetzt kochen, aber das Baby schläft lange und Hugo ist auch noch nicht wach. Im vorigen Jahr hatte sich die Natur an ihrem Geburtstag von der

mildesten Seite gezeigt. Überall war bereits ein grüner Schimmer auf den Hecken und Gehölzen zu sehen gewesen, die Kastanien standen kurz vor dem Aufblühen. Sie hatten den ungewöhnlich zeitigen Frühlingsbeginn als Zeichen aufgefasst, die Natur sei ihnen gewogen. Es schien ein guter Moment zu sein. Dann kam das große Blutvergießen und stand in schrillem Kontrast dazu. In Langendreer waren es Einheiten des bayrischen Freikorps Epp, die Haus für Haus durchkämmten. Im benachbarten Weitmar hörte man, wurde sogar eine Hochschwangere schwer misshandelt. Am schlimmsten aber, hieß es, hauste die Akademische Wehr aus Münster, deren 3. Bataillon unter dem Kommando eines gewissen Martin Niemöller stand. General Watter persönlich bemühte sich nach Bochum und bei seinen Einsatzplänen hatte er besonders den Bahnhof Langendreer im

Visier. Denn der war die Drehscheibe der Nachrichtenübermittlung, der Kurierdienste und der Waffentransporte der Roten Armee gewesen.

Geht sie jetzt um Lebensmittel zur Wohngebietszelle, kommt sie immer noch an den Häusern mit Resten eilig aufgemalter Runen vorüber. Sonnenräder mit abgebrochenen Ecken, hinterlassen von den Freikorpsverbänden. Passanten betrachteten die seltsamen Zeichen furchtsam und ratlos und fragten sich, was sie bedeuteten. Sie denkt an Fritz und sein Hochzeitsgeschenk, ahnt in etwa, wovon sie berichten und wird traurig. Ein gedrückter Erster Mai verging, an dem die Menschen statt von der leuchtenden Zukunft von schrecklich zugerichteten Leichen sprachen, die aus anonymen Massengräbern geborgen wurden und von den neuesten Verhaftungen. Es wurde für Exhumierungen und für würdige Grabstätten gesammelt. Die Arbeiter des Reviers hatten eine verheerende Niederlage erlitten. Ungezählte Familien waren im Elend und trauerten. Der erhoffte reichsweite Generalstreik, der hätte folgen müssen, blieb aus. Hugo war verändert. Äußerlich anwesend, innerlich abwesend. Sie besprachen nur das Nötigste. Sie fragt sich manchmal, ob nicht vielleicht doch eine andere Frau im Spiel ist? Eine, die ihn besser versteht? Eine furchtlose „Genossin" wie die Frauen, die in der Roten Armee waren, nicht so ein Hasenfuß und Hausmütterchen wie sie es ist. Er müsse darauf gefasst sein, jederzeit unterzutauchen, hat er ihr erklärt. Die Listen! Was, wenn die Sicherheitspolizei des Nachts kommt? Bei jedem Geräusch fährt sie hoch. Jetzt muss sie daran denken, wie just an ihrem Geburtstag, kurz nach Hugos gleichsam gespensterhaftem Erscheinen, tatsächlich die Freikorpsverbände eingerückt waren und die Häuser in der Nähe des Bahnhofs nach Waffen und nach Angehörigen der Roten Armee durchkämmt hatten. Die Reichswehr setzte überall örtliche Kommandanten ein, wie in einer Militärdiktatur. Gut, dass sie tatsächlich bei Wrobels war und auch die Wohnungstür aufgelassen hatte. Wenigstens hat dieses Kind im Wagen einen Vater! Die letzten Schüsse waren kaum verhallt, als es am 2. Juni geboren wurde. Ewald Karl-Friedrich, sie nennen das Wiegenkind „Buby". Sieben Monate ist es jetzt alt und Gott sei Dank gesund. Es sitzt, greift nach allem, lacht sie an. Mit Buby kehrt etwas Lebensfreude zurück. Jetzt schläft der Kleine, wie immer, wenn der Wagen über das Kopfsteinpflaster holpert.

Die Versorgungslage ist schwierig. Täglich werden Lebensmittel teurer. Die Werksleitungen drängen schon wieder auf Überschichten. Sie weint oft und ist nervös. „Fahr doch eine Weile zu deinen Eltern, bis sich hier alles weiter beruhigt hat", hat Hugo ihr schließlich vorgeschlagen, „dir fällt ja alles aus der Hand!" Dann hat er sie und Ewald in den Arm genommen und ihr ins Ohr geflüstert. „Das lassen wir nicht zu, dass nun auch noch unsere Liebe zerstört wird, nicht wahr?" Sie war dahingeschmolzen. Von Hilda und Lotte keine Nachricht. Dann eben nicht! Doch Hildegard schreibt aus Brasilien, sie würde so gern Fotografien von ihr und ihrer Familie sehen.

Detmold, im Juli 1921

„Du solltest ihn früher schlafen legen. " Helene streicht eine Haarsträhne aus dem Gesicht und steckt sie fest. Irmgard hockt neben ihrem Wickelkind am Rand der Decke unter dem Kirschbaum. „Er schläft nun einmal nicht so früh. Er ist es gewohnt, dass sein Vater eine Weile mit ihm spielt, bevor er zur Nachtschicht aufbricht. Sonst sieht er ihn ja kaum. Hugo hat häufig Versammlungen." „Was denn für Versammlungen?" Vom Gartenstuhl aus trifft sie ein missbilligender Blick und sie beschließt, die Frage zu überhören. „Vater und ich brauchen unseren Nachtschlaf", fährt Helene fort, „du kannst nicht mit ihm die halbe Nacht auf der Treppe herumkrabbeln!" Buby hat sich hingesetzt und schwenkt jetzt einen trockenen Ast über dem Kopf. Helene nimmt ihn fort, worauf der Kleine sich verblüfft nach dem verschwundenen Spielzeug umschaut. „Zur Kindererziehung gehört nun einmal eine gewisse Strenge." „Ich bin eben nicht so streng." „Das kann man lernen. Jede Frau kann das lernen. Nimm Rücksicht! Wenn wir es hier miteinander aushalten wollen, musst du dich fügen." Irmgard hört sich die Vorhaltungen wortlos an und schaut ihrem Kind eine Weile zu. Dann sagt sie halb zu sich: „Ich geh mal rein, Zeit für sein Fläschchen und ich glaube, das hier ist auch fällig." Sie schnuppert an der Windel, nickt bestätigend und schwenkt das Kind durch die Luft, bis es vor Vergnügen quietscht. Helene: „Ich möchte dich noch um etwas bitten. Heize doch das Feuer in der Waschküche an. Wir brauchen die Kochstellen in der Küche." Ihre Tochter tastet sich mit den Zehen in die Schuhe und wandert los in Richtung Haus. Bei der fegenden Magdalena, der Tante, legt sie einen Halt ein. Die streckt den Kopf vor, neckt das Baby und kitzelt es am Bauch. Buby untersucht eingehend ihre Nase. „Ist denn noch Holz da?", fragt Irmgard halb rückwärts gewandt. „Sieh selbst nach! Warum stillst du denn nicht? Ob das gut ist mit diesen Flaschen?" „Hab keine Milch mehr, schon seit 'ner Weile, seit ..." „Seit wann?" „Ach, nichts. Meine Milch war einfach eines Tages weg." Leise grummelt sie vor sich hin. „Und ich hab gedacht, ich kann mich hier ein bisschen erholen." Laut ruft sie: „Kann ich denn wenigstens warmes Wasser nehmen, um ihn zu waschen?" Ihre lange Gestalt verschwindet im Treppenschacht, der zur Waschküche hinunterführt. „Aber natürlich! Jetzt tust du ja geradezu so, als seien wir Unmenschen!", ruft Helene ihr nach. Ihr suchender Blick möchte ein Einvernehmen mit Magdalena herstellen. Doch die weicht der mütterlichen Vereinnahmung aus.

Irmgard hat Ewald frisch gewickelt und die Milch gewärmt, nun lehnt sie sich mit einem Seufzer an den Sofarücken und schließt die Augen. Aus dem Wageninneren kommen leise Schmatzlaute. Irmgard gähnt und betrachtet die Segelschiffe über sich. „Eeh, eehhh," knöttert es. Sie nimmt Buby hoch, singt ihm ein Schlaflied, legt ihn zurück und ruckelt sanft am Wagen. „Mach mal ein wenig die Augen zu, mein Söhnchen, du musst doch müde sein. Ich jedenfalls bin es." Zehn Minuten muss sie das sperrige Gefährt hin- und herschaukeln, bis der Kleine schläft. Dann rafft sie sich auf, wäscht die Windeln aus und sucht in der Scheune nach Holz. Mit dem Stapel auf dem Arm steht sie Carl an der Treppe gegenüber. „Vater, wo haben wir denn Zeitungen?" Doch bevor er antworten kann, stolpert sie, die Holzscheite purzeln die Stufen hinunter.

„Was machst du denn da?" Carl legt seine Imkerutensilien auf den Brunnenrand und hilft beim Einsammeln. „Ist dir etwas geschehen?" „Nein, aber ich bin wirklich erschöpft", gesteht sie matt. Dieser Krieg vor einem Jahr mit all seinen Schrecken, dann die Geburt und die anstrengende erste Zeit. Mir fehlt der Nachtschlaf, ich brauche einfach etwas Erholung." „Warum bist du nicht zu Hilda und Lotte?" „Ach Vater, wenn du wüsstest. Man kam gar nicht nach Brambauer. Und Hilda redet nicht mit mir. Sie und Lotte haben Bübchen noch nicht ein einziges Mal besucht." „Hilda ist seit diesen unseligen Tagen krank und dienstunfähig. Im Lehrerzimmer tagte der Vollzugsrat, in der Turnhalle fläzte sich der rote Mob. Sie will vorerst keinen Menschen sehen außer Lotte." Ihr Vater legt ihr mit Nachdruck den letzten Scheit in den Arm und schnaubt: „Was musstest du auch diesen Kommunisten ehelichen! Wir brauchen keine zweite Revolution. Als wenn wir an der Einen nicht genug gehabt hätten!" Zwischen Irmgards Augen wächst eine Zornesfalte. „Ihr wisst doch gar nicht ...!" „Habt ihr nicht genug angerichtet? Wo war denn dein Mann, als die Roten mit gestohlenen Waffen Dortmund besetzt und damit dieses Blutbad angerichtet haben? Warum hat er nicht für dich gesorgt? Kümmere dich lieber um dein Kind statt um Politik!" „Du hast mich nicht gefragt, was ich denn erlebt habe." Carl bohrt seiner Tochter seinen Zeigefinger ins Schlüsselbein. „Ich kenn dich doch, du warst schon immer gegen die Ordnung, schon in Berlin. Am Ende bist du für Spartakus!" Irmgard wehrt den Finger ab und geht einen Schritt zurück. „An welche Ordnung denkst du denn dabei? An die der Männer, die die gewählte Regierung beseitigen wollten? An die der Kohlebarone, die den gerechten Lohn vorenthalten und aufs Neue Überschichten erzwingen wollen? Oder an die vom Januar dieses Jahres in Berlin, als im Reichstag das Betriebsrätegesetz beraten wurde und plötzlich zweiundvierzig Tote dalagen?" Verwundert hört sie sich so reden, sie wusste gar nicht, dass sie das kann.

„Die Spartakisten haben die Sicherheitskräfte angegriffen, sie waren drauf und dran den Reichstag zu stürmen, es stand in der Zeitung." „Keiner der Toten war bewaffnet!" „Es gab Schüsse aus der Menge. – Und was war mit der Roten Ruhrarmee? Hatten die auch keine Waffen?" „Du drehst ja die Tatsachen geradezu um! Wer hat denn die gewählte Regierung mit Waffengewalt beseitigen wollen?" „Schluss damit!" Carl setzt mit dramatischer Geste den Imkerhut auf, zieht entschlossen den Schleier herunter und trabt in Richtung Bienenhaus. „Ja, Vater, lassen wir diese Art von Gesprächen, sie führen zu nichts. Ich wollte hier etwas zur Ruhe kommen. Wenn ihr wissen wollt, was in den Kapp-Tagen los war, fragt mich!", ruft sie ihm hinterher. In Wahrheit ist sie nicht so kaltblütig. Die Hände zittern, als sie Flaschenbürste, das Fieberthermometer und die Wärmflasche aus dem Zeitungspapier wickelt. Sie hatte sich das so schön vorgestellt. Der Garten, helfende Hände, glückliche Großeltern, eine ältere und eine jüngere Tante, die ohnehin im Moment nicht so recht wissen, was sie mit ihrem Leben anfangen sollen. Familienmitglieder, die doch nur darauf warten müssten, ihr unter die Arme zu greifen und das erste Kind der nächsten Generation zu hätscheln. Falsch gedacht. Mal sehen, wie lange sie es aushält? Wenn das so weitergeht, keine drei Tage!

Carl sitzt noch lange in der Abendsonne am Bienenhaus, zieht an seiner Pfeife und denkt nach. Der Auftritt hat die Überzeugung in ihm wachsen lassen, diese Tochter, die er noch nie verstanden hat, wäre imstande gewesen mitzumarschieren, wenn sie nicht schwanger gewesen wäre. „Na, schläft der kleine Mann?" Lenchen steckt den Kopf durch die Tür, die Geisha-Frisur ist einer praktischeren Variante gewichen. „Ja, endlich, komm herein!" Die Schwester schaut auf das schlafende Kind. „Allerliebst. Er schläft ja fest, komm doch mit in die Küche!" Lenchen ist beim Abwasch und Irmgard legt das Zeitungspapier beiseite, greift zum Küchentuch und fischt Teller aus der Abtropfschüssel. „Was ist aus deinen Plänen geworden, mit Colo eine Pension zu betreiben?" „Sie hat sich dagegen entschieden. Ich hab eine Weile im Büro gearbeitet. Aber jetzt ist sowieso alles anders." Lenchen legt die letzte Tasse weg, trocknet sich die Hände ab und räumt das Soda in die Kammer. Als sie wieder herauskommt, strahlt sie wie ein Honigkuchenpferd. „Wir werden uns verloben!" In ihren Augen leuchten kleine Lämpchen. Das war es also, denkt Irmgard. „Wer ist der Glückliche? Seit wann kennt ihr euch? Erzähle!" „Erwin Krepfahl, aus Bielefeld, Ingenieur und Besitzer mehrerer Wäschereien, arbeitet für die Textilbranche." „Na, da werdet ihr keine materiellen Sorgen haben. Wie ist er, wie sieht er aus?" Lenchen errötet flüchtig. „Später zeig ich dir ein Foto. Haus und Garten vorhanden, Personal. Ich werde einem großen Haushalt vorstehen. Erwin hat ja mit seinem Betrieb zu tun. Vielleicht werde ich mal in der Buchhaltung mitarbeiten, wenn die Kinder groß sind." „Dann hoffe ich, es wird alles so, wie du es dir wünschst. Wann soll denn die Verlobung sein?" „An Weihnachten." „Hmm ", Irmgard runzelt die Stirn. „Was gefällt dir daran nicht?" „Habe nichts auszusetzen. Ich freue mich mit dir. Ich weiß nur nicht, ob ich da kommen kann." Sie legt eine Hand auf den Leib. „Wächst an der Pumpe noch das Pfefferminz?"

Als sie mit den Stängeln zurückkommt, empfängt die ältere Schwester sie mit einem Blick, als wolle sie jeden Moment eine ihrer Haarnadeln zücken und in sie hineinstoßen. Irmgard gießt irritiert Wasser aus dem Kessel über die Blätter. Was hat sie denn nun wieder? Ob es ist, weil sie nicht zur Verlobung kommen kann? Sie überlegt, ob sie ihr Geheimnis schon verraten soll. Viel spricht dagegen. Aber am Ende ist Lenchen dann beleidigt? Also dann doch, entscheidet sie und holt tief Luft: „Lenchen, ich verrate dir jetzt etwas. Ewald bekommt im Januar ein Schwesterchen oder ein Brüderchen. Ich weiß es erst seit Kurzem. Du bist die Erste, die es erfährt." „Ach – ", Lenchens Kinn droht herunterzufallen. Sie schaut an der Schwester vorbei zum Fenster hinaus. „Das eine Kind noch nicht aus den Windeln, da kommt schon das nächste. Ist das nicht ein wenig schnell? Konntet ihr euch nicht beherrschen?" Irmgard zuckt zusammen, der Tee in ihrer Tasse gerät in Bewegung. „Und was ist das?" Anklagend hält ihr die Schwester die zerknitterte Zeitungsseite vor die Nase, mit der sie Feuer machen wollte. „Das ist eine Seite aus einer Zeitung." Irmgard blickt angestrengt auf das, was ihr da aus dem „Ruhr-Echo" vom letzten

Jahr vorgehalten wird. „Allerdings", giftet Lenchen. „Das ist ja Aufstachelung zur Revolution! Hat Hugo etwa damit was zu tun?" Irmgard entreißt der Schwester das Blatt und liest zornig:

„'Kameraden, in der augenblicklichen Lage steht unsere ganze Existenz auf dem Spiele. Wir kämpfen nicht für die Interessen einzelner Personen, sondern für die Interessen der Kopf- und Handarbeiterschaft in ihrer kompakten Masse. Nicht Ruhm noch Ehre, nicht Orden und Ehrenzeichen sollen Triebfeder unserer Aktion sein, sondern die Sicherstellung unserer Daseinsberechtigung als Mensch ...'[12] Was soll daran falsch sein? Was stört dich daran?" „Lass das bloß nicht meinen Verlobten hören!" Lenchens Augen sind schmale Schlitze, aus denen Blitze zucken. „Und nun bist du schon wieder schwanger. Moralisch verkommen, das seid ihr. Denk mal nach, bevor du die Männer so anguckst! Aber so was wie Zurückhaltung, das kennst du ja nicht! Am besten ist es sowieso, du bist bei meiner Verlobung gar nicht da."

Irmgard greift nach der Teetasse und springt auf. Hinter ihr erbebt die Tür. Lenchen brütet noch eine Weile am Küchentisch vor sich hin, die ekelerregenden Berichte von den hurenden „Flintenweibern" in den Reihen der Roten Ruhrarmee vor Augen, die sich zur Tarnung „Sanitäterinnen" nannten. In einem plötzlichen Ausbruch von Zorn knüllt sie das Zeitungsblatt zusammen und wirft es ins Feuer. Im Nebenzimmer lässt sich ihre Schwester aufs Sofa fallen und schaut durch Tränen auf das schlafende Kind. Leise schleicht sich Magdalena herein und setzt sich wortlos neben ihr auf das Plüschpolster, beobachtet dabei, wie die Schwester ein Taschentuch sucht und sich lautstark schneuzt. „Kann ich helfen?" „Willst du ihn wickeln, wenn er aufwacht?" Buby lässt sich tatsächlich von der Tante versorgen und bekommt die Flasche. „Wie ist es in Langendreer?", fragt sie mit dem Kind im Arm. Wenigstens eine fragt sie mal danach, wie es ihr dort geht. Irmgard legt die Füße hoch und berichtet von ihrem Alltag. Das tut gut und vielleicht ist die kleine Schwester ja ein Brückenpfeiler zwischen ihrer neuen Welt und der Welt hier? Denn es ist ja schier zum Verzweifeln! Wie soll sie ihnen das klar machen, dass die Zeit dort anders bemessen ist: in Schichten, Wochenlöhnen, Streiks, Beschlüssen, Mai-Feiern, Versammlungen, Aussperrungen. Wie das Leben sich dann anfühlt, wenn keine gleichmäßige Brandung monatliche Pensionszahlungen anspült? Wie es sie ruckartig und stoßweise überrumpelt? Wie soll sie erklären, wie erniedrigend die Arbeiter oft behandelt werden, was sie durchgemacht hat und wie allein sie sich fühlt? Wie, dass sie nicht planen kann, was nächsten Monat sein wird, weil Hugo jederzeit darauf gefasst sein muss ausgesperrt zu werden? Dass der Hausbesitzer sich beschwert wegen der Sicherheitspolizei? Magdalena schaut sie mit großen Augen an.

Ewald lässt sie abends nicht mehr auf der Treppe krabbeln. Sich mal so richtig fallen lassen, wie sie es sich erhofft hat, das kann sie hier nicht. Die gesamte Lebensführung steht hier dauernd auf dem Prüfstand. Jetzt zum Beispiel dreht Lenchen am Küchentisch versonnen die Babyflasche in der Hand. „Die war doch sicher teuer, diese Flasche?" Sie fährt mit den Fingern über die aufgedruckte Messskala und liest: „Jenaer Glas. Könnt ihr euch das denn überhaupt leisten?" „Siehst du doch!" „Du schreibst doch wohl nicht etwa die Milch auf unsere Kosten an?" Und Mütterchen sitzt daneben, schält Kartoffeln und sagt nichts dazu, keinen Ton.

Helene sieht besorgt aus, als sie von Irmgards erneuter Schwangerschaft erfährt. Doch dann nimmt sie ihr das Kind ab, so oft sie kann. Carl geht ihr aus dem Weg. Aber er hat bei der Nachricht über die Schwangerschaft gelächelt. Er freut sich auf ein zweites Enkelkind. Insgeheim hat er sich nach dem Zusammenprall mit seiner Tochter vorgenommen, sich selbst ein Bild von deren Familienleben zu machen, auch wenn er nicht darüber spricht. Ab und zu nimmt er den kleinen Ewald auf den Schoß. Im Verhältnis zu Lenchen aber ist ein Bruch eingetreten. Das war der Gipfel: Vor einigen Tagen kam die in die Küche und beschuldigte sie, einen Unterrock von ihr entwendet zu haben. „Soweit kommt's noch! Was soll ich mit deinem Unterrock?", hat sie sich verteidigt. „Der würde mir doch gar nicht passen. Schämst du dich gar nicht, mich zu beschuldigen?" Sie hat jetzt wirklich anderes zu tun, als sich über Lenchens Gemeinheiten zu empören.

Das Gespräch über Fritz und Hildegard vermeiden sie. Sie weiß nur, dass sie am anderen Ende der Welt gut angekommen sind. Als die Birnen und Äpfel im Garten reif sind, holt Hugo, der von der Tagung der Hand- und Kopfarbeiter aus Bielefeld kommt, sie ab. Die Atmosphäre ist frostig und sie machen sich schnell auf den Weg. Bei der Abfahrt hat Helene trotz der großen Spannungen angeboten, Carl könnte doch im Dezember nach Langendreer kommen – zum Helfen. Was kann er helfen, überlegt sie. Vielleicht Holz hacken, einholen? „Will er denn nicht bei Lenchens Verlobung dabei sein?" „Es gibt Wichtigeres." Irmgard schaut ihre Mutter verblüfft an und lächelt. „Ich spreche mit Hugo und dann schreibe ich euch."

Liebe Eltern

Dankend Euer Paket erhalten wie auch Mutters Brief. Das Obst mundete gut, ist aber noch nicht reif, wohl? Wir haben uns nun Verschiedenes anders überlegt in bezug auf das Ereignis. Hugo meint, bei unseren beschränkten Verhältnissen geniert er sich bei Frau Diekmeyers Hiersein mit dem Am Tage schlafen. Du, Mutter, botest mir Vaters Hilfe an. Ist es Vater selbst recht, dann möchten wir gern, dass Vater für den Winter zu uns käme. Da ich Buby auch bald gar nicht mehr haben darf, u. Hugo doch nicht immer zu Haus ist zu meiner Hilfe u. ja auch schläft am Tag, nicht wahr? Wenn Vater dann am Anfang Oktober nach hier kommen will, freuten wir uns, denn den Buben nach dort, zu Euch bringen, ist uns zu riskant. Er ist das rauhe Klima, besonders Eures Winters, nicht gewohnt, u. er macht einem doch Last jetzt, mir speziell, beim Laufenlernen, an der Hand läuft er allerdings etwas unsicher. Überall krabbelt er dran, an die Wanne und sagt: „Pa, Pa", heißt: patsch, patsch, patsch. Wenn er einen alten Mann mit dem Bart sieht, dann sagt er, „Appa, Happa, Oppa", zuletzt richtig. Er ist zum Kugeln, der kleine Kerl, alles plappert er nach u. macht er nach, ich lache manchmal, dass ich Stiche im Leib kriege. Sobald Hugo's Schritt zu hören ist, des Morgens, dann ruft er, „Papa, Papa," u. fängt an zu knattern wenn der Papa keine Anstalten macht, ihn auf den Arm zu nehmen. Ist Hugo dagegen nicht zu Hören u. Sehen, dann spielt er auch stundenlang im Wagen, während ich arbeite, bis der Papa dann Mittags aufsteht, dann ist es als ob er einen Floh im Poppo hätte.

Unser Schlafzimmer ist hübsch: weißes Fenster, in der Küche siehts auch propper aus, auf Tisch und Schränken Linoleum, neue Gardinen, die die ganze untere Scheibe bedecken. Ich habe sie genäht, kunstvoll zusammengestellt ohne Neuanschaffung zu machen oder etwas dazu zu kaufen. Hugo hat Linoleum selbst auf die Möbel gemacht. – Eben erhielten wir von Brasilien einen lb. Brief, Hildegard schreibt, ich soll ihr von Buby erzählen, sie hätten ihn so gern da, so schönes Obst, Luft u. Milch dafür, aber das große Meer läg ja zwischen uns. Unser Junge ... (Seite 5 fehlt, es geht weiter mit Seite 6:) ... lieb von Frau Diekmeyer, dass sie kommen helfen will, leider haben wir nur solch einen Kaninchenstall u. können nicht vernünftig hausen. – Lebt wohl, schreibt bald wieder, damit ich Bescheid weiß. Herzl. Grüße an alle, Eure Irmgard.

Darunter, sehr klein, Hugos Gruß: ... *herzliche Grüße sendet Hugo u. Buby.*

Ein Brief Helenes bestätigt, dass Carl tatsächlich einen länger geplanten Aufenthalt in Langendreer angetreten hatte. Seine treusorgende Frau sendet ihm die vergessenen Pantoffeln nach. Die Dokumente lassen nicht erkennen, warum der Besuch abgebrochen wurde, noch bevor der kleine

Hugomann, das zweite Enkelkind, am 27.12.1921 das Licht der Welt erblickte. Hat Carl Dinge miterlebt, die sein Weltbild nicht vertrug? An seiner Stelle kommt Magdalena Anfang Dezember. Ab und zu fährt sie nach Bochum oder Dortmund, sie möchte sich ja auch mal amüsieren. Neunzehn Jahre alt ist sie, bildhübsch, sehr naiv und natürlich nicht aufgeklärt. Im Januar kehrt sie schwanger nach Detmold zurück. Ich finde in Magdalenas Archivschachtel folgenden handschriftlich von ihr verfassten Brief:

Detmold, den 19. Januar 1922
Verehrte Oberin!
Würden Sie die große Freundlichkeit haben und mir die Adresse eines Herrn Willy Hornung, welcher dort vor einigen Wochen, Anfang Dezember ungefähr, das dortige Krankenhaus verlassen haben soll, nennen können? Er soll von Geburt Oesterreicher sein, und als Flüchtling nach Deutschland gekommen. Er soll heruntergekommen sein als Arbeiter (Füller) an einer Essigfabrik in der Nähe von Bochum, Lüttgendortmund. Er soll in Dortmund wohnen und jeden Tag zur Arbeit zu dieser Fabrik fahren. Nun weiß ich nicht, wo diese Fabrik genau liegt, auch weiß ich den Namen dieser Firma nicht. Wende mich darum freundlichst an Sie, verehrte Oberschwester. Fragen Sie doch bitte die Schwestern alle, und den dortigen Arzt, welcher ihn behandelt haben sollte. Er soll an der Lunge gelitten haben. – Ich bitte aber dringend, mir doch, wenn irgend möglich, eine nähere Auskunft über diesen jungen Mann zu geben, da ich mich nur allein auf Sie berufen kann, sonst nirgends einen Anhaltspunkt habe weiter! – Also, ich bitte Sie inständigst, seien Sie so gütig und bringen Sie die Adresse dieses jungen Mannes in Erfahrung, mir wäre dann geholfen!

Magdalenas Nachforschungen bleiben ergebnislos.
Ich stelle mir vor: Irmgard erholt sich gerade von der Geburt des zweiten Kindes. Das Stillen muss sich einspielen, Hugo der Kleine schläft schlecht. Der große Hugo muss „die Kohle heranschaffen". Da kommt ein Telegramm aus Detmold mit der Nachricht von Magdalenas Schwangerschaft. Diese wird schamhaft verborgen und die junge Frau wird in Hameln in einer Einrichtung versteckt. Lenchens Verlobung geht darüber auseinander, denn sie ist wegen des „Fehltrittes" der kleinen Schwester *in ihrem Wesen ganz verändert.* Carl wendet sich verzweifelt an Hugo. Wenn er ein Ehrenmann ist, dann muss er ihm jetzt helfen. Nun zeigt sich einmal mehr, wie wenig sich Carl und Helene mit der Kultur der „Anderen" auskennen. Sie schlagen vor, den Verdächtigten anzusprechen. Welten prallen aufeinander. Carls Schreiben:

Vielleicht könnte, wenn der Mann wirklich als Verführer sich bekennt, auch durch Euch, ohne Magda's Gegenwart, die Angelegenheit in Ordnung gebracht werden. Treffen die nachstehenden Kennzeichen aber auf den Mann, den du in Verdacht hast, nicht vollständig zu, dann müsste von weiteren Ermittlungen abzusehen sein und ich armer Leidtragender hätte die riesigen Kosten der Niederkunft, Geburt und Unterhaltung des Kindes allein zu tragen. Tut also was ihr könnt, um den Verführer tatsächlich festzuhalten.

> *Kennzeichen: Größe wie Magda, breitschultrig;*
> *Haare: Schwarze Locken, von der Haarwurzel aus lockig;*
> *Stirn: mittelhoch, gebräunt, wie das ganze Gesicht;*
> *Augen: mittelgroß, hellbraun, klug aussehend;*
> *Lippen: Etwas aufgeworfen;*
> *Mund: breit*
> *Augenbrauen: stark kluger Gesichtsausdruck;*
> *Wesen: lebhaft, liebenswürdig, aber anscheinend auch geneigt zu Heftigkeit;*
> *Alter: ungefähr 20 Jahre;*
> *Kleidung: Gelbe Radfahrer Mütze, Wollschawl um den Hals;*
> *Gang: rasch*
> *Wesen: heiter, bestrickend, fremdartiger (österreichischer) Dialekt.*

Gebt mir möglichst bald Nachricht, damit ich aus der Angelegenheit herauskomme und sicher weiß, woran ich bin, und meine weiteren Maßnahmen danach treffen kann. (Weiter geht es in Helenes Schrift) *Wenn die Kennzeichen zutreffen, dann stelle ihn auch vorsichtig gleich zur Rede.*

Ist das ihr Ernst? Eine gelbe Fahrradmütze und ein Schal, rascher Gang und heiteres Wesen? Wie stellen sich die beiden das eigentlich vor? Hugo hat sich aber tatsächlich nach Magdas „Verführer" erkundigt, allerdings ohne ihn, wie gewünscht, zur Rede zu stellen. Seitdem macht Carl indirekt Irmgard und Hugo für das Geschehen verantwortlich. Die moralische Verkommenheit im Revier und Irmgards fehlende Strenge ist ja hinlänglich bekannt. Hugo als Haushaltungsvorstand hätte dies verhindern müssen. Irmgard schreibt acht Monate später einen weiteren Brief aus Langendreer.

5. September 1922

Liebe Eltern!
Herzlichen Dank für Euren lb. Brief, Fritzens Beschreibung war ja sehr drollig zu lesen. Jetzt seid Ihr beiden alten Leute ja ganz allein im großen Haus, alle Kinder sind

ausgeflogen. Es freut mich, daß es Magda dort in Hameln gut geht. Hugo hat sich nach ihrem Verführer erkundigt d.h. wenn es der ist, den Hugo als diesen wiedererkannt hat. Er ist ein Pole, Marczensky, führt ein Lungerleben, legt sich falsche Namen zu, hat gewandtes, hinreißendes Wesen, aber es hält ihn nirgendwo lange, darum schade für Magda. – Fritzens Adresse ist mir abhanden gekommen; habe auch sehr wenig Zeit zum Schreiben. Ein hartnäckiger Lungenkatarrh od. Luftröhren = auch, dazu nervös u. bleistiftig bis dorthinaus. Ich kann gar nichts mehr u. bin froh, wenn ich das Laufende jeden Tag erledige zum Teil; Kaufen u. die Kinderarbeit u. = Pflege, solche Beschwerden hab ich beim Atmen, häufige Schwindelanfälle, na, Geduld, die Zeit muss es ja so langsam bessern, der Kranke ist heute übel dran. Du schreibst ja vom Erholen, lb. Mutter, ja, wenn der Hugomänne nicht so klein wäre, aber das wäre ja eine viel größere Anstrengung für mich als wenn ich hier bliebe; die Reise mit den Kindern oh, Gott, ich weiß noch von den letzten Schleppereien. Ich hätte lieber eine Kiste holen sollen, dann hätte ich alles zusammen aufgeben können. Zum Glück traf ich halbwegs anständige Menschen auf der Reise. So gern ich dort wär mit den Kindern aber es ist ja auch schon Herbst u. da lohnt sich solch eine teure Reise ja auch nicht für so kurze Zeit, zudem hättest Du meine Unruhe, lb. Mutter. Bei Deiner Schwäche könntest Du doch eher Ruhe gebrauchen, nicht wahr? – Doch nun eine besondere Bitte. Wie ist es mit Äpfeln u. Birnen...

(Der Rest des Briefes ist nicht erhalten.) Das Kind, das einen Tag später geboren wurde, wird als Kind der Schande betrachtet und verleugnet. Magdalena nennt es Dietrich. Carl schreibt: *Lenchen betrachtet es als Glück, dass sie nicht die Frau des Krepfahl geworden ist.*

Besuch im Pfarrhaus Stellbrink in Arroiodo Padre II

Wie sieht es zu dieser Zeit jenseits des Ozeans bei Fritz und Hildegard aus? Hier ein Bericht von Max Dedekind (1871-1952), Pfarrer in Rio Grande do Sul von 1921.

„... In den Kolonien trifft man durchweg gute, große und sauber gehaltene Steinhäuser an. In den Häusern ist die Einrichtung eine sehr einfache, zeugt aber doch von Sauberkeit und behäbigem Wohlstand. Ich konnte es wohl verstehen, daß Kolonisten, mit denen ich ritt oder fuhr, nur mit Stolz von ihren Kolonien sprachen, die sie mit viel Fleiß und Mühe so voran gebracht hatten und mir sagten: 'Es gibt doch nur ein Sao Lourenzo.'...
Von Sao Domingos wollte ich am folgenden Tage zur nächsten Pfarrei Arroio do Padre II reiten. Da aber Regen einsetzt und die Wege glatt und schwer passierbar wurden, konnte ich weder Pferd noch Wagen bekommen, fuhr deshalb in einem Auto, das grade des Wegs daherkam, nach

Pelotas zurück und von da am andern Morgen bei strömendem Regen wieder auf einem vollbeladenen Kastenwagen 7 Stunden nach Arroio do Padre. Die jungen Pfarrersleute Stellbrink, die erst vor einigen Wochen in ihrem hochgelegenen Pfarrhaus Einzug gehalten und den schulfreien Regentag zur Vervollkommnung der Hauseinrichtung benutzt hatten – ein fester, wohlgearbeiteter Tisch für das Eßzimmer, ging grade der Vollendung entgegen –, waren nicht wenig erstaunt, als ihnen im Dunkel der einbrechenden Nacht der regentriefende Gast ins Haus trat. 'Ja', sagte der junge Pfarrer, 'wenn sich bei Ihnen Geistliche für Brasilien melden, dann legen Sie ihnen ein Brett, einen Hammer und einen Nagel vor. Wer den Nagel nicht einschlagen kann, taugt nicht für den Urwald.' Jedenfalls muß der Urwald- und Koloniepfarrer ein Mann sein, der praktisch ist und sich mit bescheidenen Mitteln zu helfen weiß. Da im kleinen Pfarrhause für einen Gast noch kein Raum und keine Einrichtung vorhanden war, so übernachtete ich im benachbarten Doktorhause. Bis spät in die Nacht hinein saß ich aber mit den lieben Pfarrersleuten, dem Dr. Hergesell und dem Gemeindevorsteher noch im Gespräch über die Gemeinde und die Freuden und Leiden der dortigen Arbeit unter einem vielfach recht derben und rohen Geschlecht.

Zu Arroio do Padre II, das 60 Familien zählt und eine schöne Kirche neben dem Pfarrhaus besitzt, gehören als Filialgemeinden 1-2 Stunden nach Norden: Oliveira und Donna Julia (Lehrer Adam Brandt) mit 20 Familien; 2 Stunden nach Nordwest: Kammerland (Colonia Municipal) mit 21 Familien (Lehrer Faßbender), und 2 ½ Stunden nach Westen: Sta. Cecilia und Sao Manoel mit 11 Familien; 3 Stunden nach Süden: Sta. Isabel mit 20 Familien, zusammen also 5 Gemeinden mit 132 Familien ... Trotz strömenden Regens mußte ich am folgenden Morgen wieder weiter. Meine Zeit war mir ja so knapp zugemessen für mein umfassendes Programm, daß ich keinen Tag missen, an keinem Tage rasten konnte. Der getreue Pastor Stellbrink selbst begleitete mich, um mich zum Nachbarpfarrer Ahrens in Allianca zu bringen. Bergauf, bergab ging der Weg, während der Regen herabgoß. Endlich, nach etwas mehr als 2 Stunden, hemmte ein reißender, geschwollener Fluß unsern Weg. Pastor Stellbrink, der kühn hineinritt, wäre fast fortgerissen und mußte umkehren, nachdem er bis an die Brust im Wasser gesteckt hatte. Guter Rat war teuer. Sollte ich wieder umkehren? Endlich kam ein junger Mann aus dem in der Nähe liegenden Gehöft auf ungesatteltem Pferd, versuchte so durch den Strom zu kommen, und da es gelang, ritt ich mit ihm durch und kam glücklich, wenn auch ganz durchnäßt, ans andere Ufer. Dem lieben Pastor Stellbrink, der auf der andern Seite geblieben war, sandte ich sein Pferd wieder zu und rief ihm Dank und Abschiedsgruß hinüber. Dann packte ich mir meine Satteltaschen selbst auf und ging nun zu Fuß etwa 30 Minuten auf das Kirchlein von Allianca zu, das mir von der Bergeshöhe winkte. ...“[13]

Ruhrbesetzung und Hyperinflation

Langendreer im August 1923

Irmgards Ehe gerät ins Trudeln. Erneut wird das Revier von bürgerkriegs-artigen Unruhen erschüttert. Der „Ruhrkampf“ ist nun die Reaktion auf die Besetzung des Reviers durch belgische und französische Truppen. Die Regierung ruft die Arbeiter zu passivem Widerstand und zum Streik auf. Zwar zahlt sie den Streikenden die Löhne, doch die sind nichts mehr wert. Die Hyperinflation bringt die Menschen zur Verzweiflung. Der Preis für ein Pfund Kartoffeln schnellt von 55.000 Mark im August auf sechs Billio-nen Mark im September hoch. Die Lebensmittelversorgung im Ruhrgebiet bricht zusammen. Proletarische Hundertschaften nennen sich Aktionsaus-schüsse, die versuchen, die Lebensmittelpreise zu kontrollieren. War Hugo Mitglied eines solchen Ausschusses?

Für die Eltern in Detmold hält die Zeit eine angenehme Überraschung bereit: Die Hypotheken, die das Haus belasteten, verlieren ihren Wert. Die Eltern Stellbrink hatten bereits im Brief an Fritz vom Verkauf des Hauses gesprochen, nun ist davon keine Rede mehr. Doch auch in der Huber-tusstraße wissen die Bewohner der kleinen Villa durchaus, was Not be-deutet und sind mit Carls Pension als einziger Einnahmequelle nicht auf Rosen gebettet. Davon und von überraschenden Entwicklungen berichtet der folgende Brief meines Urgroßvaters. Hildegards Eltern, Adele und Friedrich Dieckmeyer, sind inzwischen zu den Stellbrinks nach Brasilien übergesiedelt. Carl kümmert sich in Deutschland um das Konto seines Sohnes, der das Schriftgut der völkisch-nationalistischen Vereine unter deutschen Kolonisten verbreitet. Im Pfarrhaus von Arroio Padre ist Hilde-gard inzwischen zweimal Mutter geworden.

Carl Stellbrink an Fritz:

6. November 1923

Vorstehende Zeilen von 15.10.1923 konnten nicht zur Post gegeben werden, weil ich nicht im Besitz der Mittel zur Bezahlung des Porto's war. Erst jetzt ist mir das möglich.

... Nun zu dem kleinen Dietrich, dem Du, auch ohne ihn schon zu kennen, anscheinend von Herzen zugetan bist. Der Kleine hat sich in den letzten Monaten vorzüglich entwickelt, ist jetzt ein gesundes, kräftiges Kerlchen und unser aller Freude. Seine braunen Augen sehen klug in die Welt; seine gold-blonden Locken, die den ganzen Kopf schmücken, sind etwas heller als die Eures Gerhard; seine Arme und Beine, die anfänglich stockmager waren, sind nun dick und rund. Die Frage, ob wir deinem früheren Anerbieten nachgeben und ihn Dir schon bald übersenden sollen, können wir einstweilen nicht erörtern, da der Mutter Dieckmeyer nach einem uns übersandten Schreiben die Übernahme nicht genehm ist und wir annehmen müssen, daß auch Vater Dieckmeyer dieselbe Anschauung hegt. Ich muß gestehen, daß ich beider Auffassung bezw. Entschluß nicht verdammen kann, zumal sie jetzt von den eigenen beiden Enkelkindern hinreichend Arbeit haben. Der Kleine soll also hier bleiben, wenigstens vorläufig, solange ich lebe. Doch bitte ich, mit den Eltern Dieckmeyer die Frage zu erörtern, ob nicht Magda allein, also ohne Kind, nach dort kommen kann, sei es, daß sie in Euren Haushalt oder in den einer befreundeten Familie eintritt. Seit Anfang Oktober ist Magda zur Erlernung der Säuglingspflege in Dortmund ... Sie muß einer Tätigkeit zugeführt werden, in der sie den Unterhalt für sich und ihr Kind verdienen kann, da niemand weiß, wie bald schon — bei meiner körperlichen Hinfälligkeit und geistigen Schwäche — ich von allem scheiden muß.

Was deinen Buchhandel angeht, so glaube ich für die Nichtausführung der Bestellungen aus 1922 nicht verantwortlich zu sein ... Ich verweise aber hier nochmals auf die (oben) für die Sendung vom 14.9.23 erwachsenen Unkosten, die das Dreifache des Preises für die Schriften und Bücher ausmachen, und auf die oben erwähnte Weigerung der hiesigen Landesbank, die Begleichung der letzten Rechnung über 22.191.000 M auszuführen, weil der Betrag zu geringfügig sei und mit den Unkosten nicht im Verhältnis stehe. Für die übersendeten Bilder der Kinder und die Haarlocke von Gerhard besten Dank!

Du meinst, lieber Fritz, ich könnte die Summen, die ich bis Erschöpfung dieses Konto's für Dich auslegen soll, für längere Zeit hergeben. Das ist ein Irrtum Deinerseits. Ich besitze keinerlei Ersparnisse bei Sparkassen oder Banken mehr. Und die Pensionszahlungen der Zollbehörde an mich habe ich, wenn ich nicht mit der Familie verhungern soll, bitter nötig.

Wegen der Riesenkosten, die mir Magda im vorigen Monat verursacht hat, habe ich, da infolge einer Nachlässigkeit der Zollbehörde die Pensionszahlung länger ausblieb, 10 Tage lang mit den Meinen schwer gedarbt, ohne Kartoffel, ohne Brot. ... Da habe ich zum ersten Mal in meinem Leben kennen gelernt, was wirklich hungern heißt.

6. Obdachlos und „sittlich schwach"? (1923 – 1925)

Eines Tages, im Jahr 1924, kehrt Hugo nicht mehr in die kleine Wohnung im zweiten Stock des Eckhauses zurück. Irmgard ist überzeugt davon, ihr Mann habe sie verlassen. Später stellt sich heraus: Hugo ist in Untersuchungshaft.

Ergriffen sitze ich im Stadtarchiv Bielefeld und fixiere die Schriftzüge in dem dicken Hausbuch, als könnte das Gelesene gleich wieder verschwinden. Auf der Seite, die der Archivar blitzschnell gefunden hat, steht ihr Name in der langen Reihe der handschriftlichen Einträge unter dem Datum vom 1.10.1924 auf Seite 51:

Irmgard Heiss, Ehefrau, geb. Stellbrink, getrennt lebend
mit Ewald, geb. 2. 6. 20 in Langendreer
u. Hugo, geb. 27. 12. 21 in Langendreer
aus Langendreer, Augustastraße 25

Aber der Eintrag verschwindet nicht. Ich reibe mir die Augen und stelle mir vor, wie Fräulein Hermelbracht, die Leiterin, diese Zeilen in das Hausbuch der Frauenherberge, Spindelstraße 7, schreibt, während Irmgard zwei zappelige kleine Jungen ruhig zu halten versucht.

Der Aufnahme im Frauenhaus voraus ging demnach eine Behandlung aufgrund einer Lungenentzündung im Krankenhaus Bielefeld. In dieser Zeit waren Ewald und Hugo bei den Großeltern. Von dort nach fünf Wochen ins Lutherstift, einer Einrichtung, von der es keine Unterlagen mehr gibt. Wenn die Angaben im Hausbuch zutreffen, dann waren die Kinder anschließend gemeinsam mit ihrer Mutter für gut zwei Wochen in der Frauenherberge. Irmgard muss sie also selbst aus dem Lutherstift abgeholt haben. Tag des Auszugs Irmgards und Ewalds war dem Eintrag nach bereits wieder der 16. Oktober 1924.

Zu diesem Zeitpunkt hatte sie für Ewald eine Pflegefamilie gefunden. Hugomann der Kleine, zwei Jahre alt, blieb noch einen ganzen Monat lang allein in der Frauenherberge. Wo Irmgard in dieser Zeit unterkam, ob in Bielefeld und warum die Kinder dort nicht zusammenbleiben konnten, erschließt sich mir nicht. Im Hausbuch findet sich dann der Vermerk: Hugo (der Kleine) am 8.11.24 nach Adresse Am Lehmstich 8.

Richtsätze für die Frauenherberge in Bielefeld

Die „Frauenherberge", Spindelstraße 7, wurde betrieben vom „Verein evangelischer Frauen" und war eine Art frühes Frauenhaus. Die Lage war sorgfältig gewählt. Mit dem Krankenhaus auf der anderen Straßenseite war das Gebäude durch einen unterirdischen Gang verbunden, so dass verschiedene Versorgungseinrichtungen gemeinsam genutzt werden konnten. Die Polizeiwache nebenan gab Schutz vor tobenden Ehemännern und aufdringlichen Besuchern. Fräulein Hermelbracht war gleichzeitig Mitarbeiterin der Polizei. Irmgard war nur eine von vielen, die nicht mehr weiterwussten.

Im Stadtarchiv finde ich auch die Richtsätze für die Frauenherberge in Bielefeld:

Das Haus dient obdachlosen, sittlich schwachen, geistesbeschränkten und im Augenblick der Aufnahme arbeitsunfähigen Frauen und Mädchen vorübergehend als Unterkunft. Zweck der Fürsorge ist: arbeitsunsteten, berufs- und arbeitslosen Frauen und Mädchen, die sich in Not befinden, solange ein Obdach zu gewähren, bis ihre Verhältnisse geregelt sind und Aussicht besteht, dass sie wieder selbstständig ihrer Arbeit nachgehen können, ferner sittlich schwache Mädchen zu festigen, ortsansässigen Frauen und Mädchen vor und nach der Niederkunft mit ihren Kindern während ihrer Arbeits- Schonzeit Unterkunft zu gewähren, geistig Beschränkte und bösartig Veranlagte zu beobachten und ihnen geeignete Dauerunterkunft zu vermitteln.

War Irmgard denn „sittlich schwach, arbeitsunstet, geistig beschränkt oder bösartig veranlagt", frage ich mich? Auf jeden Fall obdachlos und im Augenblick der Aufnahme arbeitsunfähig. Die jährlich verfassten Rechen-schaftsberichte der Frauenherberge, die ich im Stadtarchiv einsehen kann, geben Auskunft darüber, dass ein Teil der Frauen dort wie Irmgard Zu-flucht suchte, weil ihre Ehemänner im Gefängnis saßen. Mir wird klar, Irmgard erfuhr hier zwar Hilfe, wurde aber gleichzeitig stigmatisiert. Auch jenseits des Ozeans ereignen sich dramatische Dinge.

Fritz an Irmgard

Arroio dos Padres, am 30.4.1924

Meine liebe Schwester Irmgard!

Vorgestern kam Dein lieber Brief vom 23.3.24 an, der uns von Deiner traurigen Lage erzählte. Und gestern trugen wir unser liebes, kleines „Schwesterchen" Gisela zur letzten Ruh nach 3 Wochen schweren Krankenlagers. Nur mit Tränen kann ich schreiben, denn es war ein so liebes, gutes, fröhliches Kind. Nun, „Es" ist bei Jesus im Licht und schwebt um uns als unser guter Geist. Aber wir sind so traurig: Bete auch Du ein stilles Gebet für unser liebes „Westerchen". Als habe uns Gott ablenken wollen von unserm Leid, so kam dein Brief gerade einen Tag vor unsers Lieblings Tode an. Ach ja! Wir wollen nicht klagen. Unser Kindlein ist bei Gott. Da ist's gut. Und unser Jüngken ist ja prächtig gediehen und so wunderbar lieb während der Krankheit seines Schwesterchens geworden, daß wir ja undankbar sein müßten und hart wie ein Stein, wollten wir nicht Gottes Liebe erkennen. Im allen andern sind wir ja sonst so reich auch an sichtbaren Gütern, wenn auch nicht gerade an klingendem Mammon, gesegnet. Deshalb zu Dir, liebes Schwesterchen. Sieh! Ein „Schwesterchen" ist uns genommen. Sollte Gott uns nicht sagen wollen, daß ich an Dich, mein Schwesterchen, mehr denken sollte!

Aber warum schriebst Du mir nicht eher? Ach, wenn ihr doch wüßtet, wie lieb Euch Euer Bruder hat! Warum können wir nicht alle in Liebe und trauter Einigkeit miteinander leben und uns gegenseitig helfen. Ist's doch nur eines, das uns scheiden kann: Gott. Er muß an Erster Stelle stehen. Denn ohne Ihn ist alles sinnlos auf der Welt. Ach! Laß uns doch als Seine Kinder, als Gottes Kinder geschwisterlich miteinander leben. Wie schön wär's dann. Dann sollst Du gar bald von allen Zweifeln und allem Unglauben entbunden sein. Denn dann wirst Du die große Krist-Lehre tief innerst erleben, daß wir hier auf Erden schon im Himmel leben. Du glaubst es anscheinend garnicht, daß uns Dein Elend so nahe steht wie unser eigenes. Schwester, hab doch Vertrauen zu uns und schreib uns immer alles, was dein Herz bewegt. Du sollst und kannst keine treueren Herzen finden auf Erden als unsere. Denn was ich schreibe, schreib ich in Hildegards Namen mit. Sieh: sie war Deine beste Freundin. Und sie ist's geblieben. Und nun höre, was wir besprochen haben:

1.) Bares Geld können wir Dir nicht viel schicken. Denn erstens haben wir davon nicht soviel und zweitens ist hier der Milreïs infolge der Revolution hier auch furchtbar gefallen, sodaß jetzt 1 Rentenmark = Milreïs ist. Wir können Dir erst richtig helfen, wenn Du hier bist, deshalb: komm nach hier!

2.) Jetzt kommt das „Wie"! Da haben wir folgenden Plan: Die Reise für Dich und 1 Kind (das zweite ist frei!) wird etwa 18 englische Pfund kosten. Wir rechnen, daß Du etwa 3 oder 4 engl. Pfund dabei an Nebenkosten, die mit solcher Reise verbunden sind, hast, macht also zusammen-22-Pfd. Aus dem Verkauf deiner Haushaltssachen und sonstiger entbehrlicher Wertgegenstände wirst Du nun wohl nach unsrer Schätzung – 12 bis 15- Pfd. mindestens erlösen können. Wenn Du mehr Sachen noch hast, verkaufe alles und bring das Geld auf die Bank. Denn mit den Sachen, Möbeln, Zeug und dergleichen hast Du ständigen Ärger, wenn Du nicht in Deutschland bleibst. Sodann aber kannst Du das Geld auf mein Conto auf der Lippischen Landesbank einzahlen. Dann sparst Du Verwaltungskosten für ein besonderes Conto auf deinen Namen. Und daß ich Dir die Zinsen von Deinem Gelde richtig übergeben werde, wirst Du Deinem Bruder doch wohl glauben, wohl! –

Nun aber: wenn Du nicht mehr als -10- engl. Pfd. aufbringen kannst, dann nimmst Du diesen Brief, zeigst ihn unserm Vater, der Vollmacht über mein Conto hat; und Er wird Dir dann von meinem Conto soviel geben wie Du nötig hast: bis zu -12-, im Notfalle bis zu -15- Pfd. Es ist zwar noch kein Geld auf meinem Conto dort, aber ich werde es in den nächsten Tagen auffüllen durch eine Geldsendung an die Lippische Landesbank. – Also bis zu -12- oder -15- Pfd. wollen wir Dir leihen für den Fall der Reise zu uns; wenn Du es abhebst, gibst Du uns also damit das Versprechen, es nach Kräften und Vermögen hier wieder uns abbezahlen zu wollen. -3-Pfd. jedoch wollen wir Dir hiermit schon von den -12- bis -15- Pfd. schenken für alle Fälle.

3.) Jetzt aber fragt sich: Wohin mit Euch Dreien, wenn Ihr hier seid! Da denken wir so: Deine Kinder sollen bei uns ganz bleiben, bis Du imstande bist, sie selbst zu versorgen. Dazu wird sich aber so schnell keine Stellung finden. Aber sie sind ja hier auch am allerbesten aufgehoben. Denn sie haben hier eine der gesündesten Gegenden Brasiliens. Besonders aber unser Pfarrhaus liegt wunderbar. Dann haben sie hier die herrlichste Spielgelegenheit mit Pferd und Kuh und Hund, in Feld und eigenem Wald und großer Weide. Wir haben 2 schöne Häuser, also Platz genug. Auch haben sie hier die Schule mit den Kindern zum Spielen gleich dabei. Und endlich haben sie in meiner Hildegard und mir treue Pflegeeltern, die mit unserem Jüngken zugleich alle 3 dann zu tüchtigen und frommen Menschen erziehen wollen. Und vor allem sollen sie hier keinen Mangel haben an tüchtigem Essen und Trinken wie in „Friedenszeiten", daß sie stark und gesund werden in Spielen, Turnen, Baden und Arbeiten. Hier können sie tollen und toben nach Herzenslust. Kein Mieter ist hier, der sie stört. Keine „Etage" aus der sie herunterfallen können. Es ist hier für Kinder ein richtiges Paradies. (Ein Blatt fehlt.) *... es ist so traurig hier im Haus. Wollte Gott, es könnte noch mal anders werden! Wo Glaube, da Liebe; wo Liebe, da Friede; wo Friede, da Gott; wo Gott: keine Not! Wie aber geht es wohl weiter, wenn man anfängt: Wo kein Glaube ...?*

Den letzten Absatz schrieb er offenbar für die ganze Familie, denn er wechselt die Anrede:

– Es wäre doch herrlich, wenn es Gott durch diese schweren Zeiten möglich und zur Wirklichkeit machte, daß Familie Stellbrink, unsere geliebte Sippe, aus der wir alle Leben und Art erhalten haben, einig würde und zueinanderstehen lernte.
Gott zum Gruß, Euer Fritz

Abrechnung

Sie folgt dem Rat des Bruders, auch wenn das Hilfsangebot aus Brasilien sich stellenweise liest, als schwärmte einer der Brüder aus der Lenaustraße 2-4 zur Mitternachtsmission aus. Sie wird überglücklich über das großherzige Angebot gewesen sein. Im Familienarchiv finde ich einen Umschlag auf dem in ihrer Schrift vermerkt ist, *Abrechnung von der Versteigerung (Möbel)*, darin eine Seite eines Geschäftsbuches. *Abrechnung für Eheleute Hugo Heiss über die Versteigerungen vom 27.+ 31. Mai und 14.10.1924.* Vermerk: *Alle anderen Versteigerungen waren ohne Erfolg. Vom Erlös von 156 Mark 20, gehen 40 Mark und 93 Pfennige* für die beauftragte Firma ab, so dass Irmgard am *24.5.24 ein Überschuß von 100 Mark und 27 Pfennigen* gut geschrieben wird.

Auf Fritz' Karteikarte im Lübecker Stadtarchiv finde ich die Kurzfassung des Geschehens, im Wesentlichen aus ihrer Sicht:

Lange nicht geschrieben, weil nicht ins Elend gucken lassen wollte. Hugo polizeilich gesucht, fort. Ihre Ehe hat Schiffbruch gelitten. Hugo gleich nach 1. Ehejahr Verhältnis mit einer Dirne. Irmgard ist geschlagen wie ein Hund, weil sich vor Schwangerschaft fürchtete mit dem ausgehungerten Körper. Lungenkrank, bleistiftig. Schon 3 Monate allein. Eltern wollten nur ein Kind, Irmgard soll ins Sanatorium. –
Brief vom 8.8.1924: Dank für 3 englische Pfund! Gerade nach Brasilien wollend ist sie wirklich schwanger, weil Eltern sie trotz ihres Flehens auf die Straße getrieben. Diese Lage hat Hugo durch Versprechungen ausgenutzt. Die Kinder müssen ins Waisenhaus, sie ins Frauenheim + das Elternhaus steht leer. Tragik!!!
Brief vom 27.11.1924. Ostermond 1924 Haushalt aufgelöst. I. In der Frauenherberge zu Bielefeld, Kinder ins Lutherstift.

Die Sicht Vater Carls:

30. Juni 1924

Lieber Fritz!

zunächst unser Aller innigstes Beileid, wegen des herben Verlustes, der Dich und uns Alle in dem Abscheiden der lieben kleinen Gisela, des Sonnenscheins Eures Hauses, getroffen hat. Gott hat den kleinen lieben Engel zu sich genommen aus Gnade und Barmherzigkeit, auch um uns reifer zu machen für das selige Jenseits, dessen sich die kleine Gisela jetzt erfreut. Hadern wir nicht mit Gott angesichts des Jammers und der Tränen, die uns das Erdenleben bringt.

Dein letzter Brief für Irmgard kam grade zur rechten Zeit, um als Retter in der Not zu dienen. Für die traurige Lage der Irmgard war derselbe ein Hoffnungsstrahl. Mit Freude nahm sie Deinen Vorschlag an und tut nun alles Mögliche, um Dein brüder-liches Anerbieten zur Ausführung zu bringen. Sie glaubt auch, daß ihr Mann ihr keine Schwierigkeiten machen wird, daß derselbe vielmehr froh sein wird, der Sorge für Frau und Kinder enthoben zu sein.

Ich halte die vollständige Trennung von diesem Schurken als die beste Lösung in Irm-gards verzweifelter Lage. Sie war dieser Tage bei uns und will nun alles daran setzen, um nur bald von diesem Schurken ganz frei zu werden. Dein Check über etwas mehr als 300 M wurde mir von der Landesbank zugestellt. Dieselbe hat aber nur 278 M (nach Abrechnung ihrer Gebühren) gezahlt.

Irmgard reist die nächsten Tage nach Langendreer, um ihre letzten Habseligkeiten zu versilbern, und wird bei dem Schifffahrtsbüro die nötigen Schritte tun, um für sich und die beiden Kinder eine Fahrkarte nach Brasilien zu erlangen. Möchte alles glücklich vonstatten gehen! Es wird den Auswanderern heute die Erlangung einer Fahrkarte sehr schwer gemacht.

Möchten die drei nach der langen Seereise glücklich in Brasilien landen und einer freund-lichen Zukunft entgegengehen nach all den Leiden der letzten Zeit! Segne Dich der Vater im Himmel für Deinen hochherzigen Entschluß! Möchte sich auch Irmgard erkenntlich zeigen für all das freundliche Entgegenkommen von Deiner und Hildegard's Seite! Das walte der gütige Vater im Himmel! Jedenfalls ist Euer freundliches Aner-bieten ein Hoffnungsstrahl in dem Dunkel, das Irmgard's traurige Lage umschließt, und eine große Erleichterung für mich, der ich keinen Rat wüßte, wie Irmgard wirksam geholfen werden könnte, da dieselbe wegen Schwächung ihrer Gesundheit für jetzt noch nicht in der Lage ist, für sich und die Kinder das Brot zu verdienen. Wenn Du nicht Hilfe gebracht hättest, wäre auch ich bei meinem sehr geschwächten Gesundheitszustande in eine verzweifelte Lage gekommen. Möchte die Lösung der Wirren nun auch glücklich vonstatten gehen! Das walte der barmherzige Vater im Himmel! Ohne mehr für heute grüßt alle herzlich, Vater

Bevor die vorstehenden Zeilen abgehen konnten, hörten wir von Irmgard, daß sie nach allen Anzeichen wieder in schwangerem Zustand sei. Das ändert naturgemäß auch den Plan, daß sie nach dort übersiedeln könnte, da wir Euch die Last von 3 kleinen Kindern, insbesondere bei dem sehr geschwächten Gesundheitszustande von Irmgard, nicht zumuten können. Das würde auf die Dauer doch zu schweren Unzuträglichkeiten Veranlassung geben und Irmgard's Verbleiben in Eurem Hause unmöglich machen. Wir haben deshalb auf eine anderweitige Lösung des Dunkels in Irmgard's verzweifelter Lage Bedacht nehmen müssen.

Irmgard war hier in Detmold bei dem Arzt Dr. Schaffer, der sie seit Jahren kennt. Dieser sagte aus, daß es doch nicht angängig wäre, Irmgard nach dort zu Euch reisen zu lassen. Der Plan, den Du uns angegeben, daß Irmgard sich erst bei Euch erholen und dann eine Stelle dort annehmen sollte, ist nicht durchführbar, und zwar, weil Irmgard mindestens ½ Jahr brauchte, um sich wirklich zu erholen, und solche Ruhe, wie sie Irmgard braucht, könnte sie in eurem arbeitsreichen Hause nicht haben. Eine Stelle bei einem Kolonisten auszufüllen ist bei Irmgard's geschwächtem Körperzustande ganz ausgeschlossen. Außerdem muß ich Dir im Vertrauen mitteilen, daß nach dem, was seit Hugo's Fortgang von der Familie vorgekommen ist, wir Irmgard nicht für fähig halten, die Ehre Deines Hauses zu wahren. Einzelheiten möchte ich nicht anführen, aber uns scheint, daß Deine Ehre, Deine Existenz, Dein Ansehen dann ernstlich gefährdet wären.

Nach unsrer Meinung käme nur in Betracht, ob die beiden Kinder der Irmgard nach dort kommen sollten, falls sich Irmgard überhaupt davon trennen könnte, doch das muß abgewartet werden und ist von der weiteren Entwicklung der Dinge abhängig. Irmgard's Wohnung in Langendreer existiert für sie seit Anfang Mai nicht mehr. Der Hauswirt hat gerichtlich geklagt, da er das Nachforschen der Polizisten nach Hugo's Aufenthalt in seinem Hause nicht mehr dulden wollte. Die Kinder hat Irmgard früher gebracht und sie selbst war ebenfalls hier und ist dann wieder nach Langendreer gefahren nur wegen der wenigen Möbel usw.. Sie ist dort bei Bekannten geblieben und bei Hugo im Unterschlupf in Bochum, wo dieser sich versteckt hält. Einige Zeit darauf aber hat Hugo die Irmgard mit den Kindern nach Bielefeld gelockt unter dem Vorwande, dort besser Arbeit bekommen zu können mit falschen Papieren. Die Kinder hat Irmgard uns entzogen und nach Bielefeld mitgenommen. Dort hatte Hugo sie bei Parteigenossen (Kommunisten) untergebracht. Dann hat er Irmgard und die Kinder im Stich gelassen und war eines Tages verschwunden. Da Irmgard nun wieder ratlos dastand, kam sie zu uns. Wir haben darauf gedrungen, daß sie sich bei der Stadtverwaltung Bielefeld als obdachlos und arbeitslos meldete, was denn auch geschehen ist. So kamen Irmgard und die Kinder nach Bielefeld. Die Meldung war schon wegen der Verfolgung ihres

Mannes notwendig, der zur Verantwortung gezogen werden muß. Nachdem sich Irmgard bei dem Unterstützungsamte Bielefeld gemeldet, ist sie von dem behördlichen Arzt gleich andern Tages untersucht worden und nur für leichte Beschäftigung fähig geschrieben. Das Unterstützungsamt hat dann die Fürsorgerin auf dem Wohlfahrtsamt, die in der Familienfürsorge tätig ist, informiert und für Irmgard und ihre beiden Kinder gesorgt.

Dies zur Orientierung über die Sachlage. Ich kann mich nur dafür aussprechen, zunächst die weitere Entwicklung der Dinge abzuwarten. Daß das alles für mich entsetzlich bitter ist, kannst Du Dir wohl denken. Doch ich muß stille halten, solange es Gott gefällt.

Mit herzlichen Grüßen für Alle! Vater

Im Lindenhaus

Meta ist zwei Monate alt, als Irmgard aus dem Krankenhaus Detmold in die Heil- und Pflegeanstalt Lindenhaus bei Lemgo verlegt wird. Ein Wachtmeister begleitet sie. Warum ein Wachtmeister? Was wurde ihr gesagt? Konnte sie sich verabschieden? Schaut sie sich um, will sie einen Blick auf die Station der Wöchnerinnen werfen? Vielleicht hat eine der Kinderpflegerinnen Meta gerade auf dem Arm und steht am Fenster? Nein, da ist niemand zu sehen. Die Brust spannt, gestern Abend hat sie zuletzt gestillt.

Jetzt kein Milchfleck in dem einzigen Kleid, bitte! In Gedanken spricht sie mit ihrem Kind: „Sie sagen, es ist nur für wenige Tage! Was soll ich tun, wenn die Ärzte das anordnen, Kleines? Verzeih mir, ich bin bald wieder hier! Nur ein paar Tage, zur Erholung der Nerven, weil ich des Nachts so schlecht schlafe, wohl? Es wird alles gut werden." So hält sie Zwiesprache mit dem Kind, das sie vor kurzem zur Welt gebracht und stellt erstaunt fest: Der Flieder ist ja schon vorm Erblühen. Es nieselt an diesem grauen Tag und sie hat keinen Schirm. Fröstelnd knöpft sie den großen Hornknopf zuoberst am Wintermantel zu. Vom Krankenhaus zum Bahnhof ist es nicht weit, doch bis sie ankommen, hat sich eine feine Nässe wie Spinnweben auf ihrem Hut und dem Wollstoff niedergelassen. Darunter trägt sie das Kleid, das sie schon in der Schwangerschaft anhatte. Warum muss denn alles so schnell gehen, es hätte doch eben noch jemand aus der Hubertusstraße herkommen und etwas Wäsche zum Wechseln bringen können, es sind doch nur wenige Schritte von dort. Der Pappkoffer kommt ihr schwer vor. Sie nimmt ihn unter den Mantel, damit er nicht aufweicht. Jetzt kündigt sich quietschend die Straßenbahn an, gerade als sie den Bahnhofsvorplatz queren und links an der Fürstenloge vorüber die Treppe zum Bahnsteig ansteuern. Hoffentlich sitzt niemand von den Nachbarn darin, peinlich für die Familie. Der Wachtmeister führt die stumme Patientin am Arm über den großzügig angelegten Platz.

Das Geruckel auf den Holzbänken der III. Klasse rüttelt sie durch, als sollte sie endlich zur Besinnung kommen. Was passiert mit ihr? In ein Sanatorium? Warum dann mit dem Wachtmeister? Vom Bahnhof Brake zum Lindenhaus gehen sie wieder zu Fuß. „Nach links", befiehlt der Beamte, und sie wendet sich brav dem Renaissanceschloss zu. Hierher haben sie mit dem Lyzeum einmal einen Ausflug gemacht, erinnert sie sich. Eine bevorzugte Lage hat das benachbarte Lindenhaus. Fürstin Pauline zur Lippe hatte es einstmals gestiftet, deren Gatte an einer „Gemütskrankheit" litt. Der Wachtmeister kennt den Weg über die Brücke des Mühlenbaches. Es ist nicht das erste Mal, das er jemanden hierher begleitet. Die Menschen, die ihnen begegnen, bleiben unverschämt lange stehen und gaffen ihnen nach. Da sind sie schon auf dem Gelände mit seinen Parks, Obstgärten und klassizistischen Pavillons. Sie gehen die geschweifte Treppe hoch zur Aufnahme und verschwinden hinter der Flügeltür mit den großen Fenstern.

Antrag auf Aufnahme

Mutter Helene beantragt am 4. Mai 1925 Irmgards Verlegung in die Heil- und Pflegeanstalt Lindenhaus bei Lemgo. Oberarzt Müller befragt sie und notiert, Ehegatte sei *Hugo Heiss, Bergmann. Scheidungsklage läuft. 3 Kinder, 4, 3 Jahre und 2 Monate.* Auf die Frage nach dem Aufenthaltsort ihrer Tochter während der letzten 5 Jahre antwortet Helene: *Langendreer, bis vor 1 Jahr.* Ob der Aufzunehmende *öffentlich unterstützt* worden sei? Antwort: *Ja, durch Ernährung und Krankenhauspflege.* Wann zuletzt gearbeitet? Antwort: *Vor Monaten.* An welchen Gebrechen Irmgard leide? *An Geisteskrankheit.* Welche Gründe die Aufnahme notwendig machten? Helene: *Wegen Gefahr für sich und Angehörige.*

Es folgt das Krankenblatt, am 3. Mai vom Oberarzt der inneren Abteilung, Carius, unterschrieben. Er ist auch der Detmolder Kreisarzt. *Überweisung, weil die Kranke sowohl Schwestern als auch den anderen Kranken gegenüber unverträglich ist und sich in keiner Weise an die Ordnung des Hauses hält, sich hartnäckig weigert, sich ärztlich behandeln zu lassen. Die Kranke ist bald launisch, verbohrt, störrisch, bald scheinbar zugänglich, innerlich aber doch abweisend und unbelehrbar. Eine Weiterbehandlung im Landeskrankenhaus ist unter den vorliegenden Umständen un-*

möglich. Frau Heiss ist, wie ich während ihrer Behandlung im Landeskrankenhause, wie auch durch gestrige und heutige Untersuchung festgestellt habe, geisteskrank. Die Überführung in die Landes Heil- und Pflegeanstalt Lindenhaus ist erforderlich.

Detmold, den 3. 5. 1925   *Der Kreisarzt Dr. Carius*

Handschriftlich hat er hinzugefügt: *leicht aufgeregt, kann Widerspruch nicht vertragen, lügt!* Unter Carius' Unterschrift hat am 4. Mai ein Vertreter des Magistrats der Stadt Detmold bestätigt: *Die Überführung in die Heil- und Pflegeanstalt Lindenhaus wird hiermit vom Amts wegen angeordnet. Die Pflegekosten tragen wir.*

Damit waren sowohl die Eltern als auch Hugo von allen Zahlungsverpflichtungen frei. Die Frage, was mit Meta geschieht, wird in den Dokumenten nicht berührt. Am nächsten Tag berichtet Irmgard im Aufnahmegespräch, sie kenne im Lindenhaus schon *fast alle*. Traurig ist sie wegen *der Entfernung von den Kindern*. Auf die Frage: *Haben Sie Unrecht getan?*, antwortet sie: *Das hat wohl jeder Mensch.* Sie sieht *keine schreckhaften Gestalten* und fühlt sich nicht verfolgt, leidet nicht unter Halluzinationen. Sie fühlt sich nur von aller Welt verspottet, *weil man so sehr nervös ist.* Sie glaubt, *zur Erholung der Nerven* dort zu sein. Ihr Auftreten beschreibt der Arzt als *besonnen und geordnet.*

Körper in Aufruhr

Bin ich denn die Einzige hier, die nicht schlafen kann? Wie der Vollmond jetzt ein blaues Laken über alles in diesem Saal breitet. „Guter Mond, du gehst so sti–hi-lle ..." Ist es denn ein guter Mond? Was haben sie mit Meta vor? Ob sie noch im Krankenhaus ist? Warum sagen mir denn die Ärzte hier nichts? Eine Mutter sollte ja wohl wissen, wo ihr Kind ist. Sie ist doch erst acht Wochen alt, sie braucht mich doch! Ihre Brüder haben sie noch nie gesehen. Ich hatte all das Schreckliche schon geträumt. Trotzdem sind sie hier so gleichmütig, als sei die Welt in Ordnung. Aber für mich und Meta ist gar nichts in Ordnung! Wohin bringen sie sie? Warum besucht mich niemand? Kranke besucht man doch. Wie krank bin ich denn? Will ich, dass Hugo kommt? Ich will nicht zu ihm zurück. Wie lange wird es bis zur Scheidung dauern? Was wird Hugo zu Meta sagen? Soll ich hoffen, dass er kommt? Würde er mir hier heraushelfen? Er will nur, dass ich zu ihm zurückkehre! Vielleicht sollte ich's ihm trotzdem schreiben. Aber ich weiß ja gar nicht, wo er ist! Zwischen mir und diesem kalten Himmelskörper da draußen ist keine Menschenseele. Ich fühle mich so allein auf der Welt, als würde ich im Universum kreisen. Hildegard und Fritz sind so fern wie dieser Mond. Ob Meta schläft? Bestimmt ist sie auch wach. Nachts haben sie sie immer schreien lassen, bis sie völlig erschöpft war, statt mich zu holen. Ich hab's doch dran gemerkt, wie müde sie morgens war, viel zu müde zum Saugen. Sie haben mich auf dieser Station wie eine Aussätzige behandelt. Was haben die Eltern den Ärzten erzählt? Ob die Jungens schlafen? In Detmold schlafen sie jetzt bestimmt den Schlaf der Gerechten. „Wir haben es gewusst, dass es nicht gut gehen wird mit der Ehe", höre ich sie reden. Ich dachte, ich komm in ein Sanatorium! Die Milch wird gleich auslaufen. Ich muss nur an Meta denken, dann fließt sie. Wo ist eigentlich jetzt die Geburtsurkunde? Ich muss nachsehen, ob sie noch da ist. Hat Mutter sie? Ich weiß gar nicht, was ich zuerst regeln soll. Doch, ich weiß es: Ich muss an diesen Carius schreiben. Vielleicht lassen sie mich hier heraus, wenn ich mich in aller Form bei ihm entschuldige? Mutter und Kind zu trennen, das sieht diesen Unmenschen wieder einmal ähnlich! Hat Mutter etwa gepetzt, dass sie nicht ehelich ist? Ich friere, das Bett ist zu dünn. Eine Eiskruste liegt auf dieser abgeschiedenen Welt, als sei sie erstarrt. Ist das jetzt Wirklichkeit, oder träume ich einen Albtraum? Ob in Brasilien jetzt Tag ist? Was soll ich nur tun? Doktor Müller sagt mir nichts, aber irgendetwas hat er vor, das merk ich doch. – Da, da schreit ein Säugling, oder bild ich's mir ein? Aber ich höre sie doch! Bin ich jetzt verrückt ... Wo ist sie? Da, jetzt läuft die Milch. Wie kann ich hier entkommen? Ich kann einfach nicht schlafen.

Keine Wahnvorstellungen, keine Halluzinationen

Am 6. Mai 1925 führt Oberarzt Müller das Aufnahmegespräch fort. Die älteste Schwester, 33 Jahre, sei zu Hause; *die behauptet sich da, bevormundet die Eltern, lässt mich nicht nach Hause kommen, aus Egoismus natürlich, hat nur Haushaltungsschule besucht.* Bruder, 31 Jahre alt, sei Auslandsprediger in Brasilien, verheiratet. Früher, als Kinder, *hätten sie gut zueinander gepasst, später gingen ihre Neigungen auseinander.* In Detmold habe sie die Töchterschule besucht, auch die Präparandenanstalt. Warum sie diese abgebrochen? *Ich hatte zuhause keine Pflege, keine Ruhe. Bei uns zuhause war immer Theater, Streit und Unruhe und Zank zwischen allen. Alle gegeneinander, um jeden Kleinkram, jeden Tag. Respekt vor den Eltern war überhaupt nicht vorhanden,* vermerkt Müller an dieser Stelle und: *Nach Angaben der Mutter leidet die Kranke an Kleptomanie. Die Kranke begründet die Kleptomanie mit ihrer Pflicht als Mutter ihren Kindern gegenüber. Im Krankenhause trat diese Eigenschaft nicht zutage,* fügt er kritisch hinzu. Zu Betragen und Wesen notiert er:

- ziemlich ruhig, jedoch sehr resigniert

- schläft unruhig, träumt viel

- steht Nachts auf, machte sich im Zimmer zu schaffen

- beunruhigt Mitkranke

Demnach muss Irmgard zu diesem Zeitpunkt schon mehrere Nächte beobachtet worden sein. Fast hätte ich übersehen, dass der Oberarzt in sehr kleiner, akkurater Handschrift unten auf der Seite hinzugefügt hat: *Schwer erziehbar.* – Eine winzige Anmerkung mit unvorhersehbar großer Wirkung.

Bis Pfingsten werde ich wohl entlassen sein ...

An *Familie Carl Stellbrink, Detmold, Hubertusstr. 10*

20. Mai.1925

Ihr Lieben!

Wie geht es Euch? Mir geht es ganz gut, ich bin schon ganz braun gebrannt von der Sonne, denn ich bin den ganzen Tag an der Luft. Der Herr Oberarzt meint, ich könnte bald nach Hause, vorausgesetzt, dass Ihr mich haben wolltet. Ich sagte, besuchsweise würdet Ihr mich wohl aufnehmen. Wie stellt Ihr Euch dazu? Ich denke, dass ich kräftig genug bin, um eine leichtere Stelle in der Familie annehmen zu können. Bis Pfingsten werde ich wohl entlassen sein. Falls es Euch nicht passt, finde ich wohl in Bielefeld Unterkunft bei einer der Pflegemütter meiner Jungens. Ich werde einen Teil meiner Betten verkaufen, damit ich erst zu leben habe, bis ich, voraussichtlich recht bald, einen Posten gefunden habe, der mir Verdienst gibt.

Es grüßt Euch in herzlicher Liebe, Eure Irmgard

P.S. Ich warte nicht auf Antwort

Sie hat ganz sicher auch keine bekommen, denn diese Postkarte befindet sich im Original in der Krankenakte. Das heißt, sie ist nie versandt worden. Irmgard hatte ein Ziel, einen Plan. Der Vermerk *z. Hd. Heiss 20.V.* lässt darauf schließen, dass die Karte an Hugo weitergereicht und am 20. Mai von ihm gelesen wurde. Noch beantwortet Irmgard Hugos Briefe und scheint unsicher, ob sie zu ihm zurückkehren sollte. Hugo weist sie an, die Scheidungsklage zurückzuziehen und zeigt sich großzügig des *Mädels* wegen. Doch bald nimmt sie seine Briefe nicht mehr an und weigert sich ihn zu sehen. Wochenlang erhält sie nun keinen Besuch, nicht einmal zu ihrem Geburtstag. Helene und Lenchen erscheinen erst am 28. Juni. Oberarzt Müller hat eine Besuchszeit von 20 Minuten genehmigt. *Pat. war nett, selbige unterhielt sich von ihrem Mann und Kindern; Schw. Ridder,* lautet der dazugehörige Bericht in der Krankenakte. Zuvor schrieb Irmgard folgenden Brief an Carius:

Sehr geehrter Herr Geheimrat!   *Lindenhaus, 5.6.25*

Verzeihen Sie bitte diese Belästigung, doch ich habe ein Unrecht gut zu machen. Mein Benehmen im Krankenhaus auf Abteilung 8 war mehr als respektwidrig und ich bitte höflichst um Verzeihung. Ich bereue es, dadurch Anstoß erregt zu haben indem ich mich der Ordnung widersetzte; doch halten Sie, sehr geehrter Herr Geheimrat, das meinen überreizten Nerven zugute, bitte.
Mit hochachtungsvollem Gruß,
Frau Irmgard Heiss.

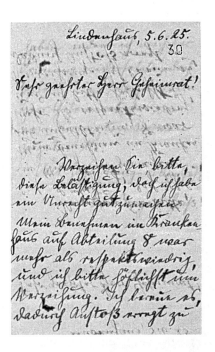

Den Brief hat der Arzt vermutlich nie gelesen, denn das Original ist ebenfalls in der Krankenakte abgeheftet. Im Juni sieht sie Helene und Lenchen für weitere zehn Minuten, was Schwester Bökehof zu folgenden Bericht veranlasst: *Pat. freute sich, äußerte mehrmals, nicht wieder zu ihrem Mann zurückzugehen.*

Rhododendron

Eintrag Krankenakte:

Mai 1925, Lindenhaus:
Die Kranke hat sich hier – von 1-2 kleineren Entgleisungen abgesehen – ordentlich
und anständig geführt: sie hat sich nur einmal in ungehöriger Weise über das Essen
ausgesprochen und vor aller Ohren laut über ihre „Syphilis" gesprochen. Bei weiterem
unauffälligen Verhalten der Kranken besteht die Absicht sie demnächst nach Hause
zu entlassen.

In der Nähstube ist nicht mehr viel zu tun. Alle fehlenden Wäscheknöpfe
sind wieder an die brettsteif gemangelten Kopfkissen und Bettbezüge
genäht. Die Kittel haben Zeit bis morgen, hat Bertha signalisiert. Es wird
auch Zeit, dass sie hier herauskommt, denn es ist an diesem Nachmittag
drückend heiß in der Dachstube. Von der Wäsche geht zusätzlich ein
Schwall Wärme aus. Irmgard spürt den Bodensatz von Müdigkeit, der sie
schon seit einiger Zeit nicht verlässt. Das Gekicher der anderen hält sie
kaum aus. Seit sie gestern einmal auf die Frage, was ihr denn eigentlich
fehle, freundlich lächelnd „Syphilis" geantwortet hat, macht sich, wo
immer sie auftaucht, Unruhe breit. Kittel werden demonstrativ zusam-
mengerafft, Stühle gerückt, Nasen gerümpft. Im Lindenhaus, Abteilung 3,
kommt diese Art von Humor nicht gut an. „Vertiert", schnappt sie am Tisch
der Lehrerinnen auf, die sich aus ihren Gemächern im ersten Stock zum
Halmaspielen in die Niederungen der Zweitklassigen begeben haben, weil
dort mehr Leben ist. Die jungen Dinger aus der Schälküche prusten los
wie die Gänse, als sie ihren Kopf durch die Tür steckt um zu schauen, ob
Anna da ist, die sie heute in der Wäschestube vermisst hat. Kann es sein,
dass sogar hier gerade über sie geredet wurde? Kichernd senken die Frauen
die Köpfe und machen sich wieder über die Kartoffeln her. „Ihr könnt
mich alle mal gern haben!", denkt sie und wendet sich wortlos dem Ausgang zu. Ein Schritt über die Schwelle und sie steht im gleißenden Sonnenlicht dieses Frühlingstages am schmiedeeisernen Geländer der Terrasse.
Wie auf der Brücke eines Schiffes kann sie von hier aus den Garten
überblicken und beugt sich auf der Suche nach Anna vor.

 Hoffentlich kommen die Kinder an solch einem Tag an die Luft. Jetzt ist
Meta schon fast vier Monate alt. Ob sie sich schon umdreht? Irmgard wird
traurig bei dem Gedanken, dass sie – anders als bei Ewald und Hugo –

dieses Ereignis nicht miterlebt. Als sie die Hand über die Augen legt, sieht sie, wie unter den rot leuchtenden Buchen die Rhododendronbüsche ihre Blütenbälle geöffnet haben. Darauf hat sie sich schon seit Tagen gefreut. Sie steigt die Treppe herab und begibt sich näher an die Blütenpracht heran. Sie entdeckt eine freie Liege, in die sie sich seufzend hineinfallen lässt. Sofort setzen die kreisenden Gedanken ein, die ihr auch nachts den Schlaf rauben: Wie soll es weitergehen? Warum antworten die Detmolder nicht? Was ist mit Meta? Wieso erfährt sie nichts von Lenchens Besuch beim Scheidungsanwalt? Und was geschieht, wenn Hugo hier auftaucht und sie mitnehmen will? Die Ärzte meinen, sie sei nicht krank. Warum wird sie dann nicht entlassen? Pfingsten steht bevor und sie hatte so sehr gehofft, dass sie Meta dann holen und die Jungens in Bielefeld besuchen kann. Warum spricht niemand mit ihr? Schließt sie die Augen, dreht sich das Karussell noch schneller. Sie stützt sich auf die Armlehnen, will aufstehen, doch sie hält inne und lauscht. Was für eine Musik ist das? Die im Licht schimmernden Pompons klingen! Als sie nah herangeht und in einzelne Blüten hineinschaut, sieht sie die Hummeln, die, wie von einer großen Unruhe getrieben, emsig in jeden Kelch eintauchen. Eine Weile beobachtet sie fasziniert das Gewimmel der eifrigen Insekten. Schon hat sie der Gedanke, „nur bei mir herrscht Stillstand und nichts geht voran", im Würgegriff.

Gleich neben den summenden Stauden haben die Zwiebelblüten ihre Hüllen endgültig gesprengt. Die kugeligen Knospen mit den gespannten Häuten haben sie an die nassen Tücher denken lassen, in die Patienten hier gepackt werden, wenn sie schreien und toben. Einmal hatte sie bereits das Vergnügen! Könnte sie doch auch einfach so aufplatzen und diese Zwangsanstalt aufsprengen wie diese Zwiebeln. „Pfingsten werde ich wohl entlassen sein", das hat sie der Familie geschrieben. Nur hat sie immer noch nichts gehört. Je länger sie auf die Knospen starrt, umso schwindeliger wird ihr. Das Blumenbeet beginnt sich zu drehen, der Boden schwankt. Auf ihren gellenden Hilferuf hin tauchen Köpfe an den Liegestühlen auf. Erschrockene und neugierige Gesichter recken sich ihr entgegen. Das sieht sie noch, bevor das Bild sich in grauem Nebel auflöst.

Eintrag Krankenakte vom Mai 1925:
Beschäftigt sich zur Zeit in der Nähstube, macht aber nicht viel. Will gern nach Hause, scheint ihre eigene und ihrer Kinder Zukunft sehr leicht zu nehmen: Obgleich sie zugeben muss, nichts besonderes gelernt zu haben, zweifelt sie nicht daran bald eine gute Stelle

zu haben, durch die sie für sich und die Kinder ihr Brot verdienen kann. Auch ihr schlechtes Verhältnis zu ihren Angehörigen, vor allem zu ihrem Manne, macht ihr nicht die geringsten Gedanken.

Haltet mich nicht für völlig gefühllos

Lemgo, 29.5.1925

Liebe Eltern!

Pfingsten rückt immer näher, u. ich sitze hier allein und verlassen. Warum kommt nicht einer mal her? Ich selbst bin schuld, warum jammere ich Lenchen was vor, wenn sie hier ist, statt mich zu freuen. Warum, warum? Ich meine immer, ich könnte das Schicksal zwingen, könnte alle Hindernisse beseitigen, ich, ja, ich, erbärmlich schwacher Mensch. Zu spät. Die Pflicht ist das oberste Gesetz. Der personifizierte Größenwahn, täusche ich mir immer was vor und meine, das Schicksal nähme Rücksicht auf krankhafte Menschen. Jetzt bin ich ja so weit, dass man mir nicht mehr glaubt, dass ich Sehnsucht habe nach den Kindern. Ich verstehe das vollkommen, dass ich so beurteilt werde. Man hält mich nicht für fähig, mein Brot selbst zu verdienen, auszuhalten auf meinem Posten u. die Gedanken nur auf meine Pflicht zu konzentrieren. Ich meinte den Tod verscheuchen zu können, die Pflege und Heilmittel nicht nötig zu haben u. habe durch mein Benehmen den Spott der anderen Patienten herausgefordert. So dass ich jetzt in gespanntem Verhältnis stehe. Natürlich, ein Mensch, der wie ein Papagei alles nachmacht, ein Schatten jeder Genialität, der muss ja lächerlich wirken. Aber dass ich unmoralisch gehalten werde tut mir am wehesten, dass man die Liebe zu meinen Kindern nicht anerkennen will, schmerzt mich. Ich hab es selbst verschuldet, ja. Warum aber hat mich das Schicksal nicht früher hart gepackt, als ich noch ein Kind war? Warum, warum, das Schicksal bleibt stumm!

Aber lasst Euch erweichen und gebt mir bitte Nachricht über meine Kinder. Sagt Hugo, wenn er zu Euch kommt, aber er kommt ja nicht, dass ich hier bin u. büßte. Schwerer büße ich, als ich es tragen kann. Doch ich kann's tragen, denn ich lebe ja noch. Ich habe ja Euch noch. Das stärkt mich. Das gibt mir Mut. Ich fühlte meine Krankheit nicht und bin schlimmer krank als Andere eben deshalb; ich will sagen, unbrauchbar fürs Leben. Aber das ist ja ein Armutszeugnis, aber ich muss es mir leider ausstellen. Ihr seid damit aber auch verspottet. Ich habe nämlich den Arzt, die Schwestern, die Kranken, wie sie über Euch u. mich anspielten, wieder verspottet u. beleidigt u. bin trotzdem in ihrer Gewalt, ich kann nicht raus hier.

Gestern war ich im Haus I zur Strafe, da ich mich hatte hängen lassen wie sie sagen. Ich widersetzte mich dem Befehl der Schwester, ich wollte rufen und sollte nicht. Ich konnte meinen Liegestuhl ja noch haben, aber ich habe getan als ob ich arbeiten könnte u. konnte doch nicht. Ihr wolltet mich nicht nach Haus haben u. ich hatte keinen Posten

in Aussicht, keine Verdienstmöglichkeit! Ich täuschte mich selbst stets u. andere Menschen dann auch. Aber haltet mich nicht für völlig gefühllos u. besucht mich, dass ich mich mal wieder aussprechen kann mit einer verwandten Seele. Ich bitte Euch inständigst darum. Ihr braucht mir nichts mitzubringen, nur kommen tut, bitte!
Eure unglückliche Irmgard.

Besuch kann stattfinden, bitte Brief zurück, Müller, hat der Oberarzt wieder sehr klein darunter notiert. Die Familie hat das Schreiben entgegen dieser Bitte nicht zurückgegeben, denn ich habe es im Haus gefunden. Irmgard muss noch über einen Monat auf den ersehnten Besuch warten. So lange wollen auch die Ärzte Irmgard nicht im Lindenhaus behalten. Der Arzt begründet ihren weiteren Aufenthalt so:

Lindenhaus, 17. VI. 25

Herrn Direktor Dr. Simon, Provinzialheilanstalt Gütersloh

Sehr verehrter Herr Direktor,
in der Anlage übersende ich Ihnen die Akten und Krankengeschichte zu der Frau Heiss aus Detmold bzw. Langendreer. Wir bewerten sie als eine psychopathische Persönlichkeit mit Neigung zu sexuellen Ausschweifungen und Eigentums-Straftaten. Eine Entlassung war bereits vor einiger Zeit geplant, wurde aber wegen des damals gerade einsetzenden ungebührlichen und widersetzlichen Verhaltens hinausgeschoben.
Bei dieser Gelegenheit möchte ich Sie zur Teilnahme an unserem am Donnerstag, den 2. Juli, angesetzten Anstaltsfest einladen. Da der Herr Oberregierungsrat Dr. Corvey auch kommen wird, möchte ich vorschlagen, diesen Anlass zu einem Ihrer regelmäßigen Besuche wahrzunehmen.
Mit vorzüglicher Hochachtung,
Ihr sehr ergebener Müller

„Ungebührliches und widersetzliches Verhalten"! Ist sie denn in einer Erziehungsanstalt und wird wie ein unmündiges Kind behandelt? Oder ist diese Begründung ein Vorwand? Aus der versprochenen Entlassung wird darum nichts, weil von anderer Seite „ärztliche Bedenken" bestehen. Ich kann in einem Schreiben der Verwaltungsakte nachlesen: Der neue Amtsarzt hat Einspruch erhoben. Dr. Frenzel löst am 15. Oktober Carius ab, dem das neuerdings vorgeschriebene Kreisarztexamen fehlt. Dr. Frenzel will statt der Entlassung eine Verlegung nach Westfalen durchsetzen.[14]

Juni 1925: Bitte, auf die Frau einwirken zu wollen ...

Das Wohlfahrtsamt hat Ende Mai Hugos Adresse ermittelt und ihn von Irmgards Aufnahme benachrichtigt. Er soll nun mindestens für den Unterhalt der Kinder aufkommen. Die Abschrift seiner Antwort finde ich in der Krankenakte. Er bezichtigt darin zunächst einmal seine Frau des Ehebruchs, wofür er beteuert Zeugen zu haben. Ihre Angaben, sie habe mit den Kindern gehungert, weist er entschieden zurück. Er hat etwas zu verlieren, denn in Scheidungsklagen herrscht das Schuldprinzip. Im zweiten Teil des Briefes schreibt er:

... Nun fordert das Amt die Pflegekosten für das Kind 2,- M täglich und für die Frau 2,50 M, im Monat 135 M.. In Bielefeld fordert das Amt für meine beiden Jungens 30,- M. pro Kind, Summa im Monat 195,- M. Ich möchte doch bitten, meine Herren, wo soll ich dies hernehmen? Vom 24. März bis zum 3. Juni stand ich im Arbeitsverhältnis, dann wurde ich wegen Betriebsbeschränkungen abgebaut, somit erwerbslos. Heute, den 8. Juni, habe ich wieder ein Dienstverhältnis gefunden und habe wirklich vollauf zu tun, meiner beiden Jungens und meinen Lebensunterhalt zu bestreiten. Bitte daher das Amt auf die Frau wirken zu wollen und ihr ans Herz zu legen, dass sie Mutter ist und kein junges Mädchen, denn zahlen – und Verantwortung für alles – trägt doch nur der Mann, soweit er edel ist.
Mit der Bitte um Antwort, ergebenst gez. Hugo Heiss

Die folgende Nachricht Hugos kann eigentlich nur im Zimmer des Arztes oder im Besucherzimmer der Anstalt geschrieben worden sein. Ein Datum ist nicht verzeichnet, abgeheftet ist das Original:

L. Frau,
Wenn Dich der Oberarzt, Hr. Müller, entlassen sollte, so kommst du sofort nach Langendreer, Bockholtstr. 2. Mutter und Lenchen hofften darauf, dass Du in der Anstalt bleiben sollst. Der Oberarzt ist dagegen, weil derartige Personen in eine Anstalt nicht gehören. Du musst alles, was bis hierher gewesen ist, abschütteln. Arbeit macht das Leben süß und hilft einem über alle diese Dinge hinweg. Also willensstark musst Du sein. Dann kommst Du aus diesem traurigen Bilde raus.
Immer in Treue, Hugo.

Hugo bestätigt in seinem Schreiben: Oberarzt Müller will sie entlassen. Ich finde an dieser Stelle der fortlaufend nummerierten Seiten außerdem einen „Zettel". In Irmgards großer Handschrift sind einige Sätze auf einem losen Blatt schnell hingeworfen. Ein Datum ist nicht verzeichnet, lediglich eine Uhrzeit.

Ich versichere, dass ich nicht die Absicht habe mit meinem Mann ein neues Ehe-Familienleben zu beginnen. Ich war der Meinung, dass er sich geändert hätte u. in Trennung für mich sorgen, zahlen, wollte u. mich zu diesem Zwecke aus der Anstalt abholen. In Gegenwart des Herrn Oberarztes bin ich zu befangen, um mich genügend zu erklären u. habe heute Morgen Unrichtiges gesagt.   *Frau Heiss*

Willensstark ist sie wohl, aber nicht so, wie Hugo und der Arzt es sich gedacht haben. Helene stellt die verfahrene Situation im Brief nach Brasilien so dar:

Detmold, im Juli 1925

Lieber Fritz, liebe Hildegard!

Euren lieben Brief erhalten. Wie glücklich Ihr wohl seid, daß Euch der liebe Gott wieder ein Töchterlein, eine kleine Gisela geschenkt. Wir freuen uns mit Euch und gratulieren herzlichst. Nun habt Ihr wieder ein Pärchen und Gerhard ein Schwesterlein. Wie schaut denn das liebe Geschöpfchen eigentlich aus? Von Schlemeiers hörten wir, daß es blaue Augen habe, also ein echt deutsches Mädchen. Ihr schreibt uns wohl mal etwas Näheres darüber und schickt vielleicht ein Bildchen. Möchte Euch dies Kindchen nun erhalten bleiben und Ihr viel Freude daran haben, das wünschen wir von Herzen. ... – Die Geburtsanzeige haben wir gleich einsetzen lassen und die Zeitung Euch zugeschickt. Wir haben 4 Zeitungen genommen und Hilda auch eine Anzeige mit eingelegt. ... Doch nun möchte ich Euch zunächst über Irmgard schreiben. Daß der Haushalt schon im April v. J. aufgelöst worden ist, wißt Ihr ja. Die Möbel sind verkauft, Federbetten und einige Haushaltungsgegenstände sind bei uns in Verwahrung. Da die Möbel ziemlich ruiniert waren, hat sie das wenige Geld, was sie dafür bekommen, schon verbraucht. – Über die Zeit in Bielefeld, wo Irmgard in der Frauenherberge und die Kinder im Lutherstift untergebracht waren, hat Vater Euch ja berichtet. Irmgard hatte Arbeit in Bielefeld angenommen, die sie wegen ihres schwachen Körpers nicht aushalten konnte. Bald darauf kam sie ins Krankenhaus, weil sie wegen Tripper behandelt werden mußte. Die Kinder hatten es aber garnicht gut im Lutherstift, wie wir von verschiedenen Seiten hörten und Irmgard sorgte sich darum. Sie bat nach einigen Wochen den Arzt, ihr freie Zeit zu geben, damit sie für die Kinder Pflegestellen suchen könne. Der Arzt wollte aber keine Ausnahme machen und verweigerte die Erlaubnis. Irmgard verließ dann das Krankenhaus, sah sich nach Pflegestellen um und fand dann auch achtbare Familien, wo die Kinder gut aufgehoben sind. Buby ist in einer Familie, wo schon erwachsene Kinder sind und sagt zu seiner Pflegemutter immer: Homma. Er ist dort so gern, daß er, als er hörte, daß sein Vater ihn holen wollte, gesagt hat: Oh Homma, versteck mich doch, wenn Vater kommt und mich holen will. Und wenn er

nicht gehorchen will und die Pflegemutter ihm droht, daß er nicht mehr bei ihr bleiben
soll, dann sagt er: Ich will auch ganz artig sein, bring mich nur nicht ins Lutherstift.
– Der kleine Hugomann ist in einer Familie, die ein hübsches, im Garten liegendes
kleines Haus bewohnen. Der kleine Mann hat als Spielgefährten den einzigen 10jähri-
gen Jungen der Familie. Es ist gut, daß die Pflegemutter Zeit hat, für Buby etwas mehr
zu sorgen, weil er doch recht zart ist und auch längere Zeit krank war. – Wir sind
auch recht froh, daß es beiden Kindern so gut geht. – Ins Krankenhaus konnte Irmgard
nun aber nicht mehr zurück, weil sie es freiwillig verlassen hatte, und die Stadt Bielefeld
nahm diesen Umstand als Veranlassung, sie abzuschieben, weil sie auch keine Kosten
mehr tragen wollte. – So kam Irmgard hierher, das war Ende Oktober. Sie war 3
Wochen bei uns, nähte für die Kinder, die einige Kleidungsstücke nötig hatten, tat aber
sonst keine Arbeit. – Ihr ganzes Verhalten aber in der Zeit, wie auch schon lange
vorher, ließ darauf schließen, daß es mit ihr nicht richtig war. Wir ließen Carls Ner-
venarzt Dr. M. hier ins Haus kommen, der sich dahin äußerte, daß es am besten wäre,
wenn sie in eine Heilanstalt wegen ihrer Nerven käme, da vorläufig an eine Heilung
gar nicht zu denken sei. Weil sie aber wegen ihrer körperlichen Krankheit noch behan-
delt werden mußte, hat Dr. Carius sie hier im Krankenhaus aufgenommen und beob-
achtete sie gleichzeitig auf ihren Geisteszustand.

Am 26. Februar wurde die kleine Meta-Helene geboren, alles verlief gut. Es ist ein
gesundes und hübsches Kindchen. Anfang Mai ließ mich Dr. Carius nach dem Kran-
kenhaus bitten, um mir mitzuteilen, daß es besser wäre, wenn Irmgard in eine Nerven-
heilanstalt käme, da er sie wegen ihres Verhaltens nicht länger im Krankenhaus
behalten könnte. Er veranlaßte dann gleich die Überführung nach der Heil- und
Pflegeanstalt Lindenhaus bei Lemgo. Die kleine Meta, die bis dahin bei der Mutter
sein konnte, mußte nun auch untergebracht werden, weil aber im Diakonissenhaus kein
freier Platz mehr war, brachte ich sie mit Lenchen ins Bethler Kinderheim. Dort hat
es das Kindchen sehr gut, hat sich auch schon gut gemacht, es sieht frisch und rosig aus
und schaut mit seinen blauen Augen ganz freundlich in die Welt. Der Pflegesatz ist ja
hoch, monatlich 65 M, ärztliche Behandlung und Wäsche natürlich mit eingeschlossen.
Die Stadt Detmold zahlt 40 M, wir die übrigen 25 M. – Nachdem nun Irmgard 8
Wochen in Lindenhaus war, ist sie jetzt nach Gütersloh in die Provinzial-Heilanstalt
gekommen, weil Lindenhaus nicht neuzeitlich eingerichtet ist und ihre körperliche
Krankheit dort nicht behandelt werden kann. Wir haben Irmgard öfter in Lemgo be-
sucht, nach Gütersloh wollen wir in der nächsten Zeit. – Wenn Du das nun liest, lieber
Fritz, dann klingt das alles so einfach, aber wieviel Wege und Fahrten, wieviel Schreibe-
reien wir gehabt, davon hast Du wohl keine Ahnung. Und nun noch nebenbei das Hin
und Her schreiben in der Ehescheidungssache. Der Antrag auf Ehescheidung ist im

vorigen Herbst gestellt; aber die Sache zieht sich sehr in die Länge, neuer Termin ist jetzt wieder wegen der Gerichtsferien auf Oktober angesetzt. Hugo Heiss will keine Ehescheidung, er will die Ehe wieder herstellen nur darum, weil er für die Kinder nicht zahlen will, was die Stadt Bielefeld von ihm fordert für seine beiden Jungen und die Stadt Detmold für Irmgard und die kleine Meta. Der Hugo hat uns schon viel zu schaffen gemacht, besonders im vorigen Jahr, als die Kinder bei uns waren und er sich hier in der Gegend aufhielt. Doch es würde zu weit führen, wenn ich Euch schreiben wollte, was er alles aufgestellt hat, um mit Irmgard wieder zusammen zu kommen; aber wir müssen und wollen die Ehescheidung durchführen, da wir Irmgard sonst einem neuen Elend preisgeben würden. Arbeiten kann Irmgard doch nicht, überhaupt keinen Haushalt führen, sie kann auch mit Keinem umgehen. Ihr Nervensystem ist zerrüttet, wozu nicht zum wenigsten die Zeit ihrer Ehe beigetragen hat. Wenn ich nur an die 8 Wochen denke, die sie mit Buby im Sommer vor 4 Jahren hier verbrachte, wie sie uns das Leben schwer gemacht hat durch ihre Unumgänglichkeit. Wir erkannten damals aber nicht, daß es krankhaft war. Ja, das konnte kein gutes Ende nehmen! –
In herzlicher Liebe grüßt Euch Lieben alle, Mütterchen Stellbrink.

7. Gesellschaft mit Zwangsidee (1925-1927)

Es sind noch Lieder zu singen jenseits der Menschen
5. Dialog mit Irmgard

B. Irma?

I.: Hmmm...

B.: Ich möchte jetzt wirklich gern mehr über dein Leben erfahren.

I.: Du lässt also einfach nicht locker. Glaubst du, du hättet eine Mission? Ist meine Geschichte so was Besonderes? Die Menschen entzweien sich nun einmal im Daseinskampf, das ist ihre Natur. Meine eigene Familie hat mich ausgestoßen. Die Stärksten setzen sich eben durch. Ich war das Unkraut, schwach, musste ausgejätet werden.

B.: In meinen Augen warst du gar nicht schwach. Ich würde mal behaupten, das Gegenteil war der Fall. Ich würde dich eher als Wildkraut betrachten: zäh, robust, unverwüstlich. Fast alle Wildkräuter sind heilsam.

I.: Wie kommst du denn auf diese Idee? Ich war so häufig krank, ich konnte keine schwere Arbeit aushalten, ich fand keinen Weg, mit dem Leben zurechtzukommen.

B.: Du warst in der Zeit der großen Umbrüche auf der Suche nach einem eigenen Lebensentwurf, hast etwas gewagt, wolltest Künstlerin werden. Mit achtzehn oder neunzehn Jahren bist du allein in die Großstadt. Du hast deine Vorstellungen verteidigt, wolltest Kinder nicht schlagen und die kleine Meta nach deinen Naturheilvorstellungen stillen, nicht nach dem starren Rhythmus, den die Ärzte vorschrieben. Du wolltest Gleichheit vor dem Gesetz. Es war dir egal, ob dieses Kind ehelich war oder nicht. Dazu gehörte Stärke und eine Idee von einem anderen Leben. Erfrischend eigensinnig warst du in meinen Augen.

I.: Wozu die Gloriole? Ich bin gescheitert.

B.: Niemand lebt allein. Warum zum Beispiel haben Hilda und Lotte nicht geholfen? Sie zählten zur Frauenbewegung und ich hätte erwartet, dass sie der nächsten Generation unter die Arme greifen. Aber sie taten es nicht. Warum?

I.: Ja, das hat mir auch Rätsel aufgegeben und mich gekränkt.

B.: Nächste Frage: Du schreibst etwas herablassend über meinen Großvater, den Herrn Marczewsky. Warum?

I.: Na ja, die Polen waren nicht besonders gut angesehen. Ich wusste, diese Sache mit Magdalena fiel wieder einmal auf mich zurück.

B.: Wer will schon am Rand sein. Eltern können sehr hart sein, besonders, wenn sie strenge Moralvorstellungen haben.

I.: Ich hatte mir unser Eheleben, nun ja, irgendwie romantischer vorgestellt. Ich saß zu Hause in diesem Käfig von Wohnung mit den Kindern, während Hugo unermüdlich für die Revolution unterwegs war. Die Welt der Gewerkschaften, der Konsumgenossenschaften, Schalmeienchöre, Bildungs- und Wandervereine, das war seine Welt und er bewegte sich darin wie ein Fisch im Wasser. Mir blieb sie verschlossen, ich gehörte nie dazu. Ich gehörte überhaupt nirgends mehr hin.

B.: Die Ärzte erklärten sich deinen Schritt, einen Bergarbeiter zu heiraten, ganz aus ihrem Weltbild heraus. Für sie warst du „moralisch tiefstehend".

I.: Sie beurteilten mich so, wie sie die Frauen der Roten Armee betrachtet hatten, als Flintenweiber und Huren, nicht wahr?

B.: Ich fürchte ja. Du passtest in ihr Bild von der „minderwertigen Psychopathin": der Tripper, die Auseinandersetzungen mit Hugo, die ungewollte Schwangerschaft, dazu noch außerehelich.

I.: Das wusste doch keiner! – Obwohl, ich hatte mich Mütterchen anvertraut. Meinst du, die Eltern hatten mich an die Ärzte verraten?

B.: Ich glaube schon. Deine Weigerung zu Hugo zurückzugehen, nahmen die Ärzte gar nicht ernst. „Pack schlägt sich, Pack verträgt sich", so mögen sie gedacht haben.

I.: Beleidige mich nicht! Die aus der ersten Klasse wurden ganz anders behandelt.

B.: Wenn Menschen als „vollwertig", andere als „minderwertig" gedacht werden, dann liegt es nahe, den „Niederen" auch ihre Menschenwürde abzusprechen. Glaub nur nicht, dass wir diese Tendenz nicht auch hätten. Heute ist andauernd die Rede von „Leistungsträgern" und andere werden als „sozial schwach" bezeichnet.

I.: Ich verstehe, nur die Worte haben sich geändert. Aber es hatte auch damit zu tun, dass ich eine Frau war.

B.: Darüber gibt es keine Zweifel. War schon der Krieg verloren, so sollte die alte Ordnung wiederhergestellt werden. Vor allem auch die Geschlechterordnung. Das männliche Machtmonopol als Grundpfeiler war in Gefahr. Du sprachst ungefragt sexuelle Themen an, das war einfach zu viel der Tabubrüche.

I.: In meinen Kreisen sprach man offen über diese Dinge.

B.: Es waren aber nicht deine Kreise. Die Ärzte hatten keinerlei Bedenken, ihre wertenden Urteile deiner Familie mitzuteilen. Carl übernimmt sie in seinen Briefen an den Landeshauptmann in Münster und schreibt von deiner „Psychopathie und moralischen Minderwertigkeit".

I.: Waas? Sie haben Briefe an den Landeshauptmann über mich geschrieben? Hör mal, du kommst hier in meinen Raum und stülpst mir deine Wahrheiten über, ganz gleich, ob ich es nun wissen will oder nicht!

B.: ???

I.: Du bist auch nicht besser als die Ärzte! Ich habe nicht auf dich gewartet. Warum erzählst du mir denn das? Wer durchschaut schon seine Zeit? Die meisten Menschen müssen sich damit begnügen, dass ihr Leben sich fremd und unverständlich an ihnen ereignet. Ich lebte in Fetzen, in unbegreiflichem Durcheinander. Du willst etwas verstanden haben und achtest meine Gefühle genauso wenig wie die, gegen die du hier zu Felde ziehst! Verstehst du dich denn selbst in deinem Leben?

B.: – Äääh, gelegentlich.

I.: Ich musste mit den Detmoldern zurechtkommen, nachdem meine Ehe gescheitert war. Fritz und Hildegard in Brasilien konnten mir nicht helfen. Ich hatte sonst niemanden.

B.: Du schreibst, du hättest dich mit deinem Vater nie gut verstanden. Ein Verstoß gegen die Ordnung, befanden die Ärzte. Du solltest einfach gehorchen, nicht verstehen wollen. Doch er war, wie du anschaulich beschreibst, im Alltag wohl nicht der Patriarch, als der er nach außen erscheinen wollte, sondern ein weicher, gebrochener Mann, der den Tod seines ältesten Sohnes nie verwunden hatte, sich nicht verstanden fühlte und schwer an all den Sorgen mit diesen schwierigen Kindern trug.

I.: Wir waren keine schwierigen Kinder. Wie kannst du so über unsere Familie sprechen!

B.: Und in den Anstalten, da ließen dich die Pflegerinnen spüren, dass du auch hier fremd warst: mit deinem großen Gerechtigkeitsempfinden, deiner vor Rebellion bebenden Energie, den schneidenden Worten. Deine Mitpatienten hatten auch bald gelernt, dass du anders warst. Sie wussten genau, wer als schwach und minderwertig eingestuft wurde. Du kamst vom Regen in die Traufe.

I.: Es reicht! Du musst mir nicht mein Leben erklären. Wozu? Es ist ohnehin vorbei. Was weißt du denn schon von mir? Hast du in deiner Gegenwart nichts Besseres zu tun, als dich in meinem Leben herumzutreiben? Was gibt es darüber zu spekulieren und nachzuforschen? Warum rührst du so darin herum? Ich fürchte, mein Leben soll deinem Leben einen Sinn geben. Such ihn nicht bei mir, such ihn lieber in deiner Gegenwart! Denke darüber nach, wenn du weiterschreibst. Ich weiß nicht, ob ich noch mehr davon wissen will, was in dieser Akte über mich steht. So jedenfalls nicht, ich habe genug davon. Adieu!

B.: Irma, geh nicht!

Ich bin wie vor den Kopf geschlagen. Es dauert eine ganze Weile, bis ich glaube zu verstehen: Der „stets so wissende, wie arrogante Rückblick" hat uns aus dem Dialog geworfen. Du warst eine Rebellin. Jetzt rebellierst du gegen mich, 70 Jahre nach deinem Tod. Bin ich anmaßend? Erfinde ich dich zu eigenmächtig? Darf ich dein Leben als ein künstlerisches Projekt behandeln? Kann es überhaupt Kreativität ohne Zerstörung geben? Ich frage mich, wo überschreitet ein solcher Prozess, in dem jeder gibt und nimmt, die Schwelle zur Ausbeutung eines anderen Lebens? Diese Fragen sind nicht leicht zu beantworten und begleiten mich.

„Moralisch tiefstehend"

Hat der Direktor der Provinzial-Heilanstalt-Gütersloh, Hermann Simon, sie bereits auf dem Sommerfest des Lindenhauses unauffällig beobachtet? Im Juli, als die Überführung nach Westfalen beantragt ist, schreibt er einen Brief an den Landeshauptmann. Der höchste Verwaltungsbeamte entschied über die Aufnahme von Patienten.

Urschriftlich dem Herrn Landeshauptmann zu Münster   *10. Juli 1925*

Es handelt sich hier wieder um einen Fall, in dem die Anstaltspflegebedürftigkeit zum Mindesten sehr zweifelhaft erscheinen muss. Niemand hat vor der Aufnahme der Heiss in das Krankenhaus zu Detmold an das Bestehen einer Geisteskrankheit gedacht. Aufgenommen wurde sie dort wegen Geschlechtskrankheit. Taugen tut sie sicher von Jugend auf nicht viel. Wie häufig solche minderwertigen Weiber, benahm sie sich im Krankenhause unbotmäßig und wollte sich schließlich nicht behandeln lassen. Einige auf-

geregte Redewendungen, wie sie in der Gereiztheit bei Minderwertigen häufig vorgebracht werden (Ihr Kind müsste an der Brust verhungern, Ärzte und Schwestern wollten ihr Kind langsam umbringen usw.) wurden als Wahnvorstellungen betrachtet und führten die Aufnahme im Lindenhaus herbei. Dort hielt sie sich geordnet, zeigte von Zeit zu Zeit Neigung zu unbotmäßigem und ungezogenen Verhalten. Es bestand schon die Absicht im Mai, sie als nicht mehr anstaltspflegebedürftig zu entlassen.

Nach Mitteilungen der Angehörigen und des Ehemannes, handelt es sich zweifellos um eine minderwertige, haltlose Persönlichkeit ...

Nach meiner Auffassung gehört sie aber gerade in diesem Fall nicht in eine Irrenanstalt, sondern, wenn sie keinem Erwerb nachgeht und mit Sittenpolizei und Strafgesetz in Conflict kommt, allenfalls ins Arbeitshaus. Ich habe gestern nochmals mit den Ärzten im Lindenhaus telefonisch Rücksprache genommen, und es wurde vereinbart, dass sie bis zur Frage der Klärung der Anstaltspflegebedürftigkeit noch in L. bleiben könne; der Arzt will dann endgültig sein Urteil mitteilen. Hält er sie dann wirklich für krank und unzurechnungsfähig, dann werde ich die Überführung bald veranlassen. Andernfalls wird sie von L. aus gleich entlassen werden. Ich bitte, sich damit einverstanden erklären zu wollen. Dir. Simon

Die Eingabe bleibt wirkungslos. Am 14. Juli 1925 wird sie nach Gütersloh verlegt. Meta ist nun fünf Monate alt. Auch in der neuen Anstalt nimmt offenbar niemand Notiz von diesem Umstand. Die Eingabe an den Landeshauptmann verdeutlicht mir: Direktor Simon will diese Frau nicht in seiner Anstalt haben. Warum? In einem „Quellenband zur Anstaltspsychiatrie in Westfalen" werde ich fündig: Hermann Simon dachte zutiefst sozialdarwinistisch und verachtete alles vermeintlich Schwächliche. Zu den Untüchtigen zählte er auch Oppositionelle: „Eine noch größere Herausforderung stellen für ihn jene Menschen dar, die sich trotz aller therapeutischen Bemühungen gegen sein therapeutisches Regime auflehnten, die Arbeit verweigerten und als 'gemeinschaftsunfähig' aus der Ordnung der Anstalt fielen und zersetzend auf diese zurück wirkten. Simon ließ keinen Zweifel aufkommen, dass er solche Menschen, die er nicht als geisteskrank, sondern als charakterlich 'minderwertig' einstufte, rigoros aus der geschlossenen Geisteskrankenfürsorge ausschließen wollte. – Aus diesem Grund sprach er sich auch dezidiert gegen geschlossene Einrichtungen für 'Psychopathen' aus ... Darüber hinaus plädierte Simon je länger, desto entschiedener für eine differenzierte Fürsorge, die Schluss machte mit der vermeintlichen Bevorzugung der 'Minderwertigen'."[15]

Arbeit, Oromonta und Fermetta

Irmgard wird also in der neuen Anstalt Hoffnung geschöpft haben. Der Direktor sagt klipp und klar, dass sie – seiner nicht unmaßgeblichen Meinung nach – darin nichts zu suchen habe!

Der Aufnahmebericht vom 14. Juni 1925 ist mit einem unleserlichen Kürzel abgezeichnet. Mit blauem Kopierstift hat jemand Anstreichungen und Anmerkungen am Rand angebracht. Vermutlich war es der Direktor in Vorbereitung seiner späteren Stellungnahmen. Die Angaben in diesem Aufnahmebericht fallen auffällig negativ aus:

In der Schule sei sie leidlich mitgekommen, sie habe geträumt statt aufzupassen. Statt dessen habe sie viel Schundromane gelesen. Mit achtzehn Jahren sei sie nach Berlin, dort auf dem Postscheckamt angestellt. Der Vater habe gesagt, die Großstadt tauge nichts für sie (drei Ausrufezeichen am Rand). *Eine damalige Verlobung sei wegen ihres Leichtsinns* (Ausrufezeichen) *wieder gelöst worden. Mit zweiundzwanzig Jahren habe sie einen Bergmann geheiratet, nach zwei Jahren gab es Streit. Der Mann habe ihr Untreue* (doppelt unterstrichen) *vorgeworfen. Er sei jetzt zu neun Monaten Gefängnis wegen Hehlerei verurteilt worden. Seit Juli seien sie getrennt, sie habe vom Ehemann drei Kinder. Weihnachten 1924 habe sie die Söhne zum letzten Mal gesehen. In Bielefeld habe sie in der Frauenherberge gewohnt und in einer Fabrik gearbeitet, bevor sie im dortigen Krankenhaus wegen Pneumonie und Gonorrhoe aufgenommen worden sei. Jetzt sei die Scheidung eingereicht, sie wolle nicht zurück. Scheidungsgründe seien unwürdige Behandlung und Misshandlungen* (hier keine Unterstreichung, keine Anmerkung, kein Ausrufezeichen). *Sie spricht vom Vater sehr abfällig,* (das letzte Wort dagegen wieder kräftig unterstrichen) *und behauptet, er sei neurasthenisch.*

... Neurologisch sei sie ohne Befund. Für mich relativ unvermittelt folgt diesen Eintragungen die Diagnosestellung: *Leicht erregbare, haltlos-phantastische Psychopathin* (zweimal unterstrichen). Darunter in Klammern und in Direktor Simons großer Schrift: *Nicht geisteskrank im Sinne von § 51 Strafgesetzbuch,13.* Das heißt, er hält sie für strafmündig und geschäftsfähig. Als Therapie wird vorgeschlagen: Arbeit, Oromonta und Fermetta gegen die Anämie. Die Simonsche konsequente Handhabung der Arbeitstherapie ist in der ganzen Republik bekannt. Doch was ist unter Oromonto und Fermetta zu verstehen? Möglicherweise Halsbonbons und ein Eisenpräparat, wird von kundiger Seite vorgeschlagen.

Station II – Verspottet von aller Welt, weil man so nervös ist

Gütersloh im Juli 1925

Im Fenster der Nähstube spiegelt sich eine traurige Gestalt in einem blauweiß gestreiften Kleid mit Schürze. Sie erschrickt: Das ist sie ja selbst!

Sie ist gleich auf Station II gekommen, für leichtere Fälle. Dabei hätte sie eigentlich erst Station III durchlaufen müssen. Einige Pfleglinge nehmen ihr das übel. Die „Generalin" zum Beispiel, die sie ihres herrischen Auftretens wegen so getauft hat, hält empört im Gang die Namenlose mit dem wächsernen Gesicht auf, die sich alles dankbar anhört: „Was will die Hochnäsige hier? Stolziert hier herum als gehöre sie nicht hierher! Geht nur in die Nähstube, wenn es ihr passt! Ist doch auch nur von Amts wegen drin, tut aber so, als wäre sie 1. Klasse!"

Langes Fädchen, faules Mädchen – geht ihr durch den Kopf. Sie schneidet den Faden ab, fädelt ihn ins Nadelöhr und summt:

> Miss den Faden, schneid ihn ab
> grad richtig für den Saum,
> näh den Stoff um, nicht zu knapp,
> kein Platz mehr für den Traum.
> Senk den Kopf und lass dich nicht erwischen,
> dass du schaust, wohin die wilden Gänse fliegen.

Sie hat es wohl gehört und sie sollte es auch hören, wie dort einige über sie reden. – Noch sagen die Pflegerinnen „Frau Heiss" und „Sie" zu ihr. Noch kann sie daran glauben, nur zu Besuch zu sein, zur Erholung der Nerven und dass alles nur ein Irrtum ist, der sich aufklären wird. Ständig fällt ihr etwas aus der Hand, oder sie sticht sich mit der Nadel. Wie soll sie auch zur Ruhe kommen, wenn sie ohne Nachricht ist, nichts über die Scheidungsangelegenheit und nichts von den Kindern hört? Wie soll sie sich erholen, wenn ihr, wann immer sie dieser Direktor zu einem Gespräch holen lässt, Verachtung entgegenschlägt? Seine Fragen kommen so von hinten herum. Wie Schläge pfeifen sie um ihre Ohren. Quälende Verhöre sind es, die Erinnerungen an die fruchtlosen Gespräche mit ihrem Vater wecken. Immer kommt sie wie zerschlagen aus dieser Kampfszene heraus. Wie soll sie gesund werden, wenn sie am Tisch der Namenlosen mit dem wächsernen Gesicht gegenübersitzt, die durch sie hindurch sieht, als sei sie nicht vorhanden, während sie unter dem Tisch deren Fußtritte zu spüren bekommt? Und wie soll es besser werden, wenn Hugo sie so bedrängt? Die Ärzte richten es ihr aus: Sie solle nicht vergessen, dass sie Mutter ist und kein junges Mädchen mehr. Dass er sich geändert hätte und ob ihr denn die Freiheit so wenig wert sei, gelebt zu werden? Sie schenkt seinen guten Vorsätzen schon lange keinen Glauben mehr. Und wenn er sie nun einfach abholt? Würde Direktor Simon sie ausliefern? Täglich steht ihr Metas Bild langsam verblassend vor Augen. Die Tage schleppen sich dahin. In die Nähstube geht sie gerne, da muss sie nicht immerzu an die Kinder denken, sondern kann etwas für sie tun. Hosen aus blaugrauem Wollstoff für die Jungen schneidern, die ihnen jetzt passen würden, vorausgesetzt, sie bekämen sie bald. Sie hätte da auch eine Idee für ein Kleidchen für Meta mit dem Rest Batist, der von den Bettbezügen übrig ist. An Ideen fehlt es ihr nicht. Aber es kommt ja keiner von Detmold her, der die Sachen überbringen könnte. So stopft sie zumeist Strümpfe. Miss den Faden, schneid ihn ab ...

Einmal hat sie Klavierspiel von Ferne gehört. Soll sie fragen? Aber ob sie hier spielen könnte und wollte? Sie stellt sich besser doch nicht vor, wie sie sie anstarren, wie manche dann wieder die Köpfe zusammenstecken würden und tuscheln. Zuallererst muss für die Anstalt geflickt und gestopft werden, ohne Bezahlung. Die Arbeit wird ihr zum eng geschnürten Korsett. Allenfalls gibt es kleine Vergünstigungen, Tabak für die Männer, Seife für die Frauen oder eine Zahnpasta, nie Geld. Haben sie dafür ihr Leben aufs Spiel gesetzt in den Kapp-Tagen? Dafür, dass sie uns jetzt hier herumkommandieren, umsonst arbeiten lassen? Einige der Männer schlagen die Hacken zusammen und springen auf, wenn der schneidige Herr Direktor durch die Räume marschiert und die Frauen ihren Knicks machen. Wenn Besucher kommen, werden sie vorgeführt wie Zootiere und einige Patienten sind plötzlich im Keller eingeschlossen. Dabei hat sie mit eigenen Ohren gehört, wie der Direktor sich vor den Besuchern in die Brust warf und stolz verkündete, hier würde keinerlei Zwang ausgeübt. Im Keller war sie noch nicht.

Zu Anfang durfte sie sogar gelegentlich für die Station einkaufen gehen und unterm Dach ein Zimmerchen mit nur drei Betten bewohnen. Sie konnte Besorgungen für die Pflegerinnen machen, durfte die Spielesammlung und die Bücher in der Bibliothek sortieren. Da hieß es ja auch immer, sie würde sehr bald entlassen werden. Zuerst war sie ganz erleichtert hier zu sein, näher an Bielefeld und bei den Kindern. Die Tagesräume sind auch netter eingerichtet, ähneln so gar nicht diesen schrecklichen Wachsälen des Lindenhauses mit den vielen Betten, in denen sie sich gleich kränker fühlte. An den Sonntagen dürfen sich die Patienten im Tagesraum aufhalten. Dann werden auch die eigenen Kleider ausgegeben, so dass man sich für einige Stunden wieder wie ein Mensch fühlen kann. Bei ihr ist es immer dasselbe Kleid, noch aus der Schwangerschaft. Sie geht sonntags gleich zu den Büchern. Die kneifen und treten nicht heimlich und sehen auch nicht durch sie hindurch. Nein, sie bleibt auch in dieser Anstalt an den Sonntagen lieber für sich. Es ist in dieser Beziehung nicht anders als im Lindenhaus. Wo immer sie auftaucht, wird getuschelt, nicht nur wegen des zu weiten, schlecht sitzenden Kleides. Sie könnte vielleicht die eine oder andere auf der Station für sich gewinnen, wenn sie sich gelegentlich mal gehen lassen, in Tränen auflösen oder Schreien und sich auf den Boden werfen würde. Oft genug wäre ihr danach. Sie weiß auch, wie man mit den Lehrerinnen und mit Damen der ersten Klasse umgeht. Aber den Gefallen tut sie ihnen nicht.

Und Direktor Simon hat dafür kein Verständnis, wenn einer wie ihr einmal Gefühle durchgehen. „Na, na, nehmen Sie sich mal zusammen! Sie sind ja hier nicht alleine", hat er ihr neulich bei der Visite vorgehalten. Da hatte sie einen Weinkrampf, weil wieder ein angekündigter Entlassungstermin ohne Begründung verstrich. Zeig der Welt eine Maske, nicht dein Gesicht, hat sie sich daraufhin vorgenommen. Sie hat nun mal keinen Anwalt, hier nicht und nicht in der Familie. Schlimm ist, wer hier nicht spurt, der wird furchtbar gequält. Als sie in der Nacht mit der Mandelentzündung nicht über den kalten Flur zu den Aborten laufen wollte und den Spucknapf als Nachtgeschirr benutzt hat und es deshalb Streit mit der Schwester gab, da war es soweit: Plötzlich wurde sie in diesen Raum geführt und regelrecht gefoltert. Nur nicht mit den Tüchern wie im Lindenhaus, nein, mit elektrischem Strom! Ihr sträuben sich bei dem Gedanken daran immer noch die Nackenhaare. Hier wird keiner in nasse Tücher gespannt, hier ist man modern! Wem hier die Nerven durchgehen, der wird „faradisiert". Wie die Kriegszitterer. Das soll eine Behandlung sein? Die Schreie dringen durch alle Ritzen und es spricht sich schnell herum. Sie hätte nicht gedacht, dass es noch Schlimmeres geben kann als die Tücher. Seit dem Schock passt sie höllisch auf. Sie will ja hier nicht zu Tode gemartert werden. Sie versucht alles, um ihren immer wieder anrollenden Verzweiflungswellen anders Herr zu werden. Noch hofft sie täglich, es müsse doch ein Missverständnis sein. Bald wird sie das alles hinter sich lassen. Und solange die Scheidung nicht erfolgt ist, kann ihr hier wenigstens nicht das geschehen, was sie am meisten fürchtet. Nein, nicht zurück in die Ehe, stattdessen nach vorn sehen. Irgendeine Lösung wird es geben. Wenn sie am Sonnabend das wöchtliche Bad nehmen darf und sich einmal dabei sekundenweise ohne Beobachtung fühlen kann, dann sieht sie an ihrem Leib herab und betastet die Schwangerschaftsstreifen. Dann weiß sie, dass sie das nicht geträumt hat. Meta lächelt sicher schon andere an. Ob die Jungs sie noch wiedererkennen? Oder mögen die jetzt nur noch die Pflegeeltern? Kann sie schreiben? Wie denn, sie hat kein Geld. Und soll sie etwa schreiben: Mein lieber Junge, ich bin im Irrenhaus? Genauso wäre es mit Olly. Wie soll sie davon berichten, was ihr widerfährt?

Ich weiß nicht, ob es Irmgard ist, die uns hier aus dem Tagesraum für Frauen der Provinzialheilanstalt Gütersloh so direkt anblickt. Die Fotografie ist nicht näher bezeichnet. Ich entdecke die Aufnahme in einem Buch über Hermann Simon und die Entwicklung der Arbeitstherapie. Das Bildarchiv für Westfalen in Münster erlaubt mir den Abdruck. Das Alter der Frau, das geschätzte Entstehungsjahr der Aufnahme (1925) und der Ort würden passen. Die markanten Raumteiler hatte der Direktor selbst entworfen.

Hysterisch-launenhaftes Wesen   Aus der Krankenakte

Herrn Hugo Heiss, Langendreer   *7. Oktober 1925*

In dem Verhalten Ihrer Frau ist seit den letzten Nachrichten, die Sie erhalten haben, eine Änderung nicht eingetreten. Meist ist sie ruhig und geordnet und beschäftigt sich; zu anderen Zeiten ist sie launenhaft, schnippisch und abweisend, so dass tageweise nichts mit ihr anzufangen ist. Es handelt sich dabei im Wesentlichen um hysterisch-launenhaftes Wesen. Wenn sie in geordnete Verhältnisse käme, könnte sie wohl außerhalb der Anstalt leben; doch wird sie immer einer guten Aufsicht bedürfen. In einen Briefverkehr mit Ihnen einzutreten hat sie abgelehnt, mit dem Hinweis, dass ja die Scheidung bereits eingeleitet sei.
Gez. Simon

Wer wird das in Deutschland glauben?

In Brasilien stehen die Dinge indes auch nicht zum Besten. Hildegard ist fast immer allein mit den Kindern, dem großen Haushalt und den Pflichten einer Pfarrersfrau, während Fritz tagelange Ritte zu entfernten Gemeinden bewältigen muss. Die große Begeisterung des Anfangs ist der Ernüchterung durch alltägliche Strapazen gewichen. Die Angst um die Kinder ist seit dem Tod der kleinen Gisela ständiger Begleiter. Hinzu kommen Sorgen wegen familiärer Auseinandersetzungen im fernen Westfalen. Die Schwiegereltern wollen bereits nach Deutschland zurückkehren. Der Brief von Hildegards Mutter gibt darüber Aufschluss.

Adele Dieckmeyer, Santa Isabel, an Helene Stellbrink, Detmold:

Santa Isabel, 8.10.1925

Liebe Helene!
... Wir sind mit unserm Vaterland arm geworden und wollen uns, sollte es auch nur ein ganz Kleines zum Wiedergesunden Deutschlands beigetragen haben, darüber freuen. – Ja und was ist nun zu tun für uns? Sind die Verhältnisse dort sicher, sind sie so, daß wir wiederkommen können? In den letzten Zeitungen, die wir lasen, stand vom Stinneskonkurs (auch Krupp?) und da sind wir wieder recht bedenklich geworden. Ach und dann das Kleine! Liebe Helene, Du solltest es nur sehen, das herzige Geschöpfchen! Wie es lachen und jauchzen kann! Mein Mann war das letzte Mal ganz stolz auf seine Enkelchen, er wußte mir so viel Liebes davon zu sagen, daß ich ordentlich Verlangen hatte, die lieben Kinder zu sehen. Aber, wie hinkommen, so leicht geht das hierzulande nicht. Bis Arroio d.P. ist es allerdings nur 3 Reitstunden, aber wir haben nicht Pferd und nicht Wagen, die Strecke wird von hier aus wenig gefahren, also nichts zu machen ...

Gemüse gibt es fast gar nicht hier. Es ist eine Rarität. Höchstens, daß die Leute
etwas Kohl und Zwiebel und Salat haben. Ersteres und Letzteres so zähe und schlecht,
daß es dort auf dem Markt keiner kaufen würde. Bohnen, die wachsen hier, falls sie
die Schlepperameise oder die Heuschrecke nicht auffressen. Unser bißchen auf dem
Lande ist uns alles von Ameisen abgefressen, wir haben nichts. ... Ich weiß, wie trostlos
Hildegard oft über ihren Garten klagte, wie sie sich aber doch immer wieder die größte
Mühe gab, um etwas Gemüse daraus zu ziehen. Sie hat manchmal geweint, daß sie
nichts zu kochen habe, als wir noch da waren und der Haushalt größer, besonders aber,
daß sie kein Gemüse für die Kinder hatte, denen dasselbe so nötig. Damals, als wir
noch in Deutschland waren, schrieben die beiden, daß sie soviel hätten, da kannten sie
die Verhältnisse hier noch nicht genauer und vor Allem brachten die Leute zuerst viel,
so daß Hildegard, die oft allein war, nicht dagegen an essen konnte. Aber das „Bringen"
hörte mehr und mehr auf und der Haushalt wurde größer. Dann geben die Leute dem
Pfarrer und Lehrer selbstverständlich nicht das beste Land. Du kannst daran sehen,
daß die Leute höchstens zu 1/3 für Fritz und dann auch nur einen kleinen Teil des
Landes bebauen wollen, ja daß sich sogar in diesem Jahre keiner dazu findet, der es
machen will. Gewiß, die Leute haben auch selbst zuviel Arbeit, aber wenn sie sich viel
Gewinn davon versprächen, täten sie es doch, denn das ganze Leben ist hier nur auf's
Geldverdienen eingerichtet. So liegt auch bei uns hier in Isabel alles brach, wir bauen
nichts an, es lohnt nicht. ... Ach wenn ich an Eure Früchte denke! Aber das Alles,
was ich hier schreibe, glaubt keiner, der auswandern will, hat es uns doch selbst so
gegangen. ... Ob es im Norden besser ist, weiß ich nicht, aber es wird gesagt. Um unser
Häuschen steht kein Baum und kein Strauch, es ist unbarmherzig der größten Son-
nenhitze, wie dem scharfen, kalten Winde ausgesetzt. Im Sommer ist die Glut nicht
zum Aushalten und im Winter die Feuchtigkeit schädlich. Lange bleiben wir nicht
mehr hier in dem Hause. Hildegard dagegen hat 2 Häuser und ganz nett gelegene für
hiesige Begriffe. Aber bedenke mal, daß die Häuschen auseinanderliegen und bei
Krankheiten ein stetes Hin und Her-Rennen sich dadurch ergibt, ja, daß jeder, der bei
Regenwetter von einem Haus ins andere will, immer nass wird. Wieviel Arbeit macht
das allein bei Kindern! Dazu der viele, viele Besuch! Und Hildegard steht allein dazwi-
schen, das kleine Mädchen von 11 Jahren geht morgens zur Schule. Ich weiß, daß Du,
liebe Helene, Hildegards letzten Brief nicht gut geheißen hast, obschon Fritz sagte, er
habe die Bemerkung darunter geschrieben, daß er alles für richtig halte, was Hildegard
darin geschrieben, ja, daß er noch viel schroffer geschrieben haben würde. Wie aber ist
die Verstimmung der Beiden gekommen? Ich muß zurückgreifen auf die erste Zeit un-
seres Hierseins und damit kommt auch das heraus, was ich schon all die Jahre gegen
Dich in meinem Herzen getragen. Als wir erzählten, wie sonderbar Ihr alle in der letz-
ten Zeit unseres Dortseins zu uns gewesen, wie geheimnisvoll uns das alles vorgekommen

sei, daß Magdalena sich stets vor uns geflüchtet, ja, daß uns unbedingt etwas verschwiegen werden sollte, wo ein gegenseitiges Vertrauen uns doch stets als Grundbedingung unseres Verkehrs und jetzigen verwandtschaftlichen Verhältnisses vorgeschwebt, da glaubten auch die Beiden natürlich, es werde und würde ihnen etwas verschwiegen. Daß sie von nun an aufmerkten und glaubten, da Du so selten und wenig ausführlich schreibst, es würden ihnen auch etwas von Irmgard verheimlicht, läßt sich denken und darüber waren sie oft verstimmt. Wie gut ist es also, daß du jetzt mal ausführlich geschrieben hast, woraus auch ich ersehe, wie unendlich viel Du als Mutter durchgemacht hast. Ich wollte, ich wäre bei Dir und könnte Dir sagen, wie leid mir das alles für Dich tut.

Aber eins bedenke, eines hast Du, und das ist etwas ganz Schönes: Ein eigen Heim. Ein eigen Heim im lieben Vaterland. – Liebe Helene, was soll ich Dir nun noch mehr erzählen? Wills Gott, sehen wir uns noch einmal wieder. Wird's bald sein, wird's noch einige Zeit dauern? Wenn die Verhältnisse dort danach sind, kommen wir bald wieder. Du weißt jetzt, daß wir nur eine kleine Wohnung halten können und wenn sich etwas für uns trifft, auch mit etwas Land, dann bitte ich Dich, es uns bald wissen zu lassen. Sehr würde ich mich freuen, wenn Du recht bald ein Stündchen Zeit für mich erübrigen könntest. Indem ich alle herzlich grüße, besonders auch den lieben Vater Stellbrink, bin ich wieder, Deine Adele.

Unsere Adresse bleibt vorläufig die alte, mit der kl. Abänderung: Santa Isabel anstatt Arroio dos Padres ...

Die Stellbrinks in Brasilien haben wirklich allen Grund misstrauisch zu sein.

Mangel an Selbstbeherrschung

28. Januar 1926

Ausnahmsweise ist ein Arztgespräch mit der Patientin in einer Art Protokoll dokumentiert worden. Eine der seltenen Gesprächssituationen, die sich in der Krankenakte abbilden. Vermutlich gab es eine Assistenz beim Aufzeichnen, denn es ist schwer, gleichzeitig ein Gespräch zu führen und es dann wortwörtlich wiederzugeben. In diesem Fall wäre also eine weitere Person im Raum gewesen, eine Sekretärin etwa. Der Dialog ist mit einer Schreibmaschine an erster Stelle des Jahres in der Spalte eines Vordrucks eingetragen. Ich bette das Gespräch wörtlich in eine fiktive Szene ein.

Es ist Mittag, bis vor einer Stunde hat es geschneit. Den Innenhof des Frauentraktes erreichen erste Sonnenstrahlen. Die Schneedecke liegt nun darin ausgebreitet wie ein festliches Tuch, blaue Schatten leuchten. Jetzt betreten einige Pfleglinge den Hof, darunter auch Irmgard. Still schauen sich die Frauen um und verschränken die Arme. Die erste bückt sich und greift in den Schnee. Das Lachen ist nahe und echolos. Unter Kreischen und Quietschen beginnt eine Schneeballschlacht. Sie steht mit einer frisch gestärkten Schürze über dem blauweißen Kittel am Rand. Gereizt streift sie die Schneereste von der Schulter, wendet sich ab. Ihr ist nicht zum Lachen zumute. Die „Stationöse" ist hinzugekommen und tippt sie an: „Ihr Termin mit dem Herrn Direktor, Sie erinnern sich? Machen Sie mir jetzt keine Schande!" Sie führt sie zum Büro des Anstaltsleiters, öffnet die Tür, weist auf einen von zwei Stühlen vor dem mächtigen Schreibtisch und bedeutet ihr, dort zu warten. Ihre Augen wandern unruhig im Raum umher. Der Anblick der gemalten, sturmgepeitschten Landschaft im Goldrahmen an der Wand verstärkt ihre Nervosität. Sie darf sich jetzt keinen Fehler erlauben. Ihre Hand fährt über den Kopf. Die Haare sind sauber gescheitelt und zum Knoten zusammengebunden. Sie fürchtet, es ist kein guter Tag. Schon seit Wochen hat sie nichts von den Detmoldern gehört: Kein Gruß zu Weihnachten und zum neuen Jahr, kein Besuch hat sich angekündigt. Und dabei wartet sie doch so sehr auf Nachrichten. Vielleicht gibt es aber doch endlich einen neuen Termin für die Entlassung? Sie schaut auf die Tür und erinnert sich angstvoll an vorangegangene Gespräche.

Doch statt des Direktors mit dem gepflegten Bärtchen, erscheint eine ihr unbekannte Frau in einem Kostüm. Dunkelblonde Locken kringeln sich über einer runden Stirn. Irmgard registriert, wie man jetzt draußen die Haare trägt. Die Sekretärin, oder was sie auch immer sein mag, hat einen Schreibblock mitgebracht und teilt ihr mit, sie werde stenografieren. Dazu schlägt sie jetzt die Beine übereinander, dass es knistert und zieht wie mit Zauberhand einen Stift hervor, der bisher in dem Nest aus Löckchen verborgen war. Sie lächelt Irmgard ermutigend an, macht aber keine Anstalten sich vorzustellen. Hat sich auch ein wenig Herablassung in ihren Blick gemischt, oder bildet sie sich das nur ein? Verstohlen mustert Irmgard die schimmernden Strümpfe. Als der Arzt den Raum betritt, nickt er der Frau im Kostüm zu, schließt sorgfältig die Tür und stellt sich vor dem Schreibtisch auf. So lässt sich die Hierarchie besser betonen, denn dieser Frau, der es an Respekt mangelt, muss man die Realität vor Augen führen. Andererseits ist die Distanz auf diese Weise auch nicht zu groß. Der Arzt verschränkt die Arme vor der Brust und blickt sie von oben herab mit jenem ausdruckslosen Blick an, mit dem manche Ärzte Krankengeschichten vernehmen, weil das Erfahrung und Forschung auf jeden Fall fördern kann. Irmgards Stimme ist vor Beklemmung rau. Dem Direktor erscheint dies einmal mehr als Zeichen von Verlebtheit.

Weshalb hier?

Wegen eines Streits mit dem Arzte ...

Wie kam das?

Ich war überreizt, eine Auseinandersetzung. Ich war körperlich sehr belastet, hatte das Kind an der Brust.

Wo ist das Kind jetzt?

Das weiß ich nicht.

Sie haben also Lyzeum mit Präparandenanstalt vor Erledigung verlassen?

Ja, ich hatte keine Lust zum Lernen, ich war damals 16 Jahre alt. Ich kam wegen Kränklichkeit verspätet zur Schule, erst mit 8 Jahren. Ich bin immer erkältet gewesen. Nach dem Verlassen der Schule war ich erst zu Hause, dann in einem Haushaltungspensionat in Halberstadt. Dann bin ich nach Berlin. Erst in Privatstellen, dann auf dem Postscheckamt als Aushelferin. Nach einigen Monaten bin ich wieder nach Hause.

Warum?

Mit dem Verdienten konnte man nicht auskommen. Dann ging ich 1918 zur Handelsschule. Mutter sagte immer, ich solle mir einen festen Beruf suchen.

Warum haben Sie das aufgegeben?

Ach, ich hatte keine Ausdauer. Ein halbes Jahr habe ich es ausgehalten. Dann war ich zu Hause bis zur Verheiratung im September 1919. Die Eltern waren mit der Heirat einverstanden. Ein paar Jahre ist es in der Ehe gut gegangen.

Warum denn dann nicht mehr?

Dann kamen die schwierigen Verhältnisse 1923-24, da habe ich den Haushalt aufgelöst. Mein Mann hat mich verlassen, er hatte Strafbefehl bekommen, wegen Hehlerei und wurde später mit 9 Monaten Gefängnis bestraft. Der Mann wollte, dass ich zu ihm zurückkehren sollte.

Weshalb wollten Sie das nicht? Bloß wegen der Strafe?

Nein, nicht deswegen allein.

Kommentar Dir. Simon an dieser Stelle: *Näheres ist nicht zu erfahren.*

Weshalb wollen Sie nicht arbeitsfähig sein?

Schwere Arbeit kann ich nicht leisten.

Was fehlt Ihnen denn eigentlich?

Ich bin nervenkrank

Wieso?

Ich glaube, ich habe schwache Nerven ...

Wie äußert sich das eigentlich?

In Schwindel im Kopf, Erregtheit.

Na, das ist doch wohl im Grunde nur Mangel an Selbstbeherrschung!

Der Neurologe meines Vaters sagt, es sei krankhafte Gehirntätigkeit!

Meinen Sie nun, lebenslänglich in der Anstalt zu sitzen?

Ich denke wieder arbeitsfähig zu werden.

Der Direktor löst sich vom Schreibtisch und bedeutet ihr mit einer knappen Wendung des Kopfes, der Oberpflegerin zu folgen, die jetzt durch die Tür schaut. Irmgard gehorcht und wirft, enttäuscht vom Verlauf dieses Gesprächs, einen letzten bewundernden Blick auf die Löckchen. Unmöglich, in seinem Blick etwas ablesen zu wollen. Er ist wie eine polierte Oberfläche, die die Bilder der Welt nicht anders aufnimmt als ein Spiegel, denkt sie bang, als sei sie für ihn schon nicht mehr vorhanden. Sobald sich hinter dem Pflegling die Tür geschlossen hat, lässt der Direktor sich federnd an den Schreibtisch zurückfallen und verschränkt die Arme lässiger vor der Brust. Sein Schnurrbart über dem Vatermörder verdeckt nur unvollkommen den missbilligenden Zug um den Mund. Anschließend formuliert er eine erneute Stellungnahme an den Landeshauptmann. Die Sekretärin überträgt das Stenografierte in den Schreibmaschinentext. Den liest sie noch einmal auf Orthografiefehler hin durch und denkt: Ach, in Berlin war sie auch mal Klingelfee. Da gab es doch diesen Schlager, wer sang den denn doch gleich ...? Richtig, Robert Stolz: „Hallo! Du süße Klingelfee! Hallo! ... Ich komm zu keiner Nummer, wie gern wär' ich verbunden auf Stunden mit dir! Hallo! Du machst mich desperat. Hallo! Bei mir da streikst du grad. Lass mich hinein du Schlanke, Schmale, mal in die Zentrale! Du, du, du, du, hast mich am Draht!" Die Sekretärin trällert es leise vor sich hin, während sie den Text aus der Maschine ausspannt und die Durchschläge trennt. Einen davon heftet sie in die Krankenakte, den anderen bekommt der Chef auf den Schreibtisch fürs Gutachten. Und dann ab die Post zum Landeshaus!

Der Anstaltsleiter liest sich anderntags den maschinengeschriebenen Dialog durch und unterschreibt mit sehr großen Schriftzügen: *Psychiatrische Diagnose, Minderwertigkeit, Parasitismus sozialis.*

Hermann Simons Gutachten zwischen Psychiatriereform, Frauenfeindlichkeit und Sozialdarwinismus

29. Januar 1926

Betrifft: Entlassung der landeshilfsbedürftigen Irmgard Heiss aus Langendreer

Es handelt sich hier um eine grundsätzliche Entscheidung von erheblicher Tragweite, da Fälle, die dem vorliegenden gleichen, sich neuerdings zu wiederholen scheinen. Unseres Erachtens ist die Heiss nicht irrenanstaltspflegebedürftig und überhaupt nicht geisteskrank. Sicher taugt sie von Jugend auf nicht viel und hat ihren Eltern grosse Sorgen gemacht und nirgends gut getan, weil sie jede Art von ernster Arbeit scheut und von Jugend auf auch wohl nicht daran gewöhnt ist. Dabei besteht anscheinend eine starke geschlechtliche Erregbarkeit, der sie lieber nachgab, als den ernsten Aufgaben des Lebens. Die Sorgen des Daseins überliess sie Anderen. Nach ihren eigenen Erzählungen hat sie es wohl auch gelegentlich mit fremdem Eigentum nicht allzugenau genommen.

Sie gehört zu der Sorte von Weibern, die – wenn sie aus einfachen Kreisen stammen – das grosstädtische Dirnentum zu ergänzen pflegen, und die von ihr selbst erzählte Lebensgeschichte lässt die Vermutung zu, dass ihr Abgleiten auf der schiefen Ebene begann, als sie in Berlin vor etwa 10 Jahren sich angewöhnt hat, viel mit jungen Männern zu verkehren. Sie hat sich dann unter ihrem Stande verheiratet mit einem Manne, der sie offenbar lediglich sexuell reizte, den Haushalt und die Kinder vernachlässigt. Jetzt ist Scheidung eingeleitet. Wie solche minderwertigen Personen häufig, wird sie bei Meinungsverschiedenheiten leicht frech und ausfallend, begehrt auf, wenn ihr etwas nicht passt, ist anspruchsvoll in Bezug auf die Leistungen Anderer, mehr als bescheiden in Bezug auf eigenen Leistungen, äusserst faul, spielt sich gerne auf die Kranke hinaus, für die gesorgt werden müsse, wobei es ihr gleich sei, wo man sie unterbringe. Arbeiten wolle sie wohl, aber sie „könne" nicht wegen ihrer „kranken Nerven", sie sei zu „schwach" dazu. In Wirklichkeit müssen wir sie für sehr wohl arbeitsfähig halten, wenn sie nur müsste. Sie bietet in dieser Beziehung ganz das Verhalten der unsympathischsten Art von Kriegs-Rentenjägern, die sich mit allerlei Klagen über angebliche nervöse Störungen ein arbeitsloses Dasein auf öffentliche Kosten verschaffen wollen. Wir halten die Heiss für imstande, ihre Angelegenheiten gemäss § 6 BGB zu besorgen. Ein Entmündigungsverfahren gegen sie könnte demnach nicht durchgeführt werden. Schon aus diesem Grunde entfällt (m. E.) die Grundlage für ihren Aufenthalt in einer geschlossenen Anstalt für Geisteskranke. Darin stimmen wir wohl mit dem Gesuchssteller überein, der ja auch behauptet, seine Tochter gehöre nicht in eine „Anstalt für Irrsinnige." M. Erachtens gehört sie, wenn sie stiehlt, ins Gefängnis, und wenn sie es hartnäckig versäumt, einem geordneten Unterhalt nachzugehen, ins Arbeitshaus, wo man sie mit Zwang an eine geregelte Tätigkeit bringen kann. Sie wird ja durch auf-

geregte Scenen und Klagen Alles aufbieten, um sich ihr parasitäres Leben zu erhalten. Aber einstweilen kann ich mich nicht zu der Ansicht bekehren, dass Faulheit, hysterische Klagsamkeit, gegebenenfalles freches und unbotmäßiges Auftreten, unsittlicher Lebenswandel, so ohne Weiteres als krankhaft zu betrachten sind und Anspruch auf öffentliche Dauerfürsorge bedingen. Wir haben hier einen der heute sich mehrenden Fälle von „Parasitismus sozialis". Die Familie, die solche Tochter hat, ist sicher zu bedauern. Es fragt sich aber, wie weit die Fürsorgeverbände wirklich dazu in Anspruch genommen werden können, alle diese Sorgen auf sich zu nehmen. Dazu kommt, dass der Aufenthalt in einer Anstalt für Geisteskranke auch auf die Dauer kaum bessernd auf diese Art von „Krankheit" wirken kann, da ja eine wirkliche Krankheit gar nicht vorliegt. Und vor Allem der Wille zur Gesundheit und zum Gesundwerden fehlt. Das Leben in der Heilanstalt ist für diese Sozialparasiten viel zu behaglich und regt sie nicht zu dem Wunsche an, es wieder mit dem freien Kampfe ums Dasein zu vertauschen. Bei dem Menschen aber, dem der Wille zur Besserung fehlt, bleiben alle Bemühungen des Arztes fruchtlos.

Darüber müssen wir uns klar sein: es wird nicht leicht sein, Menschen, wie die H. draußen unterzubringen, da sowohl sie selbst, wie ihre Angehörigen immer wieder versuchen werden, die öffentliche Fürsorge in Anspruch zu nehmen und wohl auch immer wieder Unterstützung lokaler Behörden und Ärzte finden werden. Sollen aber die Fürsorgebehörden auch die Verwahrung dieser Elemente, die in der Freiheit wirklich keine Zierde für Familie und Wohnort sind, übernehmen, so müssten wir noch unsere Arbeitshäuser nach Umfang und Organisation erheblich ausgestalten und auch eine gesetzliche Unterlage für die zwangsweise Unterbringung schaffen. Ernste Bedenken habe ich aber dagegen, sie einfach unter die Irrenfürsorge einzubegreifen. Ausdrücklich bemerken möchte ich noch, dass uns die H. hier keine besonderen Schwierigkeiten macht. Sie nimmt uns nur dauernd einen kostbaren Platz weg und ihr Aufenthalt hier hat keinen Zweck und auch m. E. keine rechtliche Grundlage. Das Ansinnen, die H. und andere derartige Taugenichtse im Anstaltsdienst zu beschäftigen, kommt nicht in Frage: als Angestellte kann gerade eine Irrenanstalt nur durchaus vollwertige Menschen gebrauchen, da diesen an allen Stellen des Anstaltsbetriebes die Aufgabe zufällt, die Geisteskranken zu führen und ihnen gutes Beispiel zu sein. Minderwertige Taugenichtse wirken auf die Geisteskranken und — Schwachen aber nur ungünstig und zersetzend. Ich verweise noch auf meinen Bericht in der gleichen Sache vom 10. Juli 1925.
abgesandt an Landeshauptmann von Westfalen,

Dr. Simon

Was hat sich vor diesem „Verdammungsurteil" ereignet?

Minderwertige Taugenichtse

Der Landeshauptmann von Westfalen erhebt sich kopfschüttelnd von seinem Drehstuhl. Mit einigen Schritten ist er am Fenster seines Büros im zweiten Stock des repräsentativen Backsteinbaus, öffnet es, knöpft den Hemdkragen auf und nimmt einen tiefen Atemzug. Schemenhaft sieht er, wie der Verkehr auf der Straße jenseits des Vorplatzes fließt. Doch der Durchblick ist nicht klar. Er nimmt die Gläser von der Nase und betrachtet sie kritisch. Was ist das nur für eine verrückte Sache. Neulich hat ihm doch schon Direktor Simon einen langen Brief geschrieben, dieser Aufnahme aus Lippe wegen, die er in seiner Anstalt nicht will. Ja, diese asozialen Elemente, die hat die Revolutionszeit hochgespült! Und nun können alle sehen, wie sie mit den Folgen fertig werden. Da schreibt ihm der Vater dieser Frau, ein pensionierter Zollbeamter, sie könne auf keinen Fall entlassen werden. Mit „Euer Hochwohlgeboren" hat er ihn angesprochen. Einer vom alten Schlag also, der mit der neuen Zeit nicht gut zurechtkommt. Wie viele unserer verdienten Beamten kämpfen jetzt bei gekürzten Pensionen um das Alltägliche? Sicher hat diese Familie in der Inflationszeit aus Anständigkeit gehungert. Und dazu kommt die Sorge um dieses schwarze Schaf. Die Frau hat doch einen Ehemann. Was sagt der denn eigentlich, wird der überhaupt gefragt? Wahrscheinlich sind es die üblichen verkommenen Verhältnisse in der Arbeiterklasse: Sie will die Scheidung und er zahlt nicht. Die zwei Kinder in Bielefeld sind in Privatpflege. Soll ich die ganze Geschichte nicht besser an den Referenten für die Provinzialheilanstalten abgeben? Aber dieser Zollbeamte a.D. hat ausdrücklich an mich geschrieben. Und Direktor Simon erwartet ebenfalls eine Entscheidung von mir.

Der Landeshauptmann öffnet die Lippen und formt sie zu einem „O". Sachte haucht er gegen die Gläser. Er zieht ein Taschentuch hervor, kneift die Augen zusammen und beginnt sorgfältig zu putzen. Dabei lässt sich gut nachdenken. Immerhin entstehen dem Land durch diesen Fall beträchtliche Kosten. Auch die Pflegekosten der Kinder muss Westfalen tragen. Und dieser Ehemann ist ja wohl arbeitslos. Sicher einer von diesen ewig streikenden Bergleuten, denen die Revolution nicht weit genug ging. Entschlossen setzt er die Gläser wieder auf die Nase. Ich werde mich mit dem Dezernenten beraten, der Fall drängt! Natürlich soll Gütersloh kein Schaden entstehen, die Heilanstalt steht gut da und zieht Besucher aus dem ganzen Reich an, neulich sogar eine Delegation aus Amerika. Er schließt das Fenster und nimmt erneut das Gutachten des Direktors sowie das Schreiben des Vaters zur Hand, den der Detmolder Magistrat noch mit einem ausführlichen, unterstützenden Vermerk versehen hat. „So dramatisch wird es schon nicht sein", brummt er, während er sich auf den Weg zum Dezernenten macht. „Das ist nun die Konsequenz nach der Verabschiedung des Reichsfürsorgegesetzes. Die Familien und die Gemeinden wälzen die Kosten ab, jetzt, wo der Landesverband Fürsorgeträger sein soll."

Es sind noch Lieder zu singen jenseits der Menschen
6. Dialog mit Irmgard

B.: Irma?

I.: Hmmm...

B.: Lass uns wieder miteinander reden!

I.: Wozu?

B.: Du fehlst mir.

I.: Du warst so belehrend.

B.: Ich habe mich wohl einfach zu lange mit deiner Geschichte befasst. Kannst du mir noch einmal verzeihen? Schließlich kommen wir aus unterschiedlichen Welten.

I.: Wenn du mich gekannt hättest, würdest du wissen, dass ich nicht nachtragend bin, das war ich nie. Ich bin viel zu neugierig, um eine weitere Ewigkeit lang allein zu sein. An welchem Kapitel schreibst du jetzt?

B.: Über deine Zeit in Gütersloh unter Direktor Hermann Simon. Das Jahr 1926 ist gerade angebrochen.

I.: Ach, Simon! Er tat gerade so, als sei ich freiwillig in der Anstalt und er erweise mir persönlich eine Gnade mit diesem Aufenthalt.

B.: Er schreibt in seinen Tagebüchern, er könne sich nichts Großartigeres vorstellen als den Ersten Weltkrieg. Von dort ausgehend lässt sich ahnen, wie er über dich dachte. Solche wie du waren in seinen Augen Schuld am verlorenen Krieg, pflichtvergessen gegenüber deinem Ehemann und den Kindern. Er betrachtete dich als Deserteurin an der Heimatfront und verglich dich folgerichtig mit den „Kriegszitterern". Er hielt dich für schwach und verachtete alles Schwache.

I.: Du meinst, der Geist der Zeit war der Grund dafür, dass ich in die Psychiatrie kam? Es hatte weniger mit einer Krankheit zu tun?

B.: Du sagst es. Unangepasstheit und Rebellion sind keine Krankheiten.

Sie sprachen immer dann von „Psychopathie", wenn sie sich in ihrer Autorität angegriffen glaubten.

I.: Aber mir ging es doch schlecht und ich hatte gedacht, ich hätte Vaters Neurasthenie geerbt.

B.: Du warst erschöpft und nie mit einer robusten Gesundheit gesegnet. Deine Familie sagt später, du hättest den Haushalt und die Kinder nicht versorgt. Das wurde häufig als Grund genannt, Frauen in eine Anstalt einzuweisen.

I.: Ich war verzweifelt. Hugo war seit drei Monaten verschwunden. Ich wusste nicht, wovon ich die Kinder ernähren sollte. Ich bin zu Parteifreunden von Hugo und die haben mich zur Roten Hilfe geschickt. Wenigstens wurde mir so eine Weile mit Lebensmittelspenden geholfen. Ich hab dann auch in Geschäften etwas mitgehen lassen, was sollte ich denn tun? Hauptsache, ich brachte die Kinder irgendwie durch. Weiter konnte ich damals gar nicht denken.

B.: Vielleicht bist du ja auch mal „anschaffen gegangen" in deiner Not? Du wärst nicht die erste und nicht die letzte Frau gewesen.

I.: Das hat Hugo behauptet, ich weiß. Verschone mich mit solchen Zumutungen!

B.: Hugo nährt diesen Verdacht in seinem Antwortbrief ans Wohlfahrtsamt. Er hatte etwas zu verlieren: In Scheidungsfällen galt das Schuldprinzip. Insofern ist er an dem Bild, das sich die Ärzte von dir machten, nicht unschuldig. Aber auch Direktor Simons Gutachten sind Musterbeispiele für das, was wir heute „Sexualisierung" nennen.

I.: „Sexualisierung", was soll denn das sein?

B.: Er lädt das Bild, das er sich von dir macht, mit sexuellen Bedeutungen auf. So sagst du zum Beispiel, du seist viel mit jungen Leuten unterwegs gewesen. Er macht daraus: Du hast dich mit jungen Männern herumgetrieben. Und Hugo, behauptet er, interessierte dich überhaupt nur in sexueller Hinsicht.

I.: So ein Halunke! Nur weil ich einmal den Besuch bei diesem berühmten Arzt in Berlin erwähnt habe!

B.: Möglich. Die Zeit sah in jungen Frauen in der Großstadt eine potentielle Bedrohung. Und die Medizin war eine der mächtigsten Quellen des Sexismus. Frauen wurden sogar als todbringend dämonisiert.

I.: Sexismus? Eine Frechheit ist das! Warum berichtet Simon so etwas?

B.: Er berichtet ja nicht direkt, er zieht nur so seine Schlussfolgerungen. – Was mich sehr berührt hat: Der Anstaltsleiter fragt dich in dieser Unterredung, wo „das Kind" ist. Du sagst, du wüsstest es nicht.

I.: Ja, das stimmt. Mutter hatte mich im Oktober besucht. Zuletzt war die Kleine ja in Bethel untergebracht, doch von Oktober bis Januar blieb ich ohne Nachricht.

B.: Ich habe deinen Brief aus dieser Zeit als Abschrift in der Krankenakte gefunden:

Gütersloh, 27.10.25

Liebe Eltern,

zunächst einmal herzlichen Dank für das Paket, das Mutter mir mitbrachte. Ich habe nun so Einiges auf dem Herzen, mich plagt die Unruhe. Das Monotone des Anstaltslebens ertrage ich auf die Dauer nicht länger. Ich sprach mit dem Arzt darüber, der meinte, dass Ihr euch mit dem Herrn Direktor in Verbindung setzen müsstet. Hugo hat ja das Verfügungsrecht über mich, aber wenn ich draußen bin, bringt er mich schon nicht wieder zurück. Der Anlass würde fehlen. Beobachtet brauche ich nicht mehr zu werden ... Nun zu der Auslandsreise. – Ihr meint, ich gucke mir das so schön an, wie Ihr mir meine Jungs entführen wollt? Nicht mal Abschied nehmen könnte ich dann von ihnen. Nein, ich habe hier nichts verloren. Ich sage Fritzens Zitat umgekehrt: Der Körper baut den Geist. Lenchen braucht gar nicht solch eine Angst zu haben vor meinem schuftigen Ehegespons, der ist vollständig ungefährlich. Noch gefährlicher ist die Sensationslust mancher Menschen! Wie könnt Ihr die alten Zweifel wieder laut werden lassen! Ich leide doch nicht an Kleptomanie. Zudem sind die Jungs versorgt. Nein, ich möchte bloß bei Euch sein, am Familienratstisch sitzen. Ich würde mich dann ganz dem Rahmen einfügen, Eurer Anschauungen gemäß. ... Wo ein Wille ein Weg! Wenn Ihr nach Bethel fahrt, kommt doch wenn eben möglich hierher.
Eure Irmgard

Meta

Von Meta erfuhr ich erst aus der Krankenakte. Plötzlich bekamen die rätselhaften Funde im Haus einen Sinn: Ein besticktes, weißes Kinderkleidchen mit feinen, roséfarbenen Bordüren und einigen Stockflecken darauf, das ich nie hatte einordnen können. Die Stickerei, der Schnitt verwiesen auf die zwanziger Jahre. Verwundert hatte ich mich gefragt, für wen diese Babysachen gedacht waren, denn es waren doch nur Jungen in der Familie geboren worden? Zwei Paar Schuhe, kleinste Kindergröße. Aus feinem, grauen Leder das eine, aus besticktem Filz das andere. Auf den Sohlen keinerlei Gebrauchsspuren. Es hätte nur noch einige Wochen gedauert, bis sie sie gebraucht hätte. Doch Meta lernte das Laufen nicht, denn sie wurde nur acht Monate alt. Sie starb – drei Tage nachdem Irmgard den Brief geschrieben hatte – im Kinderheim von Bethel an Diphtherie. Auch über sie war geschwiegen worden.

Die Archivarin in Bethel gibt mir im Jahr 2016 die telefonische Auskunft, dass sie keine Unterlagen über ein Kind namens Meta Heiss finden kann. Im Waisenhaus seien nur Kinder aufgenommen worden, die zur Adoption freigegeben worden waren. Wie sahst du wohl aus Meta? Nirgends entdecke ich ein Foto von dir. Konntest du deine Mutter schon anlächeln, bevor ihr getrennt wurdet? Nein, du warst zu jung mit zwei Monaten und zwei Wochen. Einige Energie und Überlebenswille muss in dir gesteckt haben, denn du hast die größte Katastrophe, die ein Säugling erleben kann, um einige Monate überlebt. Wer hat dir das Kleidchen gekauft und die feinen Schühchen? Viel Besuch wirst du im Waisenhaus nicht bekommen haben.

Ab 1914 – so erfahre ich aus der populären Fernsehserie über die Geschichte der Charité – wurde der Impfstoff gegen Diphtherie in solchen Mengen produziert, dass er gut verfügbar war. Emil Behring hatte für seine Entdeckung den ersten Nobelpreis für Medizin überhaupt erhalten. War 1925 im Kinderheim von Bethel denn kein Arzt erreichbar, der die Diphtherie behandelte? Hatten die damals aufkommenden Ideen von der „ererbten Minderwertigkeit" schon so verfangen, dass Metas Überleben nicht wichtig genommen wurde? Warum blieb sie unversorgt und musste einen qualvollen Erstickungstod sterben?

Auf Fritz' Karteikarte im Lübecker Stadtarchiv finde ich den Eintrag:

3. Kind Meta Helene, * 26.2.1925 – gute Geburt, gesund und hübsch, zu Detmold. Danach, als I. nach Lemgo, ins Betheler Kinderheim (monatl. 65 M., 40 M. Stadt Detmold, 25. M. Eltern). Gestorben 25.10. 1925, nach drei Tg. Krankheit, Thymus-Drüsen-Anschwellung hinter der Luftröhre; Erstickung; 29.10. beerdigt in Bielefeld (Mutter und Lenchen zugegen).

Berlin, Nacht vom 8. auf den 9. Januar 2015

Ich träume einen Albtraum. Darin ging ich mit einem kleinen Mädchen an der Hand spazieren. Wir kamen zu einer Art Brückenpfeiler am Rand eines breiten Stromes tief unter uns hinter einer Absperrung wie bei einer Baustelle. Einen weiteren Pfeiler sah ich in einiger Entfernung aus der glitzernden Wasserfläche ragen. Wurde er gebaut? Oder war er zerstört? Ich wollte dem Kind das alles zeigen, holte mit der Hand aus und schleuderte die Kleine über die Absperrung, sah sie – fassungslos – einige schlimme Sekunden lang in einem riesigen Bogen durch den endlosen Raum schießen, bis der winzige Körper dann am Ende tief unten auf dem Wasser aufschlug. Ich stand verzweifelt, erstarrt. Der Impuls, hinterher zu springen war da, er schien mir sinnlos, Hilfe war nirgends in Sicht. Ich wandte mich ab mit dem Gefühl, nicht mehr weiterleben zu können.

Münster im Januar 1926, Landeshaus

Franz Dieckmann erblasst, als er im Poststapel auf das neueste Schreiben im Fall Heiss stößt. Was für eine verfahrene Situation. Kann denn nicht endlich mit dem Detmolder Magistrat eine Einigung erzielt werden? Mehrfach hat er schon mit diesem Amtsarzt in Detmold telefoniert, der ein ziemlich sturer Hund zu sein scheint. Bildet sich wohl etwas ein, weil aus Berlin? Anders als Direktor Simon ist er der Ansicht, die Frau sei gemeingefährlich. Können denn die Ärzte das nicht endlich klären? Wie ist das denn nun mit den Psychopathen, wer ist für die zuständig? Wäre die Frau noch nicht volljährig, dann wäre es ganz klar: die Jugendfürsorge. Aber erwachsene Psychopathen? Er erinnert sich jetzt an das zwei Jahre alte Rundschreiben des Oberpräsidenten zu dieser Frage, sucht im Aktenordner und wird fündig:

„... In die für Fürsorgezöglinge etwa eingerichteten Psychopathenheime werden ältere Psychopathen im allgemeinen schon aus erziehlichen Gründen nicht aufgenommen werden können. Die Einrichtung besonderer Psychopathenheime für sie scheitert zurzeit an der Kostenfrage. ..." Er lehnt sich zurück und schließt die Augen, um besser nachdenken zu können. Es bleibt doch undurchsichtig, wie das nun gehandhabt werden soll. Vielleicht sollte er sich mal wieder mit dem Dezernenten unterhalten? Ein Mittagessen mit dem Landesrat für die Heil- und Pflegeanstalten im „Amtsschimmel", das wäre vielleicht eine gute Idee, denkt er und greift zum Telefon. Das Schreiben nimmt er für alle Fälle mit, froh, dass er die leidige Angelegenheit mit einem kompetenten Kollegen besprechen kann.

Im „Amtsschimmel" geht es laut zu, es ist warm vom Dampf der Speisen. Das halbe Landeshaus kommt hier um diese Zeit zusammen. Links und rechts auf ihrem Weg werden Hände geschüttelt, bevor sie sich ans Fenster setzen. Der Kellner empfiehlt lippischen Pickert, doch der Landeshauptmann winkt ab. „Nein danke, aus Lippe brauche ich heute wirklich nicht noch etwas." Während sie auf den Rinderbraten warten, zeigt er seinem Mitarbeiter das Schreiben und informiert ihn über den neuesten Stand. „Mir ist auch nichts von einem Psychopathenheim in Westfalen bekannt," stellt der Dezernent fest, „außerdem gebe ich dem Oberpräsidenten Recht: Die Frau ist fast dreißig Jahre alt, sie wird sich nicht freiwillig in ein Psychopathenheim begeben." „Die Scheidungsklage wurde vor kurzem vom Landgericht Bochum abgewiesen, da die Ehefrau für den behaupteten Ehebruch des Mannes keine Zeugen beibringen konnte." „Was nichts anderes heißt, als dass sie uns noch länger erhalten bleibt. Was ist denn dran an der Gemeingefährlichkeit, wie macht sie sich denn so in Gütersloh? Hat Simon da irgendetwas bemerkt?" „Nur frech und leicht erregt, wie alle Psychopathen. Simon hält sie für hysterisch. Zu ihrem Mann will sie auf keinen Fall zurück."

„Wir können sie nicht in der Heilanstalt unterbringen," meint der Dezernent, „Simon sagt zu Recht, da fehlt die gesetzliche Grundlage. Wir müssen sie entlassen." „Die Familie hat alle Entlassungstermine unter Aufbietung absurdester Begründungen verstreichen lassen. Der Direktor ist ziemlich aufgebracht darüber. Aber einfach so entlassen, will er die Heiss auch nicht. Er meint, sie bedürfe aus den uns wohlbekannten Gründen der Aufsicht." „Nun, rechtlich gesehen ist das nichts anderes als eine Internierung. Wenn ich an ihrer Stelle wäre und erlebt hätte, dass meine Familie mich nicht einmal vorübergehend aufnimmt, bekäme ich auch Erregungszustände. Ja, die Frauen sind in der Tat mit ihrer neuen Freiheit überfordert." Ärgerlich schiebt der Beamte die Erbsen zum wiederholten Mal auf die Gabel. „Wenn sie nirgends Unterstützung bekommt, dann steht natürlich zu befürchten, dass die Frau sich auf andere Weise ihren Unterhalt verschafft", beruft er sich wieder auf Simon. „Da ist noch ein Bruder, zu dem möchte sie, aber der ist Pfarrer in Brasilien. Sollen wir ihr vielleicht auch noch die Überfahrt bezahlen?" „Kann sie denn nicht wieder in die Frauenherberge in Bielefeld? Da war sie doch schon mal, wenn ich mich recht entsinne. Sie wäre dann in der Nähe der Kinder." „Die ist völlig überbelegt auf Monate." Der Landeshauptmann säbelt entnervt am Rinderbraten. „Ganz schön zäh, diese Angelegenheit. Der Amtsarzt von Detmold hält die Frau für fortpflanzungsgefährlich, darum hauptsächlich sträubt er sich gegen die Entlassung."

„Fortpflanzungsgefährlich?", hebt der Dezernent erstaunt die Augenbrauen. „Ja, im Sinne dieser neuen Wissenschaft, dieser Eugenik – oder auch Rassenhygiene. Man muss demnach weniger an den Einzelnen als an zukünftige Generationen denken. Ein klassischer Fall für das Bewahrungsgesetz. Sie selbst, Herr Dezernent, haben ja eben auch gesagt, es bliebe der Frau unter diesen Umständen gar nichts anderes übrig, als –." „Ach das Bewahrungsgesetz! Seit wie vielen Jahren diskutieren wir darüber?" „Nun ja", der Landeshauptmann greift zur Serviette, „wäre einer der vielen Entwürfe verabschiedet worden, hätten wir jetzt weniger Probleme. Welche Bedenken haben Sie denn?" „Auch, wenn ich wie Frau Neuhaus dem Zentrum angehöre", entgegnet der Angesprochene, „muss ich sagen, was sie da seit 1918 partout will, läuft auf Freiheitsentzug hinaus. Wo kämen wir denn da hin, wenn jeder schwierig veranlagte Mensch so einfach weggesperrt werden könnte?" „Die Zustimmung zur geschlossenen Psychopathenfürsorge ist groß, um nicht zu sagen, überwältigend. Nehmen Sie nur die Gesellschaft zur Bekämpfung der Geschlechtskrankheiten, die Arbeiterwohlfahrt und die großen Frauenverbände. Ich denke, das Gesetz wird kommen. Man scheut nur noch die Kosten. Tja, – dann müssen wir wohl wieder. Wir können uns ja auch nicht immer nur mit diesen Minderwertigen beschäftigen."

Franz Diekmann erhebt sich. Sein Gesprächspartner greift an der Garderobe bereits nach dem Hut. Entspannte Kellner verbeugen sich. Die Männer treten auf die Straße und genießen die Frühlingsluft. „Also, dann warten wir auf die Verabschiedung des Bewahrungsgesetzes?" – Den Lastfahrzeugen und hupenden Automobilen weichen sie aus, laufen Slalom zwischen rasenden Fahrradfahrern hindurch und halten auf den Eingangsstufen zu einem kurzen Händedruck inne: „So, wie ich die Sache sehe, läuft es darauf hinaus, dass sich Simon durchsetzen wird und Detmold das Nachsehen hat. Die Außenfürsorge sollte schon einmal benachrichtigt werden, damit sie die Frau unter ihre Fittiche nehmen kann. Da ist sie dann unter Kontrolle und bekommt doch Unterstützung. Etwas anderes fällt mir nicht ein. Ich werde das Nötige veranlassen. Herr Landeshauptmann, seien Sie ohne Sorge."

Es sind noch Lieder zu singen, jenseits der Menschen
7. Dialog mit Irmgard

I.: Was genau ist mit Meta geschehen?

B.: Mütterchen und Lenchen haben sie ins Waisenhaus gebracht. Im Diakonissenhaus Detmold sei kein Platz gewesen, hieß es.

I.: Das haben sie mir auch erzählt, in Detmold sollte wohl kein Gerede entstehen.

B.: Möglicherweise solltet ihr auch so schnell wie möglich getrennt werden?

I.: Als dieser Wachtmeister kam, um mich nach Lemgo zu begleiten, war ich beunruhigt. Im Lindenhaus wollten sie mich doch bald entlassen. Ich hoffte so sehr, mir würde ein Zimmer in der Hubertusstraße überlassen und ich könnte Meta eines Tages zu mir nehmen.

B.: Nach dem alten Vormundschafts- und Kindschaftsrecht aus der Zeit vor 1919 hattest du nur die Pflicht, die Kleine zu versorgen, aber keinerlei Rechte. Die Zeit war im Umbruch, neue Gesetze nicht in Sicht. Warst du denn damit einverstanden, Meta zur Adoption freizugeben?

I.: Ich wurde gar nicht gefragt. Die kann froh sein, wenn der Ehemann sie noch nimmt; so werden die Ärzte gedacht haben. Es ging doch niemanden etwas an, ob sie ehelich war oder nicht.

B.: Im Aufnahmebuch der Frauenherberge gibst du selbstbewusst an, von deinem Mann getrennt zu leben. Du wolltest unter keinen Umständen zurück?

I.: Auf gar keinen Fall! Ich lebte doch schon seit Monaten von Hugo getrennt, er wusste nichts von der Schwangerschaft und ich hatte keine Ahnung, wo er sich aufhielt. Hast du aus der Krankenakte von Metas Tod erfahren?

B.: Ja, aus einem darin abgehefteten Schreiben, in dem es um die Frage der Ehelichkeit und um Kostenübernahme geht. Ich habe dann ihre Sterbeurkunde über das Stadtarchiv Bielefeld gefunden. Einzelheiten berichtet Fritz auf seiner Karteikarte. Oberarzt Müller gegenüber deutetest du an, dass der Vater ein Freund deines Mannes gewesen sei.

I.: Ich hoffte, die Detmolder würden bis zu meiner Entlassung für die Kleine sorgen. Stattdessen wurden wir auseinandergerissen und ich kam in eine Irrenanstalt. War jemand bei ihr, als sie starb?

B.: Es klingt, als seien Mütterchen und Lenchen erst zur Beerdigung erschienen.

I.: Schone mich nicht. Wie äußern sie sich zu Metas Tod, gibt es da etwas?

B.: Ich finde nichts darüber. Eine geradezu dröhnende Stille herrscht in den Briefen. Sie begegnet mir immer dann in den Dokumenten, wenn etwas nicht zur Sprache kommen darf. Nur einmal wird die „verstorbene Meta" in einem Brief Carls erwähnt. Deine Eltern taten ja aus ihrer Sicht alles ihnen Mögliche, wenn sie das Wickelkind der christlichen Liebestätigkeit überantworteten.

I.: Ich dachte so manches Mal, wenn dieses Kind ein Junge gewesen wäre, hätten sie vielleicht anders entschieden.

B.: Möglich, sie waren alt und sahen sich nicht in der Lage, ein weiteres Kind aufzunehmen. Lenchen spielte nicht mit. Ich vermute, Mädchen waren außerdem auch im Gesundheitswesen schlechter versorgt. Wie heißt es in dem programmatischen Text des Kinderrettungsvereins, Charité-straße 2: „Ich kann nicht mit ansehen der Knaben Sterben." Von Mädchen ist da nicht die Rede.

I.: Du hast mal gesagt, was geschehen ist, ist nicht nur mir geschehen. Wie meinst du das denn eigentlich?

B.: Na ja, du musst dir vorstellen, in vielen Ländern gewannen damals eugenische Einstellungen an Boden. Sterilisationsgesetze entstanden. Solche Gesetze trafen arme Menschen. Und Frauen, die unehelich schwanger wurden, waren oft arm. Hier, diesen Text habe ich neulich wiederentdeckt. Zwei Fälle aus den 70er Jahren in England:

„Eine Welle des Entsetzens breitete sich in Großbritannien aus, als bekannt wurde, dass zwei geistig gesunde Frauen etwa 50 Jahre lang in einer Nervenheilanstalt festgehalten worden waren, einfach weil sie uneheliche Kinder geboren hatten."[16] Die Eltern der Frauen hatten sich mit der Bitte an örtliche Verwaltungsbeamte gewandt, ihnen bei der Unterbringung ihrer

Töchter zu helfen. Die lokalen Behörden hatten aber die Auskunft gegeben, dass sie keine Möglichkeiten hätten, ledige Mütter unterzubringen. „Miss Baker war 23, als sie 1921 in die Heilanstalt eingewiesen wurde, Miss Kitson wurde 1928 im Alter von 22 Jahren hospitalisiert."

I.: Jetzt bin ich verblüfft. Das war ja dann tatsächlich so ähnlich wie bei mir!

B.: Damals war die Zeit, in der seriöse Wissenschaftler besonders laut öffentlich über die „Erbqualität des Volkes" nachdachten. Darum wurde die Fähigkeit von Frauen, Leben zu geben, keineswegs als Privatangelegenheit angesehen.

I.: So? Als was denn dann?

B.: Als nationale Aufgabe. Im Deutschen Reich verknüpften sich die Ideen mit den „Menschenopfern" des ersten Weltkrieges. Es seien die Besten umgekommen, eine Auslese der Tapfersten habe stattgefunden, hieß es. Der Rassenhygieniker Alfred Ploetz zum Beispiel, der die neuen Theorien in Deutschland verbreitete, war sehr bekannt. Vielleicht hast du auch von ihm gehört?

I.: Ich erinnere mich dunkel, irgendetwas zum „Schutz der Schwachen" hat er geschrieben.

B.: Oh, er wollte keineswegs die Schwachen schützen. „Die Tüchtigkeit unserer Rasse und der Schutz der Schwachen"[17] war 1895 der vollständige Titel. Das vielgelesene Buch machte die Rassenhygiene populär. Darin wurde die gegenteilige Auffassung vertreten. Es sei ein schwerer Fehler, die Schwachen zu unterstützen. Das sei „Gegenauslese" und dadurch steige die Gefahr, das „Schwache" könne sich ungehindert ausbreiten und es würden die falschen Kinder geboren.

I.: Du meinst, dann sei Meta ein „falsches" Kind gewesen? Ihre Erbanlagen sollten nicht wertvoll gewesen sein? Hatte das etwas mit ihrem Tod zu tun?

B.: Wer weiß? 1920 veröffentlichten in Deutschland zwei angesehene Professoren, der Rechtswissenschaftler Binding und der Psychiater Hoche, noch unter dem Eindruck des großen Sterbens des ersten Weltkrieges eine verhängnisvolle Schrift. „Die Freigabe der Vernichtung lebensunwerten Lebens: Ihr Maß und ihre Form.[18] Ein Jahr später erschien das Lehrbuch der Rassenhygiene, der „Baur/Fischer/Lenz"[19], das Generationen von Ärzten prägte. Die Eugenik trat international im respekteinflößenden

Gewand des Fortschritts auf. 1925 hatten diese Ideen bereits einige Verbreitung gefunden. Längere Zeit hatte ich vermutet, du hättest nach Metas Geburt eine Zeit der Schwermut durchgemacht. Das hätte eine Einweisung in eine Heilanstalt erklären können.

I.: Ja, und?

B.: Als ich dann genau hinsah, kam ich zu dem Schluss, das Gegenteil war eher der Fall. Während melancholische Mütter sich nicht um das Neugeborene kümmern können, bestandest du darauf, mehr mit deinem Kind zusammen zu sein. Du wolltest endlich entlassen werden, schließlich warst du eine erfahrene Mutter. Vermutlich verdichteten sich Ahnungen in dir, wie sich etwas hinter deinem Rücken bedrohlich zusammenbraute.

I.: Ich merkte natürlich, dass die Eltern und dieser Dr. Carius mir etwas verheimlichten. Ich hielt es für Schikane, dass sie mich dort festhielten. Mit der Keule der Geschlechtskrankheit konnte man damals alles rechtfertigen. Hast du eine Ahnung, wie arme Menschen in Krankenhäusern behandelt wurden?

B.: So langsam bekomme ich einen Schimmer davon. Ich fand Literatur dazu. Wer es sich leisten konnte, ließ den Arzt ins Haus kommen, wie es Carl und Helene taten. Bis zur Revolutionszeit galt es als Inanspruchnahme öffentlicher Fürsorge, in ein Krankenhaus zu gehen. In dieser Zeit sei man mit Patienten dort äußerst rau verfahren, berichtet zum Beispiel Käte Frankenthal.[20] Sie seien von Ärzten als „Forschungsmaterial" betrachtet worden. Das hieß: Sie mussten schmerzhafte Behandlungen zu Übungszwecken, Blutentnahmen und Einspritzungen für medizinische Versuche hinnehmen. Patienten beklagten sich selten, schreibt sie in ihren Erinnerungen. Und wenn sie es taten, kamen sie in den Verdacht, unverschämte Querulanten zu sein. Nach dem Krieg habe sich das in vielen Fällen geändert und Patienten hätten ihre Rechte eingeklagt. Du hast das wohl auch versucht?

I.: Ich wollte zu meinem Kind, wollte aus dieser schrecklichen Abteilung heraus. Ich habe noch jahrelang von meinem kleinen Mädchen geträumt, hatte mich ja nicht einmal verabschieden können.

B.: Das verstehe ich sehr gut. Auf dem letzten Foto, das ich von dir gefunden habe, sitzt du hinter deinem Elternhaus in einem Korbstuhl und schaust mit umschatteten Augen von dem Buch auf deinem Schoß auf. Ich möchte doch zu gern wissen, was das für ein Buch war.

I.: Das habe ich vergessen. Hilda hat das Foto geschossen, nachdem ich das Krankenhaus in Bielefeld verlassen hatte. Ich war schwanger mit Meta und froh, die Pflegestellen für die Jungen gefunden zu haben. Leider gelang es mir nicht, sie gemeinsam unterzubringen. – Als ich dann erfuhr, dass Meta tot war, verlor ich mein Ziel aus den Augen. Bis dahin hatte ich immer noch Rat gewusst.

B.: Das wird auch anhand der Dokumente nachvollziehbar. Fritz gibst du an, du hättest damals in Bielefeld bereits eine Stelle in einem Haushalt gefunden, die du mit den Jungen hättest antreten können. Ich fand das erstaunlich, wie du das geregelt hattest in so kurzer Zeit. Das Fahrgeld dazu hättest du von der Mutter genommen, schreibt Oberarzt Müller bei deiner Wiederaufnahme.

I.: ... und flugs war ich eine Kriminelle. Ich hatte die Hoffnung, dass ich mein Brot selbst verdienen könnte, wenn mich meine Familie nur ein bisschen unterstützt hätte. In Gütersloh wartete ich so sehnlichst auf Nachrichten von Buby, von Hugomann, wollte wissen, ob Meta schon krabbelt, welche Farbe ihre Augen annehmen. Wochenlang kam kein Zeichen von der Familie, kein Besuch. Eine der Pflegerinnen hat es mir dann schließlich gesagt. Danach weigerte ich mich zur Arbeit zu gehen, als sei nichts geschehen. – Ja, so war das. Was habe ich denn damals noch so gesagt und geschrieben?

B.: Verzweiflung und Hoffnung wechselten sich in deinen Briefen ab. Aus der Zeit im Lindenhaus heißt es, du wärst einverstanden, wenn die Kinder bei der Scheidung Hugo zugesprochen würden. *Die Hauptsache sei, sie seien einigermaßen gut versorgt,* so geben die Ärzte deine Sätze in der Krankenakte wieder. Das legen sie so aus, als wärst du leichtfertig und nähmst die Scheidungsangelegenheit nicht ernst. Eine solche Äußerung konnten sie nicht mit ihrem Frauenbild vereinbaren, vermute ich. Mich erinnert dieser Satz an ein Theaterstück, an den „Kaukasischen Kreidekreis" deines Zeitgenossen Bertold Brecht.

I.: Der Name kommt mir irgendwie bekannt vor. Worum geht es da?

B.: Ein Richter soll in einem Streit um ein Kind entscheiden. Zwei Frauen beanspruchen gleichzeitig die Mutterschaft. Der Richter lässt einen Kreidekreis zeichnen und befiehlt ihnen, mit aller Kraft an dem Kind zu ziehen. Er entscheidet, die wahre Mutter sei diejenige, die das verweigert – also nicht an dem Kind zerrt. „Soll ich's zerreißen?", fragt Grusche und singt:

„Dein Vater ist ein Räuber
Deine Mutter ist eine Hur
Und vor dir wird sich verbeugen
der ehrlichste Mann."

I.: Metas Wiegenlied in den Tod.

Schlüsselszene

„Dass ein maroder Volkskörper nur durch Abschneiden seiner kranken Teile geheilt werden könne, war pseudowissenschaftliches Volksvorurteil lange vor Machtantritt der Nationalsozialisten." [21]

Detmold, 8. Januar 1926

In dieser Nacht wundern sich einige, warum das Licht aus Carl Stellbrinks Arbeitszimmer so spät noch am Haus ein Schattentheater aus bewegten Linien mit den kahlen Ästen der Kastanie aufführt. Der alte Mann sitzt an seinem Schreibtisch, er kann nicht schlafen. Nicht nur, weil er in seinem Alter ohnehin den Schlaf schwer findet. Wie viele Scherereien hat ihnen Irmgard im letzten Jahr bereitet! In den letzten Tagen, hat er sich zurückgezogen und das Hirn zermartert, was nun zu tun und zu bedenken sei.

Mit Entsetzen denkt er daran zurück, wie Lenchen und Irmgard sich damals im Garten vor aller Augen und Ohren bange fünf Minuten lang angeschrien hatten und Irmgard dabei in ihrem schwangeren Zustand in ohnmächtigem Zorn auf Lenchen losgegangen war. Wieder einmal ging es darum, wer ein Recht darauf hat, im Haus zu sein. Wenn Mutter Helene sich damals nicht zwischen die beiden geworfen hätte, gar nicht auszudenken, was alles hätte geschehen können. Beide hatten zufällig auch noch Küchenmesser in der Hand! Seitdem haben sich die Ereignisse überschlagen. Welch ein Segen, dass Gott sich da des Elends erbarmt und die kleine Meta so schnell wieder zu sich genommen hatte. Was hätte das arme Geschöpf auch für ein Leben erwartet, denn man weiß ja: Die meisten dieser unehelichen Kinder gehen dann am Ende auch nur einen bösen Weg. Sie haben für das unglückliche Seelchen getan, was sie konnten und so war es in seinem kurzen Leben zumindest von lauter Liebestätigkeit umgeben.

Seufzend erhebt sich Irmgards Vater vom Schreibtisch, nimmt den Kneifer von der Nase und schiebt die Scheibengardine ein wenig zur Seite. Die Äste der Kastanie winken im Wind. Die Hände auf dem Rücken, durchwandert er gedankenversunken den schmalen Raum. Er hatte das Kind nie gesehen, auch gar nicht sehen wollen. Wer weiß, was sich da wieder für Erbgut in die Familie eingeschlichen und unabsehbaren Schaden angerichtet hätte! Der Vater wohl ein hergelaufener Kerl, mit dem sich die psychopathische Tochter in Langendreer anlässlich der Wohnungsauflösung eingelassen hatte in ihrer krankhaften sexuellen Schwäche. Reichte es ihr denn nicht, dass ihr Mann bereits in Untersuchungshaft saß? Was begibt sie sich nur immer in solche Verhältnisse! Ganz in diesem Sinne hatte sich auch der neue Amtsarzt des neugeschaffenen Wohlfahrtsamtes geäußert und ihm und Helene als Großeltern geraten, das Kind in ein Heim zu bringen. So bestünde erst gar nicht die Gefahr, dass Mutter und Kind sich aneinander gewöhnten.

Wieder am Fenster angelangt, schaut er ein weiteres Mal durch einen Spalt in der Gardine und beschließt, die Wanderung für diesmal zu beenden. Er setzt sich in den grünen Polstersessel, die Hände auf den Armlehnen, schließt für einen Moment die Augen. Es war ein schmerzhafter, aber zweifellos notwendiger Schritt. Hätten sie denn vielleicht zwei Kleinkinder im Haus versorgen sollen? Lenchen spielte da nicht mehr mit. Nein, es ist besser so, er hat auch genug von Töchtern. Zur Bekräftigung hebt er seine rechte Hand und lässt sie entschieden wieder auf die Sessellehne fallen. Anders verhält es sich mit Magdalenas Kind. Der kleine Dietrich soll bleiben. Er kann es sich nicht recht erklären, warum er einen Narren an dem Jungen gefressen hat, aber er ist sein Augenstern. Irmgard ist darüber natürlich erbost, weil sie es für ungerecht hält. Dabei haben Buby und Hugomann in ihren Pflegefamilien in Bielefeld sicherlich ein schönes Weihnachtsfest gehabt. Sie hatten ihr ja angeboten, einen der Jungen aufzunehmen, mindestens vorübergehend, bis er zu Fritz nach Brasilien könnte. Aber das hat Irmgard abgelehnt: Sie könne und wolle die Geschwister nicht trennen! Aber drei kleine Kinder und diese verrückte Tochter kommen ihm nun mal nicht ins Haus. Carl gähnt und streicht sich versonnen über den Bart. Er denkt an den Dreijährigen, der nebenan in Lenchens Zimmer schläft. Die Festtage waren schon Aufregung genug für den kleinen Kerl.

Hinter schweren Augenlidern lässt der alte Mann die vergangenen Weihnachtstage an sich vorüberziehen: Wie immer zum Christfest war die große Flügeltür am Morgen langsam geöffnet worden, während Lenchen auf dem Klavier „Ihr Kinderlein kommet" anstimmte. Auf dem Tischchen hatte der Baum die erwartungsvollen Gesichter erstrahlen lassen. Die silbernen Kugeln mit ihren schwarz-rot-weißen Bauchbinden aus besseren Tagen hatten sie aufs Neue bewundert (Zu Fuß durch Regen und Schnee würden Carl und Helene von Detmold nach Apeldoorn pilgern, um den Kaiser und die Kaiserin wieder zurückzuholen, wenn es denn etwas nützen würde!) und einen Stoßseufzer gen Himmel geschickt, dass wieder andere Zeiten kommen mögen. Unter dem Deckengemälde mit den Sternen und den Segelschiffen hatten sie versucht, ein ganz normales Weihnachtsfest zu feiern. Hilda und Lotte waren aus Brambauer gekommen. Magdalena allerdings fehlte, sie tat im Säuglingsheim Dienst. Sie muss schließlich noch die Kosten ihres Fehltrittes aus Langendreer abarbeiten. Die ungeheuren Summen, die ihn die Geburt gekostet hat, liegen wie Zentnerlasten auf seinen alten Tagen. Nur nicht zulassen, dass noch eine Tochter ohne abgeschlossene Ausbildung bleibt und sich nicht selbst ihr Brot verdienen kann. Ja, sie als Eltern haben in den letzten Jahren noch dazugelernt. Magdalenas Abwesenheit trug, resümiert er, auch zur allgemeinen Friedfertigkeit bei, denn die Spannungen zwischen ihr und Lenchen sind doch groß, wenn die Jüngste wieder einmal im Hause ist. Immer häufiger ist sie nun eifersüchtig auf die älteste Schwester. Unschöne Szenen hatten sich bereits abgespielt, in denen beide Töchter an je einer Seite des Kindes zerrten, bis es sich schreiend losmachte und davonlief. Das sollte sich nicht wiederholen, schon gar nicht zu Weihnachten. Seufzend erhebt sich Carl wieder aus dem Sessel und setzt seine Wanderung fort. Ja, auch diese Prüfungen muss er als Teil der Buße hinnehmen.

Fritz und seine Familie sind nun schon seit fast sechs Jahren in Brasilien und inzwischen doch sehr fern gerückt, nur brieflich in größeren Zeitabständen mit ihnen verbunden. Die Schwiegereltern stehen dem Paar ohnehin um so vieles näher. Carl kann nicht daran denken, ohne dass er einen Stich im Herzen fühlt. Beklommen tastet er unwillkürlich nach dem Brustkorb und atmet tiefer. Nun zweifelt sein Sohn diese Entscheidungen an. Vom fernen Brasilien aus hat er gut Reden! Was hätte das am Ende für ein Geschrei und Gezänk gegeben, wenn die anderen Enkelkinder auch noch dabei gewesen wären. Nein, gar nicht auszudenken, welche Unruhe geherrscht hätte, wenn Irmgard mit ihren zerrütteten Nerven und ihrer Unumgänglichkeit auch im Haus gewesen wäre, ganz abgesehen von der Ansteckungsgefahr wegen der Geschlechtskrankheit. Die Gonorrhö lässt sich ja wohl nicht mehr nachweisen, aber man weiß doch nie! Und ohne die Kinder hätten sie die Tochter auch nicht aufnehmen können. Was hätte sie ihnen dann wieder für Vorhaltungen gemacht, wie gezetert, warum sie nicht wenigstens das Bodenzimmer zur Verfügung stellten für sie und die Kinder oder den Anbau im Garten. Selbst in den Keller wäre sie mit ihren Söhnen eingezogen! Carl schüttelt weiterwandernd den Kopf, schlägt sich mit der Hand an die Stirn. Hirnverbrannt! Das Bodenzimmer, ausgerechnet. Das Schlafzimmer der Eltern grenzt daran und den Anbau brauchen sie doch dringend für die Gartengeräte und das Zubehör zum Imkern. Und den Keller für die Kartoffeln, wo sollen die denn sonst hin, bitte? Man kann doch schließlich nicht Kinder in einem Keller unterbringen. Nein, es war gut so und alles andere wäre verantwortungslos gewesen. Auch, wenn die finanziellen Opfer für diese Lösung groß sind. Kopfschüttelnd setzt sich der alte Mann wieder an den Schreibtisch.

Das ist also die Welt von heute: Nichts als blanker Materialismus hinter all dem Gerede von Sozialismus und Gleichheit vor dem Gesetz. Ehrgefühl, Verantwortung, Treu und Glauben sucht man doch bei dieser Herrschaft der Masse vergebens. Dafür Tiefstand im sittlich-religiösen Empfinden, Bereicherung auf Kosten der anderen. Und unsereins, in bitterer Not, ringt um das Tägliche und soll es richten und zahlen, zahlen immerzu. Oh, wie er es bereut, dieser Heirat zugestimmt zu haben. Aber die Tochter musste ja unter allen Umständen ihren Kopf durchsetzen und diesen Proleten und Betrüger heiraten. Dieses unglückliche Geschöpf hat neben Klavierspielen (das kann sie wirklich gut, das muss man ihr lassen) scheinbar nur dieses eine Talent: sich selbst und ihre Familie ins Unglück zu stürzen. Und wie soll er, Carl, als Vater und Familienoberhaupt, über 70 Jahre alt und in dieser schrecklichen, wirren Zeit zwischen die Mühlen der Ärzte und Behörden geraten, sich denn nun verhalten? Und dennoch haben sie bisher noch alles zum Besten regeln können in ihrer Not. Bis jetzt. Bis vor wenigen Tagen diese Nachricht kam, die alles zum Einsturz zu bringen droht! Wäre Lenchen nicht da, die sich, obgleich die Pflegemutter ihres Neffen Dietrich, um alles so wunderbar kümmert, die Korrespondenz, all die Laufereien erledigt wie eine Privatsekretärin; zuverlässig, genau, Helene und er hätten all dies niemals mehr bewältigen können.

Und nun diese Hiobsnachrichten: Direktor Simon will Irmgard aus der Gütersloher Klinik entlassen. Ihr Aufenthalt dort habe keine rechtliche Grundlage und krank sei sie auch nicht. Sein eigener langjähriger Neurologe und der neue Detmolder Amtsarzt sagen genau das Gegenteil! Wie soll man sich zwischen all diesen widersprüchlichen Aussagen zurechtfinden? Sie zu entlassen, begründet doch nur neues Elend. Hat dieser Direktor Simon in seiner Gütersloher Musteranstalt sich denn einmal nur Gedanken darüber gemacht, wo die missratene Tochter nach einer Entlassung bleiben soll? Wer vermietet schon einer alleinstehenden Frau, die noch dazu aus einer Irrenanstalt kommt, eine Wohnung? Wovon soll sie denn eigentlich leben? Etwa vom Gehalt einer ungelernten Arbeiterin? Sie hält sich doch in keiner anderen Stellung, hat doch keine Ausbildung abgeschlossen. Und von der Fürsorge zu leben, ist eine Schande, die er dem Rest der Familie unmöglich zumuten kann. Das Gerede der Nachbarn, unausdenkbar! An das Verantwortungsgefühl der Familie hat dieser Simon appelliert und gebeten, sie sollten die Tochter doch zunächst bei sich aufnehmen. Aber das ist unmöglich, keine ruhige Minute haben sie dann noch bis an ihr Lebensende.

Wer weiß denn, ob diese Psychopathin in ihrer Haltlosigkeit nicht wieder mit dem nächsten Kerl auf und davon läuft? Hat dieser Doktor sie nicht selbst zur Genüge kennengelernt? Vorsorglich sind sie seit einiger Zeit gar nicht erst nach Gütersloh gefahren. Das brächte ja nur die furchtbarste Aufregung für alle. Wie sollten sie ihr denn beibringen, dass das Kind schon im Oktober gestorben ist? An Diphtherie, dafür kann doch schließlich niemand etwas, oder? Nur, – wer sagt es ihr? Und lügen, nein, das können sie nicht, das wäre Sünde. Carl ist in seinem Zimmer wohl doch noch ein wenig eingenickt. Nun erwacht er und weiß, dass es nur eine Lösung aus der Misere gibt: Er selbst muss erneut an den Landeshauptmann von Münster schreiben und der geplanten Entlassung zuvorkommen.

Am Familienratstisch

10. Januar 1926

Am Abend kommen Helene, Carl und Lenchen nacheinander die Treppe herunter und zu einer Beratung zusammen. Unter den grünen Kacheln knistert das Holz im Ofen, die schweren Vorhänge zur Straße sind sorgfältig geschlossen. In der kleinen Hubertusstraße mit ihren wenigen Häusern haben die Wände Ohren und warten doch etliche darauf zu erfahren, was in der Nummer 10 wieder geschieht. Die Fortsetzung des Dramas steht ja noch aus. Beim Schein der alten Petroleumlampe reden sie sich die Köpfe heiß. Carl hat Schriftstücke auf dem Tisch ausgebreitet, denn er ist alarmiert. Der Familie droht höchste Gefahr durch die psychopathische Tochter. Sogar der Landeshauptmann von Westfalen hat sich für die Entlassung ausgesprochen. Lenchen dreht den Docht der Petroleumlampe fürsorglich höher, denn ihr Vater bräuchte längst neue Gläser. Aber dazu reicht das Familienbudget nicht. Gut vorbereitet müssen sie sein, wenn sie eine Entscheidung treffen wollen. Sie staucht die Papierstapel zu säuberlichen Paketen zusammen und setzt sich zu Mutter Helene auf das rote Samtsofa, unter „Goethe in Italien". Carl hat den Zeitungsartikel mitgebracht, den ihm sein langjähriger Arzt, Neurologe und Medizinalrat überlassen hat. Aus den Frankfurter Wohlfahrtsblättern, 1923 erschienen und auch für Laien geeignet, hatte der ihm erklärt. Von Julius Raecke, Verfasser eines Lehrbuchs für psychiatrische Diagnostik und seit fünf Jahren Leiter der Korrigendenanstalt für weibliche Psychopathen in Hadamar, Hessen. Carl rückt den Kneifer zurecht, streicht sich über den weißen Bart und liest vor, was dieser Fachmann über die „Psychopathen" schreibt:

„Das sind die sattsam bekannten Menschen mit den besten Vorsätzen, die heute größte Reue und Zerknirschung zeigen, um morgen der ersten an sie herangetragenen Versuchung zu unterliegen, weil sie sich in Wahrheit niemals ändern. Überaus zahlreiche Angehörige dieses Typs finden sich in den Arbeitshäusern und Strafgefängnissen. Als arbeitsscheue Trinker und rückfällige Verbrecher durchziehen sie als Vagabunden das Land oder leben von öffentlichen Unterstützungen als Parasiten der Gesellschaft. Wohl lassen sie sich von Zeit zu Zeit in Stellungen unterbringen, aber sie bleiben dort nicht. Ihnen fehlt jede Ausdauer, jede Arbeitsfreude, tieferes sittliches Empfinden und Ehrgefühl."[22]

Als Carl zu Ende gelesen hat, schluchzt Helene laut auf. Ihr Ehemann lässt mit unerwarteter Energie die Faust auf den Tisch sausen: „Es nimmt mich nicht Wunder, dass Entartung und Degeneration überall gegenwärtig sind, wo Kino, schlüpfriges Theater und Schundliteratur ihren zersetzenden und allgegenwärtigen Einfluss ausüben!" „Schschscht!" Helene legt einen Zeigefinger auf die geschürzten Lippen, zeigt in Richtung Decke und mahnt: „Der Junge!" „Ja und Irmgard ist ja geradezu aufs Kino versessen!", bekräftigt Lenchen. Dann nimmt sie die Hand ihrer Mutter und streichelt sie zart. „Warum man aber früher von dieser 'Psychopathie' nicht so viel gehört hat?", wundert sich Helene. „Das macht der Fortschritt in der Medizin, dass man diese Zustände nun besser einordnen kann", erklärt Carl. „Wie sollten wir es auch erkennen, dass es krankhaft war, nicht einmal die Ärzte konnten es ja damals erkennen." Helene ist wieder gefasster und schneuzt sich. „War Irmgard nicht schon so nervös, als sie im Herbst 1921 mit Buby zu uns kam? Erinnert ihr euch? Tagelang ist sie unruhig im Haus umhergelaufen, schlief nicht und war gereizt wie ein angeschossenes Tier. Dein Neurologe sagt doch immer, sie müsse in ein Sanatorium, nicht wahr Carl?" „Und ob ich mich erinnere", schaltet sich Lenchen ein. „Seitdem vermisse ich meinen besten Unterrock. Niemals ist er wieder aufgetaucht. Man kann ihr eben einfach nichts glauben. Kann sie denn nicht in dieses Heim in Hadamar?", schlägt sie vor. „Aber das ist doch keine Nervenheilanstalt", gibt Helene zu bedenken.

Carl schaut wieder in den Artikel. „Nein, dort nehmen sie nur Kranke unter fünfundzwanzig Jahren auf." Sorgenvoll ringt Helene die Hände. „Der Neurologe wusste dazu auch nicht mehr zu berichten, als dass bald weitere Psychopathenheime eröffnet werden sollen. Aber freiwillig geht sie da nicht hinein, das ist klar. Dr. Frenzel ist auch der Meinung, sie müsse aus der Gesellschaft entfernt werden, wusste aber nur von privaten Heimen. Wo sollen denn dafür die Mittel herkommen? Wir sind finanziell an unserer Grenze."

Carl nimmt den Kneifer ab und reibt sich die Augen. Einen Moment lang ist es ganz still im Raum. „Wir müssen nun auch an uns selbst denken. Auch wir stehen schließlich im Kampf ums Dasein. Wenn Irmgard nicht in der Lage ist, ihr Leben in den Griff zu bekommen, dann müssen wir es eben für sie tun!" Nach diesem entschlossenen Bekenntnis erhebt sich Lenchen aufgeregt, um etwas im Zeitungsstapel der letzten Woche zu suchen: „Habe ich nicht vor Tagen einen Artikel über die Entwürfe zum Bewahrungsgesetz gelesen? Das ist genau zugeschnitten auf Menschen wie Irmgard." Während sie den Stapel nach der richtigen Ausgabe durchsucht, fährt sie wie beiläufig fort: „Es soll nicht mehr lange dauern, bis es kommt. Wir müssen bis dahin einfach Zeit gewinnen und Sorge tragen, dass sie nicht weiteres Unheil anrichtet und uns noch tiefer ins Verderben hineinzieht. Wir müssen endlich einsehen, dass es besser ist, sie leidet, als dass wir alle zugrunde gerichtet werden durch ihre unglückliche Veranlagung." Carl und Helene schauen sich tief in die Augen.

„Da ist es!" Lenchen zieht das Blatt aus dem Stapel, breitet es auf dem Tisch aus, überfliegt den Artikel und fasst zusammen: „Also, in einem sind sich alle einig: Das Bewahrungsgesetz wird kommen, daran gibt es gar keine Zweifel! Ein Sozialdemokrat, Grotjahn heißt der, hört euch mal an, was der schreibt. 'Nur eine dauernde Bewahrung der kriminellen Psychopathen in besonderen Anstalten und unter gesetzlichen Kautelen, könne Wandel schaffen.'" Wie gut, dass Lenchen so informiert ist. „Pfarrer Happich aus Treysa sagt genau das. Hier, 'Die Not unserer Psychopathen ist die Überschrift.'" Er wedelt triumphierend mit der Ausgabe der Zeitschrift „Die Innere Mission im evangelischen Deutschland" vom Juli 1920. „Happich ist Mitglied des Zentralausschusses der Inneren Mission, er leitet das Brüderhaus Treysa seit 1913. Ein ganz erfahrener Mann also", sagt er und liest: „'Das Wesen der Psychopathen ist das Schwankende, Unausgeglichene, Zerrissene! Schonungslos sind sie ihren Stimmungen und Gefühlen preis gegeben, überreizt in Fantasie und Triebleben, und willenlos folgt ihnen das Menschenkind. Fast jedem Anreiz fallen sie zum Opfer. Die einen sind widerstandslos ihrem Wandertrieb preisgegeben. Andere feiern die grauenhaftesten Orgien auf geschlechtlichem Gebiet. Ihr Stehltrieb ist nicht zu zügeln. Kein Schloss ist zu stark, kein Loch zu eng, dass sie nicht doch noch an das Gewünschte herankommen. Bisweilen befällt sie auch eine Zerstörungssucht. Alles, dessen sie habhaftig werden, muss zertrümmert werden, besonders wenn sie wissen, dass sie Dinge zerstören, die anderen ans Herz gewachsen sind.'"[23]

Carl schaut bekümmert auf und begegnet Helenes Blick. „Psychopathen seien überhaupt nicht erziehbar und diese Wirklichkeit erfordert – und 'das ist der größte Dienst, den wir unseren Psychopathen leisten können – Aufsicht, Aufsicht und noch einmal Aufsicht.'" Das Familienoberhaupt lässt das Blatt sinken und schaut Lenchen und Helene betrübt über den Rand des Kneifers an. Einige Sekunden verharrt die kleine Runde so, bis Carl das Schweigen bricht: „Ich denke, wir wissen nun, was zu tun ist." Helene weint leise. „Irmgard ist doch unser Kind und oft so lieb! Können wir denn das ihren Kindern antun? Ich möchte erst wissen, was in Bethel dazu gesagt wird. Dort hat man doch viel Erfahrung mit Kranken, sicher kennt man sich auch mit diesen armen, abartig veranlagten Menschen aus." Doch kommen sie überein, für die Anfrage in Bethel bleibt jetzt keine Zeit.

An diesem Abend wird der Entschluss gefasst, Irmgard in einer Bewahranstalt für psychopathisch Veranlagte unterzubringen. „Vorläufig", meint Helene. Und Carl soll schreiben, dass sie besser in eine Nervenheilanstalt für leichtere Fälle käme. Die drei im Schein der Petroleumlampe überlegen, wie vorzugehen sei. Nun ist das Kind aufgewacht, sein stets etwas heiseres Weinen dringt durch die Dielendecke bis zu ihnen. Lenchen eilt hinauf. Ja, Carl soll den Brief an den Landeshauptmann schreiben.

An den Herrn Landeshauptmann der Provinz Westfalen,

Detmold, den 12. Januar 1926

Hochwohlgeboren

Meine Tochter, Frau Irmgard Heiss, geb. Stellbrink (früher in Langendreer) befindet sich seit dem 14. Juli des (vorigen) Jahres in der Provinzheilanstalt in Gütersloh. Gestern erhielt ich die Nachricht von dem Direktor dieser Anstalt, dass er beabsichtige, die Entlassung meiner Tochter höheren Orts vorzuschlagen. Das Nervensystem meiner Tochter ist vollkommen zerrüttet: Sie reibt sich wegen ihrer inneren Unruhe und Aufregung gänzlich auf und ist infolgedessen nicht fähig zu arbeiten, um sich selbst zu ernähren. Ihre krankhafte sexuelle Schwäche und ihr Hang zum Diebstahl würden sie gewiss dem Elend vollends preisgeben, sie würde entweder vollends verkommen oder mit Sicherheit dem Gefängnis überantwortet werden. Ich weise ausdrücklich auf diese Gefahren hin und beantrage, dass Frau Heiss in einer Nervenheilanstalt verbleibt. Der Arzt Herr Dr. Schaft hier, der meine Tochter schon seit ihrer Kindheit kennt, würde sein ärztliches Gutachten zweifellos im gleichen Sinne geben. Nervenarzt Dr. Müller hier, den wir zu Rate zogen, hat sich dahin erklärt, dass vorläufig an eine Heilung gar nicht zu denken sei und dass nur eine Heilanstalt für Nervenkranke in Frage käme, da die Tochter unbedingt unter Zwang sein müsse. Herr Geheimrat Dr. Carius hier, der sie wegen ihrer Geschlechtskrankheit über 5 Monate im hiesigen Krankenhause behandelt hat und auf dessen Veranlassung sie ja auch nach Brake überführt worden ist, kann am genauesten über ihren Krankheitszustand urteilen. Wenn Herr Dr. Müller in Brake und Herr Dr. Simon in Gütersloh meine Tochter nicht für anstalts- bedürftig halten, obwohl sie sie als durchaus geistig minderwertige, psychopathische Per- sönlichkeit ansehen, so ist zweifellos der einzige Grund dafür in dem unbedingten Bestreben zu suchen, den Staat zu entlasten. Ich betone aber, dass die Entlassung von Frau Heiss keine Entlastung des Staates, sondern nur eine Belastung bedeuten würde, weil ein unzurechnungsfähiger Mensch nur eine Gefahr für seine Mitmenschen ist. Er- wähnen möchte ich noch, dass wir mit allen Mitteln versuchen müssen und werden, die eingeleitete Ehescheidung zu Ende zu führen, da der Ehemann neben seiner Arbeit die Diebereien handwerksmäßig betreibt, die krankhafte Neigung seiner Frau zum Diebstahl als willkommenes Hilfsmittel für seine verbrecherischen Zwecke ausnutzt bezw. auch ferner ausnutzen möchte und dass aus den zwei vorhandenen noch lebenden Kindern aus der Ehe nur etwas brauchbares werden kann, wenn sie dem unheilvollen Einfluss beider Eltern, besonders in sittlicher Beziehung, entzogen werden.

An das Landgericht Bochum, bei dem der Ehescheidungsprozess der Eheleute Heiss schwebt, habe ich ein Schreiben gesandt, worin ich mitteile, dass mein Sohn, der Pfarrer in Brasilien ist, die beiden noch lebenden Kinder Heiss zur Erziehung in sein Haus übernehmen will, was für mich eine große Beruhigung ist, weil ich die Kinder in guten Händen weiss. Weil wir als Großeltern gesetzlich verpflichtet worden sind, für die Enkelkinder mitaufzukommen und die monatlichen Zuschüsse für die Städte Bielefeld und Detmold zahlen müssen und bisher auch geleistet haben, so haben wir das aller- größte Interesse daran, dass nicht noch weitere Kosten uns entstehen. Da der ganze Haushalt der Eheleute Heiss heruntergewirtschaftet ist und wir durch die Tochter immer nur Kosten gehabt haben, so erkläre ich hiermit, dass, wenn Frau Heiss auf freien Fuss gesetzt würde, ich für nichts mehr aufkommen könnte: die behördlichen Stellen würden aber für einen solchen Schritt die Verantwortung tragen müssen.

Nach allen Erfahrungen, die wir als Eltern gemacht haben, haben wir eingesehen, dass es besser ist, ein Glied der Familie leide, als dass alle anderen schwer mitleiden und zu Grunde gerichtet werden, und dass wir aus diesem Grunde den einzigsten Weg in dieser trübseligen Lage darin sehen, dass unsere Tochter in einer Heilanstalt verbleibt. Damit würde auch dem wohlverstandenen öffentlichen Interesse am meisten gedient sein. Aller- dings ist die dauernde Unterbringung meiner Tochter in einer Heilanstalt für Geis- teskranke insofern nicht gerechtfertigt, weil sie nach Aussage des Arztes Dr. Müller (Lindenhaus, Anm. B. St.) *in Brake und ebenfalls des Arztes Dr. Carius und Dr. Müller* (Medizinalrat, Carls niedergelassener Nervenarzt, Anm. B.St.) *in Det- mold eine psychopathische Natur hat. Infolge dieser psychopathischen Minderwertigkeit*

ist sie nicht im Vollbesitz geistiger Normalität und Leistungsfähigkeit. Diese krank-
haften Erscheinungen weisen auf eine seelische Krankheit hin und auf eine dauernde
Ursache. Die Anomalien liegen im Gefühl, während an der intellektuellen Begabung
kaum ein Mangel zu erkennen ist. Aber gerade das Gefühl, in dem die Wurzeln des
Willens liegen, ist hier von der größten Wichtigkeit. Die sittlichen Werturteile werden
bei meiner Tochter in den Fällen, wo die krankhafte seelische Veranlagung zu stark
wird, über den Haufen gerannt. Wir Eltern empfinden solch eine abnorme Tochter als
Angstkind, da die ständige Gefahr darin liegt, dass sie entgleist. Meine Tochter würde
also, wenn sie entlassen würde um für sich selbst zu sorgen, in gar nicht langer Zeit dem
Staate doch zur Last fallen, indem sie entweder in einem Kranken – oder Irrenhaus,
oder im Gefängnis untergebracht werden müsste. Denn ... meine Tochter wird bei ihrer
ganzen intellektuellen Begabung, ihren Fertigkeiten, ihrem Können, doch eins nicht
fertig bringen, nämlich ihren ganzen Menschen zu disziplinieren, Herr über sich selbst
zu werden. Deshalb möchten wir bitten, die Tochter in einer Anstalt, wo nur Ner-
venkranke, nicht aber Irrsinnige sich befinden, besser noch in einem ausgesprochenen
Psychopathenheim, unterzubringen. Wenn Herr Dr. Simon in Gütersloh behauptet,
dass meine Tochter fähig wäre, für sich selbst zu sorgen in einer Zeit, wo Vollkräfte
abgebaut werden, so bitte ich, von Herrn Dr. Simon den Beweis für seine Behauptung
zu erfordern, indem er ihr in der großen Anstalt in Gütersloh einen ihren Kenntnissen
und Fähigkeiten angemessenen Platz zuweist, den sie gegen Gehaltszahlungen voll
auszufüllen hätte, sei es auf dem Büro oder im Haushalt. Die Tochter hat die höhere
Töchterschule besucht, ist im Klavierspiel ausgebildet, hat in der Pension den Haushalt
erlernt, hat auch die Handelsschule besucht und besitzt im weiblichen Handarbeiten
gute Kenntnisse.
gez. C. Stellbrink; Oberzollsekretär a.D.

Gibt keine weitere Auskunft

Gütersloh im Mai 1926

Mit der Registriernummer 79 finde ich in der Krankenakte zwei Formular-
blätter einer *Wissens- und Intelligenzprüfung* der Provinzheilanstalt Münster,
ausgefüllt am 5. Mai 1926. Direktor Simon, der von der Hinhaltetaktik der
Familie genug hat, will möglicherweise ganz sicher gehen, bevor er die
Frau notfalls ohne den Beistand der Familie endgültig entlässt. Schulwissen
wird in dem Test abgefragt. Kurz lässt sie sich darauf ein. Unter dem
Punkt – *Kenntnis von wichtigen Persönlichkeiten, von Zeitverhältnissen der Vergan-*
genheit und Gegenwart und deren inneren Zusammenhängen – lese ich dann ihre
Antwort auf die Frage nach dem wichtigsten Ereignis der letzten Zeit: *Ich*
kenne nur eines, die Geburt. Es folgt der Eintrag: *Gibt keine weitere Auskunft.*

Gütersloh, 6. Mai1926

„Zum Donnerwetter!", Direktor Simon, von seinem morgendlichen Rundgang zurück am Schreibtisch, schaut die soeben eingegangene Post durch. Da lässt sich dieser sonst so beherrschte Mann zu einem Fluch hinreißen. Er kann nicht glauben, was er auf dieser Postkarte liest:

Herrn Dr. Simon!
Unter Bezugnahme auf Ihr Schreiben teile ich Ihnen mit, dass Frau Heiss in den nächsten Tagen abgeholt wird.
Hochachtungsvoll, i.A. C. Stellbrink, Oberzollsekretär a.D.
(Es ist Lenchens Handschrift)

Ungläubig starrt der Direktor auf den Text. Durch seinen Körper geht ein Ruck. Entschlossen greift er zum Telefon. „Schnell, ein Telegramm, dazu ein Telefonat mit dem Magistrat von Detmold. Jetzt treibt diese Sippe es zu bunt!" Keine Minute länger ist er gewillt, sich von dieser Familie an der Nase herumführen zu lassen wie ein Tanzbär auf dem Jahrmarkt. Wütend knallt er das Schreiben auf die Tischplatte und trommelt nervös darauf herum, greift zum Stift und macht sich Notizen, bis das Fräulein erscheint und erschrocken das Schreibgerät aus dem Haar zupft. „Schreiben Sie!", schnaubt er, „An Carl Stellbrink, Hubertusstraße 10, Detmold. Entlassung Frau Heiss heute, fünf Uhr. Punkt. Simon – Haben Sie das? Sorgen Sie dafür, dass das sofort abgeht, bringen Sie es notfalls selbst zur Post. Und besorgen Sie mir eine Verbindung zur Polizei in Detmold. Wollen doch mal sehen!"

Eilig verlässt die junge Frau das Büro. Die Aufregung hat auch sie erfasst, der Chef kann ziemlich unangenehm werden, wenn er verärgert ist. Simon greift zu dem kleinen Brieföffner in Form eines Dolches und wendet sich weiteren Posteingängen zu. Ritsch, ratsch! – fetzt er gerade einen Umschlag auf und zerrt dessen Inhalt hervor, als das Telefon klingelt. „Ja, Simon hier. ... Worum es geht? Um eine unverschämte Familie, die mich zum Narren machen will! Wieder so ein Fall, in dem Angehörige ihren missratenen Sproß nicht in Freiheit sehen wollen. Und der Detmolder Magistrat spielt ihnen auch noch in die Hände. Gütersloh ist doch kein Ersatz fürs Arbeitshaus oder ein Psychopathenheim! Seit Monaten holen sie die Tochter nicht ab, obwohl die gar nicht krank ist. Die wirklich Kranken finden keinen Platz, stattdessen benutzen diese Leute die Anstalt als – als Hotel! Das Ende meines Geduldsfadens ist erreicht. Die Frau wird entlassen, noch heute. Ich habe diese Leute lange genug mit Rücksicht bedacht. Schicken Sie sofort einen Wachtmeister zu dieser Familie – äh, Stellbrink, die Adresse verrät Ihnen gleich meine Sekretärin. Und schärfen sie ihnen ein, dass ich ihre Tochter noch heute auf die Straße setze. Es ist mir völlig gleichgültig, ob sie abgeholt wird oder nicht. Bezahlt haben sie auch noch nicht. Wir sind doch kein Obdachlosenasyl. Die Frau ist gesund und kann arbeiten. Spätestens um fünf Uhr macht diese Psychopathin sich auf den Weg, wohin auch immer. Aus!" Er knallt den Hörer auf die Gabel. – „Was glauben diese Leute eigentlich, wer sie sind?" Na bitte. – Eine Stunde später nimmt Direktor Simon zufrieden die Meldung des Wachtmeisters aus Detmold entgegen: Die Schwester wird den Zug um drei Uhr nehmen, lässt der Vater ausrichten. Soll dann gleich unterschreiben, wenn sie eintrifft, dass sie die Sachen bekommen hat. Das muss man der Oberpflegerin mitteilen.

Die findet die Frau Heiss in der Nähstube. Doch statt zu nähen, brütet sie wieder einmal vor sich hin. Das Flickzeug hat sie auf dem Schoß liegen. Völlig stumpf, pflegt sich auch nicht mehr. Diese strähnigen Haare, ob die sich heute schon einmal gekämmt hat? Wie ein Fremdkörper ist sie zwischen den anderen Patienten. Wird Zeit, dass sie fortkommt. Es hat keinen Sinn, sie hier zu behalten, denn sie schließt sich völlig ab von ihrer Umgebung. Mit Schokolade oder Seife lässt die sich nicht locken. „Kommen Sie mit, Sie werden heute entlassen." „Aber wohin denn jetzt", entgeistert schaut sie zur Oberpflegerin auf, „zu Hause wollen sie mich ja nicht. Kommt etwa mein Mann?" „Nicht, dass ich wüsste. Sie nehmen ja seine Post nie an. Es ist deutlich, dass Sie ihn nicht zu sehen wünschen. Kommen Sie jetzt, wir müssen Ihre Sachen packen. Und Sie sollten sich etwas zurechtmachen. So können wir Sie doch nicht auf die Menschheit loslassen!"

Lenchen holt Irmgard am 6. Mai ab. Die oben zitierte Karte trägt das gleiche Datum. Wie ist das zu erklären? Ich habe es mit dieser Szene versucht. Und warum hat die Ältere auch die Kleiderliste unterschrieben? Kurz ist sie: ein Kleid, ein Beinkleid, ein paar Strümpfe, eine Strickjacke.

Nun nimmt Irma der Schwester im Gang des Verwaltungstraktes wortlos den Koffer aus der Hand und trottet finster zur Eingangspforte. Im Zug setzt sie sich mit dem Rücken zu Lenchen. Bis zur Hubertusstraße fällt kein Wort. Genau seit einem Jahr war sie aus Detmold fort.

Carl Stellbrink, Detmold, an Fritz Stellbrink, Mont Alverne:

Detmold, den 15. 6.1926

Lieber Fritz!

... Wegen der Kinder Ewald und Hugo Heiss möchte ich Dir nun Folgendes mitteilen. Heiss will nicht, daß die Kinder nach Brasilien kommen, zweifellos aus selbstsüchtigen Gründen; er will sie in Deutschland behalten. Die Vaterrechte sind ihm nicht aberkannt. Wir haben deshalb durch Vermittlung des Wohlfahrtsamtes Bielefeld bei dem Amtsgericht Langendreer den Antrag gestellt, daß dem Heiss nach § 1666 BGB die Sorgerechte entzogen werden und Dir die Vormundschaft übertragen werde. Der Antrag ist gerichtsseitig abgelehnt ... Gegen diese Entscheidung haben wir Berufung bei dem Landgericht Bochum eingelegt; sie steht noch aus. ... Du wirst hieraus ersehen, lieber Fritz, daß wir Dir die Kinder nach Lage der Verhältnisse jetzt noch nicht schicken können. Wenn das Landgericht Bochum als Berufungsinstanz ebenfalls ablehnend entscheidet, können wir Dir die Kinder überhaupt nicht schicken. Es würden uns sonst Schwierigkeiten und Kosten erwachsen, weil Heiss nur aus dem Beweggrunde, uns zu schädigen, die Kinder zurückfordern würde, ohne selber willens zu sein, für dieselben hinreichend zu sorgen. Auch jetzt zahlt er absichtlich nichts für die Kinder; er richtet es so ein, daß sein Verdienst aus Gelegenheitsarbeiten für die Behörde nicht erfaßbar ist. Wir aber opfern monatlich 60 M ... Von Irmgard ist vor kurzem ein Brief an Euch abgegangen. Ich möchte zu dem Briefe nur mitteilen, daß wir grundsätzlich dagegen sind, daß Irmgard zu Euch kommt. Der Kreisarzt Dr. Frenzel (Nachfolger von Dr. Carius) hier hat folgendes Attest ausgestellt:

„Frau Heiss aus Langendreer leidet an ausgesprochener Psychopathie. Sie bedeutet, in der Gesellschaft belassen, Gefahr für diese, da sie Gefahr läuft, bei ihrer ausgesprochenen charakterlichen Schwäche in Haltlosigkeit erneute Straftaten zu begehen. Die Aufnahme in eine geeignete Bewahranstalt ist dringend erforderlich."... Irmgard sollte schon im März d. J. entlassen werden. Da wir aber nicht wußten, wohin mit ihr, haben wir sie noch vom 10. März bis 6. Mai d.J. zum Pflegesatz von 2,50 M pro Tag auf unsre eigenen Kosten in der Anstalt in Gütersloh belassen, um uns danach umzusehen, wo wir sie am besten anderweitig unterbringen könnten. Während der Zeit unsrer Ratlosigkeit hörten Mutter und Lenchen einen Vortrag der Schwester Frieda von Bodelschwingh über das Thema: 'Was hat die Stockholmer Kirchenkonferenz den Frauen gebracht?' Diese Schwester hat selbst an der Konferenz teilgenommen. Sie berichtete unter anderem, daß für die psychopathischen Frauen und Mädchen, für diese seelisch Kranken besser als bisher gesorgt werden sollte, indem man Verwahrungshäuser errichtete, da diese Kranken wohl den Willen zum Guten hätten, aber nicht die genügende innere Kraft zum Vollbringen aufbrächten. Infolgedessen machten sie einen beständigen Kreislauf

zwischen Dienststelle, Gefängnis, Straße, Entbindungsanstalt und Krankenhaus, die eine Gefahr für ihre Mitmenschen bedeuteten und die man doch nicht im Irrenhause belassen könne. Dieser letztere Satz war für Mutter und Lenchen ein Fingerzeig, weil kurz vorher ein Schreiben gekommen war, daß Irmgard aus der Anstalt entlassen werden sollte, weil der weitere Aufenthalt im Irrenhause nicht gerechtfertigt werden könnte.

Nach dem Vortrag erfuhr Mutter von der Krankenschwester Frieda eine Adresse für ein solches Psychopathen-Heim für Töchter gebildeter Stände, wo die Pfleglinge unter ständiger Aufsicht Haus- und Gartenarbeit verrichten und wo Pädagoge und Arzt vereint dem abnormen Menschen zu Hilfe kommen. Der Pflegesatz beträgt für diese Anstalt 3 M pro Tag (ermäßigter Preis). Wir haben also am 6. Mai Irmgard aus der Provinzial-Heilanstalt in Gütersloh abgeholt. Am folgenden Tag hat der Kreisarzt Dr. Frenzel sich mit ihr unterhalten, um das erforderliche Attest ausstellen zu können. Er war aber schon vorher ganz genau von uns informiert. Das Attest ist nun mit einem Begleitschreiben von dem hiesigen Fürsorgeamt nach Münster gesandt. In diesem Begleitschreiben haben wir uns bereit erklärt, daß, wenn Irmgard in diese Anstalt aufgenommen würde, wir 1/3 der Kosten, 30 M. monatlich, tragen wollten, ebenfalls für Wäsche und Kleidung sorgen wollten. Es bleibt dem Landeshauptmann natürlich unbenommen, sie in einer anderen Anstalt unterzubringen. Wir hatten also Irmgard bei uns im Haus und wollten auf diese Antwort des Landeshauptmanns warten, da wir annahmen, daß diese baldigst kommen würde. Aber sie ließ auf sich warten, obgleich vom Amt aus dringend um schnelle Erledigung gebeten war. Anfänglich ging es mit Irmgard auch ganz gut, aber in der dritten Woche fing sie wieder an, in Geschäften Sachen zu entwenden. Wir haben sie dann in der vierten Woche wieder nach Lindenhaus (Brake bei Lemgo) bringen lassen, wo ihr Aufenthalt aber nur vorübergehend sein darf, weil sie ja nicht in eine solche Anstalt hineingehört; wir mußten sie aber wieder dorthin bringen lassen, weil sie zeitweise in eine solche Erregung hineingerät, daß sie uns bedroht. Sie ist eben unberechenbar, und wir haben daher immer eine innere Unruhe bei ihr, obwohl sie zwischen diesen Erregungs-Touren oft tagelang ein so liebes Wesen hat, daß man sich in keiner Weise über sie zu beklagen braucht.

Du wirst, lieber Fritz, nach dem Vorstehenden wohl selbst empfinden, daß wir zu einer Überreise Irmgards nach Brasilien niemals die Einwilligung geben können. … Mutter leidet an starker Herzschwäche, sie muß sich sehr schonen. Ich selbst bin gleichfalls sehr hinfällig. Ich bin froh, daß wir Lenchen zur Hilfe haben, ohne sie könnten wir gar nicht fertig werden. Was mit Behörden und Ärzten zu verhandeln und zu erledigen ist: sie muß alles überdenken; ich selbst bin dazu nur in beschränktem Maße fähig. Auch die Haushaltsangelegenheiten muß sie überdenken und ordnen; mein Gedächtnis versagt oft völlig. Die abfälligen Bemerkungen über Lenchen in deinem letzten Briefe haben

mich bitter gekränkt und traurig gestimmt, da ich in der Verlassenheit meines Alters keine bessere und treuere Stütze haben könnte, als ich in Lenchen besitze. Wie wäre es möglich, unsern Hausstand aufrecht zu erhalten, wenn wir Lenchen nicht hätten. Wie wäre es möglich, das Kind von Magda hier zu haben, wie könnten wir für Irmgard's Kinder sorgen, wenn wir, Mutter und ich, allein wären? Nun aber genug! Hoffentlich tust Du mir das nicht an, mir in Zukunft noch ähnliche Bemerkungen zu senden. Ich weiß, was ich meinen Angehörigen und Gott schuldig bin!!
Herzliche Grüße für Alle! In Liebe! Vater

„Die Eugenik hat wirklich kein Interesse an Einzelwesen, die minderwertig sind"[24]

Hermann Muckermann, Leiter der Abteilung für Eugenik am Kaiser-Wilhelm-Institut für Anthropologie (KWI-A) in Berlin, 1929

... und im Knopfloch trägt sie eine Nelke

Lindenhaus, 10. Juni 1926

Oberarzt Müller trägt in seiner mir bereits vertrauten, zierlichen Handschrift ein: *Ich habe heute die Frau Irmgard Heiss wieder aufgenommen.* Oberwachtmeister Jenschede aus Detmold bringt sie direkt vom Bahnhof Barntrup. Das kreisärztliche Zeugnis sowie die amtliche Einweisung des Magistrats von Detmold hat er dabei und übergibt jetzt beides dem Arzt. Der schreibt auf dem vorgedruckten Bogen unter dem Satz, ... *ich selbst habe folgenden wesentlichen Aufnahmebefund erhoben,* handschriftlich:

Die Frau Heiss lässt nicht im Geringsten erkennen, dass ihr die Zwangsvorführung peinlich oder verletzt, da hier bereits von früher gut bekannt sei. Sie beherrscht sich ... und trägt eine möglichste Geringschätzung zur Schau: Isst mit vollem Mund als sie herein kommt, sitzt bequem und lässig, den Arm auf dem Tisch. Im Knopfloch ihres Mantels trägt sie eine Nelke. Warum hierher? ... Warum fragen Sie mich denn? Von selber komm ich doch nicht hierher? – Gewaltsam fort – (?) Weil man mich verhaftet hat? Weil ich gestohlen habe? Was, weiß ich nicht mehr so genau ..." Seine Empörung über so viel Renitenz gibt Müller detailreich und anschaulich wieder: *In ihrem Verhalten zeigt sie sich genau so, wie sie noch in wenig angenehmer Erinnerung ist:*

Hochnäsig, geringschätzig, ungezogen, schnippisch in ihren Antworten, ohne jedes Gefühl für das Unerfreuliche ihrer Lage. Ohne jede Hemmung antwortet sie möglichst wenig, möglichst unfreundlich, nicht im Geringsten bestrebt den Frager zu befriedigen: Sei seit etwa einem Jahr in Gütersloh ... alles mögliche dort getan, weiß nicht mehr genau, beide Kinder in Bielefeld; vom Mann in G. besucht, ihn aber nicht angenommen, weil ich ihn nicht sehen mochte. Anfang Mai entlassen, zunächst zu ihren Eltern nach Detmold, habe dann Stelle als Stütze in Bielefeld annehmen wollen, das Geld zur Reise ihrer Mutter weggenommen; dann sei der Wachtmeister gekommen und habe sie hierher gebracht, warum wisse sie nicht.

Eintrag 15. Juni 1926

Die Kranke benimmt sich meist recht disziplinwidrig: bezeigt dem Arzte nicht die geringste Achtung und Beachtung, verweigert unter nichtigen Vorwänden die Arbeit, will das Brot nicht essen können, bekomme Schwindel bei der Arbeit ... Auf Fragen gibt sie in gesucht ungezogener Weise Antwort ... Sie nimmt nicht die geringste Notiz davon, wenn die Visite den Raum betritt, blickt sich höchstens eben um ... ungezogen, undiszipliniert, verweigert Auskunft ... Warum wollen Sie das eigentlich von mir wissen? Das haben Sie ja schon 100 Mal gefragt. Lassen Sie mich endlich in Ruhe mit Ihrem ewigen Fragen. – Wodurch haben Sie die von Ihnen angestrebte Stelle in Bielefeld erhalten, durch Zeitung, Nachweis oder sonstige Vermittlung? – Warum müssen Sie das eigentlich wissen? Ich weiß es nicht mehr.

Sie weiß es ganz genau, aber sie weiß eben auch, wie sinnlos es ist, auf diese Fragen zu antworten. In Fritz' Karteikarte finde ich folgende Informationen, die er von Irmgard erhalten haben muss:

Hatte Mitte (6. oder 7.) 1926 Stelle als Stütze, monatlich 50 Mark, bei (unleserlich) *Herrn Chemikalien-Kaufmann Gustav Niedicht (gestorben 1927) in der Herforder Straße Nr. 121, der an 16 Jahre im Stuhle (Rollstuhl) saß und seit Jahren von s. Frau gepflegt wurde. Sie sollte ihre 2 Kinder mit ins Haus nehmen. Vermittelt und empfohlen durch Arbeiter Neumeier i. d. Lützowstraße.*

Einmal, am 22. Juni, spricht sie doch ein wenig mit dem Arzt. Über Hugo sagt sie: *Er ist mir fremd und will mich nur ins Unglück stürzen ... unsere Ansichten vom Leben sind zu verschieden!*

Sie will Lenchens Besuch nicht empfangen, sondert sich ab, sitzt allein. Da sie nicht andauernd weinen kann, heulen, schreien oder beten, Haare ausreißen, die Welt verfluchen oder sonst Dinge tun, die man normalerweise in einer solchen Situation tut, wird sie wieder einmal trotzig, frech und stark. Im Oktober gibt sie diese Form von kräftezehrendem Widerstand auf, *sie arbeitet regelmäßiger in der Nähstube, fällt in keiner Weise auf, tut die ihr aufgetragene Arbeit ohne Widerspruch,* wird sogar als sehr fleißig bezeichnet. *Zu ihrer Umgebung steht sie aber immer noch ganz fremd,* heißt es im Eintrag. Im Dezember zeigt sie *äußerlich geordnetes Verhalten, in der Arbeit sehr fleissig, aber immer noch bei jeder Differenz ungezogen und disziplinwidrig: Verweigert auf eine amtliche Anfrage hin Auskunft über ihre Familienverhältnisse zu geben (ein Kind außerehelich?) ... Nimmt dem Arzt das amtliche Schreiben aus der Hand und knüllt es zusammen, lässt es sich dann aber wieder abnehmen.*

Januar und Februar vergehen unverändert. Hugo kann nicht glauben, dass seine Frau seine Nachrichten nicht annimmt, er misstraut den Ärzten wie der Familie. Den Versuch, Irmgard als „unsittlich" darzustellen, hat er schon lange aufgegeben und vermutlich bereut. Nun schaltet er sich ein und springt ihr bei. Am 11. September 1926 geht im Lindenhaus ein Schreiben ein, das die Ärzte aufschreckt.

An den Magistrat der Stadt Detmold   *Langendreer, 9. September 26*

Es wird mir mitgeteilt,

dass meine Frau sich wieder in der Pflegeanstalt Lindenhaus befindet. Ich bitte daher mir über den Zustand meiner Frau berichten zu wollen. Herr Dr. Simon aus Gütersloh gab mir damals einen Bericht wie folgt: Da bei Ihrer Frau eine Geisteskrankheit nicht hat festgestellt werden können und wir sie für imstande halten ihre Angelegenheiten selbst zu besorgen und ihre Handlungen zu vertreten, ist der Familie Stellbrink zu Detmold mitgeteilt worden, dass sie in einer geschlossenen Irrenanstalt nicht bleiben könne gegen ihren Willen; wenn sie ihre Entlassung wünscht, wird diesem Wunsche sofort statt gegeben werden. Und von Herrn Dr. Müller, Oberarzt der dortigen Anstalt, habe ich ein ärztl. Gutachten, das besagt, dass meine Frau nicht in eine derartige Anstalt hinein gehört. Ich bitte dringend, mir einen klaren Bericht zu geben, damit ich mit dieser Angelegenheit in die Öffentlichkeit gelangen kann.

Mit aller Hochachtung, Hugo Heiss, Langendreer

Hugos Brief an Irmgard ist ebenfalls in der Krankenakte abgeheftet:

L. Irmgard!

Auf meine Anfrage bei den Herren Magistrat der Stadt Detmold bekam ich heute Nachricht. Meine Absichten, dich aus der Anstalt zu führen, damit du dich den Kindern widmen kannst, sind im Gange. Ich bitte zum Wohle der Kinder mir sofort zu schreiben, ob du dort in der Anstalt zwangsweise festgehalten wirst, damit ich die nötigen Schritte unternehmen kann. Und bitte ich mir mitteilen zu wollen, ob ich dich besuchen kann. Bin bereit dir zu helfen, dass du aus diesem Jammer raus kannst. Bitte sofort Antwort! Viele Grüße, Hugo Heiss

Ob sie wenigstens diesen Brief ausnahmsweise einmal gelesen hat? Hugo beweist darin neben gesundem Misstrauen eine bewundernswerte Hartnäckigkeit, Treue und auch Chuzpe. Etwas vom Hauptmann von Köpenick muss in ihm gesteckt haben. Am 4. 10. 26 kündigt er schriftlich an, ein Abgeordneter des Preußischen Landtages werde das Lindenhaus auf seine Veranlassung hin besuchen. Auffällig plötzlich kommt nun Dynamik in die Vorgänge:

Am 9. November 1926 erreicht ein Schreiben des städtischen Fürsorgeamtes die Anstalt.

... Ist eine sofortige Entlassung von Frau Heiss möglich? Muss unbedingt eine Unterbringung in einer Verwahranstalt erfolgen? Da die Verwahrung minderwertiger Personen in geschlossenen Anstalten nicht zu den Aufgaben der Fürsorge gehört, müssten der Ehemann oder evtl. die Eltern für eine weitere Unterbringung sorgen.

Hugos gewitzte und beherzte Interventionen scheinen ihre Wirkung nicht verfehlt zu haben. Die daraufhin vom Magistrat erbetene Stellungnahme des Amtsarztes, selbst Teil der Fürsorgebehörde, fällt so aus:

Der Kreisarzt Detmold   *Detmold, den 5. 11. 26*

Tgb. Nr. 989   *Abschrift*

Dem Fürsorgeamt des Magistrats Detmold beantworte ich die mir gestellte Frage wie folgt:

Ich habe niemals behauptet, dass Frau Heiss in eine Anstalt für Irre als Geisteskranke interniert werden müsste, sondern nur in eine geeignete, geschlossene Anstalt. Ich habe dabei an ein Psychopathenheim gedacht, etwa Bensberg, die Unterbringung ins Lindenhaus geschah, weil uns keine derartigen eigenen Anstalten zur Verfügung stehen und weil Frau H. nicht in der Familie belassen werden konnte, ohne Gefahr für die Familie, wegen der Erregungszustände. Aufgrund ihrer Vorgeschichte und des persönlichen Eindrucks, den ich von ihr gewonnen habe, halte ich meine Diagnose, dass es sich um ausgesprochene Psychopathie handelt, aufrecht. Wird Frau H. nicht weiter in einer Anstalt gehalten, so ist mit Sicherheit anzunehmen, dass sie in ihre alte Gewohnheit zurückfällt. Bei ihrer charakterlichen Schwäche, ihrer Neigung zum Stehlen, ihrem

unmoralischen Lebenswandel wird sie über kurz oder lang wieder mit dem Strafgesetz-
buch in Konflikt kommen. Nur aus diesem Grund halte ich mich verpflichtet, sie als
asoziales Element aus der Gesellschaft auszuschließen, eine Massnahme, die sich billiger
erreichen lassen dürfte, als wenn erst weiteres Elend geschehen ist, etwa durch Zeugung
belasteter Kinder, Krankenhausbehandlung oder Inhaftierung in einer Gefangenen-
Anstalt.

Da Frau Heiss in Langendreer (soweit ich unterrichtet bin) ihren Wohnsitz hatte, ehe
sie nach Entlassung aus Gütersloh wieder die Eltern in Detmold aufsuchte, welchen
man doch nicht zumuten kann, dass die ihr Kind auf die Straße setzen, halte ich den
Landesfürsorgeverband Westfalen für zuständig. Die Kosten der Unterbringung in
Bensberg, die bereits geplant war, dürften nicht viel höher sein, als dass sie diese drin-
gende Bewahrmassnahme nicht rechtfertigten. Soweit mir bekannt ist, wird sich der
Vater auch zur Zahlung eines Zuschusses bereit erklären.
gez. Dr. Frenzel, Kreisarzt

Als ich diese Stellungnahme zum ersten Mal lese, bin ich fassungslos und
mir wird übel. Es kündigt sich der nationalsozialistische Staat an. Ein
Amtsarzt ist bereits höchst besorgt um den „Volkskörper". Der einzelne
Mensch ist ihm gleichgültig. Unbarmherzig und im Brustton der Überzeugung drängt er ihn aus dem Leben.

– Aufmerksame Leser werden sich an dieser Stelle zu Recht fragen, ob ich
da vielleicht etwas ausgelassen habe? ... *wird sie über kurz oder lang wieder mit*
dem Strafgesetzbuch in Konflikt kommen ... Nein, ich habe nichts ausgelassen.
Irmgard ist tatsächlich nie wegen einer Gesetzesübertretung – geschweige
denn wegen einer Straftat – gerichtlich belangt worden. Im Familienarchiv
ist davon zumindest keine Spur zu finden und auch in der Krankenakte
wird ein solcher Fall nicht erwähnt. Oberarzt Müller übersendet am 19.
November 26 dem Wohlfahrtsamt Detmold seine verlangte Stellungnahme:

Wie aus meinen wiederholten schriftlichen und fernmündlichen Anfragen wegen ander-
weitiger Unterbringung der Frau Heiss hervorgeht, halte ich sie in Übereinstimmung
mit dem Dir. Simon in Gütersloh und dem Kreisarzt Dr. Frenzel nicht für irrenanstalts-
pflegebedürftig. Da sie mit ihrem Ehemann völlig zerfallen ist, ihre Eltern ihr gegenüber
nicht die geringste Autorität haben, auch sonst keine fürsorgepflichtigen oder –willigen
Privatpersonen vorhanden sind, halte ich die zwangsmäßige Unterbringung und Fest-
haltung in einem Arbeitshaus oder sonstiger Bewahranstalt für das Zweckmäßigste.
Diese Empfehlung leite ich insbesondere daraus ab, dass sich Frau Heiss seit ihrer letz-
ten Wiederaufnahme und einigen ersten Versuchen zu respektwidrigem Verhalten, seit

*mehreren Monaten in die straffe Anstaltsordnung sehr gut und ohne weitere Widersetz-
lichkeiten hineingefügt hat. Eine gewisse, seelische Gefühllosigkeit, die bei ihr zweifellos
vorliegt, erleichtert es ihr sehr, sich in die Notwendigkeit einer geeigneten Internierung
zu schicken, und den Verlust ihrer Freiheit und die Trennung von ihren Kindern kaum
zu empfinden. Die von dem Kreisarzt Dr. Frenzel genannten ernsten, alsbald nach
Entlassung auf seinem Fuß zu befürchtenden sozialen Entgleisungen nehme auch ich
als ganz sicher an und kann daher nach meinem Urteil ein Aufenthaltswechsel für
Frau Heiss nur in der Unterbringung in einer geeigneten Bewahrungsanstalt bestehen.
Müller*

Eine gewisse seelische Gefühllosigkeit spricht zweifellos auch aus seinen
Zeilen. Wie ich dem Quellenband zur Anstaltspsychiatrie in Westfalen entnehmen kann, kündigt sich zu dieser Zeit eine Rückkehr zur Verwahranstalt an. Psychiater greifen verstärkt auf den überkommenen ordnungs-
politischen Auftrag der Anstalten zurück. Da Irmgard Anfang Dezember
immer noch nicht entlassen ist, setzt Hugo noch einmal wirkungsvoll nach
und schreibt am 4. Dezember 26 eine Ansichtspostkarte vom Reichstags-
gebäude aus Berlin. Der Text auf der Rückseite lautet:

*L. I. Die herzlichen Grüße senden wir aus Berlin vom Kongress der Werksleitungen.
Wir tagen bis Montag, dann gehen wir wieder zur Heimat. Hoffentlich ist Dein
Befinden gut und wünsche baldigste Genesung! Hugo Heiss, M.d.R.*

Die Karte ist tatsächlich in Berlin abgestempelt. Ob wirklich jemand ge-
glaubt hat, dass Hugo Mitglied des Reichstages war? Heute kann ich seine
Angabe schnell überprüfen und finde keinen Hugo Heiss als Abgeord-
neten in der Wahlperiode 1926/27. Ob ein Abgeordneter des Preußischen
Landtages im Lindenhaus nach dem Rechten gesehen hat? Es wird in Irmgards Krankenakte nicht vermerkt. Lenchen versucht noch vergeblich, an
höherer Stelle gegen die Entlassung zu intervenieren. Doch am 5. März
des Jahres 1927, nachmittags um vier Uhr, wird Irmgard in Begleitung der
Pflegerin Stölting entlassen.

8. Glaube, Liebe, Hoffnung (1927-1929)

Lindenhaus, 4. März 1927

Schlafsaal der dritten Klasse. Unter Laken ruhen wie vermummte Skulpturen menschliche Körper dicht an dicht. Von Zeit zu Zeit eine Bewegung unter den Decken. Die Nacht ist erfüllt von Traumlachen und Klagelauten. Sie kennt es nur zu gut, wacht auf von den Wörtern auf ihren Lippen, horcht auf das Konzert und stellt sich vor, sie sei die getünchte Glühbirne und schaue von oben herab auf das sanfte Ballett. Klärchen, neben ihr, zirpt mit geöffnetem Mund. Steingraue Flechten ihres Haars breiten sich auf der Zudecke aus wie das Wurzelwerk des Efeus auf der Mauer des Schlosses. Die meisten sind überzeugt, Klärchen sei verrückt, weil sie nicht spricht. Sie dagegen ist sich ganz sicher, Klärchen weiß um das Trachten der Menschen im Daseinskampf. Auch sie ist hier verstummt. Was sollte sie beim Kartoffelschälen auch erzählen? Dass es ihre Angehörigen sind, die sie hergebracht haben, dass sie für ihre Kinder gestohlen hat? Dass ihre schuftige Familie sie im Stich lässt, ihr keinen Platz im Elternhaus einräumt? Dass die Eltern lieber für fremde Leute zahlen, statt die Tochter mit den Enkelkindern in einem großen Haus mit Garten aufzunehmen? Dass die Ärzte sie verhören, als seien sie Richter und das Lindenhaus eine Untersuchungshaftanstalt? – Ob sie wirklich heute entlassen wird? Vorsichtig dreht sie sich um und schaut in Mathildes lockenumranktes Gesicht. Die ist nie um ein Gerede verlegen. Sie wäre imstande und holte die Pflegerin, wenn sie sieht, dass sie wach liegt. Was dann geschähe, richtete sich nach dem Dienstplan. Wenn Pflegerin Stölting Dienst hätte, dann würde die sich durch den Gang zwischen den Betten hindurchschieben, ihre gestärkten Röcke würden dabei knistern. Sie würde sie mit verschränkten Armen minutenlang betrachten. Sollte sie sich dann durch ein Zucken der Augenlider oder eine andere verdächtige Lebensäußerung verraten, dann zischte sie: „Schlafen Sie jetzt! Auch wenn Sie sich den Anschein geben, wir lassen uns nicht täuschen. Sie gefährden Ihre vorgesehene Entlassung! Ich werde Oberarzt Müller Bescheid geben."

Womöglich hieße es dann: belästigt und beunruhigt Mitpatienten. Wenn Schwester Ridder Dienst hätte, dann würde sie sich auf ihr Bett setzen und mit diesem Lächeln, genau auf dem schmalen Grad zwischen Mitleid und Ärger, das gefürchtete „Du" anwendend, flüstern: „Setz dich hin!" Sie würde zwischen den Fingerkuppen eine Tablette halten, sie ihr wortlos in den Mund schieben und ihr aus einem Emaillebecher Wasser reichen. Sie müsste diese Tablette dann schlucken, damit das messerscharfe Lächeln nicht wegrutscht. Eine falsche Bewegung und das Mitleid der Schwester könnte sich schnell in eine Drohgebärde verwandeln. Man ist ja hier ihre Gefangene, wohl? Wenn man sich wehrt – und sie wehrt sich – dann holen sie die Pfleger von der Männerabteilung. Und wenn die einen dann an der Brust berühren, weil man so zappelt, dann sind das Männer, nichts weiter! Sie würde also diese Tablette von Schwester Ridder zwar mit einem Unbehagen, doch nicht ungern schlucken. Dann könnte sie sich auf diese Momente freuen, in denen sich die Müdigkeit in ihr ausbreiten würde wie Honig in einem leeren Gefäß.

Es ist so stickig. Früher hat sie bei offenem Fenster geschlafen, die Natur ist ja ein Heilmittel. Hier geht das nicht. Warum werde ich jetzt erst entlassen? Wohin dann, ohne einen Pfennig in der Tasche? Es wird doch nicht wieder ein Wachtmeister sein, der mich begleitet? Wie kann ich an Geld kommen? Ich muss so schnell wie möglich nach Bielefeld, einen Verdienst finden, eine leichte Stelle im Haushalt, wie ich sie in Aussicht hatte! Metas Grab will ich besuchen. Hoffentlich sehe ich diesen Schlafsaal nie wieder! Ob Fritz und Hildegard mich und die Kinder noch wollen? Was werden meine Jungens sagen? In Detmold müssen sie mich aufnehmen, es ist doch auch mein Elternhaus!

Das Aufwachen ist scharf, als habe sie sich geschnitten. Benommen steigt sie nach dem Frühstück neben der Wärterin die Treppe hinab. Sie schaut nicht zu den Pfleglingen in den von Raureif behauchten Gärten, die dort schon für das Frühjahr umgraben. Sie achtet nicht auf die Fetzen ihres Atems. Nur zu den Krähen schaut sie einmal auf, die um das Schloss fliegen und Zweige für ihr struppiges Zuhause hoch in den Buchen sammeln. Deren heisere Rufe hört sie noch, als sie mit der Stölting die Bahngleise überquert und in den Zug steigt. Drinnen Menschen auf dem Weg zur Arbeit, dichtgedrängt. Männerbänke, Frauenbänke, lebhafte Gesten, Gelächter. Als sie sich einen Platz suchen, wird es ruhig. Einige rücken zur Seite. Das Stampfen der Dampflock wird schneller. Sie wischt ein Guckloch in die beschlagene Scheibe, sieht Häuser und Astwerk vorüberfliegen. Die Pflegerin verlässt das Abteil. Vor dem Bürozimmer wartend hat sie gesehen, wie jene einen Brief in die Aktenmappe gleiten ließ. Ein Blick in schläfrige Gesichter, dann greift sie beherzt in die Mappe und liest: „Frau Irmgard Heiss wird heute als nicht anstaltspflegebedürftig endgültig entlassen. Sie ist eine minderwertige, psychopathische Persönlichkeit und bedarf zunächst noch der Unterstützung." Mit zitternden Fingern steckt sie das Schreiben zurück. Da kommt schon die Stölting, der Zug verlangsamt die Fahrt. „Wir müssen aussteigen! Kommen Sie, ich begleite Sie zunächst nach Hause. Ich muss dann noch zum Magistrat. Nehmen wir die Straßenbahn?" „Es ist nicht weit, nur zehn Minuten zu Fuß." Der kleingepflasterte Bahnsteig, das eiserne Treppengeländer, als hätten sie auf sie gewartet. Eine Viertelstunde später stehen sie vor dem Haus mit der Kastanie. Ein kleines Fenster in der Mitte der dreiflügeligen Haustür öffnet sich. Lenchens Kopf erscheint. Mit gequältem Lächeln öffnet sie die Tür, zieht die Schwester ins Haus und verabschiedet die Pflegerin.

Als sie sich gegenüberstehen, kommt Magdalenas Kind die Treppe hinuntergesprungen und betrachtet neugierig die fremde Frau. Irmgard schiebt die Schwester beiseite und streicht über den Lockenkopf. „Ich bin deine Tante Irmgard." Einige Tage später weiß sie, das Recht dieses Kindes, im Haus zu sein, hängt wie das ihre an einem seidenen Faden. Manchmal spielt sie abends mit dem schüchternen Kerlchen. Sie hat Arbeit in einer Spinnerei in Bielefeld gefunden, fährt täglich mit der Bahn. Jetzt steht sie an Metas Grab. Wie trostlos das aussieht! Unglücklich versucht sie, das Unkraut zu zupfen, hält inne und spricht mit dem toten Kind. „Ich werd Vergissmeinnicht und Marienblumen für dich pflanzen, sobald die Nachtfröste nachlassen. Aber jetzt muss ich mich erst um deine Brüder kümmern, denen du in deinem kurzen Leben nie begegnet bist."

Als sie sich traurig zum Gehen wendet, fällt ihr Blick auf etwas Blaues. Im Gebüsch entdeckt sie einen Ball. Sie kann doch nach so langer Zeit nicht zu ihren Kindern kommen, ohne etwas mitzubringen. Ewald müsste jetzt in die zweite Klasse gehen, Hugomann ist mittlerweile fünf Jahre alt. Sie steckt den Ball in die Einkaufstasche, nimmt sich vor, am Sonntag als erstes Hugomann zu besuchen. Da gab es doch diese Brockensammlung mit ihren preiswerten Gebrauchsgegenständen auf dem Anstaltsgelände von Bethel. Vielleicht, dass sich hier noch etwas finden lässt, überlegt sie und lenkt ihre Schritte dorthin. Dieser tadellose Anzug zum Beispiel – wie neu. Der könnte doch vielleicht seinem Vater passen?

In den Sternen stehts geschrieben …

Am folgenden Sonntag passiert sie gerade das Portal des Bielefelder Bahnhofs, als ihr der Weg mit den verstörten, übermüdeten Kindern lebhaft vor Augen steht. Zweieinhalb Jahre ist es jetzt her, dass sie hier an jeder

Hand einen Jungen in eine ungewisse Zukunft zog. Da war sie auf dem Weg zur Frauenherberge. Hugomann schrie fast den gesamten, verdammt langen Weg. Damals war sie nach links abgebogen, jetzt muss sie sich nach rechts wenden und es müsste ein kurzer Weg sein, denn Hugos Pflegeeltern wohnen ganz nahe dem Bahnhof. War es dieses Haus? Nein, das da drüben muss es wohl sein, ja da ist es: „Obesser". Der Mann in der Tür ist dann wohl Hugos Pflegevater? Sie erinnern sich beide nicht. „Was wollen Sie?", fragt der Mann, ganz ohne „Guten Tag" zu sagen, unerfreut über die sonntägliche Störung. „So, Hugos Mutter wollen Sie sein, wollen Ihr Kind sehen. Da muss ich erstmal hören, was meine Frau dazu sagt. Nicht, dass der Bengel einen Schock bekommt!" Der Mann verschwindet im Haus. Da steht sie beklommen an einer fremden Haustür, um ihr Kind sehen zu können! „Else, wo ist der Hugo?", hört Irmgard ihn rufen. Die Pflegemutter erscheint in der Tür, trocknet sich die Hände an der Schürze ab. „Frau Heiss, na so eine Überraschung! Mit Ihnen haben wir ja gar nicht mehr gerechnet. Sind Sie denn auch wieder ganz gesund? Wenn der Hugo Sie mal bloß wiedererkennt! Er spielt im Garten. Machen Sie's nicht zu lang, er soll noch die Kaninchen füttern. Soll ich besser mitkommen?" „Ja, das wäre bestimmt gut, Frau Obesser. Zweieinhalb Jahre hat mein Söhnchen mich ja nicht gesehen. Vielleicht finden wir einmal Zeit, dass Sie erzählen? Aber jetzt bin ich zu gespannt." Die Pflegemutter öffnet das Tor zum Garten, in dem Hühner scharren. Drei Jungen hocken weiter hinten um ein Spiel mit Murmeln. Sie schauen kaum auf, als die beiden Frauen sich nähern. In den harten Boden haben sie ein Loch gepult. Mit klopfendem Herzen fragt sie sich, welcher der Knaben ihr Söhnchen ist. Der mit der Stupsnase? Verstohlen sucht sie nach dem Muttermal an der Hand. „Hugo, denk dir, deine Mutter ist gekommen!" Drei Jungen schauen auf, kichern, klickern mit den Murmeln. Sie ist immer noch nicht ganz sicher. In der Magengegend lodert eine kleine Stichflamme auf, als jetzt eines der Kinder sie misstrauisch beäugt. „Meine Mutter? Das bist doch du!", piepst eine fremde Kinderstimme. Der ausgestreckte Finger zeigt an ihr vorbei. „Dich kenn ich ja gar nicht. Du bist dran, Max!" – Blaues Licht, scheine! Jetzt geht sie einige Schritte näher, räuspert sich, holt tief Luft: „Ich hab etwas mitgebracht." Drei Augenpaare schauen auf. Verlegen zieht sie den Ball aus der Tasche. Hugo legt den Kopf schief und beäugt das Mitbringsel. „Bisschen wenig Luft drin!" Vergeblich bekämpft sie die aufsteigenden Tränen. Jetzt tropfen sie doch tatsächlich zu Boden und sie hat kein Taschentuch.

„Machen Sie sich nichts draus", Frau Obesser berührt sie am Arm, versucht zu trösten. „Er muss sich ja nun erstmal wieder an sie gewöhnen. Warum haben Sie denn auch so lange gar nichts von sich hören lassen? – Es tut mir leid – und vielleicht ist jetzt auch nicht der beste Moment um es zu sagen – aber wir werden Hugo nicht mehr lange bei uns behalten können. Unser eigener Sohn ist jetzt schon 14 Jahre alt und ich kann nicht länger die Verantwortung für ein so kleines Kind übernehmen." Irmgard nickt stumm und betrachtet eingehend die dunklen Flecken auf der Erde.

Gefangener 1709

Im Archiv in Münster erlebe ich eine weitere Überraschung. Ich bin in die Geburtsstadt der Geschwister Stellbrink gefahren um herauszufinden, ob eine Sterilisationsakte des Erbgesundheitsgerichtes zu Irmgard Heiss vorhanden ist. Nein, die gibt es nicht, aber ich werde auf eine Akte zu ihrem Ehemann aufmerksam gemacht. Eine Justizakte. Erfahre ich nun etwas über Hugos Strafverfahren? Ging es dabei wirklich um Hehlerei? Misstrauen gegenüber der offiziellen Darstellung ist angebracht. Zahlreiche politisch aktive Arbeiter wurden nach den „Kapp-Tagen" mit fadenscheinigen Anklagen überzogen. 1923/24 hatten sich Arbeiterkomitees gebildet, die „Umverteilungen" zum Ziel hatten, um die Grundversorgung zu verbessern. Die direkte Aktion der Rätebewegung. War es vielleicht eine solche Aktion, die zu Hugos Verurteilung führte? Es passt nicht zu den Grundsätzen eines erklärten Anhängers der USPD und KPD, sich persönlich bereichern zu wollen. Ging es also wirklich um ein unpolitisches Delikt? Die KPD war vom 26.11.23 bis 12. 6. 24 verboten und möglicherweise musste auch Hugo untertauchen?

Der Inhalt des grauen Pappdeckels, den ich nun aufschlage, gibt zu diesen Überlegungen keinen Aufschluss. Es ist eine Gefangenenakte, angelegt, als Hugo im Jahr 1927 in der JVA-Werl seine Reststrafe absitzen musste. Ich erfahre, dass er eine kleine Rente aus der Militärzeit vor 1919 bezog, da er bei einem Übungs-Unfall mit dauerhaften Folgen verletzt wurde. Über die Tat, für die er 1924 in Untersuchungshaft kam, erfahre ich nur, er habe sie „aus Not" begangen. Zunächst bin ich enttäuscht, doch dann werde ich beim Lesen hellwach. Das Dokument zeichnet so etwas wie ein Porträt jenes Bergmanns, über den ich wenig weiß, von dem keine Fotografie in all den Schachteln und Blechkisten zu finden war. Zuletzt ist ein Brief in Sütterlinschrift in der Akte abgeheftet. Als ich ihn entziffere wird mir klar: Irmgard muss Hugo in der Haft besucht haben!

Besuch für Hugo Heiss, Zelle 186

13. Mai 1927

Der Gefangene hat sich in Schale geworfen, er trägt Zivilkleidung. Jetzt streicht er sich nervös über das braune Haupthaar, dann über den buschigen Schnauzbart mit den aufwärts gedrehten Enden, der seinem Gesicht einen Ausdruck verleiht, als würde er ausdauernd schmunzeln. Irmgard ihm gegenüber, hält die Hände auf dem Tisch gefaltet, die Knöchel weiß vor Anspannung. Um sie herum sitzen weitere Besucherpaare an Tischen, flankiert von Wärtern. Hugo wagt einen Anfang: „Dass du wirklich gekommen bist!" Er kneift sich in den Arm. „Autsch! – Gut siehst du aus, *mein Liebling!*" Irma, stirnrunzelnd: „Hugo, warum machst du das? Und nenn mich nicht 'Liebling'!" „Warum denn nicht? Ich kann es ja kaum fassen. Du hast mich also endlich erhört! 1925 habe ich die letzte Nachricht von dir erhalten. Da fragtest du mich, *ob ich Interesse an meinen Angehörigen habe! Wie konntest du so etwas fragen? Das beurteilen meine Briefe, die ich dir immer geschrieben habe! Ein elender Lump, wer nicht schreibt!"* Um ihren Mund zuckt es: „Den ersten habe ich ja noch gelesen ..." *„Mein Gefühl sagte mir, die Briefe, die ich durch Freunde an dich und deine Angehörigen gesandt hatte, sind nicht in deine Hände gekommen."* Irmgard missmutig: „Du wolltest für uns nicht zahlen, mehr musste ich nicht wissen!" Hugo lehnt sich zurück. „Du wusstest doch um die Umstände. Ich wurde entlassen, du weißt doch warum!" Er schielt nach dem Wachtmeister. *„Ich hatte dir sogar Geld mit eingelegt. Ich kenne meine Leute genau, obwohl sie nur Volksschulbildung haben, vertraue ich ihnen. Sie haben es bestimmt nicht genommen. Sogar Gedichte hatte ich dir geschrieben!"* „Was sollte ich wohl mit Gedichten anfangen? Davon konnte ich mit den Kindern nicht leben." Auf ihrer Stirn steht eine Zornesfalte. „Es waren *Freiheitsgedichte, Liebesgedichte ...*" „Hab kein Geld bekommen! Wenn du mir Freiheitsgedichte geschrieben hast, dann wirst du wohl verstehen, dass ich nicht in unser Ehegefängnis zurück wollte!" *„Ich habe dir alles geboten, was eine Frau sich wünschen kann."* „Du bist selbstgerecht, mein Lieber! Ein Ehemann, der nie zu Hause ist, nicht für seine Kinder sorgt, zuschlägt – und dabei Liebschaften hat, das genau ist es, was sich eine Frau wünscht!" Irmgards Augen funkeln, sie verschränkt die Arme vor der Brust.

„Irmgardchen, Kindchen ...", Hugo hebt beschwörend die Hände, *„nur zahlen, der Mann soll immer nur zahlen! Wenn er Ehre hat."* Leiser fährt er fort: „Und dann noch für ein Kind, das gar nicht von mir ist?" Irmgard zuckt zusammen. Giftig starrt sie ihn an. „Was ist denn nun eigentlich mit dem Mädel?" Sie schaut zum Wachtmeister, beugt sich über den Tisch. „Haben sie dich denn gar nicht informiert? Es ist gestorben!" Unwillkürlich dämpft auch Hugo die Stimme. „Wie gestorben?", fragt er verwirrt. „Traurig, traurig, es war doch kerngesund!" Die Spitzen seines Schnauzbartes senken sich. „Nun wein doch nicht gleich! Hatte schon in Langendreer von meiner Tochter erzählt."

Irmgard schneuzt sich umständlich. „Du hast mit noch einem Kind geprahlt? Du hast schon für die anderen Kinder nicht gesorgt, wie solltest du dann für ein weiteres aufkommen?" „Es wär auch noch groß geworden! In Langendreer hätte das niemanden gestört." Hugo schüttelt bekümmert den Kopf. „Wenn ich dich brauchte, warst du nicht da!", die Schultern beben, sie verbirgt ihr Gesicht mit den Händen. Hugo zerknirscht: *„Warum jetzt all die Vorwürfe!? Lass uns nicht mehr davon reden. Mich erschüttert der Tod des Kindes. Glaubst du mir nun endlich, dass sie dich in der Anstalt verschwinden lassen wollten?"* „Ja, für die Eingaben, die zu meiner Entlassung geführt haben, bin ich dir wirklich dankbar. – Noch dazu, wo du wusstest, dass ich nicht zu dir zurückkehre", sagt sie wieder gefasster.

„Kommst du nicht? *Irmgardchen, unsere Kinderchen brauchen dich doch! Lass uns noch mal ganz von vorn anfangen! Ich schwöre dir, dass ich mich geändert habe. Du findest in mir einen ganz anderen Mann vor wie damals ..."* Er hebt die rechte Hand. Irmgard lächelt bitter. „Das kann ich gar nicht ernst nehmen, mein Lieber. Nimm die Hand wieder herunter, sonst fällt sie noch ab!" Hugo lässt die Schwurhand gehorsam sinken, verschränkt die Arme, während der Bart zuckt: *„Du wirst dich deinem Mann wohl anpassen?!"* „Siehst du, im nächsten Moment drohst du mir wieder!"

Jetzt schweigen sie beide vor sich hin. Hugo schließlich großmütig: *„Nun bist du frei und kannst entscheiden. Bedenke, was ich für dich tat und was dagegen deine saubere, hochgestellte Familie getan hat! Komm zu mir zurück, Irmgard! Vergiss nicht, dass du Mutter bist!"* „Wie könnte ich das wohl vergessen?" Sie richtet sich auf. „Gerade darum: Hugo, nein!" Er lehnt sich zurück. *„Wollen nun alles Böse beiseite lassen, wollen es nicht mehr berühren. Nur an unsere Kinderchen denken, die ich doch so gern habe, um alles Gute und Beste ihnen zuwenden zu können ..."* Sie knetet das feuchte Taschentuch in ihrem Schoß. „Dazu hattest du bereits längstens Gelegenheit!" Hugo legt die Handflächen zusammen, seine Augen betteln. *„Kein Mensch ist sündenfrei. Kein Sünder soll den anderen beurteilen, sondern arme Menschen sollten sich helfend zur Seite stehen. Das ist edel, das nenne ich Christentum. Das ist Deutsch. Hast du vergessen, wie wir am Trautage sangen 'Befiel dem Herrn deine Wege, er wird es wohl machen?'"* „Das sind nicht die

Wege des Herrn. Du Hugo, du trägst die Verantwortung für die Kinder!"

Jetzt ist es an Hugo, seine Schuhspitzen zu studieren, als fände sich hier die Lösung. „Lass die Kinder zu Fritz und Hildegard, ich bitte dich inständig darum! Deine Jungens sollst du ja nicht verlieren, jetzt müssen sie doch eine gute Erziehung bekommen, oder?" Hugo sitzt da wie ein Häuflein Elend. „Irmgard, was verlangst du! Nach Brasilien? *Das Sorgerecht ist mir nicht genommen ...*", murmelt er. „Und was haben sie davon?", schnaubt sie wütend. „Ich versuche mit meinem lächerlichen Frauenlohn, das Geld für die Überfahrt zusammenzusparen. Aber am Monatsende bleibt einfach nichts übrig. *Ich war auf dem Versorgungsamt in Langendreer und habe gefragt, ob ich als deine Ehefrau nicht deine Rente abholen kann. Sie wollen sie mir nicht auszahlen. Habe mich auch schon beim Jugendamt Bielefeld erkundigt, ob Pflegegeld nach Brasilien überwiesen würde. Das wird aber wohl nichts werden. Unsere Kinder sollen jetzt wieder ins Lutherstift! Da haben sie sich aber schon damals nicht wohlgefühlt, als ich im Krankenhaus war.*" Sie schaut ihn flehend an, ergreift sogar für einen Moment seine Hand. „Bitte, bitte, stimm zu, Hugo! *Der Nervenarzt sagt auch, es wäre gut für mich, wenn ich wieder mit den Kindern zusammen wäre.*" Sie hält den Atem an.

„Halt, sofort loslassen!" Der Wärter schickt einen bohrenden Blick herüber. Erschrocken zieht sie ihre Hand zurück. Hugo streicht sich über den Schnauzer, seine Augen verengen sich. „Hör mal *Frauchen*, ich hatte hier viel Zeit zum Nachdenken. Ich hab deiner sauberen Familie damals gleich gesagt, dass du auf die schiefe Bahn gerätst, wenn sie dich von den Kindern trennen. Und ich sehe ein: *Müssen ist Seelenzwang! Doch was du nun verlangst! Jetzt soll ich auch noch die Kinder nicht mehr sehen können!*" Sie lehnt sich zurück und holt tief Luft. „Denke darüber nach, was das Beste für unsere Kinder ist. Bald wirst du entlassen, dann kannst du sie besuchen. Ich habe dir schon mal einen Anzug bei Alsberg gekauft, damit du anständig aussiehst, wenn du wieder Arbeit suchst. Hab ihn beim Wachtmeister zu deiner Habe abgegeben."

„Ende der Besuchszeit!" Der Oberwachtmeister läutet. Hugo senkt den Kopf, verbirgt ihn in den Händen, wischt sich im Gesicht herum. Irmgard beugt sich ein letztes Mal zu ihm vor und flüstert: „Was ist los?" „Ach, mir ist da wohl etwas ins Auge geflogen." Sie nimmt seine Hand, drückt sie. „Bitte!" „Ende der Besuchszeit!" Der Oberwachtmeister schwingt die Glocke energischer. Jetzt erst verstummen die Gespräche. Einen Moment lang ist es ganz still, dann werden Stühle gerückt. Besucher und Gefangene erheben sich. „Adieu Hugo!" „Adieu Irma!"

Einige Tage später steht der Gefangene mit der Nummer 1709 mit seinem Zellengenossen am Fenster. In Sichtweite findet – wie überall auf der Welt auch hier – eine Protestkundgebung gegen das Todesurteil in dem umstrittenen Prozess gegen die amerikanischen Arbeiter Sacco und Vanzetti statt. Winken und Rufe aus vergitterten Fenstern. Dann sind die beiden Männer wieder von den Geräuschen der Haftanstalt umschlossen: Befehle, die anschwellen und verhallen wie flatternde Gespenster, Schlüsselbunde, die rasseln wie Kettenhunde, Türen, die zuschlagen wie Gewehrschüsse. Hugo sitzt auf der Pritsche, kaut am Bleistiftstummel und schreibt:

23/24. Mai 1927

Ihr Lieben Alle!
Bei deinem letzten Besuch am vorletzten Freitag, hätte ich gern noch eine Bitte vorgebracht, aber leider bin ich zu spät dahinter gekommen ...dein letzter Brief, liebe Frau und der von Fritz zeigen doch wohl, welch einem Haus das deutsche Vaterland gleicht. Zu einer derartigen Bitte, die du dir wünschst, kann ich meine Zustimmung nicht geben. Denn mein Grundsatz heißt, jeder ist seines Glückes Schmied. Wenn der Arzt sagt, das würde gut für die Nerven sein, so setze ich dagegen, dass derartiges dummes Zeug uns von den Franzosen hier hergebracht worden ist. Eine deutsche Frau gibt sich mit derartigem nicht ab! ... Dieses soll kein Tadel für dich sein, Frauchen, aber es muss sein, um derartiges zu unterbinden, du wirst mich doch verstehen? ... Der Tag wird auch für mich kommen, wo ich wieder daheim bin und noch einmal nimmt mir kein Mensch die Freiheit! ... Denn mein Zustand hier im Gefängnis ist derart, dass ich nach meiner Entlassung das wieder einhole, was ich hier eingebüßt habe. Von 76 Kilo wiege ich nur noch 69 Kilo, es ist ja gut, dass meine Zeit hier zuende geht ... In dem nächsten Brief, liebe Frau, gibst du mir genau Nachricht wie du es mit dem Anzug, den du bei Alsberg gekauft hast, gemacht hast. Du sprachst davon, dass es ein Sportanzug sei. Dazu gehören auch Mützen, die zum Anzug passen. Sorge alles nur, dein erspartes Geld bekommst du wieder. Die Frau vom Versorgungsamt hat dich falsch unterrichtet. Jeder Kriegsbeschädigte hat Anspruch auf seine Rente und wir werden sehen, wenn ich dort bin. So sei dann gegrüßt, bei der besten Gesundheit möchte dich dieser Brief antreffen. Mit herzendem Gruß, Dein Hugo

Hugos Brief vom 24. Mai ist nie bei ihr angekommen. Der Direktor der Haftanstalt hat entschieden ihn zurückzuhalten, da der Gefangene sich darin über sein Gewicht beklagt. Das Schreiben wird in der Akte abgeheftet. So funktioniert die Zensur. Ich finde es 90 Jahre später dort und erfahre von Irmgards Besuch bei Hugo.

Bei Ewald in Filsendorf

Der Kutscher zieht die Zügel an. Die Hinterbacken der schweren Kalt-
blüter bewegen sich langsamer. Jetzt kommen die Tiere zum Stehen,
schnauben und werfen die Köpfe. Irmgard springt ab, dankt, drückt dem
Mann auf dem Kutschbock ein paar Münzen in die Hand und nimmt die
Tasche in Empfang. Vibrierende Stille, Weite. Sie legt die Hand über die
Augen. Die ersten Häuser am Rand des Dorfes sind in Sicht. Zu diesem
Besuch bei Ewald ist sie angemeldet. In der Ferne brummt ein Automobil.
Langsam nähert sie sich der Häusergruppe. Vor einem Haus werden zwei
Gestalten immer größer, in ihr der Herzschlag immer lauter. Jetzt ist sie
in Rufweite. „Frau Fleer?" Die Frau nickt. Der Junge neben ihr schaut sie
schüchtern an. Sie zögert, geht näher und verblüfft mustern sich Mutter
und Sohn. Dann fängt sie sich und begrüßt die Pflegemutter. „Guten Tag
Frau Fleer!" Der Knabe macht einen Diener. „Na, denn kommen Sie mal
herein!", sagt die Frau. Sie hat den Kaffeetisch gedeckt. „Ewald hilft uns
jetzt schon ganz schön, ein guter Junge." Dann kommt auch hier die unvermeidliche Frage nach dem Grund des langen Schweigens. Verlegenes
Lächeln begleitet dieses Mal die Erklärung. Sie fragt, ob ihr Sohn später
mit ihr zum Waldrand gehen dürfe? Ewald schaut zu seiner Pflegemutter.
„Aber nicht so lange!" Ihr Herz jubelt. „In einer Stunde bringe ich das
Kind zurück!"

Insekten summen und Ewald nimmt ihre Hand. Auf der Wiese holt sie
den Ball heraus. Sie muss ins Tor, das aus zwei Feldsteinen besteht, muss
die Bälle halten, was ihr selten gelingt. So sehr sie auch in die Ecken
springt, hechtet, ihr Sohn landet lauter Treffer. „Ich kann nicht mehr",
schnauft sie fröhlich und bettelt um eine Pause. Erhitzt sitzen sie im Schatten am Rand der Lichtung, lauschen den Geräuschen, genießen den Wind.
Als sie einen Arm um die Schulter des Jungen legt, lässt er es zu, den Ball
zwischen die Knie geklemmt. „Mutter!" – Wie schön das klingt! – „Ja?"
„Ich wünsch mir so sehr ein Fahrrad!" „Aber du bist erst sieben Jahre alt!
Vielleicht musst du noch ein wenig darauf warten." „Alle Jungens in meiner Klasse haben schon Fahrräder, nur ich nicht!" „Bestimmt dürfen sie
damit nicht auf der Straße fahren, das wäre doch viel zu gefährlich!" „Ich
kann ja auch auf dem Hof hinter dem Haus herumfahren, ich will ja gar
nicht damit auf die Straße." „Aber da müsste Frau Fleer ja immerzu auf
dich aufpassen, damit du nicht doch der Versuchung nachgibst und dazu
hat sie bestimmt keine Zeit!" „Mutter", Ewald schaut sie eindringlich an,

„fahren kann ich schon, hab ich mir alleine beigebracht. Hat Hugo ein Fahrrad?" „Nein, wo denkst du hin, er ist ja noch viel kleiner als du! Er spielt gern mit Murmeln und sorgt für die Kaninchen, dein kleiner Bruder." „Ich wünsch es mir aber schon so lange! Ich weiß genau, wie es aussehen soll: mit einem Wimpel und einer Fahrradtasche dran. Wie ein Rennrad!" „Aha, na das ist dann ja wohl noch schneller als ein gewöhnliches Rad?" „Ohh, Mutter!" „Ich mach mir dann Sorgen. Und erstmal muss ich auch mehr Geld verdienen." „Kann Papa dir denn nicht Geld geben?" „Nein, mein Junge, im Moment kann er das nicht! Ich werd's mir überlegen. Wenn ich das nächste Mal zu Besuch komme, sehen wir weiter." „Mann –", Ewald kickt einen Stein zur Seite. „Kommst du wirklich wieder?" „Bestimmt! Jetzt müssen wir uns aber auf den Rückweg machen, wir sind schon über die Zeit." Die Pflegemutter öffnet die Tür. „Hier ist er wieder, mein Sohn!" Irmgards fröhliches Lächeln gefriert, denn Frau Fleer starrt böse auf die Schuhe des Jungen: „Wie sehen die denn aus! Wissen Sie eigentlich, wie teuer die waren? Und wie lange ich hier schon auf Sie warte?"

Das Elternhaus ist kein warmes Plätzchen für Kinder auf Abwegen

Detmold, 19. Juni 1927

Gestern Morgen hat Carl sehr früh an die Tür des Bodenzimmers geklopft und gesagt, sie müsse sein Haus verlassen. Sein Haus! Als ob es nicht auch ihr Elternhaus wäre? Sie hat wortlos gepackt. Lenchen hat hinter ihr her-geschaut um sicher zu gehen, dass sie sich nicht etwa in der Scheune ver-steckt. Wohin? In der „Herberge zur Heimat" werden nur Männer auf-genommen. Nach Bielefeld, denn dort ist die Arbeit. Drei Wochen später sitzt sie mit verweinten Augen im Amtszimmer des neuen Wohlfahrts-amtes einer kleinen, drahtigen Frau mit einem runden Gesicht gegenüber. Ihr eigener Händedruck fühlt sich so kraftlos an, dass sie erschrickt. „Ich bin Frau Reinert, die Fürsorgerin. Wissen Sie, wohin Sie gehen können?" „Nein. Meine Eltern wollen mich nicht aufnehmen, mein Mann sorgt nicht für die Kinder, wie er's müsste. Ich habe drei Wochen lang in Bielefeld ge-arbeitet, der Verdienst war so gering, dass ich die Miete nicht zahlen kon-nte! So habe ich die Unterkunft gleich wieder verloren." „Sie brauchen jetzt zuallererst ein Zimmer. Ich glaube sogar, ich hätte da etwas Passendes für Sie. Und ich habe eine weitere gute Nachricht! Das Jugendamt Bielefeld will Druck auf ihren Mann ausüben, um eine Lösung für die Kinder zu fin-den. Er wird zu einer Vernehmung aufs Amtsgericht Langendreer geladen und vor die Entscheidung gestellt: Entweder er nimmt die Kinder zu sich, oder er gibt sein Einverständnis zu deren Überführung zu Ihrem Bruder!" „Ja, wenn das so ist, – dann brauche ich ja jetzt erst recht Arbeit, damit ich die Schiffspassagen bezahlen kann. Ich will natürlich mit nach Brasilien!" „Kommen Sie, wir gehen und Sie sehen sich das Zimmer an. Das Haus liegt am Markt, günstig zur Straßenbahn. Die Vermieter sind im Bilde darüber, dass Sie in Heilanstalten waren. Sie könnten schon morgen als Stanzerin in der Lippischen Eisenindustrie anfangen. Zur Sicherheit stellen Sie noch einen Unterstützungsantrag, die Frauenlöhne sind ja gering. Wir müssen ihn nur noch ausfüllen und dann bringe ich Sie dort hin."

Wie betäubt hört sie die Worte. Sie kann sich schwer konzentrieren, verschreibt sich mehrfach. Frau Reinert muss helfen. Dann gehen sie hinüber in die kleine Straße, deren Häuserfronten sich einem Bach zuwenden. Ihre Begleiterin klingelt an der Tür, in deren Frontglas vier Sterne auf tintenblauem Grund eingraviert sind. Eine ältere Frau namens Gröne musterte sie neugierig und führt sie in eine Kammer. Ein Bett, ein Tisch, ein Stuhl. Ihr Blick geht durch ein schmales Fenster in den Garten. Wie im Marienheim, nur Olly fehlt! Irmgard ist es fast gleichgültig, wie das Zimmer aussieht. Sie braucht einfach nur ein Plätzchen, um Ruhe zu finden im Orkan ihres Lebens. Erst als die Fürsorgerin ihr den Schlüssel in die Hand drückt, begreift sie, dass dies die Wirklichkeit ist. Sollte sie hinter der Sternentür zur Ruhe kommen und ihr Leben ordnen können?

Detmold, 30. Juni 1927

Sie steigt aus der Straßenbahn, lässt die Tasche mit der Brotbüchse über die Schulter baumeln und schlendert durch den Schlossgarten. Als sie die Pferdeställe passiert, Pfiffe. Hocherhobenen Hauptes durchschreitet sie das schmiedeeiserne Tor, quert jetzt die dahinterliegende Straße und biegt in die kleine Gasse ein. Vor der Tür mit den Sternen schaut sie sich um. Keine Verfolger! Erleichtert atmet sie auf. Beim Öffnen erschrickt sie erneut, denn da steht die Zimmerwirtin hinter der Tür, als habe sie auf sie gewartet. „Guten Abend Frau Gröne!" „Guten Abend Frau Heiss! Darf ich Sie zu einem Glas Limonade in meinen Garten einladen? Ich würde mich sehr freuen, wenn sie mir ein wenig Gesellschaft leisten. Es ist so ein lauer Abend. Da habe ich den Gartentisch und zwei Hocker aus der Küche geholt." Irmgard zögert. „Gewiss sind Sie müde von der Arbeit ...?", kommt ihr Frau Gröne entgegen. „Ich bin wirklich müde, danke.

Ich stelle nur schnell meinen Einkauf ab. Einen Moment lang will ich gern bei Ihnen sitzen." Sie nippt an der Limonade und lässt Blicke schweifen. Herrn Gröne hat sie noch nie gesehen. Sie sieht den Garten sonst nur auf dem Weg zum Abort, oder wenn sie sich in aller Frühe schnell ein paar Hände voll Wasser ins Gesicht wirft. Verstohlen mustert sie ihr Gegenüber. So viel Freundlichkeit hat sie schon lange nicht mehr erfahren. Umsorgt zu werden, wie schön sich das anfühlt! Ob sich eine Absicht dahinter verbirgt? „Wissen Sie ...", die Zimmerwirtin neigt sich zu ihr, als fürchte sie ungebetene Zuhörer, „mein Mann ist schon seit über einem Jahr im Lindenhaus." Irmgard starrt sie überrascht an. „Ich besuche ihn, aber – ich wollte Sie fragen – wie ist es denn eigentlich dort so, ich meine, so im Alltag?" „Was soll ich sagen, es ist nicht leicht davon zu berichten. Und ich dachte, Sie seien vielleicht Witwe." „Ich habe doch niemanden, mit dem ich darüber sprechen kann." Die alte Frau seufzt. „Ich wollte ihn ja hier behalten, aber der Amtsarzt war dagegen." Irmgard setzt nachdenklich das Glas an die Lippen. „Ach, Frau Gröne, es ist nicht schön, wenn man auf Kosten der Gemeinde dort ist. Besuchen Sie Ihn nur weiter recht oft. Ich bin immer noch voller Scham und Verzweiflung und ganz erfüllt von tausendfachem Schmerz. Denn meine Familie hat mich im Stich gelassen und ich durfte meine Kinder nicht sehen."

Frau Grönes Gesicht nimmt einen kummervollen Ausdruck an. „Die Ärzte denken wohl, wir armen Teufel, wir spürten ihre spöttische Verachtung nicht", fährt Irmgard fort. „Sie haben ja doch nur Zeit für die Zahlenden aus der ersten und zweiten Klasse. Einmal, da habe ich einen Arzt in meinem Beisein zu einem anderen sagen hören: Da haben Sie wieder einmal ein anschauliches Beispiel dafür, wohin es führt, wenn minderwertige Weiber Romane lesen und Künstler werden wollen. Von der Schule aus gleich auf einen scharfen, strengen Dienstplatz, das ist immer noch das beste Mittel gegen Hysterie!" Frau Gröne schlägt die Hände vor der Brust zusammen und schüttelt den Kopf. „Was soll man dazu nur sagen! Mein armer Mann hat 40 Jahre lang seinen Dienst verrichtet, war Soldat im Weltkrieg. Solch einen Lebensabend hat er nicht verdient!" „Na ja, die Männer haben es vielleicht etwas leichter. Wenigstens dürfen sie draußen arbeiten. Im Lindenhaus schultern sie unter dem Kommando des Gärtners jeden Morgen ihre Hacken und Schaufeln und dann geht's mit Gesang hinaus auf die Felder. Ich hätt was drum gegeben, wenn ich so häufig hätte draußen arbeiten können. Wir mussten immerzu Kartoffeln schälen, flicken, Knöpfe an die Bettwäsche nähen, Strümpfe stopfen." „Ich fürchte, nicht einmal das kann er, draußen arbeiten. Der Arme kennt ja nicht mehr seinen Namen." „Vielleicht, Frau Gröne, ist's in der Männerabteilung trotzdem etwas besser. Keiner soll über Menschen spotten, die in Armut leben oder den verhöhnen, der seinen Namen nicht mehr kennt. Die aus der ersten Klasse, die schauen unsereins immer mit so einem Blick an, als müssten sie aufpassen, dass wir auch genug arbeiten, weil wir ja auf Gemeindekosten da sind. Wir bekommen nicht einmal Besteck! Als wenn die Erste-Klasse-Patienten sich nicht auch mit dem Messer umbringen könnten!" „Und wenn man da etwas sagt, so als Angehörige?" „Sagen Sie lieber nichts, sonst muss ihr armer Mann es am Ende ausbaden. Vielleicht ist er ja bald wieder bei Ihnen?" „Sie wollen mich trösten, aber ich glaub's nicht, dass er noch mal herauskommt." „Aber ich bin ja auch wieder heraus! Frau Gröne, wir armen Teufel, wir dürfen uns doch nicht alles gefallen lassen!" „Sie sind jung, mein Heinrich kann sich nicht mehr wehren. Wie geht es denn ihren Kindern?" „Danke, langsam gewöhnen sie sich wieder an mich. Am Sonnabend will ich nach Bielefeld und sie besuchen!"

„Frau Heiss", die alte Frau beugt sich vor und ergreift ihre Hand, „um eines möchte ich Sie bitten: Versprechen Sie mir, was wir hier reden, das bleibt unter uns!"

Einige Tage später schreibt Irmgard an Bruder und Schwägerin in Brasilien. So etwa könnte ein Ausschnitt daraus formuliert gewesen sein:

Detmold, Friedrichstraße 18, bei Gröne. 3. Juli 1927
Ihr Lieben Alle!

...Ich habe meinen Ehemann aufgesucht u. versucht, seine Zustimmung dafür zu bekommen, dass er die Jungens an Euch übergibt. Es war zwecklos! Ich weiß ja, wie sehr er an den Kindern hängt. Jetzt setzt ihm das Jugendamt zu, dass er sich entscheiden muss. Wir werden sehen... Unser Elternhaus ist mir verschlossen. Zum Glück gibt es noch gute Menschen. Sonst würde ich wohl völlig an der Welt verzweifeln. Mit meiner Vermieterin bin ich freundschaftlich verbunden u. die Fürsorgerin unterstützt mich. Doch möchte ich lieber in Eurer Nähe sein. Meine Jungens sollen jetzt wieder ins Lutherstift, wo es ihnen doch schon früher gar nicht gut ging! Was ratet Ihr, soll ich versuchen, noch zu Euch zu kommen? Sagt mir, ob es lohnt die Schiffspassagen anzustreben. Ich freu mich unbändig, wenn Ihr wirklich zurückkommt! Schreibt mir bitte bald!
Eure Irma.

Einige Wochen später schreibt auch Carl Stellbrink an Fritz, Mont' Alverne

23.08.1927

Mein lieber Fritz!
Für Deinen Brief vom 1.4. 27 herzlichen Dank! Aus demselben haben wir erfahren,
daß es Euch im ganzen noch gut geht und Eure Kinder Gerhard und Gisela sich so
prächtig entwickeln. Ein Lichtblick in dem Dunkel meines Alters! ... Von uns kann ich
Dir nur sagen, daß wir in der letzten Zeit Schweres durchgemacht haben. Wir hatten
Anfang März Irmgard in unser Haus aufgenommen, weil sie aus der Anstalt Linden-
haus entlassen wurde. Wir wollten sie gern in das Heim Bensberg (im Rheinland)
haben, wovon wir Dir schon schrieben. Unsre diesbezügliche Eingabe ist aber abgelehnt
worden. In den 14 Wochen, in denen Irmgard dann bei uns war, haben wir aber einge-
sehen, daß wir, ganz abgesehen von den Kosten, sie nicht mehr in unser Haus nehmen
können. Es ist kein Zusammenleben möglich. Der Oberarzt Müller in Lindenhaus
(bei Lemgo) hatte uns kurz vor ihrer Entlassung gesagt: Nehmen Sie sie, wie sie ist,
sonst haben Sie bald den allergrößten Krach. Auf die Frage, wie sie sich denn in der
Anstalt verhielte und ob sie da auch Krach machte, antwortete er: Ich laß es gar nicht
soweit kommen, ich habe auch außerdem disziplinarische Mittel genug, um mich durch-
setzen zu können (Irmgard war mal eine ganze Nacht in der Badewanne, wohinein
alle halbe Stunde warmes Wasser gelassen wurde, damit es die nötige Wärme behielt).

Zwei Historiker haben meine Recherche zum Heim „Bensberg" unterstützt. Am 9. Februar 2017 schrieb Dr. Harald Jenner eine Antwort auf meine
Anfrage zur Bewahranstalt Bensberg: „Klingt als ob es gut war, dass sie
nicht da war!" Sein Kollege Dr. Uwe Kaminsky dazu:

„Lieber Harald,

Bensberg gehörte zur Diakonie Aprath, ein großes Mädchenheim, das seinen Stammsitz am Stadtrand von Wuppertal hat. Paul Erfurth ist der
Gründer gewesen, der auch noch im Dritten Reich ein früher Befürworter
der Eugenik war (siehe meine Diss.). Bensberg war für schwierige Fälle
zuständig, in der Frühzeit gerade für Kinder geschlechtskranker Mädchen.
Eine Aufarbeitung des Heimes durch Frau K. ist am Widerstand der Be-
troffenen gescheitert, die u.a. nicht zulassen wollten, dass in ihre Akten
gesehen würde. Hier hat es offenbar Misshandlung und Missbrauch auch
Anfang der 1970er Jahre noch gegeben. Die Einrichtungsleitung hat sich
da eher hartherzig gezeigt und hat aus finanziellen Erwägungen weitere
Aufarbeitungsbemühungen geblockt. ... Soweit auf die Schnelle ...
Uwe"

Fortsetzung des Briefes vom 23.8.:

... Nach dem ablehnenden Bescheid der Behörde haben wir Irmgard aus dem Hause gewiesen. Am besten wäre sie ja in einer Anstalt aufgehoben, aber die Kosten?! Die öffentliche Fürsorge hat ihr Arbeit in einer Fabrik gegeben. Wie es weiter werden soll, ist noch nicht abzusehen. Hilda kann gelegentlich noch schreiben, wie sehr sie uns bedroht, wenn sie, besonders für ihre Kinder, Geld von uns erpressen will, um ihnen alles zuwenden zu können. Mutter ist von all den Aufregungen sehr mitgenommen ... Betreffs unsers kleinen Dietrich kann ich nur sagen, daß an eine Übernahme durch Euch nicht zu denken ist, solange Ihr dort seid. Wir haben uns früher schon die Finger lahm geschrieben wegen Irmgards Kindern, um gute Menschen zu finden, die die Verantwortung für ihre Sicherheit während der Überfahrt übernehmen würden.

Nachher kam es ja anders, weil Heiss die Kinder Euch nicht übergeben wollte ... Nach dem Gutachten der Ärzte ist Irmgard nicht irrenanstalts-pflegebedürftig, sondern verwahrungsbedürftig. Ein Verwahrungsgesetz besteht aber noch nicht. Wir haben außer Bensberg noch zwei andere Anstalten in Erfahrung gebracht, wo es billiger ist; in einer der beiden betragen die Kosten monatlich 55 M, in der andern etwas mehr. Wenn Irmgard sich in den Arbeitsbetrieb eingelebt hätte, dann könnte der Pensionspreis ermäßigt werden.

Außerdem besteht die Möglichkeit, daß sie später (nach ein bis zwei Jahren) ohne Vergütung in der Anstalt bleiben könnte. Wenn wir nun Irmgard auf eigene Kosten in einer Bewahranstalt unterbringen wollen (denn lange gut gehen tut es nicht mit ihr), dann tritt die Kostenfrage in den Vordergrund. Ich frage Dich deshalb, ob Du gewillt bist, Dich an den Unterhaltungskosten zu beteiligen ... Irmgard's Kinder könntet Ihr hier in Deutschland wohl in Euer Haus aufnehmen, denn dann sind die Reisekosten ja nicht erheblich, aber nach Brasilien – da könnten uns riesige Kosten erwachsen, wenn Heiss auf den § 1632 BGB pochte, was er zweifellos tun würde. Irmgard's Kinder, die schon herangewachsen und nicht mehr so hilfsbedürftig sind, sollen jetzt aus den Pflegestellen herausgenommen und wieder im Waisenhaus (Lutherstift) in Bielefeld untergebracht werden. Jetzt im September sind sie gerade drei Jahre in den Pflegestellen. Irmgard ist natürlich sehr aufgebracht, daß ihre Kinder ins Waisenhaus sollen, aber wir können auf die Dauer unmöglich jeden Monat 30 M für beide Kinder zuzahlen. ... Wenn wir selbst finanziell besser gestellt wären, würden wir ja gern die Gelder weiter aufbringen, auch auf die Gefahr hin, daß später, wenn die Kinder 14 Jahre alt sind, der Vater von seinem Vaterrecht Gebrauch machen würde und die Kinder beanspruchte, daß sie für ihn arbeiten sollten. Vaterpflichten kennt er ja nicht, er hält es auch für klüger, erwerbslos zu sein, wobei ihm die jetzige Erwerbslosigkeit ja zustatten kommt. Augenblicklich ist er wieder in Haft. In Liebe grüßt alle herzlich, Vater

In der „Lippischen Eisenindustrie"

28. 4. 1928

Sechs Uhr morgens die Fabriksirene heult. Irmgard eilt zum Spind und von dort zur Stanze. Während sie die Ärmel aufkrempelt und sich der Maschine nähert, steigt die Furcht: Die Maschine ist immer schneller, ich bin ihr Anhängsel und wenn der Vorarbeiter mir auf die Finger guckt, stolpern meine Hände und ich fürchte mich, den Rhythmus zu verlieren. – Endlich Pause, ich muss den Kopf auf den Tisch legen. Ölgeruch. Wer weint denn da? Ein Lächeln, das ist hier viel wert. Jetzt ist die Pause wieder zu Ende und ich habe nicht gegessen. Nur die eine Tasse Tee heute Morgen, ob ich durchhalte? Ich muss es schaffen, morgen ist Feiertag! Sie geht wieder an die Maschine. Die Sternentür aufschließen zu dürfen, die Kinder zu besuchen, das ist ihr wahrer Lohn. Die Freunde aus Brasilien haben geschrieben, sie solle durchhalten, sie kommen zurück! Weihnachten verbringt sie mit Frau Gröne. In den Pflegefamilien kann sie nicht stören. Hugomann durfte sie immerhin am 27.12. – an seinem sechsten Geburtstag – sehen! 1928 wird das Jahr sein, in dem sie es schafft, wieder mit den Kindern zusammen zu kommen, das nimmt sie sich fest vor. Zu ihrem 31. Geburtstag kommt kein Gruß. Sie genießt dennoch ihr Zimmerchen und das Glück der inneren Stille, das sich bisweilen jetzt einstellt. An diesem Abend findet sie wieder einen Brief, diesmal in einem blauen Umschlag, auf dem Bett. Ahnungsvoll dreht und wendet sie ihn mit wachsender Unruhe, als sei ein Sprengsatz in ihm verborgen. Vom Amtsgericht Detmold! Die Finger flattern, die Arme sind plötzlich aus Blei. Buchstaben, die keinen Sinn ergeben wollen, tanzen vor ihren Augen. Sie kann nicht glauben, was sie liest: *Ihnen wird mitgeteilt, dass ein Entmündigungsantrag für Sie gestellt wurde.*

Lieber Fritz, liebe Hildegard   *Detmold, den 28. 2. 1928*
... Wir Eltern haben bei Irmgard, durch deren Kinder wir ja in unsre jetzige trübe Lage gekommen sind, die Psychopathie als solche nicht erkannt; deshalb hat Irmgard auch einen solch unheilvollen Einfluß auf Magdalena ausüben können. Niemals würden wir jetzt zu einer Ehe mit einem Manne, der ganz und gar nicht in unsre Verhältnisse hineingehört, unsre Einwilligung geben. Auch dann, wenn Heiss einen ehrenwerten Charakter hatte, mußte die Ehe zwischen zwei Menschen, deren Bildung so verschieden ist, in die Brüche gehen. Hilda hat von Anfang an sich stets ablehnend verhalten und aufs heftigste gegen diese Ehe protestiert, wogegen Du insofern mit an der Schuld trägst, weil Du zugeredet hast zu der Ehe.

Heute würden wir nach unsren traurigen Erfahrungen in einer Lage, wie damals, sagen: entweder das Kind ist krank oder schlecht. Ist es krank, dann gehört es in eine Anstalt; ist es schlecht, dann muß es hinaus aus dem Haus. Aber nun, wo es einmal so trübe steht, müssen wir zu retten suchen, was noch zu retten ist. Es gilt jetzt vorwärts zu schauen, und nicht mehr rückwärts. ... Irmgard hat Arbeit vom Fürsorgeamt angewiesen bekommen, hat für sich ein Zimmer, muß aber, da sie nicht genügend verdient, laufend von uns unterstützt werden. Sie kommt öfter zu uns, um Geld und Naturalien von uns zu bekommen und um uns Aufregungen zu machen deshalb, weil wir ihr kein Zimmer in unserm Hause, wo sie mit ihren Kindern allein wohnen könnte, abgeben wollen. Obwohl sie nicht genügend Arbeit hat, und infolgedessen nicht genügend verdient, um für sich selbst aufkommen zu können, ist es staunenswert, was sie alles ihren Kindern bringt. Mit rechten Dingen geht das nie und nimmer zu. Aber wenn wir ihr das vorhalten, dann sagt sie stets: „Beweise mir doch das." Wir schweben also in einer ständigen Gefahr, und deshalb ist es meine unumstößliche Absicht, sie in einer geeigneten Anstalt unterzubringen. Da aber noch kein Verwahrungsgesetz besteht, ist es nicht eher möglich, Irmgard unterzubringen, als bis sie entmündigt ist. Einen Entmündigungsantrag habe ich gestellt, aber die Sache läuft noch. Freiwillig geht Irmgard nicht in eine Anstalt. ...

Es sind noch Lieder zu singen jenseits der Menschen
8. Dialog mit Irmgard

B.: Wo hast du im Haus gewohnt?

I.: Sie hatten mir das Feldbett im Bodenzimmer aufgebaut. Alles stand dort voller Kram, aber ich war froh, überhaupt ein Fleckchen zu haben. Die Toiletten durfte ich nicht benutzen, Waschen nur am Brunnen. Nun, ich war ja nicht gerade verwöhnt.

B.: Das Bodenzimmer zog mich als Kind magisch an. All die geheimnisvollen Päckchen!

I.: Jedes Einzelne sorgsam in Zeitungspapier eingewickelt und doppelt verschnürt! Ich hatte Angst, eine Lawine auszulösen, wenn ich mich bewegte. Wäre da nicht der hölzerne Ständer gewesen, ein Erdrutsch aus Paketen hätte mich womöglich des Nachts unter sich begraben.

B.: Das Bodenzimmer zu betreten bedeutete für uns Kinder, in eine andere Welt zu gleiten, ohne durch ein Kaninchenloch fallen zu müssen wie Alice im Wunderland. Ich frage mich manchmal: War das Bodenzimmer ein Kunstwerk oder das Resultat zweier Weltkriege und der Inflation?

I.: Weder – noch. Ich vermute, es war einfach Lenchens Sammelleidenschaft.

B.: Warum wurdest du denn nun wieder aus dem Haus gewiesen?

I.: Die Kinder sollten ins Waisenhaus, das wollte ich auf gar keinen Fall! Frau Reinert unterstützte mich. Zum ersten Mal seit Jahren schöpfte ich Hoffnung.

Fortsetzung des Briefes Carls an Fritz vom 28. Februar 1928:

Den Vorschlag, den du in deinem Briefe an Irmgard uns machst, nämlich Irmgard 6 Monate in unser Haus zu nehmen, müssen wir entschieden ablehnen. Nach den 14 Wochen, in denen Irmgard im vorigen Jahre vom 5. März bis 18. Juni bei uns war, wissen wir soviel, daß wir dergleichen Aufregungen nicht mehr ertragen können. ... Wir haben in dem, was wir Dir über Irmgard geschrieben haben, fast garnicht unser eigenes Urteil Dir mitgeteilt, sondern lediglich Tatsachen und die Gutachten der Ärzte. ...

Wenn Du ein unparteiisches Urteil über Irmgard haben wolltest, dann könnte das nur die Leitung einer Anstalt geben, in der Irmgard sich zur Zufriedenheit 6 Monate lang bewährte. ... Aber diese Betrachtung erübrigt sich, weil Irmgard nicht im entferntesten daran denkt, irgendwo sich zu bewähren und ein besseres Leben anzufangen.

Sie mag ja das gute – vielleicht? – wollen, aber das Vollbringen findet sie nicht. Sie sagt: „Aus Liebe zu meinen Kindern bin ich Verbrecherin, und der Zweck heiligt die Mittel; wenn die Kinder nur was in den Körper und an den Körper kriegen, Ehre ist Schall und Rauch." Wenn es nicht so kostspielig wäre, dann würde ich tatsächlich dieses Kind Dir schicken, damit Du versuchtest, irgendetwas zu erreichen! Es ist, wie ein Arzt sich ausdrückte, wirklich ein unglückliches Geschöpf. Aber die großen Kosten für die Reise, wenn auch Du mit deiner Bruderliebe nichts ausrichten könntest!! – –

Irma ist verschwunden und Carl hat große Eile. Er bittet Dr. Müller am 4. November 1928 möglichst umgehend um ein Gutachten für das Vormundschaftsgericht. Einen ersten Antrag auf Entmündigung hat er bereits am 29.3.1928 gestellt. Nun folgt auf Anraten des Direktors des Lindenhauses ein zweiter „Eilantrag" beim Amtsgericht. Hier eines der beiden Schreiben des Wohlfahrtsamtes, die ich im Haus fand.

Detmold, den 25. November 1927

Magistrat der Landeshauptstadt
An Herrn Oberzollsekretär a.D. C. Stellbrink
Unter Bezugnahme auf Ihre Eingabe an die Lippische Regierung vom 29. Oktober d.J. teilen wir mit, dass in Kürze über Ihren Antrag entschieden wird. Ferner weisen

wir darauf hin, dass Ihre Tochter, Frau Irmgard Heiss, in diesen Tagen erneut einen Antrag auf Gewährung öffentlicher Unterstützung gestellt hat. Gemäss § 1601 BGB sind Sie unterhaltspflichtig und müssen nach Ihren Kräften mit für den Unterhalt Ihrer Tochter aufkommen. Wir fordern Sie hiermit auf, auskömmlich für Ihre Tochter zu sorgen, damit die Gewährung öffentlicher Unterstützung nicht notwendig wird. Sollte trotzdem öffentliche Unterstützung gegeben werden müssen, so weisen wir schon jetzt darauf hin, dass wir die gezahlten Beträge von Ihnen später zurückfordern. Den Ehemann haben wir ebenfalls energisch zur Unterhaltspflicht aufgefordert. Im Entwurf gez. Busch

Dritter Teil des Briefes vom 28. Februar 1928 von Carl:

... Und nun zu Irmgard's Kindern! Sie sind beide im ganzen wohlauf. Der Kleinste, Hugo, soll ein schwieriges Kind sein. Die Fürsorgerin vom Jugendamt in Bielefeld sagte uns, daß besonders er gute Pflege und Erziehung nötig hätte und vor allem individuelle Erziehung. Im Herbst vorigen Jahres ist er in das Lutherstift (Bielefeld) gekommen, wo es ihm ganz gut gefällt. Frau Obesser, bei der er 3 Jahre war, wollte kein größeres Kind mehr in Pflege haben. Größere Kinder würden ihr zu wild, und sie könnte die Verantwortung nicht mehr tragen. Bubi (Ewald) ist noch in derselben Pflegestelle. In der Schule kommt er vorwärts und im Haushalt der Pflegeeltern hilft er ganz nett. – Heiss hat schon seit langer Zeit die Behörde genarrt mit seinem Versprechen, die Kinder nach Langendreer zu nehmen und dafür zu sorgen. Es war natürlich alles nur Gefasel. Weil das Gericht dem Manne die Vaterrechte nicht absprechen will, hat das Jugendamt in Wahrnehmung öffentlicher Interessen beim Amtsgericht in Langendreer eine Vernehmung bewirkt, in welcher Heiss vor die Entscheidung gestellt worden ist: Entweder Du nimmst jetzt die Kinder oder Du gibst jetzt Deine Einwilligung, daß sie nach Brasilien kommen. Die schriftliche Einwilligung liegt hier bei. Und nun frage ich bei Euch an, ob Ihr die Kinder nehmen und zu tüchtigen Menschen heranbilden wollt? Irmgard will ja nichts von der Überführung ihrer Kinder nach Brasilien wissen, und was sie noch anstellen wird, wissen wir nicht. Sie will ihre Kinder frei im Lande behalten, damit sie dafür „sorgen" könnte. Wir sollen die Kinder auf Kosten unseres Hauses ernähren und erziehen, das Schulgeld für das Gymnasium etc. will sie nachher von uns erpressen oder sich auf andere Weise (Diebstahl!) verschaffen, und dann sollen die Kinder Beamte werden, damit sie ihre Mutter ernähren können ... Die Übernahme der beiden Kinder ist gewiß keine leichte Aufgabe für Euch, aber sie kann eine segensreiche werden. Wie die Überführung der Kinder nach dort bewerkstelligt werden soll, wissen wir noch nicht. Wie wäre es, wenn einer von Euch sie holte? Oder wißt Ihr jemand, dem man die Kinder anvertrauen könnte? ... Nun von Allen an Alle die herzlichsten Grüße! In Liebe! Vater

Fritz hat diesen Brief seines Vaters am 23. April 1928 gegen Hildegards ernste Bedenken mit folgender Randbemerkung versehen, zurückgesandt: *Verstehen solchen satanischen Geist nicht. Meine Eltern sind geistig ja tot nach dem Brief, besessen von Lenchens Geist. Am schlimmsten der Satz (Seite 6 rot). Stelle dagegen 2. Mos. 20,5; Mt. 18, 1-14 und Theodor Fritschs Worte über Erziehung. Mit Schreiben ist nichts mehr zu machen. Deshalb entschlossen, auf Urlaub zu kommen: 1.1.1929. Bitten um Wohnung, vielleicht im Hause Hubertusstraße 10, mit Angabe des Mietpreises für 1 Monat, ... erstmal 2 Monate – Lenchen ist der Feind des Hauses. Ihr in Hypnose, ohne es zu merken. Irmgard ist ihretwegen Unrecht geschehen. K.F. St.*

Der rot unterstrichene Satz auf Seite 6 des langen Briefes von Carl lautet: *Ist ein Kind krank, dann muss es in die Anstalt, ist ein Kind schlecht, dann muss es aus dem Haus.*

In 2. Moses, 20, 5 heißt es: „Ich bin der Herr, Dein Gott, bin ein eifriger Gott, der da heimsucht der Väter Missetat an den Kindern bis in das dritte und vierte Glied, die mich hassen." Das Kapitel Matthäus 18 ist eine der Predigten Jesus', in der er mahnt, „sich der Geringsten, der Kinder" anzunehmen:

„12. Was dünkt euch? Wenn ein Mensch hundert Schafe hätte und Eins unter denselben sich verirrte; lässt der nicht die neun und neunzig auf den Bergen, gehet hin und suchet das Verirrte?

13. Und so sich's begibt, dass er's findet, wahrlich ich sage euch: er freuet sich darüber mehr als über die neun und neunzig, die nicht verirret sind.

14. Also auch ist's vor eurem Vater im Himmel nicht der Wille, daß jemand von diesen Kleinen verloren werde."

Die Bibelstellen sind also klar, doch wer war dieser Fritsch? Theodor Fritsch, finde ich heraus, war ein Vorreiter des radikalen Antisemitismus in Deutschland, der Jugendbewegung mit ihrem völkischen, ultrarechten Flügel verbunden.

Wo ist Irmgard?

Sie ist untergetaucht und versucht, den Nachstellungen ihrer Familie und den gerichtlich angeordneten Zwangsvorführungen der Lindenhauspsychiater zu entkommen. Sie ist auf der Flucht und taucht erst im Juli 1928 wieder auf – in Münster. Warum dort? Es war die Stadt ihrer frühen Kindheit, Mutter Helenes Stadt, eine Großstadt. Sie bot Anonymität, ohne fremd zu sein und hallte wider von Erinnerungen. Die Inseln aus warmgelbem Licht, die am Abend aus behaglichen Wohnungen auf die Gehwege fielen, waren Versprechen sie einzuschließen statt auszuschließen. Die Besuche bei den Jungen, von hier aus waren sie gerade noch möglich. Bei der ersten Aufnahme 1924 im Lindenhaus schrieb Oberarzt Müller, Irmgard wüsste eine Menge von ihrer Geburtsstadt zu erzählen.

Es sind noch Lieder zu singen jenseits der Menschen
9. Dialog mit Irmgard

B.: Irma, lass uns von der Angst reden. Denken wir gemeinsam darüber nach, wie es kommt, dass ein Mensch an die Grenze des Wahnsinns gebracht wird.

I.: Gibt es eine solche Grenze?

B.: Für dich war eine Grenze erreicht, du wolltest nicht mehr leben. Lass uns darüber reden, wie nach diesen drei Jahren der Demütigungen und Freiheitsberaubungen deine mühsam bewahrte innere Welt einstürzte!

I.: Wir müssen dann von Verzweiflung reden.

B.: Die Stille in deinem kleinen Zimmer war plötzlich beunruhigend. Ich stelle mir keinen Sonnenschein vor, er lässt die Welt gleich vertrauter erscheinen.

I.: Es war Sommer, aber gerade das war schrecklich. Die Menschen um mich herum genossen die Wärme. Mir dagegen schlug Kälte entgegen. Fritz und Hildegard waren so weit entfernt.

B.: Du spürtest, wie sich dir etwas Bedrohliches näherte. Dein Blut fing an zu pulsieren, du hörtest dein Herz in dieser Stille und warst in Panik. Auf Fritz' Karteikarte in Lübeck finde ich den Vermerk. Hat zwei Koffer mit Wäsche und Kleidung bei Gröne, Friedrichstraße, gelassen.

I.: Ich handelte mechanisch wie in der Fabrik. Von einem Moment zum anderen ging ich ins Exil. Meine Erinnerungen, meine Kinder, mein Elternhaus, Frau Gröne. – Alles was mir lieb war, ließ ich zurück.

B.: Ich stelle mir das so vor wie dieses Gefühl kurz vorm Einschlafen, dass du in einen Abgrund stürzt. Wie du fällst, gewaltig zusammenzuckst und dir dann blitzartig klar wird, dass du im Bett liegst. Es ist ja eine Matratze unter dir! Aber da war keine Matratze. Du hast es noch geschafft nach Münster zu fliehen, dort wurdest du sehr krank. Die Hoffnung darauf, mit den Kindern nach Brasilien zu gehen, alles, woran du dich hättest anlehnen können, zerfiel. Es riss dich ins Leere.

I.: Ich wusste nicht, dass Menschen so lange fallen können. Die Jahre, die hinter mir lagen, die Gewalt, das Misstrauen und Versteckspiel mit der Fürsorgeschwester im Gertrudenstift, die schwere Arbeit. Das alles sammelte sich in dem Strudel, der mich in diese unergründliche Tiefe riss. Ich war so krank, ich schrie, aber niemand hörte mich.

B.: Du wurdest erneut ins Krankenhaus eingeliefert. Ich frage mich, wie lange kann ein Mensch, ganz von einem solchen Schrei erfüllt, aushalten, bis er zu überlegen beginnt, wie er die Tür des Medikamentenschrankes am besten aufbrechen und an das Morphium gelangen kann? Wie viel er davon braucht und wie er es anstellen kann, dass ewige Ruhe eintritt?

I.: Ich lief allein durch Straßen, stahl etwas, um zu überleben.

B.: Und – wie ich glaube – um ein letztes Mal an deine Familie zu appellieren. Aber das ersehnte Dach über dem Kopf wurde zu einer Zelle des Frauengefängnisses in Hannover.

I.: Es war ein erbärmlicher Mundraub, weiter nichts.

Clemens-Hospital Münster, 10. Juli 1928

Schwester Eusebia hat soeben den Bericht geschrieben. Nun legt die Oberin den Füllfederhalter aus der Hand, schaut noch einmal über die Zeilen und denkt: Armes Ding! Sie soll unter falschem Namen hier sein und Kinder haben. Weiß der Himmel, wie sie sich diesen Dietrich beschafft hatte!

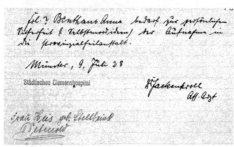

Fräulein (?) Benthaus, Anna, bedarf zur persönlichen Sicherheit (Selbstmordideen) der Aufnahme in die Provinzialheilanstalt. Münster, 9. Juli 28

Dr. Jackenkroll, Ass. Arzt

Schwester Eusebias Bericht (fiktiv):
„Ein Krankentransport brachte die Frau, die sich Anna Benthaus nannte, vom Gertrudenheim mit Pneumonie ins Hospital. Schwester Elsbeta kam hinzu, wie die Patientin, die zuvor einige Tage aufgrund hohen Fiebers nicht ansprechbar gewesen war, sich in einem unbeobachteten Moment Zugang zum Dienstzimmer verschaffte. Am Medikamentenschrank wurde sie gefunden, als sie sich mit einem Dietrich daran zu schaffen machte. Überwältigt von drei Schwestern brach die Frau, von krampfartigem Weinen geschüttelt, zusammen. Sie könne und wolle nicht mehr leben, barmherzig sei es, ihr genügend Morphium zu verabreichen, um ihrem Elend ein Ende zu bereiten! Die Sozialarbeiterin des Gertrudenstiftes ermittelte den Vater: Es ist ein Oberzollsekretär a. D. aus Detmold. Dieser gab an, die Kranke sei aus einer Anstalt entwichen, ein Entmündigungsverfahren sei bereits eingeleitet. Die versuchte Selbsttötung und die Urkundenfälschung wurden vorschriftsmäßig zur Anzeige gebracht. Anschließend erfolgte die Aufnahme in die Provinzialheilanstalt Marienthal. Der Fall 'Anna Benthaus' kann abgeschlossen werden. Die Untersuchung nach der Herkunft des Dietrichs erbrachte keine Anhaltspunkte für einen Fehler der Barmherzigen Schwestern.

Schwester Eusebia, Oberin des Clemens-Hospitals"

Ödön von Horváth,
Glaube Liebe Hoffnung – Fünftes Bild, Szene Nr. 12

„Elisabeth: – Grün, grau, silber – Habt ihr mich denn schon wieder? Was habe ich denn schon wieder verbrochen?

Dritter Schupo: – Nur immer mit der Ruhe – wir sind doch zu Ihrem Schutz da. Aber sicher.

Elisabeth abwesend: – Wer hat mich denn da angehaucht?

Kamerad: – So kommens doch wieder zu sich Fräulein – schauns – man lebt nur einmal, wer wird denn da gleich ins Wasser!

Elisabeth: – Habt ihr mich wieder heraus –

Joachim: – Ich

Stille

Elisabeth: – So kümmert euch doch nicht um mich!

Joachim: – Das ist der Dank.

Elisabeth: – Jetzt war ich schon fort und jetzt geht's wieder los und niemand ist zuständig für dich und du hast so gar keinen Sinn.

Vizepräparator *berührt ihre Schulter*: – Nur nicht die Hoffnung sinken lassen – jeder Mensch hat einen Sinn im Leben, und wenn nicht für sich selbst, dann für einen anderen.

Elisabeth: – Ich nicht.

Vizepräparator: Doch!

Elisabeth: – Nein!

Vizepräparator *zum Kameraden*: – Also da kann ich schon direkt wild werden, wenn mir da jemand widerspricht. Ich hab doch tagtäglich mit die Toten zu tun und dann denkt man doch ganz automatisch über den Sinn des Lebens nach.“

Lieber Fritz!   *23.7.1928*

Deinen Brief vom 23.4.28 erhalten. Zunächst laß Dir sagen, daß Deine Eltern durchaus nicht geistig tot sind, sondern Deinen Brief richtig verstanden haben. Ich will zurückgreifen auf den Satz, den wir im letzten Briefe geschrieben hatten: „Ist ein Kind krank, dann gehört es in eine Anstalt; ist es aber schlecht, dann muß es hinaus aus dem Haus.“ Unser Standpunkt ist der: Ist ein Kind schlecht und will nicht die Ehre des Hauses wahren, so muß es hinaus, damit es draußen einsieht, was es am Elternhause hatte; erst dann, wenn es sich geändert hat, dann kann es wieder im Elternhause aufgenommen werden. Und nur, wenn die Eltern ein Kind, das als ein anderer Mensch wieder in's Elternhaus zurück will, abweisen würden, das wäre hart und unchristlich. Der Heiland zeigt uns dies in der Geschichte vom verlorenen Sohn. Der Vater macht

*keinen Versuch, den Eigensinn des trotzigen Sohnes zu brechen. Erst als er zurück-
kehrt reuevoll, wird er mit Freude aufgenommen. Im Übrigen kannst Du mit Deinem
vermeintlichen Beweis für Lenchen's satanischen Geist mich in keiner Weise überzeugen.
Wenn du weiter keine Beweise hast, dann kannst Du mir damit wegbleiben ...*

Mont Alverne im August 1928

Bis auf den Lärm der Zikaden ist Ruhe eingekehrt. Gerhard, Gisela und
das Baby Waltraut schlafen im Haus und ihre Mutter hat den Brief zur
Hand genommen und liest im Schein der Petroleumlampe diese neuesten
Nachrichten aus Deutschland. „Oh Gott, was für ein Brief!" Ihre Hand
fährt erschrocken zum Mund. Fritz ist wie jeden Abend unterwegs, um
das Wasser von der Quelle jenseits der Bergkuppe herbeizuschaffen. Jetzt
kommt er gerade noch rechtzeitig, bevor sich die Dunkelheit wie ein schwerer Vorhang herabsenkt. An der Verandastufe stolpert er in der Däm-
merung fast über seine langen Beine und setzt den Eimer unsanft ab. Eine
Wasserwelle leckt um den Rand. „Fritz, pass doch auf! Warum bist du
denn so heftig?" Hildegard schaut ärgerlich vom Brief auf. Fritz, brum-
mend: „Man sieht ja die Hand vor Augen nicht!" Ihr Ehemann lässt sich
mit einem Plumps am Rand der Veranda nieder und beginnt anhaltend zu
lachen. Hildegard wird unweigerlich angesteckt. „Guckt euch mal Hochwürden an!", wiehert Fritz und zieht ein Taschentuch heraus, um sich die
Tränen abzuwischen. „Wenn meine liebe Familie wüsste, wie unser Leben

hier aussieht. Dieser Brief ist so absurd! Im Geiste bin ich ihn gerade noch einmal durchgegangen." „Allerdings!", bestätigt seine Frau. „Ich frage mich auch, sind sie eigentlich noch bei Trost in Detmold?"

„Hochwürden" trägt den vollen Eimer ins Haus und lässt sich nun in den freien Schaukelstuhl gleiten. Ächzend macht er sich lang, greift zur Streichholzschachtel und freut sich, als die Glut im Pfeifenkopf aufleuchtet. Da sitzen sie, horchen auf das Schnauben des Pferdes und würden so gern einen Moment zur Ruhe kommen, den Frieden dieses Augenblicks genießen und durchatmen. – Wenn nicht dieser Brief wäre. „Was sagst du denn zu dem Satz, wir müssten unter allen Umständen den Haushaltsvorständen Lenchen und Mutter Folge leisten, dürften nicht waschen und nicht kochen?" „Ich ahnte es, sie lassen es zum Bruch kommen. Warst du nicht doch zu heftig mit deiner Kritik? Wenn du aber auch deine Eltern als 'geistig tot' bezeichnest!" „Vielleicht war ich zu heftig, aber nun ist dieser Satz einmal in der Welt. Soll ich diplomatische Rücksichten nehmen, wenn sie Irmgard partout in eine Anstalt bringen wollen? Für sie war noch nie etwas da, ob es um den Gesangsunterricht ging oder um ihre Hochzeit." Nachdenklich starrt er in die Dunkelheit, in der die Zikaden zum letzten Crescendo des Tages ansetzen. „Heute Abend ist aber auch so gar keine Kühlung." Hildegard fächelt sich Luft zu. „Irma meldet sich nicht. Keine Antwort auf den Brief, den ich vor Wochen schon in die Friedrichstraße schrieb! Ich versteh das nicht." „Von hier aus haben wir gar keine Möglichkeit, die Dinge objektiv zu betrachten. Wir müssen abwarten. Mir ist aber nach diesem Brief klar geworden: Wir sollten nicht weiter hoffen, in meinem Elternhaus willkommen zu sein. Jetzt siehst du es ja selbst! Ich war, seit ich mit 15 Jahren das Haus verließ, nie willkommen darin – nicht einmal als Soldat nach meiner schweren Verwundung." „Und Irma scheint es nicht anders zu ergehen." Einen Moment schauen sie schweigend in den Nachthimmel. Als habe er Hildegards Gedanken erraten, sagt Fritz plötzlich: „Es ist gut, dass wir die Entscheidung getroffen haben. Du hast ja Recht, wenn du die Kinder in ein besseres Klima bringen willst. Wir müssen anderes überlegen. Wir sollten doch auf das Angebot deiner Freundin zurückkommen und dann bei ihr in Kohlstedt wohnen." „Ich schreibe ihr gleich morgen früh, sobald die Kinder in der Schule sind. Wenn nur die Krämpfe bei Waltrautchen nicht wieder kommen!"

Überflüssig auf der Welt …

Ich verfolge Irmgards Spur in Münster. Wieder ist es ein Frauenwohnheim, das sie hier aufnimmt, das Gertrudenstift, noch heute ein Wohnheim für mittellose Frauen. Ich ahne bereits und finde bestätigt: Gründerin war Agnes Neuhaus, die die „Zwangsidee" für „erwachsene Psychopathen" so energisch verfocht. Die Fürsorgerin des Gertrudenheimes schenkt dem Oberzollsekretär aus Detmold sofort Glauben. Statt in der schützenden Hülle der Kindheit zu landen, kam Irmgard vom Regen in die Traufe. Die Stadt, in der sie Schutz suchte, verriet sie. Als die Ehefrau „Anna Heiss" im Clemens-Hospital aufgenommen wird, wiegt sie 51 kg.

Marienhospital Münster, Eintrag in der Krankenakte am 27. 8. 1928

Die Fürsorgeschwester Agnes Plagemann (tätig im Gertrudenhaus) gibt Folgendes an: Vor etwa 2 ½ Monaten im Gertrudenhause sei hier eine Person unter dem Namen Anni Benthaus untergetaucht. Sie habe bald in der Fabrik Winkhaus gearbeitet und bald gar nicht. In den letzten Wochen sei sie wegen eines Lungenkatharrs im Clemens-Hospital gewesen. Diese Person heiße, wie in Erfahrung gebracht ist, mit Möglichkeit Anni Heiss, geb. Stellbrink. Sie sei von ihrem Mann geschieden u. habe 2 Kinder. Wegen ihrer bestehenden Minderwertigkeit sei sie längere Zeit in der Anstalt Lemgo in Lippe untergebracht gewesen. Ihr Vater sei ein Zollsekretär a. D. Stellbrink, u. wohne in Detmold, Hubertusstr.10. Als dieser einen Entmündigungsantrag gestellt habe, sei sie aus der Anstalt entwichen und habe sich nach Münster gewandt, wo sie unter dem Namen Anni Benthaus gewohnt habe … Gibt an, sie sei überflüssig auf der Welt. Zeitlich, örtlich und über die Umgebung ist sie informiert. Psychisch wenig geändert. Hält sich mit ihren Antworten sehr zurück. Gibt auch absichtlich falsche Antworten mit der Begründung, Pflg. (Pflegerin) sage ihr auch nicht die Wahrheit. Ob Halluzinationen bestehen, ist zweifelhaft. Kümmert sich wenig um ihre Mitkranken. Wechselnd in ihrer Stimmung.
Am 29. VIII. gibt sie beiliegenden Brief ab.

Marienthal, 29. VIII. 28

Liebe Mutter!
Endlich, nach langer Zeit, komme ich dazu, Dir ein Lebenszeichen auf direktem Weg zu senden. Wie Du wohl schon weisst, bin ich hier in der Nervenheilanstalt Marienthal, Münster. Den Behörden habe ich immer den Namen Anni Benthaus, unverehelicht, angegeben, da mich der Entmündigungsprozess kopfscheu machte. Wie geht es Dir denn

überhaupt? Ich möchte so gerne mal in Dein holdes Antlitz schauen im Rahmen des Dreimäderlhauses. Ich bin hier zu einer Schönheit herangeblüht, und Du kannst stolz sein auf Deine Tochter. Ich weiss jetzt, warum Du so gerne in Münster wohntest. Wenn Du Deiner Würde bewusst bist, dann erzähle ich Dir mal den Grund und vom Märchenlande.

Ich hoffe, dass Du mir bald wiederschreibst, denn in den Sternen steht's geschrieben, „Du sollst glauben, hoffen, lieben!" Was macht mein schwesterlicher Rechtsanwalt und Sekretär? ... Großmutters Grab möcht ich hier auch gern besuchen. Hier ist es viel schöner als im Lindenhaus. Ich glaube, Du sähst Münster auch gern mal wieder: die Hammerstraße, Hochstraße, Schulstraße u.s.w. Setz Dich mal auf die Bahn, wie es sich für eine unternehmungslustige Kaufmannstochter geziemt und beschau Dir Dein Münsterland. An die Nordsee können wir beiden doch nicht mehr fahren. Es war doch sehr schön, als der Herr vom Main, der Kunstmaler, uns begleitete, nicht wahr? Ich sollte mich zur Sängerin ausbilden lassen, weisst Du es noch? Doch Schluss davon und vom Lebensgenuss. Was machen meine beiden Jungs? Ich war auch in Bethel am Grab der kleinen Meta. Wie sah das aus! Ich habe Vergissmeinnicht und Marienblumen drauf gepflanzt, mein erster Gang draußen wird dorthin sein. Du kannst nun alle bestens grüßen. Mit Gruß und Kuss für Dich als Hauptperson,
Deine Irmgard

Dr. Lewig, der aufnehmende Arzt, behandelt sie – wie ich nicht aus der Krankenakte, sondern aus Fritz' Karteikarte erfahre – mit Hypnose: *Tem hypnotisada a minka Irma*, steht dort geschrieben. Sie scheint den Arzt und seine Behandlungsmethode zu schätzen. Bei der Aufnahme wird erstmals in einem Formbogen die Kategorie „Erblichkeit" abgefragt. Unter anderem werden aufgeführt: Selbstmorde, Verstöße gegen das Strafgesetz, Tuberkulose, Alkoholismus. *Angeblich keine erbliche Belastung*, ist eingetragen, sie selbst gibt keine Auskunft. Irmgard richtet eine Anfrage ans Bielefelder Jugendamt und bekommt von dort die Nachricht, ihren Kindern gehe es gut. An manchen Tagen scheint sie verwirrt zu sein, an anderen schreibt sie klare, sachliche Briefe wie den folgenden:

Marienthal, Münster, 14. 9. 1928

Liebe Frau Fleer,

Mein Söhnchen Ewald macht mir Kopfschmerzen, indem ich nicht weiss, wie es ihm geht. Ich bin mal wieder in einer Irrenanstalt gelandet. Nach unserer letzten Unterhaltung, die etwas lebhaft ausfiel, kann ich nicht annehmen, dass Sie gern daran zurückdenken. Ich habe aber erfahren, dass Ewald noch bei Ihnen ist und sich ganz wohl fühlt. Er kann doch schon ganz nett einen Brief schreiben. Sie werden mir gewiss gern den Gefallen tun und ihm Material besorgen, damit er mir selbst ein Lebenszeichen schickt. Bekümmert sich sein Vater um ihn?

Ich bin ordentlich froh, dass ich ihm kein Rad besorgt habe. Der große Verkehr auf den Straßen, aber gequält hat er mich anständig. Wohl den ganzen Weg bis zu Ihrer Wohnung hat er davon geredet. Er kann sich eben noch nicht denken, was für Gefahren mit dem Sport verbunden sind. D.h., das Fußballspielen ist ja eine andere Sache. Hoffentlich trifft Sie mein Schreiben in Gesundheit an. Ihren werten Angehörigen die besten Wünsche, für Ewald besonderen Gruss und Kuss, in alter Freundschaft,

gez. Frau Irmgard Heiss.

Sie fühlt sich in Marienthal aufgehoben. Doch es ist eine katholische Anstalt und die Sorge, ihr Mütterchen werde sie dort nicht besuchen, gibt den Ausschlag. Anfang Dezember 1928 wird sie auf eigenen Wunsch in die Provinzialheilanstalt Lengerich verlegt. Dort gefragt, wie sie nach Marienthal gekommen sei, lächelt sie und sagt, sie sei dahin „*geflogen*". Jetzt wird sie als zurückhaltend beschrieben.

Hergebracht, weil sie verrückt sei

Provinzialheilanstalt Lengerich, den 11.12.1928

Krankenakte:

– Aus einer Aussprache mit Frau Heiss

Ein Sohn, acht Jahre, ein anderer sechs, Hugo. Davon der zweite in Waisenhauspflege, der erste bei Fam. Fleer, Filsendorfer Str. 18, eine Tochter 1926 mit acht Mon. gestorben. Lebe seit 1924 vom Manne getrennt. Hergebracht, weil sie verrückt sei. Sie habe so Ideen, worüber andere sich aufhielten. Man schreibe das wohl auf, um die Beweise zu haben, dass sie nicht normal sei, sie ins Gefängnis zu stopfen. Wenn Dr. Lewig sich nichts aufgeschrieben hätte, so dürfe man das hier auch nicht. Sie halte ihre Ideen für richtig, es seien Lebensanschauungen. Drei Monate, seit sie aus Lindenhaus kam, habe sie bei den Eltern gewohnt. Es habe dann Krach gegeben, weil sie sich behaupten wollte. Sie habe keine Null spielen wollen.

Habe danach erst im Heim, dann in drei verschiedenen Stellen gewohnt, nicht viel Miete zahlen können. Misstrauen habe sie gefunden, wie immer, wenn jemand aus der Nervenheilanstalt komme. Zuletzt ein Zimmer gegen vier Mark die Woche bei Gröne in Detmold, Friedrichstraße 18. Als dann das Entmündigungsverfahren kam, sei sie nach Hannover gegangen. Dort habe sie etwas gestohlen, nur, damit sie Wohnung bekam. Deswegen ins Gefängnis. Von da nach wenigen Tagen nach Münster gefahren.

Eine Zeitlang vorher in Remmighausen in der Lippischen Eisenindustrie gearbeitet.
In Münster bei Winkhaus in der Fabrik, sie meine zwei Monate, da krank geworden.
Mit Bronchial ins Krankenhaus. Von da nach der Polizei und von da nach Marienthal.
Da vier Monate.
– Haben Sie einen Wunsch?
Welchen? Mich töten, kann doch so nicht leben, hier habe ich keine Zukunft, weshalb
hat man mich nach Marienthal gebracht, das war doch nicht nötig.
– Wohin sollen wir Sie entlassen?
Nachhause, da kann ich wieder ein Zimmer für mich haben und arbeiten, hier kann
ich's nicht.
Mein Vater sagte mir, es fände sich wohl ein Arzt, der mir den Gnadentod verabreicht
(lacht laut und anhaltend), dem tat das so leid, es ist zum Lachen! Warum schwitze
ich nur so? (Zeigt die Hände ohne deutl. Schweiss), damit geht alle Kraft weg.
– Ihr Vater erkundigt sich nach Ihnen ...

Überflüssige Menschen

Die Gründe für den Ausschluss von Menschen mögen noch so verschieden sein, für die Ausgeschlossenen fallen die Ergebnisse jeweils ähnlich
aus: Sie stehen vor der unlösbaren Aufgabe, die Mittel für ihr physisches
Überleben zu sichern, während ihnen zugleich das Selbstvertrauen und
die Selbstachtung genommen wurden, die sie für ihr soziales Überleben
dringend brauchen. Sie können keine feinen Unterscheidungen zwischen
herbeigeführtem Leid und selbstverschuldetem Elend treffen, haben gelernt, dass Widerstand vergeblich ist. Sie sind überflüssig geworden, ent-
behrlich, werden nicht gebraucht und nicht gewollt, und ihre Reaktionen
verwandeln ihre Handlungen in sich selbst erfüllende Prophezeiungen.
Die Gesellschaft „draußen" behandelt sie wie Schnorrer und Eindring-
linge, schreibt ihnen bestenfalls ungerechtfertigte Ansprüche oder Trägheit zu, meist aber alle Art von Boshaftigkeit, nennt sie Intriganten und
Schwindler, die ein Leben am Rande der Kriminalität führen, sich als Parasiten auf Kosten der Gesellschaft durchfuttern.

– Carl erkundigt sich? Kein Besuch eines Familienmitgliedes ist in dieser
Zeit verzeichnet. Carl fragt nach, ob die Krankenkasse für die Behandlung
nach dem Suizidversuch aufkommt und warum ihre Kleidung an die
Adresse des Elternhauses gesandt wurde.

27. Dezember 1928. Eintrag in der Krankenakte: *Im Bett, matt und ohne Teil-*
nahme. Liest, stellt Fragen.

Was liest sie? Welche Fragen stellt sie? Ob es dabei um den Entmündigungsbeschluss geht, der am selben Tag beim Amtsgericht Detmold aus-gefertigt wird? *Beweis erhoben worden ist dabei durch Vernehmung des Vaters und der Schwester* (Lenchen). Gutachterlich geäußert haben sich *Oberarzt Dr. Lewig und Prof. Dr. Friedlaender, Lindenhaus.*

Ein Auszug:

Provinzialheilanstalt Münster i.W., 26. November 1928

... im übrigen machte sie bis zum 14. Lebensjahre eigentlich keine Schwierigkeiten. Hernach trat gelegentlich ein stark oppositioneller Zug in Erscheinung. Am liebsten be-schäftigte sie sich damals mit Klavierspielen, sie las auch viel, machte gute Handarbeiten und hatte auch Lust zum Kochen. Sie besuchte das Lyzeum in Detmold und kam dann mit 17 Jahren in eine Pension zu Halberstadt; auch hier bot ihr Verhalten zu Bemerkungen keinen Anlass. Weiterhin war sie eine Zeitlang auf dem Seminar, um sich zur Lehrerin auszubilden; hier soll sie eine der besten Schülerinnen gewesen sein, sie war aber in dieser Zeit sehr aufgeregt und bat schließlich, sie von dem Seminar fort-zunehmen. Um diese Zeit lernte sie einen Freund ihres Bruders, einen Gymnasiasten kennen, mit dem sie sich heimlich verlobte. Die Verlobung wurde aber wieder aufge-hoben, nachdem sie in Potsdam bei einer Hauptmannsfamilie Stellung genommen hatte. In Berlin pflegte sie viel mit jungen Leuten auszugehen und musste deshalb auch die Pension verlassen.

Nach Detmold zurückgekehrt, setzte sie die Gepflogenheiten ihres Berliner Lebens fort, so kam sie einige Male erst nach Mitternacht nach Hause, wie sie überhaupt jetzt das deutliche Bestreben erkennen liess, ein ungebundenes, nicht durch Pflichten geregeltes Leben zu führen. Sie spielte jetzt wieder sehr viel Klavier und liess ihre Arbeit oft plötz-lich liegen. Mit 21 Jahren trug sie sich mit der Absicht, den Beruf einer Künstlerin ein-zuschlagen, es fehlten aber die Mittel zur Ausbildung. Bald danach liess sie sich aufgrund einer Heiratsannonce mit einem jungen, durch Äußerlichkeiten bestechenden, geistig aber ungebildeten Bergmann Heiss ein, von dem sie sich derart gefangennehmen liess, dass sie bei ihrer Absicht, ihn zu heiraten, trotz des Widerspruchs der Eltern beharrte. Als Heiss einmal längere Zeit nicht schrieb, ging sie mit einem anderen, wollte mit diesem zum Cirkus, knüpfte aber, nachdem dieses Verhältnis auseinandergerissen wurde, von neuem mit Heiss an, kam jedoch immer wieder auf die andere Bekannt-schaft zurück, weshalb die Eltern ihrer Heirat mit dem Bergmann Heiss schließlich zustimmten.

Die im August 1919 geschlossene Ehe gestaltete sich unglücklich. Frau Heiss versorgte den Haushalt denkbar schlecht. Sie ermangelte des Interesses, der Ausdauer und jeg-lichen Pflichtgefühls. Blieb sehr lange zu Bett liegen, verzärtelte sich und ließ alles vor Schmutz verkommen und verwahrlosen, behielt ihre Wäsche solange in Gebrauch, bis sie völlig verschmutzt und kaum mehr zu reinigen war, liess dann die Sachen von der Mutter wieder in Ordnung bringen. Ihre Kinder fütterte sie mit Schokolade und anderen Süssigkeiten, badete sie aber nie. ... In Langendreer, dem Wohnorte der Eheleute Heiss, unterlief ihr eine sexuelle Entgleisung; sie selbst gab später dem Arzt der Anstalt Lindenhaus an, Mai 1924 habe sie mit einem „Freunde" ihres Mannes geschlechtlichen Umgang gehabt, – die Angehörigen schlossen ihren Bericht mit der Erklärung, dass Frau Heiss noch niemals etwas Nennenswertes verdient hätte, sondern sich immer von ihren Angehörigen habe unterhalten lassen, und dass sie in jeder Hinsicht unbeständig und unberechenbar sei. Sie gehe von zu Hause fort, um sich gegebenenfalls an irgendein männliches Wesen zu hängen, habe einmal geäussert: „Wenn ihr mich nicht wieder aufnehmen wollt, so frag ich nichts danach, da oben an der Straßenecke wartet schon einer, mit dem ich dann zusammengehen werde."

Soweit der Bericht der Angehörigen.

– Zu den angeblichen Diebstählen äußerte sie sich dahin, dass sie nur einmal eine Wurst für ihre Kinder gestohlen habe, weiteres sei nicht vorgekommen. ...

Diagnose in der Anstalt Lindenhaus: Psychopathische Persönlichkeit mit Neigung zu sexuellen Ausschweifungen und Eigentumsvergehen ...

In seinen Darlegungen entwickelt Direktor Dr. Simon seinen bereits vorhin zitierten Standpunkt, der wiederum darin gipfelt, dass Frau Heiss nicht geisteskrank sei, dass sie sowohl strafrechtlich zurechnungsfähig als auch imstande sei, ihre Angelegenheiten zu besorgen; die Frage nach der Entmündigungsreife wegen Geisteskrankheit oder Geistesschwäche würde also im Falle der Frau Heiss zu verneinen sein. Diese Feststellung schließe aber die Tatsache nicht aus, dass Frau Heiss als moralisch sehr tiefstehend, überhaupt nicht als vollwertig zu bezeichnen sei, sie weiche in ihrer ganzen Lebenseinstellung ab von den Erfordernissen, die der heutige wirtschaftliche Kampf ums Dasein und das soziale Zusammenleben der Menschen in einer Kulturgemeinschaft stelle; sie wolle zwar die Annehmlichkeiten dieser Kultur und wirtschaftlichen Gemeinschaft genießen, die damit zusammenhängende Arbeit aber anderen überlassen.

Der Vater der Provokatin beantragte unterm 23.III. 28 Beschleunigung des Verfahrens und erklärte dabei u.a., dass der Zustand seiner Tochter, nachdem sie aus der Anstalt Lindenhaus entlassen und ins Elternhaus aufgenommen worden sei, sich derart verschlimmert habe, dass ein weiteres Zusammenleben mit ihr unerträglich, zum Teil sogar gefahrenvoll für die Angehörigen gewesen sei; es sei ihr daher vom Magistrat eine eigene Wohnung zugewiesen worden. Sie sei einige Wochen in einer Eisenfabrik als Fabrikarbeiterin tätig gewesen, aber schon seit längerer Zeit ohne Beschäftigung, sie lebe lediglich von den Unterstützungen, die ihr der Magistrat auf Kosten der Angehörigen bewillige ... Es wurde dann fruchtlos Haftbefehl gegen sie erlassen zwecks achttägiger Unterbringung in der Anstalt Lindenhaus zur psychiatrischen Beobachtung.

... Zeitlich und örtlich ist sie gut orientiert. In ihrem ganzen Benehmen bietet sie ein ähnliches Bild, wie es in den Anstalten Lindenhaus und Gütersloh beobachtet wurde.

... Gelegentlich der ärztlichen Visite lässt sie sich nur selten auf eine Unterhaltung ein, reagiert mal in keiner Weise, mal lächelt sie ein wenig, mal verhält sie sich schroff ablehnend, antwortet kurz: „Gehen Sie weg".

Wenn sie sich zu einer Unterhaltung herbeilässt, spricht sie in affektloser, monotoner, meist gleichgültig verächtlicher Weise, gibt absichtlich falsche Antworten und macht sich über die gestellten Fragen lustig; obgleich häufig darauf hingewiesen, dass es sich um ihre Entmündigung, also um eine ernste und folgenschwere Angelegenheit handelt, ist sie zu einer ernsthaften Beantwortung an sie gerichteter Fragen nicht zu bewegen. Eine genauere Intelligenzprüfung ist daher nicht möglich. Aus ihren gelegentlichen Äusserungen sowie aus ihren Briefen ist jedoch zu ersehen, dass in intellektueller Hinsicht gröbere Defekte wohl nicht vorliegen. Ihre meist ablehnende Haltung während der Visiten begründet Frau Heiss damit, der Arzt habe für sie doch keine Zeit, sondern nur für die Patienten erster Klasse (wegen der lange zweifelhaften Diagnose wurde ihr in Wirklichkeit besondere Beachtung geschenkt.)

Es folgen einige bemerkenswerte Einzelheiten, die in der letzten Zeit hier beobachtet wurden. Sie weigert sich z.B. eines Morgens, aufzustehen, mit der Begründung, sie sei zu müde, da sie heute Nacht 4 Kinder habe nähren müssen. Ein anderes Mal springt sie nach stundenlangem Vorsichhinbrüten plötzlich auf, läuft lebhaft mehrere Male von einem Zimmer ins andere; auf die Frage nach dem Grund ihres Benehmens sagt sie: „Das ist Wissenschaft, das ist schwarze Kunst." Dann wieder äußert sie zur Schwester: „Ich kann nicht aufstehen, ihr solltet mir kein Morphium geben, ihr gebt mir ja immer Morphium." (In Wirklichkeit bekommt sie keinerlei Medikamente.) Einmal droht sie der Schwester, sie würde es dem Arzt erzählen, dass sie das Kind ermordet habe.

9. Wiedersehen im Exil (1929-1933)

Fritz und Hildegard kündigen ahnungsvoll ihre Rückkehr an:

Mont Alverne, 10.10.1928

Deutschen Gruß zuvor!
Euren Brief vom 23.7.28 haben wir am 8.9.28 erhalten ... Hildegard hatte mir zwar dringend geraten, meinen letzten Brief nicht so abzuschicken, aber ich sehe, daß es gut war, denn jetzt habe ich ein klares Bild. ... Alles Weitere erübrigt sich wohl hierdurch, außer, daß wir durch beifolgende Bilder unser Versprechen einlösen. – Von Mitte des Nebelung dieses Jahres ab bitten wir nichts mehr nach hier zu schicken an unsere jetzige Anschrift, da ab Ende dieses Jahres unsere Anschrift sehr unbestimmt ist.

Carl hat keine Ruhe, er schreibt:

Detmold, 27. Mai 1929

An den leitenden Arzt der Heilanstalt Lengerich

Mein Sohn, der Pfarrer K.F. Stellbrink, der jetzt nach 8 Jahren aus Brasilien auf Urlaub zurückgekehrt ist, beabsichtigt seine Schwester, Frau Irmgard Heiss zu besuchen. Aus persönlichen Gründen, die ich im Einzelnen nicht klarlegen kann, dürfte der Besuch meines Sohnes meine Tochter, Frau Heiss, in die größte Aufregung versetzen. Ich bitte deshalb dringend vom Besuch meines Sohnes abzusehen und meiner Tochter keine Mitteilung davon zu machen. Für den Fall, daß mein Sohn ohne mein Wissen schon dort gewesen sein sollte, bitte ich um Mitteilung, auch darüber, wie sich die Tochter zu dem Besuch des Sohnes gestellt hat. Für gütige Antwort im Voraus sich bedankend, empfiehlt sich mit vorzüglicher Hochachtung,
Carl Stellbrink, Steuersekretär a.D.

Antwort der Psychiater, abgegangen am 1.6. 29:

Das Befinden Ihrer Tochter ist in den letzten Wochen befriedigend, sie hält sich äußerlich geordnet, beschäftigt sich etwas beim Stricken und dergleichen. Wenn die Schwester oder der Bruder sie besuchen wollen in der Gegenwart des Arztes, so steht dem nichts entgegen.

Besucherraum, Provinzialheilanstalt Lengerich

Fritz wartet am 10. Juni 1929 im Besucherzimmer. Eben öffnet die Pflegerin die Tür und führt eine schmale, große Gestalt herein, den Kopf mit einem Tuch verhüllt. Die Pflegerin nimmt in einiger Entfernung Platz und greift nach einem Stickrahmen. Verlegen betrachtet er seine staubigen Schuhe. Weiter hinten fällt der Blick am Boden auf dünne Waden und Füße in Holzpantinen. Fritz wechselt die Blickrichtung, starrt an die Decke. Manchmal reicht doch der Raum zwischen zwei Menschen bis ganz dort oben. Jetzt gibt er sich einen Ruck. „Irmgard, bist du's?" Heftiges Nicken. Das gestrickte Tuch rutscht vom Kopf. Darunter kommt, struppig wie das Fell eines Straßenhundes, verschnittenes Haar in Streichholzlänge zum Vorschein. Vertraut und fremd zugleich ist das Gesicht darunter. Die Augen sind trübe Teiche. Sie weint, vergräbt den Kopf in den Händen. „Jetzt hör doch mal auf zu weinen, Schwesterchen. Hier, nimm!" Er reicht ihr ein frisches Taschentuch: „Hat Hildegard gestern noch extra gebügelt. Sie lässt dich vielmals grüßen." Gesteigertes Weinen. „Jetzt bin ich den weiten Weg hergekommen und wir können gar nicht reden!" Sie hebt den Blick, als käme sie aus einer anderen Welt. Was hat sie durchgemacht? So zeigt sich also eine kranke Seele! Fritz schaut sich nach der Pflegerin um. Die zieht gerade einen himmelblauen Faden durch das Stramin.

Eine brüchige Stimme flüstert: „Ja, ich seh zum Erschrecken aus – wie eine Vogelscheuche, ich weiß. Ich erkenne mich selbst nicht mehr. Habe hier schon Spiegel zerschlagen. Kannst du mich nicht einfach mitnehmen?" Fritz zuckt zusammen. Wie gern wollte er das. Aber sie ist entmündigt. Lenchen ist Vormund, nicht er. „Noch nicht, Irma, meine Liebe. Das geht aus rechtlichen Gründen nicht, ich bin ja nicht dein Vormund!" Mit einer unerwartet heftigen Bewegung greift sie nach seiner Hand und hält sie fest wie in einem Schraubstock. „Beruhige dich, ich habe Direktor Schmidt gesagt, dass wir dich in die Familie aufnehmen wollen, sobald ich weiß, wo wir bleiben und wann ich eine Stellung habe. Lass mich nur erst die Kinder aus den Pflegestellen holen. Wir müssen einen Schritt nach dem anderen tun." „Nun seid ihr da, das ist gut. Ich bin nur eine Last für meine Söhne. Wer will schon eine Verrückte zur Mutter haben?" Wieder kämpft sie die Tränen zurück, wischt mit dem verknäulten Taschentuch über die Augen, aber Stimme und Blick sind fester geworden. Fritz legt eine Hand auf die der Schwester. „Jetzt sehe ich es ganz klar: Wir sind um Wochen zu spät gekommen. Wären wir doch nur bei dir gewesen, du wärst niemals entmündigt worden! – Wegen Geistesschwäche, das ist doch aberwitzig!"

„Warum seid ihr nicht eher gekommen, ich habe so auf euch gehofft!"
„Ich konnte nicht, musste dort drüben auf meinen Nachfolger warten."
„Wenn du mir einen Wunsch erfüllen willst, dann nimm deinen Revolver und schieß mir eine Kugel durch den Kopf!" Fritz sieht aus den Augenwinkeln, wie die Pflegerin sich aufrichtet und die Ohren spitzt. Die Uhr über der Eingangstür tickt laut. Was kann er sagen? „Irmgard, versündige dich nicht! Du wirst immer die Mutter deiner Kinder bleiben!" „Gerade deshalb. Ich will das meinen Söhnen nicht antun." Sie zerwühlt die Haare. „Was geschehen ist, können wir nicht rückgängig machen. Aber jetzt lass uns nach vorne schauen, nun bist du nicht mehr allein! Was ist denn mit deinem Haar geschehen?" „Ich hab es mir selbst abgeschnitten, hab gehofft, dann lassen die Kopfschmerzen nach. Es hat nichts genützt. Am besten ihr helft mir, meinem Leben ein Ende zu machen." Sie legt die verschränkten Arme auf den Tisch und lässt die Stirn auf die Handrücken sinken. Fritz unterdrückt den Impuls, ihr über den Kopf zu streichen. Was würde die Pflegerin wohl dazu sagen? Stattdessen wird er schroff: „Was redest du für einen Unsinn!" Die Wärterin legt die Landschaft mit Hirsch in den Schoß, schaut aufmerksam herüber und räuspert sich. „Ach, könnte ich vielleicht mit meiner Schwester etwas auf den Hof gehen oder in den Garten hinter dem Gebäude?" „Da müsste ich erst den Arzt fragen. Vielleicht dass es erlaubt werden kann, wenn Sie das nächste Mal Ihrer Schwester einen Besuch abstatten."

„In die Gedankenwelt meiner Mitpatienten kann ich mich hier auch so gar nicht hineindenken. Ich weiß einfach nicht, was sie von mir wollen. Hier wird man so oft misshandelt! Das ist der Klassenhass, sogar Lenchen sagt das!" Die Pflegerin ruft herüber: „Frau Heiss, wenn das so weitergeht, müssen wir diesen Besuch beenden!" Fritz nickt der Wärterin beruhigend zu, beugt sich über den Tisch, sucht nun seinerseits ihre Hand und sagt zärtlich: „Minka Irma, es wird alles gut werden, du wirst sehen. Vertrau mir! Lass erst einmal die nationalen Sozialisten stärker werden, dann wird der Klassenhass überwunden durch ein einiges Volk!" „Kein Mensch kann das hier aushalten! Täglich werden es mehr Elende! Wenn ich es nicht mehr ertrage, dann bleibt mir nur, dafür zu sorgen, dass ich in die Isolierzelle komme. Nimm mich mit, bitte! Lasst mich nicht allein! Ich bekomme keinen Besuch. Keiner kommt aus Detmold her!" Mit der versehrten

Linken streichelt er unbeholfen ihre Fingerspitzen auf der Tischplatte. „Mir ist hier immer kalt." „Versuch mal, die Dinge realistisch zu sehen. Die Kinder können bald zu uns kommen, wir brauchen nur ein wenig Zeit um uns einzugewöhnen. Dann sehen wir weiter." Sie schluckt und schneuzt sich wieder. „Wart ihr schon bei den Kindern? Wie geht es ihnen?" „Wo denkst du hin, wir wohnen noch in Kohlstedt, bei Hermine. Alles, was wir haben, lagert in einer großen Kiste im Hamburger Hafen. Wir müssen uns erst einmal selbst einrichten, was wäre das sonst für ein Chaos? Wenn ich deine Jungens jetzt besuchen würde, könnten sie wohl auch kaum verstehen, dass ich sie nicht gleich mitnehme. Außerdem muss ich erst zum Jugendamt nach Bielefeld. Ich wollte aber zuerst zu dir! Deine Jugendfreundin hat sich große Sorgen um dich gemacht." „Ich hab solche Sehnsucht nach den Kindern!" „Das glaube ich dir sofort. Wie würde ich mich nach meinen Kleinen sehnen, wenn sie mir genommen würden!" „Eure Kinderchen, die würd ich so gern mal kennenlernen. Aber das wird wohl für immer ein Traum bleiben." „Wie kommst du denn darauf – natürlich wirst du sie sehen!" „Ich hab so oft an euch gedacht." „Die Welt draußen ist jetzt gerade denkbar unwirtlich, du würdest dich nicht mehr auskennen. Unzählige Arbeitslose bevölkern die Straßen. Glaube mir, wenn man aus dem Ausland kommt, sieht man die Dinge deutlicher. Die Lösung der Zukunft ist mit Händen zu greifen!"

„Weißt du, was sie von mir sagen? Ich sei eine 'minderwertige Psychopathin'. So stand es auf meinem Entlassungsschein aus dem Lindenhaus! Und dann all dieser Aufwand, damit ich hier im Armenhaus untergebracht werde. Warum konnte ich kein Zimmer im Haus haben? Wenn ich für meine Kinder sorge, brauchen sie keine teuren Pflegestellen. Wer bezahlt denn das hier eigentlich alles? Das ist doch auch die Volksgemeinschaft, oder? Das wäre doch nicht nötig, wenn ich hier herauskäme, könnte ich eine leichte Stellung ausfüllen! – Vater ist auch nicht anders als Hugo, er will keinen Pfennig für mich ausgeben! Lasst mich mit den Detmoldern nicht allein, bitte! Ich möchte so gern auf eine ruhigere Abteilung!" „Ich glaube, für heute ist es genug", die Pflegerin steckt entschlossen den moosgrünen Faden in den Hirschrücken und erhebt sich. „Gut, dann werde ich mich verabschieden. Ich schreibe dir, sobald es etwas Neues gibt!" „Ja, schreib mir – aber die Briefzensur, die solltet ihr bedenken. Kannst du noch unsere Geheimschrift?" Wieder räuspert sich die Pflegerin. „Die vergesse ich nie", flüstert er, „sag Irma, was können wir für dich tun? Was wünschst du dir?" „Vielleicht kann ich für euch nähen und stricken?" „Also Wolle senden. –

Sollen wir auch Stoff schicken?" „Ja, ich will Kleidung für die Kinder machen." Sie nimmt seine Hand und sie stehen einen Moment ganz vertraut, bis er ihr mit sanftem Druck ein Zeichen gibt. „Schwesterchen, ich muss zum Zug. Ich habe noch eine lange Reise vor mir." „Ich bringe dich so weit wie ich darf." Fragend schaut sie die Stationsschwester an. Die nickt. „Ich muss Frau Heiss dann allerdings begleiten."

Exil

Aus Çan Dündars Theaterkolumne des Gorki Theaters in Berlin Nr. 10, 2018:

„Jeder Oppositionelle befindet sich gewissermaßen im Exil. Das Exil beginnt, sobald man die Grenzen der vorherrschenden Religion, des staatlich verordneten Rahmens, oder der mehrheitsgesellschaftlichen Norm überschreitet. Wenn man in einem Land lebt, in dem die Toleranzgrenze sehr niedrig ist, weiß man, dass man vorbereitet sein muss auf Marginalisierung und Ausgrenzung, Verleumdung und Bedrohung, Belästigung und Haft. Sogar darauf, für immer zum Schweigen gebracht zu werden und auf Einsamkeit. Dieses Wissen bringt den Einen zum Stummsein, den Anderen ins Gefängnis, ins Grab oder ins Exil. Exil bedeutet nicht unbedingt Migration. Manchmal begibt man sich, ohne den Ort zu wechseln, in ein gedankliches Exil. Sich vom eigenen Ich zu entfernen, ist sogar noch schmerzhafter, als vom eigenen Land fortgerissen zu werden. In diesem Fall gibt es ein Zurück, beim ersten aber nicht. Manche lehnen es ab, ihre Gedanken zu verlassen und verlassen stattdessen das Land, das ihre Gedanken nicht tolerieren kann."

Als sie an der Mauer entlanggehen, die die Frauenabteilung vom Gelände der Männer trennt, umklammert Irmgard angstvoll den gesunden Arm des Bruders. „Wir werden getrennt werden, wir alle, die wir einander nahe sind. Wir müssen uns vorbereiten." Fritz zieht seine Schwester an sich und flüstert ihr ins Ohr: „Nie aufgeben, Irma, schon gar nicht sich selbst, hörst du?" „Vergesst mich nicht!" Sie bleibt am Tor stehen und Fritz geht hindurch, schaut sich noch einmal um und grüßt. Sie will etwas sagen, hebt die Hand. Doch für eine Verständigung sind sie schon zu weit voneinander entfernt. Worte, die ungesagt blieben, türmen sich in ihr auf, während die Pflegerin sie zurück in den Wachsaal dirigiert. Ein ganzer Berg von Worten, durch den sie sich hindurchgraben müsste! Was hätte sie noch alles sagen, was hätte sie alles fragen wollen! Fritz und Hildegard werden sie für egoistisch halten. Ob sie überhaupt jemals wieder verstanden werden kann? Mit Denken kommt man hier nicht weit. Besser ist es, nur in sich hineinzuhorchen, gegen den Lärm an. Sie hockt sich in eine Ecke und begibt sich in den Raum, der nur ihr gehört. Wieder den Kontakt mit einem Stückchen Ewigkeit suchen. Dort ist das Auge des Sturmes. Fritz war da! Hinter den Fenstergittern entdeckt sie ein Stückchen blauen Himmels.

Es sind noch Lieder zu singen jenseits der Menschen
10. Dialog mit Irmgard

I.: Ich habe über eine Frage nachgedacht. Gibt es denn eigentlich eine Grenze zwischen Gesundheit und Krankheit?

B.: Die Frage hat mich natürlich auch beschäftigt und ich bin ihr in der Literatur nachgegangen. Meine Schlussfolgerung lautet – nein. Das wussten auch die damaligen Psychiater. Eine der vielen unbeantworteten Fragen, die dein Fall aufwirft.

I.: Muss man wirklich bestimmen, was krank ist und was das Aufbegehren einer jungen Frau in den Entwicklungsjahren? Du weißt doch, ich war in der Kindheit oft krank und hatte Zeit zum Nachdenken. Ich war ja auch viel allein und nicht nur vorwitzig und unbekümmert. Da war auch diese andere Seite, die ernsthafte und melancholische. Ist es denn nicht häufig bei jungen Menschen so? Nach außen tut man so, als sei man fertig, aber im Innern fühlt man, dass man es doch noch lange nicht ist und dass man noch so viel lernen muss!

B.: Ja, das sehe ich genauso. Wir müssten doch nach solchen Erfahrungen Worte wie – krank – behindert – gesund – beiseite lassen können. Von einem solchen Verständnis des Lebens trennt uns aber vieles. Ein Vortragender sagte letztes Jahr, eine kritische Debatte sei über die Frage angebracht, ob die Psychiatrie als Ordnungsmacht missbraucht werde oder sich missbrauchen lässt.

I.: Wenn du schon wieder alles weißt, wie war denn nun die Begründung für meine Entmündigung?

B.: Ich habe mich auch gefragt, welches Interesse ein Arzt wie Prof. Erich Friedlaender hatte, deinem Vater zu einer Entmündigungsklage zu raten.

I.: Wie, er hat meinen Vater beraten? Die haben sich abgesprochen?

B.: Ja.

I.: Warum?

B.: Also, ich habe aus der Literatur erfahren, die Psychiatrie sah um diese Zeit ihre Chance, die Zuständigkeit um die sogenannten Psychopathen zu erweitern. Da hatte der erste Psychiater des Jugendamtes Hamburg dazu eine Idee. Sein Mitarbeiter schrieb 1927: „Solange das schon seit langem geforderte Bewahrungsgesetz für asoziale Personen nicht erlassen ist, bleibt nur die Möglichkeit der Entmündigung." Dr. Werner Villinger bahnte zu dieser Zeit einen Weg: Als geistesschwach galten nun ebenfalls Menschen, die als „leicht schwachsinnige, triebhafte, ethisch stumpfe Psychopathinnen vom Dirnencharakter"[25] abgestempelt wurden.

I.: Wie bitte? Ich hab es ja immer geahnt, so haben sie mich gesehen!

B.: Die Handlungsweise dieser Ärzte war nicht einmal außergewöhnlich. Die Gesellschaft hatte der Psychiatrie das Angebot angetragen, eine Grenzlinie zu dem, was die Gesellschaft als normal erachtete, weiter zu ziehen. „Entgrenzung des Wahnsinns" nennen es Historiker. Fragen nach den Rechten des Einzelnen bereiteten zu deiner Zeit niemandem großes Kopfzerbrechen. Selbst die Sozialhygiene, die sich zur Aufgabe gemacht hatte, den Blick auf die gesellschaftlichen Rahmenbedingungen von Krankheiten zu richten, war in den Sog der Rassenhygiene geraten. Einer ihrer Hauptvertreter, erster Ordinarius für soziale Hygiene in Deutschland war Alfred Grotjahn, Sozialdemokrat, ebenso übrigens wie Prof. Erich Friedlaender, dein Gutachter.

I.: Das wundert mich nicht. Ich hatte ja so meine ganz persönlichen Erfahrungen mit Sozialdemokraten gemacht.

B.: Die Gesellschaft war sich über Parteigrenzen hinweg darin einig: Die sozialen Probleme sollten durch die Vereinigung von Wissenschaft und Politik gelöst werden, wobei die Konzepte radikal waren wie die neue Wissenschaft Rassenhygiene: Erziehung der Bevölkerung, Aussonderung von sogenannten Asozialen, Ausmerzung von minderem Erbgut und dann Wohlfahrtsfürsorge. Entsprechend abwertend fielen Diagnosen aus. Einige Historiker sagen, diese hatten mehr mit Politik als mit Krankheit zu tun. Es schien wünschenswert, dich zu entmündigen. Der Wunsch deiner Familie, die „untragbare" Tochter unter Aufsicht zu stellen und nicht für ihren Unterhalt aufkommen zu müssen, kam da sehr gelegen.

I.: Mein Verdienst war gering. Und Hugo zahlte nicht.

B.: Ja, sie hatten es ja geahnt, dass deine Ehe so enden musste. Das sagte der Arzt Dr. Werner Villinger später und so werden es auch deine Eltern gesehen haben: „Mit Schaudern denken wir an die Jahre nach dem Krieg zurück ... Fortschrittsglaube, Freihandel, Frauenemanzipation, Pazifismus, Koedukation, Gleichheit aller Menschen, Aufklärung, Nacktkultur, vor allem aber 'Freiheit', und diese wieder am uneingeschränktesten auf dem Gebiete der 'Liebe', – wir kennen alle diese Schlagwörter und Bestrebungen, die in jener Zeit die Köpfe ... verwirrten ... Bis endlich der langersehnte Umschwung kam und mit ihm biologisch fundiertes Denken und Handeln beim Staat und von da aus auch bei unserem ganzen Volk seinen Einzug hielt."[26]

I.: Ich habe ja mit solchen Vertretern meist gar nicht mehr geredet.

B. Zur Zeit deiner Entmündigung erklärten sich Ärzte bereits soziale Notlagen durch Vererbung. Die Reformansätze der Psychiatrie versiegten und der Anspruch, in den Anstalten zu heilen, wurde wieder aufgegeben. Die Wirtschaftskrise tat ein Übriges.

I.: Ich bin aufs Neue ganz verwirrt. Was war denn nun mit meiner Krankheit. Spaltungsirresein! – Ich spürte damals, wie Menschen von mir wegrückten. Eine gläserne Wand schob sich zwischen mich und das Leben. Was gehört wirklich zu dir, was gehört zu diesem Bild, das sie sich von dir machen? Die Irma, wie es sie einmal gegeben hatte, existierte nicht mehr. War ich überhaupt noch ein Mensch? Ich bekam Angst vor ihnen, Angst vor mir selbst. Ich wollte nur noch allein sein.

B.: Deine Briefe werden von da an durchweg als „schwächlich" bezeichnet und abgewertet, als seist du zu keiner vernünftigen Äußerung mehr fähig. Bei passender Gelegenheit kehrten die Ärzte aber zur Psychopathie-Sichtweise zurück. Die Erklärung lautete, Schizophrenie entwickle sich aus der angeblichen Psychopathie.

I.: Es hieß, ich sei unheilbar.

B.: Ja, sieh mal, das wird heute ganz anders gesehen. Diese Einteilung in „heilbar und unheilbar", die zu deiner Zeit so sehr betont wurde, existiert so nicht mehr. Heute leben Patienten mit dieser Diagnose häufig ein selbstständiges Leben. Du hast dennoch Möglichkeiten gefunden dich auszudrücken und mit dieser düsteren Prognose umzugehen. In diesem Gedicht schaust du zuversichtlich auf deine Fähigkeiten:

Abendzauber, Gilbhart 3. 9.

Die Abenddämmrung senkt sich leis' hernieder,
sie ist wie Balsam, milder Augentrost; –
legt sich aufs Haupt, das Herz u. alle meine Glieder
ein sanfter Wind mich schmeichlerisch umkost.

Ringsum herrscht atemlose Stille. –
Jedoch des Lebens überschwere Fülle
umreißt mir einmal noch den Tageslauf. –
Die Vöglein schlafen müd zu Hauf. –

Nur eine Grille zirpet keck im Grase
Viel kleine Mücken tanzen um die Nase,
auf Blumen wallen dunkle Schleier,
da wird's mir langsam ungeheuer.

Doch plötzlich kommt der Mond gestiegen
am abendlichen Himmel klar und hell,
All Angst u. Sorgen fangen an zu fliegen,
das macht im Nu der strahlende Gesell.

Ein jedes Sternlein, das er holt heraus
Nimmt mir ein Stück von meinem Graus.
Mein Geist entflieht dem Reich der Schatten
er kämpfet tapfer gegen das Ermatten.

Die Dunkelheit, die mir das Aug umflort
dass sie es jetzt gewaltsam tief durchbohrt,
mich zwingt, ins zweigespaltne Ich zu schauen,
wird meine Seelenkraft wieder erneuern!
Irmgard Heiss

I.: Das hat Lenchen aufbewahrt? Das ist doch aber lächerlich, oder?

B.: Lächerlich? Wenn du ein Gedicht schreibst, weißt du wieder, dass du ein Mensch bist.

I.: Du findest immer wieder Erklärungen, die in dein Weltbild passen. Vielleicht gibt es da aber gar nichts zu erklären.

B.: Zahlreiche Kulturen auf der Welt sehen es so: 1000 Wahnsinnsarten, 1000 Möglichkeiten damit umzugehen. Du hast dich selbst niemals aufgegeben.

I.: So? Und was ist denn nun mit der Erblichkeit?

B.: Na ja, die Rassenhygiene erklärte praktisch alle Abweichungen der Norm mit Erblichkeit. Den Streit darum gibt es tatsächlich immer noch. Ich bin nicht die Richtige, um dazu Aussagen zu machen. Darum möchte ich am liebsten mit einem Zitat antworten: „Die Psychiatriegeschichte präsentiert sich als Schauplatz kontroverser Lesarten, in denen zeitgeschichtliche Konflikte weiter schwelen und manchmal in unerwarteter Heftigkeit wieder auflodern können.‘‘[27]

I.: Du sprichst wieder einmal in Rätseln. Wie darf ich mir das bitte schön vorstellen?

B.: Nun ja, ich hatte während der Recherche eine Reihe seltsamer Begegnungen, zum Beispiel diese:

Stich ins Wespennest (nicht abgesandter Brief)

Liebe E.

Als unser Gespräch stattfand, zu dem wir uns verabredet hatten, um uns über unsere Buchprojekte auszutauschen, lag meine Leseprobe neben dem Umschlag, in dem ich sie Dir zugesandt hatte. Zu meinen Füßen unter dem Tisch. Es machte den Eindruck, als habest Du eben noch darin gelesen. Vielleicht war darum Deine Empörung so unverstellt wie mächtig, denn Du hattest keine Zeit gehabt Dich zu fassen und wohl so etwas nicht erwartet! Ich hatte einfach eine Übereinstimmung in Fragen der Psychiatriegeschichte angenommen. Ich war unbedarft und dadurch ungeschützt. Du gabst mir die Gelegenheit, diese Unbedarftheit zu erkennen und mich auf Künftiges gefasst zu machen. Ich tat einen Stich ins Wespennest, jetzt weiß ich es. Du hast seit den 80er Jahren lange in psychiatrischen Einrichtungen gearbeitet. Engagiert warst Du als Psychologin und Du hast an den Umsetzungen von Reformen in dieser Zeit mitgewirkt. Offenbar war Dir mein Manuskript sehr unverdaulich. Du hast meinen Text in Bausch und Bogen abgelehnt, mir die Kompetenz abgesprochen, die Krankenakten zu interpretieren. Ich sei psychiatriefeindlich, war der zunächst unausgesprochene, später sehr heftig und deutlich erhobene Vorwurf. Ich könne es nur nicht ertragen, dass meine Tante psychisch krank gewesen sei, so Deine mit Verve vorgetragene Anschuldigung. Wenn ich Dich richtig verstanden habe, dann will ich Irmgard Heiss deiner Meinung nach zu einer Art von Märtyrerin verklären. Den damaligen Psychiatern würde dadurch Unrecht getan. Natürlich, da gebe ich Dir Recht, war sie nicht die erste Frau, die eine Scheidung wollte, aber es war doch eine Zeit, in der Frauen, die ihre Rechte einlösen wollten, auf schweren Gegenwind des patriarchalen Systems trafen. Ob ich die Geschichte dieser Patientin auch aufschreiben würde, wenn sie dement gewesen wäre oder geistig behindert, fragtest du mit deutlich aggressivem Unterton. (Als ich ihre Briefe fand, wusste ich ganz vage etwas von einer Schizophreniediagnose und hatte keine Ahnung, was das in den 1920er Jahren des letzten Jahrhunderts bedeutet haben mochte.) Ich antwortete Dir, dass ich das Leben meiner zwei Mal getöteten Tante selbstverständlich auch dann aufgearbeitet hätte, wenn sie auf andere Weise anders gewesen wäre. Dass es mir um Zeugenschaft geht und dass ich mir meine Großtante nicht gebacken habe, sondern mich an die Dokumente halte.

Nun war sie aber auf diese Weise anders: unangepasst, normverletzend, unbequem. Du warfst mir vor, ich wolle die Geschichte von Irmgard Heiss unter allen Umständen als Opfer der Psychiatrie erzählen und sähe zu wenig die Seite der Ärzte. Irgendetwas von Krankheitswert sei bestimmt dran gewesen an der Diagnose Psychopathie, ich könne es nur nicht ertragen und müsse sie deshalb so verteidigen. Wie ich denn zum Beispiel auf diese absurde Idee gekommen sei, es seien damals in den Anstalten Briefe vorenthalten worden … und überhaupt, was da in den Krankenakten stünde, würde ich viel zu sehr für bare Münze nehmen! Du und Deine Kollegen, ihr hättet in den 1980er Jahren auch nie etwas eingetragen in die Krankenakten, ihr hättet es abgelehnt, dort überhaupt etwas einzutragen – wegen der zu befürchtenden Stigmatisierung. Ich antwortete Dir, dass ihr Kinder der Psychiatriereform wart, deren innere Einstellung zu Fragen der zuverlässigen Dokumentation man wohl kaum mit der Haltung des Pflegepersonals und der Ärzte um 1925 vergleichen könne. Ich sei sicher, diese seien sehr pflichtbewusst gewesen und die damaligen Ärzte legten – soweit ich die Literatur kenne – Wert auf die Eintragungen, die sie als Grundlage von Forschung in ihrem Feld ansahen.

Ich habe mich dann sofort, nachdem Du auf etwas sehr grobe Weise das Signal gegeben hast, es sei jetzt Zeit zu gehen, zum Aufbruch bereit gemacht. (Ich wollte Dir dieses Gespräch ja zu keiner Zeit aufzwingen.) Ich war froh, dass wir es abbrachen, denn es war zwar erhellend, aber nicht produktiv und kränkend. Ich frage mich nun: Warum hast Du mich so angegriffen? Hat Dich das, was ich über die Psychiatrie um 1920 geschrieben habe, in Deiner Berufsehre gekränkt? Wusstest Du denn nicht, dass die „Psychopathiediagnosen" von damals häufig soziale Diagnosen waren? Wusstest Du nicht, wie Psychiater und Fürsorger, Heilpädagogen – wie die damalige Gesellschaft insgesamt zu dieser Zeit begonnen hatte, sich mit eugenischem (ich verwende diesen Begriff hier synonym zum Begriff „rassenhygienisch", wie er mir auch in der Literatur begegnet) Gedankengut vertraut zu machen, das als fortschrittlich galt, auch und gerade bei den wissenschaftlichen Eliten der Zeit? Und wusstest du denn nicht, dass die Anstalten von damals in gewissem Sinn „totale Institutionen" waren? Das konnte man doch seit Ende der siebziger Jahre bereits bei dem Psychiater und Medizinsoziologen Klaus Dörner nachlesen. Offenbar wusstest Du das nicht, und ich hatte die ganze Situation völlig falsch eingeschätzt. Naiv, ja das stimmt, das war ich!

Am gleichen Abend noch habe ich sofort wieder recherchiert. Zunächst in dieser überaus genauen Regionalstudie zum Lindenhaus von Jutta Bott mit dem anrührenden Titel: „Da kommen wir her, da haben wir mitgemacht." Ergebnis: Es war zu dieser Zeit dort gang und gäbe, dass die Briefe der Patienten zurückgehalten wurden und die Autorin dieser Studie ist über jeden Verdacht erhaben, den Du gegen mich vorbringst. Auch haben mir zwei Experten genau das auch für andere Anstalten der Zeit bestätigt. Alles, was ich sage, ist durch die Dokumente und in der Literatur belegt. Ich sauge mir in diesem Buch nichts aus den Fingern. Im Gegenteil: Wenn es um die Psychiatriegeschichte geht, opfere ich nichts der Erzählung. Wenn ich in diesem biografischen Roman fiktiv werde, teile ich es den Lesern mit. Ich will gerade dann nicht nur belletristisch sein, sondern auch bezeugen. Binding und Hoche, die habe ich dann natürlich in unserem Schlagabtausch erwähnt. Die Veröffentlichung erfuhr ja damals nicht nur Ablehnung – die gab es auch – sondern ihr Erscheinen veränderte etwas in den Köpfen. Du kontertest dagegen mit Kraepelin als dem bedeutendsten deutschen Psychiater der Zeit und dessen Verdiensten um das allererste psychiatrische Diagnosesystem, das doch einen großen Fortschritt dargestellt hätte. Diese Verdienste um die Menschheit seien so groß, dass sie alles andere in den Schatten stellten. Ich fühlte mich zu einer holzschnittartigen, pauschalen Bewertung der Bedeutung Kraepelins herausgefordert, der ich, nur eine kleine, unbedeutende Kunsttherapeutin, mich in keinster Weise gewachsen fühlte. Hinterher war ich ärgerlich, weil ich vergessen hatte (Ich kann dann so schlecht denken, wenn mich jemand so frontal angreift.), dass Rüdin Schüler Kraepelins war, also derjenige, der dann die eugenischen Forschungsprogramme durchsetzte. Aber ob Kraepelin diese Positionen seines Schülers gebilligt hat, wie er überhaupt dazu gestanden hat, darüber weiß ich noch nicht viel. Ich weiß nur, dass er sich ereiferte, als er Ernst Toller, Erich Mühsam und andere „Revoluzzer" nach dem Ende der bayrischen Räterepublik psychiatrisch begutachtete. Sie bekamen allesamt Psychopathiediagnosen und Ernst Toller erzählt in seinem Buch rückblickend, wie der Professor ihn mit hochrotem Kopf anklagte, schuld an der Niederlage gegen England zu sein.

Wenn die Zeit und ihre wissenschaftlichen Eliten diese Programme nicht gewollt hätten, dann hätte Rüdin sie niemals realisieren können: Ein eigenes Kaiser-Wilhelm-Institut! Ob Kraepelin stolz war auf diesen Schüler, oder ob er ihn kritisch gesehen hat? Das wird meine nächste Recherche zeigen. Schließlich, finde ich, kann man Lehrer nicht ohne weiteres für die Untaten ihrer Schüler verantwortlich machen. Das gilt natürlich auch umgekehrt. Ich werde das herausfinden. Übrigens: Mit dem Streit um die Bewertung Kraepelins haben wir wohl einen Nerv getroffen. Er spielt bis heute eine große Rolle in ärztlichen Ausbildungen, das habe sogar ich während meiner Vorbereitung auf die Überprüfung nach dem Heilpraktikergesetz mitbekommen. Allerdings wurde in diesem Kurs der Debatte nicht für einen Millimeter Raum gegeben, darum bin ich jetzt erst recht gespannt auf meine Literaturrecherche.

Ich gebe unumwunden zu, unser Gespräch hatte wenig Niveau. Ich war aber auch auf solche Vorwürfe nicht vorbereitet. Nun weiß ich: Kompetente und engagierte Menschen wie Du, die sich seit den 1980er Jahren um die Psychiatriereform verdient gemacht haben, müssen sich nicht notgedrungen mit der Psychiatriegeschichte der Zeit zwischen den Kriegen auseinandergesetzt haben und wissen deshalb darüber unter Umständen sehr wenig. Vielleicht kann diese Biografie etwas dazu beitragen, diesem Zustand abzuhelfen. Inzwischen bin ich Dir, nachdem sich die erste Verwirrung gelegt hat, sehr dankbar für diese Erfahrung. Denn mir war dann schnell klar, dass ich mit diesen heftigen Reaktionen rechnen muss, wenn das Buch erst einmal fertig ist. Das wird mich aber nicht davon abhalten weiterzuschreiben. Ich bin solche Reaktionen schon mein Leben lang gewohnt. Immer war ich zu neugierig, habe mich in Bereiche vorgewagt, die ich besser nicht betreten sollte. Vielleicht ist es das, was ich mit Irmgard, meiner Großtante, gemeinsam habe? Mit ihr gemeinsam habe ich wohl auch diese Fähigkeit zur Distanzierung. Eine Generation früher und diese Fähigkeit wäre mir unter Umständen als Stumpfheit ausgelegt worden, als unweibliches Verhalten, wie ich aus der Geschichte gelernt habe. Jetzt habe ich, alarmiert durch unseren Zusammenprall, erst einmal eine für mich plausible Erzählung zur Krankenakte auf der Grundlage meiner Recherchen geschrieben und von drei Historikern die Rückmeldung bekommen, dass ich nichts Wichtiges übersehen, mich nicht verrannt habe und der historischen Wahrheit damit zumindest nahekomme. Das gibt mir Sicherheit. Meine Recherche und das, was einmal daraus werden soll, ist schließlich doch noch so etwas wie „Täter-Forschung". (Die Geschichtsforschung hatte sich lange auf die NS-Zeit fokussiert und weniger die Vorgeschichte betrachtet.) Da muss ich mit Widerstand rechnen.

Ich bin überzeugt, die Wellen der heftigen Emotionen, die unser Gespräch begleiteten, haben mit den Nachwirkungen der Zeiten zu tun, in denen die Psychiatrie in Deutschland als Wissenschaft und Praxis zutiefst kompromittiert worden ist. Verteidigungspositionen helfen da nicht weiter, sondern nur genaues Hinschauen. Das finde ich jedenfalls. Leicht ist die Geschichte sicher nicht zu verstehen. Die Autoren Paul Hoff und Matthias M. Weber der Zeitschrift „Der Nervenarzt, Nr. 73", die mit diesem Artikel 2002 unter der Überschrift „Sozialdarwinismus und die Psychiatrie im Nationalsozialismus" eine Serie von Beiträgen einleiteten, schreiben: „Nun sind aber das Phänomen des Sozialdarwinismus und die Geschichte seiner Rezeption und Wirksamkeit alles andere als 'einfache' historische Fakten. Vielmehr macht die erfreulicherweise in den letzten Jahren anwachsende psychiatriehistorische Forschung zu diesem Thema immer deutlicher, wie komplex und manchmal auch schillernd viele der hier zu erörternden Zusammenhänge sind. Daraus folgt zuallererst, dass wohlfeile Pauschalurteile jedweder Provenienz unwissenschaftlich und damit fehl am Platz sind. Derlei vermeintliche Gesamterklärungen, die das Thema erledigen, treten etwa mit Blick auf die Person und das Werk Emil Kraepelins in einerseits hagiographisch-apologetischen (Das Fremdwörterlexikon bietet mir 'rechtfertigende Heiligenbeschreibung' an, B.St.), andererseits in polemisch abwertenden Varianten auf. Es führt mit Sicherheit kein gerader und eindeutiger Weg vom Darwinismus, über den Sozialdarwinismus und die Eugenik zur Entwertung, Misshandlung und Tötung psychisch kranker Menschen durch die Nationalsozialisten – aber dessen ungeachtet gibt es einen solchen Weg. Psychiatriehistorische Forschung, die ihn angemessen nachzeichnet, wird kontroverse Stellungnahmen herausfordern." Ich finde zwar, dass die Autoren hier ein wenig kryptisch bleiben: „... mit Sicherheit kein ... eindeutiger Weg ... aber dessen ungeachtet gibt es einen solchen Weg." – Ja, wie denn nun?? – Kontroverse Stellungnahmen fordert offenbar auch mein Manuskript heraus. Wenn mich nicht alles täuscht, zeichnet Irmgards Biografie einen solchen „krummen" Weg nach. Also nichts für ungut, aber ich bleibe bei meinem Text!

Beste Grüße, Barbara

I.: Was war denn das, Fachchinesisch?

B.: Ein Text für einen Teil der Leser, man kann ohne weiteres darüber hinweglesen.

I.: Sie werden dir Größenwahn bescheinigen, glaube mir. Sag mir lieber, wie sahen mich denn die Pflegerinnen und Ärzte? Schone mich nicht!

B.: Es wurde damals erwartet, verzeih – aber es wurde so genannt – du würdest innerhalb der nächsten Jahre „vollständig verblöden". Das, was wir heute als Demenz bezeichnen, stelle sich unweigerlich ein. Es sei ein unumkehrbarer Prozess, darin bestünde eben Unheilbarkeit. Kritische Psychiater sind sich durchaus darüber im Klaren, wie gesellschaftliche Vorurteile in Diagnosen eingingen.

I.: Du hälst wieder Vorträge.

B.: Danke. Kehren wir also zu deinem Leben zurück.

I.: Ich wusste es, schließlich haben sie mich auch so behandelt. Ein selbstständiges Leben habe ich mir ohnehin nicht mehr zugetraut. Ich dachte viel über mein Leben nach. Die Phase der Selbsterforschung begann.

B.: Du musstest versuchen, den Fuß in der Tür zur Welt zu behalten. Fritz und Hildegard bildeten die Brücke zu deinen Kindern. Du durftest sie auf keinen Fall beschädigen, sie hätte einstürzen können. Jeder Satz hatte Auswirkungen. Du machtest dir Gedanken dazu, fragtest den Arzt, ob die Vererbung möglicherweise über die Mütter weitergegeben werde?

I.: Ich stellte mir vor, ich sei eine Bedrohung, ich könnte die Kinder aber vielleicht aus der Ferne begleiten. Fritz besuchte mich in größeren Abständen. Hildegard schickte Wolle.

B.: Sie sahen dich als Menschen mit einer leidenden Seele.

I.: Und so etwas interessiert wirklich Forscher in der Zukunft?

B.: Lange genug hat die Geschichtsforschung sich nicht für einzelne Menschen interessiert.

Sinn und Zweck der Ehe

Prof. Erich Friedlaender ist auch der Scheidungsgutachter. Ein Auszug aus der Kopie in der Krankenakte:

Es kann keinem Zweifel unterliegen, dass die Heiss infolge der bei ihr bestehenden tiefgreifenden Geisteskrankheit in der Gesamtheit ihrer geistigen Persönlichkeit soweit zerrüttet ist, dass ihr selbst die einfachsten Voraussetzungen fehlen, die für das eigentliche Wesen einer geistigen Gemeinschaft unbedingt gefordert werden müssen: Es fehlt ihr nicht nur jede gemütliche Anteilnahme für ihren Ehemann, sie ist aber auch nicht mehr im Stande, irgendein angemessenes Verständnis für Sinn und Zweck der Ehe aufzubringen. Da nach dem bisherigen Stande unseres Wissens und nach der ganzen Ausprägung der Erkrankung dieser Zustand aller Wahrscheinlichkeit nach ein fortschreitender und keiner erheblichen Besserung mehr fähiger ist, muss auch die Wiederherstellung der geistigen Gemeinschaft als praktisch ausgeschlossen gelten.

Auf diese Weise wird 1929 die Ehe geschieden. Hugo ist 1928 erneut Vater geworden und wird mit seiner neuen Partnerin glücklicher. Irmgard versucht an Fritz und Hildegard zu schreiben:

Lengerich den 18.8.1929

Ich hab das Armenschicksal schon jahrelang getragen und halte es noch länger aus. Allerdings wäre es mir nicht so unlieb, durch einen schnellen Tod davon befreit zu werden. Es ist ja zeitgemäß. Ich hoffe, daß dieser Brief als durchgängig in deine / eure Hand gerät.

Nein, er geht nicht durch, er wird als Original in der Krankenakte abgeheftet.

Genommene Zukunft

Sie schickt ihren Kindern in Gedanken einen Gutenachtgruß und zieht den Brief unter der Matratze hervor, den sie Carl aus Marienthal geschrieben und auf den sie bis jetzt keine Antwort erhalten hat. Sie hat sich eine Abschrift in ihrer Geheimschrift gemacht:

Du wirst mich doch nicht für geisteskrank erklären? ...Vater, gerade du warst es, der in mir immer etwas Großes suchte, eine Künstlerin! Und die Anderen sekundierten natürlich. Du bist doch wohl kein Jude, der immer schrabbt, wenn nicht Geld, dann Ruhm? Meinen beiden Knaben ist die Lebensluft geraubt durch mich. Was kann Gutes von einer Irrsinnigen stammen? Mit diesen Gedanken kann ich nicht mehr weiter leben. Ich will meine Kinder haben, wie sie mir zustehen, sie sollen nicht ohne Liebe weiterleben! Meine kleine Tochter haben die Blutsauger, die kalten fremden Menschen mir genommen. Ich bin nur da, zu schmarotzen, wie sie so schön sagen können. Jetzt ist mir meine Zukunft genommen.

Ich erschrecke über den Antisemitismus in diesem Dokument. Werde versuchen, dies im nächsten Dialog mit Irma anzusprechen. Ich muss mir gut überlegen, wie ich das anfange!

Neue Brüder

Pfarrhaus Steinsdorf, September 1929

Sie haben sich im Wohnzimmer versammelt: Hildegard, die Kinder, die Schwiegereltern, die Haustochter Luise und der große Terrier. Auf dem Tisch stehen ein Krug mit Limonade, Gläser und ein Teller mit Keksen. Gerhard umklammert aufgeregt das blaue Spielzeugauto, seine Schwester Gisela ein rotes. Die sollen sie ihren Vettern schenken, die gleich hier eintreffen werden. Der Foxterrier springt mit den Vorderpfoten aufs Fensterbrett und bellt aufgeregt. Es passiert nicht alle Tage, dass plötzlich zwei Neue ins Rudel aufgenommen werden. Hildegard wendet sich zum Fenster. Richtig, der Hund hat es schon gemerkt: Soeben fährt ihr Automobil, gesteuert von Fritz, durch die Einfahrt. „Da kommen sie!" „Kommen sie, kommen sie!" Waltraut klatscht in die Hände und hüpft zur Tür. „Und denkt immer daran, Ewald und Hugo sind eure Brüder. Ich möchte nichts anderes hören, ja? Sie haben es ganz sicher schwer gehabt und ihr müsst ihnen helfen, damit sie Vertrauen bekommen und wissen, dass sie wirklich ganz zu uns gehören!", mahnt Hildegard ihre Kinder. Einige Tage später bitten die Pflegeeltern die Jungen, die Erinnerungen an die Zeit in Langendreer aufzuschreiben.

Ewalds Bericht vom 10.7.1930:

In Langendreer waren oft Leute bei uns zu Hause, die durcheinander redeten. Sonntags waren wir manchmal im Park oder schauten auf dem Bahnhof den Zügen zu. Dann war Vater eines Tages verschwunden. Wir hatten nichts mehr zu essen. Mutter ging mit uns zu unseren Nachbarn. Die wussten nichts. Sie gaben uns aber von Milch und Brot etwas ab. Frau Wrobel guckte uns so mitleidig an. Ich erinnere mich, wie Mutter uns an diesem Abend zu Bett bringen wollte (Hugo und ich, wir schliefen in einem Bett). Hugo zappelte so herum, dass ich nicht einschlafen konnte. Wir begannen uns gerade deswegen zu zanken, da war plötzlich im Treppenhaus viel Lärm. Die Stimme unseres Hausbesitzers, er rief irgendwas. Dann hämmerten Schläge gegen unsere Wohnungstür, dann war da lautes Gebrüll: Aufmachen, Polizei!! Ich hielt mir die Ohren zu. Mutter rief durch die geschlossene Tür, der, den sie suchten, sei nicht da! Aber das Gehämmere hörte nicht auf. Mutter wurde sehr aufgeregt und sehr stark. Während die Schläge draußen immer heftiger wurden, stemmte sie sich gegen den Küchenschrank und schob ihn vor die Tür. Ich konnte nicht mehr denken. Mein Herz war so laut wie das Gewummere draußen. Vor Schreck wurden wir ganz starr und zogen uns die Decke über die Köpfe. Hugo begann in meine Ohren zu schreien. Mutter und die Gendarmen brüllten sich durch die geschlossene Tür an, aber wegen Hugos Geheule konnte keiner was verstehen. Es war ein großes Durcheinander. Dann wurde es plötzlich ruhig, draußen wurde gemurmelt. Selbst Hugo war auf einmal still. Ich befürchtete irgendetwas Schreckliches, aber es geschah nichts. Nur dieses Geraune. Dann trampelten Stiefel die Treppe herunter. Herr Wrobel klopfte noch mal und Mutter rief mit ganz zittriger Stimme, es sei nichts passiert. Jetzt merkte ich erst, dass unser Bett ganz nass war. Hugo hielt mich immer noch fest umklammert. Ich kroch unter der Decke hervor und sah Mutter am Küchentisch sitzen, den Kopf auf den Armen. Sie weinte. Ich stieg aus dem Bett und versuchte sie zu trösten. Hugo fing dann schon wieder an zu heulen. Mutter musste alles Bettzeug abziehen. Hugo schlief auf dem Stuhl ein und ich wohl auch, denn als wir morgens aufwachten, waren wir wieder im Bett. Wir wollten zum Toilettenhäuschen, aber es ging ja nicht, der Schrank war vor der Tür. Gott sei Dank gab es den Nachttopf. Aber wir hatten nichts zum Frühstück. Wir Kinder versuchten Mutter zu helfen, den Schrank wieder wegzuschieben. Wir brauchten fast bis zum Mittag dazu, denn wir mussten erst alles herausbringen.

Hugo dachte, die Polizisten wären gekommen, weil wir uns gestritten hatten. Er verstand sowieso nichts, er war ja noch so klein! Dann sind wir wohl bald weg aus der Wohnung, der Hausbesitzer hatte uns gekündigt. Davon weiß ich nicht mehr so viel. Wrobels haben uns noch zum Bahnhof gebracht, mit unseren Körben und Koffern. Ich musste mich von Wanda und Wenzel verabschieden. Wenzel wollte das nicht, riss sich los und rannte weg. Frau Wrobel schenkte uns eine Tafel Schokolade. Vater ist bis dahin nicht mehr aufgetaucht. Mutter war in dieser Zeit oft sehr nervös. Meistens war sie lieb, aber ab und zu wurde sie so fuchtig und schrie dann herum. Ich bin froh, dass ich jetzt hier bin, bei Vater kann ich ja doch nicht sein und Mutter ist ja wohl krank. Ich will sie mal besuchen, wenn ich größer bin. Hier ist es schön, alles so sauber, ich habe nette Geschwister. Der Hugo, der ist irgendwie komisch geworden in der Zeit, als wir getrennt waren. Ich glaub, das hat mit dem Schrecken zu tun.

Hugomanns Bericht:

Wie es in Langendreer war? Ich kann mich nicht erinnern, ich war doch noch so klein, erst zwei Jahre alt. Dass es dort laut war, das weiß ich noch. Immerzu pfiff oder schnaufte es draußen. Und am Tag sollten wir drinnen flüstern, weil Vater schlief. Ich konnte noch nicht flüstern, Ewald hat's mir gezeigt, aber hab's immer wieder vergessen. Dabei war es draußen viel lauter. Ewald hat mir erzählt, manchmal nahm mich Vater auf den Arm, wenn er ausgeschlafen hatte. Dann standen wir am Fenster und schauten uns die Züge an. An die Fahrt mit einer Bahn und an die kleine graue Stoffkatze, die bei Oma und Opa war, daran kann ich mich gut erinnern. Ich wollte sie haben und mein Vetter Dietrich auch. Wir schrien und zogen beide an der Katze. Schließlich hauten wir uns! Da fuhr Mutter dazwischen wie eine Furie, schnappte sich das Stofftier, riss die Tür vom Kachelofen auf und warf es in die Feuersglut. Es war schrecklich, wir beide haben geweint! Ans Lutherstift erinnere ich mich, an die Diakonissen dort. Ich hatte Angst vor ihren schwarzen Kleidern und wollte weg. Da gab es oft Schläge. Mein Bruder durfte bei netten Leuten sein. Ich hasse meine Mutter! Warum ist sie nicht bei Vater geblieben, hat uns stattdessen bei fremden Menschen gelassen?

Was Hugo nicht aufschreibt und auch nicht sagen kann, was er aber denkt:

Warum musste gerade unsere Mutter verrückt sein? Ewald hatte es immer besser, der musste nicht so lange ins Lutherstift! Und jetzt mögen ihn hier auch alle lieber. Waltrautchen läuft weg, wenn ich sie mal hochheben will. Bei Ewald macht sie das nicht. Es kommt mir so vor, als wenn der gar nicht mein Bruder ist. Wer weiß? Nachts passiert mir das immer wieder! Wenn ich aufwache, ist es so kalt und ich muss das Bettzeug selber waschen. Ich schleiche mich mit den nassen Laken in die Waschküche. Vaters Schläge mit dem Riemen haben mir überhaupt nichts ausgemacht. Aber es hat auch nicht genützt und Vater hat das bald aufgegeben. Ich glaub, niemand mag mich hier! Vater vielleicht ein bisschen, er gibt sich Mühe. Aber ich schaff es nicht anders zu sein. Die Verrückte in der Anstalt, die will ich nicht sehen. Ich würd lieber bei meinem richtigen Vater sein, aber das geht nicht. Warum, das weiß ich nicht.[28]

Es sind noch Lieder zu singen, jenseits der Menschen
11. Dialog mit Irmgard

B.: Du warst mutterseelenallein.

I.: Niemand kam bis auf Fritz.

B.: Ich kann nachvollziehen, dass du in dieser Situation auf gemeinsam geteilte Vorurteile zurückgegriffen hast. Vielleicht würdest du so wieder dazugehören.

I.: Vorurteile?

B.: Dieser Brief an Carl, in dem du schreibst: Du bist doch kein Jude, der immer schrabbt, wenn nicht Geld, dann Ruhm. Du appellierst darin an tiefsitzende Vorurteile gegen eine gesellschaftliche Gruppe: Antisemitismus in unserer Familie. Hast Du gehofft, dass sie dich dann wieder annehmen?

I.: Ich habe immer gehofft. Was hat das mit den Juden zu tun?

B.: „Ich bin nur da um zu schmarotzen ..., wie sie sagen." Genau das wurde ja auch Juden unterstellt! Sie wurden als „Verderber", als „Parasiten am Volkskörper" hingestellt, genau wie die sogenannten „Psychopathen".

I.: Jeder sprach so. Die Eltern, Fritz, Hildegard – du willst mich tadeln? Was bildest du dir ein! Vergleiche mich nicht mit den Juden. Jeder wusste doch, wie sie waren!

B.: Das kennzeichnet Vorurteile, zu glauben, man wisse alles über den „Anderen".

I.: Also, dann erklär mir, was ich mit den Juden gemeinsam haben sollte!

B.: Na, du wurdest doch mit diesem Etikett „minderwertig" abgestempelt.

I.: Ja, „erblich minderwertig" sollte ich sein, ein „Defektmensch". Na, du wirst mich sicher gleich aufklären.

B.: Mach ich, hör zu: Diese verbreitete Sichtweise entstand durch den Kolonialismus. Den Völkern, die die Eroberer bei ihren Raubzügen vorfanden, fühlte man sich überlegen und nannte sie „primitiv". Ihnen wurde ein Mangel an Zivilisation unterstellt. Ihre Lebensäußerungen und Verhaltensweisen wurden nicht verstanden, darum galten sie als das „Andere der Vernunft": wild und primitiv.

I.: Hmmm – was hat das mit Juden zu tun?

B.: Das Feindbild vom „ewigen Juden" war das Gegenbild zu den „Primitiven". Wenn die „Minderwertigen" in dieser Vorstellung zu wenig an Zivilisation besaßen, hatten Juden davon angeblich zu viel, ein Übermaß an Intelligenz, Reichtum, Macht. Von ihnen drohte darum „Weltverschwörung" und Revolution! In der Regel beides gleichzeitig.

I.: Es war doch wegen ihrer anderen Rasse.

B.: Ideologie! Als wissenschaftliche Behauptung widerlegt. Es gibt nur eine menschliche Rasse. Eine Vorstellung mit politischer Absicht, ein Vorwand, um Menschen auszuschließen. Der bekannte und einflussreiche Psychiater Kraepelin betrachtete zum Beispiel als unumstößliche Tatsache: Juden seien öfter homosexuell als andere Teile der Bevölkerung.[29] Wir können heute erkennen, wie absurd diese Behauptung ist. – Dir dichteten sie ja auch ein „Hurenstigma" an.

I.: „Hurenstigma, homosexuell"? Was redest du denn?

B.: Nun ja, solche Vorstellungen haben auch in den Köpfen überlebt. Es funktioniert nach dem Schema: wir – und – sie. An deinem Fall kann man es studieren.

I.: So? – Da ist er wieder: Dieser stets so wissende wie arrogante Rückblick einer Nachgeborenen! Jetzt wühlst du wieder so viel auf in mir. Ich bin hin- und hergerissen zwischen meinem Wunsch zu verstehen und meinem Zorn auf dich. – Ich folge dir hier an den tiefsten Punkt meiner Geschichte, in dem ich mutterseelenallein, verachtet und geschmäht war, und du hast nichts Besseres zu tun, als mit mir ins Gericht zu gehen!

B.: Keine Sorge, du darfst ein ganz normaler Mensch mit Widersprüchen gewesen sein, keine Heilige!

I.: Natürlich war ich das nicht, eine „Heilige". Du hast selbstredend keine Vorurteile, nicht wahr?

B.: Doch, wie jeder Mensch. Ich versuche sie bewusster wahrzunehmen. Das war die andere Seite der stillen Post, ihr Auftrag!

I.: Dann kümmere dich um deinen Auftrag!

Heil und Pflegeanstalt Lengerich, 1930

Eintrag Krankenakte vom 4.1.30:

„Hofft, die Kinder beim Bruder untergebracht zu sehen, näht, spricht von ihren Kindern. Will nicht in Familienpflege. Wegen der Verlegung habe sie mehrere Nächte nicht schlafen können, sie halte solche Unruhe und Spannung nicht aus."

Die Pflegerin schaut zur Tür herein, ihr Blick umwölkt sich, als sie die Patientin mit dem Brief in der Hand sieht. Irmgard faltet ihn gehorsam zusammen und steckt ihn unter das Kopfkissen. Die Stille danach besteht aus Worten, die ungesagt bleiben. Ob sie jemals noch eine Antwort bekommen wird auf ihre Fragen? Zu Olly spricht sie in Gedanken wie zu einem Fels, denn Olly ist so zu Hause in der Welt: Olly, ich fürchte mich so und es wird von Stunde zu Stunde eine immer größere Furcht, die ich mit niemandem teilen kann. Werde ich je wieder so denken und sprechen können, dass eine Art Verständnis aufkommt zwischen mir und den anderen?

Wenn du mich hier sehen würdest als ein Häuflein Elend. Sie wollen mich entlassen! Jetzt, wo ich all meinen Mut verloren habe und vor dem Leben scheue, wie ein Pferd vor einem plötzlich auftauchenden Hindernis! Stell dir vor: Eine graue Gestalt in zu weiter Anstaltskleidung mit ausdruckslosem Blick. So stehe ich zitternd am Fenster, wenn mich – am Abend besonders – diese Furcht ganz ausfüllt. Ich stehe mit dem Blick auf die Stadt, die weit entfernt, aber noch sichtbar ist, mit ihren abendlichen Lichtern, halte mich an den Gitterstäben fest und spüre die letzten Ausläufer der Geräusche und Erschütterungen von unten als ein ganz leises Zittern wie eine entfernte, sanfte Brandung. So weit ... Ich bin zu einer Art Ruhe gekommen, seitdem es hieß, ich müsse für immer hier bleiben. Ich kann es begrüßen, dieses „für immer". Denn es heißt, einen Platz haben, von dem sie mich nicht mehr verjagen können. Nur noch Bedeutung für sich selbst zu haben, nicht mehr für andere. Keine Verantwortung mehr tragen zu müssen, nicht einmal für das eigene Leben. Das ist schon viel. Nie mehr versagen, niemanden mehr enttäuschen, auch mich selbst nicht. Ich dachte, ich könnte mich hier endgültig einrichten, müsste keine Anforderungen mehr erfüllen, denen ich mich nicht gewachsen sehe „... und ich müsste nicht jedes Mal, nach jedem ohnehin fast unleistbar erscheinenden Kraftaufwand noch an das Später denken müssen und wie dieses Später genau die entgegengesetzte Leistung verlangen würde, zu der man sicher nicht mehr fähig sein wird."[30]

Immer meint man, es müsste doch noch das kommen, worauf man seit frühester Kindheit gewartet hat. Das Besondere, das man einlösen will. Und was man einlösen soll, Vater erwartet es! Diese ehrgeizige Vorstellung von der eigenen Einzigartigkeit aufzugeben, ist mein Bestreben. Stattdessen will ich eins werden mit dem Leben hier. Auf nichts mehr warten, keine Erlebnisse mehr wollen, nur da sein. Irgendeine Arbeit wird man wohl auch hier tun können: das tägliche Bohnern, Strümpfestricken; es ist gut so. Mehr kann ich nicht leisten. Es ist ja ein Geschenk, verrückt zu sein und es war ja mein geistiger Hochmut, so zu tun, als wäre ich es nicht. Warum soll ich denn hier nicht ganz daheim sein? Hier hören viele Stimmen, vielleicht lerne ich das ja noch – und das wird unsere gemeinsame Sprache. Olly, mit jeder Stunde hier verwischen sich die Beziehungen nach draußen zu einem flüchtigeren Bild. Wie bei den Impressionisten, die wir in Berlin gesehen haben, weißt du noch?

Mein Lieblingsbild im Kaiser-Wilhelm-Museum war doch die Iphigenie von Feuerbach. So wie diese stattliche Frau da am Strand sitzt und über die Mauer sehnsüchtig aufs Meer hinausschaut, so sitze ich hier und warte. Ich habe mir immer vorgestellt, wenn diese Gestalt aufsteht, dann gehen ihr alle aus dem Weg und verneigen sich. Manchmal, wenn ich die Augen schließe, kann ich mir sogar vorstellen, dass ich bei meinen Knaben bin. Dass ich immer um sie herum bin wie unter einer Tarnkappe, ohne dass ich etwas anrichte oder jemandem schade. So wie du leibhaftig bei deinen Kindern sein kannst.

Olly, ich bin wieder dabei, gläubig zu werden. Gott nimmt mich gewiss auch so unvollkommen an, so zweifelnd, wie ich jetzt bin. Sicher hat er auch Meta angenommen. Vielleicht ist er ja nur ein wenig ärgerlich, dass er mir erst jetzt wieder einfällt, wie eine Art Notquartier? Nein, wenn es überhaupt sein müsste, von hier wieder wegzugehen, dann wollte ich nur zu Fritz und Hildegard! – So stehe ich lange am Fenster. Und wenn ich das alles gedacht habe, dann lasse ich die Gitterstäbe los, reibe meine schmerzenden Finger und weiß, ich kann ich sein in dieser menschenreichen Einöde, auch ohne das winzigste Quäntchen Freiheit.

Fritz und Hildegard, die beim Landeskirchenamt zunächst Urlaub in Deutschland beantragt hatten, müssen nun bald entscheiden, ob sie nicht doch nach Brasilien zurückgehen sollten. Von diesen Überlegungen und ihren Hoffnungen berichtet der folgende Brief Irmgards, der in der Krankenakte abgeheftet ist:

31.5.30

Meine Lieben!

Mit Verwunderung bin ich über Euer Stillschweigen. Habt Ihr meinen Brief, nein, meine Briefe nicht erhalten? Ich bestätigte doch im letzten den Empfang des Jahresberichtes über m. Kinder? Ich schrieb Euch von der Aussichtslosigkeit der Brasilienreise ... Auch schrieb ich, dass ich beim Provinzialverwaltungsamt damals vor fast drei Jahren den Bescheid erhielt, dass eine Zahlung nach Brasilien für meine Kinder nicht geleistet werden könnte, da die Unsicherheit der Übersendung u. die Unkontrollierbarkeit, die Aufsicht nicht sei, u. es unmöglich mache. Ich wundere mich so, dass ich keine Wolle, keine Arbeit von Euch bekomme. Es ist mir alles so merkwürdig, Euer Verhalten, die Zurückhaltung. Wer weiß, ob es gut wäre, das Auslandsleben!

Ich meine, die Bildungsmöglichkeit wäre doch zunächst in Deutschland vorhanden, ich komme aus dem Staunen gar nicht heraus. Du schreibst, l. Fritz, der Gerhard sporne Ewald zum Lernen an; na ich meine, im Schreiben geht der Ewald voraus, er ist ja auch älter, Ewalds Schrift hat nennenswerte Fortschritte gemacht u. ist ja auch gut zensiert. Allerdings ist das auch ein Nebenfach, eigentlich aber wieder nicht. Im praktischen Leben. Der Gerhard schreibt nicht gut, er scheint mehr Anlage zum Wissenschaftler zu haben, die anderen Beiden mehr zum Künstler begabt zu sein, sie sind optimistisch veranlagt, Gerhard pessimistisch, aber das schadet dem Verkehr, der Freundschaft, nichts. Ich schrieb auch, Hugo wäre ein Sonntagskind, auch Ewald. Beiden ist ein starker Schönheitssinn eigen. Warum soll ich nicht schreiben, wie ich denke, mich treibt ein Empfinden dazu, doch rückhaltlos gehe ich schon nicht. Hugo hat ja ein gutes Zeugnis, schade, dass ich ihn nicht kann weiterbilden lassen ... Ihr müsst es wissen, was zu tun ist, ich möchte nur raten. Mein leidender Körper, meine Seele ist oft todesmatt, aber gewaltsam raffe ich mich auf, um mich abzulenken von dem Weltschmerz. Ich stricke Spitze mit feinen Stricknadeln u. lege drei Proben bei, dasselbe Muster in drei verschiedenen Farben. Warum kann es nicht sein wie früher! Warum die Parteilichkeit? Wir sind alle sterbliche Menschen u. sollten die kurze Lebensfrist nutzen, um uns zu erfreuen. Ihr könnt mir doch nichts übelnehmen, was mir meine Wahrheitsliebe eingibt zu sagen. Mir bleibt noch unendlich viel Unausgesprochenes, habt doch Rücksicht mit mir, ich kann nicht anders sprechen, oder seht zu, dass ein Ende wird mit meinem Leben hier. Ein Versuch macht klug, probieren geht über studieren, vielleicht glückt es mir dann Euer Vertrauen zu gewinnen, durch versöhnliche Aussprache u. längeres Zusammenweilen. Ich habe Kopfschmerzen, von dem Übel bin ich häufig geplagt, ich hoffe, dass es Euch u. d. lb. Hildegard besser geht ...

Schreibt bald wieder, oder schweigt, wenn Ihr es für richtig haltet, nur kurz berichtet mir, dass Ihr noch lebt. In Liebe, Eure Irmgard

Badetag

Scheppern ringsum. Die Blechteller vom Frühstück sind abgeräumt, die Henkeltassen und Löffel eingesammelt und gespült, die Essenskübel zum Küchenhaus zurückgetragen worden. Das schwere Pferdefuhrwerk, das an der Mauer zum Männertrakt gerade wendet, nimmt wieder Kurs auf Lengerich und ein Schwarm Spatzen lässt sich tschilpend auf den zurückbleibenden Pferdeäpfeln nieder. Mit einem Auge beobachtet sie das, während sie in der Schlange langsam aufrückt. Heute werden die Betten im Schlafsaal nicht fort- und wieder hingeschoben. Heute wird das Eichenparkett nicht gespänt, gefegt und feucht gewischt. Heute hat sie nicht den schweren Bohnerbesen schwingen müssen, bis das Holz glänzt. Es ist ein Badetag. Sie kann über die meisten Köpfe hinwegsehen, Geschnatter um sie herum. Die breite westfälische Mundart mischt sich mit dem Polnischen. Das hört sich an wie das Schwätzen der Schwalben, die gerade wieder eingetroffen sind und nun ihre Nester vom letzten Jahr unter dem Anstaltsdach in Stand setzen. Wenn sie am Gitter steht und das Stückchen Himmel absucht, kann sie die Vögel sehen, für die keine Mauern, keine Grenzen gelten. In der Schlange stehen Frauen aus Recklinghausen, Minden, Lübbecke, Herten, Gelsenkirchen. Sie kennt ihre Geschichten. Sie ähneln auffallend ihrer eigenen: enttäuschte Hoffnungen, Arbeitsunfälle, Erbstreitereien. Männer, die sich nicht anders zu helfen wussten als zu schlagen – das sind so die üblichen Zutaten. Sie hat heute kein Ohr dafür. Denn heute ist ein besonderer Tag.

Äußerlich ein Badetag wie jeder andere auch, an dem sie so aufgereiht in einer Schlange warten. Von hinten wird geschubst, sie spürt ein Knie im Hintern und schaut sich giftig um. Ach, die wieder! Na ja ... Einige der Frauen haben sich bei den Händen gefasst. Sie spricht selten mit jemandem. Zu den wenigen gehört Marie Esmeier. Sie selbst war heute zum Abtrocknen eingeteilt, während Marie Stoffstreifen durch die Häkelkanten der gestrickten Unterwäsche gezogen hat. Die Freude am Handarbeiten verbindet sie beide. Und beim Handarbeiten ist es, als verbänden all diese losen Fäden sie mit ihren Familien. Marie ist aus Lengerich und bekommt Besuch. Dieses „Draußen", Lengerich, das ist die Ansammlung von Dächern im Tal hinter den vergitterten Fenstern. Eine Fotografie ohne Tiefe. Von unten, denkt sie, schauen die Menschen sicher besorgt zum Hang und zu den Türmen auf. Und nicht wenige werden denken: Was ist, wenn einer

aus der Masse dieser Tausenden von Verrückten die Anstaltsmauern über-
windet, die das Gelände umschließen wie bei einem gut gesicherten Gefängnis? Jetzt nehmen im Hof zwei Frauen die Pferdeäpfel mit Schaufeln
auf und tragen sie zum Gewächshaus. Hinter den Mauerdurchbrüchen zur
Männerseite regt sich etwas. Die Pensionäre gehen in ihren Gärten spazieren,
manche haben sogar ihre eigenen Pfleger dabei.

Zwei Verpflegungsklassen gibt es in Lengerich. Persönliche Pflege dort
für die, die bezahlen, Kasernenbetrieb hier für die Masse der Armen! Sie ist
in der zweiten Verpflegungsklasse wie all die anderen armen Irren. Dabei
sind es so schöne, klangvolle Namen wie Schmuckstücke, die ein gutes Leben begleiten sollten. Vor ihr stehen Maria Olschewski, Olga Kollee, Mar-
gareta Chlupka, Elli Goldbeck, Maria Otremba. Bereits abgefertigt und
wieder in die wahllos zugeordneten Anstaltskleider gestiegen sind: Percy
Heymann, Martha Capari, Paula Wasilewski, Emilie Nagorra, Elisabeth Polo-
szek. Wenn sie nicht gerade arbeiten, gehen sie auf und ab, liegen, lachen,
singen, stricken, seufzen, albern (sie verhalten sich „läppisch", sagen die
Ärzte), stoßen Laute aus oder sind stumm. Es herrscht eine große Viel-
falt. So geht es, bis die Blechteller wieder hell auf die Tische scheppern
und kräftige Frauen keuchend von den Treppen her die mächtigen Kübel
am Kopfende der Tische absetzen. Dann öffnen die Pflegerinnen die
Deckel. Dampfwolken quellen. Sie tauchen die Kellen in die Kessel und
klatschen jeder ein Häuflein auf den Teller. In fünf Minuten ist das Essen
vorüber. Wer dann nicht zum Abwaschen eingeteilt ist, bleibt noch ein
wenig sitzen, legt den Kopf auf den frisch gescheuerten Tisch, bevor die
Hausarbeit weitergeht. Und so fort und so fort. Sie sagt, sie philosophiert
und die anderen grinsen dann. Meist ist sie ohnehin abgetaucht in ihr
„wahres" Leben. Dabei drängen sich ihr heute immer wieder beunruhigende Bilder auf: Sie ist in ihrem Elternhaus, im Wohnzimmer, sitzt am
Klavier. Die Kerzen an den Leuchtern brennen. Sie spielt wieder einmal
die „Loreley". Ihre Eltern in den grün bezogenen Samtsesseln lauschen.
Zu ihren Füßen hocken die vier Enkelkinder. Plötzlich durchkreuzt ein
Klagelaut das Spiel. Ihre Finger greifen daneben. Jäh – und mit einem
Missklang endet ihr Vortrag. Sie dreht sich entsetzt um und sieht: Dietrich
und Hugomann streiten sich lautstark um eine graue Plüschkatze. Ein
Kind in einem weißen Kleid stellt sich unsicher auf dicke Beinchen und
kommt auf sie zu. Meta? Weit öffnet sie die Arme. Mütterchen umklammert bleich die Sessellehne. Ewald, nachdem er vergeblich versucht
hat, die Streithähne zu trennen, läuft zu seiner Großmutter. Carl schlägt

die Hände – die Handrücken von papierdünner Haut – vors Gesicht und schluchzt. Jetzt ist er nur mehr ein Schatten, das Polster des Sessels eingedrückt. Entsetzt starrt sie auf die leere Fläche. Auch das Mädchen im weißen Kleid hat sich in Luft aufgelöst. Irmgards ausgestreckte Arme greifen ins Leere.

Seit einem Jahr wartet sie auf die Antwort Carls auf ihren Brief vom August 29. Von hinten ein Knuff, sie muss vorrücken, hat nicht aufgepasst. Ja doch! Die Wanne, sie ist dran.

So in die andere Realität geschubst, streift sie, so schnell es geht, die Anstaltskleider und die gestrickte Unterwäsche herunter, legt sie auf den bereitstehenden Stuhl und lässt sich in die lauwarme Pfütze gleiten. Im nächsten Moment wird sie energisch vor aller Augen abgeschrubbt, springt, dazu aufgefordert, wieder auf und lässt die kurze Abreibung mit dem nassen Laken über sich ergehen. Als sie die fremde, steife und wieder einmal viel zu kleine Anstaltsschürze über einem viel zu großen Kleid zubinden soll, weiß sie plötzlich, dass sie all das nicht mehr erträgt. Sie zerrt sich die Schürze über den Kopf: Ratsch, ein Reißen – die Morgenschürze ist dahin. Sie schleudert sie auf den nassen Boden und schreit: „Sie passt nicht, sie passt doch gar nicht!" Frau Höltzsch, die Pflegerin, stemmt empört eine Hand in die Hüfte, mit der anderen weist sie gebieterisch auf die zerrissene Schürze. „Aufheben, sofort!" Irmgard greift sich das Stück Stoff, zerrt daran herum und trennt entschlossen den bereits eingerissenen Träger ab. Sie verschränkt die Hände vor der Brust, stellt sich breitbeinig auf, das Gesicht finster, bedrohlich: „Ich will eine Schürze, die passt!" Da ist auch schon die Abteilungspflegerin neben ihr und packt sie fest am Arm. Irmgard reißt sich los und schlägt nach der Hand der Pflegerin: „Lassen Sie mich in Ruhe!" – Carl ist gestorben. Heute ist der Tag der Beerdigung, sie durfte nicht hinfahren. Alle kommen zusammen: Fritz, Mütterchen, Hildegard, Lenchen, Magdalena mit ihrem Dietrich. Sie zittert vor Trauer und Zorn. Nie mehr wird sie Carl sehen, er wird nicht mehr auf ihren Brief antworten.

Eintrag in der Krankenakte am 1.6.1930

Zerriss heute Morgen ohne äußere Veranlassung ihre Morgenschürze. Schlug die Abtlgs.-Pflegerin, sagte: Ich wollte eine Ablenkung haben von meinem Traum, weil ich nicht zur Bestattung meines Vaters durfte.

Auf der Rückseite der Fotografie, Fritz' Handschrift: *Unserem vereinsamten Mütterchen, 1.6.1930.*

„... Warum bin ich nicht gestorben von Mutterleib an? ... Meine Nächsten haben sich entzogen und meine Freunde haben mein vergessen!"

Der evangelische Seelsorger der LWL-Klinik Lengerich wählt diese Worte aus dem Buch Hiob im Jahr 2018 für eine Ansprache am Gedenkpfad für die Opfer der NS-„Euthanasie" der Jahre 1940/41. Ich muss dabei sofort an diese Situation denken, die sich in der Krankenakte wiederfindet. Zurück in Berlin lese ich nach: Auch Hiob zerreißt vor Verzweiflung seine Kleider. Er fühlt sich verloren wie in finsterster Nacht und klagt: „Ich werde nicht sehen, die Wimpern der Morgenröte." – Wird Irma die Wimpern der Morgenröte sehen? Ein halbes Jahr ist vergangen. Fritz und Hildegard sind sich einig. Sie wollen erproben, ob sie Irmgard in die Familie aufnehmen können und fragen aus diesem Grund bei den Ärzten an.

Zu Steinsdorf bei Weida, Thüringen   *2.12.1930*
Von: K.F. Stellbrink, Pfarrer dortselbst
Für: den Herrn Direktor der Provinzialheilanstalt zu Lengerich
Betreffs: Frau Irmgard Heiss-Stellbrink
Nachdem sich die beiden Kinder meiner Schwester bei uns eingelebt haben, soll nun in ernstliche Erwägung gezogen werden, ob und wie eine Aufnahme meiner Schwester in unsere Familie zu ermöglichen wäre.
Hochachtungsvoll K.F. Stellbrink

Antwort Provinzialheilanstalt Lengerich: 8.12.30

... und das ist auch für fernerhin das Besorgniserregende: So gern wir Ihrer Schwester eine Möglichkeit böten, sich in einer Familie wieder einzuleben. Dass sie da nicht versagen, unter Umständen Verkehrtheiten machen wird, ist bei ihrer früher hervorge-

tretenen Haltlosigkeit sehr möglich. Sie braucht außer guten Beispielen um sich auch noch eine feste, u. bestimmende Hand über sich. Wenn sie demnächst die hier von uns u. von Ihnen gebotene Arbeit mit einiger Ausdauer leistet und ein Versuch sie dort zu halten von uns empfohlen werden kann, werden wir das gerne tun...

... aus d. Briefe der Frau Heiss v. 25.7.31

... Inzwischen hat sich in Deutschland viel geändert, besonders in der Finanzwirtschaft, das empfindet auch der kleine Privathaushalt und schafft eine große Umwälzung bei der Programmaufstellung, die nur die Hauptsache, die nackten Lebensfragen vorsieht. Darum verzagt nur nicht, je einfacher der Mensch durchs Leben geht, desto besser ist er zur Abreise gerüstet ... Ich habe gemerkt, dass ihr mit Lenchen und Hilda enge Verbindung u. Beratung pflegt. Das ist nicht gut, sie besitzen keine Lebenserfahrung und dürfen einer Mutter u. Hausfrau nicht maßgebend sein, sind viel zu sehr verstrickt in ihre Jungfernschrullen, haben keinen Überblick über die Lebenshaltung. Lenchen ist Vormund, Formsache, da sie am billigsten den Posten ausfüllt u. Zeit dafür hat, also auch Geldpunkt. Wenn sich Fritz minderbegabt und – wertiger hält als seine älteste Schwester, so ist das Einbildung u. beruht auf Tradition, mir haben die Ärzte hier gesagt, dass er mehr als mancher Andere für seinen Posten begabt sei. Warum Hilde so wenig schläft? Hat sie kein tüchtiges Mädchen? Regt sie die Radiomusik zu sehr auf? Ist es Lenchens Einmischung in ihre ureigenste Erziehungstheorie?

Großmutter Helene mit Enkeln Hugo, Gerhard, Gisela, Waltraut, Dietrich, Ewald um 1930
vor dem Pfarrhaus in Steinsdorf, Thüringen.

Einige Zeit später stellt Mutter Helene auch einen Urlaubsantrag für ihre Tochter Irmgard. Er scheint bereits genehmigt:

14.7.1932

... Ich freue mich über den Besuch meiner Tochter und bitte um Angabe, ob sie nach einem mehrwöchigen Urlaub nach hierher in die Anstalt zurückkehren kann.
Frau Helene Stellbrink

Doch dann lese ich in der Krankenakte: *18.7.1932*

... fordert Kleider, Hut u.s.w., schreibt: wird aus dem ganzen Plane nichts, habt keine Sorge, dass ich mich aufrege, ich beherberge eine Ausgeglichenheit in mir, die mich vor Enttäuschungen bewahrt.

An Frau Witwe Helene Stellbrink *21.7.1932*

In den letzten Tagen ist ihre Tochter Frau Irmgard Heiss wieder erregt, abweisend, uneinsichtig für Ihre Lage, anspruchsvoll in einer Art, dass man zu einer Beurlaubung nicht raten kann. Wie auch aus beifolgenden Zeilen hervorgeht, ist sie nur in schwächlicher Weise darauf aus, sich herauszuputzen, sie hat jetzt wenig Trieb zu regelmäßiger Tätigkeit, es ist fraglich, ob sie dort mit Ihr würden fertig werden. Einem Besuche seitens der Schwestern oder des Bruders stände nichts entgegen.

Es hätte mich natürlich sehr interessiert, was Irmgard zu dieser Angelegenheit schrieb. Wie kam es dazu, dass die Chance vertan wurde? Was hätte ich den „beifolgenden Zeilen" entnehmen können? Doch ein Brief Irmgards, um den es sich dabei vermutlich gehandelt hat, war im Familienarchiv nicht aufzufinden. Sie wird ihre Privatkleidung vermisst haben. Denn die war 1929 nach Detmold gesandt worden und befand sich vermutlich irgendwo unter den Päckchen des Bodenzimmers.

Ich stelle mir vor, wie Pflegerinnen sich 1932 beeinflusst vom „Baur, Fischer, Lenz" oder anderen Pflegelehrbüchern ausgetauscht haben könnten: „Haben Sie schon gehört, die Beurlaubung für die Heiss ist abgeblasen, so wie die sich jetzt wieder benimmt! Kaum darf sie mal aus der Anstalt heraus, muss sie sich gleich wieder auftakeln. Sie ist und bleibt doch die 'geborene Prostituierte', wie sie im Lehrbuch steht!"

Fritz an die Anstaltsärzte:

11.8.1932

Sehr geehrter Herr Direktor!
Sie werden sich denken können, dass ich es natürlich nicht meinetwegen tue, wenn ich meiner Schwester Irmgard meine Sorgen, besonders die um ihre Kinder, ab und zu nahe bringe. Ich tue das in der Hoffnung, dass sie dadurch zur Teilnahme am Leben über-

haupt erwachen möchte. Ob das der richtige Weg ist, kann ich aber wieder natürlich von hier aus nicht immer beurteilen. Das lässt sich ja am besten dort an den Wirkungen meiner Briefe bei m. Schwester beurteilen. Ich bitte daher, mir meine Briefe ruhig zurückzusenden mit kurzer, erklärender Bemerkung, damit ich in dem von Ihnen für richtig befundenen Sinne schreiben kann. Denn ich werde mit meinen Sorgen gewiss alleine fertig, mein einziges Ziel ist nur, alles und jedes zu tun, damit meine Schwester zur Heilung ihrer kranken Seele gelangt.

– Daher mit bestem Danke im Voraus für alle Ihre Bemühungen.

Hochachtungsvoll, K. F. Stellbrink

Antwort: *An Pfarrer Stellbrink*　　　　　　　　　　　　　　　　*6.2.33*
Steinsdorf bei Weida Thür.

Ihren an Ihre Schwester Irmgard Heiss gerichteten Brief haben wir ihr gegeben, wenn schon wir uns eine nachhaltige Wirkung auf sie nicht erhoffen konnten. Die Antwort Ihrer Schwester ist denn auch entsprechend ausgefallen und nur zu verstehen unter der Annahme, dass die Urteilsfähigkeit Ihrer Schwester sehr gelitten hat: Sie hängt an Phantastereien, überschätzt ihre Leistungen ungemein, glaubt sich berechtigt, weitgehendes Entgegenkommen für sich und ihre Kinder zu fordern, ohne dass sie denen ein Opfer zu bringen bereit wäre. Bei diesem geistigen u. Gemütsmangel wird es wohl so sein, wie Ihre Schwester S. 10 oben schreibt: Sie wird verbraucht werden müssen, wie sie ist. Wir wollen gleichwohl versuchen, sie noch mehr zu regelmäßiger Tätigkeit heranzuziehen, vielleicht dass sie nach den Jahren, in denen sie noch als sexuell gefährdet anzusehen ist, außerhalb der Anstalt in einer Familie wird sein können.

Von einem günstigen Einfluss auf Personen ihrer Umgebung, etwa auf ihre dann älteren Kinder, wird aber auch dann so wenig die Rede sein können, dass es ärztlich ratsam erscheinen muss, die Kinder vor dem Zusammensein mit der Mutter und deren vorzugsweisen Beeinflussung ihres Gemütes durch diese zu bewahren.

Eintrag Krankenakte: *Lehnt Beschäftigung ab, wenn sie nicht besonders dafür von den Pflegerinnen entschädigt würde.*

Wie alle Nachrichten, die Irmgard an Fritz und Hildegard gesandt hat, ist auch dieser Brief nicht im Familienarchiv. Ich versuche ihn zu schreiben:

„... Sie lassen mich nicht zu Euch! – Nun, meinen Kindern geht es gut, das ist das Wichtigste. Gefährden wir also dieses zarte Pflänzchen der Fürsorge nicht – und wer weiß denn auch, ob wir uns verstünden? Allmählich seid ihr die wahren Eltern. Ihr wolltet mich anders haben – aber ich werde nun einmal verbraucht werden müssen, wie ich bin. Ich denke jetzt wieder viel über mich und die Menschen nach. Seit sie mich nicht mehr für die Kinder nähen lassen, weil, wie sie sagen, keine Aufsicht gegeben ist, weicht das Gefühl der Lähmung allmählich der Einsicht, dass mir dann eine besondere Aufgabe zuteil wird. Wir Menschen können die Abgeschiedenheit ja auch nutzen. Also so recht Philosophentum, statt Strümpfe stopfen. Für die Anstalt arbeite ich nicht. ... Lasst mich sein wie ich bin, bis ich sterbe! In Liebe, eure Irma“

Nach und nach treffen die Postsendungen mit Wolle, Stoff und Leckereien seltener in der Anstalt ein. Obwohl die Stellbrinks in Thüringen viel zu tun haben, kommt einmal im Jahr jemand von dort zu Besuch.

10. Neue Zeit (1933-1937)

Steinsdorf den 30.1.1933

Paul von Hindenburg hat heute nach zähen Verhandlungen den Führer der Nationalsozialistischen Deutschen Arbeiterpartei (NSDAP), Adolf Hitler, zum Reichskanzler ernannt und damit die Machtübergabe eingeleitet. Der neue Reichskanzler hat schon zu seinen Anhängern gesprochen. In Berlin soll es die ersten Aufmärsche geben, mit Fackeln. Das ist der Durchbruch. Jetzt ist sie da, die neue Zeit! Mit diesen Neuigkeiten aus seinem Rundfunkempfänger kommt der Ortsgruppenleiter der NSDAP ins Pfarrhaus. Immer wieder treffen aufgeregte Menschen ein, gratulieren sich, klopfen sich auf die Schultern. Ringsum in den fünf Dörfern der Gemeinde bleibt es dagegen ruhig. Von Begeisterung ist wenig zu spüren. Fritz diskutiert die Ereignisse lebhaft im Wohnzimmer. Seine Stimme klingt immer wieder aus dem Gewirr heraus. Die allgemeine Aufregung hat auch Hugomann erfasst. Im Pfarrhaus herrscht außergewöhnlicher Betrieb. Die Mutter hat bereits dreimal Kaffee für all die Gäste gekocht und Teller mit Butterbroten hingestellt. Luise kommt mit dem Abwasch kaum nach. Gisela mault, weil sie helfen soll. Sie möchte auch lieber mit ihren Geschwistern im Hof herumtoben. Gerhard und Ewald werfen Stöckchen für den Hund, der begeistert bellt und immer mehr fordert. Waltraut versucht, ihm den Stock wieder abzunehmen. Kreischen und Lachen unter dem blankgeputzten Sternenhimmel eines kalten Januarabends. Heute Nacht scheint alles möglich!

Hugomann haucht sich in die blauroten Hände. Er schnappt sich den Stock und marschiert damit herum, Hände an die Hosennaht! „Guckt mal, Gerhard, Ewald!" Die großen Brüder lachen und tippen sich an die Stirn. „Du spinnst ja!" Dann tritt die lange, schmale Gestalt des Pastors Stellbrink aus der Haustür. Im Lichtkegel der Eingangsbeleuchtung verabschiedet er den letzten Besucher. Ungewohnt duldsam beobachtet er das Treiben der Kinder. Als er das Tor geschlossen hat, ertönt das längst erwartete väterliche Machtwort: „Jetzt marschiert mal ganz schnell ins Haus, Kinder. Morgen um acht beginnt der Unterricht bei eurem Lehrer!" Er guckt streng, aber seine Augen lächeln. Der Lehrer ist er ja selbst. Der neue Pfarrer Stellbrink wurde in den Dörfern seines Sprengels bald der „Nazipfarrer" genannt.

Reichsinnenminister Wilhelm Frick auf der ersten Sitzung des Sachverständigenbeirates für Bevölkerungs- und Rassenpolitik am 28. Juni 1933:

„Bei der überaus starken Belastung unseres Volkes mit Steuern, Sozialabgaben und Zinsen dürfen wir uns der Erkenntnis nicht verschließen, daß der Staat an einen Umbau der gesamten Gesetzgebung und eine Verminderung der Lasten für Minderwertige heranzugehen haben wird. Was wir bisher ausgebaut haben, ist eine übertriebene Personenhygiene und Fürsorge für das Einzelindividuum, ohne Rücksicht auf die Erkenntnisse der Vererbungslehre, der Lebensauslese und der Rassenhygiene. Diese Art moderner 'Humanität' und sozialer Fürsorge für das kranke, schwache und minderwertige Individuum muß sich für das Volk im großen gesehen als größte Grausamkeit auswirken und schließlich zu seinem Untergang führen. Zur Erhöhung der Zahl erbgesunder Nachkommen haben wir die Pflicht, die Ausgaben für Minderwertige, Asoziale und hoffnungslos Erbkranke herabzusetzen und die Fortpflanzung der schwer erblich belasteten Personen zu verhindern."[31]

„Fortpflanzungsgefährlich"

Irmgard wird bereits im Dezember 1933 von Anstaltsleiter Alfred Schmidt als zu Sterilisierende gemeldet, obwohl das Gesetz erst im Januar 1934 in Kraft tritt. Das Gesetz zur Verhütung erbkranken Nachwuchses (GzVeN) ist eines der ersten Gesetze, das von der neuen Regierung verabschiedet wird.

„Geisteskranke, Idioten und Schwachsinnige, Psychopathen, Nervöse und Schwächlinge, Verbrecher, Säufer und Trottel taugen weder zur Erzeugung noch zur Heranziehung eines starken und tüchtigen Nachwuchses; sie gefährden mit ihrer Fortpflanzung nur die Zukunft ihres Volkes und verursachen ihm damit nur nutzlose und schädliche, wirtschaftliche und soziale Belastung ... Der Staat, will er seine Zukunft nicht in Frage stellen, muß und wird für sich das Recht in Anspruch nehmen, das untüchtige, wertlose und schädliche Erbgut an der Fortpflanzung zu hindern, soweit es nötig ist, auch mit Zwang."[32]

Diese markanten Worte stammen von Hermann Simon, inzwischen pensioniert. Sein neues NSDAP-Mitgliedsbuch hat er postwendend zurückgegeben. Zu den „Rowdys", die ohne ihn zu fragen in seiner Anstalt eine Parteizelle einrichten wollten, hält er fortan Abstand. Doch was dieses lange vorbereitete Gesetz angeht, ist er mit den neuen Machthabern zufrieden und arbeitet am Entwurf mit. Er hält nichts von Demokratie, aber viel vom Führerprinzip. Direktor Schmidt, ärztlicher Leiter der Heilanstalt

Lengerich, hatte indes sehr wahrscheinlich nicht nur dem Erbgesundheits-gericht, sondern auch dem Amtsarzt in Detmold Meldung über die „erb-kranke Schizophrene" in der Familie Stellbrink gemacht.

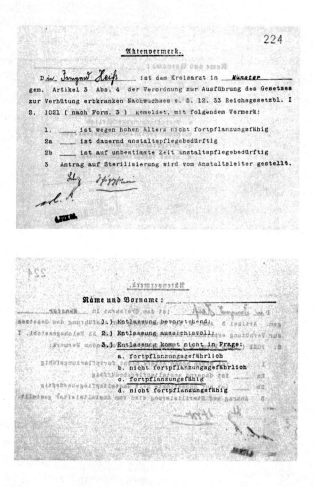

Dokumente, die Irmgards Sterilisation dann tatsächlich belegen, finde ich nicht. Bereits 41 Jahre alt, wird sie dennoch in der Kategorie „fortpflan-zungsgefährlich" geführt. Was für ein Wort! Die Anstalt Lengerich belegte einen Spitzenplatz unter den Sterilisationskliniken und machte auch bei Langzeitpatienten keine Ausnahme, berichtet die Historikerin Gisela Bock. Fritz und Hildegard sind vermutlich davon noch wenig berührt. Auf sie warten gerade neue Aufgaben und noch sorgen sie sich nicht, als „unter-wertige Familie" zu gelten.

Familie Mustermann

Fritz, dazu aufgefordert, tritt nun in die NSDAP ein. Warum erst jetzt? Er wollte nicht als „Trittbrettfahrer" gelten, wird er später erklären. Schließlich zählt er sich zu den „Originalen". Der Parteivorstand in Steinsdorf hat ihn eindringlich gebeten mit anzupacken, um die Sache voranzubringen. Dieser Aufforderung konnte er sich nicht entziehen. Wieder einmal sind sein Rednertalent und sein Idealismus gefragt. Eine Musterfamilie stellt sich auf: Hildegard übernimmt die NS-Frauenschaft, Haustochter Luise Scheidt die Führung der Jungmädel.

Gisela, 8 Jahre alt, mit Kleid zur Teilnahme am Reichs-Jugendfest 1933

Heimatglocken.

Im Mai 1934 sendet Fritz zwei Ausgaben der „Heimatglocken, Zeitung für die Gemeinden Weida und Umgebung" an Mutter Helene in Detmold. Ich erfahre daraus von Ewalds Konfirmation im März 1934, und dass er zu diesem Zeitpunkt Tischler werden wollte. Das Gemeindeblatt enthält Werbung für die Vorführung des Films „Blut und Boden". Das Programm einer Kirchenvertretertagung enthält einen Vortrag *Kirche und Rassenfrage* eines Pfarrers aus Arnstadt. Fritz schreibt in seinem Steinsdorf-Teil: *Es ist ja leider in Glaubens- und Kirchen-Dingen in Deutschland noch so, wie es auf politischem Gebiet in Deutschland seit 1933 nicht mehr ist: ein furchtbares Durcheinander und Gegeneinander von Parteien und Richtungen. Und über dem ist das lebendige Glaubensleben erstorben.*

Wie die Mehrheit der Protestanten hofft er in diesen Jahren, die Gesellschaft würde nach dem Ende der „Systemzeit" aufs Neue vom Christentum durchdrungen – und auf dieser Basis endlich ein einiges Volk werden. Das NS-Regime nährt diese Hoffnung. Öffentlichkeitswirksame Massentaufen finden in Großstädten statt, in den Schulen wird der Religionsunterricht wieder eingeführt. Wer konfessionslos ist, macht sich 1933 verdächtig, weiterhin Sympathien für die Weimarer „Gottlosrepublik"[33] zu hegen. Schmähungen von HJ-Führern gegenüber Gemeindepfarrern begegnet Fritz mit verständlicher Empörung, wenn er in seinem Artikel die derart Angegriffenen und die Kirche verteidigt. Doch die Reaktion der örtlichen HJ-Führung fällt anders als gedacht aus. Fritz sieht sich persönlichen Angriffen ausgesetzt, deren Ursprung er in linken politischen Kräften vermutet, die nun nach der Auflösung aller anderen Jugendorganisationen in die Hitlerjugend strömen. Familie Stellbrink in Steinsdorf legt aus Protest tief enttäuscht bereits nach einem Jahr alle Parteiämter nieder, Fritz bleibt aber Parteimitglied. Den Misserfolg erklären sich die Stellbrinks durch die politische Situation in Thüringen.

Am besten wird es jetzt sein, nach vorne zu schauen. Dorthin, wo die Hoffnung neue Nahrung finden kann. In Lübeck wird ein Pfarrer gesucht, der die nationalsozialistische, gleichgeschaltete Landeskirche leitet. Friedrich Andersen, deutschkirchlicher Flensburger Hauptpastor, vermittelt die Sache und Fritz wird eingeladen sich zu bewerben. Doch er lehnt das schmeichelhafte Angebot ab. Lieber möchte er in Lübeck als einfacher Pfarrer in der Gemeindearbeit tätig sein. Ein Auszug aus seinem Bewerbungsschreiben:

... Besonders aber würde es mir die Erfüllung einer langgehegten Sehnsucht bedeuten, endlich einmal nicht mehr nur Erziehungs-Arbeit bisher falsch eingestellter Gemeinden zu treiben, sondern in bewußt gleichgesinntem Kreise an der Schaffung der neuen deutschen Kirche, der echten Heimat der deutschen Seele zu arbeiten. Je nach Ihrem Gutachten bitte ich nun um Weiterleitung meines anbei folgenden Bewerbungs-Schreibens oder um Rücksendung desselben.
Mit Heil Hitler! K. Fr. Stellbrink

Am 1. Juni 1934 siedelt Familie Stellbrink von Thüringen in die Moislinger Allee in der Stadt an der Trave über.

Eine kurze Parteikarriere

Lübeck, Moislinger Allee 96

Hildegard schickt manchmal Dankesgebete zum Himmel, wie gut sich nun alles gefügt hat. Noch stehen Umzugskisten auf dem Speicher, im Großen und Ganzen kann sich die Familie aber bereits sehr wohl fühlen. Sie ist immer wieder aufs Neue begeistert von diesem schönen Pfarrhaus. Manchmal meint sie fast zu träumen. Im Garten wächst alles wie von selbst. Das milde Seeklima, der Regen, die Wechsel der Jahreszeiten, die nahe Ostsee – das sind doch sehr heilsame und förderliche Bedingungen. Sie ist dennoch oft ganz erschöpft. Es ist eben nicht einfach mit fünf Kindern. Waltraut ist eingeschult worden, alles ist gut gegangen. Sie hat dem Amtsarzt nichts von den Krämpfen erzählt. Sie sind ja auch nie wieder in Erscheinung getreten. Und Fritz hat bereits einige Erfolge zu verzeichnen. Gerade ist er in Hochstimmung, denn er hält Morgen zum Fest der Deutschen Schule die Rede in der ehrwürdigen Marienkirche. Außerdem bekommt die Luthergemeinde ein neues Gotteshaus. Endlich scheinen die Dinge voranzugehen.

Vater Staat und Mutter Kirche?

1934 war er Schriftführer der Zeitschrift „Die Deutsche Kirche", Organ jenes Bundes, der das Alte Testament als „verjudet" ablehnt und dem er seit dessen Gründungsjahr angehört. Da wundere ich mich sehr darüber, was ich gleichzeitig im Gemeindeblatt „Ein feste Burg; Kirchenblatt der Luther Gemeinde, Nr. 6" vom 15. Juli 1934 lesen kann, das Fritz wieder an Mutter Helene gesandt hat. Herausgeber ist er ganz allein, denn sein Kollege Meyer ist in Urlaub. Unter der Überschrift „Staat und Kirche" finde ich darin einen langen Auszug aus einer seiner ersten Predigten in Lübeck vom Sonntag, dem 8. Juli 1934. Ein Text mit kritischen Untertönen. Fritz verglich den Staat seinen patriarchalen Überzeugungen gemäß mit dem Vater einer Familie, der ein Züchtigungsrecht habe. Die Kirche dagegen sei wie die Mutter, die nun mit Güte und Liebe dafür Sorge trage, dass es jetzt genug sei mit dem Strafen. Ihre Aufgabe sei es, die Mitglieder der „Volksgemeinschaft", die gefehlt hätten, wieder in die Gemeinschaft zurückzuholen. Im Übrigen sei es Sache der Gerichte, Delikte zu verfolgen. Der nationalsozialistische Staat habe in der Aufbauzeit das Recht gehabt, seine Macht abzusichern. Doch nun müsse wieder Gesetzlichkeit herrschen und die unabhängige Gerichtsbarkeit gelten. Es sei Aufgabe der Kirche darüber zu wachen, dass dies nun geschehe.

1934 hatten sich Konzentrationslager mit Andersdenkenden gefüllt, politische Konkurrenten und Kritiker auf allen Ebenen waren brutal ausgeschaltet worden. Der Vater seiner Pflegesöhne, Hugo Heiss, überlebte die Gestapohaft in einem frühen SA-Gefängnis, der Ziegelei von Nieder-Westermann in Langendreer, nur knapp.

Wie sah die Arbeit an der *Neuen deutschen Kirche, der echten „Heimat der deutschen Seele"* denn aus, die Pastor Stellbrink so herbeigesehnt hatte? Lange vor Ankunft der Stellbrinks war es zum offenen Konflikt mit einem großen Teil der Lübecker Pfarrerschaft und zur Spaltung gekommen. Im Dezember 1936 waren neun Pastoren von der Gestapo unter Hausarrest gestellt worden. Lediglich vier Geistliche des Pfarrernotbundes blieben anschließend in der Stadt. Es gehe in dem Konflikt um die strikt nationalsozialistische Ausrichtung der Kirche, die als Büttel der Staatspolitik missbraucht werde, kritisierte Dompastor Schaade. Die Kirchenleitung sei eine lediglich machtorientierte Stoßtruppe, die die Unterordnung kirchlicher Belange unter die Interessen des Staates wolle. Pfarrer sollten nicht denken, sondern nur gehorchen.[34] Die nationalsozialistischen „Deutschen Christen", auf die Fritz' Vorgesetzter Bischof Balzer setzte, radikalisierten sich. In ihren Anschauungen ging es immer weniger um Glaubensfragen, dagegen immer häufiger um Politik. *Muß man denn, um echter Deutscher zu sein oder, wie man heute mit einem Fremdwort sagt „Nationalsozialist" zu sein, solch braunen Nebel vor Augen haben?*, schreibt Pastor Stellbrink im August 1936 überraschenderweise dem Vorsitzenden des völkischen „Bund für Deutsche Kirche", Friedrich Andersen, und tritt aus.

Menschen und Mächten ausgeliefert: „Politisch unzuverlässig!"

Was ist geschehen? Eben erst war die verheißungsvolle „Neue Zeit" gekommen, nun schreibt das Kreisgericht der NSDAP an Karl-Friedrich Stellbrink:

19.4.1936

Wie wir Ihnen mündlich ausführten, erwarten wir Ihre Stellungnahme zu einzelnen Punkten. Es sind dieses:

1.) Sie haben Ihre Kinder aus Jungvolk – B.D.M. –H.J. heraus genommen, weil Ihnen der Betrieb dort nicht zusage.

2.) Sie haben gesagt:

a) die Kinder wären dauernd abends unterwegs, bis 10 Uhr, wo das wohl hinführen solle,

b) wenn der B.D.M. abends Dienst hätte, dann stünden schon immer so 15/20 Jungens vor der Tür, um die Mädels abzuholen,

c) die Jugend abzuhärten, wäre Blödsinn, ja, reiner Wahnsinn, abhärten könne man die Jugend später beim Militär, vorher würde sie doch nur verdorben.

d) man hätte ärztlicherseits festgestellt, daß der Gesundheitszustand der Jugend durch die verkehrte Abhärtung immer schlechter geworden sei.

Damit Sie uns nicht wieder falsch verstehen, geben wir Ihnen vorstehend die Punkte wieder, zu denen wir Ihre Äußerung benötigen. Sie haben uns schon kurz mündlich über Ihre Einstellungen zu den einzelnen Punkten unterrichtet, doch baten wir Sie, uns Ihre ausführliche Stellungnahme schriftlich nachzureichen. Sie werden hiermit nochmals dementsprechend aufgefordert.

Heil Hitler! Arno Görs, Kreisrichter

Ausschnitte aus der Erwiderung des Pastors:

Ich habe meine Kinder nicht aus den Organisationen herausgenommen, ihnen vielmehr schriftlich wiederholt die Genehmigung erteilt, einzutreten. – Einen Zwang muß ich allerdings ablehnen, da der Reichsjugendführer ausdrücklich diesen abgelehnt hat, da es sich um eine freiwillige Sache der Jugend handele, was mir als Auslands-Deutschem ganz aus der Seele gesprochen ist, weil im Auslande sich die ganze Erziehung der Jugend vollständig auf Freiwilligkeit aufbaut, also sogar ohne Schulzwang. – Geschichte und Erfolge haben diesen Grundsatz der Freiwilligkeit als richtig erwiesen.

– Ich gebe allerdings zu, daß meine Glaubwürdigkeit … sehr gering ist. Denn nach unsern erbbiologischen Erkenntnissen muß man ja von den Kindern auf die Eltern schließen. Da aber zeigt sich, daß meine Söhne wohl charakterlich wertvoller sind, aber nicht mehr in der HJ sind, weil sie darin nicht alle Bedingungen erfüllen könnten, die von Unterführern an sie gestellt wurden.

… Über den allgemeinen gesundheitlichen Zustand der heutigen Jugend hat nur der Fachmann, also der Arzt, ein Urteil, wenn er sich zugleich an die politischen Veröffentlichungen hält.

– Das Kreisgericht wirft ihm Unzuverlässigkeit vor. Ewald und Gerhard waren in der Hitlerjugend, Hugomann ist noch Pimpf. Ewald ist aus der Organisation ausgeschlossen worden und Gerhard bald danach ausgetreten.[35] Gisela ist weiterhin im Bund Deutscher Mädchen (BDM). Über die Erbgesundheitsuntersuchungen und ihre Zumutungen kann nicht gesprochen werden. Sie bilden den Kern dessen, was man nur andeuten, aber nicht aussprechen oder sogar ausschreiben kann. In den schriftlichen Begründungen, die das Gaugericht von ihm verlangt, lüftet der Pastor ein wenig den Schleier. Seine Söhne sind nicht in der HJ, weil sie nach den erbbiologischen Erkenntnissen nicht alle Bedingungen der Unterführer erfüllen.

... Das ist unsagbar traurig, nun auf die schwarze Liste der eigenen Bewegung gestellt zu werden, für deren Weltanschauung man seit der Jugendzeit, für deren Sache man bewusst seit Kennenlernen derselben mit ganzem Herzen und unter schweren Gefahren gekämpft hat, was besonders schwer war, da ich Vater von 3 eigenen und 2 aus Liebe zum Volk angenommenen Kindern bin, also kein leichtsinniger Draufgänger, sondern ein Familienvater mit großer Verantwortung ... Allerdings verachte ich blinden Gehorsam und die Angewohnheit, dauernd seinen Nationalsozialismus durch Wörter als 100% zu beweisen, denn ich habe mir ja meine deutsche Weltanschauung auf fernem Posten ganz allein erringen müssen und habe Rassenkunde nicht erst seit 1933 und aus Büchern erlernen müssen, sondern seit 1921 alles, was zur deutschen Volkskunde gehört, mit heißem Bemühen erforscht. – Ich stehe deswegen in germanisch-freiem Gehorsam zum Führer und halte diesen Gehorsam für den einzig zuverlässigen in Notzeiten und würdigen für einen freien Deutschen. ... Und wer mich kennt, der weiß, daß trotz aller menschlicher Mängel, von denen sich nur ausgekochte Pharisäer-Seelen frei dünken, der Grundzug meines Wesens die Treue ist. ... Oder sollten kritiklose 110%ige, aber blinde Parteigänger heute wertvoller sein als solche, die ihre Gesinnung in Taten bewiesen haben?
Heil Hitler!

K. Fr. Stellbrink

„Rassenkunde" fasst er als einen Teilbereich von Volkskunde auf. Warum erwähnt er sie hier? Treue ist für ihn ein zentraler Begriff. Sein Verhältnis zum Führer charakterisiert er als auf „germanisch-freiem Gehorsam" beruhend. Der spätere Generalstaatsanwalt der Stadt Braunschweig, Fritz Bauer, sprach diese Auffassung von „Gehorsam" in einem ersten Versuch an, Formen des Widerstands im Nachkriegsdeutschland Anerkennung zu verschaffen. Bauer 1952: „Ich glaube, es gibt niemanden in diesem Saal, der den Mut hätte zu sagen, einer der Widerstandskämpfer hätte nicht mit der heiligen Absicht gehandelt, seinem deutschen Vaterland zu dienen ... Jawohl, wir sprechen hier deutsches Recht. Deswegen halte ich es für meine Verpflichtung, gerade darauf hinzuweisen, was altes deutsches, germanisches Recht ist. Ich erinnere an die stolzen Worte des Sachsenspiegels: Der Mann muss wohl auch seinem König, wenn dieser Unrecht tut, widerstehen und sogar helfen, ihm zu wehren in jeder Weise, selbst wenn jener sein Verwandter oder Lehnsherr ist. Und damit verletzt er seine Treue nicht." Bauer griff zurück auf germanische Überlieferungen. Das habe er die „kernige Sprache der deutschen Vergangenheit" genannt, so der Autor Ronen Steinke: „Der Untertaneneid im deutschen Staatsrecht ging auf

Treue zurück, aber Gehorsam oder gar unbedingter Gehorsam war den Deutschen ein fremder Begriff. Gehorsam, sagten die Germanen, gilt für Sklaven, der Freie ist nur zur Treue verpflichtet, und Treue setzt Gegenseitigkeit voraus."[36] Fritz hätte den mutigen Staatsanwalt ohne weiteres verstanden.

Die Familie lernt den Anpassungsdruck des Regimes und die Missachtung der Rechte Einzelner kennen. Die Rassenhygiene als Teil der Weltanschauung und als Machtanspruch reicht weit bis ins Private hinein. Wurde Ewald seiner Mutter wegen in den Reihenuntersuchungen von einem HJ-Arzt als erbminderwertig stigmatisiert? Haben die Jungen der rassenhygienischen Indoktrination gar zu widersprechen gewagt?

„Es gibt kein gleiches Recht für alle. Jeder hat soviel Recht, wie er für das Volk wert ist. Das muss stärker betont werden als bisher. Und der Staat hat das Recht, ja die Pflicht, den Unterschied zu machen zwischen hochwertig und minderwertig, wobei die Wertigkeit immer auf das Volksganze bezogen werden muß." Martin Staemmler, 1933: Die Sterilisierung Minderwertiger vom Standpunkt des Nationalsozialismus.[37]

Es könnte sich eine solche oder ähnliche Szene im Pastorat abgespielt haben.

Lübeck 3. September 1936

Als Pfarrer Stellbrink ins Esszimmer kommt, ist der Stuhl zwischen Gisela und Ewald leer. Hugo fehlt. Spannung liegt in der Luft. Die Suppe in der Terrine duftet verführerisch. Luise wird gelobt und geht, um in der Küche nach dem Hauptgang zu sehen. Fritz schaut fragend zu Hildegard. Die winkt ab: „Hab bereits alles versucht, konnte ihn nicht bewegen." Fritz nimmt Platz, streift dabei Gerhard mit kritischem Blick. „Ich möchte des Mittags alle hier am Tisch sehen! Ihr wisst doch, dass mir diese Stunde heilig ist!" Ewald steht auf: „Ich gehe schon." „Darf ich anfangen, ich hab Hunger!" Waltraut kippelt ungeduldig mit dem Stuhl. „Hör auf, Schäfchen. Bis alle da sind, wirst du noch warten können! Außerdem weißt du doch, dass wir erst das Tischgebet sprechen. Gerhard, sitz aufrecht! Du willst doch einmal Mediziner werden! Müssen wir hier unbedingt den wenig appetitlichen Anblick deines Brusttoupets geboten bekommen? Schiller hat den Seinen diesen tiefen Einblick bestimmt nicht zugemutet!" Gerhard senkt das Kinn auf die Brust, schaut nachdenklich an sich herunter und schließt einen weiteren Knopf seines Hemdes mit dem bei oppositionellen Jugendlichen beliebten Schillerkragen. Sorgfältig zieht er die Spitzen wieder auseinander. „Trägt man jetzt so." „Da kann ich natürlich nicht mehr mithalten. Gibt es auch noch was Wichtiges zu vermelden?","Wir haben die Russischarbeit zurück." „Und?" „'Ne Eins!" „Na schön! – Und bei dir Fünkchen?" „Alles in Ordnung." „Dann bin ich ein zufriedener Vater. Meine wunderbaren Kinder, ich bin stolz auf euch!" Ewald schiebt Hugo zur Tür herein. Der verzieht das Gesicht, mit der linken Hand presst er einen Eisbeutel aufs Auge. „Komm, setz dich zu uns!" „Hab keinen Hunger."

Gisela und Gerhard schauen verlegen in ihre Suppenteller. Hugos Auge ist auf Tennisballgröße angeschwollen. „Du musst zum Arzt Hugo! Du brauchst ja nichts essen, aber setz dich und berichte uns, was geschehen ist! Wer war das?", fragt Fritz. „Erwin aus meiner Klasse." „Wieder der Erwin, was war denn diesmal?", setzt Hildegard hinzu. „Heute Morgen lag auf meinem Platz so'n Zettel, da stand was drauf von einem Gesetz mit einem ganz komplizierten Namen, ich weiß nicht mehr genau." „Gesetz zur Verhütung erbkranken Nachwuchses", schaltet sich Ewald ein. „Kann sein." „Die Zettel lagen gestern in der Post am Schalter aus. Ich hab einen mitgenommen, als ich den Brief an Mutter eingesteckt hab." Hugo unsicher: „Ich hab nicht verstanden, was das sollte. Aber die anderen grinsten so komisch. Da stand drauf, dass es 'ne Tat der Barmherzigkeit sei, Erbkranke unfruchtbar zu machen."

Hildegard und Fritz schauen sich betreten an. „Und wie kam es dann zu dem Auge?" „In Biologie, ich meine, in Rassenkunde da hat mich der Erwin dann immer so angeguckt – und beim Völkerball hat er gerempelt, dass ich den Ball verloren hab und mich dabei als Feigling beschimpft. In der Pause wollt ich ihn zur Rede stellen! Und dann hat er sich so vor mir aufgebaut, Arme verschränkt und betont langsam ausgespuckt und gesagt, dass ich ja wohl erbminderwertig bin!" „Wie gemein!", Gisela schüttelt sich empört. „Der ist ja wohl doof! War denn kein Lehrer in der Nähe, den du hättest holen können?" „Ich bin doch keine Petze!" „Was heißt denn das überhaupt, 'erbminderwertig'?" „Später, Schäfchen", erklärt Hildegard, „das ist hier kein Thema für unser Mittagessen. Und wir wollen doch jetzt nicht wieder streiten. Lasst uns das Tischgebet sprechen! Die Suppe wird kalt. Fritz, bitte!" Der nickt und schaut im Kreis seiner Lieben herum, bis alle bereit sind für die kleine Andacht. „Unser Herrgott im Himmel, sieh auf diese Kinder. Gib ihnen die Kraft, Demütigungen und Beleidigungen ruhig und gelassen zu begegnen im Vertrauen darauf, dass wir in deiner Hand gut aufgehoben sind. Wir wissen, dass du die Menschen so annimmst, wie du sie geschaffen hast, den einen wie den anderen. Wir denken an unsere Schwester, Mutter und Tante Irmgard – und alle kranken Menschen. So soll es geschehen! Gesegnete Mahlzeit.",,So soll es geschehen!", tönt der Familienchor. "Amen" ist als "verjudet" aus dem Familienwortschatz verbannt. Sie reichen sich die Hände, lächeln sich zu. Hildegard teilt die Suppe aus. Luise kommt mit dem Hauptgang. "Oh, es ist noch nicht so weit?" "Wir mussten zuerst noch eine Kleinigkeit besprechen, entschuldige Luise."

Eine Weile ist nur das Klingeln der Silberlöffel auf dem Porzellan zu hören. Selbst Hugo hat ein wenig in den Kartoffeln und der Soße herumgestochert und so manchen Klops verdrückt. "Hattest du denn was erzählt von Mutter?", fragt Ewald nach. "Nein, niemals!", schwört Hugo. Gerhard kaut, während er spricht, was ihm einen kritischen Blick Hildegards einbringt: "In Steinsdorf, da war's der Rudolf. Solche findest du überall, weißt du doch! Die wissen doch gar nichts von deiner Mutter, du wirst uns noch verraten mit deinen ständigen Raufereien. Merkst du denn nicht, dass die das nur machen, weil du so prompt reagierst? Wie auf Kommando! Die ziehen an den Fäden und du gehst ihnen auf den Leim!" "Gerhard, überlege dir gut, was du sagst! Es ist nicht Hugos Schuld, wenn er provoziert wird. Denk mal an eure Erfahrung mit dem Fähnleinführer!" "Du hast ja auch gut reden, du mit deinem Gymnasium. Du weißt doch nicht, wie sie an meiner Schule sind!" "Ja, an der Volksschule, da langt man dann wohl gleich zu!", lästert Ewald und nestelt an seinem Schillerkragen, den er ebenso wie Gerhard trägt. "Jetzt reicht's mir aber!", zornig springt Hugo auf, packt den Rest des Eisbeutels wieder auf sein Auge. "Ich gehe, das ist hier nicht zum Aushalten!" Ein strenger Blick seines Vaters veranlasst ihn, es sich doch anders zu überlegen: "Hugo mein Sohn, du bleibst! Setz dich wieder hin! Wir verstehen deine Aufregung, da hat dich jemand reizen wollen." "Wir haben versucht, für jeden von euch die richtige Schule zu finden, da ist nicht die eine besser als die andere!" Hildegard versucht die Wogen zu glätten, den Blick auf Ewald und Gerhard gerichtet. Schweigend löffeln sie den Nachtisch. Gerhard setzt das Schälchen mit dem Saft der eingemachten Birnen an die Lippen, schlürft dabei vernehmlich: "Aahh!" Ein wohliger Rülpser kommt gleich hinterher. Fröhlich blickt er in die Runde. "Oh, Verzeihung!" Fritz, ehrlich empört: "Und du mein Sohn, hast dagegen jetzt dein Aufenthaltsrecht in unserem heiligen Kreis durch schlechtes Benehmen verwirkt, du kannst aufstehen!" "Phöh!", Gerhard setzt sein Pokerface auf und geht hocherhobenen Hauptes ab. "Nach dem

Essen denkst du an die Hausaufgaben, nicht wahr Hugo? Großvater hilft dir, wie immer." „Ooch, ich kann nicht, ich seh doch gar nichts mit dem Auge." „Das geht schon, auch mit einem Auge. Die Bruchrechnung soll er mit dir wiederholen! Wir wollen doch nicht, dass du noch einmal sitzen bleibst, oder?" „Mutter! Musste das jetzt sein? Ich will nachher zum Gruppenabend. Ich kann demnächst Boxen lernen." „Da hat auch gar keiner etwas dagegen, dass du zur HJ gehst, Hugo. Nachdem du deine Hausaufgaben gemacht hast natürlich. Hauptsache, du verträgst dich mit den anderen!" „Ich hab aber was dagegen, dass du zur HJ gehst, Hugo!", wirft Ewald ein. „Stört dich das denn nicht, dass ich hinausgeworfen wurde? Du hast doch nur Glück gehabt, über dich hätten sie das Gleiche sagen können. Erbminderwertig. Wenn ich das höre, dann wird mir übel! Das heißt doch, unsere Mutter ist überflüssig!" „Solche Sachen sagen sie im BDM auch dauernd. Gib mir mal deinen Teller rüber!" Ewald reicht Gisela das Geschirr an: „Und immer das Gehetze gegen die Kirche! Gerhard ist aus Solidarität auch ausgetreten. Und du willst partout zu denen gehören? Am Ende musst du dich doch auch als Ballastexistenz fühlen!" „Ballastexistenz, du spinnst wohl!"

„Eure Mutter ist nicht erbminderwertig, sie ist schwermütig! Hugo, wenn du mal nach Lengerich mitkommen würdest, dann würdest du sehen, dass man sich ganz normal mit ihr unterhalten kann! Frag deinen Bruder!" „Und warum malt sie dann immer so komische Sachen auf ihre Briefe?" „Das hat sie schon immer gern gemacht, gezeichnet. Sie will euch damit eine Freude machen. Sie lebt eben noch in der alten Zeit! Sie ist doch auch seit über zehn Jahren in der Anstalt." „Das is so peinlich, wenn das jemand sieht!" „Dann lass halt ihre Briefe nicht im Zimmer herumfliegen! Kannst sowieso mal wieder aufräumen. Ich würd gern mal die Hausaufgaben machen können, ohne dass ich erst die HJ-Koppel, drei Angelschnüre, tote Mehlwürmer und deine Fußballschuhe wegräumen muss." „Also, Kinder, am besten sprecht ihr gar nicht über eure Mutter. Lasst euch auf gar kein Gespräch ein. Das geht doch auch niemanden etwas an!", schlägt Hildegard vor. „Wenn wirklich jemand fragt – sag doch einfach, deine Eltern leben im Ausland, in Brasilien! Ja, sie sind dageblieben und ihr solltet hier zur Schule gehen, in eine richtige deutsche Schule!" „Und warum kann ich dann kein Portugiesisch?" „Ach, das können dort auch beileibe nicht alle Deutschen. Kannst ja mit Vater und deinen Brüdern lernen, falls wir doch zurückgehen." „Ne danke, ich hab schon genug mit meiner Schule zu tun. Ich glaub, ich würd auch nicht mitgehen nach Brasilien", setzt er hinzu. „Vielleicht kann ich dann zu Vater?" „Erstmal bleiben wir hier im schönen Lübeck. So – und jetzt gehen alle mal wieder an die Arbeit. Hiermit hebe ich die Tafel auf!"

Irmgard schreibt:

Lengerich, 29.5.36

Lieber Ewald,

So hat meine Ahnung doch Berechtigung gehabt, Du, Ihr, alle immer strebend, die Verbindung mit Gott und Welt haltend, wolltet eine größere Trennung von mir herbeiführen, wollt wieder weit fort und mich vielleicht allein mit den Detmoldern in Deutschland lassen. – Ich halte Euch nicht für zu optimistisch. Schöneres gibt es für den Menschen nicht. Alles geht um Selbstständigkeit und Vereinigung mit Gott u. der Natur u. Tierwelt in gesunder, d.h. naturgetreuer Betätigung des Körpers u. der Seele. Vielseitige Ausbildung ist dazu von Nöten u. ganz richtig erkannt von den Deinen u. Dir. u. Treue, oh wie schön das klingt, Familiensinn u. Liebe zueinander! Da weiß ich Euch doch gut verbunden auch in der weiten, weiten Ferne, gestützt und nach menschlichem Ermessen gut geleitet. Aber ich möchte mitziehen u. dahin geht mein Nachdenken u. meine Geisteskraft, dass ich den Weg dazu finde!
Es gibt nur einen Weg: Einer muss Arzt werden von Euch, damit meine Ideen, die ja keine Produkte überhitzter Fantasien oder müssiger Denkart sind, verstanden werden und Euch nicht gefährlich werden können, denn sie sind rein verstandesmäßig und klar aufgebaut, auf richtiger – allerdings Frauenlogik! – Sie können nicht erstickt werden oder weggedacht, sie behaupten sich in lebendiger, starker Daseinsberechtigung u. wahrem, echten Sein. Nur die Außergewöhnlichkeiten der Gedanken u. Verbindungen stellt sie in zweifelhaftes Licht, in übernatürliche Beleuchtung ...

Eintrag in der Krankenakte unter dieser Abschrift: *Wird öfter nach C2 oder D verlegt.*

Noch Lieder zu singen jenseits der Menschen
12. Dialog mit Irmgard

I.: Ja, ich wurde häufig verlegt. Das waren so Strafen, weil ich mich nicht fügte. In Marienthal war mir eine besondere Erfahrungen zuteil geworden. Ich betrachtete diese Zeit als Geschenk. Mir erschien es damals, als hätten sich alle großen Fragen des Lebens wie von allein gelöst. Für einige Jahre fand ich eine Art von Gleichgewicht. Fritz und Hildegard waren aus Brasilien zurückgekommen und ich konnte meinen Jungens schreiben! Wenn auch im Abhängigkeitsverhältnis, eine arme Irre, zum mindesten konnte ich für mich sein.

B.: Möglicherwiese war zu der Zeit in den Anstalten noch etwas vom Geist der Reformansätze zu spüren. Real hatten sie ohnehin eine ganz untergeordnete Rolle gespielt. Immerhin, deine Anstaltsärzte schlugen Familienpflege vor. Von über 1000 Lengericher Patienten waren es nur 150 Menschen, die zu dieser Zeit in Familienpflege waren. Wenn du dich darauf eingelassen hättest, vielleicht hättest du alles, was dann kam, überlebt?

I.: Wenn in eine Familie, dann wollte ich nur zu meinen Kindern und zu Fritz und Hildegard. Und mit der Familienpflege war es ab 1933 dann ja ohnehin vorbei.

B.: Das stimmt, mit dem Sterilisationsgesetz ging die Zeit der Reformen endgültig zu Ende. Das genau finde ich in der Literatur beschrieben. Der Anstaltsalltag wurde von ideologischen Anschauungen der Erblichkeit überwuchert, die Patientenzahlen stiegen steil an. Der Anspruch zu heilen wurde aufgegeben. Stattdessen begann die Selektion nach „heilbaren und unheilbaren" Patienten.

I.: Ich bestand auf Facharztbehandlung, wollte besseres Essen, selbst über meine Arbeit bestimmen und war, wie immer, lästig.

B.: In meinen Augen war es eine Form von Widerstand.

I.: Große Worte. Meine Familie, wie sah sie mich?

B.: In der Familie ist es vielleicht sogar noch komplizierter. Besonders in einer bürgerlichen Familie muss man erfolgreich sein, zur Ehre beitragen, deren Eitelkeit befriedigen und ihre gesellschaftliche Stellung bestätigen. In Detmold kam ein gemeinsamer Haushalt schon deshalb nicht in Frage. Hildegard und Fritz, die diese Gesichtspunkte weniger wichtig nahmen, wollten dich aufnehmen, wurden aber durch die Urteile der Ärzte davon abgehalten.

I.: Die Ärzte haben sie beeinflusst?

B.: Ja, das wird aus der Krankenakte deutlich. Die Psychiater beschrieben dich als völlig verschroben und unzugänglich.

I.: Dabei nahm ich doch sogar wieder mehr Anteil an der Welt, schon wegen dieses Volksempfängers im Tagesraum. Aber die Hoffnungen wurden enttäuscht. Die markigen Stimmen aus dem Apparat sagten nicht die Wahrheit. Für uns Kranke wurde das Leben schlechter.

B.: Ab 1933 wurden die Tagessätze herabgesetzt und die Essensrationen erneut spürbar gekürzt. 1939 warfst du bei der Visite einen Nachttisch und drohtest Scheiben einzuwerfen, wenn es nicht mehr Brot gäbe. Einmal hast du tatsächlich Fenster zu Bruch gehen lassen.

I.: Wir hungerten!

B.: 1932 noch gewann Prof. Friedlaender, der Direktor des Lindenhauses, mit seinen Sparvorschlägen den zweiten Preis in einem Wettbewerb mit dem Titel: „Kann die Versorgung der Geisteskranken billiger gestaltet werden und wie?" Er hatte vorgeschlagen, die Pfleglinge möglichst häufig zu verlegen, um den Krankenhausbetrieb – wir würden heute sagen – optimal auszulasten. Du widersetztest dich, warst eigensinnig, wolltest nicht für die Einrichtungen arbeiten. Dich hätte er sofort verlegt! Der Direktor war jüdischer Herkunft und wurde aus dem Amt gejagt.

I.: Oh! Was geschah mit ihm?

B.: Er hatte Mühe, der Verfolgung zu entkommen und konnte gerade noch mit seiner Familie nach Australien fliehen.

I.: Das hätte ich niemals vermutet. Ich weiß, er billigte es nicht, dass ich für die Arbeit entschädigt werden wollte.

B.: Darin warst du deiner Zeit weit voraus! Direktor Enge in Lübeck-Strecknitz vertrat diesen Grundsatz ebenfalls und gehörte damit unter den Psychiatern seiner Zeit zu einer winzigen Minderheit. Gerade während des Nationalsozialismus haben Gemeindeverwaltungen und Krankenkassen am Elend der Patienten verdient!

I.: Siehst du, ich habe es ja geahnt! Wir hatten ja Angst, nicht versorgt zu werden, fühlten uns bedroht. Hinzu kam, dass die Lübecker überlegten, wieder einmal nach Brasilien zurückzugehen, was mich zutiefst beunruhigte.

B.: Du musst dir ihre Situation so vorstellen: Von Plakaten und Titelblättern der Zeitschriften beim Arztbesuch, in der Schule, in den Wochenschauen im Kino – kurz, überall drängten sich den Menschen jetzt Schlagzeilen auf wie: „Erbkrankheiten gefährden die Volksgesundheit, zerstören Rasse und Kultur!" Menschen wurden auf abstoßende Weise zur Schau gestellt. Die rassenhygienische Propaganda war allgegenwärtig. 1937 lief als Vorfilm in allen Kinos „Opfer der Vergangenheit".

I.: Oh je, was müssen sie über mich gedacht haben?

B.: Ja – das war ein Problem, vor allem für die Kinder. In Brasilien wären sie der allgegenwärtigen Propaganda weniger ausgesetzt, könnten sie sich überlegt haben. Sie waren aufs Äußerste belastet.

I.: Ja, das wäre eine Erklärung. In Lengerich tauchten jetzt Schwärme von Apothekern, Hebammen und Medizinstudenten in der Anstalt auf und wurden in Gruppen durch die Wachsäle geführt. Wir fühlten uns wie Zootiere!

Lengerich, den 30.5.1935

Lieber Ewald,

... Wenn ich vom Willensaufwand schrieb, bezieht sich das auf die Tat der Selbstbeeinflussung oder schon fast Selbsthypnose, damit mir ein glücklicher Gedanke kommt, wie ich meine Mutterpflichten aus der Ferne hinreichend erfüllen kann oder zu Euch persönlich gelangen.

– In Marienthal bin ich zum Menschen erwacht, habe die Doppelnatur der Seele ergründet, die wechselseitige Beziehung zu Gott u. Welt, das Erdgebundensein mit der Höhensehnsucht, die Natur erforscht u. die ganze Weltordnung mit ihren Grundsätzen in Einklang gebracht. Jetzt hat mich der Umschwung durch Hitler als ernstem Streber zur Empfindung, zur deutschen Frau, zur sozialen Stellungnahme aus den Privatstudien erweckt u. mir die Volksseele nah gebracht, den Contact mit meinen Mitmenschen, den ich über mein Philosophieren verloren hatte ...

Eintrag unter dieser Abschrift:

Eigenwillig, lässt sich nichts sagen, lehnt die allg. Beschäftigung ab. Wird faradisiert, um sie zum Arbeiten zu bewegen.

Arbeitsgemeinschaft für Volksgesundheit

3. September 1936

Aus dem Vestibül ziehen Wolken würzigen Tabakrauches zur geöffneten Tür hinaus. Fritz sitzt dort und beobachtet Hildegard bei ihrem Rundgang durch den Garten. Das abendliche Vogelkonzert lässt bereits einige Solisten hervortreten und klingt allmählich aus. Hildegard kommt ins Haus und zuckt zusammen. Die Standuhr schlägt. „Gott, hat mich das Ding wieder einmal erschreckt, du wirst noch mal taub werden! Aber du liebst dieses Ungetüm. Warum sitzt du denn hier drinnen?" „Ich wollte etwas lesen und das kann ich hier besser. Komm, setz dich doch noch einen Moment zu mir hier in meine Räucherkammer!" „Warte, ich stelle nur eben die Dahlien ins Wasser." Sie kommt mit den arrangierten Blumen in der Vase zurück. Die Blüten auf dem Tisch leuchten in der untergehenden Sonne. „Ist das nicht ein bezauberndes Gottesgeschenk?" Fritz nickt: „Und deine Gartenkunst!" Hildegard lässt sich in den Korbsessel sinken und wedelt Rauchschwaden zur Seite. „Morgen kommen sie auf den Altar." Sie ist zu Recht stolz darauf, dass sie den Blumenschmuck in der neuen Kirche fast immer aus dem Garten – aus ihrem Garten – beisteuern kann. „Oben ist noch Geflüster, die Kinder schlafen nicht." „Diese Momente erinnern mich an die auf unserer Veranda in Mont' Alverne, nur dass es hier so lange hell ist im Sommer. Ich sehe noch vor mir, wie du abends das Wasser im Eimer in unsere bescheidene Hütte tragen musstest, bevor es auf einen Schlag dunkel wurde." Fritz lächelt durch die Rauchfahnen hindurch. Dann fragt er nachdenklich: „War es richtig zurückzugehen?" „Du denkst an die Kinder, ich weiß. Was meinst du, müssen wir uns dieses Hitler-Gesetzes wegen Sorgen machen?" „Das Sterilisationsgesetz? Ich weiß nicht so recht. Lenchen sagt, Irmgards Krankheit sei Schizophrenie. Kannst du dich erinnern, es gab diese Rundfunkansprachen damals, als es in Kraft trat. Das liegt schon einige Jahre zurück. Ich hab mir das Heft, das Ewald von der Post mitgebracht hat, ausgeliehen und durchgearbeitet. Von angeborenem Schwachsinn ist darin die Rede, von Schizophrenie, von zirkulärem Irresein, erblicher Blindheit, erblicher Taubheit. Eine ganze Reihe von Erkrankungen sind darin aufgeführt, die erblich sein sollen. Ob es richtig ist? Es wird so viel behauptet. Und was ist Schizophrenie denn überhaupt?" „Die Bilder sind wirklich schlimm, von denen die Kinder sprachen. Überall werden die kranken Menschen so abschreckend dargestellt. Weißt du noch, das Kind von Schultzes in Rio Grande?

Niemand kann doch etwas dafür, wenn ein krankes Kind geboren wird, oder? Man muss doch helfen in solchem Fall! Ist das nicht unsere christliche Anschauung?" „Ja, unsere Kirche sieht es auch so. Es liegt ja nicht in unserer Hand, ob ein Mensch gesund ist und bleibt. Von den Krampfanfällen hätte bei unserem Schäfchen ja auch etwas zurückbleiben können. Gut, dass du dem Schularzt nichts davon gesagt hast." „Ich sehe diese Bilder auf Plakaten, an Litfaßsäulen, in Zeitschriften, in Wartezimmern von Ärzten. Man fühlt sich regelrecht verfolgt, direkt unheimlich kann es einem werden! Sind wir jetzt eine 'erbminderwertige Sippe' und die anderen 'erbtüchtig'? Wie müssen sich die Jungens da fühlen?" „Es redet ja niemand offen darüber. Neulich hatte ein junges Brautpaar schon das Aufgebot bestellt. Einige Wochen später kam der Bräutigam betrübt zurück und teilte mir mit, dass die Trauung nun doch nicht stattfinden könne. Ich weiß nicht, was dahinter steckt. Die Menschen teilen sich weniger mit als früher." „Stell dir mal vor, uns wäre damals die Heirat verboten worden! Was hättest du getan?" „Das frage ich mich allerdings auch. Vor einigen Tagen hatte ich mit dem Direktor unserer Lübecker Heilanstalt Strecknitz zu tun. Er scheint mir recht vertrauenswürdig. Vielleicht kann ich mit ihm einmal über diese Dinge sprechen."

Die untergehende Sonne lässt die Gesichter aufleuchten. Hildegard kneift die Augen zusammen: „Gerade kommt mir in den Sinn, wie ich vor vielen Jahren ein beschriebenes Blatt im Garten der Hubertusstraße fand. Es stammte aus dem Manuskript deines Vaters. Darin ging es auch bereits um die Frage, ob jeder jeden heiraten darf. Wir haben uns damals als junge Mädchen köstlich darüber amüsiert." „Ich hab versucht, Orientierung zu finden und bin auf Hans Harmsen gestoßen, der 1916 mit mir im Lazarett gelegen hat. Erinnerst du dich?" „Dunkel." „Er hat Karriere gemacht, ist unter anderem Vorsitzender der Fachkonferenz für Eugenik." Fritz pafft vor sich hin. Der letzte Zipfel der Sonne schmilzt zwischen den Häusern. „Und was schreibt Harmsen zum Umgang mit den Kranken?" „Es gab 1931 zu diesen Fragen eine Tagung. Da haben sich die Vertreter durchweg für die Sterilisation von Erbminderwertigen ausgesprochen, aus Verantwortung gegenüber der Volksgemeinschaft. Und dafür, bestimmten Patienten nur ein Minimum an Pflege zukommen zu lassen." „Wirklich?" „Ich konnte es zuerst auch nicht glauben, aber hier steht es schwarz auf weiß", er tippt auf den Zeitungsausschnitt auf seinem Schoß. „Bei Minderwertigen sei eine asoziale Nachkommenschaft zu erwarten, lautet die Begründung." „Asoziale Nachkommenschaft, das wären dann Hugo und

Ewald? Sie sind also von der Sterilisation bedroht? Wenn selbst die Innere Mission so etwas schreibt! Und du bist der Bruder einer Erbkranken! – Das würde dann ja heißen, sie dürften später nicht heiraten, nicht wahr? Und bestimmte Berufe wären ihnen verschlossen!" „Wir sind immerhin eine Pfarrersfamilie, so schnell wird sich da kein Amtsarzt und kein Lehrer trauen, einen Antrag zu stellen!" „Aber wenn es doch um Vererbung geht? Was heißt das dann für uns? Und wer stellt denn das überhaupt fest, ob einer sterilisiert werden muss?" „Soweit ich weiß, das Gesundheitsamt, so steht es auch in dieser Broschüre. Und Gerichte, Erbgesundheitsgerichte. Aber ich habe noch nie jemanden getroffen, der darüber gesprochen hat." „Wir sind doch schließlich die Erziehungsberechtigten. Könnten diese Operationen – und darum muss es sich ja wohl handeln – gegen unseren Willen gemacht werden?"

„Weißt du, was in den Kommentaren zum Gesetz steht? Frauen haben bei den Erbgesundheitsgerichten kein Einspruchsrecht, sie sind zu gefühlsbetont!" „Ich bin empört! Unsere Ansichten haben sich in den acht Jahren in Brasilien anders geformt, scheint mir. Ich habe es befürchtet, dass es hier schwer werden wird." „In den Begleitmaterialien zum Gesetz wird gesagt, das sei alles wissenschaftlich erwiesen." Hildegards Ehemann schaut nachdenklich dem Rauchkringel hinterher, der zur Tür hinausschwebt, als wolle er noch schnell der Sonne folgen.

„Wenn ich manchmal mit Hugo nicht weiterkomme, dann frage ich mich allerdings auch, ob sich in diesen Schwierigkeiten nicht doch das Erbgut bemerkbar macht? Dieses Kind ist so anders!" „Der Fürsorger des Jugendamtes ist nicht der Ansicht", entgegnet Fritz. „Er meint, Hugo habe besonders individuelle und gute Pflege nötig." „Was soll man denn nun glauben? – Hugo will übrigens partout nicht mit auf die Fahrradtour, er will am HJ-Ferienlager teilnehmen oder in der Zeit zu seinem Vater." „Warum nicht?", brummt ihr Gegenüber versonnen und registriert, wie die Farben im Garten zu verblassen beginnen. „Hugo hat mir anvertraut, er habe Angst, dass er wie seine Mutter wird und dass er sich in der Schule oder bei der HJ verrät." „Er ist charakterlich nicht so stark und gefestigt wie seine Brüder," sagt Hildegard, „aber nur über meine Leiche würde ich zulassen, dass eines unserer Kinder operiert würde. Oh Fritz, ich möchte diese Gedanken abschütteln. Lass uns nicht vorm Schlafengehen über so beunruhigende Dinge sprechen. Ich soll morgen zu einem Gespräch in Hugos Schule kommen. Vielleicht gehe ich mit Großvater hin. Es ist bestimmt nicht schlecht, wenn ein pensionierter Lehrer mitkommt." „Tu das, das ist eine gute Idee. Diese Dinge beunruhigen mich ebenso wie dich." „Du sprichst neuerdings so viel im Schlaf, mein Lieber, meist ist kaum etwas zu verstehen. Aber 'minderwertig', das Wort kam schon mal vor, da bin ich mir ganz sicher!"

Vielleicht hat solch ein Gespräch stattgefunden. Genauso gut wäre es aber möglich, dass Fritz und Hildegard diese Dinge nicht anzusprechen wagten, dass sie davon schwiegen, sie als zu verstörend aus ihrer Kommunikation ausschlossen, so wie es in vielen Familien geschah. Allerdings spricht einiges dafür, dass die Stellbrinks diese Fragen nicht komplett ausklammern konnten.

Die Stimme eines Schularztes:

„...Vielfach liest und hört man bereits, daß der Schwachsinn doch nur zu einem gewissen Prozentsatz als erblich zu betrachten sei – man spricht da von 50% und noch weniger. So besteht ganz bestimmt die Gefahr, daß man hier und dort vor lauter theoretischen, mehr oder weniger überängstlichen Erwägungen den Kreis der zu Sterilisierenden von vornherein allzu eng zieht und damit den Sinn dieses Gesetzes in einer Weise einengt, die zum Ziel des Gesetzes im Widerspruch steht. Stellen wir uns einmal ganz 'primitiv' vor, was man denn mit diesem Gesetz bezweckt, so ist es doch das: man kann heutzutage nicht mehr, wie in alten Zeiten, einfach alle Minderwertigen, die den Aufstieg, ja das Leben des Volkes hemmen, totschlagen! Darum muß man zur Rettung des in seiner Existenz bedrohten Volkes möglichst dafür sorgen, daß die Zahl der Minderwertigen so niedrig wird, wie irgend möglich.

Aus diesem Grunde müssen alle, deren Nachwuchs wenig oder keine Aussicht dafür bietet, daß er einen Nutzen für das Volk bedeutet, an der Fortpflanzung verhindert werden! Darum richte ich an alle Verantwortlichen die dringende Bitte, so gründlich wie irgend möglich die familiäre Struktur zu durchforschen und sich gerade bei den Minderwertigen jeden Standes und Berufs nicht von den Mitteln des aktiven und passiven Widerstandes zurückdrängen zu lassen, die gerade hier, und zwar von Minderwertigen selbst, teilweise mit unglaublicher Raffiniertheit angewandt werden, um eine Lüftung des Schleiers zu verhindern. Bleibt man zäh in diesem Kampf, wird man staunen, wie wenig Minderwertige wirklich übrig bleiben, die nicht als erbkrank zu betrachten wären. Nach meinen Erfahrungen als Schularzt an durchschnittlich 11 000 Schulkindern, unter denen dauernd etwa 230 Hilfsschüler sind, während 14 Jahren, zweifle ich nicht daran, daß der Prozentsatz der erblich Schwachsinnigen 80%, ja 90% beträgt, die sämtlich der Sterilisation verfallen müssen."

Der Rostocker Stadtschularzt Prof. v. Brunn im Januar 1934 in der Münchner Medizinischen Wochenschrift unter der Überschrift: „Die eugenischen Bestrebungen unserer Zeit."[38]

Die Durchführung des „Gesetzes zur Verhütung erbkranken Nachwuchses" oblag den neuen Abteilungen für Erb- und Rassenpflege der Gesundheitsämter. Diese Aufgaben wurden 1934 per Gesetz zu ihren Schwerpunkten erklärt: Sammeln detaillierter Daten als Grundlage für städtische Entscheidungen, ob nun jemand ein Kind adoptieren, eine Stelle im städtischen Dienst antreten oder heiraten wollte. Erbkarteien mit den gesammelten Informationen persönlichster Art wurden angelegt, in denen die Erkenntnisse von Fürsorgestellen, aus Krankengeschichten oder Hilfsschulakten zusammenflossen. All diese Daten wurden unter Missachtung der Schweigepflicht ausgewertet. Oberstes Ziel war, durch Auslese die Fortpflanzung mutmaßlich erblich belasteter Personen zu verhindern. So waren beispielsweise mehr als zwei Drittel aller Bewohner Frankfurts a. M. auf solche Weise „erbbiologisch" erfasst. Das rassenpolitische Amt, vertreten durch den Referenten Martin Staemmler, verfügte 1942, es müsse bei der Beantragungen von Ausbildungsbeihilfen immer eine Überprüfung der erbbiologischen Verhältnisse erfolgen. Und 1935 sollten alle „schwach begabten" Kinder zwingend vom Lehrpersonal beobachtet werden. Kriterium war das zweimalige Wiederholen einer Klassenstufe.[39] Auffällig häufig stemmten sich NSDAP-Mitglieder gegen das Gesetz, wenn sie selbst betroffen waren.

11. Hinter die Dinge sehen (1937-1940)

Wie die Pflegeeltern mit diesen Herausforderungen umgegangen sind, dazu ist direkt nichts überliefert. Doch deuten sich veränderte Einstellungen an. Fritz an Hilda:

03.03.1937

Meine liebe große Schwester!

womit das äußerlich kleine Lottchen natürlich immer mit gemeint ist. – 'Donnerewettere!' würde der alte Loppentin sagen an unserer Stelle, wenn er solchen schön-langen Brief erhalten hätte. Aber Ihr kennt ihn ja leider nicht und könnt Euch die Zutreffenheit dieses in echt Lübecker langsamem Platt ausdrucksvoll geschmetterten Fluches nicht ganz vorstellen. – Das heißt: ich selbst hab ja allerhand auf den Deckel gekriegt, aber sicher ist vieles davon ja auch ehrlich verdient. Ich bilde mir meist zuviel auf meine Guttaten ein und habe nur die eine Entschuldigung, daß ich für Aufklärung langsam anfange dankbar zu werden. Was habe ich mir z.B. darauf eingebildet, daß ich seit 1930 schon 2 Jungen angenommen habe und monatlich 60-70 RM Unkosten davon habe, dazu noch die Aufwendungen an Kraft und Liebe. Bis mich Lenchen eines Tages aus einem eingebildeten Pharisäer zu einem bescheidenen Jüngling machte, indem sie an Irmgard schrieb, daß ich die beiden Jungen aus reiner, nackter Selbstsucht angenommen hätte, um dadurch Vorteile zu haben. – Der alte Adam in mir, der durch tägliche Reue und Buße ja ersäuft werden soll, wie Luther schreibt, sträubt sich immer noch etwas gegen diese Aufklärung ... Zwar sagt der soeben abgerissene Kaländer-Zettel von gestern ein altes Sprichwort: 'Wer will haben gut Gemach, der bleibe unter seinem Dach.' Aber trotzdem ich langsam zu der Erkenntnis gelangt bin, daß ich bei Besuchen 'zu Hause' oder sonstwo nicht als Reformator, sondern ganz einfach als Gast komme, so werde ich doch immer wieder überall hingehen, wo man mich nicht hinauswirft. Denn als einzigen Zweck erachte ich heute, daß ich dem Besuchten meine Achtung und Zuneigung erweise, also ganz einfach meine verd... Pflicht und Schuldigkeit erfülle.

... Wenn aber einer eine andere Meinung hat oder Methode: mag er sie doch haben und glücklich damit zu werden versuchen. Desto schöner und anregender muß ja eine Unterhaltung darüber werden, weil eben nicht Einerlei-Meinung vorhanden ist. Ihr denkt doch nicht etwa, daß Hildegard und ich immer einer Meinung wären! Die dazu notwendige Rassen-Reinheit und -Gleichheit ist heute in unserm Volke wohl kaum mehr zu finden. Aber wir hoffen, daß unsere Kinder aus dieser Ungleichheit zweierlei Vorteil haben, vielleicht als Ersatz: einmal sollen sie schon im Elternhause mehrere Meinungen kennen lernen, zum andern sollen sie die Meinungen überbrückende Gemeinschaft kennen lernen, die die Geschwister auch für die Zukunft enger zusammenschweißen möchte als es bei ihrem Vater war.

... Was nun das Kirchen-Politische angeht, (kirchliche Fragen gibt's ja heute nicht mehr, weil in alles und jedes die Politik hineingetragen wird), so schenke ich Euch volles Vertrauen, sodaß ich mich gerne mit Euch aussprechen möchte, aber der Brief könnte verloren gehen. Daher muß ich meine Worte auf die Präzisions-Gold-Waage legen.

... Über den Ausfall der kommenden Kirchenwahl, die wahrscheinlich erst im Ostermond oder Anfang Maien stattfindet, weiß ich soviel, daß in jedem Falle ein Gewinner da ist: mein alter, vielgehaßter Feind: das internationale Rom. – Weiteres zu schreiben ist wohl ungeraten, denn wir leben in einem 'freien' Lande und müssen daher auf diese Freiheit die entsprechende Rücksicht nehmen. – Erstaunt nicht, daß ich gelernt habe, mich so diplomatisch-jesuitisch auszudrücken. Die Jesuiten sind die Meister der Politik. Wer leben will, lerne von ihnen! – ...

In den Sommerferien habe ich mit den Jungens eine Radfahrt von einigen Wochen vor, richtig als große Fahrt gedacht. Wahrscheinlich kommen wir dabei bis Detmold und Bielefeld, vor allem auch Lengerich, damit Ewald endlich mal seine Mutter wiedersieht. ... Sobald etwas fest ist, erfolgt sofort Nachricht, wenigstens bei Euch, da Ihr Überfälle nicht liebt als wahrscheinlich zu kriegerisch. –

Ab 25.7. aber würden wir uns wieder alle hier zu Hause befinden, Fahrten nach Travemünde machen usw. und uns vor allem über lieben Besuch ungeheuer freuen. Wenn er uns leben läßt, lassen wir ihn gewiß auch leben mit Bohnenkaffee, gewürzt mit unsern Bemerkungen, Leinsamen usw. wie er es gerne hat. Schlafen darf er bis in die Puppen, wenn er uns nur nach unserer Weise schlafen läßt. – Also: Mit herzlichen Grüßen vom ganzen Hause,
allzeit treudeutsch, Euer Fritz

Nicht „Heil Hitler"? Nein, nur „treudeutsch"! Der „Jahrweiser" ist wieder ein „Kaländer". Doch Vorsicht walten zu lassen, hat nicht ausgereicht. Pastor Stellbrink wurde aus der Partei ausgeschlossen. Karl Friedrich Stellbrink, Lübeck, an das NSDAP-Kreisgericht, Lübeck (Auszug):

06.11.1937

Hiermit lege ich Beschwerde ein gegen das Urteil vom 12.10.37, das meinen Ausschluß aus der NSDAP ausspricht und begründe diese. – Gegenüber Herrn Direktor Baur habe ich gelegentlich einer rein schulischen Aussprache bezüglich meiner beiden Söhne gesagt, daß viele politischen Leiter heute nicht das genügende Vertrauen des Volkes haben, um zu ihnen mit ihren inneren Nöten, besonders politischer Art, zu kommen. Ich bin auch heute noch dieser Meinung und glaube, als Seelsorger des Volkes ein Urteil darüber zu haben. Ich freute mich, daß der Kreisleiter Andresen im März dieses Jahres in einer persönlichen Aussprache das voll und ganz bejahte. Ich wüßte aber nicht, was das mit einer Schädigung der Partei zu tun haben soll. ... Denn wenn Pg. Baur auf

diese meine offene und ehrliche Äußerung hin sofort nach einem Papier griff und sagte,
daß er diese Äußerung weitermelden wollte, so erklärte mir dieses Verhalten nur die
Richtigkeit meiner Meinung über viele politische Leiter. Denn wie soll ein Vertrauen
bestehen, wenn in einer ganz unpolitischen, rein vertraulichen Besprechung, jede Äuße-
rung auf die Goldwaage gelegt werden muß, damit keine Meldung erfolgt. Und ich ver-
glich dieses Verhalten in der Hauptverhandlung mit einem ähnlichen eines Pastors in
seiner Sprechstunde mit einem Gemeindemitglied. Es würde ohne Zweifel kein Gemein-
deglied mehr in die Sprechstunde eines Pastors kommen, wenn er Gefahr laufen würde,
bei einer vielleicht unbedachten Äußerung nicht nur sofort berichtigt, sondern auch „nach
oben“ weitergemeldet zu werden ...

Der Kreisschulungsleiter, Parteigenosse Baur, ist Schulleiter Ewalds und
Gerhards. Wenn der Pg. Fritz und seinen Söhnen schaden wollte, wäre es
jetzt ein Leichtes. Die Beamten, die Kenntnis von rassenhygienisch be-
deutsamen Informationen über Familien erlangen, sind verpflichtet, diese
an die Gesundheitsämter zu melden. Die Rasterfahndungen und Erbge-
sundheitsschnüffeleien laufen auf vollen Touren. Und Hugo droht ein
zweites Mal sitzen zu bleiben. Es wäre nur zu verständlich, wenn Fritz und
Hildegard unter diesen Umständen den weiteren Kontakt zu Irmgard als
zu gefährlich unterbinden würden. Aber sie tun es nicht. Auch in den
Jahren 1938/39 ist jeweils ein Besuch Ewalds in der Krankenakte verzeichnet. In Klassenzimmern hängen Plakate, auf denen steht: Dein Körper
gehört dem Führer. Im Oktober 1938 bestellt der Amtsarzt des Gesundheitsamtes Lübeck Pfarrer Stellbrink zu sich. Die Familie hat eine Ausbil-
dungsbeihilfe für Ewald beantragt. Der Medizinalbeamte hat sich Irmgards
Krankenakte aus Lengerich kommen lassen.

„Soll angeblich durch Ehescheidung schwermütig gewesen sein." Das hört sich so an, als sei der Arzt mit dieser Angabe, die vermutlich von Fritz stammt, nicht einverstanden gewesen. Wie wird die Unterredung verlaufen sein? Im Februar 1938 stirbt „Mütterchen" Helene.

10.11.1938, Lübeck, Moislinger Allee

Waltraut wirft den Schulranzen in den Korbsessel und ruft verstört: „Mutter, Vater!" Fritz stürzt aus dem Arbeitszimmer. „Mutter ist zum Markt nach Moisling. Was ist los, Schäfchen? Wir hätten dich heute nicht allein gehen lassen dürfen, nicht wahr? Ich hab's im Radio gehört. Was hast du gesehen?" „So viele Schaufenster sind kaputt, ich musste über Scherben steigen, über Blut. Überall stehen Leute umher und reden. Sie haben uns nach Hause geschickt. Was ist das? Ist Krieg?" „Komm mal her zu mir!", Fritz umarmt sie. „Nein, es bedeutet nicht, dass Krieg ist. Du brauchst keine Angst zu haben, das geht nicht gegen uns!"

Diese Szene berichtete mir meine Tante Waltraut.

Lübeck, im Juni 1939

Auch Pastor Stellbrink schweigt. Im Februar werden die Christen jüdischer Herkunft aus der evangelischen Kirche ausgeschlossen. – Doch halt, er schweigt nicht völlig. Fritz versucht aus seiner völkischen Position heraus eine Art von öffentlichem Protest zu formulieren. Dazu bedient er sich der Stimme einer Mächtigen. Guida Diehl war bis zu ihrer Entmachtung 1933 einflussreiche Kulturreferentin der Reichsfrauenschaft, wie Fritz Wegbereiterin des Nationalsozialismus und Erfinderin eines „arteigenen, germanischen Christentums". Adolf Stoecker, der in ihrem Elternhaus ein- und ausging, war ihr großes Vorbild. Dazu diese Szene:

Fritz sitzt am Schreibtisch und überlegt sich die Worte für die Predigt am nächsten Sonntag genau. Man weiß nie, welche Spitzel wieder unter den wenigen Gläubigen sind. Jetzt schweifen die Gedanken ab und der Blick fällt durchs Fenster in den Garten. Hildegard jätet, Waltraut springt Seil neben dem Nutzgarten. Der Kleine, ihr drittes Pflegekind, hüpft um sie herum. Jemand geht durch den Korridor und pfeift ein Lied. Das wird Ewald sein, auf dem Weg zu Gerhard, um mit ihm gemeinsam fürs Abitur zu pauken. – Der Schulleiter, Parteigenosse Baur, scheint still zu halten. – Sollten sie nicht doch wieder nach Rio Grande gehen? Er muss sich zur Ordnung rufen. Nun, vielleicht ist jetzt eher der Moment, den Schreibtisch aufzuräumen, denkt er und beginnt, die Ablagen zu sortieren: das Gemeindeblatt ins Archiv, die Quittungen für das Schulgeld in den Hausordner. Er blättert im „Neulandblatt" und liest sich darin fest, öffnet die Schublade für die Schere und schneidet einen Satz heraus. Er stammt von Oberin Guida Diehl aus Eisenach, der Herausgeberin.

Da es sich bei allen nationalsozialistischen Grundsätzen um Christus-Gedanken handelt, so findet man die Kräfte zu ihrer Erfüllung allein bei Christus.

Die komplette Schrift sollte aufbewahrt werden, beschließt er und legt das „Neulandblatt" vom 23. März 1939 auf den entsprechenden Stapel zum Archivieren. Ein halbes Jahr ist seit der Terrornacht vergangen. Diehl hat sich in der vorangehenden Ausgabe der Zeitschrift, die Anfang 1939 erschien, von der Gewalt des 9./10. November 1938 distanziert. Keineswegs distanziert hat sie sich vom Antisemitismus und den Rassengesetzen:

„Wir alten Antisemiten aber haben immer einen v ö l k i s c h e n Antisemitismus vertreten, der gleichzeitig ein christlicher Antisemitismus ist. Er geht gegen das g a n z e (jüdische – Anm. B.St.) V o l k, will ihm ganz gerechter Weise die Möglichkeiten einer abermaligen Vormacht und Überfremdung abschneiden. Er (der völkische Antisemitismus, Anm. B.St.) geht aber gegen den einzelnen, der ohne sein Wissen und Wollen unglücklicherweise diesem Volk des Fluchs angehört, nur dann, wenn er sich p e r s ö n - l i c h   v e r s c h u l d e t hat. Er kann auch niemals persönlich brutal werden, sondern bleibt deutsch und adlig, wenn er auch harte Ausschaltung treffen muß."[40]

Fritz bestellt 100 Exemplare der Ausgabe No. 6/1939 und nutzt das Anschreiben zu einem Meinungsaustausch mit der Oberin.

Glaubt man wirklich, man könnte Deutschland mit solchen Gemeinheiten aufbauen?, zitiert er sie zustimmend und fügt hinzu: *Was da heute alles gelogen werden darf, was da alles auch nur ohne den Versuch einer Begründung verdächtigt werden darf, besonders im Schwarzen Korps, das spottet jeder Beschreibung. Sie fragen sich da heute wie alle ehrlichen Menschen christlicher und nichtchristlicher Prägung: Was versteckt sich denn eigentlich hinter diesen Machenschaften?*

Das „Neulandblatt" wird im Jahr darauf als abweichlerisch verboten. In mindestens einem Punkt weicht der völkische Pastor Stellbrink deutlich von der Auffassung Guida Diehls ab: Die Oberin ist begeistert vom Krieg, Fritz ist es nicht.

Ewald schreibt etwa zur gleichen Zeit an seine Mutter. Irmgard hat diesen Brief mit einer Reihe von Randbemerkungen versehen. Ihre Kommentare sind eingefügt.

Lübeck, am 10. 6. 1939

Liebe Mutter!

Für Deine liebe Karte und Dein Gedenken zu meinem Wiegenfeste vielen Dank. Du hattest mich gebeten, Dir einmal ausführlich zu schreiben; ich komme hiermit Deinem Wunsche nach. Daraus, dass Du schreibst, ich solle Dir einmal ausführlich schreiben, schließe ich, daß Du meine Karte aus Berlin erhalten hast. Ich nehme an, daß auch Du Deinen Geburtstag aller Sorgen enthoben begehen konntest wie ich. Es ist jetzt das 18. Lebensjahr, das ich vollende. Wenn man bedenkt, was man schon so „abgerissen" hat, dann möchte man wohl manchmal nachdenklich werden und sich fragen: Was hast Du nun schon eigentlich vollbracht auf dieser Erde? Und wird, wenn man ehrlich ist, eingestehen müssen, dass es doch recht, recht wenig ist. Geht es Dir nicht auch so? Und dann wird man sich fragen: Nun, wenn du schon nichts Richtiges gegeben hast, in diesem bisherigen Leben, was hat das Leben dann fürderhin für einen Zweck. Wird es nicht ebenso nutzlos verstreichen? Vergehen, wie die gilbenden Blätter in den Stürmen des Herbstes? Ja, das wird es, kann dann nur die Antwort sein, wenn ..., ja wenn man kein großes Ziel hat. Zu Staub und Asche wird es vergehen, wie Alles Vergängliche, mit dem Körper wird es vergehen, zu Erde werden. Soll so unser Leben, unser Wirken vergehen? Ist es nicht besser, man steckt sich ein Ziel, etwas Erstrebenswertes?

I.: ... ich weiß gar nicht, ob ich schon richtig gelebt habe .... bewusst jedenfalls nicht, darauf warte ich noch. Nur krank stellenweise u. gehemmt. U. frei aber verpönt.

Doch woher das Ziel nehmen? Ist das denn so einfach? Natürlich, es ist sehr schwer, etwas ganz Großes ins Auge zu fassen. Man sieht von vornherein: Das kannst du nicht erreichen, dazu fehlt es Dir an Geist, manchmal auch an dem entsprechenden Wissen, und, wenn alles Besagte vorhanden ist, doch an Genie. Ja, das sind die ganz großen Ziele, die ein Mensch mit Ehrgeiz und Tatkraft wohl für erstrebenswert hält. Doch, wenn wir, deren Stern zu solch gigantischem Streben nun einmal nicht erkoren ist, nun dieses Ziel doch erreichen wollen, sehen aber, man wird nicht verstanden, man wird als übergeschnappt hingestellt, ist es dann für uns ein Grund zu versagen, die Hände in den Schoß zu legen und das Leben zu verneinen? Nein, das ist sicher nicht das Richtige. Stecken wir uns also ein kleineres Ziel, leichter erreichbar, doch für die Menschheit vielleicht ebenso wertvoll.

I.: Das Leben mit Vorbehalt auffassen, die Werte zielsicher erkennen und vor allen Dingen nie glauben, damit fertig zu sein oder werden ...

Und dann setzt man sich mit ganzer Kraft für dieses gesteckte Ziel ein, steht mit dem ganzen Gewichte der Persönlichkeit dahinter, arbeitet, erreicht, stürmt weiter, nähert sich so Schritt für Schritt dem Ziel. Das ist bei dem Großen wie bei dem Kleinen so. Alle großen Männer haben nicht gewartet, bis ihr Stern aufging, sondern haben gelernt, gearbeitet, weiter gestrebt, wie jeder einfache Mann auch. Und wenn man dann so weit ist, dann staunt das Volk: Ja, das ist ein Genie, wie könnten wir das aber erreichen? Und denkt nicht daran, dass noch kein Meister vom Himmel gefallen ist. Was nützt denn einem Haydn oder Mozart die musikalische Begabung, das musikalische Genie, wenn sie es nicht erst durch fleißiges Üben ausgebildet hätten; wär' es nicht elendiglich verkommen? ... Es ist Keinem auf dieser Erde je etwas in den Schoß gefallen. Also glauben wir doch ja nicht, uns ginge das anders als solchen großen Männern. Und kommt man nicht selber so weit, ist es einem unmöglich, seine Pläne in die Tat umzusetzen, so tue man doch, was man kann, und lege später einmal das Erreichte in die Hände seiner Nachfahren, damit die es vollenden.

I.: Alles bunt u. wechselvoll!! Leistungen u. Lebensdarbietungen, Forderungen.

Soweit die Einführung. Liebe Mutter, Du hast soeben meine Gedanken gehört. Da du nun so etwas ganz neues, revolutionäres mit Deinen Ideen bringen willst, möchte ich mal etwas Näheres darüber hören. Schreibe mir also recht bald hierüber. Nun will ich dir noch etwas aus meinem Privatleben schreiben. Du weißt ja, dass wir jetzt im letzten Schuljahr sind, dessen Abschluss das Abitur ist. Wenn ich Letzteres hinter mir habe, mache ich erst meinen Arbeitsdienst, und darauf den Wehrdienst. Ich wäre also für die nächsten drei Jahre bestens versorgt. Du weißt aber auch, dass so ein letztes Jahr viel Arbeit bringt. Die Lehrer geben einfach mehr auf. Was soll man da tun, man muss eben arbeiten. Aber auch diese Zeit hat ihre Grenzen. Jetzt arbeiten und nachher ein wahrhaft Goethesches Dasein fristen, das ist meine Losung. Hoffentlich findet die Arbeit noch mal Anerkennung, dann bin ich schon ganz beruhigt. Aber wie nun weiter? Das Leben geht ja auch immer weiter, stellen wir ihm also keinen Hemmklotz in den Weg! Lassen wir uns also von ihm treiben;

I.: ... Treiben lassen, nein. Selbst führen. Die Eigen Natur ist der menschlichen größter Tyrann. Der Herrscher des Doppelwesens, genannt Mann oder Mensch ...

Wohin? Das weiß kein Mensch, aber das soll sich schon finden, denke ich.

I.: ... Zur eigen Natur u. zur kühnen Lebensbejahung.

Vorläufig soll also gearbeitet werden. Mein Hauptbetätigungsfeld ist Russisch. Die Sprache fesselt mich ganz ungeheuer, nicht nur die Sprache, sondern überhaupt Russland an sich. Doch nicht erst in der letzten Zeit, immer schon. Auch habe ich den verdammten 'Dusel', als könnte russisch noch einmal lebenswichtig für mich sein.

I.: Verschieden die Augen, warmtönig, kaltfarbig, seelisch verschieden u. lebens-artlich darum gestaltet, Völkerleistungen u. Forderungen. Menschen nach Landes-beschaffenheit.

Na, der Russischlehrer wird sich schön wundern, wenn aus dem faulen Heiß noch ein-

mal ein Musterschüler wird. Er hat schon in der letzten Zeit öfters gestaunt. Die an-
deren Fächer stehen bei mir ganz leidlich, nur mit Mathematik ist es 'flau'. Ich muß
wahrhaftig immer viel aufbringen, um mich da zur Arbeit zu bringen. – Ich will Dir
aber noch ein Gedicht schicken. Es grüßt dich mit den besten Wünschen für Dich und
Dein Wohlergehen, Dein Ewald.

Zufriedenheit

Der Große besitzet ein Königtum,
ein Zentrum von Welt, von Ehre, von Ruhm;
der Kleine vielleicht nur ein Heim mit 'nem Garten.
Und doch, was sie hoffen, was still sie erwarten,
ist immer das Gleiche, ob groß oder klein:
Sie möchten doch beide zufrieden sein.

Zu Besuch in Lübeck

8. Juli 1939

Schüchtern betritt Dietrich hinter Ewald den Vorraum, in dem eine riesige Standuhr pendelt. Seine Tante steht am Bügelbrett. „Schön, dass du uns mal besuchst", lacht sie ihn an. Er gibt ihr höflich die Hand, macht einen Diener. „Na, komm erst mal rein! Den Rucksack kannst du gleich ins Zimmer der Jungens bringen, dort schläfst du. Gerhard und Hugo sind nicht da. In der Kammer ist noch was vom Mittagessen, Ewald soll's dir warm machen. Du bist sicher hungrig nach der langen Fahrt." „Schöne Grüße von den Tanten soll ich noch ausrichten." „Lass dich mal anschauen, ist Lenchen auch gut zu dir? Bist ja jetzt ganz allein mit ihr im Haus." Sie mustert ihn von oben bis unten. Ein bisschen eng wird es unter diesem prüfenden Blick. Hildegard greift sich das nächste Tischtuch aus dem Korb. Es zischt, als sie die Temperatur des Eisens überprüft. „Geh einfach hinter Ewald her! Wir finden bestimmt noch Zeit, miteinander zu reden. Dein Onkel freut sich auch schon seit Tagen auf dich." Dietrich steigt hinter Ewald die Treppe hinauf und schaut sich um. „Willkommen im Stellbrink-Klub!" Drei Betten, alle ordentlich gebaut. Ein Schrank, ein Wandregal mit Büchern, zwei Tornister in der Ecke. Das Fenster geht zum Garten, davor steht ein Tisch, auf dem sich Bücher und Hefte stapeln. Auf seinem Stativ äugt ein Teleskop in den regnerischen Himmel. Ein geöffneter Koffer liegt auf einem Bett, darin Mullbinden, Stethoskop, Blutdruckmessgerät. Darüber hängt ein Plakat von Serge Jarow und dem Donkosakenchor in russischen Trachten. An der Wand hängt an einem bunten Band eine echte Balalaika. „Spielst du?" „So'n bisschen, wenn Zeit bleibt. Kannst deinen Rucksack auf Gerhards Bett ablegen. Du hast ja die Auswahl, beide Betten sind frei." Dietrich schaut von einem Lager zum andern. „Sehn beide recht bequem aus." Über dem anderen Bett ist ein weiteres Plakat angebracht. Es zeigt das Foto eines schlanken, großen Mannes mit glatt zurückgekämmten Haaren, länger als sie in der HJ geduldet werden. Er trägt ein schickes Sakko und eine Krawatte. Über Nacken und Schultern spannt sich ein Riemen und daran hängt ein Saxophon. Hinter ihm sind schemenhaft zwei Männer mit Posaunen zu erkennen, mit ähnlichen Frisuren und Sakkos. „Teddy Stauffer mit seinen Original Teddies, Meister des Swing" steht darunter und noch größer der Schriftzug: „T E L E F U N K E N". Dietrich schaut fragend zu seinem Cousin. Das dritte Plakat kennt er schon aus der Schule: Ein blonder Junge schaut in eine ferne Zukunft. Hinter ihm, riesig und schemenhaft ein Führerporträt in Grautönen. „Auch Du gehörst zu uns!" wird darauf festgestellt.

Ewalds Blicke sind den seinen gefolgt. „Tja, wir sind ziemlich unterschiedlich." „Ich bleib hier bei den Teddies, Swing ist auch meine Musik," sagt Dietrich entschieden. „Wie kommt 's, dass beide Betten frei sind?" „Hugo macht seinen Reichsarbeitsdienst beim Bauern, er kann selten nach Hause kommen, schlechte Verkehrsverbindungen. Und Gerhard hat einen Schulungskurs, er will Feldscherer werden." Als er das fragende Gesicht seines Vetters bemerkt, setzt er sich verkehrt herum auf den Stuhl und schaut ihn erstaunt an. „Du weißt nicht, was ein Feldscherer ist? Bist du denn nicht in der HJ? Wir sind doch jetzt alle dienstverpflichtet!" „Nee, ich wohl nicht. – Mich woll'n sie da nicht haben, glaub ich. Oder sie haben mich vergessen." „Na dann", Ewald verdreht die Augen. „Du Glücklicher! Also, Feldscherer, das sind einfach Sanitäter, kommt von Feld und Schere. Klingt deutscher als Sanitäter. Da mitzumachen ist 'ne gute Möglichkeit, langweiligen Gruppennachmittagen und grausigen Vorträgen über Rassenhygiene zu entkommen. Da kann man wirklich was Sinnvolles lernen, wenn man schon keine andere Wahl hat. Ich will das auch machen, muss aber erst noch das HJ-Leistungsabzeichen schaffen, ist Bedingung. – Warte mal, ich helf dir beim Beziehen!" Ewald holt rot gewürfelte Bettwäsche aus dem Schrank. Unten sind jetzt unsichere Klaviertöne zu hören. „Waltrautchen übt", erläutert Ewald. „Wie ist das mit so vielen Geschwistern? Ich hab nur drei verrückte Tanten als Familie." Ewald knöpft den Kissenbezug zu. „Wir verstehn uns ganz gut. Am besten komme ich mit Gerhard aus, wir büffeln auch zusammen fürs Abitur, hören Musik. Ich soll dich von ihm grüßen! Gerhard wusste noch nicht, dass er jetzt gerade ins Wehrertüchtigungslager musste, als wir geschrieben haben. Aber Gisela und Waltraut sind da. Gisela hat heute nur den Mittwochsheimnachmittag. Sie ist auch Gesundheitsdienstmädel. Müsste bald kommen. Hast du jetzt Hunger? Was wollen wir machen? Spielst du Schach? Drei Tage sind ja nicht lang. Ich dachte, morgen könnten wir einen Ausflug nach Travemünde machen, das Wetter soll wieder besser werden. Kannst ein Fahrrad von uns haben!" „Ans Meer? Oh ja, gern!"

Sie haben lange geschlafen, Onkel Fritz ist schon unterwegs. Den Fahrradsattel tiefer gestellt, eingepackt, Luft kontrolliert. „Passt auf euch auf! Wollt ihr zum Abendessen zurück sein?" Hildegard hat kalten Braten, Obst und Butterbrote eingepackt, zwei Thermoskannen mit Tee gefüllt. Ewald bringt Decken und Schwimmsachen. Die Rucksäcke platzen fast. „Ich glaub, das schaffen wir nicht, Mutter. Wartet nicht auf uns mit dem Essen!" „Geht das Licht auch an beiden Rädern?", Hildegard, Waltraut und Gisela winken. Die Herreninsel, sie wollen mit der Fähre übersetzen und müssen warten. Die Sonne steht hoch. Es geht durch eine Industrielandschaft weiter, nur langsam verschwindet die Stadt. Sie passieren Wäldchen und Gartenkolonien. Der alte Leuchtturm kommt in Sicht, noch einmal geht es vorbei an Werften und Fabrikgebäuden. Endlich fällt der Blick aufs Wasser. Die Kaiserallee, der Strand! Ewald streift eilig die Kleidung ab, zwängt sich in die Schwimmflossen und watschelt los. Unterwegs setzt er die Taucherbrille auf. Sieht aus wie einer vom anderen Stern. Und dann hat ihn auf einmal das Meer verschluckt.

Dietrich steht lange im flachen Wasser, hält die Hände schützend über der Brust gekreuzt. Zögernd taucht er die Finger ein und setzt kleine Wellen in Bewegung. Sein Vetter taucht prustend neben ihm auf und streift die Taucherbrille ab: „Ich glaub 's nich! Du bist noch trocken?" „Ich kann nicht schwimmen!" Plötzlich starrt Ewald an Dietrich vorbei zum Strand. Da stehen vier Gestalten in braunen Hemden mit Hakenkreuzbinden am Arm und feixen. Zwei davon sehen aus wie mindestens neunzehn. Einer ist ziemlich groß, ein Dicker ist dabei. Der Große winkt jetzt Dietrich mit dem gekrümmten Zeigefinger grinsend zu sich heran wie die Hexe den Hänsel. Der schaut sich kurz um und stakst dann zögernd aus dem Wasser. Ewald platscht hinterher, die Taucherbrille unterm Kinn. Im nassen Sand bleibt Dietrich stehen. Es ist nicht zu übersehen, er zittert. Die Braunhemden glotzen ihn unverwandt an. Ewald hat sich von hinten herange-pirscht. Der mit den Segelohren bedeutet seinen Kumpels jetzt mit einer ge-bieterischen Handbewegung hinter ihm zu bleiben und tritt vor. „Was is 'n los?", fragt Dietrich scheinbar lässig. „HJ-Streifendienst, eure Ausweise!" „Dürft ihr das überhaupt?" „Und ob wir das dürfen!" „Hab ich vergessen." Höhnisches Gelächter. „Das kannste deiner Oma erzählen! Sieht ja 'n Blinder mit 'm Krückstock, dass du nich inner HJ sein kannst, Muttersöhnchen! So 'n Jammerlappen wie du, da lachen ja die Hühner!" Dietrich zuckt mit den schmalen Achseln und schlägt die Arme rythmisch um den Oberkör-per. „Ich hab meinen dabei, ist in meiner Hose, muss ich nur holen! Bin gleich wieder da!" Ewald wirft seine Tauchutensilien in den Sand und flitzt an der Gruppe vorbei in Richtung Dünen. „Bringst du mir bitte ein Hand-tuch mit!", ruft Dietrich hinterher. Jetzt bilden die von der HJ-Streife demonstrativ einen Kreis um ihn. „Briiingst du miiiir biittee ein Haaaand-tuuuuch miiit ...", ausgelassenes Wiehern. Der mit den abstehenden Oh-ren: „Bist wohl vom anderen Ufer, oder was?" Ungeniert gaffen sie an ihrem Opfer rauf und runter. „So was wie du passt nicht in die Volksge-meinschaft!", der Dunkelblonde zeigt mit dem Finger auf ihn.

„Hier", Ewald drängelt sich durch, stellt sich neben Dietrich und drückt dem Großen seinen HJ-Ausweis in die Hand. Der guckt vom Foto zu Ewald und zurück, kneift die Augen zu Schlitzen zusammen. „Gymnasiast, was? Bild dir bloß nichts ein! Dann wolln wir noch mal Gnade vor Recht ergehen lassen." Er wirft den Ausweis in den Sand. „Nimm deinen Wasch-lappen hier an die Hand und dann macht euch vom Acker! Sein Anblick stört!" Der Segelohrige reißt Ewald das Handtuch aus der Hand, knäult es zusammen und schlägt damit nach Dietrich. „Am Ende ist er noch ein Volksschädling, 'n dreckiger Jude oder so was, wer weiß?" „Jetzt isses aber mal gut, das ist mein Vetter ja! – Lass das!" Ewald schnappt sich das Hand-tuch und reicht es seinem bibbernden Cousin. „Los komm, wir machen einen Spaziergang!" „Na dann geht mal schön spaziiiieren!" Johlend zieht die HJ-Streife weiter. Die umliegenden Strandbesucher haben peinlich berührt zur Seite geschaut, Mütter ihre Kinder zu sich gerufen. „Lass uns weitergehen, wir suchen uns einen Platz weiter im Norden, da gehn die nicht hin!" Ewald rafft eilig seine Sachen zusammen und zerrt sich das Hemd über.

– Dietrich kann sich nur ganz langsam bewegen. Er wünscht sich auf der Stelle Treibsand herbei. Einfach darin abtauchen und sich nie wieder bli-cken lassen. „Nichts wie weg von hier. Das sind Idioten. Jeden, der 'n bisschen anders ist, den treten sie. In der Schule ist es genauso. Das ist es, was ich an ihnen hasse!" Sie setzen die Rucksäcke auf, schließen die Fahrräder zusammen und stapfen den Strand entlang, Dietrich brütend, Ewald vor sich hin schimpfend. „Du hast die Pflicht, gesund zu sein, das Motto des Jahres 1939! Sind die etwa gesund? Immer bereit, auf andere einzudreschen, das ist doch krank, oder? Stell dir mal vor, mich hat 1935 der HJ-Arzt bei der Reihenuntersuchung als nicht geeignet gemeldet! Ich stellte angeblich eine Gefahr für den erbbiologisch wertvollen Teil der Bevölkerung dar." „Häähh? Warum denn das?" „Na, weil ich der Sohn einer erbkranken Mutter bin!" „Und ist sie das nicht? In Detmold sind sie überzeugt davon, deine Mutter sei unheilbar!" Ewald schüttelt den Kopf. „Glaubst du den ganzen Mist etwa? Was meinst du, warum ich unbedingt Arzt werden will? Psychiater übrigens!" „Ich weiß nicht, ich habe sie nur als Kind erlebt, kann mich nicht so richtig erinnern. Aber es gab immer Streit, wenn sie bei uns war, meistens um euch." „Weißt du was?" Ewald bleibt stehen und sieht ihn eindringlich an. „Ich besuche sie mindestens einmal im Jahr. Sie ist ein bisschen spinnert, zugegeben, aber man kann sich gut mit ihr unterhalten. Wir schreiben uns. Ich war vor Wochen bei ihr, auf dem Weg zu meinem Vater. Sie werden nicht gut behandelt dort, die Kranken. Wir sind ja auch betroffen! Auch du und Gerhard, wir alle!" „Wie meinst du denn das?" Sein Cousin legt die Hand über die Augen und schaut über die glitzernde Fläche: „Komm, wir wollen eine Pause machen, ich hab Hunger!"

Nach dem Picknick lassen sie sich die Sonne auf den Buckel scheinen. „Ich muss immer noch an diese Idioten denken. Ein Glück, dass du den Ausweis dabei hattest. Ich denke, ihr seid nicht in der HJ?" „Nee, war'n wir auch lange nicht. Zuerst war 's freiwillig und ich bin damals ausgeschlossen worden. Aber jetzt gilt ja die Dienstverpflichtung und es gab neue Reihenuntersuchungen. Da haben meine Lehrer sich für mich eingesetzt und auf Bewährung plädiert. Bei einem hab ich sogar richtig einen Stein im Brett. Gerhard und ich, wir wollen beide unbedingt Medizin studieren." Dietrich stochert mit einem Stöckchen im Sand. „Du hast 's gut, du hast zwei Väter und zwei Mütter. Ich hab weder das eine, noch das andere." „Na, deine Mutter kennst du doch!" „Ja, aber ich habe sie nie Mutter genannt. Sie ist mir fremd mit ihrem Lippenstift, ihren nachgezogenen Augenbrauen und all dem Getue. Ich will eigentlich nur eins von ihr, sie soll mir endlich sagen, wer mein Vater ist. Sie muss es ja wohl am besten wissen! Auch Tante Lenchen! Warum sagen sie mir nicht, wer mein Vater ist? War er wirklich solch ein Lump? Will er nichts von mir wissen? Ich ertappe mich dabei, dass ich Männern ins Gesicht gucke und mich frage, ob er es sein könnte? Wer weiß, vielleicht bin ich ihm schon mal begegnet?" Er zieht jetzt tiefe Furchen in den Sand. „Und weißt du, was ich herausgefunden habe?" „Nee, was denn?" „Auf dem Papier da sind wir Brüder, du und ich!" „Wie?" Ewald ist verblüfft. „Ich hab so ein Schreiben gefunden, vom Gericht. Tante Lenchen ist vor ein paar Jahren mal fast ins Kittchen gewandert. Meinetwegen, wie sie sagt. Weil die Fürsorge mich ihr wegnehmen und in ein Heim stecken wollte, behauptet sie." „Und stimmt das?" „Ich hab mal in ihren Papieren gekramt, als sie in der Stadt war. Oma war da schon tot." „Und weiter? Komm schon, mach 's nich so spannend!" „Sie hat mich als deinen Bruder ausgegeben!" „Die spinnt wohl! Warum macht die so was?" „Keine Ahnung!" Ewald kaut auf seiner Unterlippe herum. „Komm, lass uns zurückfahren! Wird bald dunkel." Sie treten ordentlich in die Pedale, freuen sich über Rückenwind und fahren auf der Landstraße verbotenerweise nebeneinander.

Frau Reinert ist beleidigt

Was ich meinen Vater in dieser Szene ansprechen lasse, gab es tatsächlich: Ein Verfahren vor dem Schöffengericht zu Detmold im Jahr 1934 wegen Beamtenbeleidigung. Beleidigt wurde Frau Reinert, und zwar von Lenchen. Hier ein Ausschnitt aus der Urteilsbegründung:

```
              G r ü n d e :
   Die Angeklagte hat seit längeren Jahren das am 6.Sep-
   tember 1922 geborene uneheliche Kind ihrer in der An-
   stalt Lindenhaus untergebrachten Schwester, der Ehefrau
   Heiß, in Pflege. Sie hat sich geweigert, die nach den
   Vorschriften über das Halten von Pflegekindern erforder-
   liche Erlaubnis beim Stadtrat in Detmold nachzusuchen.
   Sie hat ihre ablehnende Haltung in wiederholten Eingaben
   und Beschwerden Ausdruck gegeben und erklärt, daß sie
   jede Aufsicht ablehne. Die Angeklagte hat auch, als für
   ihre der Anstaltspflege bedürftige geisteskranke Schwe-
   ster Irmgard Heiß eine Unterstützung seitens des Fürsor-
   geverbandes erforderlich wurde, zahlreiche Eingaben an
   Behörden gerichtet und insbesondere sich über das Verhal-
   ten der Fürsorgerin Schwester Margarete Reinert beschwert
```

Kein Wunder, dass Lenchen sich weigerte, die Pflegeerlaubnis zu beantragen und Frau Reinert nicht ins Haus ließ. Die Bezirksfürsorgerin hätte garantiert eine Geburtsurkunde sehen wollen. Dann wäre die Urkundenfälschung aufgeflogen. Es ging gar nicht darum, die drohende Fürsorgeerziehung abzuwenden, wie sie gegenüber ihrem Neffen behauptete. Es ging wieder einmal um Irmgard. In der Urteilsbegründung wird aus dem Brief Lenchens zitiert:

```
    Nicht nur einmal sind wir dieser frechen Lügnerin,
dieser feigen Verleumderin zum Opfer gefallen, sondern
wären es beinahe ein zweites Mal. Wenn nach Ansicht des
Oberstaatsanwalts Tornau die Tatsache, daß die Reinert
durch ihre vorsätzlich falschen Angaben in betrügerische
Absicht dazu geholfen hat, meine Schwester, eine geistig
Kranke der hiesigen Krankenkasse „anzuhängen", kein Ver-
gehen im strafrechtlichen Sinne darstellt, so sind jeden-
falls die bewußten Lügen Verfehlungen, die sich eine Beam-
tin nicht zuschulden kommen lassen darf.........
    Eine so unsittlich empfindende und handelnde Person,
ein so beflecktes und belastetes Geschöpf ist eine große
Gefahr für uns, für Leib und Seele des Kindes, denn die
Ausübung der laufenden Aufsicht bietet günstigste Gelegen
heit zu schweren Vergehen, für die nur wir zu büßen hätte
und vor welchen ich keinen anderen Schutz habe als:
Selbstschutz. ----)".
```

Auch diesmal kannte das schlaue Lenchen das Zauberwort. Ihr Schreiben gipfelt in der Behauptung, Frau Reinerts Handeln stelle eine fortwährende *Schädigung der Volksgenossen* dar. Das Gericht folgte ihrer Argumentation nicht und verurteilte sie wegen fortgesetzter Beamtenbeleidigung. Sie wurde zu einer Haftstrafe verurteilt, die in letzter Minute in eine Geldstrafe umgewandelt wurde. Diese sollte sie an die NS-Frauenhilfe zahlen, was sie nicht tat. Stattdessen strengte sie eine Dienstaufsichtsbeschwerde gegen die früheren Mitglieder des Stadtrates Heger (Der „rote Heger"war schon Carl ein Dorn im Auge.) und Busch an. *Um die unheilbare Schwester drehte sich der Streit* – bestätigt noch einmal Lenchens Rechtsanwalt in seinem Anschreiben an das Gericht und beantragt eine Zeugenvernehmung des Medizinalrats Dr. Corvey, vormals Leiter des Wohlfahrtsamtes.

dieserhalb gehabt.

        Neben dem Stadtrat Busch vertrat der Magistrats=

beamte Heger und mit ihm die Krankenschwester Reinert den

Standpunkt,dass die Schwester der Angeklagten,die Frau Heiss,

nicht in die Anstalt brauche,vielmehr in der häuslichen

Gemeinschaft mit der Angeklagten bleiben könne,ja sie

behaupteten - und das wusste die Angeklagte -,dass das Be=

nehmen der Frau Heiss in erster Linie auf die Unverträglich=

keit der Angeklagten zurückzuführen sei.Es hat sich ja jetzt

ergeben,dass diese Behauptung auch unrichtig ist,nachdem die

Unheilbarkeit der Frau Heiss festgestellt ist.

        Schliesslich war die Angeklagte der Meinung,dass der

Stadtrat Busch und mit ihr die Schwester Reinert aus rein

fiskalischen Gründen sich der Erkenntnis verschlossen,dass (

Heissunheilbar war.Unter diesen Umständen kann von einer Fr

heitsstrafe nicht wohl die Rede sein. Ich bitte den
                Mdedizinalrat Dr.Corvey in Detmold zur Hauptver=
handlung zu laden.
                        Detmold,den 13.August 1934

                                Rechtsanwalt. S

Die Beschwerde blieb erfolglos, der Medizinalrat wurde nicht geladen. Aus der Distanz kann ich heute über die bizarren Dokumente amüsiert sein. Frechheit beeindruckte offenbar auch im Nationalsozialismus. Niemand kam auf die Idee, anlässlich dieses Verfahrens die Entscheidung einer lebenslangen Internierung zu hinterfragen, Folge der festgestellten „Unheilbarkeit". Es gab keine Beschwerdestelle, keine verbrieften Rechte für Patienten. Ging mein Vater tatsächlich als Irmgards Sohn durch? Dann wäre er durch die Ausführungsvorschriften zum GzVeN bedroht gewesen. Wäre mein Vater zwangssterilisiert worden, gäbe es mich nicht. Hat Frau Reinke eine schützende Hand über ihn gehalten?

Irmgard wusste von all dem sicher nichts. Die Historikerin Iris Bunte stellt die Frage, inwieweit Denunziation und Intriganz das Machtgefüge gestützt haben. Auch diese Frage könnte man untersuchen.

Die Stimme im Rundfunk ist frisch und aufmunternd

„Soldaten der deutschen Wehrmacht! Einmal herhören! Ihr habt uns in den letzten Wochen viele Feldpostbriefe geschrieben und wir entnehmen aus diesen Feldpostbriefen immer wieder eines: den Wunsch nach Musik. Viele von euch baten uns, doch einmal ihre Lieblingsstücke zu spielen. Diese Wünsche wollen wir – soweit als möglich – gerne erfüllen. Und darum veranstaltet der Großdeutsche Rundfunk am Sonntag, den ersten Oktober 1939, von 16-20 Uhr das erste große Wunschkonzert für die Wehrmacht. Wir werden dann vier Stunden gemeinsam verleben und Front und Heimat durch unser Wunschkonzert auf das engste verbinden. Gustav Gründgens spricht: Soweit die Grenzen der Heimat gespannt, steht ihr, Soldaten, zum Schutz für das Land. Steht als ein starker, lebendiger Wall, als ein doppelter Wall aus Herzen und Stahl – und euch alle umschließt ein gemeinsames Band. Die Heimat, für die ihr steht und wacht die Heimat ist bei euch bei Tag und bei Nacht ... so wisst ihr, wer diese Stimme ist: die Heimat, die keinen ihrer Söhne vergißt."[41]

Die Pfleglinge sind im Garten. Bis auf einen! Ja wo ist denn die Frau Heiss? Es ist ein nicht alltäglicher Anblick, der sich der Pflegerin bietet, als sie an diesem Sonntag den Kopf durch die Tür des Tagesraumes steckt: Die Heiss tanzt selbstvergessen zur Radiomusik! Die Augen geschlossen, wiegt sie sich auf Zehenspitzen. Die Schürze aus grober Baumwolle hält sie, als handele es sich um den zartesten Seidenstoff. Was summt sie da mit? Marika Röck singt eine Arie von Strauß. Was ist los? Ach richtig, sie erhielt einen Brief von ihrem Sohn mit den grünen Augen. Die Pflegerin schließt leise wieder die Tür, sie hat sie gar nicht bemerkt.

Eintrag in der Krankenakte: *Benimmt sich recht läppisch nach dem Besuch ihres Sohnes.*

Fritz an die Heilanstalt Lengerich

06.01.1940

Sehr geehrter Herr Doktor!

Anbei folgt ein Brief unseres Pflegesohnes Hugo Heiss, 2. Kind obiger Irmgard Heiss. Er bezieht sich auf einen kürzlich hier angekommenen Glückwunsch zu einer Prüfung, die nie stattgefunden hat und auch nie geplant oder auch nur möglich war. Ich überlasse es natürlich Ihrem Ermessen, diesen Brief auszuhändigen oder nicht. Ich möchte nur erklären, warum ich ihn abschicken ließ: Ich kann es nicht immer verhindern, daß die bei mir befindlichen Söhne meiner Schwester über einige allzu törichten Briefe meiner Schwester ihre Witze machen. Als nun dieser Glückwunsch zum bestandenen Examen kam, ausgerechnet „in Charlottenburg" (!), da dachte ich, es wäre doch mal ein ganz anderer Weg, an das Innere der Kranken (?) zu rühren als bisher, wenn man sie mal ihre Kinder hören ließ. Besonders der Hugo, der gerade seine Volksschule noch befriedigend durchmachen konnte, um nun seit etwa 3 Jahren in der Landwirtschaft als „gelernter" landwirtschaftlicher Arbeiter sein Brot zu verdienen, scheint ihr immer ein „Wunderkind" zu sein, womit sich ihre Sorgen und Pläne immer beschäftigen. Und gerade dieser Sohn hat neben seiner unzureichenden Begabung noch soviel Hemmungen und Schwächen innerer Art, daß er überall nur schwer sich durchsetzt, eigentlich nur, indem ich mich immer mit großer Überredungskunst für ihn verwende, damit er überhaupt in Stellung behalten wird. ... Ich sehe also in der Absendung des beifolgenden Briefes einen, wenn auch nicht erfolgverheißenden, so doch einmal notwendigen Versuch, damit man kein Mittel unversucht gelassen hat. Sollte es Ihre Zeit erlauben, mir Näheres über das Ergehen meiner Schwester zukommen zu lassen, so wäre ich dafür sehr dankbar.

Mit deutschem Gruße, K.F. Stellbrink

Es folgt ein Ausschnitt aus Hugomanns Brief:

Lübeck, den 2.1.1940

Liebe Mutter!

Über deine Karte zu meinem Geburtstage habe ich mich sehr gefreut. Es freut mich ungeheuer, daß Du auch von der Prüfung in Charlottenburg weißt, die habe ich natürlich als bester von allen Schülern bestanden, und brauche von Dir daher eine besondere Gratulation. Weißt Du schon das Neueste? Meiner großen hervorragenden Verdienste wegen bin ich von dem Premier-Minister Churchill als Reichsprotektor und Außenminister vom britischen Empire ernannt worden ...

Die Ärzte haben vernünftigerweise entschieden, diesen Brief nicht auszuhändigen. So wird Irmgard auch den Teil nicht gelesen haben, den Fritz hinzufügt. Schade! Oder vielleicht auch gut? Als Familienvater fühlt er sich offenbar nun stark unter Druck.

Liebe Irmgard!

Hugo hat mir ja noch etwas Platz gelassen. Den möchte ich gern benutzen, um einige Zeilen anzufügen, da ich zu persönlichen Briefen sonst nur wenig Zeit finde. Ich wünsche Dir zum Jahr 1940 alles Gute: Gesundheit des Leibes + der Seele. Unsere Gisela schenkte mir zur Weihnacht meinen alten Wahl-Spruch handgezeichnet: „Niemand und nichts aufgeben!" Ist das nicht ein wunderbares Wort!? Vor allem gefällt mir an diesem Wahl-Spruch, daß er ja sozusagen 2 andere Worte mit umfaßt: 1. „Nie den Mut sinken lassen!" und sodann 2. „Nie ist's zu spät!". Dabei denke ich stets auch an Dich. – Nun hätte ich noch im Namen deiner Söhne einen Wunsch: Verziere doch deine Karten und Umschläge der Briefe nicht! Es hat zu sowas heute kein Mensch mehr Zeit. Da fallen deine Schnörkel, die ja auch nicht immer sehr schön sind, besonders auf und lenken die Aufmerksamkeit auf Dich und damit auf deinen Aufenthaltsort. Das ist deinen Söhnen natürlich sehr peinlich, denn jeder empfindet es bitter, wenn „die Leute" über seine eigene Mutter lachen. Es möchte doch jeder stolz sein auf seine Eltern und besonders auf seine Mutter. Das geht deinen Söhnen natürlich genau so. Also versuch mal, nette, ordentliche Schrift ohne dumme Schnörkel aus Urgroßvaters Zeiten anzuwenden. Und wenn Du deine Zeit anwenden willst, schreib doch einfach mehr, dann kommt das ja auf eines heraus. – Im übrigen hat der Ewald am 1.10. sein Abiturium mit „Gut" bestanden und ist augenblicklich bei den Funkern in Hamburg-Rahlstedt. Ostern hofft er mit dem Studium der Medicin in Kiel zu beginnen. – Wir alle sind gesund und grüßen Dich herzlich, besonders dein getreuer Bruder Fritz

Dieser Brief ist der letzte, den Fritz an Irmgard richtet.

Sylvester 1939/40: Neben Ewald in Uniform Gisela, Hugomann in der Kluft des Landmannes, Waltraut und Gerhard, der aussieht, als wolle er sich nach der Familienfeier noch mit den Freunden aus der Lübecker Swing-Jugend treffen.

Kardiazolkur

Irmgard ist verwirrt, verwechselt Ereignisse, Orte. Mehr als zehn Jahre ist sie nun in einer Heilanstalt. Nur ein- zweimal im Jahr bekommt sie Besuch. Ist ihre Verwirrung eine unausweichliche Folge der Hospitalisierung? War es nicht zu erwarten, dass sie irgendwann den Bezug zur Realität verlieren würde? Was mich irritiert: Bis hierher waren ihre Angaben immer überprüfbar genau. Im Sommer 1938 wurde sie allerdings mit einer „Kardiazolspritzenkur" behandelt. Nicht wenige Patienten verstarben dabei. Das Personal der Anstalten gewöhnte sich auf diese Weise an die Idee der „Euthanasie". Es war die Zeit, in der in allen Anstalten Konferenzen und Schulungen stattfanden, in denen es um die Trennung von „heilbaren" und „unheilbaren Patienten" ging. So erlebte Irmgard die „Kardiazolkur":

Warum werden wir so grausam bestraft? Nur weil wir krank sind? Seit Tagen geht das so: Früh kommen die Pfleger und packen uns mit festem Griff. Sie sind von der Männerabteilung, wo wir doch sonst männliche Wesen nur in der Kirche sehen. Es ist, weil wir widerstreben, ich weiß! Ich sträube mich auch jedes Mal aufs Neue. Auch den anderen Unglücklichen steht das Entsetzen im Gesicht geschrieben. Doch was können wir tun? Wir werden in das besondere Behandlungszimmer geführt, auf die kalten Pritschen gezwungen und festgebunden. Sie ziehen die Spritzen auf. Ich muss an ein Schlachthaus denken, denn sie haben diese Gummischürzen an, des Erbrochenen wegen, das wir gleich von uns geben werden. Sobald sie gespritzt haben, kriecht die Übelkeit in uns Elenden hoch und füllt uns ganz aus. Mein Kopf ist kurz vorm Platzen, mein Körper bäumt sich auf. In mir ein Gefühl, als müsste ich alles aus mir herausgeben. Ich höre die Schreie der anderen und werde in die Tiefe gerissen, bin sicher zu sterben. Doch es ist nur eine Ohnmacht. Wenn ich wieder zu mir komme, verstehe ich nichts. Wer bin ich, was tue ich hier? Was war gestern? Wollen sie uns umbringen? Manchmal wünsche ich mir wieder, ich wäre tot.

Die Einträge in der Krankenakte zeigen, wie es sich um einen Versuch handelte, eine Verhaltensänderung durch eine Art Marter – oder sollte man besser sagen „Folter" – von ärztlicher Seite herbeizuführen, um die Leistungsfähigkeit der „nutzlosen Esser" zu verbessern.

8.7. 38/ 7 Uhr – Starker Anfall, beklagt sich über Übelkeit. Wirkte kurze Zeit verwirrt, beschäftigt sich nicht. 15. 7. 38/ 8 Uhr, Beschäftigt sich keineswegs. 22.7.

38/ 8 Uhr, starker Anfall, unverändert, griff nachmittags an. 5.8.38. Hatte Besuch (ihr Sohn), benahm sich läppisch.

12.8. 38/8 Uhr – Starker Anfall, rührig, ging mit in den Garten. War ganz rührig und geordneter als in den letzten Tagen.

Einen Erfolg dieser „Behandlung" konnte man verzeichnen. Eintrag Krankenakte vom 13.10. 1938: *Aus Angst vor weiteren Spritzen beschäftigt sie sich mit leichteren Hausarbeiten und Stricken.*

Waren die Störungen im Langzeitgedächtnis möglicherweise eine Folge der „Kur" mit 23 Spritzen? *Von Ewald hör ich durch Dich, liebes Lenchen,* schreibt sie kurz darauf. Haben die Ärzte das mit Fritz so vereinbart? Das folgende Schreiben aus der Krankenakte gibt Aufschluss. Die Ärzte wollten nun verhindern, dass Irmgard ihren Söhnen selbst schrieb, der Kontakt brach ab. Fritz' letzter Brief wurde zur Krankenakte genommen.

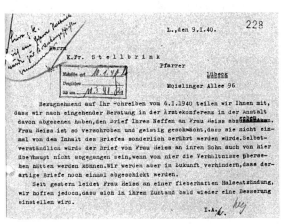

Ist es ein Zufall, dass diese Entscheidung der Ärzte zeitlich mit der Selektion der Langzeitpatienten in Heilbare und Unheilbare zusammentraf? „Die an der T4 beteiligten Psychiater hatten durchgesetzt, Patienten mit einer Aufenthaltsdauer von über 5 Jahren zu begutachten, um vor allem chronische Fälle ('Endzustände') einzubeziehen. Daher waren von der Erfassung zur Vernichtung überwiegend Einrichtungen wie Heil- und Pflegeanstalten, Privatkliniken oder Heime betroffen, in denen sich Langzeitpatienten aufhielten, die auch unter Anwendung aktiverer Therapieformen (Insulinschock, Cardiazolschock, Elektroschock) nach Einschätzung der Ärzte keine Besserung zeigten und die insbesondere nicht zur Arbeit angehalten werden konnten."[42] Sie wird jetzt erst recht als schwierig, widerständig und lästig beschrieben und häufig auf andere Abteilungen verlegt.

Ein älterer, abgelaufener Fall

Der folgende Brief ist aus dem Päckchen, das ich 1998 unter dem doppelten Schrankboden fand. Ich habe ihn leicht gekürzt.

Lengerich, 7.1.1940

Liebes Lenchen,

Deine Weihnachtsgaben erreichten mich zu meiner Freude, nimm herzlichen Dank dafür, sie passen so recht zur Regelung des Stauungsprozesses des winterlichen Organismus. Zum neuen Jahre noch die besten Wünsche, Gesundheit, geistige Frische, glückliche Verhältnisse, Dir, Hilda, Dietrich, den Abwesenden, Magda, Allen!

Ich befinde mich auf ruhiger Station jetzt seit 4 Monaten und bin ohne Medikamente schon längere Zeit, also im ruhigen, abgeklärten Fahrwasser der leidlichen, organischen und seelischen Gemütsverfassung angelangt. Ich habe ja auch zumeist nur harmlose Mittel bekommen, Baldrian, Brom, die Kardiazolspritzenkur mit 20 Injektionen ist vorletztes Jahr sommerlich gewesen. – Meine große Statur erschwert durch Abweichen vom normalen, körperlichen Haushaltungs-Ernährungs-Index, mir das Lebenshaltungsprogramm. Ich hab Verhungerungsangst u. werd versucht, unregelmäßige Nahrung übermässig zu essen, wenn was da ist, mir zuzuführen. Also ungesund zu leben u. dann die Folgen für Körper u. Seele zu tragen. Verurteilt; die Verknappung, der kriegsmäßige Ausnahmezustand; ein großer Mensch braucht und verbraucht mehr u. lebt beschwerlicher, daher wohl hauptsächlich die Erregungszustände, außerdem die geistige Isolierung als Sonderling, das enge Zusammenleben mit fremden Menschen, die Mißverständnisse u. Unverstand. Alles Schwierigkeiten; doch ehrlicher Wille, Menschenliebe, bezwingt alle Hindernisse. In dieser menschenreichen Öde doch auch rein menschliche, auch geistige Werte zu finden u. zu achten, die heilige Natur ist ja überall u. immer zu verehren, wohl?

– Nun Persönlicheres von Euch. Zu Lottes Tod mein herzliches Beileid, besonders Hilda, ihrer Kameradin! Meine lieben Eltern sah ich auch nicht wieder, das ist hart für mich, die in Menschengeschichte vertiefte Erkenntnisse und Wissenschaft gesammelt hat während all der Jahre intensiven Nachdenkens u. glücklicher Kombinationen aufgrund wahren Erhellungszustandes.

– Von Ewald hör ich durch dich, lb. Lenchen, das ist gut, ich verstehe das, wenn ich auch liebend gern von meinen beiden Kindern selbst hörte u. sähe. Das leibliche Wohl besorge ich, machtlos u. krank, unvermögend. … Natürlich kann man nicht immer korrekt leben, aber doch erstreblich so wohl?! – Ein richtiger Ausgleich von Ruhe und Bewegung, Seelentraining, auch Atemgymnastik u. Lebenswille u. Glaube, das ist Not. Das hat mich früher hochgehalten u. mein schweres Schicksal tragen lassen u. wird mich hoffentlich wieder gesund u. leistungsfähig machen zu Eurer u. meiner Freude u.

der ganzen kleinen, unsichtbar großen Umwelt hier. Die Welt ist ja auch krank u. nur, nach ihrer endlichen, vollkommenen Genesung u. Erhaltung, nachdem sie übermütig u. frevelhaft die Werte des Friedens unterschätzte u. nun ja auch gelernt hat, daraus den Folgen Wichtigkeit schenkt in Zukunft. Der Dämmerzustand ist gar zu menschlich, und Fehler macht man bis zum Grabe, aber Du glaubst nicht, wie glücklich ich damals war in Stille, wenn ich was arbeiten konnte u. wie gesund u. ausgeglichen ich mein Schicksal trug! U. die Geheimniskrämerei hab ich meist verschlafen u. verträumt. Das Handarbeiten ist schön, aber nur bei Nervenfrische erfolgreich! Hier machen sie viel weiße Wolljacken mit Zopfmuster, Maschengruppe verdreht, u. Tücher, Dreiecksform. Jede Geschäftsführerin vom Handarbeitsladen zeigt einem draußen auch die Arbeitsweise, aber Zeit u. Ruhe hat man ja hier besser wohl?

... Na, das Künstlern ist mir immer noch anliegend, aber mit Vorbehalt u. tieferer Erkenntnis u. Erfahrung weiser Übersicht. Man kann sich auch was ausdenken, neue Sachen u. Verzierungen usw. Auch versuch ich mich im Kunsttanz', Ballett! Wenn das Radio prickelnde Tanzweise spielt, teils aus körperelastischem Gefühl, dann in Ekstase, Schauspielereilust, oder um meine Schönheit leuchten zu lassen in Grazie. Mit 13 Jahren hab ich in der Tanzstunde Walzer vortanzen müssen! Schöne Füße, zum Tanzen geboren u. schlankem, biegsamen Körperschönmaß. Eingebildet u. affig; guck auch gern in den Spiegel u. nicht mit Unrecht u. mit Befriedigung an meiner plastischen Schönheit, also so regelrecht Künstlertum! – Wenn auch im Irrenhaus, es hilft über die Misere des Daseins hinweg so manches Mal u. ist gesund, ich sag: „Corpus rectus rex!"

– aber ich möcht' so gern auch wirklich nützlich sein, möcht bei euch sein, überall der gute Geist, das Faktotum in Haus u. Garten, für euch wirkend, technisch, geistig, euch Freude, u. nur Freude machen. Aber ich muss hier bleiben, leider; so leb' ich mit in der Ferne!

Warum von Lübeck wohl nichts Schriftliches kam, keine Karte zu Weihnachten? Fritz steckt tief in Arbeit, der 2. Pastor fiel im Kriege jetzt vor Monaten. Hildegard hat auch ihre Last mit den Mädchen, dem großen Haushalt u. wird nicht jünger; was Gerhard wohl macht u. wo der Hugo steckt? Ich schrieb eine Geburtstagskarte zum 27. Dezember?!

– Handschuhe hab ich in Arbeit, die Wolle bekam ich zufällig noch, ob ich auskomm? Ich hoffe es, u. möcht aber auch erst wissen, wo der Junge steckt u. warum alles so schweigsam ist!? Mein Zustand ist ja nicht glänzend, ich bringe noch so recht nichts fertig, meine Gesundheit liegt sehr darnieder, dazu die schlechte Kost, die aufregende Zeit, die Schlaflosigkeit zeitweise durch die Sorgen u. die Spannung zwischen mir u. euch, die Missverständnisse hier, die Vertrauensschwäche zu mir, mein krankhaft verlebtes Aussehen missgedeutet u. übertrieben falsch beurteilt, weil einmalig u. außer Kri-

tik in Wirklichkeit; denn mein Fall steht bestimmt einzig da u. meine Krankheit ist wohl nie richtig begutachtet. Ich bin ja selbst Seelenärztin, ich erlaube mir diese Behauptung, trotz Zensurzwang dieses Briefes. Das ist Preßfreiheit, Geniefreiheitsbeweis! – Doch Schluss, wenn auch im Geruch des Größenwahns, absolut gibt's ja nicht, vergl. das Buch 'Größenwahn' von Schwerr u. der eigen Ideen. Ich hab auch da eigene Anschauung u. gefestigtes Wissen. Doch lebt nun wohl, liebes Lenchen, grüße alle Diekmeyers, Hilda, Dietrich, herzlich u. sei selbst umarmt u. geküsst, D. Irmgard

Anmerkungen am Rand:

– Verwahre diesen Brief, kann mich schwer zum Schreiben kriegen, auch nicht oft erlaubt! [1] *Spitzentanz auf äußerster Zehenspitze macht Spaß u. Schmerz, schön!*

Einträge in der Krankenakte:

16.6.40 – Sitzt auf der stumpfen Abteilung für sich, beschäftigt sich augenblicklich mit Stricken, hört viel Radio, unterhält sich schon einmal vernünftig über die heutige politische Lage mit den Pflegerinnen.
19.7.40 – Wurde vor einigen Tagen nach B2, Abteilung ohne Wache für ältere, abgelaufene Fälle verlegt.

„Ostarbeiter"

Um Ostern 1940 fährt Dietrich wieder nach Lübeck. Nach den Ferien rückt er in die Unterprima seines Realgymnasiums auf. Er drückt eine Wange an die kühle Scheibe und späht angestrengt hinaus. Obwohl die Szene bereits Tage zurückliegt, wird ihm heiß, wenn er an sie zurückdenkt. Langsam fühlt er sich verfolgt. Der junge Rassenkundelehrer zeigte eine Diaserie, darin das Bild eines typischen Juden. Er spürte die Blicke seiner Klassenkameraden im Rücken, als der Lehrer diese Rassentypologie vortrug. So sähen Juden aus: Untersetzte Statur, „kolbenartige Nase mit Sechs-Profil. Ihr meist schwarzes Haar ist öfters gewellt und gelockt, ja infolge geringen Negereinschlages gelegentlich kraus."[43]

Am gleichen Tag noch hatte er von Lenchen dringend Geld für einen Frisörbesuch erbettelt und mit zwei Spiegeln herumhantiert, um seine Nase von der Seite betrachten zu können. Zu seiner Erleichterung war da keine „Sechs". Er hatte mitgeschrieben und sich besonders bei letzterem erschrocken: „Der Jude trägt Spitzfindigkeiten, eine materielle Wertung der Welt und die den Juden eigentümliche Geschlechtlichkeit auch in die Künste. In der Musik bevorzugt er bezeichnenderweise Operette und Jazz."[44] Diese Vorliebe sei aufgrund der Nähe des jüdischen Geistes zur Negermusik gegeben, erklärte der junge Lehrer und musterte ihn eingehend durch seine Nickelbrille. Dietrich fühlte sich merkwürdig ertappt. Was ist denn wohl die eigentümliche Geschlechtlichkeit, die dazu passt? Nach den „Nürnberger Rassengesetzen" könnte er Halbjude sein, oder? Seine Haare sind schwarz und gelockt. Seinen 18. Geburtstag hat er damit verbracht am Volksempfänger zu sitzen und gebannt den Berichten von den Ereignissen in Polen zu lauschen. Zwei Jahre trennen ihn vom Abitur. Noch schützt ihn sein Geburtsdatum vor der Einberufung zur Wehrmacht. Ewald ist bereits Soldat und fährt mit seiner Einheit vielleicht in diesem Augenblick an die Front. Was sein Onkel wohl zum Krieg sagt? Der verändert ja nun alles!

Der Bahnhof Lübeck ist erreicht. Dietrich wuchtet den Rucksack auf den Rücken und schaut sich um. – Beinahe hätte er seinen Cousin nicht wiedererkannt in der HJ-Kluft. Er scheint irgendeinen Rang zu haben, Scharführer oder vielleicht sogar Gefolgschaftsführer. Blöd, dass er sich damit so gar nicht auskennt. Hugo, einen Kopf kleiner als sein älterer Bruder, steht lässig auf dem Bahnhofsvorplatz, die Hände am Lenker seines Rades. Ein Tourenrad mit Kettenschaltung, wie Dietrich anerkennend feststellt, sogar mit der ziemlich neuen, berühmten Fünfgang-Kettenschaltung „Tour de France" der Gebrüder Niddu und mit Gepäckträger. Neiderfüllt klopft er Hugo auf die Schulter und umrundet das gute Stück. Sein Cousin grient und spuckt aus: „Ja, da staunst du, was? Heil Hitler, Vetter!" „Mensch Hugo, dich hab ich ja gar nicht erwartet!" „Los, gib mir mal deinen Rucksack rüber!" Sein Cousin klemmt das Gepäckstück fest und sie traben an vorübereilenden Menschen vorbei in Richtung Moisling. Sie haben gerade die neuesten Nachrichten ausgetauscht, da kommt ihnen ein Trupp junger Frauen entgegen. Vorn und hinten marschiert jeweils ein Mann in der Uniform der Hilfspolizei. Zackig!

Sie müssen den Bürgersteig verlassen, Hugo lenkt das Fahrrad unwillig auf die Fahrbahn. Dietrich schaut der Gruppe verwundert hinterher. „Was sind denn das für Mädchen?" „Fremdarbeiter aus Polen. Die gehen jetzt zurück zum Bauschädenamt an der Lutherschule, haben wohl irgendwo in einer Großküche ausgeholfen oder so was." „Hab ich ja noch nie gesehen!" „Gibt 's die bei euch nicht?" „Zumindest sind sie mir da noch nicht so aufgefallen." „Die sind hier auch grade erst angekommen. In Detmold sind wahrscheinlich nicht so viele kriegswichtige Betriebe wie in Lübeck, oder? Allein die Häfen – Travemünde und so." „Nach Travemünde will ich gern noch mal. Hab einen Fotoapparat zum Geburtstag gekriegt." „Oh, gratuliere!" „Ich will da ein paar Aufnahmen machen. Letztes Jahr mit Ewald ging das nicht." Hugo erklärt: „Jetzt kommen wir gleich an den Dräger-Werken vorbei. Da sind auch Fremdarbeiter, die sind in Lagern hinter dem Firmengebäude untergebracht, ist auch ein kriegswichtiger Betrieb." „So?" Dietrich schaut seinen Vetter unsicher von der Seite an. „Wie verhält man sich denn da am besten?" „Wir dürfen nicht mit denen reden. Anweisung des Reichssicherheitshauptamtes vom 8. März, Polenerlass. Das muss ich dann alles haarklein meinen Jungs auseinandersetzen, wenn ich zurückfahre. Die beiden Bewacher von der Hilfspolizei hatten keine Ahnung! Die müssen uns ausweichen, nicht wir denen." „Bist du Scharführer?" „Exakt. Die Polen sprechen kein Deutsch und müssen es ja auch nicht verstehen. Nur die Arbeitsanweisungen, das genügt. Aber die Bewacher sollten schon lesen können!" Dietrich nickt zögernd: „Die sehen so jung aus, nicht älter als wir. Die könnten doch noch zur Schule gehen. – Wie kommt 's denn, dass du nicht beim Bauern bist, jetzt ist doch bestimmt viel zu tun?" „Hab mir ein paar Tage Urlaub genommen. Das ging, weil der Bauer jetzt auch zwei Ostarbeiter hat. Ich wollte – ich überlege, ob ich mich freiwillig zur Wehrmacht melde. Im Februar nächsten Jahres würd ich ja sowieso einberufen." „Freiwillig? Sind denn Onkel Fritz und Tante Hildegard damit einverstanden?" „Nee, das sind sie nicht, klar. Aber mein ehemaliger Fähnleinführer, das kannst du dir ja denken. Ich wollte ein paar Kameraden treffen, mal wieder in Ruhe reden. Und auch mit meinem Vater. Aus meiner Gruppe sind schon drei Kameraden freiwillig bei der Wehrmacht. Was soll ich denn dann hier noch? Ewald ist weg, Gerhard und Gisela sind auch dauernd unterwegs. Es ist gar keiner mehr zu Hause, wenn ich mal am Wochenende frei habe. Ich bin da so abgeschnitten auf dem Land und krieg nicht mit, was in der Welt geschieht. Da kann ich ja noch nicht mal Radio hören, von Kino, Sport und Mädchen kannste da nur träumen, sag ich dir!" Hugo zwinkert Dietrich zu. „Geh bloß nie aufs Land, das is total öde. Keiner spielt mit mir Schach oder boxt 'ne Runde." „Du spielst Schach?" Dietrich ist freudig überrascht. „Ja, hat mir Vater beigebracht. Aber er hat jetzt wenig Zeit für solche Sachen."

Der Turm der Lutherkirche taucht in der Ferne auf, den Rest der Strecke reden sie übers Boxen. „Ich bringe mein Fahrrad in den Schuppen, kannst ja schon mal reingehen. Sollen wir nachher eine Partie Schach spielen?" „Au ja!" „Bist du gut?" „Ich weiß nicht, ich glaub, ich spiel nicht schlecht. Seit Tante Hilda bei uns wohnt, hab ich mehr Übung." Hugo hebt den schweren Rucksack vom Gepäckträger. „Hier! – Du kannst in Ewalds Bett schlafen. Geh doch schon mal rein!" Adele Dieckmeyer sieht vom Jäten auf und nickt ihm zu: „Wie geht es den Tanten und deiner Mutter?" Nachdem er die Grußbotschaften übermittelt hat, klopft er an die Tür zum Vestibül und begrüßt seine Tante. Am Abend sitzt er dann bei seinem Onkel und sie schauen zusammen in den Garten. Eben hat Pastor Stellbrink seinen Neffen durch die Kirche geführt und ihm auf dem Kirchenboden die mächtigen Glocken gezeigt. „Wer weiß, wie lange uns die erhalten bleiben", hatte er skeptisch gemurmelt. Dietrich hatte verblüfft vor den offenen Säcken mit Kupfermünzen gestanden. Die sollte man doch jetzt abgeben – geht es ihm durch den Kopf – werden dringend gebraucht für die Kriegswirtschaft. Vielleicht will er den Sack noch weiter füllen? Sind das die Kollekten? Sein Onkel war dem fragenden Blick ausgewichen. Jetzt sitzen sie am Lieblingsplatz bei der Standuhr in den Korbstühlen und Fritz drückt kopfschüttelnd die Zigarette aus. „Aber haben sie dich denn nie angesprochen wegen der Heimabende?" „Ein- oder zweimal kamen so Unterführer zu uns und als keiner aufgemacht hat, suchten sie im Garten. Da saß ich im Birnbaum und sie haben mich nicht gesehen. Im Briefkasten war auch mal ein Zettel, auf den hab ich einfach nicht reagiert. Dann hatte ich Ruhe." „Du musst dich unter Umständen noch auf was gefasst machen, ich bin sicher, da kommt noch etwas hinterher. Wer weiß, warum sie dich in Ruhe lassen. Es könnte zum Beispiel schwierig werden mit einem Studienplatz. Weißt du denn schon, was du mal werden willst?" „Nein. So wie es aussieht, muss ich ja wohl erst einmal Soldat werden."

„Ich hoffe doch sehr, Dietrich, dass bis dahin der ganze Spuk vorüber ist. Das deutsche Volk wird hoffentlich nicht vergessen haben, dass noch vor wenigen Jahren ein Jahrtausend des Friedens anbrechen sollte! Dann kam der Einmarsch in Prag, jetzt der 'Blitzkrieg' gegen Polen und wer weiß, was uns noch erwartet. Ewald ist vermutlich jetzt mit seiner Einheit irgendwo in Belgien." Angespannt greift er zur Zigarettenschachtel und tut einen tiefen ersten Zug. „Hör mal, mein Junge! Was ich dir jetzt sage, damit musst du vorsichtig umgehen, versprich mir das!" „Ich versprech 's, Onkel Fritz." „Das deutsche Volk ist nicht mehr frei, sondern wird unter Druck gehalten. Die Kirche kann so niemals zu ihrem Recht kommen. Ich soll die Gemeindearbeit nicht mehr machen dürfen, das sei Sache der NSV. Als ob die nationalsozialistische Volkswohlfahrt für die Seelen der Menschen sorgen könnte? Und was jetzt mit den Polen geschieht, die unter unwürdigen Bedingungen ins Reich gebracht werden, das ist doch eine Schande! Ihnen werden Menschenrechte verweigert. Kinder sind das, Kinder nach Deutschland entführt!" „Ich weiß nicht, ich kann dazu gar nichts sagen. Wurden wir nicht von Polen angegriffen? Ich weiß nur, dass ich auf gar keinen Fall zur HJ will." „Zwang lehne ich auch ab. Hugo und Gisela, die sind ja gern dabei, trotz manchem, mit dem auch sie nicht einverstanden sind. Menschen sollten das Recht haben tun und lassen zu können, was sie wollen, oder?" „Wie kommen denn Gisela und Gerhardt damit klar, wenn sie das ganze Theater ablehnen und trotzdem hingehen?" „Sie denken sich ihr Teil. Glaub mir, da gibt 's auch andere, die das so machen. Sind nicht alle so begeistert dabei wie unser Hugo. Hebst du denn in der Schule nicht den Arm?" „Muss man ja." „Siehst du! Das heißt nicht viel. Man sollte eben versuchen, einen Weg zu finden, wie man sich selbst treu bleiben kann, ohne sich und andere in Gefahr zu bringen. Wir können doch zu diesem Unrecht nicht einfach schweigen. Dieser ganze Krieg wäre überhaupt nicht nötig gewesen!" Die Standuhr dröhnt los und Dietrich fährt zusammen: „Himmel, was für ein Gong, der weckt ja Tote auf!" Zum ersten Mal an diesem Abend sieht er seinen Onkel lächeln.

12. So leb ich mit in der Ferne (1941-1944)

Lübeck im Juni 1940

Wer hat nur diese Fotografie im Garten gemacht? Waltraut konnte sich genau an diesen Augenblick erinnern: Es war der Moment, in dem die Nachricht von Ewalds Tod eingetroffen war. Er starb bei Gefechten in Valenciennes. Von links: Hildegard, ihre Eltern, Gerhard in Uniform, Gisela, Fritz. Rechts knieend vor ihrem Vater, Waltraut mit dem dritten Pflegekind.

Fritz schreibt:

Herrn Hugo Heiss, Bergmann zu Bochum Langendreer

14.6.1940

Mein Lieber Schwager Hugo!
Soeben kommt die Nachricht vom Ersatz Bataillon 489 zu Oldenburg, dass unser Sohn Ewald am 26.5.1940 beim Wagenhauptplatz Feldpost Nr. 22084, also irgendwo in Frankreich, verstorben ist. – Ich weiß, dass auch Du an ihm Deine Freude hattest, wie auch Deine jetzige Frau und Kinder. Ja, er war ein lieber, durch und durch treuer und ehrlicher Mensch. Im vergangenen Herbst hat er sein Abiturium an einer Oberschule als Zweitbester gemacht. Er war tüchtig, geistig und körperlich. Nun ist er nicht mehr, er ist ein Opfer der Mächte des Hasses und der Lüge auf dieser Welt geworden, aber das ist ebenso gewiß: Er ist im frohen Glauben und Vertrauen auf seinen Heiland Jesu Krist dahingegangen, wie er uns in einem seiner Briefe aus letzter Zeit

noch Zeugnis davon gab. – Lieber Hugo, warum müssen die Menschen sich das Leben so schwer machen, anstatt mit Liebe und Güte es sich gegenseitig schön zu gestalten? Es ist unsere Freude, dass wir unserem Ewald in den letzten Jahren, besonders in den letzten Monaten, noch recht viel Liebe erwiesen haben, sodaß er oft recht froh war, – daß er uns ebenso alles Gute erwiesen hat als ein Sohn, auf den wir von ganzem Herzen stolz sein konnten und auch stolz waren. – Auch über seine Reise zu Euch hat er sich damals sehr gefreut, und immer dankbarer Liebe gedacht, die Ihr ihm angetan habt. Auch ich bin Dir, Deiner lieben Frau und Deinen Kindern dankbar dafür. – Laß mich nun schließen, es ist so schwer, von ihm zu sprechen, der nun nie wieder kommt. Ich hielt es für meine Pflicht, Dir sofort und als Erstem davon Mitteilung zu machen. Wenn Du kannst, komm doch mal her und lerne den Kreis kennen, in dem Dein und unser Sohn die letzten 10 Jahre gelebt und gestrebt hat, und laß Dir von ihm erzählen, wie lieb er war und gut. Gib mir möglichst vorher Nachricht, wann Du kommst, damit ich mir etwas Zeit bei meiner Überarbeitung machen kann.
Dir und den Deinen herzliche Grüße, Dein Fritz Stellbrink
Anbei zwei Bilder von Ewald vom Februar dieses Jahres

Noch Lieder zu singen jenseits der Menschen
13. Dialog mit Irmgard

B.: Irma, bist du es?

I.: Wo hast du gesteckt?

B.: In Forschungen zu deiner Familie in Lübeck. Ich musste verstehen, was dort geschah. Du hast damals auch verzweifelt auf ein Lebenszeichen gewartet, nicht wahr?

I.: Das Schweigen war kaum auszuhalten. 1939 hatte mich Fritz doch noch mit der kleinen Waltraut besucht. Ewald war gekommen!

B.: Waltraut hat mir von diesen Besuchen erzählt.

I.: Das kleine Mädchen erinnerte mich an Meta, sie war ja nur um zwei Jahre jünger.

B.: Sie erzählte, dass ihr zu dritt einen Spaziergang gemacht habt. Oben bei der Kapelle, erinnerst du dich?

I.: Ich war so froh, dass ich einmal herauskam. Meistens war ja das Tor zu. Wir hörten die Bahnen, die vom Steinbruch ins Tal fuhren. Ich fand es schön, dass das Kind dabei war, aber ich vermisste meine Söhne.

B.: Sie war mit sich selbst beschäftigt bei diesem Spaziergang, hat dabei am Waldrand gespielt. Sie bekam mit, wie Fritz dich im Gespräch anfuhr:

„Nun red doch nicht so einen Blödsinn!"

I.: Ja, er konnte manchmal ganz schön aufbrausen. Ich weiß nicht mehr, worum es dabei ging.

B.: Das ist doch eine Erwachsene, hat sie gedacht, kann er mit ihr so reden? Das beschäftigte sie und sie hat mich gefragt, was ich davon halte.

I.: Und was hast du ihr geantwortet?

B.: Dass er in seinem Leben immer wieder die heftigen Spannungen in der Familie auszugleichen versuchte, um ein Auseinanderbrechen zu verhindern. Schon als Kind tat er das. Das war sehr anstrengend. Seine „geliebten Deutschen" verglich er nun häufig mit einer Familie, in der jeder den anderen in seiner Unterschiedlichkeit respektieren sollte. Und er fühlte sich für das Gelingen verantwortlich.

I.: Ich war tief beunruhigt, weil ich seitdem nichts mehr aus Lübeck hörte.

B.: Er hat noch einen Brief an dich geschrieben, mit Neujahrsgrüßen. Das Schreiben gelangte nicht zu dir.

I.: Die Nachricht von Ewalds Tod traf Wochen später in mein abgeschiedenes Leben. Lenchen kam persönlich her. Wenn ich mich recht entsinne, war es ihr einziger Besuch in Lengerich. Erneut tat sich vor meinen Füßen eine tiefe Kluft auf, mein wundes Herz wollte Abschied nehmen von der Welt. Nun musste ich wieder täglich in diese Abgründe hinab!

B.: Du wolltest sterben, du schreibst es in deinem Brief vom November 1940.

I.: Was sollte ich noch auf der Welt? Fremde Menschen hatten mich 1928 zurückgerufen. „Was habt ihr damals getan?", klagte ich in meiner Einsamkeit.

B.: Das Besucherverzeichnis in der Krankenakte bestätigt Lenchens Besuch zu diesem Zeitpunkt. Es war tatsächlich der einzige in den zehn Jahren, die du in Lengerich verbrachtest. Das war nicht gerade der Umstand, den du dir gewünscht hättest, um über den Tod deines Sohnes zu sprechen, oder?

I.: Ich hätte doch so gern mehr erfahren. Was hatte Ewald zuletzt gesagt, gedacht, wer waren seine Freunde gewesen? Davon konnten nur Fritz, Hildegard oder Hugo berichten. Doch niemand kam von dort und so war ich getrennt von seinem Sterben wie von seinem Leben. – Nimm bitte mein Gedicht für Ewald in das Buch auf!

B.: – Hmm.

I.: Was ist? Warum brummst du?

B.: Ich bin nicht begeistert von der Idee.

I.: Wie bitte? – Also erlaube mal, das ist ja empörend! Da habe ich ein einziges Mal einen Wunsch an diesen Roman, den du aus meinem Leben machen willst, und dann verweigerst du ihn mir. Du bist grausam, geradezu despotisch. Ich werde mir überlegen, ob ich dieser Veröffentlichung zustimme.

B.: Ich verstehe ja, dass du seinem Tod einen Sinn geben wolltest und dachtest, du müsstest so etwas schreiben.

I.: Wie meinst du das, „so etwas"?

B.: Na ja, so einen Heldengesang im Stil nationalsozialistischer Kriegsrechtfertigung und Propaganda. Du hattest zu viel Radio gehört. Dieses Gedicht entsprach deinem Sohn Ewald nicht. Ich war schockiert, als ich es gelesen habe und die Leser wären es auch.

I.: Na hör mal! Was weißt du denn, was Ewald entspricht? Und deine Leser sind mir herzlich gleichgültig. – Wenn ich mich also wieder einmal als anders erweise, nicht deinen Vorstellungen entspreche, dann bist du also bereit, Zensur zu üben? Du bist wohl nicht recht bei Trost. Ich glaube, ich bekomme gleich einen Erregungszustand! – Also, was stört dich denn an dem Gedicht?

B.: Es passt nicht zu ihm. Ich bin ziemlich sicher, dein Ältester wollte keinen Heldentod sterben, wie du ihn darin besingst. Sehr wahrscheinlich ist vielmehr, dass er wie seine beiden Väter diesen Krieg ablehnte. Einige Monate später wurde die Sowjetunion überfallen, das Land, das er so liebte.

I.: Seine beiden Väter waren gegen den Krieg? Hugo – ja, aber Fritz war doch selbst Nationalsozialist. Ich habe nie verstanden, warum er in Schwierigkeiten mit seiner Partei geriet.

B.: Das haben wohl auch Hildegard, Hilda und Lenchen nicht verstanden. Für Außenstehende kaum merklich, hatte er sich von der Begeisterung für den real existierenden Nationalsozialismus entfernt. Er schrieb an Hugo, Ewald sei ein Opfer der Mächte des Hasses und des Bösen geworden. Dein Bruder war gegen den Krieg.

I.: Oh! – Ich habe nicht gewusst, dass er so dachte. Ich hoffte, mit dem Gedicht den Ton zu treffen. So sprach man doch jetzt um mich herum.

B.: So habe ich deinen Heldengesang auch aufgefasst. Als Zeichen deiner Anpassungsbereitschaft. Er klingt – mit Verlaub gesagt – hohl.

I.: Hohl? Was erlaubst du dir! Du verletzt meine Gefühle!

B.: Du kannst wunderbar schreiben. Aber dieser „Schwulst" würde doch eurer Beziehung gar nicht gerecht. Du warst doch auch gegen den Krieg.

I.: Nicht gerecht? Soll sein Blut etwa umsonst vergossen worden sein? Hat er sich denn nicht freiwillig gemeldet?

B.: Doch. Aber doch wohl eher, um Medizin studieren zu können. Er hatte ja bereits einen Studienplatz in Kiel. Einer von Euch muss Arzt werden ... Erinnerst du dich an deinen Brief?

I.: Meinst du, sein Berufswunsch hatte tatsächlich etwas damit zu tun?

B.: Warum nicht? – Wie auch immer, du hast viel schönere, persönlichere Gedichte geschrieben. Ich glaube dir sofort, dass du Ewalds Tod sehr tief empfunden hast. Wenn du in deinem Brief sagst – es ist ja doch alles aus, es reizt mich nichts mehr, was von dort kommt – dann drückt das deinen Schmerz vollkommen aus, glaub mir.

I.: Also schön, ich kenne deine Zeit nicht. Wenn du meinst, – dann nimm eben ein anderes Gedicht!

B.: Gut. Zum Beispiel dieses:

Der Lebenslauf

Das Leben als ein Kinderspiel
bringt Ernstes, scheinbar Heitres viel
man möcht wohl drüber weinen!
Es rollet sehr schnell ab
führt hin alsdann zum Grab -
und tut sich gern verneinen.

Ob klein wir drinnen oder groß
immer bleibt's ein Kinderlos
nur dass wir's anders machen.
Mit seinem Tun und Dichten
kann es sehr bald vernichten
der große, große Weltenrachen!

Irmgard Heiss (Ohne Datum)

Liebes Lenchen!

Dein Obstpaket habe ich erhalten und danke Dir herzl. für Deine Liebesgabe! Auch Magda dachte an mich u. schrieb mir herzliche Zeilen, vielen Dank auf diesem Wege. Ich hab immer gezögert mit meiner Antwort; ein kontrollierter Brief ist ja auch eigentlich keiner, denn von der Seele weg kommt er nicht, wohl?! Meine Gesundheit lässt zu wünschen, man hat hier keine Behandlung dafür, im Gegenteil: enthaltsames, solides Leben ist nicht möglich, da alle Menschen hier sehr weltlich eingestellt sind u. meine Naturheilweise nicht durchzuführen ist, da man eng verbunden ist mit diesen Menschen; wenn ich denke, wie gesund u. wohl ich mich früher hier gefühlt habe, als ich meine persönliche Freiheit mehr betätigen konnte u. nach meiner Gesundheitsvorschrift leben durfte, dann wird es mir sehr flau zumute, obwohl ich nicht so leicht verzage u. stets einen Ausweg wußte. Aber ich hoffe immer noch, daß ich mein Leben nach meinem Geschmack gestalten kann, indem ich einfach allein lebe in dieser menschenreichen Öde! Aber jetzt hab ich genug geredet von meiner werten Person; wenn ich keinen Arzt habe hier, der meinen Körper zurecht bringt, wende ich mich an den höchsten Arzt oder meine gesunde, geschulte Vernunft u. Lebensweisheit! – Magda wollte mich trösten, tat aber das Gegenteil, klagte mir vor von Einsamkeit, von verhackstücktem Leben u.s.w., ja, man muß das Leben eben nehmen, wie das Leben eben ist u. Männer, ja, die kannte ich nicht mehr u. habe sie wohl auch nie recht fraulich gekannt, echt weiblich, da ich ja mädchenhaft figürlich u. dann auch seelisch immer gewesen bin. Ich habe Mutter gespielt, hab meine Kinder sehr geliebt, so wie ich es abgöttisch wohl übertrieben habe, aber leichtsinnig, nein, das war ich nie, dafür litt ich schon viel zu früh. Ewiger Jugendstil ...

Schick mir doch ein größeres, helleres Bild von Ewald u. das in Uniform. Das machte unsre sittenstrenge Kinderstube auch schon, wenn sie auch nicht gesund war, überehrgeizig, streberhaft; das Genießertum haben wir nicht geschmeckt, sondern das geruhsame, arme, doch unstete Beamtentum! – Ich bin trotzdem hier etwas vorangekommen, bin ruhiger,

bedachtsamer u. eingelebter geworden u. habe gehandarbeitet für die Angestellten hier
u. habe auch für mich, für Euch eine seidene Decke 30-40 cm groß, zurechtgeschustert
in weißer u. rosa Seide, dann habe ich noch als Garn hellblaue Seide, um eine etwas
größere zu machen, eine weiße, dünnfadige, hat mir die Pflegerin abgehandelt, die für
Euch bestimmt war u. fertig dalag, dafür bekam ich die blaue Seide u. kann dasselbe
Muster davon anfertigen, hoffentlich reicht es, denn das dickere Garn liefert nicht so
aus. Wenn zu Weihnachten einer von Euch kommt, will ich auch die Handschuhe mit-
geben.

Ich lege ein Gedicht ein, dem Ewald zum Andenken gemacht, denn vergessen kann ich
den Jungen nie! Ich freute mich, wenn Ihr mir mal meinen lieben Hugo auch vorführtet
zu einer Zeit, wo ich etwas lebendig für die Welt bin, denn ich muss mich bald verab-
schieden. Ich bin ja schon lange tot dafür u. sehne mich nach Einsamkeit u. Ruhe u.
Frieden; es ist ja doch alles aus; mich reizt nichts mehr, was von dort kommt und
dahingeht. Ich freue mich aber, daß Du, Ihr, mit beiden Beinen in der Welt steht u.
will Euch nicht den Kopf kraus machen; Ihr könnt mir ja doch nicht helfen in meiner
schwierigen Lage: ich wiege nur noch 93 Pfund von 157 vor Jahren, immer bergab
gegangen, gewichtlich! — Ich will nicht so dick sein, fühle mich leichter so, aber etwas
mehr möcht ich doch zu essen haben, wenigstens satt! — Man darf eben nicht krank
sein, heute weniger denn je! Doch Schluß! Ich habe Euch genug vorgeklagt u. gepredigt.
Das Beste wünsche ich Euch trotzdem, neidlos: Ich bin ja doch immer einsam gewesen,
auch als Kind u. bei Euch so unverstanden u. viel kränklich. Schreib mir nun, lb.
Lenchen, wie ich das machen soll, oder schwärmt Ihr nicht für meine Arbeiten? Gruß
u. herzl. Wünsche für Euer Ergehen, Hilda, Magda, Dietrich, Dir, Allen, in Liebe,
Irmgard!

Nebenbei: Wenn ich euch die Sachen schicke, Portogeld habe ich schon liegen, dann be-
fördert doch die Handschuhe nach Lübeck, zum Hugo, wenn der die brauchen kann
u. nicht versehen ist schon gut damit. Ich hätt gern Socken gemacht, aber das Garn,
woher wohl? Ich will aber mal sehen, ob es nicht doch gelingt damit. — Auch Magdas
Tischdecke liegt mir am Herzen, na vielleicht in Zukunft. Ganz so tragisch müßt Ihr
meinen Klagegesang nicht nehmen, wenn er auch so düster lautet; Vorsicht ist immer
besser als zu viel Optimismus! Man muß das Gleichgewicht damit halten mit beiden
Gemütsstimmungen. — An Lübeck denk ich nicht zu viel, die Wunde ist noch zu
frisch, die mir durch Ewald geschlagen wurde. Ich hoffe das Beste für alle dort auch!
Dein Besuch, lb. Lenchen, hat mich doch erweckt in Etwas, weißt du, Dein Bild hatte
ich aber etwas anders im Kopf. Ich merke wohl immer den Unterschied zwischen mir
u. Euch, die Spannung, es ist immer Mißtrauen da, Überheblichkeit Eurer u. mei-
nerseits in meiner Art. Aber das ist natürlich u. wird auch bleiben, die ewige Konkur-
renz im Daseinskampf. Nichts für Ungut, Eure Irmgard.

Menschlichkeit als Widerstand

Fritz tritt in die Küche, an der Zigarette in seiner Hand ist ein Aschewurm gewachsen, der sich gefährlich krümmt. Auf dem Herd blubbert es im Einmachtopf. Hildegard kontrolliert sorgfältig die Temperatur, bevor sie sich umwendet. „Fritz, jetzt rauchst du auch schon in der Küche, du verstreust ja die Asche!" Der Pastor drückt den Glimmstängel auf einer Untertasse aus und stellt sie schuldbewusst unter den Tisch. „Gisela möchte dich noch wegen ihres Aufsatzes sprechen!" Hildegard macht sich daran, die restlichen Bohnen zu putzen. „Sie soll vorsichtig sein. Ärger mit dem Schulleiter können wir jetzt wirklich nicht gebrauchen." „Vor allem darf sie nichts von Irmgard durchblicken lassen", bestätigt Hildegard. „Sag mal, Fritz, wer war denn diese große Gestalt mit den Ohren?" Fritz lacht: „Dafür ist er berühmt! Er kann sogar damit wackeln! Das war Johannes Prassek, Hauptpriester der Herz-Jesu-Gemeinde." „Am Dom?" „Richtig!" „Sein Gang war der eines jungen Mannes." „Das ist er auch wie die beiden anderen Kapläne. Alle sind sie erst um die dreißig dort im Pfarrhaus." „Sie sind also zu dritt, welcher Luxus! Warum sorgt unsere Kirche nicht auch besser für ihre Geistlichen? Und was hast du mit diesen jungen Priestern zu tun? Hast du sie über Waltrauts Schulfreundin kennengelernt?" „Nein, ich bin vor etwa einem Jahr am Vorwerker Friedhof mit Prassek ins Gespräch gekommen. Wir wollen uns jetzt öfter austauschen."

Hildegard schaut auf die Küchenuhr und dreht das Gas herunter. „Jetzt sind sie bald gut. Wirst du dich nicht noch weiter isolieren, wenn du dich mit Katholiken triffst? Du hast nicht so viele Freunde hier in Lübeck." „Mach dir keine Gedanken Hilde, ich bin so froh, mit Menschen im Gespräch zu sein, die sich mit ähnlichen Zweifeln herumschlagen. Mit Prassek habe ich am meisten zu tun, ein famoser Kerl. Wenn er jetzt hier wäre, würde er sich ein Messer schnappen und dir beim Bohnenfitschen helfen." „Und was ist mit deinem 'alten Erzfeind Rom'?" „Wir haben jetzt andere Zeiten. Es geht nunmehr um den Erhalt des Christentums überhaupt. Da heißt es, die Differenzen zurückzustellen und gemeinsam zu kämpfen. Und das kann ich mit diesen Dreien zurzeit besser als mit vielen evangelischen Amtsbrüdern. Ich kann mich schließlich nicht einfach offen zu den Bekenntnispfarrern stellen. Und bei den Deutschen Christen von Balzer hab ich auch nichts mehr verloren. Die sind so verquickt mit der Gauleitung. Du weißt ja, wie sie mir mitgespielt haben." „Du gehörst nirgends wirklich dazu." „Weil unsere Kirche gespalten ist. Die Katholiken dagegen halten auf beeindruckende Weise zusammen. Da können wir einiges lernen über ein lebendiges Gemeindeleben. Sie sind auch so unkompliziert und haben guten Kontakt zu einfachen Menschen." „Auf dem Markt wird hinter vorgehaltener Hand gemunkelt, sie würden die Polen betreuen." „Ja, sicher, die sind ja auch meist katholisch. Sie segnen fast täglich polnische Paare, trauen dürfen sie ja nicht. Prassek kann sogar einigermaßen Polnisch. Das hat er schon in Osnabrück im Studium gelernt. Neulich hat er einen Spitzel aus dem Gottesdienst gewiesen. Du, der ist mutig!" „Also, dann ist dieser Prassek wohl so eine Art Seelenverwandter für dich?" „Richtig! Wenn Ewald noch lebte, er würde ihn mögen. Übrigens, wenn du mal Sachen aussortierst, bitte nichts zur Winterhilfe geben, ja? Sie können das alles auch gut gebrauchen." „Fritz, pass bitte auf! Sie sind keine Familienväter! Es reicht schon, dass diese Säcke mit Kupfermünzen auf dem Kirchenboden stehen. Wenn die nun entdeckt werden!" „Oh, du hast sie gefunden?" „Besser ich als jemand anders, oder?" „Meine liebste Hilde, die du mit mir unerschrocken durch die Sümpfe und Urwälder Südbrasiliens geritten bist, du wirst doch jetzt nicht furchtsam sein?" „Dort konnten wir tun und lassen, was wir wollten. Denk an das Gaugerichtsverfahren, du stehst unter Beobachtung!" „Hilde, das ist es ja gerade, warum ich mich nach Verbündeten umsehe. Es sieht ja ganz danach aus, als wenn wir uns auf einen langen Krieg einstellen müssen. Mal sehen, ob heute eine Nachricht von Hugo kommt." – „Wo gehst du denn jetzt wieder hin?" Fritz hat die Untertasse hervorgeholt und sie sich unter die Jacke geklemmt: „Ich will mal kurz am Volksempfänger horchen."

13. Er hat seine eigene Entwicklung gehabt (1940-1942)

Warum sammelte er Kupferpfennige und lagerte sie in Säcken auf dem Kirchenboden? Gerhard äußerte sich in den 1960er Jahren dazu im Buch der Autorin Else Pelke „Der Lübecker Christenprozess." Kupfer wurde dringend gebraucht für die Geschosshülsen der Infanteriemunition. Der Vater habe die damals stattfindende Sammlungsaktion zu boykottieren versucht und auf diese und andere Weise eine Art wirtschaftlicher Sabotage betrieben. 1941, beim Beginn des „Unternehmens Barbarossa", habe sein Vater nur noch schlechteste Prognosen gestellt und die weitere Entwicklung des Krieges mit zorniger und bitterer Genugtuung verfolgt. Gerhard Stellbrink: „Die politische Situation hat ihn in schreckliche, seelische Not hineingepeitscht. Er wurde zunehmend bedrückter."

Wie lange braucht man, um Säcke mit Münzen zu füllen?

Wer waren diese drei Geistlichen aus der katholischen Gemeinde Lübecks? Sie werden von Gemeindemitgliedern nach 1945 so beschrieben:

– Hermann Lange, aus Neumünster. „Sein sprichwörtlicher Mut zur Wahrheit ließ ihn oft scharfe Worte finden zur Beurteilung des Systems, was ihm den Haß der Gestapo eintrug."

– Eduard Müller, im ersten Beruf Tischler aus Hamburg, kam aus der katholischen Jugendbewegung. „Man konnte so gut mit ihm über alle möglichen Sorgen sprechen. Man bekam schnell Kontakt zu ihm, obwohl er ein stiller Charakter war."

– Johannes Prassek sagt über sich selbst: „Wir dachten so gern große Gedanken ... und unter diesen Gedanken wurde auch das Kleinste und Beißendste in unserem Leben schön."[45]

Fritz sagt später im Verhör, er habe den Eindruck gehabt, sein engster Kontaktmann Prassek verfügte über einen direkten Draht zu Bischof von Galen.

Im Archiv zähle ich über zwanzig von Fritz gefertigte „Sippenkarten", handgezeichnet. Er muss sich die Zeit dafür mit Schlafmangel erkauft haben. In einem Fragebogen des Gesundheitsamtes, von dem er eine Kopie behielt, bezeichnet er seine Schwester Irmgard als *schwermütig geworden durch Ehescheidung.* Dietrich, sein Neffe, wird darauf mit dem Zusatz *unbekannter Vater* verzeichnet. Fritz verweigert sich der Sprache der Rassenhygiene. Vermutlich musste der Vordruck ausgefüllt werden, damit Gerhard das Medizinstudium antreten konnte. Die Familie bangte: Werden die Unterlagen akzeptiert werden, wenn der Vater als politisch unzuverlässig gilt, mit dem Krieg nicht einverstanden ist und wenn in der Krankenakte etwas anderes über die Schwester steht? Die folgende von mir in Szene gesetzte Begegnung zwischen Fritz und Anstaltsleiter Enge, in die ich Originalzitate des Psychiaters eingearbeitet habe, hat nur in meiner Vorstellung stattgefunden. Die Vorgänge, die der Schließung der Anstalt vorausgingen, habe ich allerdings genau recherchiert.

Direktorenzimmer der Anstalt Strecknitz

Freitag, 25. Juli 1941

Als die Chefsekretärin die Tür zum Direktorenzimmer öffnet, sieht sie neben Professor Enge im Besuchersessel einen blassen Menschen mit einer hohen Stirn. Metallene Fahrradklammern halten die langen Hosenbeine zusammen. Nervös schaut er auf. Beide Männer qualmen – offenbar die Zigarren des Direktors. „Herr Direktor Enge, Sie möchten bitte auf Station 5 ..." „Wenn es nicht um Leben und Tod eines Patienten geht, möchte ich Sie darum bitten, in der nächsten halben Stunde jede Störung von mir fernzuhalten. Ich habe hier ein sehr wichtiges Gespräch mit Pastor Stellbrink von der Luthergemeinde zu führen. Bitte, richten Sie das doch freundlicherweise auf Station aus." Irgendetwas ist im Gang, überlegt die Sekretärin, als sie sich auf den Weg macht.

Ob das Gespräch etwas mit den Gerüchten von einer bevorstehenden Auflösung der Anstalt zu tun hat, die seit einiger Zeit die Runde machen? Mehrmals in den letzten Monaten waren Inspektoren da, einmal sogar aus Berlin. Die Finanzverwaltung, Vormundschaftsrichter, Professoren haben im Büro gesessen. Man munkelt, die Patienten sollten verlegt werden. Direktor Enge kämpft einen zähen Kampf gegen die Auflösung der Anstalt, doch sie weiß, dass die Hauptverwaltung des Oberbürgermeisters und die Sozialverwaltung sie sehr wohl befürworten würden. Es heißt, Strecknitz sei nicht mehr finanzierbar. In diesem Monat sind außergewöhnlich viele Kranke entlassen worden, über 40 an der Zahl. Die meisten davon waren Selbstzahler. Und jetzt ist also ein Pastor hier. – Enge wird ohnehin bald in Pension gehen. Was wird dann aus ihr und den anderen Angestellten?

Im Direktorenzimmer entspinnt sich in dieser Zeit folgendes Gespräch: „So, dann hätten wir wohl die wichtigsten Dinge für diese Bestattungsfeier besprochen. Leider sind keine Angehörigen mehr da, so muss ich mich persönlich darum kümmern. Der Patient war ein guter Arbeiter, seit 1926 bei uns, ich bin es ihm schuldig. Im Gegensatz zu in letzter Zeit vertretenen Ansichten, ist die Anstalt Strecknitz ein wirtschaftlich erfolgreich arbeitender Betrieb. 95 % der Patienten verrichten hier sinnvolle Tätigkeiten und werden zum Teil dafür sogar entlohnt. Doch die Finanzverwaltung möchte das nicht wahrhaben, zu meinem Leidwesen!" Pastor Stellbrink zögert einen Moment, bevor er fragt: „Sind da vielleicht ganz andere Überlegungen für diese Einstellung der Verwaltung maßgeblich? Herr Direktor, ganz unter uns, ich habe gelegentlich Kontakt zu anderen Pastoren. Sie sind beunruhigt durch den Bericht eines Pfarrers Braune von den Lobetaler Anstalten in Brandenburg, der auf Fakten beruhen soll und alarmierende Dinge zusammenträgt. Wissen Sie, ob an diesen Gerüchten etwas dran ist? Es heißt, Patienten würden beseitigt, da sie zu den unproduktiven Volksgenossen zu zählen seien?" „Ach wissen Sie, lieber Herr Stellbrink, 'nach Inkrafttreten des Gesetzes zur Verhütung erbkranken Nachwuchses trat eine Herabwürdigung der Erbkranken, der Geisteskanken überhaupt, ein ... man sprach von den Geisteskranken nur noch als von den Idioten in den Anstalten und mancher glaubte, seinem völkischen Heroismus dadurch Ausdruck verleihen zu müssen, daß er grundsätzlich für die Vernichtung der Geisteskranken eintrat, allerdings nur so lange, als kein Glied der Familie dafür in Betracht kam.'" „Herr Professor, ich habe eine Schwester in der Anstalt Lengerich, anscheinend unheilbar und habe ihre zwei Jungen in Pflege. Sie waren gefährdet, unter das Gesetz zur Verhütung erbkranken Nachwuchses gezählt zu werden. Ich musste mich mit aller Kraft dagegen stemmen, dass sie vom Gesundheitsamt als erbkrank eingestuft wurden." „Ja, heutzutage wird so getan, als könnte es nicht jeden treffen. Aber machen wir uns nichts vor, 'Geisteskranke wird es immer geben. Bei den zahlreichen äußeren Ursachen für die Entstehung von Geisteskrankheiten ist niemand sicher, geistig zu erkranken, auch wenn er ein gesundes Erbgut hat.' Machen Sie sich keine unnötigen Sorgen, Herr Pfarrer: Als Arzt des Erbgesundheitsgerichtes Lübeck weiß ich, seit Kriegsbeginn wird bei Männern viel seltener sterilisiert. Schon 1935 hat der Führer weitsichtig verfügt, so viele sich freiwillig meldende Erbkranke wie möglich als Wehrmachtsangehörige zuzulassen."

„Für uns Christen ist es selbstverständlich, uns der Kranken anzunehmen. Ich beobachte mit Sorge all die Propaganda, die Plakate, Ausstellungen, Filme. Sie können sich denken, wie betroffen auch meine Familie ist." „Ja, das kann ich mir denken. Auch die Kinder von Kranken in Strecknitz bekommen es immer wieder zu hören: Din Alder is ja inne Klapsmöhl.

Gegen diese Haltung anzukommen, ist selbst in einer so geführten Anstalt wie Strecknitz fast unmöglich. So 'mancher trat mit überschwänglichen Worten und dem Brustton der Überzeugung für die Unfruchtbarmachung der Erbranken ein, wurde allerdings sehr viel kleinlauter und zurückhaltender, wenn sich doch ergab, dass sein Familienangehöriger auch von dem Gesetz betroffen wurde ... Ärzte müssen aber bei der Überprüfung der Voraussetzungen peinlich gewissenhaft vorgehen.' Ich habe ja selbst lange die Beratung von Psychopathen hier in Lübeck geleitet. Ich kann nur sagen: 'Vererbung ist ein wichtiges Gebiet. Man darf aber nicht aus dem Wunsch eine Lehre machen und wünschenswerte Ergebnisse der Forschung schon vorweg nehmen.'"[46]

„Diese Gerüchte über Patiententötungen, die sind Ihnen doch sicher auch nicht verborgen geblieben? Sie sind beunruhigend genug. Neuerdings ist von einem 'Euthanasiegesetz' die Rede. Gibt es tatsächlich ein solches Gesetz? Wie viele Menschen sind da betroffen? Nicht wenige in meinen Gemeinden sind Angehörige Kranker wie ich selbst auch! Niemand scheint jedoch wirklich Genaues zu wissen. Der Bischof der württembergischen Landeskirche, Wurm, hat ein ernstes Protestschreiben verfasst. Er glaubt, der Justizminister wisse gar nichts von diesen Dingen!" „Mein lieber Pfarrer Stellbrink, auch wenn ich Genaueres wüsste, ich darf mich hierzu nicht äußern. Geheime Reichssache! Doch rate ich Ihnen, wenn Sie eine Schwester in einer Heilanstalt in Westfalen haben, dann holen Sie sie so schnell wie möglich nach Hause, wenn es irgend geht! So, jetzt muss ich mich wieder dem Anstaltsbetrieb zuwenden, wir sehen uns dann am Sonntag in der Kapelle des Vorwerker Friedhofes. Ich danke Ihnen für Ihr Kommen!"

Am 23. September 1941 wurde die Anstalt aufgelöst und die Patienten deportiert. Einige Wochen später gaben die ersten Todesanzeigen für Lübecker Patienten beredte Hinweise auf die Folgen der Transporte.

Eintrag in Goebbels Tagebuch:

14.08.1941

„Der Bischof Galen von Münster hat eine unverschämte und provozierende Rede gehalten. Er brachte dabei sogar die Frechheit auf, zu behaupten, daß unsere Euthanasie-Bestrebungen so weit gingen, daß Verwundete, wenn sie für die praktische Arbeit nicht mehr zu gebrauchen seien, von uns ermordet würden. Diese Rede wird zweifellos in Kürze von der gegnerischen Propaganda übernommen werden. Sie stellt einen Dolchstoß in den Rücken der kämpfenden Front dar. ... Man muß warten, bis der Krieg zu Ende ist; dann werden wir mit diesem politisierenden katholischen Klerus aufrechnen."[47]

Bericht der SD (Sicherheits-Dienst) – Hauptaußenstelle Bielefeld vom 26. August 1941:

„In den Gebieten ... mit überwiegend katholischer Bevölkerung werden in letzter Zeit in verstärktem Umfange Gerüchte über die Tötung Geisteskranker verbreitet. Zum Teil sind diese Gerüchte auf ein von den englischen Fliegern abgeworfenes Flugblatt zurückzuführen. Weit mehr aber wird behauptet, der Bischof von Münster habe in einer Predigt hierüber gesprochen und u.a. auch die Tötung unheilbarer Frontsoldaten erwähnt. So seien bisher etwa 800 bis1000 Unglückliche gemordet worden. Im einzelnen erklärt man folgendes: Von der Regierung werden die Morde gutgeheißen. Täglich verschwinden auf geheimnisvolle Weise viele unglückliche Menschen aus den Anstalten. Sie würden durch Verabfolgung einer Giftspritze hingemordet. Insbesondere die Gerüchte über die Tötung unheilbarer Frontsoldaten haben in der Bevölkerung erhebliche Unruhe und Besorgnis hervorgerufen ...

Folgender Auszug aus einer Zuschrift einer Parteigenossin befasst sich ebenfalls mit dieser Angelegenheit: ... Hier herrscht eine sehr große Erregung und Erbitterung. Es gehen die tollsten Gerüchte. Und zwar wird behauptet, in den Irrenanstalten würden die Kranken umgebracht, um Platz für die Lazarette zu bekommen. In drei bis vier Fällen hätte die Familie schon Nachricht bekommen.

Wir haben F. (Pensionsinhaber) gesagt, das sei ausgeschlossen, wir seien keine Mörder. Aber sie sind so erregt, sie glauben es nicht. Frau F. kam von Schmallenberg zurück und sprach von einem Fall in ihrer Familie. Da ein dreijähriges Kind dort auch nicht normal sei, seien sie doppelt in Sorge. ... Ich könnte ja wohl verstehen, dass die Unheilbaren allmählich verschwinden. Es wäre ja wohl eine Wohltat für sie und viele Menschen würden für Produktives frei. Aber jetzt im Kriege einen solchen Unruheherd stiften, wäre unverantwortlich. Man muß auch nur mal denken, es wäre das eigene Kind, dann hat man den rechten Standpunkt.

Ich sagte ihnen, dass ich selbst ein englisches Flugblatt gesehen hätte; wir in Deutschland brächten jährlich 200 000 Irre, alte Leute und verwundete Soldaten um. Gewiß höre jemand feindliche Sender. An die alten Leute und Soldaten glauben sie nicht, wohl aber an die Irren."[48]

Noch Lieder zu singen jenseits der Menschen
14. Dialog mit Irmgard

B.: Irma, ich war in Lengerich! Ich habe die Enkelin von Marie kennengelernt!

I.: Was machst du in der Anstalt? Ich hab es ja gewusst, du mit deinen verrückten Ansichten wirst irgendwann auch dort landen! Welche Marie denn überhaupt?

B.: Marie Esmeier! Es ist nicht wie du denkst.

I.: Marie Esmeier – lass mich überlegen! Die Marie, die aus der Stadt Lengerich kam? Ja natürlich! Sie erhielt öfter Besuch von ihrem Mann und der Tochter. Sie brachten mir dann etwas mit vom Handarbeitsladen unten. Warum hast du ihre Enkelin getroffen? Was hast du dort gesucht?

B.: Ich war eingeladen, um den Gedenkpfad für euch mit zu eröffnen. Aus diesem Anlass gab es eine Feier!

I.: Feier? Gedenkpfad? Für euch? Wen meinst du denn damit?

B.: Für die ermordeten Patienten, die abtransportiert wurden in die Tötungsanstalten.

I.: Tötungsanstalten? Es sind viele verschwunden! Verlegt wegen kriegswichtiger Entscheidungen, auch Marie. So hieß es.

B.: Du hast nichts geahnt?

I.: Es war Krieg, es herrschte ein großes Durcheinander, immer wieder wurden Patienten verlegt. Sie war kurz vor mir in einem Transport gewesen. Ich hoffte, sie in Weilmünster wieder zu treffen.

B.: Sie ist wahrscheinlich am 1. Juli mit den anderen Patienten zunächst nach Eichberg verlegt und dann in der Anstalt Hadamar ermordet worden.

I.: Hadamar! Ich bin schockiert! Warum lebte ich denn dann weiter?

B.: Du warst im letzten Transport aus Lengerich, der vom 26. August. Eine Woche zuvor war der Stopp der Vergasungen von Hitler persönlich befohlen worden.

I. Gas?

B.: Ja. Die Menschen wurden mit Gas ermordet! Auch Marie.

I.: Oh nein! – Wann war das?

B.: Es begann im Herbst 1939 in Polen. Hier waren es Aktionen der SS. Im Reich wurden die Morde von Ärzten geplant und organisiert. In Berlin saß mit der Adresse Tiergartenstraße 4 (T4) ab 1941 die Organisation dieses Namens, die allein zu dem Zweck existierte, den Massenmord reibungslos und unauffällig ablaufen zu lassen. Zuvor waren Meldebögen auszufüllen, auf denen Gutachter, die die Pfleglinge nie gesehen hatten, mit einem roten oder einem blauen Kreuz über ihr Leben entschieden. Ein rotes Kreuz bedeutete: zur Vernichtung freigegeben. Für dich wurde ein rotes Kreuz gezeichnet.

I.: Ich sollte auch mit Gas ermordet werden?

Vom verantwortlichen Handeln

Zugfahren ist für Privatpersonen nicht mehr erlaubt. Fritz ist dennoch nach Detmold gelangt. Bei diesem Besuch entsteht eine Serie von Fotografien, die es wert sind, genauer betrachtet zu werden. Hier sitzen sie alle im ersten Stock wie die Orgelpfeifen in Hildas Wohnzimmer von links nach rechts: (Onkel) Beethoven, Fritz, Lenchen, Dietrich, Hilda. Ein etwas verwackeltes Foto mit dem Selbstauslöser fotografiert. Dadurch weiß ich, wer bei den drei weiteren Aufnahmen an diesem Nachmittag des 7. August 1941 zwischen 16.00 und 16.30 Uhr auf den Auslöser gedrückt hat. Auf der Rückseite hat Fritz in seiner genauen Art Orts- und Zeitangaben eingetragen, sowie den Kommentar: *Jahh ... Stillsitzen ist eine Kunst!*

Um 16.20 Uhr sind sie in Lenchens Zimmer. Lenchen scheint irgendetwas nicht gefallen zu haben. Ob Fritz mit ihr in ihrer Funktion als Vormund Irmgards gesprochen hat? Vielleicht sieht sie aber auch so betrübt aus, weil er sich so nahe neben sie gesetzt hat? Zwischen den Dreien und dem Fotografen – riesenhaft – die Tischplatte. Was ist an diesem Tag auf den Tisch gekommen?

16.25 Uhr: Dietrich macht eine weitere Aufnahme, diesmal nur von den Schwestern. Obwohl Fritz nun nicht mehr an ihrer Seite sitzt, scheint es Lenchen nicht besser zu gehen. Der Bruder setzt sich dann um 16.30 Uhr noch einmal zu seiner älteren Schwester, als wolle er ganz sicher gehen, dass eines der Fotos gelingt. Die Stimmung bleibt gedrückt, Hilda rührt sich nicht vom Ofen.

Wer bezweifelt, dass diese Fotografie eine andere ist als diejenige von 16.20
Uhr, beachte die Unterschiede. Um 16.45 Uhr fotografiert Fritz den Eingangsbereich. An der Garderobe hängen sein Hut und sein Mantel. Diese
Aufnahme schickt er am 3. Dezember 1941 meinem Vater mit der Wid-
mung: „Dem lieben Dietrich, von seinem Onkel Fritz." Es sollte sein letzter Besuch im Elternhaus sein.

Was die Bilder erzählen könnten:

Detmold, 7. August 1941

Das Fensterchen in der Haustür öffnet sich. Fritz blickt in das Gesicht eines jungen Mannes: ein freundliches Oval unter einem ordentlichen Scheitel. Den Kragen trägt er wie Gerhard. „Da bist du ja, Onkel Fritz! Ich wollte gerade schon zum Bahnhof und fragen, was los ist." Fritz tritt in den kleinen Raum mit dem vertrauten Fliesenmuster. Als er den jungen Mann in den Arm nimmt, spürt er ein Beben. „Es ist so schrecklich, das mit Ewald!" Dietrich wischt sich über die Augen. Fritz hat sich vor diesem Moment gefürchtet. Es ist mehr als ein Jahr seit Ewalds Tod vergangen, doch der Kloß in der Kehle verhindert immer noch, einfach in die Rolle des Pfarrers zu schlüpfen, um die gewohnten Worte des Trostes zu sprechen. Das kann er hier nicht. Er hält den Jungen, der ihm bis zu den Schultern reicht, ein wenig von sich fern: „Wie bist du gewachsen! Mich empfängt ein Mann in meinem Elternhaus!" Die Küchentür öffnet sich, Lenchen tritt heraus und reicht dem Bruder die Hand: „Guten Tag Fritz." „Lenchen, wie geht es dir?" „Danke der Nachfrage." Hilda fliegt die Treppe herunter und schließt den Bruder in die Arme. „Mein Lieber, wie schön, dass du die Zeit gefunden hast!" Nun stehen sie alle im Flur, um sie herum viele halbgeöffnete Türen, und sie reden wild durcheinander: „Wie geht es den Kindern, meinem Patenkind Gisela, was macht Hildegard? Wieviel Zeit hast du mitgebracht? Du musst erzählen!" „Seit Mutters Bestattung haben wir uns nicht mehr gesehen! Wie lange ist das jetzt her? Drei Jahre oder vier?" „Wir haben viel an euch gedacht, besonders natürlich nach Ewalds Tod!" „Ja, wir sind alle unendlich traurig." „War es hier schon immer so dunkel? Wie kann die Pflanze hier nur überleben? – Ich hatte Hilda größer in Erinnerung, aber Lenchen ist ja offenbar jetzt unsere Größte." „Schluss jetzt, du musst erst einmal zu mir nach oben kommen, Fritz!"

Hilda hakt sich entschlossen bei ihm ein und zieht ihn die Treppe hinauf. „Lenchen, los komm mit, wir müssen ein Begrüßungsfoto machen!" Nachdem die größte Neugierde gestillt und das erste – wie sich später herausstellen wird – verwackelte Foto im Kasten ist, geht Lenchen in die Küche um etwas zu brühen, was jetzt als Kaffee bezeichnet wird. Dietrich deutet auf den Tisch: „Darf ich mir die Kamera mal anschauen?" Fritz nickt und beobachtet, wie sein Neffe den Apparat untersucht. „Was macht denn die Schule, mein Junge?" „Och, alles in Ordnung." „Er ist ein guter Schüler, unser Dietrich. Er musste ein ganzes Jahr Latein nachholen, um zum Gymnasium zu wechseln, aber er hat es geschafft!", schaltet sich Hilda ein. „Wie lebt ihr denn eigentlich hier in diesem Haus, wie verbringt ihr eure Tage?" „Wir führen ein ruhiges Leben. Ich gebe noch ein paar Nachhilfestunden in Deutsch, Englisch, Mathematik. Lenchen hat ein oder zwei Klavierschüler, Dietrich geht zur Schule. Wir bestellen den Garten. Im Haus ist immer zu tun." „Und lassen sie dich noch in Ruhe, Dietrich?" „Ja, zum Glück!" „Was ist mit deiner Mutter?" „Sie hat wieder geheiratet." „Du kannst jederzeit zu uns nach Lübeck kommen, aber das weißt du ja!" „Was sind denn das für Vorschläge, willst du uns etwa den einzigen Mann im Haus entführen?", protestiert seine Schwester. „Mit wem soll ich denn dann noch Schach spielen? Übrigens hat Dietrich dir heute Morgen einen Reisig von den weißen Johannisbeeren ausgegraben. Denk daran, dass du den nachher nicht vergisst! Ich werd ihn schon einmal holen und sehe dann nach, wie weit Lenchen mit dem Kaffee ist." Hilda macht Anstalten aufzustehen. „Nein, bitte geh nicht! Bleib noch einen Moment, ich möchte zuerst mit dir allein sprechen, Hilda!" „Soll ich?", Dietrich legt den Apparat auf den Tisch und schaut Fritz fragend an. „Bleib nur, du bist alt genug, kannst ruhig zuhören." „Ist etwas mit den Kindern?" „Nein, es geht um Irmgard." „Was ist mit ihr?" „Das weißt du vielleicht besser als ich, denn Lenchen hat sie zuletzt in Lengerich gesehen. Ich hoffe, sie hat die Nachricht von Ewalds Tod einigermaßen verkraftet? Ewald schrieb ihr häufig lange Briefe, ich fand das ganz ungewöhnlich für einen so jungen Menschen. Sie standen sich nahe. Ich habe es nicht übers Herz gebracht, ihr selbst die Nachricht von seinem Tod zu überbringen." „Lenchen hat nicht viel berichtet. Natürlich hat Irmgard sehr geweint, aber sie scheint sich abgefunden zu haben. Zumindest klingt der Brief so. Sie bat darum, wir möchten ihr das letzte Bild von Ewald senden, das aus Rahlstedt. Voller Widersprüche steckt sie, wie immer: Sie sehne sich nach Ruhe und Frieden, wolle sterben. Dann beklagt sie sich im gleichen Atemzug darüber, wie sehr sie abgenommen habe! Nun, das wird ja wohl kriegsbedingt sein." „Vielleicht, vielleicht aber auch nicht. Ich mache mir Sorgen wegen all dieser Gerüchte." „Gerüchte?"

„Ihr kommt wenig unter die Leute, nicht wahr? Habt ihr denn nichts von der Lebensvernichtung an Kranken im Reich gehört?" „Aber Fritz, ich dachte, du vertraust der Partei, deiner Partei! Das ist doch wohl Feindpropaganda, oder!?" „Ich fürchte, das ist keine Propaganda, Schwester. Es häufen sich die Anzeichen, dass an all den Gerüchten etwas dran ist! Auch Professor Enge, der Leiter der Heilanstalt Strecknitz in Lübeck, hat mich gewarnt. Und mir ist ein Schreiben zugesandt worden aus Baden. – Aber das möchte ich euch zeigen, wenn Lenchen dabei ist. Sie ist schließlich die Vormündin. Hilda, es ist nicht mehr wie früher." „Was ist geschehen?", Hilda blickt ihren Bruder aufmerksam an. „Wenn man wie ich so im Gemeindeleben als Pfarrer seinen Mann steht, dann bekommt man so einiges mit, das einen hinter die Dinge schauen lässt. Sie lassen die Kirche nicht zu ihrem Recht kommen." „Zum Beispiel?" „Ja, indem sie die HJ-Dienste so legen, dass die Jungen und Mädchen nicht mehr am Gottesdienst teilnehmen können. Oder indem sie just zur Konfirmation draußen vor der Kirchentür einen lauten Musikzug auftreten lassen." Hildas graue Augen weiten sich. „Glaubst du denn nicht, dass das alles lediglich Kinderkrankheiten sind, die mit Hilfe des Führers überwunden werden können?" „Diese Illusion wurde mir gründlich genommen, und zwar durch die Partei und ihre Führer selbst. Was ich erlebt habe ist: Jegliche Kritik soll untersagt sein. Ich halte das für tiefgreifend unheilvoll und undeutsch. Ihr versteht vielleicht, dass ich hier nicht in Einzelheiten gehen kann, aber ich fürchte, das deutsche Volk ist in einen hoffnungslosen politischen Irrtum verstrickt, an dem ich selbst nicht unerheblichen Anteil habe!" Hilda streicht die Tischdecke glatt. „Ich muss gestehen, ich bin verwirrt, muss mich erst einmal besinnen. Mein Bruder, der schon 1920 das Hakenkreuz als Schmuck an der Uhrkette trug, der mich bewogen hat, als Beamtin in die Partei zu gehen – ich verstehe die Welt nicht mehr!"

Verwundert schüttelt sie die Haarkrone. „Aber was hat das denn jetzt alles mit Irmgard zu tun?" „Wir sehen uns zu selten, als dass ich es euch gut erklären könnte, was mich in letzter Zeit so beschäftigt hat. Ich könnte euch noch so viel erzählen, aber ich habe nicht die Zeit! Nur so viel: Irmgard ist in Gefahr! Könnt ihr sie nicht zu euch nehmen? Ich kann Hildegard nicht noch mehr aufbürden! Ich selbst breche ja fast zusammen unter der Arbeitslast. Mir rauben die Sorgen oft den Schlaf." „Wie soll das gehen? – Du weißt doch, Lenchen ist sicher dagegen." Hilda sieht erschrocken aus. „Dietrich mit seinen 19 Jahren wird auch nicht mehr lange hier sein. Wann wirst du dein Abitur machen, Dietrich?" „Im Frühjahr, wenn ich nicht vorher eingezogen werde." „Siehst du! Dann seid ihr zu zweit in diesem riesigen Kasten mit dem großen Garten." „Meinst du denn wirklich, es ist so dringend?" „Allerdings! Lasst uns mit Lenchen sprechen!" „Jetzt trinken wir erst einmal Kaffee! Ich hab Kuchen gebacken und

Lenchen hat in der Küche gedeckt." Hilda erhebt sich. Später, in Lenchens Zimmer, sucht Hilda schon einmal Rückhalt am Kachelofen. Es wäre das erste Mal, dass es keinen Streit zwischen ihren jüngeren Geschwistern gäbe. Lenchen macht keine Anstalten auch nur einen Zentimeter zur Seite zu rücken, als Fritz sich für ein weiteres Foto zu ihr aufs Sofa setzen will. „Machst du eine Aufnahme von uns, Dietrich? Wer weiß, wie oft wir uns noch sehen können. Bitte recht freundlich!" Fritz' Aufforderung bleibt wirkungslos. Hilda lächelt verhalten und unsicher am Kamin. Dietrich, vor dem Tisch, hat die Kamera auf dem Schoß. „Also, worum geht es, du bist doch nicht ohne Absicht gekommen?", eröffnet Lenchen. „Richtig. Ich bin hier, weil ich dringend mit euch über Irmgard sprechen muss!" Die Vormündin funkelt den Bruder böse an. „Irmgard ist in Lengerich gut aufgehoben. Zweifelst du wieder einmal an, dass sie unheilbar ist?" „Habt ihr denn nichts von diesen massenhaften Verlegungen gehört?" „Sie ist nicht verlegt, das hätten wir erfahren! Sie hat mir neulich noch aus Lengerich geschrieben."

„Aber ihre Verlegung droht! Habt ihr denn nicht gehört, was mittlerweile die Spatzen von den Dächern pfeiffen?" „Ich weiß wirklich nicht, wovon du redest, Fritz." „Mir ist ein Schreiben zugesandt worden, es scheint echt zu sein. Darin geht es um das Schloss Grafeneck, früher einmal eine Anstalt der Inneren Mission. Dort verschwinden seit Monaten Pfleglinge aus der ganzen Region. Postbusse transportieren sie dorthin und dann sind sie tot, sterben an Mandelentzündung, an plötzlichem Herzversagen! Die Angehörigen bekommen Benachrichtigungen, in denen von immer den gleichen Krankheiten die Rede ist, die angeblich zum Tod geführt haben. Und es soll weitere solcher Anstalten geben. In Hadamar, Hessen, sehen die Menschen täglich dicken, schwarzen Rauch aus einem Schornstein der Anstalt aufsteigen. Und auch dort verkehren ununterbrochen die Busse! Das haben Gemeindepfarrer berichtet!" Ungläubiges Staunen zeichnet sich auf den Gesichtern ringsherum ab. „Aber das ist doch Greuelpropaganda. Schämst du dich nicht, so etwas gerade jetzt zu verbreiten, da unser Volk den schwersten Existenzkampf aller Zeiten führt? Hörst du jetzt Feindsender?", Lenchens Stimme ist brüchig vor Empörung. „Ihr glaubt es nicht? Das kann ich verstehen, es ist ja auch unglaublich. Die Gerüchte verdichten sich gerade zur Gewissheit. Seht mal, das wurde mir anonym aus Württemberg zugesandt!" Fritz zieht das Schreiben aus seiner Aktenmappe und legt es auf den Tisch. „Dietrich, lies uns doch bitte mal vor!"

„Der Landesbischof von Baden-Württemberg Theophil Wurm an Reichs-innenminister Wilhelm Frick am 19. Juli 1940:

Sehr geehrter Herr Reichsminister!

Seit einigen Monaten werden auf Anordnung des Reichsverteidigungsrats geistesschwache, schwachsinnige oder epileptische Pfleglinge staatlicher und privater Heilanstalten in eine andere Anstalt verbracht. Die Angehöri-gen werden, auch wenn die Unterbringung der Pfleglinge auf ihre Kosten erfolgt war, erst nachträglich benachrichtigt. Meist erhalten sie wenige Wochen später die Mitteilung, daß der betreffende Pflegling einer Krank-heit erlegen sei und daß aus seuchenpolizeilichen Gründen die Einäsche-rung hätte stattfinden müssen. Nach oberflächlichen Schätzungen dürften es schon mehrere hundert Anstaltspfleglinge allein aus Württemberg sein, die auf diese Weise den Tod gefunden haben, darunter auch Kriegsverlet-zte des Weltkriegs. Durch zahlreiche Anfragen aus Stadt und Land und aus den verschiedensten Kreisen veranlaßt, halte ich es für meine Pflicht, die Reichsregierung darauf aufmerksam zu machen, daß in unserem kleinen Lande diese Sache ganz großes Aufsehen erregt."

„Halt mal inne, Dietrich! Bis hierher erst einmal. Das Schreiben ist sechs Seiten lang. Ich lasse es euch da, ihr könnt in Ruhe nachlesen. Lies doch bitte die von mir markierten Passagen vor!" „Es scheint auch bei der Auswahl der für die Lebensvernichtung bestimmten Pfleglinge jedenfalls im Anfang sehr wenig sorgfältig verfahren worden zu sein. Man hat sich nicht auf Verblödete beschränkt, sondern, insbesondere bei Epileptischen, auch arbeitsfähige Patienten herausgeholt." „Dürfen Menschen sich an-maßen, Leben zu beenden? Es war in diesem Haus doch immer ein Grundsatz, dass es allein dem Höchsten vorbehalten ist, das zu tun. Lies bitte weiter, Dietrich!" –„Ich kann mir denken, Herr Minister, daß dieser Einspruch als unbequem empfunden wird. Ich wage auch kaum die Hoff-nung auszusprechen, daß meine Stimme gehört wird. Wenn ich trotzdem diese Darlegungen gemacht habe, so tat ich es in erster Linie deshalb, weil die Angehörigen der betreffenden Volksgenossen von der Leitung einer Kirche einen solchen Schritt erwarten. Sodann bewegt mich allerdings auch der Gedanke, daß dieser Schritt vielleicht doch zu einer ernsten Nach-prüfung und zum Verlassen dieses Weges Anlass geben könnte. Dixi et salvavi animam meam!

Heil Hitler"

Alle schweigen betreten. „Weißt du, was das lateinische Wort bedeutet, Dietrich? Du hast doch gerade ein Jahr nachgeholt?" Dietrich überlegt: „Ich habe gesprochen und meine Seele gerettet?" „Genau richtig! Und der Bischof warnt: 'Auf dieser schiefen Ebene gibt es kein Halten mehr.'"[49] „Was in Baden geschieht, muss in Westfalen nicht sein!", wendet Lenchen ein. „Dieses Schreiben ist bereits vor einem Jahr von Wurm unterbreitet worden. Bis heute gibt es – soweit ich weiß – keine Antwort darauf. Wenn du meinst, das kann in Westfalen nicht geschehen, dann habt ihr bestimmt noch nichts von der Predigt des Bischofs von Münster gehört, die er genau heute vor einer Woche gehalten hat. Die Verlegungen von Patienten in Westfalen an einen unbekannten Ort stehen unmittelbar bevor und er hat Anzeige wegen Mordes erstattet! Lenchen, Hilda! Was würden unsere armen Eltern dazu gesagt haben? Können sie das gewollt haben? – Ich habe euch eine Abschrift der Predigt mitgebracht. Katholische Kreise in Lübeck haben sie mir als echt bestätigt!" Fritz legt die Galen Predigt Nr. 3 auf den Tisch. „Wacht auf, Schwestern, es ist ein offenes Geheimnis, diese Dinge geschehen vor aller Augen! Vielleicht seid ihr selbst bald betroffen. Dietrich, du hast deine Tante Irmgard doch kennengelernt. Wärst du bereit, das Haus mit ihr zu teilen?" „Ich weiß nicht", Dietrich sieht unsicher von Lenchen zu Hilda am Kachelofen. „Damals war ich ja noch klein. Aber wenn der Krieg nicht bald zu Ende ist, dann werd ich ja wohl auch Soldat." „Beten wir dafür, dass der Krieg vorher zu Ende ist, Dietrich. Komm, mach doch noch ein letztes Foto von uns, ja!" Lenchen ringt die Hände: „Eine Schizophrene, unheilbar, wie stellst du dir das vor?"

Landesheilanstalt Weilmünster, Hessen

27. August 1941

Margarete Weber lässt sich erschöpft auf einen Stuhl im Schwesternzimmer der Siechen-Abteilung F/III fallen und angelt nach ihrer Henkeltasse. Sie massiert sich die Lendenwirbelsäule und bereitet einen Tee. Der Blick aus dem niedrigen Fenster des kellerartigen Raumes fällt auf Regenschleier im Tal. Graues Elend herrscht auch drinnen: 215 Neuankömmlinge waren zu verteilen, viele in sehr schlechter Verfassung. Zwei der Pfleglinge in der Frauenabteilung haben den Transport nicht überlebt. Die Bilder der vergangenen Nacht lassen sie nicht los: Stundenlang hatten die beiden Toten zunächst in der Sammelnachtung zwischen all den erregten Kranken gelegen, bis sie notdürftig in der Anstaltskapelle aufgebahrt werden konnten, denn die Sektionshalle war bereits belegt. Natürlich hatte da die

Hoffmann bereits Krach geschlagen. Sie musste den Anstaltsgeistlichen wecken, erst ihm gelang es, die notorische Querulantin zu beruhigen. Als Schwester Elisabeth dann endlich hinzukommen konnte, hatte der alte Mann mit kummervoller Miene den Schlüssel zur Kapelle von der Wand genommen, war in dieser mondlosen Nacht vor ihr her den Hang hinaufgestiegen, und hatte stumm auf die Stelle gewiesen, auf der die Leichen abgelegt werden konnten. Ein Pfleger und zwei Pfleglinge der gegenüberliegenden Männerabteilung hatten die Toten anschließend auf Tragen gebettet und dorthin transportiert, worauf sich die Gemüter etwas beruhigt hatten. Jetzt ist der neue Tag angebrochen, die Marmeladenstullen sind verteilt. Seit sie gestern Morgen ihren Dienst antrat, war an eine Pause nicht zu denken gewesen. Schwester Elisabeth öffnet die Tür ohne einzutreten, schaut – die Klinke in der Hand – abwechselnd in den Gang und zu ihr: „Sind denn die Krankenakten mitgekommen?" „Ja, die sind momentan in der Verwaltung. Fräulein Stoll wird es aber frühestens bis übermorgen schaffen die Benachrichtigungen einzutüten. Wer schreibt die Liste?" „Das kann ich morgen übernehmen. Aber wer versieht in der Zeit meinen Dienst? Ich kann ja schließlich nicht überall sein. Jetzt brauche ich eine Pause."„Ist nicht diese Frau aus dem KZ-Dachau auf der Station? Sie kann doch ein Auge auf die Kranken haben!" „Die Neuankömmlinge gehen also nicht gleich weiter nach Hadamar?" „Nein, vorerst geht gar kein Transport mehr nach Hadamar. Hadamar ist stillgelegt." „Na, Gott sei Dank! Aber was tun wir denn nun mit den Pfleglingen? Wir können doch unmöglich alle versorgen!" „Sollen wir ja auch gar nicht. Direktor Schneider hat ausdrücklich gesagt, wir dürfen uns um die Kranken nicht weiter kümmern, sie sind sich selbst zu überlassen!" „Also nein! Wer hat hier eigentlich noch etwas zu sagen? Ich sage dieser Frau Schönhaar aus Dachau Bescheid."

Einige Minuten vergehen, bis Schwester Elisabeth wieder zurück ist. Sie nimmt ein belegtes Brot aus ihrer Blechbüchse. Aber bevor sie zu essen beginnt, muss sie etwas loswerden: „Also so etwas! Apropos Bernotat und der Verwaltungsleiter. Ich kam gerade vorbei, als die Postübergabe war und traute meinen Augen kaum: 'Berni', ganz in Grün, auf dem Weg zu seinem Jagdschloss! Das Gewehr umgehängt, den Hut noch auf dem Dickschädel, knallt er den Packen Briefe mit bereits aufgeschlitzten Umschlägen Dr. Schneider auf den Schreibtisch." „Respektlos!" „Wie können sich die Mediziner noch vormachen, dass sie die Kranken versorgen? Da sind mindestens zwanzig dringende Fälle unter den Neuen." Schwester

Margarete zuckt mit den Achseln: „Sie müssen es wohl so sehen. Es sind pflegerlose Abteilungen." „Pflegerlose Siechenstationen mit Kranken, über die wir nichts wissen sollen!" Die beiden schauen sich nachdenklich an. „Jeden Tag werden es mehr. Man wird regelrecht zynisch und freut sich über jede, die geht. Die Anstalt wird immer mehr zum KZ!" Vor der Tür auf dem Gang neigt sich indessen das Gespräch Direktor Schneiders mit der Begleiterin des gestrigen Transportes dem Ende zu: „Und vergessen Sie bitte nicht, wegen dieser Frau Heiss sollen Sie unbedingt noch in Münster anrufen!" „Wissen Sie, hier in meiner Anstalt kommt jetzt ein Arzt auf 500 Kranke, wir sind völlig überbelegt. Nun haben wir weitere 215 meist hoffnungslose Fälle dazu bekommen, schlechtestes Krankengut. Wir liegen jetzt bei 2300 Kranken, die Anstalt war einmal für höchstens 1000 Kranke ausgelegt. Da kann ich mich nicht um Einzelne kümmern, wie denken sich die Verantwortlichen in Westfalen das nur?" „Ich kann Ihnen nicht genau sagen, warum Sie sich unbedingt dort wegen dieser Patientin melden sollen, aber das wurde mir so aufgetragen. Ich übergebe Ihnen hier die Krankenakte, vielleicht schauen Sie vor dem Gespräch schon einmal hinein." Prof. Schneider nimmt die beiden Aktendeckel entgegen und schaut nachdenklich auf die Beschriftungen. „Was ist denn so Besonderes an ihr?" „Ich weiß es nicht, das müssen Sie in Westfalen erfragen. Dort herrscht Aufregung wegen von Galen und der 'Aktion'. Praktisch jeder weiß ja inzwischen, worum es geht, seit die Engländer die Predigten aus Flugzeugen abgeworfen haben. Ich nehme an, Sie sind auch im Bilde?"

„Ich habe keine Ahnung, worauf Sie ansprechen. Was wissen Sie noch über die Kranke?" „Nicht viel, sie war nie auf meiner Abteilung. Hin und wieder war die Rede von ihr. Sie galt als renitent, wurde des öfteren verlegt. Während der Zugfahrt habe ich mich eine Weile zu ihr gesetzt und hatte den Eindruck, sie ist orientiert. Man kann sich ganz gut mit ihr über die politische Lage unterhalten. Allerdings geht ihr der Ruf voraus, sie sei mit Vorsicht zu genießen, denn sie kann handgreiflich und ausfallend werden!" „So? Davon haben wir hier schon genug!" „Jetzt erinnere ich mich: Einmal hat sie bei einer Besichtigung einen Nachttisch geworfen." „Nun, vor solchen Vorkommnissen sind wir hier geschützt, es gibt keine Besichtigungen und keine Nachttische. Wo sollten wir die wohl noch unterbringen?" „Ja, die Überbelegung bei Ihnen ist augenfällig und auch die Verpflegungslage scheint schwierig zu sein. Viele der Patienten sind ausgesprochen blass und mager. Und – hat es einen bestimmten Grund, warum die bettlägerigen Patienten keine Hemden tragen?" „Ich vermute, die Hemden werden gerade gewaschen." Die Begleiterin wirft ihm einen erstaunten Blick zu. „Herr Direktor, ich muss mich jetzt ganz dringend zum Bahnhof begeben. Ein Wunder, dass überhaupt noch etwas fährt – aber auf unsere Deutsche Reichsbahn ist eben Verlass. Hier ist die Telefonnummer. Leben Sie wohl!" Direktor Schneider nimmt nachdenklich das Blatt entgegen und macht sich auf den Weg.

14. Besuch ist nicht gestattet (1941-1943)

Irmgard war am 26. August 1941 im letzten Transport aus Lengerich. Die Bahnfahrt wurde wegen technischer Probleme zweimal verschoben. Sie gibt die Zahl von 215 Patienten an. Irmgard lag richtig. Ich weiß nicht, woher sie die Zahl kannte, sie wird die Patienten im Zug nicht durchgezählt haben können. Diese erstaunliche Präzision in ihrem Brief lässt sich eigentlich nur durch eine große Nähe zu Pflegepersonen erklären, bei denen sie nachgefragt haben muss. Und mit ihrem guten Gedächtnis für Details, das sich wieder eingestellt hat. Einen Monat später wird die Anstalt Strecknitz in Lübeck aufgelöst und auch von dort treten 605 Patienten eine Reise ins Ungewisse an. Nicht einmal das Personal kannte die Zielorte. Es waren die Anstalten Weilmünster, Eichberg, Scheuern. Alle drei „Zwischenanstalten" gehörten zum System Hadamar. Der Aufenthalt in ihnen hatte zur Zeit der T4-Aktion nur den einen Sinn: die Spur der Patienten gegenüber Angehörigen zu verwischen und für reibungslose Abläufe beim Töten zu sorgen. Der Autor Peter Delius konnte 1987 noch Zeitzeugen befragen. Frau G., eine ehemalige Patientin, die überlebte, sagt: „Als es hieß, wir würden verlegt, hab ich mich sofort gefügt, hab' es an mich herankommen lassen. … ich hab' auch gar nichts geahnt, von 'Euthanasie' hab' ich nie etwas geahnt. Sonst hätt' ich ja Angst gehabt ...‘‘[50]

Der Oberpräsident (Verw.d.Bez.Verb.Nassau) in Wiesbaden hat angeordnet, dass aus Gründen der Reichsverteidigung während der Dauer des Krieges die Besuchstage in den Anstalten aufgehoben sind, mithin Besuche vorerst nicht mehr angenommen werden können.

Ausnahmen können nur in Fällen schwerer körperlicher Erkrankung gemacht werden.

Die Anstaltsleitung.

Telefongespräch mit Münster

Anstaltsleiter Schneider nickt im Vorübergehen der überlasteten Schreibkraft zu, öffnet die Tür zum Direktorenzimmer und setzt sich an seinen Schreibtisch. Er macht Platz für die Akte Heiss, Verwaltungsakte und Krankenakte, legt Papier und Füllfederhalter zurecht und streicht sich über den Backenbart. Einige Minuten lang starrt er auf den Zettel mit der unbekannten Telefonnummer. Nach kurzem Zögern greift er zum Hörer. Es knackt, bevor sich ein Herr Kolbow meldet. „Schneider, leitender Direktor der Heil- und Pflegeanstalt Weilmünster. Ich bin von der Begleiterin des gestrigen Transportes aus Lengerich gebeten worden, mich mit Ihnen wegen eines Pfleglings Heiss ins Benehmen zu setzen. Können Sie mir verraten, worum es geht?" „Selbstverständlich, mein lieber Schneider! Ich bin der Landeshauptmann unseres schönen Westfalen und in meiner Eigenschaft als solcher auch zuständig für die Heil- und Pflegeanstalten!" „Aha – also dieser gestrige Transport: 96 Männer, 115 Frauen. Vier sind heute Nacht gestorben. Ursprünglich sollte er wie üblich nach Hadamar weitergehen, so wurde es angekündigt, doch nun ..."

„Ich bin im Bilde, Herr Direktor, bin im Bilde! Das ist es ja gerade. Nun ist alles anders. Die Aktion wurde vorerst gestoppt. Hier in Westfalen herrscht ein wenig Aufregung um diese Angelegenheit, diese Galen Predigt. Vierzehn Tage ist es jetzt her, oder sind es schon drei Wochen? Nun ja! Westfalen ist – wie Sie sicher wissen – in weiten Teilen katholisch und auch unter den Protestanten gibt es allem Vernehmen nach eine gewisse Unruhe. Diese wollen wir in Grenzen halten. Sagen Sie, sind wir uns schon einmal begegnet, vielleicht bei einer der Konferenzen der Anstaltsdirektoren oder in der Kanzlei des Führers in Berlin?" „Nicht dass ich wüsste. Im Übrigen weiß ich nichts über eine Aktion, nebulös das Ganze!" „Ach, kommen Sie, lieber Herr Direktor. Sie in Hessen sollten nicht wissen, um was es bei der Aktion geht?" „Nun, sie unterliegt ja strikter Geheimhaltung!" „Verstehe. Dann will ich nicht weiter insistieren. Sie haben ja mit Ihrem Bernotat einen Aktivisten ersten Ranges am Ort. Wir hier in Westfalen wüssten gar nicht, wie wir ohne ihre Anstalten zurechtkämen. Dann hier nur so viel: 'Ich habe nicht die Absicht, mich durch den Brief des Bischofs irgendwie beirren zu lassen. Die Aktion ist im flotten Fortschreiten und in etwa 2-3 Wochen beendet.'[51]" „Aber sie ist doch bereits beendet!" „Vorerst, mein lieber Schneider, vorerst. Niemand weiß im Moment, wie es weitergeht. Doch was ich Ihnen ans Herz legen möchte ist dies: Zur Sicherstellung des weiteren, störungsfreien Ablaufes sollen ein paar Dinge beachtet werden. Zuallererst gilt: Die Angehörigen sollten auf keinen Fall weiter beunruhigt werden." „Sicher, doch was hat das mit dem Fall dieser Kranken, dieser – Heiss zu tun, deren Akte mir die Begleiterin in die Hand drückte?"

„Es geht dabei um Folgendes: Diese Kranke hatte bis vor kurzem noch regen Briefkontakt zu ihrem Bruder, einem evangelischen Geistlichen aus Lübeck. Er engagierte sich recht lebhaft in der Angelegenheit seiner Schwester. Auch steht die Kranke in brieflichem Kontakt mit weiteren Angehörigen. Nun können Sie sich denken, dass uns daran gelegen ist, keine schlafenden Hunde zu wecken. Es sollte besser in den nächsten Wochen keine Todesmeldung bei den Verwandten eingehen, verstehen Sie? Weitere Unruhe ist zu vermeiden!" „Verehrter Herr Kolbow, was erwarten Sie von mir? Ich habe bereits einen Blick in die Krankenakte getan. Diese Schizophrene ist mit Vorsicht zu genießen, neigt zu querulatorischen Anwürfen, weigert sich seit Jahren zu arbeiten. Die Kardiazolkur verlief im Sande. Der letzte Eintrag aus Lengerich lautet: *Leistet in ihrer Arbeit nicht viel.*" „Nun ja, lieber Direktor, lassen Sie sich etwas einfallen! Sie sind doch ein äußerst erfahrener Psychiater. Als Anstaltsdirektor haben Sie die Möglichkeit und das Recht, Arbeitspatienten auszuwählen. Wie wäre es mit kleinen Vergünstigungen, ab und zu einer Essenszulage, ein wenig Kleidung. Lassen Sie sie an den Feiern des Personals teilnehmen, die es doch hoffentlich bei Ihnen gibt, oder?" „Ich verstehe. Doch nehme ich an, Sie sind über die Verköstigungssätze in unserer Anstalt informiert? Der Verwaltungsleiter hat hier die Hand auf den Vorräten, mir sind schon seit Längerem weitgehend die Hände gebunden. Wissen Sie, wie hoch die Sterberate in unserer Anstalt im Jahr 1940 war?" „Ich habe da etwas läuten hören, traurig, traurig! Wir werden hier in Westfalen darüber nachdenken müssen, ob wir die Kranken nicht zurückführen unter diesen Umständen.

Das sind so die Aufgaben der nächsten Zeit, die angegangen werden müssen. Die Zusammenarbeit mit Hessen-Nassau, die bisher hervorragend war, liegt uns auf jeden Fall sehr am Herzen. Doch im Moment ist das Vordringlichste: Tragen Sie dazu bei, dass wieder Ruhe einkehrt! Die militärische Lage erfordert alle Anstrengungen im Überlebenskampf unseres Volkes. Das ist ja gerade das perfide an diesem Bischof, dass er darauf keine Rücksicht nahm! Möglicherweise wird er dafür bestraft werden. Sie wissen also, was zu tun ist!" „Ich danke Ihnen für Ihren Hinweis, doch nun muss ich mich dem Anstaltsbetrieb zuwenden. Wie Sie sich denken können, herrscht hier ein ziemliches Durcheinander und ich werde gebraucht." „Selbstverständlich, lieber Herr Direktor, so soll es sein! Immer pflichtbewusst, immer im Dienst unserer Kranken. Ich danken Ihnen für das Gespräch. – Und über die Verpflegungslage in Hessen werden wir uns Gedanken machen. Seien Sie dessen gewiss! Auf Wiederhören!"

Weilmünster, 28.9. 41

Liebes Lenchen!

Zunächst meinen herzlichsten Dank für Deine Päckchen mit den schönen Pflaumen u. dem Kuchen, mein Kompliment Deiner Backkunst! Leider waren die Pflaumen u.d. oberste Kuchen in Gärung geraten durch den langen Transport, aber hier ist mir gleich Kompott davon gemacht u. dann habe ich das auf d. Butterkuchen gegessen u. mit Hochgenuß verzehrt, einige roh auch gegessen. Du wirst staunen über m. briefliche Aufmachung, aber m. Sachen mußt ich alle in Lengerich lassen, das kleiner gesetzt wurde, weil d. Arzt eingezogen wurde, hieß es, aus staatshauswirtschaftlichen Gründen u. d. Kranken in größeren Anstalten vereinigt u. solange bewahrt, bis andere Zeiten sind. Ich bin mit einigen anderen auf eine Krankenstation gekommen u. befinde mich im Bett, deshalb die Bleischrift u. d. Kürze nach demgemäßer ärztlicher Verordnung. Die Anstalt hat 2200-300 Kranke u. macht einen freundlichen baulichen Eindruck, heißt wohl auch Volkssanatorium, für leichtere Kranke gerichtet. Die Reise nach hier war interessant u. zeigte viel landschaftliche Reize, besonders nach dem Endziel, dem Bestimmungsort zu, bergig, Tannenwaldung, Heide, Täler, Höhen, Schiefergebirge. – Es tut mir leid, dass ich nicht viel mehr schreiben kann, denn bis Mittags soll die Post erledigt sein. Auch das Couvert ist kriegsmäßig wohl, entschuldige bitte deshalb! Ich hab immer an Euch, Dich gedacht, wie die Gefahrenzeit Euch gnädig möge verschonen. Schick mir doch Bilder vom Elternhaus, Euch allen m. Kindern! …

Was ereignet sich zur gleichen Zeit in der Familie ihres Bruders in Lübeck? Das Haus leert sich. Hugo ist Soldat an der Ostfront, Gerhard ist Medizinstudent in Kiel. Obwohl Pastor Stellbrink klar ist, dass man viele Dinge nicht aussprechen oder gar ausschreiben kann, versucht er, bei Besuchen von Gemeindemitgliedern die wachsende Skepsis der Menschen am Krieg anzusprechen. Dem Soldaten Johannes Rauch sagt er, *dass in Deutschland jedermann dazu beitragen müsse, den heutigen Staat zu Fall zu bringen.*[52] Jetzt hat er sich wieder einmal ins Arbeitszimmer geschlichen und presst sein Ohr ans Rundfunkgerät.

Thomas Mann spricht auf BBC:

November 1941

„Deutsche Hörer!

... und täglich wächst meine Überzeugung, daß die Zeit kommen wird und schon näher kommt, wo ihr es mir danken und es mir höher anrechnen werdet als meine Geschichtenbücher: das ist, daß ich euch warnte, als es noch nicht zu spät war, vor den verworfenen Mächten, in deren Joch ihr heute hilflos geschirrt seid und die euch durch tausend Untaten in ein unvorstellbares Verderben führen. Ich kannte sie, ich wußte, daß nichts als Katastrophen und Elend für Deutschland und für Europa aus ihrem unsäglich niederträchtigen Wesen erwachsen konnten, während die Mehrzahl von euch, in heute gewiß schon für euch selbst unfassbarer Verblendung, sie für die Bringer von Ordnung, Schönheit und nationaler Würde hielt. ... Ich kannte euch auch, gute Deutsche und eure Fehlbarkeit im Begreifen eurer wahren Ehre und Würde. ... Ich suchte mit meinen schwachen Kräften hintanzuhalten, was kommen musste und was nun seit Jahren schon da ist: Den Krieg, – an dem eure lügenhaften Führer Juden und Engländern und Freimaurern und Gott weiß wem die Schuld geben, während er doch für jeden Sehenden gewiß war, von dem Augenblick an, wo sie zur Macht kamen und die Maschine zu bauen begannen, mit der sie Freiheit und Rechte niederzuwalzen gedachten!"

Irmgard an ihre Schwester:

Weilmünster, 16.11.41

Liebes Lenchen!

Endlich ist Sonntag u. Schreibzeit, da sollst Du sofort meine Danksagung haben für Deine Obstsendung, die 2 Ansichtskarten vom 3.4. u. 8., das Paket u. 2. Karte traf hier am 10. 11. wohlerhalten ein, gerade nach dem Sonntag als Schreibtag, darum mußtest Du solange warten, armes lb. Schwesterchen für Deine Liebe u. Treue. ... Du siehst, ich bin nicht gerade anspruchslos, aber doch, denn das gehört ja zur Gesundheit u. zum Nötigsten fürs nackte Leben sozusagen, des bewussten autoritären Kulturmen-

schen der Überwelt. Nüsse eß ich natürlich gern, am liebsten dicke, wie Paranüsse, die ordentlich mehlig sind u. nähren sowie Esskastanien. Am liebsten wär' ich mal bei euch zu Gast am Mittagstisch, vielleicht später!

– Das waren die Punkte u. Zeilen, nun aber von hier etwas: Von Lengerich im August im Sonderzug, nur Kranke 215 enthaltend 7 Wagen, extra nächst der Anstalt eingestellt, früh um 8 1/2 9 fortgemacht, gings vorbei an Hohensieburg, Königsborn, Gießen, Münster zuerst natürlich, zerschossene Gebäude zeigend, weiter an Orten vom Tiefland ins Gebirgige durch ungefähr 15 Tunnels ohne viel Aufenthalt im Volldampf meist durch Landschaften, Industrie u. Naturschönheit bis z. Siegener Land, Taunus, Weilmünster um 5 1/2 (Uhr) angekommen. Im süddeutschen, verträumten Land d. Kleinkunst u. gemütlichen, ahnungslosen Gesinnung. Die Sprache mundgerecht gekürzt u.d. Zungentechnik angepasst, gelt?! Es hört sich ganz nett abgerundet an, d. Endungen, Steiffheit d. Nordier gemieden in allen Künsten u. Handfertigkeiten, so nach d. Romanischen zu auch geistig; vorwiegend katholisch.

112 Patienten sind nur auf d. Station umgeben, leben wohl? Umgänglich, jedoch wenn auch ohne Ahnung, tiefere Bildung oder gar Gelehrtheit! — Es ist klarer, sonniger Wintertag, ich im Bett u. schreibe mühselig, doch gern für m. Schwesterchen, unsere lb. rosige Älteste. Weihnachtliche Geschäftigkeit ringsum; wie gern schaffte ich auch für Euch, Dich, zum Fest der Liebe. Es werden Dreieckstücher gestrickt, ... Strickmuster. Das ist was für Zeitbesitzer u. Beamte in gleichmäßiger Arbeitsstellung. Und d. Essen, ja, ist so arteigen hier, Käsekuchen, Quark mit Kartoffeln zum Abend, Gemüse, auch schmackhaft meist u. appetitlich gereicht.

... Die Pakete werd. geöffnet, die für uns kommen, gesichtet, verwaltet u. inhaltlich nach u. nach verabreicht. Man ist eben in fremder Hand, wohl? Schreiben darf man nur hauptsächlich 3. Sonntag im Monat oder auch Sonntäglich, aber nie Alltags. Das bedenk u. schick am Freitag ab was ist, damit es kurz vor Sonntag ankommt u. beantwortet werden kann baldigst, da 7 Tage d. Transport geht so ein Päckchen, einschließlich Ab- und Eingangstag. Weißt Du, man kann auch Mußtörtchen selbst machen ganz schön, ich denk mir Kremfüllung, Ei, Sahne, Idee Maismehl, Butter 1 Stich, geriebene Nüsse, Vanillegeschmack oder Zitrone, od. Fruchtsaft, od. Bisquitschichte dazwischen, Schokoladenguß, Zuckerguß u. halbe Walnüsse oben draufgelegt 4eckig geformt, wohl, wär mir erwünscht im Paket. Oder Pickert, Reibeplätzchen, Heringssalat mit saur. Sahne! Zitronengesäuerter Pudding! Kannst du alles bei mir loswerden, Kartoffelplätzchen na u-s-fort. Doch Schluß, kein Papier mehr.

Sei herzlichst gegrüßt u. geküßt auch v. D. Schw. Irmgard

Arbeitspatientin

Direktor Schneider sitzt noch eine Weile reglos da, bevor er seinen Füllfederhalter aufschraubt, um sich Notizen zu dem Gespräch mit Landeshauptmann Kolbow zu machen. Diese Notizen heftet er nicht in der Krankenakte ab, sondern in einem Ordner, den er im Schreibtisch verschließt. Im Vorzimmer bittet er die Schreibkraft: „Ziehen Sie diese Benachrichtigung nach Westfalen vor. Anschließend bitte die Akten zurück auf meinen Schreibtisch!" „Wie Sie wünschen, Herr Direktor." Schneider erhebt sich und tritt ins Schwesternzimmer ein. Die Pflegerinnen trinken Tee. „Sie machen Pause? Wer ist denn auf Station?" „Unsere Hilfskraft, die Dame aus Dachau, Herr Direktor! Verraten Sie uns, wie wir nach einer wieder einmal durchwachten Nacht uns anders und besser ein wenig erholen könnten als mit einer Tasse Kräutertee?" „Schon gut meine Damen, ich sehe ein, Sie sind aufs Äußerste belastet. Dennoch muss ich in diesem Moment eine Bitte an Sie richten." „Wir sind ganz Ohr!" „Unter den Pfleglingen ist eine Irmgard Heiss, die Sie bitte ab sofort als Arbeitspatientin zur Unterstützung des Personals hinzuziehen. Die Patientin bekommt bis auf Weiteres die Verpflegung der Klasse II." „Ist gut, Herr Direktor."

2. Teil der Radioansprache Thomas Manns vom November 1941:

„... und was für ein Krieg ist es, in dessen Fesseln ihr euch windet – ein unabsehbares, verwüstendes, hoffnungsloses Abenteuer, ein Sumpf von Blut und Verbrechen, in dem Deutschland zu versinken droht. Wie sieht es aus bei euch? Denkt ihr, wir draußen wissen es nicht so gut wie ihr? Verwilderung und Elend greifen um sich. Skrupellos wird eure männliche Jugend bis herab zu den Achtzehn-, den Sechzehnjährigen dem Moloch des Krieges geopfert, zu Hunderttausenden, zu Millionen – kein Haus in Deutschland, das nicht einen Gatten, Sohn oder Bruder zu beklagen hätte. Der Verfall beginnt. In Rußland fehlt es an Ärzten, Pflegepersonal, Arzneimitteln. In deutschen Lazaretten und Krankenhäusern werden die Schwerverwundeten zusammen mit Alten, Gebrechlichen, Geisteskranken durch Giftgas zu Tode gebracht – zweitausend von dreitausend, so erzählte ein deutscher Arzt, in einer einzigen Anstalt.

Das christliche Gegenstück zu den Massen-Vergasungen sind die „Begattungstage", wo beurlaubte Soldaten mit BDM-Mädchen zu tierischer Stunden-Ehe zusammen kommandiert werden, um Staatsbastarde für den nächsten Krieg zu zeugen. Kann ein Volk, eine Jugend tiefer sinken?

Greuel und Lästerung der Menschlichkeit, wohin ihr seht. Einst sammelte ein Herder liebevoll die Volkslieder der Nationen. Das war Deutschland in seiner Güte und Größe. Heute weiß es nichts als Völker- und Massenmord, blödsinnige Vernichtung … Das Unaussprechliche, das in Rußland, das mit den Polen und Juden geschehen ist und geschieht, wißt ihr, wollt es aber lieber nicht wissen aus berechtigtem Grauen vor dem ebenfalls unaussprechlichen, dem ins Riesenhafte heranwachsenden Haß, der eines Tages, wenn eure Volks- und Maschinenkraft erlahmt, über euren Köpfen zusammenschlagen muß."

Irmgard an Lenchen:

Weilmünster, Nebelung, 30.11.41

Liebes Lenchen!

Dein Kuchengruß ging hier ein am 24., allerherzlichsten Dank, auch meiner lb. Hilda für ihre Grüße, die ich innigst erwidere. Das war ein seltener Genuß, da es sowas hier nie gibt, nur käuflich mal wie Käsekuchen, aber nur für Pflegerinnen hauptsächlich, auch andere Qualitätssachen, wie Fleisch, Wurst, Eier, Milch, gute Butter gehören ins Reich der Sage so ungefähr, denn das tägliche Marmeladenbrot u. manchmal Margarine, wie Sonntags fürs Käsebrot u. Quarkkartoffeln mal abends ist eine mehr als einfache Kost wohl, doch reizlos und darum ganz gesund, mehr vegetarisch, u. sich da schicken, ist Resultat meines Lebens- u. Seelentrainings.

An Hugo schrieb ich eine Karte von hier u. etwas Gemalsel, er sollt schreiben u. kommen, denn ich weiß ja gar nicht wie u. was der Kerl ist eigentlich, aussieht u. ausmacht, da bin ich doch unbändig begierig drauf.

Meinen Brief vom 16.11. hast du doch erhalten, ja? Darin bedanke ich mich fürs Obstpaket u. 2 Ansichten von Detmold. Ich bin noch im Bett u. ringsum Geschnatter, dass mir die Ohren überlaufen u. mein Verstand stiften geht. Na, ich bin das Fixieren der Gedanken usw. ja schon gewöhnt...

Eine Strickdecke, von außen nach innen gestrickt u. von mir ausprobiert, glücklich wollt ich Euch machen u. sie Magda verehren, da sie das Muster wünschte u. auf Besehen hin u. hab es nicht fertig aufgezogen, weil nach 1. Versuch nicht fertig nach mein. Sinn, u. dann zurückgelassen, weil kleine Deckchen nicht nach eurem Wunsch waren u. ich nur Restgarne hatte u. dann von den Pflegerinnen für andere Arbeiten inanspruch genommen wurde u. sowieso ja nicht zu viel schaffen konnte.

Man sieht so vielerlei an Handarbeiten hier, aber meine Augen leiden oft an Sehkraft wie ich an allgemeiner Nervenschwäche ja auch leide u. da schwindet das Interesse über

der Sorge für die Gesundheit, die ja abgewartet werden muss u. sich nicht zwingen lässt.
Ein Magdatuch aus Wolle fand ich praktisch für die Kälte als Kopftuch: in bunten
Farben, in fleischfarben, zartgrün, hellblau, dunkeler in den Farben als Schattierung,
nicht so kraß polnisch. Wenn ich etwas machen soll, auch für Hugo, dann schick Ma-
terial, fleisch od. zartgrün. Okyschiffchen, Häkelgarnnadel No 12 für Taschentücher,
feine Stricknadeln No 1 od. 0 für Strickspitze. Du musst mal sehen ob's geht u. anfragen
hier. Etwas könnt ich vielleicht ja noch fertigen ohne großen Schaden zu nehmen! – Ich
glaub' nicht, dass der Winter so streng wird., gern möcht ich Hugo od. m. Neffen Kopf-
schützer = Wärmer stricken od. Schals, Leibwärmer, Handschuhe, Fußwärmer u.
sonst was! Aber ich hoffe, daß Ihr das alles auch schon bedacht u. besorgt habt! – Für
Hilda u. Magda, für alle Neffen, Nichten, möcht ich wirken, aber leider ... Es geht
auch mit Sparen, u. Not macht erfinderisch u. bescheiden wohl? Ich hab ein Stück
Seife 10 Jahre verwahrt, wenig übergestrichen nur, gebraucht. Seife ist Desinfektion u.
selbsttätig, das wird nie recht bedacht ... Je einfacher der Mensch lebt, je freier und
glücklicher ist er, natürlicher, wohl?

Na, ich will zum Schluss kommen, wenn ich vor Weihnachten nicht mehr schreiben
kann, dann hiermit die frühen Glück- und Segenswünsche u. baldigen Frieden!

Mit innigen Grüßen an Dich, Hilda, Magda, Dietrich
Deine Schwester Irmgard

Fritz schreibt an seinen ehemaligen Konfirmanden Walter Ruder:

Lübeck, am Mi., 3.12.1941

Freuen Sie sich, dass Sie jetzt nicht in der Heimat sind. Daran muß ich gerade bei der
Kirche denken. Denn hier in Lübeck (aber auch im ganzen Reiche ist etwas davon zu
spüren) sind trostlose kirchliche Verhältnisse. Die Kirche hier wird immer leerer, die
Menschen haben allerdings jetzt weniger Zeit als jemals. Dazu kommt die Hetze um
die notwendigsten Dinge des täglichen Lebens. Aber im Grunde ist's doch wohl das,
dass die Geschehnisse viel zu groß sind für die kleinen Menschen. Die meisten können
nicht hinter die Dinge sehen. Und das muß man allerdings in einer Zeit, in der in gran-
diosem Maße die Menschen nur das vorgesetzt bekommen, was sie wissen sollen. Alles
andere hört nur der, der sehr gut sehen und hören und ... denken kann. Haben Sie
z.B. von den großen Predigten des Grafen Galen, Bischofs von Münster i. W. gehört?
– oder von dem gewaltigen Handhaben der Euthanasie im Reiche? – oder von dem
altrömischen Brauch der 'Geiseln'?
– Nun – das sind nur so einige, wenige Dinge, die man andeuten, aber nicht aussprechen
oder gar ausschreiben kann.

Irmgard an Lenchen:

Weilmünster 1. Januar 1942

Liebes Lenchen,

Ein gesegnetes neues Jahr zunächst u. herzlichen Dank für Dein Weihnachtspäckchen, es hat mir vortrefflich gemundet, u. auch die Schokoladenbonbons besonders gut u. der herrliche Kuchen. Hier ist das Fest ganz feierlich u. zeitgemäß begangen u. ich hoffe, dass nun das 3. Kriegsjahr sein gutes Ende findet zu unser aller befreiendem Aufatmen von dem Druck der schweren Kriegesschrecken! Nochmals viel Glück u. alles Gute, herzliche Grüße an Dich, Hilda, Magda, Dietrich, Alle, Deine Irmgard

PS. Den lieben Hugo grüße bitte immer von mir, ich dächte treu an ihn u. wünschte ihm das Beste, was man sich wünschen kann. D. Irmg.

In der Sowjetunion tobt die Schlacht um Mogilew. Wilna wird von der deutschen Armee besetzt. Der Holocaust beginnt. Der Gruppe, die vereinbart hat, Informationen auszutauschen, bleibt nicht mehr viel Zeit. Am 29. März 1942 wird Lübeck in der Nacht Ziel eines Luftangriffs der Royal Air Force. Es ist das erste Flächenbombardement auf eine deutsche Großstadt. Die Geistlichen helfen die ganze Nacht über bei Löscharbeiten. Erschüttert steht Pastor Stellbrink am nächsten Morgen vor den Konfirmanden und sagt für viele Lübecker Unbegreifliches: Sie würden nun wieder beten lernen! Zum ersten Mal lernt man im deutschen Reich den Krieg am eigenen Leib kennen und dieser Pfarrer hat nichts Besseres zu tun, als den Deutschen Vorhaltungen zu machen? Und er sagt kein Wort zu den englischen Bombern! Die Worte verbreiten sich schneller als der Rauch über den Trümmern der Lübecker Altstadt. Wenige Tage später, am 2. April, strahlt der illegale Sender der BBC eine Sondersendung mit Thomas Mann aus. Pastor Stellbrink hat sie vielleicht noch gehört.

„Deutsche Hörer!

... Beim jüngsten britischen Raid über Hitlerland hat das alte Lübeck zu leiden gehabt. Das geht mich an, es ist meine Vaterstadt. Die Angriffe galten dem Hafen, den kriegsindustriellen Anlagen, aber es hat Brände gegeben in der Stadt, und lieb ist es mir nicht, zu denken, dass die Marienkirche, das herrliche Renaissance-Rathaus oder das Haus der Schiffergesellschaft sollten Schaden gelitten haben. Aber ich denke an Coventry – und habe nichts einzuwenden gegen die Lehre, daß alles bezahlt werden muß. Es wird mehr Lübecker geben, mehr Hamburger, mehr Kölner und Düsseldorfer, die dagegen auch nichts einzuwenden haben und, wenn sie das Dröhnen der RAF über ihren Köpfen hören, ihr guten Erfolg wünschen. ... Das alte Bürgerhaus, von dem man nun sagt, dass es in Trümmern liege, war mir das Symbol der Überlieferung, aus der ich wirkte. Aber solche Trümmer schrecken nicht denjenigen, der nicht nur aus der Sympathie für die Vergangenheit, sondern auch aus der für die Zukunft lebt. Der Untergang eines Zeitalters braucht nicht der Untergang dessen zu sein, der in ihm wurzelt und der ihm entwuchs, indem er ihn schilderte. Hitler-Deutschland hat weder Tradition noch Zukunft. Es kann nur zerstören und Zerstörung wird es erleiden. Möge aus seinem Fall ein Deutschland erstehen, das Gedenken und hoffen kann, dem Liebe gegeben ist rückwärts zum Gewesenen und vorwärts in die Zukunft der Menschheit hinaus. So wird es, statt tödlichen Hasses, die Liebe der Völker gewinnen."

15. ... und ist seinen eigenen Weg gegangen (1942-1943)

Am 4. April 1942 wird Fritz verhaftet.

Hausdurchsuchung

5. April 1942

Hildegard, blasser als gewöhnlich, schreckt nach schweren Träumen aus dem Schlaf und fährt hoch. Das Bett neben ihr ist leer. Wie bei dem schrecklichen Angriff auf Lübeck die Gebäude der Altstadt ineinanderstürzten, so stürzen in ihrem Innern die Erinnerungen an die Ereignisse der letzten Tage ineinander: Der Bombenangriff –, wie sie das verstörte Kind zu trösten versuchte und die alten Eltern, obwohl sie doch selbst Trost brauchte! Die Marienkirche auf ewig zerstört! Fritz' übermenschlicher nächtlicher Einsatz beim Löschen und wie ihr am Morgen dann in der Konfimationspredigt der Atem stockte, als Fritz sagte: Gott habe mit mächtiger Stimme gesprochen und die Lübecker würden jetzt wieder beten lernen. Es war voll, der Konfirmanden wegen. Um Gottes Willen! Wie er danach krank wurde mit hohem Fieber und, kaum war es gesunken, mit dem Fahrrad zur Gestapo fuhr und seitdem nicht wiederkam. Waltraut muss in die Schule! Kaum ist das Kind zur Haustür hinaus, eilen die Eltern und Hildegard an die Arbeit. „Vater, fang du im Wohnzimmer an, ich gehe ins Arbeitszimmer!" Alle Papiere müssen heraus, alle Bücher, alle Ordner. Die Gestapo kann jederzeit wieder vor der Tür stehen. Irmgards Briefe. – Sie sind Hinweise, Fingerzeige geradezu! Fritz hängt so sehr an seiner Schwester. – Sie zögert, dann greift sie entschlossen zu. Adele Dieckmeyer sitzt am Küchenherd und bewacht das Feuer. „Irmgards Briefe?" „Ja, Mutter!" Und als sie Adeles zweifelndes Gesicht sieht, setzt sie hastig hinzu: „Warum musste er denn auch nach Detmold fahren, sich das auch noch aufladen, um den Schwestern ins Gewissen zu reden? Es hat doch nichts genützt! Irmgard ist verlegt in irgendeine entfernte Anstalt, längst tot, ihre Leiche zu Asche verbrannt! Genau wie all die armen Irren von Strecknitz! Nicht einmal Direktor Enge konnte seine Kranken retten – aber Fritz, den können wir vielleicht retten. Also fort mit den Briefen, ins Feuer!"

Irmgard an die Schwester:

2.4.42

Liebes Lenchen!
Tausend Dank für Dein liebes Päckchen vom 1.4., das hier am 7. eintraf, u. mich hocherfreute, besonders durch die schönen Söckchen aus warmer Wolle, die Rosenkarte traf auch zugleich ein. Ich bin jetzt auf u. sitze im Tagsaal, beschäftige mich Alltags

u. fühle mich so leidlich wohl, auf Besserung hoffend. Von Magda erhielt ich neulich
ein Päckchen kurz vor Deiner vorletzten Sendung, schickte ihr Antwort nach Detmold ...
Über Hugo freue ich mich, hörte gern wieder von ihm. Das Jäckchen von Dir habe ich
an u. würde dir gern Deine Liebe vergelten u. Dir ein schönes, warmes Dreieckstuch
stricken; schick nur Wolle u. etwas Geld für Nadeln u. sonstwie Garn für Spitze oder
Kragen, vielleicht bekomme ich hier neue Muster. Aber lieber arbeite ich lebenswichtige
Sachen, als Luxus. Doch ein schönes Okyspitzenmuster hab ich u. machte gern etwas
davon. Kleiderkarte haben wir für uns nicht hier, der Kragen ist in Lengerich geblieben
bei m. Sachen, ich machte ihn gern fertig für Dich od. Hilda.
Grüß mir alle, was macht der lb. Dietrich, bei den Fliegern noch?
Dir, Hilda, die innigsten Wünsche in dankbarer Liebe u. in Erwartung der verspro-
chenen Wurst v. vorig. Jahr. D./Eure Irma.

Gestapo-Protokoll: Vernehmung Hilda Stellbrink; in Detmold

08.05.1942

Auf Veranlassung erscheint Frl. Hilda Stellbrink, 58 Jahre alt, wohnhaft hier, Hu-
bertusstr. 10 und erklärt zur Sache wie folgt:
Ich bin am 2.8.1883 in Münster geboren und habe hier auch bis zu meinem 17. Lebens-
jahre die Schulen besucht. 1903 habe ich meine Lehrerinnenprüfung abgelegt und war
bis zum Jahre 1939 als Lehrerin an der Volksschule in Brambauer bei Dortmund
tätig. Mein Vater war Zollsekretär und ist 1930 verstorben. Meine Mutter ist 1938
verstorben. Ich bin Mitglied der NSDAP seit 1933, Mitgliedsnummer 3 131 504.
Es wird mir hier eröffnet, weshalb meine Vernehmung erfolgt. Ich bin darauf hinge-
wiesen, die Wahrheit zu sagen. Der Pfarrer Karl Friedrich Stellbrink in Lübeck ist
ein Halbbruder aus der 2. Ehe meines Vaters. Im August 1941 habe ich zum letzten
Male mit meinem Bruder gesprochen. Kurz vor Ostern habe ich die letzte Karte von
ihm erhalten.
Frage: Haben Sie von Ihrem Bruder, Pfarrer Karl Friedrich, irgend welche Schriften,
z.B. Predigt des Bischofs von Galen aus Münster, Predigt des Bischofs von Trier, Pro-
grammpunkte der neuen Deutschen Reichskirche in Abschrift erhalten?
Antwort: Nein, derartige Schriften habe ich von meinem Bruder nicht zugestellt erhalten
und ich kenne auch diese Schriften nicht. Wenn mir vorgehalten wird, dass mein Bruder
in seiner Vernehmung angegeben hat, dass er mir diese Schriften (Exemplare) zuge-
schickt haben will, so ist das nicht richtig. Als mein Bruder im August 1941 hier in
Detmold zu Besuch war, haben wir wohl über die Rede des Bischofs von Galen gespro-
chen. Irgend welche Schriften hat er mir aber nicht zugestellt. Ich stelle meine Wohnung
zur Durchsuchung zur Verfügung. Auch ist mir nichts davon bekannt, dass meine

Schwester Helene, die mit mir im gleichen Hause wohnt, derartige Schriften von meinem Bruder erhalten hat. Ich kann mir auch nicht denken, dass mein Bruder gegen den heutigen Staat eingestellt ist. Mein Bruder ist früher Mitglied der Partei gewesen und auf sein Reden hin bin ich ebenfalls der Partei beigetreten. Ich kann mir daher auch gar nicht denken, dass mein Bruder sich in hochverräterischem Sinne betätigt haben soll. Ich erkläre abschließend noch einmal, dass ich von meinem Bruder keine Exemplare von der Predigt des Bischofs von Galen, des Bischofs von Trier und über die Programmpunkte der neuen Deutschen Kirche erhalten habe. Diese meine vorstehenden Angaben kann ich zu jeder Zeit mit ruhigem Gewissen beeiden.
Hilda Stellbrink
Begl. v.g.u. Koch, Krim. Sekr.

Irmgard an Lenchen:

Weilmünster, 16.8.42

Liebes Lenchen!
Am 10.8. Mittags erhielt ich Dein Apfelpaket u. danke Dir herzlich dafür. Du kannst also ruhig reifes Obst senden, es geht schnell u. gut bei der Post damit. Wie gern hätte ich auch mal von Eingemachtem, hoffte immer auf Erdbeeren u.s.w., ein Brot, dazu 1/4 gute Butter oder Speck od. Schmalz in dieser fettarmen Zeit. Aber es ist Erntezeit u. da ists wohl nicht unbescheiden – da hier nur suppenartiges Essen ist meist – daß man einmal sich richtig sättigen kann an echtem Landbrot oder Kartoffelpuffer od. Pfannkuchenpickert, auch ein Beafsteak oder Kotelett käme mir recht zur Abwechslung. Habt Ihr die Pfundsbirnen noch, die sind so fleischig, die Butterbirnen darfst du auch ruhig verschicken. Doch genug von den Sachen, du wirst schon wissen, was mir gut u. nahrhaft ist. Wie geht's Magda? Hilda wünsche ich nachträglich zum Geburtstag das Allerbeste. Ich bin sonst ziemlich gut zufrieden, beschäftige mich mit Haus - Näh- und Handarbeit. Ein Okyschiffchen ist hier nicht zu kriegen, könntest Du nicht dort eins aus Schildpatt, hell, gut schließend, besorgen, klein, nicht wahr? Von Fritz erhielt ich noch keine Antwort. Mein Haar hab ich wachsen lassen, seh wieder ganz anders aus damit. Könnt ich euch doch einmal wiedersehen, hab immer solch Heimweh. Meine Entlassung steht noch fern, aber ich hoffe auf spätre Zeit. - Grüß Hugo, er soll mir mal was schicken, er war doch beim Bauern, auch sein Bild u. Post möcht ich von ihm! Mach mir die Freude, ich machs wieder gut, sobald ich kann. Spitze im Brief od. so.

Nun herzliche Grüße, in Liebe,
Deine Eure Irmgard.

Aus der Anklageschrift vom 12. 10. 1942:

Im Sommer 1941 wurde der Angeklagte in seiner Wohnung von dem genannten katholischen Kaplan Prassek aufgesucht. Im Laufe ihrer Unterhaltung brachten beide übereinstimmend ihre Überzeugung zum Ausdruck, daß Gegensätze zwischen beiden Konfessionen unbedingt zurückzustellen seien, und daß sie beide künftig ihre Informationen austauschen wollen. Bei einem Gegenbesuch, den der Angeklagte dem Prassek machte, einigten sie sich, sie wollten sich gegenseitig aufklären, auch anderen, die danach verlangten, Aufklärung geben und Schriften, die ihnen zugegangen seien oder die ihnen zugehen würden, austauschen. Demgemäß übergab der Angeklagte in der Folgezeit dem Prassek eine Niederschrift der Rede des Landesbischofs Wurm über Euthanasie, die dem Angeklagten angeblich von der Landeskirche in Stuttgart übersandt worden war, und Abschriften aus den Akten des Disziplinarverfahrens gegen den Bischof Weidemann aus Bremen, die der Angeklagte auf einer Tagung von Geistlichen von einem der Teilnehmer erhalten haben will. Prassek wiederum händigte ihm eine Zeitschrift mit dem Aufsatz unter der Überschrift 'Scarabäus' aus, in der der Reichsleiter Rosenberg wegen seiner Schrift 'An die Dunkelmänner unserer Zeit' angegriffen und mit einem Mistkäfer verglichen wird.

Irmgard an Lenchen:

Hartung, 11.42

Mein liebes Lenchen!

Deine schöne Handtasche hat mich sichtlich hocherfreut, ich umarme dich, Euch, dankbar dafür. Hoffentlich sehe ich Eure lieben Gesichter bald wieder im Bild. Es ist hartes Winterwetter, es macht an die Soldaten mahnen, Pelze müssen sein, Kopfwärmer. Die Welt steht unter Kriegspsychose, das Herz öffnet sich der allgemeinen Not u. lässt die eigne fahren. Wann läuten Friedensglocken?! Ich freu mich schon auf Deinen Brief. — Schreibmappe ist überflüssig, Gürtel unnötig geworden, nur Päckchen, Säckchen, später wohl! Nun Schluß, in herzlicher Liebe, Deine, Eure Irmgard.

Auf der Rückseite:

Es kommt für dich ein Vers im Maß verhalten,
zur Freud der Seel spektral im Freigestalten.
Denn Krieg und Not, der Kampf der Welt verdrießen.
Drum sei Dank verehrt durch Tat und Grüssen.

Im Licht und Blut das Lied der Kraft zu hören,
erdenkt man gern etwas der Lieb zu Ehren.
Und ehe der Fürst der Nacht mir macht Visite,
ich hoff gesund zu sein bei Euch als Dritte.
(Im Jambus)   *Irmgard Heiss*

„**Führerinformation des Reichsjustizministers**

Berlin, den 4. November 1942

Drei katholische Geistliche haben in Lübeck unter dem Vorwand religiöser Betreuung Gruppen gebildet, in denen sie bis Juni 1942 gegen den nationalsozialistischen Staat gehetzt haben. Neben von englischen Fliegern abgeworfenen Predigten des Bischofs von Galen und zahlreichen anderen äußerst gehässigen Hetzschriften und -Nachrichten haben sie die Behauptung verbreitet, schwerverwundete deutsche Soldaten und Invaliden des Krieges und der Arbeit würden in den Lazaretten getötet. Die 50 Angehörigen der Gruppen, die zur Hälfte Soldaten sind, wurden aufgefordert, die Hetzschriften an der Front und in der Heimat zu verteilen. Das Strafverfahren wird vor dem Volksgerichtshof durchgeführt werden."[53]

Fritz ist im Gefängnis in Lübeck inhaftiert. Hermann Lange befindet sich ebenfalls dort in strenger Einzelhaft, während Johannes Prassek und Eduard Müller in Zellen im ehemaligen Burgkloster isoliert sind. Fritz könnte es so ergangen sein.

– Nein, das ist kein Traum! Vor mir die festverschlossene, gesicherte Tür mit dem kleinen Guckloch, hinter mir das vergitterte Fenster, neben mir das Bett mit dem Strohsack, der Schemel, der Tisch, das große Gefäß für menschliche Bedürfnisse. Umgeben von Geräuschen, die in die Zellen dringen und verwehen wie Geister. Schritte, Kommandos, Gebrüll, das Schließen und Zuschlagen der Türen. Und nun diese unheimliche Stille. Ich sitze und sitze auf dem Schemel und kann mich dazu nicht aufraffen, auch nur einen Schritt durch die Zelle zu gehen. Wie eine Lähmung wirkt das Gefühl der Hilflosigkeit in diesem Abgeschlossensein. Darin besteht wohl die eigentliche, unheimliche Macht des Gefängnisses. Nun erlebe ich also diese Eigentümlichkeiten und bin dankbar dafür, denn man muss es vielleicht einmal durchgemacht haben, um zu wissen, was wir denen antun, die einmal entgleist sind. Ich sitze und sitze trotz der Kälte, bis ich über mir in der Zelle jemanden auf und ab gehen höre. Er kann wenigstens das, sagt eine Stimme in mir. Warum nicht auch du? So zwinge ich mich meine Lage anzunehmen. Ich stehe auf und beginne meine Wanderung durch die Zelle. Bei jedem Schritt wird in mir lebendig, was geschehen ist: Das deutsche Volk in einem katastrophalen Irrtum befangen, hinters Licht geführt, in einen nicht zu gewinnenden Krieg gezwungen von einem wahnsinnigen Phantasten. All die Menschen, denen unser Volk dies zufügt, werden sie und ihre Nachkommen jemals verzeihen können? So denke ich. Und wieder dann die Momente, in denen die Zweifel in mich kriechen und sich festkrallen: Zum Scheitern verurteilt unsere Versuche, der Katastrophe zu begegnen. Ich habe meine Familie im Stich gelassen! Bin ich denn allein im Recht? Könnten nicht die anderen klarer sehen als ich? Meine Kirche hat mich suspendiert!

Einer von zwanzig verhafteten Laien:
„Wenn ich etwas erfahren habe, dann ist es das: In diesem Lebendig-Begrabensein in einer engen Zelle, ohne Laut, ohne Uhr, ohne Verbindung mit der Welt, eingeschlossen, ausgeschlossen aus dem Kreis der Lebenden, kommt der Mensch sich hart gestraft vor, und ich fing an zu begreifen, wie einer unter solchen Umständen mit der Zeit mürbe werden kann, und lieber gesteht, vielleicht sogar etwas, was gar nicht gewesen ist. ...Wenn man aller Würde als Mensch beraubt ist, wenn man abends alles abgeben muss und nur das Hemd einem bleibt, da fragt man sich: warum?! In solchen Augenblicken ist man geneigt, einen Strohhalm zu ergreifen, nur um mit einem gleichgesinnten Menschen Kontakt zu bekommen."[54]

„Reichsminister der Justiz, Berlin, an ORA, (Oberreichsanwalt) Berlin

29.03.1943

Betr.: Strafsache gegen Prassek u. a., Stellbrink, Mahn u.a. Der Inhalt der Anklageentwürfe gegen Prassek und andere und gegen Stellbrink ist dem Führer vorgetragen worden. Der Führer hat angeordnet, daß das Verfahren wegen der hochverräterischen Betätigung der Beschuldigten durchgeführt wird, aus der Anklage aber jene Teile herausgenommen werden, die auf der Verbreitung der Predigt des Bischofs von Münster basieren ... Den Senatsvorsitzenden bitte ich vor der Hauptverhandlung über die Anordnung des Führers zu unterrichten.
Im Auftrag; gez. Dr. Vollmer"[55]

Die Fäuste blieben in den Taschen

Verhaftet wurden außer den vier Geistlichen und den zwanzig Gemeindemitgliedern und Teilnehmern an den Gruppen auch der Sekretär der katholischen Gemeinde. Der Oberreichsanwalt entschied, die Anklage wegen der Verbreitung der Galen-Predigten im Gerichtsverfahren außer Acht zu lassen. Das hatte folgenden Hintergrund: In der Gruppe eines der vier Geistlichen, des Vikars Hermann Lange, war ein Feldwebel namens Matthias Köhler, der die Blätter im Wehrbezirkskommando abzog.

Er wurde entdeckt und unter eine Hochverratsanklage gestellt. „Seinem Rechtsanwalt gelang es jedoch, den Bischof von Münster selbst zur Klärung des Tatbestandes heranzuziehen. Von Galen zeugte dafür, dass Köhler keine englischen Flugblätter verbreitet hatte (sondern seine Predigt im Original, Anm. B. St.) und verlangte von der Gerichtsbehörde, daß, wenn jemand zur Verantwortung für seine Predigten gezogen würde, er, der Bischof selbst das zu sein habe und kein anderer. Daraufhin wurde Köhler freigesprochen.“[56]

Köhler war nach dem Krieg Mitglied des Lübecker Senats und CDU-Mitglied. Der Ausgang dieses juristischen Verfahrens erklärt vielleicht, warum die Angeklagten zunächst nicht mit der Todesstrafe rechneten. Hermann Lange zum Beispiel schrieb nach seiner Verhaftung an seine Schwester: „Na, das wird ja nicht gleich den Kopp ab kosten!“[57] Die Gruppe schätzte die Situation zu optimistisch ein. Das NS-Regime wollte in dieser Situation ein Exempel statuieren. Der Historiker Wilfried Süss kommt zu dem Schluss, die Situation vor den Verhaftungen sei gekennzeichnet gewesen durch die einzige, wirklich tiefe Legitimationskrise des Regimes. Nicht nur war die Geheimhaltung im Fall der Krankenmorde zusammengebrochen, der Vormarsch in der Sowjetunion geriet allmählich ins Stocken. Erste Briefe von Soldaten berichteten von unfassbaren Gräueltaten. Ich frage mich, hatten die vier Geistlichen alles auf eine Karte gesetzt und den Moment als günstig erkannt, um im Nachhall der Galen-Predigten Spielräume für einen effektiven, breiten und vor allem – öffentlichen – Widerstand zu erweitern? Wenn es so war, bewiesen sie Gespür für den Augenblick Wie die Laien im Prozess aussagten, bezog sich der Protest nicht nur auf die Krankenmorde, sondern auch auf den Krieg, die Besatzungspolitik und den Holocaust. Auszüge aus den Anklageschriften:

– *Ferner erklärte Lange, daß die Juden im Osten zu Tausenden erschossen würden (Zeuge: Teilnehmer an den Gesprächsgruppen Kürle). — Auf den von Grethe besuchten Gruppenzusammenkünften las Müller ... unter anderem eine Flugschrift, in der ausgeführt wurde, daß in Deutschland die Altersschwachen und Opfer des Krieges und der Arbeit durch Spritzen getötet würden (Zeuge Grethe).*

– *Der Angeschuldigte Pfürtner, der seit 1938 Mitglied der Hitlerjugend ist, nahm in der Zeit von Mitte September bis Ende Oktober 1941, während er zur Sanitätsschule in Lübeck kommandiert war, an den Gruppenabenden bei Prassek teil. Pfürtner beteiligte sich auch an der Zersetzungspropaganda, die Prassek auf den Gruppenabenden betrieb. Wie Pfürtner zugegeben hat, machte er selbst folgende hetzerische Äußerungen:*

1) Bei einer politischen Aussprache, an deren sonstigen Verlauf er sich nicht mehr will erinnern können, führte er aus, daß „die Waffen-SS imstande sei, gegen die Wehrmacht und das Volk genau so rücksichtslos vorzugehen, wie sie es im Osten getan habe".

2) Bei einer anderen Gelegenheit zog er die amtlichen deutschen Angaben über die Verluste im Osten in Zweifel und behauptete, daß wir nicht 80.000, sondern etwa 500.000 Mann verloren hätten. Pfürtner hat erklärt, daß es sich hierbei um eine persönliche Mutmaßung auf Grund seiner Erlebnisse an der Ostfront gehandelt habe.

— Stellbrink wird beschuldigt zu Lübeck seit mindestens 1941 absichtlich ausländische Sender abgehört und vorsätzlich Nachrichten ausländischer Sender, die geeignet sind, die Widerstandskraft des Deutschen Volkes zu gefährden, verbreitet zu haben.

— Prassek äußerte sich ferner abfällig über die Behandlung der zur Arbeitsleistung im Reich eingesetzten Polen. Er erklärte unter anderem, daß die Polen als Menschen die gleichen Ansprüche wie die Deutschen hätten, und bezeichnete deshalb auch die Durchführung getrennter Gottesdienste für die Polen als ungerechtfertigt.

Irmgard schreibt an die Schwester:

Weilmünster, 10.11.42

Mein liebes Lenchen!

Allerherzlichsten Dank für das Riesenpaket mit den wundervollen Birnen, die mich am vorigen Montag, den 4. d. M. zu meiner großen Freude hier erreichten in tadellosem, wohlerhaltenen Zustand; alle aber auch gut reif u. wohlschmeckend; ich habe mich so recht schon daran gelabt u. habe heute noch 18 Stück davon, heute am Sonntag gibts wieder einen schönen Genuss davon. ... Eben habe ich von Magda auch eine Gabe erhalten, zu meiner großen Freude, ein kleines, süßes Päckchen mit einem Okyschiffchen u. mehreren Briefbogen mit Marken, 5 Stück dazu, ein Heidesträußchen u. Brief mit einigen Zeilen. ... Mir geht es leidlich gut, arbeite hier nach meinen schwachen Kräften nach Möglichkeit, bohnere, putze morgens u. handarbeite später hier am Tag, freue mich kindlich, wenn ich ein paar Meter Okyspitze fertig habe u. mit meiner Fertigkeit aufwarten kann u. dazu kommt, dass ich mich übe u. sichtlich merken kann, daß es mir immer besser gelingt u. nun beim ganz neuen Schiffchen den größten Spaß habe u. liebe Schwestern hier, wovon die Leitenden davon so ordentliche Anweisung u. Regung mir geben kann; allerdings darf ich das Handarbeiten nur mäßig u. zu guten Zeiten u. ungestörter Platzerhaltung machen, denn auch meine Augen bestimmen dazu ganz gebieterisch ihre Rechte. Meine Gesundheit ist gleichmäßig, da die monatliche Blutung nicht mehr eintritt zu meiner Freude. Nun genug, ich muss zum Schluß kommen.Was macht Hugo? Die Lübecker schweigen!? Das Kriegswesen übertönt noch alles Leben,

ob es harmonisch ausklingt bald? Bis dahin erhoffe ich Stabilisierung meiner Natur u.
Aufwärtsgehen meiner geistigen u. körperlichen Kräfte zu meiner u. allgemeiner Nutz-
anwendung u. auch Euch in erster Linie zum Wohle, wenn auch aus der Entfernung
nur. Das Eigene, was meine Person umschließt, lässt ungeahnte Möglichkeiten offen u.
so hoffe ich trotzdem u. grüße Euch, Dich, lb. Lenchen, in tiefer Empfindung u. Liebe.
Deine, Eure Irmgard

Früher ließ man in dieser Gegend die Leute schneller töten

Ja, was macht Hugo, ihr Sohn, jetzt 20 Jahre alt? Fritz habe den Galen-Brief
Nr. 3 seinem Neffen an die Front gesandt, heißt es in den Gestapoakten.
Irmgard scheint weiterhin eine Sonderstellung in der Anstalt einzunehmen.
Ernst Putzki aus Hagen wird etwa zeitgleich mit ihr in die Anstalt Weilmünster verlegt. In seinem Brief bedankt sich der 41-Jährige zunächst für
das Paket mit Obst. Obwohl es eineinhalb Wochen unterwegs gewesen
war und Äpfel und Birnen bereits angefault ankamen, wurde das Obst
„mit Heisshunger überfallen und es rissen sich auch andere Todeskandi-
daten drum."[58] Offenbar war er sich nach seinem erst kurzen Aufenthalt
völlig im Klaren darüber, welchen Zweck die Anstalt hatte:

„Wir wurden nicht wegen der Flieger verlegt, sondern damit man uns in
dieser wenig bevölkerten Gegend unauffällig verhungern lassen kann ...
Die Menschen magern hier zum Skelett ab und sterben wie die Fliegen.
Wöchentlich sterben rund 30 Personen. Man beerdigt die hautüberzoge-
nen Knochen ohne Sarg ... Die Kost besteht aus täglich 2 Scheiben Brot
mit Marmelade, selten Margarine oder auch trocken. Mittags u. Abends je
¾ Liter Wasser mit Kartoffelschnitzel u. holzigen Kohlabfällen. Die Menschen werden zu Tieren und essen alles, was man eben von anderen kriegen kann, so auch rohe Kartoffel und Runkel, ja wir wären noch anderer
Dinge fähig zu essen, wie die Gefangenen aus Russland. Der Hungertod
sitzt uns allen im Nacken, keiner weiß, wer der nächste ist. Früher ließ
man in dieser Gegend die Leute schneller töten und in der Morgendäm-
merung zur Verbrennung fahren. Als man bei der Bevölkerung auf Widerstand traf, da ließ man uns einfach verhungern. Wir leben in verkommenen
Räumen ohne Radio, Zeitung und Bücher, ja, ohne irgendeine Beschäftigung. Wie sehne ich mich nach meiner Bastelei. Wir essen aus kaputtem
Essgeschirr und sind in dünnen Lumpen gekleidet, in denen ich schon
mehr gefroren habe wie einen ganzen Winter in Hagen. Vor 5 Wochen
habe ich zuletzt gebadet und ob wir in diesem Jahr noch baden, wissen

wir nicht. Alle 14 Tage gibt es ein reines Hemd u. Strümpfe. Das ist Sozialismus der Tat!"[59]

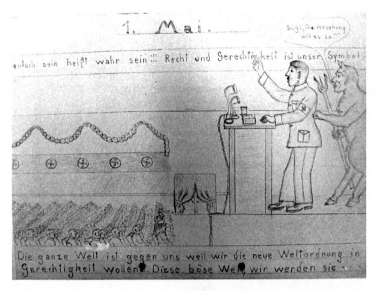

Zeichnung von Ernst Putzki

Ernst Putzki überlebte nicht. Sein Brief wurde in der Krankenakte abgeheftet. Diese Nachricht Irmgards trifft dagegen noch in der Hubertusstraße ein. Sie ist für lange Zeit ihr letztes Lebenszeichen.

Weilmünster, 27.12.42

Liebes Lenchen,
Herzlichsten Dank für Dein schönstes Weihnachtspaket mit Kuchen, Obst, Nüssen,
Marzipan, Honiggebäck, Briefpapier, Bonbons, auf dem Tisch am Heiligen Abend
zu meiner größten Freude hier am brennenden Tannenbaum u. zugleich die innigsten
Wünsche nachträglich zu dem schönsten aller Feste Euch, u. die besten Neujahrsgrüße
mit der Aussicht auf kommenden Frieden hoffentlich! Vom Haus habe ich ein neues,
braunes Sonntagskleid u. eine sehr hübsche, bestickte Zierschürze erhalten, solider,
haltbarer Nessel mit roten Blümchen, 2 schönen Täschchen, seitlich, ganz einfach u.
nett mit grünen Blättchen umrahmt u. Kreuzstichberandung. Ich bin sehr erfreut worden
dadurch, einen Teller dazu mit Gebäck, Äpfeln u. zum Kaffee gabs — denk mal —
einen prachtvollen „Stutenkerl" zur allgemeinen, freudigen Überraschung. Magdas
Neujahrskarte ging auch ein u. die freudige Erwartung einer lb. nachträglichen Weihnachtsgabe.

Heut ist Hugos Geburtstag u. da kommt mich Wehmut an, dass ich nichts von ihm wahrnehme, aber meine Liebe ist bei ihm natürlich, auf allen seinen Wegen.

Du hast gewiss die Liebe u. Möglichkeit mir mit Hautcreme auszuhelfen im Töpfchen zur besten Erhaltung u. Rosenfeinseife für die Kopfwäsche, etwas Buttermilchseife hab ich noch, aber dann ist Schluß!?

Mir geht es sonst noch gut, betätige mich häuslich u. das Schiffchen von Magda hat auch schon zweckmäßige Verwendung gefunden, es ist ganz nach m. Geschmack, u. ich bin froh, dass es mir schon etwas besser geht.

Nun die besten Danksagungen nochmals, Euch, Dir, Gesundheit, Frohsinn fürs kom. Jahr, in Liebe, Deine Irmgard

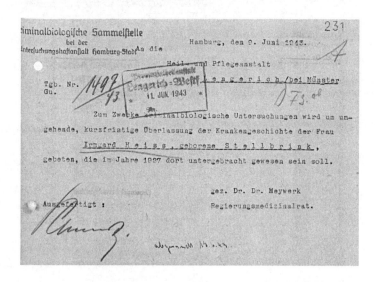

Eingeschränkt schuldfähig aufgrund völliger Erschöpfung

Zu dieser Einschätzung gelangte das psychiatrische Gutachten zu Pastor Stellbrink des Dr. Wilhelm Meywerk vom 16. Juni 1943, das im Auftrag Hildegards erstellt wurde. Vor Gericht wurde es nicht mehr berücksichtigt. Der Arzt forderte die Krankenakte der Schwester an, seltsamerweise in Lengerich und bekam die Auskunft, sie sei 1942 dort eines natürlichen Todes gestorben. *Eine Schwester von ihm, Irmgard Heiss, geborene Stellbrink, wurde 1927 wegen Geisteskrankheit in der Heil- und Pflegeanstalt Lengerich untergebracht, und ist dort 1942 verstorben.*[60] Fritz hatte keine Möglichkeit diese Lüge zu überprüfen. Die Briefe des Bischofs von Galen seien Fälschungen, behaupteten seine Vernehmer.

Fritz an Hildegard (Ausschnitt):

20.05.1943

Liebe Hilde!

*Jetzt ist der Do., 20. V., abends. Seit Eurem letzten Besuch sind ja nun schon wieder
3 Wochen herum. Ich wunderte mich, daß Du wieder vom Fortziehen sprachst. Wollten
wir nicht erst das Ende abgewartet haben, um zu sehen, womit wir in der Zukunft
rechnen können? – Aber na – auf alle Fälle könntest Du Dich vorher schon etwas
„leichter" machen und verkaufen:*

*1. Die 2 großen Eichen-Bettstellen, 2. die Standuhr auf dem Flur (250 RM). Dabei
mußt Du hinter dem Zifferblatt rechts und links und unten im Kasten nachsehen, ob
dort nicht Reserve-Schlüssel liegen. Ich benutzte die 2 Stellen gerne als Versteck. 3.
Ewalds, Hugos und mein Fahrrad. 4. mein Waldhorn (200?) – 5. mein Flügelhorn
in Chrom, 6. meine Geige (für 4-6 kannst Du die Preise am besten im Musikhaus
Robert erfahren). 7. Das große Sonnensegel vom oberen Balkon (Segeltuch bester Güte
ist teuer!), 8. Das Wanderzelt für 3 Personen (hat neu 70 RM gekostet und ist ja so
gut noch wie neu), – 9. Die stählerne Turnstange (das Reck) kannst Du sicher beim
Lübecker Turnverein gut loswerden, – 10. Studier-Zimmer mit Schreibtisch, Bücher-
schrank, Tisch, Stühlen. – Das wäre erstmal einiges, was mir diese Tage einfiel. Den
Radio-Lautsprecher hast Du ja sicher schon verkauft, wohl! Mir wäre ja das Liebste,
Du bliebst bis zum Ende des Krieges dort wohnen. Es drängt Dich doch sicher keiner.
Und zu Dreien ... könnt Ihr doch sicher die Miete aufbringen. Zudem kostet ein
Umzug ja auch erst wieder eine Stange Geld. Vielleicht findet sich in Lübeck etwas
Ähnliches für Dich ... wie Du es außerhalb suchst und könntest Umzugsgeld und
Umzugs-Mühen und für Waltraut das Herausreißen aus dem gewohnten Lebens- und
Lern-Kreis sparen. Und was nach Kriegs-Ende wird? Nun –jedenfalls wird dabei alles
anders!*

*Was Du mir von den Kindern schreibst, hat mir viel Freude gemacht. Ich gedenke Euer
aller, wie Ihr meiner, in meinen Gedanken, Wünschen und Gebeten. – Könnten mir
die 2 Soldaten nicht monatlich einmal eine kurze Feldpostkarte schicken, damit ich
doch von ihrem Ergehen, besonders an der Front, auf dem Laufenden bleibe? ...
Grüße mir nun alle ...*

Aus der Anklageschrift gegen Pastor Stellbrink vom 5.4. 1943

*... Auch nach seiner Festnahme unterstützte der Angeschuldigte die zersetzenden und
umstürzlerischen Bestrebungen der äußeren und inneren Feinde des Reiches noch durch
hetzerische Äußerungen. Wie der Schutzhäftling Franz Bender bekundet hat, erklärte
der Angeschuldigte bei einer Vorführung zum Arzt am 11. November 1942 gegenüber
einem niederländischen Mitgefangenen in Gegenwart des Bender in Bezug auf das*

amerikanisch-englische Landungsunternehmen in Französisch-Nordafrika, daß nunmehr der Wendepunkt gekommen sei, da nach seiner Berechnung die Amerikaner 100 000 Mann in Afrika gelandet hätten. Er fügte hinzu, daß er seine Kenntnisse zwar nur aus der Zeitung schöpfte, daß man jedoch da auch zwischen den Zeilen lesen könne. Nach den Angaben des Bender ging aus dem Ton, in dem der Angeschuldigte diese Äußerungen machte, hervor, daß er darüber befriedigt war, daß seiner Ansicht nach Deutschland und Italien auf dem afrikanischen Kriegsschauplatz Rückschläge erlitten.

Am 23. 6.1943 werden Todesurteile für alle vier Geistlichen verhängt. Sie werden ins Untersuchungsgefängnis Hamburg am Holstenglacis verbracht und die Zeit des Wartens auf die Hinrichtungen beginnt. Die meisten der Laien kamen frei. Der Sekretär der Herz-Jesu-Gemeinde wird zu 6 Jahren Haft verurteilt. In den folgenden Jahren sollten noch zahlreiche ähnliche Verfahren wegen „hochverräterischer Umtriebe" mit solchen Todesurteilen enden. Die Angeklagten wurden erst kurz vor ihrer Hinrichtung über die bevorstehende Vollstreckung informiert.

Eintrag in Goebbels Tagebuch

07.07.1943

„betr. Todesurteile
In Lübeck sind eine Reihe von Todesurteilen gegen Geistliche ausgesprochen worden, die sich schwer gegen unsere Kriegsinteressen vergangen hatten. Ich dringe darauf, daß diese Todesurteile auch tatsächlich vollstreckt werden."[61]

Hier auf Erden habe ich vieles falsch gemacht

Einen der letzten Briefe schreibt Fritz an seinen Neffen Hugo.

Hamburg, den 14.10.1943

Mein lieber Hugo!
Da ich Deine Feldpost-Nr. nicht weiß, schicke ich diesen Brief an Mutter zur Weitersendung. Zunächst besten Dank für Deinen lieben Besuch am 7. 10. – ich freue mich besonders, Dich gesund und stark gesehen zu haben. Desto mehr tat es mir weh, von Unstimmigkeiten zwischen Dir und den anderen, Mutter und Geschwistern, zu hören. Natürlich habe ich mit sowas schon gerechnet denn es ist für jeden Frontsoldaten

nach solch schweren Jahren, wie Du sie nun auch im Osten mitgemacht hast, schwer,
sich wieder in der Heimat zurechtzufinden. Ich weiß auch, daß das alles schnell über-
wunden wäre, wenn ich mich mit Dir mal in aller Ruhe in einer stillen Abendstunde
etwa zusammensetzen und besprechen könnte, wie ich's früher ja so oft mit Dir getan
habe. Dann war jedesmal nachher alles wieder gut. – Aber sieh, mein lieber Hugo, das
kann nun nicht sein. Sogar dieser Brief ist ein „Extra-Brief" und vielleicht der letzte.
Nun kann ich nichts weiter tun als Dich bitten:
Vergiß Deinen Bruder Ewald und mich nicht! Was ich bei der Erziehung falsch
gemacht, vergib es mir mein Junge, so wie die anderen es mir vergeben haben, besonders
der liebe Ewald. Denn das eine weißt Du gewiß: ich habe immer das Beste gewollt,
und mehr können Menschen nun mal nicht tun. Vor allem wollte ich Dir in unserer
Familie eine Heimat geben. Und die hast Du nun an Gerhard, Gisela und Waltraut,
aber besonders an der Mutter, die an Dir so viel getan hat, wie keine Mutter mehr tun
kann. Und da ich nun bald fort bin, liegt alles an ihr, alle Verantwortung und Sorge
und Last. Warum das so ist, weiß Gott allein. Er hat es so gelitten. Nun kann ich
nichts mehr tun als Dich bitten: zerstöre nicht selbst das Beste, was Du hast: Deine
Heimat unter Menschen, die Dich kennen und lieben! Füge Dich ein in die Gemein-
schaft, dann kannst Du darin Hilfe und Rat erhalten bis an Dein Lebensende.
Niemals wirst Du Menschen treffen, die es ehrlicher und liebevoller mit Dir meinen
als hier in dieser Gemeinschaft. Vor allem mach es der Mutter leicht und schön, damit
sie stolz auf Dich sein kann. Alles, was sie sagt und tut, geschieht voll und ganz in
meinem Namen. Und keine größere Freude kann ich mir wünschen, als von der Mutter
Gutes über Dich zu hören. – Gott helfe Dir dazu und segne Dich auf allen Deinen
Wegen! Immer gedenke ich Deiner und bete täglich für Dich.

In Liebe und Treue, Dein Vater

„Reichsminister f. kirchl. Angelegenheiten, Berlin W8, Leipziger Str. 3, an Reichsminister der Justiz, Berlin

Schnellbrief!-Geheim!

6.10.43

Auf das Schreiben vom 7. September 1943 – IV g 10a. 4559. 43g – be-
treffend Todesurteil gegen den Pastor Karl Friedrich S t e l l b r i n k aus
Lübeck wegen Zersetzung der Wehrkraft, Feindbegünstigung und Rund-
funkverbrechen – 8 J. 319/42g des ORA. b. d. VGH. -.

– Anlage 1 Gnadenheft –

Auch m.E. entspricht die gegen den evangelischen Pfarrer Stellbrink vom Volksgerichtshof verhängte Strafe der Schwere der von ihm begangenen Verbrechen. Wie ich bereits in meinem Schreiben vom 10. September 1943 – II 37/43 g – zu der Gnadensache Prassek und Andere ausgeführt habe, bin ich der grundsätzlichen Meinung, daß in einem Kampf, in dem es um Sein oder Nichtsein des deutschen Volkes geht und in dem viele deutsche Menschen ihr Leben für das Vaterland hingeben, jede Handlung, die irgendwie geeignet ist, Front oder Heimat zu schwächen, mit den schärfsten Strafen belegt werden muß. Auch im vorliegenden Falle halte ich hieran fest. Als der für die kirchlichen Angelegenheiten zuständige Fachminister habe ich die etwaigen kirchenpolitischen Auswirkungen einer Vollstreckung der vom Volksgerichtshof gegen Stellbrink zu Recht verhängten Todesstrafe zu prüfen.

An und für sich glaube ich nicht, daß die Vollstreckung der Todesstrafe im vorliegenden Fall einen nachteiligen Einfluß auf den kirchlich eingestellten Bevölkerungsteil ausüben oder sonst eine nachteilige kirchenpolitische Rückwirkung auslösen könnte, weil das Todesurteil in Übereinstimmung mit dem gesunden Empfinden aller Bevölkerungskreise ergangen ist und seine Vollstreckung deshalb auch von kirchlich gebundenen Kreisen verstanden werden wird. Dies gilt jedoch nur für den Fall, daß auch die drei katholischen Geistlichen aus dem Parallelprozeß hingerichtet werden. Sollte etwa zu Gunsten dieser Geistlichen ein Gnadenerweis ergehen, so würde die Hinrichtung des evangelischen Pfarrers Stellbrink notwendigerweise erhebliche Rückwirkungen auf die Stimmung mindestens der evangelischen Bevölkerung in Lübeck und darüber hinaus auf die evangelischen Kirchen haben.

Die Vollstreckung der Todesstrafe an Stellbrink allein könnte zu konfessionellem Unfrieden und außerdem womöglich zu ungerechtfertigten Betrachtungen über eine bevorzugte Behandlung der römisch-katholischen Kirche durch den Staat Anlaß geben. Beides muß jedoch unbedingt vermieden werden. Um Mitteilung über den weiteren Verlauf der Angelegenheit darf ich bitten. Das Gnadenheft mit Ausnahme der beiden übersandten Abschriften ist wieder beigefügt.

Dr. Muhs"[62]

Aus Fritz' Abschiedsbrief vom Hinrichtungstag:

10.11.1943

Liebe Kinder,

... Oft habe ich in den vergangenen langen Monaten Eure verschiedenen Anlagen,
Fähigkeiten und Gaben bedacht wie auch Eure Fehler und Schwächen. Und immer
wieder hab ich gedacht: wie wunderbar schön kann Euer Leben werden, wenn Ihr Euch
gegenseitig ergänzt. Und nun denkt stets an mich: denn hier auf Erden habe ich vieles
falsch gemacht. Jetzt aber werde ich immer bei Euch sein. Zeit + Raum sind keine
Grenzen mehr für mich ...

16. Jeder Mensch ein Künstler (1943-1948)

Noch Lieder zu singen jenseits der Menschen
15. Dialog mit Irmgard

B.: Irma?

I.: Ja, ich bin es. – Mir ist eingefallen, was ich bei seinem letzten Besuch zu Fritz gesagt habe. Dass sie uns dort in Lengerich langsam umbringen wollten! Ich sagte, dass es Krieg geben würde, und wenn Ewald Soldat werden müsste, ich ihn nicht wiedersehen würde. Ich träumte manchmal, was dann wirklich eintraf.

B.: Ahnungen als eine Form der natürlichen Erkenntnis – das hat deinen Bruder wohl erschreckt. Und dann starb Ewald. Ein gutes Jahr später wurdest du verlegt. In dieser hessischen Anstalt nahmst du eine völlig neue Rolle ein.

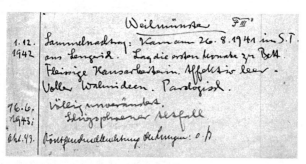

I.: Ich war froh über die Abwechslung im Anstaltsleben und war bereit mich in die Verhältnisse zu schicken. Hier waren die Essensrationen noch schmaler als in Lengerich und was ich um mich herum sah, war ängstigend. Was konnte ich jetzt tun? Die Oberschwester fragte, ob ich bereit sei Hausarbeit zu tun und ich griff zu. Mir war klar: Nur so konnte ich meine Lage verbessern. Ich putzte also morgens und handarbeitete am Nachmittag. Solange es erlaubt war, strickte, häkelte, arbeitete ich kostbare Spitze und bat Lenchen laufend um Nachschub an Material. Damals war diese Okyspitze gerade modern. Ich schaltete Magda ein, mir das Nötige zu senden und brachte mir die Technik selbst bei. Oh, dass mir doch in keinem Fall das Material ausginge! Die Pakete halfen, aber irgendwann blieben sie aus. Ich wurde schwächer, konnte nicht mehr bohnern und handarbeiten. Meine Beine schwollen an wie Kürbisse. Ich legte mich auf meine Strohschütte und wartete aufs Sterben wie alle dort. Um mich herum starben oder verschwanden Menschen von einem Moment zum anderen. Wenn wir aufmuckten hieß es, wir bekämen eine Spritze oder gingen nach Hadamar. Die haben wir niemals wiedergesehen, die dorthin kamen. Ich verlor jegliches Zeitgefühl und dämmerte mit den anderen Jammergestalten dahin. Kein Brief, kein Paket, keinerlei Nachricht mehr! Das war das Schlimmste, dieses Schweigen. Die tiefe Verlassenheit, die sich einstellt, wenn du daran zweifelst, noch erinnert zu werden. – Doch von meinem Lager aus sah ich einen Flecken Himmels hinter den vergitterten Kellerfenstern und an manchen Tagen war er blau. Ich wollte Hugo noch einmal in meinem Leben sehen!

B.: Du hast niemals die Hoffnung aufgegeben?

I.: Das ist eine romantische Vorstellung, meine Liebe. Nein, du musstest dieser Einsamkeit gehorchen, in die dir niemand folgte. – Wir hofften nicht mehr, dachten nicht mehr und wir beteten nicht mehr. Wir fühlten nichts und wir sprachen nichts. Wir lagen einfach mit unseren Geschwüren und Exkrementen da, hatten andauernd Durchfall und waren still. Wir wunderten uns nicht einmal mehr darüber, dass es dunkel und wieder hell wurde und wir noch am Leben waren. Wir wurden völlig teilnahmslos. Ich erschrak, als mich jemand von meinem schimmelnden Strohsack zog und ins Besucherzimmer schleppte. Da stand eine fremde Frau vor mir, weinte und versuchte mich zu stützen, als ich ihr in die Arme fiel. Ich muss furchtbar gerochen haben. Irgendwer hängte mir diesen Mantel um und ich wankte mit ihr durch Schnee und Eis ins Tal. Erst auf dem Bahnsteig begriff ich, dass es Hilda war, die mich fortbrachte. Im Zug wichen Menschen vor mir zurück wie vor einer Spukgestalt. An den Weg in die Hubertusstraße kann ich mich partout nicht erinnern. Das Schönste war: Ich habe Hugo tatsächlich noch einmal gesehen.

B.: Ich weiß.

Der Rat der Stadt Magdeburg   *25.2.1948*
Gesundheitsamt

Frl. Helene Stellbrink
Detmold, Hubertusstraße 10

Geehrtes Fräulein Stellbrink!
Ich habe einen Hugo Heiss, geb. 27.12. 21 in Langendreer bei Bochum amtsärztlich zu untersuchen, der angibt, Ihr Neffe zu sein und der mir Ihre Anschrift gegeben hat.

Hugo Heiss hat angegeben, daß er von seinem 6. Lebensjahr an bei Bauern aufgewach-
sen sei, da sein Vater von der Mutter getrennt lebte, und diese in einer Heilanstalt jah-
relang untergebracht war. Auch sein Bruder Ewald sei von fremden Leuten in Lübeck
erzogen worden, habe die höhere Schule besucht und die Reifeprüfung gemacht. Hugo
will seine Mutter zum 1. Male gelegentlich eines Kriegsurlaubs in der Anstalt Linden-
hof in Lengerich/Westfalen gesehen und sie dort schwer krank vorgefunden haben.
Ich habe den Eindruck, daß Hugo in Fürsorgeerziehung war und dies zu verheimlichen
sucht. Ich bitte Sie, mir mitzuteilen, was sie über die Jugend Ihres Neffen wissen und
mir insbesondere das mitzuteilen, was nach Ihrer Ansicht wichtig ist, für die ärztliche
Beurteilung der Persönlichkeit des jungen Mannes. Falls Sie wissen, an welcher Krank-
heit Ihre Schwester gelitten hat oder leide, erbitte ich auch darüber eine Mitteilung.
Mich interessiert auch, was für ein Mann der Vater von Hugo war oder ist. Ist Hugo
vorbestraft? Was hat er für einen Beruf? Wo hat er sich vor und nach dem letzten
Weltkrieg aufgehalten?
Wenn auch Hugo mir gegenüber falsche Angaben gemacht haben sollte, womit ich rechne,
so bitte ich Sie trotzdem, diese nicht etwa kritiklos zu bestätigen, sondern mir in allen
Dingen die Wahrheit zu sagen. Es ist durchaus möglich, dass Sie mit einer solchen
Wahrheit den Interessen Ihres Neffen dienen und ihn dadurch nicht etwa schädigen.
Ich danke Ihnen im Voraus für Ihre Antwort.
André, Med. Rat

I.: Was ist denn das für ein Schreiben?

B.: Mehr als dass es um ein Gutachten ging, weiß ich leider dazu auch
nicht. Es sind keine Akten erhalten, die den Hintergrund erhellen könnten.
Im Magdeburger Stadtarchiv fand ich die Personalakte des Gerichtspsy-
chiaters. Es war die Zeit, in der die sowjetische Militäradministration die
Gerichtshoheit innehatte, die Zeit des Stalinismus.

I.: Stalin – von ihm habe ich im Radio gehört.

B.: Lenchens Antwort kam für Hugos Entlastung viel zu spät, sie ließ sich
über ein Jahr Zeit damit. Ich fand ihren Entwurf unter dem doppelten
Schrankboden und kann an vielen Korrekturen, Durchstreichungen und
Überschreibungen ablesen, wie sie damals um Formulierungen gerungen
hat:

Detmold, den 10. März 1949

Sehr geehrter Herr Medizinalrat!

In Beantwortung Ihres Schreibens vom 25. 2. 1948 teile ich Ihnen mit:
Es ist richtig, dass Hugo Heiss mein Neffe ist, der Sohn meiner verstorbenen Schwester

Irmgard. Meine Schwester hat die höhere Schule besucht und auch das Lehrerinnensemi-
nar. Sie war in jeder Beziehung ein talentvolles Mädchen, in Musik künstlerisch begabt
und ein schönes, stattliches Mädchen und hatte ein sanftes Wesen, sodaß sie ihren Weg
hätte machen müssen. In den Entwicklungsjahren war sie dann aber wie verwandelt.
Sie heiratete einen Mann, der gänzlich unter unseren Verhältnissen war, Herrn Hugo
Heiss aus Langendreer. Dieser Mann hatte strebsame Angehörige, lebte aber selbst
kein redliches Leben, wie sich herausstellte, jedenfalls nach unserer Auffassung. Als er
mit dem Strafgesetz in Konflikt kam und fort war, gerieten meine Schwester und die
beiden kleinen Kinder, 4 und 2 -1/2-jährig, in bittere Not. Nicht lange, da kehrte
meine Schwester mit beiden Kindern ins Elternhaus zurück. Es zeigte sich bald, dass
meine Schwester in einer Heilanstalt untergebracht werden mußte und kam nach Brake
in Lippe.

  Auch in den Heilanstalten in Gütersloh, Münster i.W. und Lengerich bei Osnabrück
war sie; in der letzteren über 10 Jahre. Ihre Krankheit war Schizophrenie. Gegen Ende
des Krieges wurde meine Schwester von Lengerich nach Weilmünster, nahe Gießen
a/Lahn verlegt. Eines Tages erhielt ich Nachricht, daß sie schwerkrank sei. Stehenden
Fußes reiste ich hin und fand meine Schwester als ein Bild des unendlichen Jammers,
sie war ein Skelett, dem man ein Gewand umgehängt hat, der wandelnde Tod. Meine
Schwester war auf die Todesliste gesetzt worden auf die Liste derer, die umgebracht
werden sollten als unproduktive Volksgenossen. Sofort reiste ich mit ihr nach Hause,
ins Elternhaus. Sie ist dann an Schwindsucht gestorben. – Die Kinder meiner Schwester
sind damals, als sie 4 und 2 1/2 jährig zu uns kamen, anfänglich bei uns gewesen,
dann in Privatpflege und auch im Lutherstift in Bielefeld. Später kamen sie ins Haus
meines Bruders, der Pfarrer war. Ewald, ein schöner, stattlicher Junge, das Ebenbild
seiner Mutter, kam aufs Gymnasium und war in derselben Klasse wie der zwei Jahre
jüngere, einzige Sohn meines Bruders. Zu gleicher Zeit machten beide das Abiturienten-
examen. Ewald war außerordentlich fleißig und charakterlich wertvoll. Er ist bald ins
Feld gekommen und musste sein junges Leben lassen, schon 3/4 Jahr nach der be-
standenen Reifeprüfung. Hugo hatte nicht die Fähigkeiten. Nach abgeschlossener Volks-
schulbildung kam er zu Bauern, um die Landwirtschaft zu erlernen. Dann kam er
ins Feld nach Rußland und wurde wegen hervorragender Tapferkeit ausgezeichnet. Als
Soldat hat er uns 1944 besucht; und in diesen Urlaubstagen hat er zuerst als Erwach-
sener bewußt seine Mutter gesehen, was ihn sehr erschüttert hat. Es war das erstemal
und das letztemal, denn kurze Zeit darauf ist meine Schwester verstorben. – Hugo
kehrte ins Feld zurück. Nach Waffenstillstand hat er uns manchmal besucht, er ar-
beitete im Baugeschäft seines Onkels. Ich erhielt noch einen Brief von ihm, in dem er
mir mitteilte, daß er schwerkrank gewesen sei. Danach habe ich nichts mehr von ihm
gehört.

I.: Sie behauptet also, sie habe mich abgeholt? – Und Hugo war krank und sie hat nichts mehr von ihm gehört?

B.: So ist es. Ich fand diese Dokumente bei deinen Briefen.

I.: Hugo hatte nicht die Fähigkeiten! Woher will sie denn das wissen? Sie musste immer alles und jeden beurteilen. Da siehst du es, wie sie war!

B.: Wie verlief denn diese einzigartige Begegnung zwischen dir und deinem erwachsenen Sohn? Ich weiß darüber nichts und bin sehr gespannt davon zu hören.

I.: Er weinte und machte sich bittere Vorwürfe, mich niemals besucht zu haben. Ich habe ihn getröstet. Er berichtete, Fritz habe ihm diesen Brief ins Feld geschickt. Da habe er es noch nicht glauben wollen, dass Kranke umgebracht würden. Er habe allerdings auch in Russland so furchtbare Dinge gesehen. Er drückte sich ein wenig rätselhaft aus, aber diese Worte werde ich nie vergessen: Er wisse nun, dass ein Verbrechen nicht automatisch aus dem vorherigen folgen müsse, wenn jeder Mensch seine Verantwortung wahrnehme. Wir Menschen hätten jederzeit Spielräume zum Handeln. Sein Onkel habe ihm dies gesagt und Recht gehabt. Er vertraute mir auch an, dass er sich in Lübeck ohne Fritz nicht mehr zu Hause fühlte. Die Jahre als Soldat hätten ihn Hildegard und den Mädchen zusätzlich entfremdet. Er sei ohnehin immer am Rand gewesen.

B.: Das sah Waltraut auch so. Hat er dir Genaueres berichtet?

I.: Nein. Wir haben gar nicht so viel gesprochen. Er saß nur an meinem Bett und hat meine Hand gehalten. Vielleicht würde er zu seinem leiblichen Vater zurückgehen, überlegte er, oder ein ganz neues Leben beginnen. Was war denn mit diesem Brief?

B.: Es war ein öffentlicher Protestbrief eines Bischofs gegen die „Euthanasie"-Verbrechen.

I.: Tatsächlich? Und den hatte er Hugo nach Russland geschickt?

B.: So ist es. – Kurz nach Hugos Besuch in deinem Elternhaus brachte Lenchen dich wieder ins Lindenhaus:

```
                    K r a n k e n g e s c h i c h t e

                der  Irmgard  H e i s s

Aufgenommen am:  21. 4. 1944

    Die Begleiterin gibt an: meine Schwester war heute schrecklich auf-
    geregt und hat mich bedroht, wenn ich sie hierher brächte. Seit Anfang
    Februar ds. Js. geht es schon kaum mehr mit ihr im Hause; hat an mich
    in jeder Hinsicht und in selbstsüchtiger Weise die höchsten Ansprüche
    gestellt; obgleich ich ganz mit beruflichen und sonstigen Arbeiten
    beschäftigt bin, verlangt sie, daß ich ganz für sie allein tätig bin.
    Sie stößt und schubst mich ohne jeden Anlass, hat mir auch die Tür
    unseres Zimmers verschlossen, so dass ich nicht herein konnte. Dabei
    sagte sie " ich bin ja froh, wenn ich aus dem Hexenhause heraus bin".
    Sie arbeitet so gut wie gar nicht.
    Aufnahmebefund: die Kranke macht einen körperlich sehr elenden Ein-
    druck, hat ein apathisch- mattes Wesen; gibt bereitwillig Antworten
    mit müder Stimme. Warum hierher, wisse sie selber nicht; einen Grund
    habe das wohl nicht; Schicksalstücke, Meinungsverschiedenheiten, per-
    sönliche Unterschiede, alle Menschen sind ja verschieden, nicht?"

    Geistig krank sei sie nicht, habe nur Darmkatarrh; sie sei aus der
    Anstalt Weilmünster ungeheilt entlassen worden; Leib und Seele gehör-
    ten doch zusammen. Sie müssen jetzt hier bleiben!! (zuckt lächelnd
    und gleichgültig die Achseln) "Man zwingt mich ja, was soll ich da-
    gegen machen, sonst kriegt man ja eine Spritze, nicht," Verabschiedet
    sich nicht von der Schwester, läßt sich willenlos mitnehmen.
```

B.: ... *durch ihre Schwester, pensionierte Volksschullehrerin nach Haus geholt, weil in Weilmünster fast verhungert und zum reinsten Skelett geworden,* – hat der Arzt notiert. – *Dort etwas Hausarbeiten verrichtet, keine besondere Behandlung vorgenommen, da herrsche strenger Betrieb,* sagst du.

I.: Es stimmt, das mit dem Hexenhaus, das habe ich gesagt! Aber ihre Worte verschweigt sie lieber.

B.: *Möchte immer allein sein und nur schlafen ...,* vermerkt der Arzt und zwischen euch entspinnt sich folgender bemerkenswerter Dialog:

— Wie alt sind Sie?

— Das müssen Sie doch wissen!

— Werden Ihnen manchmal Gedanken eingegeben?

— Das sind glückliche Augenblicke, gute Stunden! Jeder Mensch ist doch ein Künstler, fast jeder spielt doch Klavier! Die Gedanken, die man längst hätte haben können, die sich dann auf einmal eingestellt und verwirklicht haben. Von Oben, man kann es nicht beschreiben, es ist eben Eingebung!

I.: Da meinte ich meine Zeit in Marienthal. Wann bin ich gestorben?

B.: Oberarzt Müller schreibt, dass im Juni TBC festgestellt wurde. Am 3. Oktober 1944 hast du deine Augen geschlossen.

I.: Und Fritz? Hilda und Lenchen haben mir ja nie Einzelheiten berichtet und ich war auch damals viel zu krank, um so etwas aufnehmen zu können.

B.: Fritz starb am 10. November 1943. Er spricht in seinem Abschiedsbrief von der herrlichen Friedens- und Aufbauarbeit, die nach dem Krieg wartete und sehnte den Frieden herbei, der nur auf eine Niederlage folgen konnte. Das war ihm klar. Wusstest du, dass es verboten war, über das Ende des Krieges zu sprechen?

I.: Nein. – Ich sprach ja selbst davon.

B.: Es war einer der Gründe, warum sein Abschiedsbrief zurückgehalten wurde. Die Familie hat ihn nicht lesen können, er wurde erst viel später in den Prozessakten gefunden. Wieder stellte Fritz sich diese Zeit darin viel schöner vor als sie dann tatsächlich war.

I.: Er war eben ein Idealist. – Und wie erging es Hildegard?

B.: Sie stand unter Schock. Plötzlich allein mit den Kindern: ohne Geld, gemieden, geächtet. Sie bekam eine Rechnung über die Kosten der Hinrichtung.

I.: Mir fehlen die Worte, oh arme Hilde!

B.: Sie war unvorstellbar belastet. Genau wie die Kinder.

I.: Völlig aus der Lebensbahn geworfen.

I.: Oh ja, das kannte ich!

B.: Die Kostenübernahme war Teil des Urteils des Volksgerichtshofes unter dem Vorsitzenden Dr. Crohn. – Es muss irgendwann nach dem Krieg Gespräche über dich mit den Schwestern aus Detmold gegeben haben. Sie ließen davon jedoch nichts nach außen dringen, nicht einmal in den Kreis der Kinder. Deine Nichte Waltraut wusste nicht, wann und wie du gestorben bist. Erst im Jahr 2011 hat sie es von mir erfahren. Die Krankenakte tauchte zu diesem Zeitpunkt auf.

I.: Ich verstehe.

B.: Stell dir mal vor: Du hast nicht nur einen, sondern sogar zwei ausge-füllte Meldebögen für die Adresse Berlin, Tiergartenstraße 4, überlebt. Beide waren mit einem roten Kreuz gezeichnet.

I.: Zwei? Warum denn das?

B.: Na, der erste führte zur Verlegung nach Hessen. Und nun planten die für das Mordprogramm verantwortlichen Ärzte, die „Aktion" sollte zu ge-eigneter Zeit in anderer Form fortgeführt werden. Vorsorglich wurden darum erneut Meldebögen an alle Anstalten im Reich versandt. Oberarzt Müller gehörte zu den wenigen Medizinern, die sich in der ersten Phase geweigert hatten, Kranke für die Tötungsanstalten zu selektieren. Er wusste durch Ärzte aus Bethel von den Mordplänen. Er hat den zweiten Bogen in der Krankenakte abgeheftet, statt ihn ausgefüllt an die Organisation T4 in Berlin zurückzusenden.

I.: Alles dort im Lindenhaus erinnerte mich an die Jahre um 1925, in denen ich von den Kindern getrennt worden war. Wir waren ja auf eine bestim-mte Art gute Bekannte, der Oberarzt und ich.

B.: Oberarzt Müller war zu diesem Zeitpunkt verantwortlich fürs Linden-haus. Er war aufgrund seiner Weigerung kurzzeitig zwangspensioniert gewesen, durfte aber weiterarbeiten und tat das auch sehr verantwortlich, obschon NSDAP-Mitglied und eifriger Sterilisationsarzt am Erbgesund-heitsgericht. – Du lagst manchmal auf dem Balkon, hattest andauernd Fieber. Wenigstens ermöglichte er dir die Würde eines Todes, wie sie un-zähligen Menschen verweigert worden war. Es gab keine Särge mehr für den Anstaltsfriedhof.

I.: Ohh, natürlich durfte meine Leiche nicht ins Familiengrab!

B.: Du senktest dich leicht, kalt und traurig in die schlichte Erde. Der Arzt wusste, dass die Tuberkulose die Folge der langen Auszehrung war und vermerkte dies in der Akte. Bemerkenswert präzise Aufzeichnungen von seiner Hand finden sich zu deinen letzten Worten. Du ließest dein Leben Revue passieren, sprachst von der Zeit in Berlin, von deinen Söhnen, sagtest: *Da fehlen ja noch einige Rundungen, zu meinem Theaterleben!* Deine Worte vermitteln mehr den Eindruck eines adeligen Stiftsfräuleins aus einer

Fontanerzählung, das auf ein würdevolles Leben in geistiger Freiheit – ohne kleinliche Tagessorgen – zurückblicken kann. Ein letzter Triumph?

I.: Wahrscheinlich hat er sich gedacht: Nicht einmal ihren eigenen Tod nimmt sie ernst.

B.: Gut möglich. *Einsicht in ihr verfehltes Leben ist nicht vorhanden,* notiert er. – Du wogst zu diesem Zeitpunkt noch 43 kg bei einem Körpermaß von nurmehr 171 Zentimetern. Du gingst schwerelos deinem Ende entgegen und starbst in den Armen der barmherzigen Schwester Morphine. Direktor Schneider aus Weilmünster forderte deine Krankenakte erneut an, aber Herr Müller weigerte sich sie zurückzusenden, angeblich wegen Papiermangels. So blieben die Dokumente erhalten und gelangten nach der Auflösung dieser kleinen lippischen Anstalt ins Landesarchiv deiner Heimatstadt. Ich konnte deine Geschichte rekonstruieren.

I.: Was wollte denn Direktor Schneider mit meiner Akte anfangen, der hatte doch Tausende Patienten, um die er sich nicht kümmerte. Ich habe ihn nie auf F III gesehen.

B.: Vielleicht machte er sich Sorgen wegen dieser Anfrage des kriminalbiologischen Institutes aus Hamburg?

I.: Zu Fritz? Meinst du, da könnte es einen Zusammenhang gegeben haben?

B.: Wer weiß? – Aus drei Jahren in Weilmünster gibt es nur zwei kurze Einträge in deiner Akte. Der erste am 4.1.1944, kurz bevor Hilda kam: *Geht körperlich sehr zurück. Hat starke Ödeme an den Beinen, die blaurot verfärbt sind, liegt dauernd zu Bett, beschwert sich über alles.*

I.: Himmel, ich verhungerte, da darf man sich wohl beschweren?

B.: Keine Frage! Vier Tage später, am 8.1., folgt bereits der zweite Eintrag. Er besteht aus der Mitteilung, dass du abgeholt wurdest. – Man stelle sich einmal vor: In den Jahren 1941 – 44 starb dort fast jede zweite Patientin, aber Hilda musste schriftlich niederlegen, gut für dich zu sorgen! Schneider wird 1946 vor Gericht sagen: „Bei uns ist nicht einer verhungert.“[63]

I.: Es gab also eine Gerichtsverhandlung. Ist der Anstaltsleiter denn bestraft worden?

B.: Nein. Die Richter konnten ihm sein völliges Versagen damals nicht nachweisen.

I.: Er hat einfach geleugnet und ist damit durchgekommen?

B.: Ja. Angeblich hatte er Angst vor Bernotat, dem Anstaltsdezernenten, und vor dem KZ. – Du musst es vermocht haben, noch einen weiteren Brief zu senden, an der Zensur vorbei. Ich fand in der Krankenakte einen Hinweis darauf: Die Anfrage Lenchens vom 30. Dezember 1943 an Schneider. Sie könne deinen Brief nicht lesen, da er beschädigt sei, sie würde dir so gern den Wunsch erfüllen und dich besuchen, ob sie die Erlaubnis bekäme? Leider ist dein Brief nicht erhalten. Weißt du noch, was du geschrieben hattest?

I.: Lass mich überlegen! – Ich war ja nicht so recht bei klarem Bewusstsein damals. Aber ich glaube, so etwas wie: Rettet mich, wir verhungern hier! Wenn man sich wehrt, bekommt man eine Spritze! Einen Hilferuf eben.

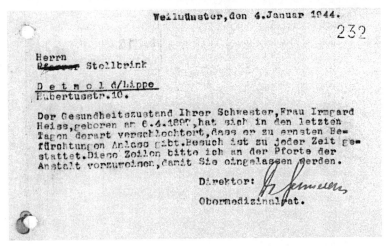

B.: Statt einer Antwort erhielten Hilda und Lenchen diese Mitteilung.

I.: Das ist ja sehr merkwürdig. Und warum ließen sie mich denn erst fast verhungern und dann schrieben sie an die Angehörigen?

B.: Sie nannten die mangelnde Versorgung und das gezielte Aushungern „Niederführung". Es war nicht unüblich, kurz vor dem Tod eines so „niedergeführten" Patienten, die Angehörigen zu benachrichtigen. Die Fehler aus der ersten Zeit der Krankenmorde sollten sich nicht wiederholen. Damals war die Geheimhaltung zusammengebrochen. Dr. Schneider wollte die Nachricht vom 4. Januar zunächst irrtümlich an Herrn Pfarrer Stellbrink richten. Dessen Hinrichtung lag zu diesem Zeitpunkt zwei Monate zurück. Die Familie durfte bei Androhung von KZ-Haft nicht darüber sprechen.

I.: Mein armer Bruder – doch auch ein Weg im Dunklen ist ein Weg! Wann war denn eigentlich der Krieg zu Ende?

B.: Im Mai 1945 wurden die Kapitulationsurkunden unterzeichnet.

I.: Das heißt also, das Deutsche Reich hatte den Krieg verloren! – Wer von der Familie hat überlebt?

B.: Hildegard, die Mädchen, Gerhard, der aus russischer Gefangenschaft zurückkam, Dietrich, Lenchen, Hilda, Magdalena – und eben Hugo, dein Sohn.

I.: Lenchen sagt, sie sei ohne Nachricht. Weißt du denn etwas von meinem Hugo?

B.: Wenig – seine Spur verliert sich um 1950 bei Magdeburg.

I.: Du musst weiterforschen, versprich mir das!

B.: Es gibt einen Brief von Hildegard, der von Hugo berichtet.

I.: Lies ihn mir vor! – Warum zögerst du?

B.: Er könnte für dich schockierend sein.

I.: Trotzdem! Wissen ist besser als Nichtwissen.

B.: Also gut. Er fand sich im Haus in dem Päckchen mit deinen Briefen:

07.10.1945

Liebe Hilda! Liebes Lenchen!

In den letzten Wochen war ich damit beschäftigt, für Waltraut an einer Strickjacke zu arbeiten, die nun fertig geworden ist. Beim Stricken wanderten meine Gedanken. Ich nahm mir vor, nach Fertigstellung der Arbeit alle meine Briefschulden zu erledigen. Da ich es nun für am nötigsten halte erst einmal Euch zu schreiben, so soll es heute geschehen …

Nach allem, was in den letzten Jahren geschah, wäre es gewiß einmal nötig, daß wir uns aussprechen könnten, um über Vieles, was bisher leider im Dunkel liegen mußte, Klarheit zu bringen. Ich trug mich sogar schon mit dem Gedanken, Euch für ein paar Tage zu besuchen. Den Gedanken an eine Reise habe ich aber wieder fallen lassen müssen. Gründe sind die äußeren Verhältnisse, das Frieren, die Lebensmittellage, und daß ich hier schlecht abkommen kann, denn wir leben schon seit Wochen im „Umzug". Davon nachher mehr. Eine Reisegenehmigung würde ich gewiß bekommen. Ich befinde mich nämlich jetzt im Besitze einer besonderen Bescheinigung, die mir „bei Wieder- aufrichtung meines Familienlebens auf allen Dienststellen jede nur mögliche Hilfe zuteil werden lassen" soll. Ich will aber doch von einer Reise absehen und möchte Euch lieber einen anderen Vorschlag machen: Stellt Fragen in Euren Briefen über alles, was Ihr gern wissen möchtet. Ich gebe Euch Auskunft.

... Die neue Zeit erfordert neue Kräfte neues Leid zu ertragen und zu tragen, und ich habe leider oft genug zu wenig Kräfte jetzt. Ich bin eine alte Frau geworden, alt äußerlich, denn die grauen Haare wachsen mächtig, und ich werde in diesem Monat schon 50 und leide sehr unter meiner Vergeßlichkeit; und alt innerlich bin ich geworden. Manchmal denke ich, daß alles in mir Bruch sei, und nur Gisela und Waltraut reißen mich heraus aus meinem Abseitssein, rufen mich in die Wirklichkeit zurück und erinnern mich dran, daß hier noch Pflichten auf mich warten. – Zu all dem Leid vergangener Tage, das täglich, ja stündlich oft, mir wiederkehrt, kommt ja nun auch die Not um Gerhard, meinen einzigen Jungen.

Wolle Gott uns gnädig sein und ihn uns erhalten. Noch fehlt jegliche Nachricht von ihm seit dem 5.3.; und ich habe so wenig Hoffnung, da er in Königsberg in russische Gefangenschaft geraten ist. Ich sah ihn schon mehrere Male tot in meinen Träumen. – Zu welchem Ende soll das nun noch führen! – Unser lieber Ewald mußte von dieser Erde scheiden, dann unser geliebter Fritz ... und nun auch noch Gerhard, der Stammhalter der Familie...? Wie ist doch unser Erdendasein traurig!

Die da schieden, haben es gewiß jetzt besser als wir, die wir so schwer zu ringen haben. – Wo ist Dietrich? Schon bei Euch? Und was unternimmt er? – Von Hugo wollte ich Euch noch erzählen. Ja, das ist ein trauriges Kapitel. Als er 1944 vier Wochen hier auf Urlaub war, verstanden wir uns nicht mehr. Er ist Materialist vom Scheitel bis zur Sohle und paßt nicht zu uns. Unsere Gespräche interessierten ihn nicht, so zog er sich allmählich zurück und ging viel zu einer Soldatenfrau, die oben in unserem Hause wohnt, obgleich ich es nicht gern sah und auch meine Gründe dafür hatte. Er blieb oft bis nachts 1 Uhr und später bei ihr, kam nur zu den Mahlzeiten zu uns zuletzt. Auf meine Einwendungen und Verbote hörte er gar nicht mehr. So ging er fort mit den Worten: „Mutter, Ihr hört nichts mehr von mir."

Beim Abschied habe ich noch einmal appelliert an Zusammengehörigkeitsgefühle, nahm ihn in den Arm und sagte zu ihm: „Hugo, Du weißt ja, verlassen bist Du nicht, komm einmal wieder!" Darauf er: „Nein, ich habe mich ja." – Glaubt mir, ich habe bittere Tränen geweint, aber ich wußte, daß das Kapitel zuende war. An die Frau oben im Hause schrieb er aus amerikanischer Gefangenschaft, an uns keinen Gruß. Das ist der Dank für die Mühen vieler Jahre. O ja, wir machten manches nicht richtig mit ihm. Aber, – wer wollte es besser gemacht haben mit diesem schwierigen Jungen, der so ganz anders war als wir alle!? –

... Leider mußte ich auch den schönen Garten abgeben. Das war sehr schmerzlich für uns in heutiger Zeit. Ich arbeite so gern im Garten. Was wollte ich Euch sonst noch

*schreiben? Gisela will nicht mehr Medizin studieren, weil es aussichtslos geworden ist
für Frauen, sondern Philologie. Sie wartet auf die Eröffnung der Uni in Hamburg.
Waltraut will noch zur Schule gehen. Wer weiß, wie alles wird.*

*Ich muß mich am Schluß meines Briefes noch entschuldigen wegen meiner Klecksereien.
Mein eigener Füller ist in Reparatur. Ich nahm nun Giselas, der aber auch entzwei
ist. So ist alles Bruch. Wir haben eben unser Vaterland verloren. Das Aufbauen wird
sehr langsam gehen. Wir erleben es gewiß nicht mehr.*
Und nun Gott befohlen!
Herzlich grüßt Euch und wartet auf Antwort,
Eure Hildegard

I.: Ich habe es ja geahnt! Mein Söhnchen muss in der Familie sehr einsam
gewesen sein. – Mich erwähnt sie gar nicht, als hätte ich nie existiert!

B.: Hildegard schwieg vermutlich, weil sie um die berufliche Zukunft der
Kinder fürchtete. Sie lebte in einer Gesellschaft, die durchtränkt war mit
dem Gift der Rassenhygiene. Sie musste Ausgrenzung befürchten. Gerhard
erhielt seine medizinische Ausbildung, ab 1936 waren rassenhygienische
Lehrveranstaltungen Pflicht für Medizinstudenten. Es gab keinen Bruch
mit den Auffassungen, die ja auch vor der nationalsozialistischen Herrschaft schon in der Gesellschaft vorhanden waren, wie deine Geschichte
anschaulich zeigt. Warum sollte, was eben noch Leitwissenschaft gewesen
war, nun plötzlich keine Gültigkeit haben? Die Nachkriegsgesellschaft verstand nicht, was das mit dem Nationalsozialismus zu tun haben sollte. Die
Krankenmorde und die Zwangssterilisationen wurden nicht als typisch na-
tionalsozialistisches Unrecht anerkannt.

I.: Dann hätten mich die Ärzte also auch nach dem Krieg nicht entlassen?

B.: Ziemlich wahrscheinlich nicht. Für mich ist es übrigens nachvollziehbar, dass Hildegard die Verbindung zu der Soldatenfrau unter ihrem Dach
nicht tolerieren konnte. Weißt du, Fritz wurde damals von einer Mehrheit
der Deutschen als „Verräter" betrachtet. Und es war immer noch ein evangelisches Pfarrhaus, in dem sich dies ereignete. Deine Jugendfreundin kam
schließlich aus der Sittlichkeitsbewegung.

I.: Normale Menschen sind lebendig, nicht keusch und sittlich. Hugo
suchte die Nähe zu einem Menschen, der ihn verstand. Was Hugo nur
dort in Magdeburg gemacht hat? Und ich frage mich auch, ob Fritz mich
wohl verschwiegen hätte?

B.: Das glaube ich kaum. Sonst hätte er wohl nicht diese Protestbriefe gegen die Krankenmorde verbreitet. Ein englisches Flugblatt mit der Galen-Predigt fand die Gestapo unter seinen Papieren.

I.: Er hat sein Leben also auch für mich riskiert?

B.: Ich denke schon. Darüber hinaus war er Kriegsgegner und hatte eine Vorstellung von der Unteilbarkeit von Menschenrechten. Der Schriftsteller Thomas Mann wandte sich in seinen Radiovorträgen gezielt an Menschen wie ihn, den „guten Deutschen". Alle anderen waren ja bereits im KZ.

I.: Meinst du, Fritz hat diese Vorträge gehört?

B.: Dass er die verbotenen Feindsender gehört hat, ist verbürgt. Er selbst sagt es im Verhör. Ob er nun wirklich diese Ansprachen gehört hat, weiß ich natürlich nicht, aber es wäre möglich. Viele, die aus der Jugendbewegung kamen, dachten ja national und konservativ.

I.: Stimmt. Hat denn später jemand die Handlungen meines Bruders verstanden?

B.: Die Katholiken in Lübeck haben von Anfang an den Todestag der Geistlichen am 10. November als Gedenktag gestaltet und Fritz immer mit eingeschlossen.

I.: Was hatte er denn plötzlich mit Katholiken zu tun?

B.: Er hat gemeinsam mit drei katholischen Geistlichen eine Art Widerstandszelle in Lübeck gebildet.

I.: Ich bin überrascht. – Was sagte seine Kirche dazu?

B.: Sie tat sich schwer damit. Es gab aber bald nach dem Ende des Krieges einzelne evangelische Stimmen, die sein Handeln würdigten. So schrieb ein Vertreter des kirchlichen Widerstandes, Wilhelm Jannasch, in einem Brief:

„Nierstein, den 14. Februar 1948

Lieber Bruder Niemöller!

Leider vergaß ich in meinem letzten Brief, Ihnen auf Ihre Frage betr. Pastor Stellbrink zu antworten. Der Fall Stellbrink ist ein besonders tragischer Fall, da St., der als (ich glaube nicht voll theologisch ausgebildeter) Auslandspastor aus Brasilien um die Wende des Dritten Reiches nach Deutschland gekommen war, von den Deutschen Christen und als Deutscher

Christ sein Amt in Lübeck erhalten hatte, sehr bald in großer Ehrlichkeit die Hohlheit und Gefährlichkeit des Nationalsozialismus durchschaute und so in eine für ihn besonders gefährliche Gegnerschaft zum System geriet, ohne dabei den Halt an der Bekennenden Kirche oder am Pfarrernotbund zu haben. Er hat also sozusagen auf eigene Faust in Lübeck, wo unsere Brüder ja ohnehin besonders „schwach" waren, seine Opposition getrieben, z.B. dadurch, daß er seine Töchter nicht in den BDM schickte, und hat dann schließlich nach dem großen Bombenangriff auf Lübeck in einer Predigt das hereingebrochene Unheil als eine Art Gottesgericht bezeichnet. Dafür wurde er verhaftet und im Lauf der Haft kam dann allmählich seine ganz systematische Gegenarbeit gegen das Dritte Reich (Schwarzhören und Mitteilungen von Gehörtem an Soldaten an der Front) ans Licht, und Stellbrink wurde wohl ziemlich gleichzeitig mit den katholischen Kaplänen zum Tode verurteilt. Die Exekution wurde bei ihm wie bei den Katholiken immer wieder verschoben, weil die Sache im damals noch recht kleinen und übersichtlichen Lübeck (heute ist es von Fremden überflutet) viel Aufsehen und Unruhe verursachte.

Wenn ich nicht irre, haben sich hohe katholische Stellen (auch der Papst?) jedenfalls für die katholischen Verurteilten eingesetzt. Was von evangelischer Seite für Stellbrink geschehen ist, weiß ich leider nicht. Es gehörte eben zu Stellbrinks Tragik, dass er kirchlich nirgends zu Hause war. Den Lübecker Brüdern war er wohl durch seine nervös-draufgängerische Art, die von der ihrigen allzu sehr abstach, nicht recht geheuer. Heute wird man eher eine Anklage für uns darin sehen müssen, dass man sich von ihm abgesetzt hat, es wird also ihm gegenüber nachträglich allerlei gut zu machen sein, wobei zu fragen ist, wie weit Frau und Töchtern noch irgend eine Hilfe zuteil werden kann. ...

Auf jeden Fall handelt es sich bei Stellbrink um einen Mann, den wir nicht nachträglich dadurch ehren dürfen, dass wir ihn sozusagen als einen der Unseren im engeren Sinne reklamieren. Das war er nicht. Er hat seine eigene Entwicklung gehabt und ist seinen eigenen Weg gegangen, und vielleicht verdient er eben darum ganz besondere Achtung; denn wir anderen wurden durch die brüderliche Gemeinschaft getragen, die er entbehrte ...

Mit herzlichen und brüderlichen Grüßen,
Ihr Ihnen treulich verbundener
W. Jannasch"[64]

I.: Manches in diesem Brief habe ich nicht verstanden, aber ich bin irgendwie gerührt. Es stimmt, was dieser Mann sagt. So war Fritz: Wenn er etwas als wahr erkannt hatte, konnte er einfach nicht schweigen. – Und der kleine Dietrich, was wurde denn aus ihm?

B.: Er wurde noch vor dem Abitur zur Wehrmacht eingezogen und kam nach Frankreich. – Di daa di ditt, di daa ditt – wenn er das hersagte, huschte ein entspanntes Lächeln über sein Gesicht. In Belgien wurde er zum Funker ausgebildet, war Teil des Krieges wie Ewald, Hugo und Gerhard. Seine letzte Station vor der englischen Gefangenschaft: Ribe in Dänemark.

I.: Ich habe den Jungen nie wiedergesehen, seit ich 1928 aus dem Haus geschickt wurde.

B.: Er bekam keinen Urlaub, sonst wärt ihr euch in diesen Wochen möglicherweise im Haus begegnet. Ein Porträtfoto, weichgezeichnet, schickte er damals aus Paris einer jungen Frau, die ihre Ausbildung als Buchhändlerin in Detmold abschloss. Sie war beeindruckt. Der Zwanzigjährige hat darauf übrigens viel Ähnlichkeit mit dem jungen Mann in Langendreer, den Magdalena Anfang 1921 suchte.

I.: Ich hätte es gern gesehen. Die beeindruckte Dame, das war deine Mutter? Wie hieß sie?

B.: Alma. Er schrieb ihr seit dem Januar 1944, also genau zu dem Zeitpunkt, als Hilda in Weilmünster ankam und dich dort als lebendes Skelett vorfand. Als sich meine Eltern Liebesbriefe schrieben, sammelte Müller die letzten Vorräte an Morphium zusammen, um deinen Tod in einen milden Nebel zu hüllen. Selbstverständlich wirst du in diesem Briefwechsel meiner Eltern nicht erwähnt.

I.: Niemand nannte meinen Namen?

B.: 50 Jahre lang nicht. Auch in den zahlreichen Briefen deiner Jugendfreundin Hildegard an meine Eltern findet sich nach dem Krieg kein Hinweis auf dich.

I.: Weißt du – wie eine losgerissene Pflanze im Ozean, hin- und hergeworfen, unablässig fortgespült wie von Ebbe und Flut, so fühlte ich mich lange Zeit. – Oder wie ein Knäuel Garn ohne Anfang und Ende, heillos verheddert und mit nichts als Knoten darin. Niemals gelang es mir, ein Stück aus diesem Wirrwarr herauszuziehen. Ich wusste überhaupt nicht, dass es einen roten Faden in meinem Leben gab, den man aufribbeln und zu etwas

Nützlichem verknüpfen konnte wie ein Stück Okyspitze oder – wie Socken!

B.: Du und ich – wir haben mehr Geschichte miteinander als andere. Ich bin froh, dass wir uns kennengelernt haben. Jetzt ist das Buch bald fertig und du solltest an dieser Stelle das letzte Wort haben.

I.: Lass mich überlegen! – Ja, vielleicht so: Ich gab dir meine Augen, meine Zukunft und deine Vergangenheit. Ist es nun meine Geschichte? Ist es deine Geschichte? – Oder ist es am Ende unsere Geschichte?

17. Ausklang

Was würde das Haus in der Hubertusstraße zu all dem sagen, wenn es sprechen könnte? Seit über einhundert Jahren steht es da, am Rand des ersten Industrie- und Gewerbegürtels an der Zugstrecke mit Verbindung zur Köln-Mindener-Eisenbahn seit 1880. Gegenüber dem Bahnhof das Hotel Kaiserhof, ein imposantes Postamt und Gründerzeithäuser in Reih und Glied bis zum Kaiser-Wilhelm-Platz mit den Gerichtsgebäuden. Lippe-Detmold, damals noch kleinstes Fürstentum mit Anschluss an Preußen. Mich erinnerten diese Häuser vor und hinter dem aufgeschütteten Bahndamm schon immer an eine Modelleisenbahnanlage. Dem Haus, das einmal das Elternhaus von Irmgard und Karl Friedrich war und mein Kindheitshaus, sieht man seine Geschichte nicht an. Für kurze Zeit noch laufe ich darin treppauf, treppab herum. Ich, die Nichte, korrekt die Großnichte der Menschen, um die es in diesem Buch geht. Aber „das tut ja weiter nüscht", wie Fritz 1913 sagte, oder war es 1914?

Ich erlebe, wie groß das Haus ist. Denn zum ersten Mal wohl, seit es gebaut wurde, ist es leer. Damals gab es den großen Balkon noch nicht, der nun hoch über dem gerade wieder verwilderten Garten schwebt wie ein angeklebtes Schwalbennest. Ich gehe von einem Zimmer zum anderen: Durch den kleinen Salon mit dem Deckengemälde hindurch – Segelschiffe in voller Fahrt, Kastanienlaub – durch die Flügeltür, die nur an Festtagen geöffnet wurde, in den großen Salon, wo Lenchen residierte. Der Raum mit dem meergrünen Kachelofen und dem Fenster zur Straße, in dem die Geschwister im August 1941 zum letzten Mal gemeinsam um den Tisch saßen. Hilda hatte sich an die kühlen Ofenkacheln gelehnt. Von dort gelange ich in das Gemach mit dem Blick in den Garten. Es kann sein, dass Irmgard hier in ihren letzten Wochen gelegen hat. Es ist der Straße abgewandt und ich kann als sicher annehmen, der „wandelnde Tod" sollte vor den Blicken der Nachbarn verborgen bleiben. Ich kenne doch meine Pappenheimer! Von dort kommt man durch die schmale Tür wieder in die Küche, in der 1923 Helene wie angewurzelt stand, als Irmgard zurückkam und wusste, dass sie wieder in „anderen Umständen" war.

Ein Haus mit vielen Türen, alle kassettengeliedert und von harmonischem Maß. Die Zimmer untereinander durch diese Türen verbunden zu zwei geräumigen Fluchten in U-Form. Unten ein U, oben ein U. Sie werden zusammengehalten durch das große Treppenhaus, das englische „staircase" trifft die Architektur besser, finde ich. Man kann es sich als einen großen Holzkasten mit Stufen vorstellen. Unten, auf dem Absatz, fotografierte Fritz sein Elternhaus zum letzten Mal. Sein Hut, sein Mantel an der Garderobe. – Wer durfte hinein, wer musste hinaus, wem stand es offen, wem bot es Schutz, wer durfte hier sterben, wer die Eltern pflegen und wer war nur am Rand geduldet? Im Obergeschoss bildeten zu Irmgards Zeiten die Räume ein L, der Rest vom U war das Bodenzimmer, unsere spätere Küche. Der Stützpfeiler blieb, alle fanden ihn gemütlich und niemand dachte lange Zeit mehr daran, dass er vermutlich Lenchen viele Male davor bewahrt hatte, hier unter all ihren Geheimnissen zusammenzubrechen und verschüttet zu werden. Gegenüber dem ehemaligen Bodenzimmer befindet sich der ungewöhnliche Raum mit den Fenstern auf Bodenhöhe. War das Carls Arbeitszimmer oder das Zimmer des kleinen Dietrich? Ich habe es versäumt, meinen Vater danach zu fragen. Wer hat wohl zuvor in den sich anschließenden zwei großen Gemächern gelacht, geweint, geliebt, gestritten, hat die ersten zögernden Schritte dort gemacht, wo Hilda, von Bach und Beethoven und den Erinnerungen an Lotte umgeben, später ihren Lebensabend verbrachte? Als dieser Text entstand, schrieb ich mich gerade an die Biografien heran, nahm Anlauf zu etwas, von dem ich mir nur vorstellte, es müsse „gut" werden. Viel mehr war es ja nicht, was ich wusste. Nur dieses Eine: Ich musste die „Farbe der Würde" – ihrer Würde – treffen.

Mein Großonkel Fritz mit seinem ausgeprägten Familiensinn hätte dieses Buch wohl begrüßt, das vor allem seiner Lieblingsschwester gewidmet ist. Die Stufen im Treppenhaus knarren – nein, eigentlich knarren sie nicht, sie tönen mehr wie ein gedämpftes Holzxylofon. Vertraute Treppenmusik. Sie stammt von meinem Partner, ohne dessen Geduld und Unterstützung das alles nichts geworden wäre. Zusammenleben ist ja nie einfach, davon könnte dieses Haus mehr als ein Lied singen. Er ist auch der, der immer dort etwas hinlegt, wo gerade Platz ist – Platz zum Schreiben. Schon hat er etwas dorthin gelegt, wo ich schreiben will, da ja nun dort – auf dem einzigen, verbliebenen Tisch – Platz ist. Ich räume also einen Autoschlüssel, ein uraltes Handy nebst dazugehörigem Ladegerät mit sperrig verschlungenem Schnurkabel, ein zierliches Fläschchen Odol-Zisch (von unserem Sohn liegengeblieben), einen Schreibblock mit dem aufmunternden Aufdruck Kultur-Agenten, eine grüne Schreibmappe mit einem Gummi zum Verschließen, aus dem einige zerdrückte Plastiksichthüllen mit Inhalt herausschauen, einen Taschenkalender und einen Akku fort, um diesen Ausklang zu schreiben. Ich bin meinem Lebenspartner sehr dankbar, denn ich wäre wohl in diesem Recherche- und Schreibprozess untergegangen, hätte er mich nicht immer wieder in den Alltag zurückgeholt und mir gesagt, wie spät es ist, welchen Tag wir haben und dass er etwas gekocht hat. Unmöglich konnte Irmgard sich vorstellen, wie 70 Jahre nach ihrem Leben eine unvorstellbar fremde Frau ihre Geschichte erzählen würde. Eine Geschichte, die ihr in verwirrenden, unverständlichen Fetzen geschah und die nur rückwärts verstanden werden kann (um ein Wort des Philosophen und Theologen Kierkegaard zu verwenden, das gerade recht häufig zitiert wird). Sie hat ihr Leben aber unter allen Umständen und gegen alle Hindernisse vorwärts zu leben versucht! Den Baum mit den „Pfundsbirnen", von dem Irmgard 1943 halbverhungert und sehnsuchtsvoll schrieb, den gibt es noch. Ich kenne tatsächlich keinen anderen Birnbaum von vergleichbarer Größe und Tragweite. Eine Leiter kann die Früchte schon lange nicht mehr erreichen, aber wenn sie herunterfallen und goldgelb im Gras landen, sind sie immer noch erstaunlich gut. Ein zweiter, gleich alter Birnbaum ist vor einigen Jahren umgestürzt. Die Schattenmorelle, unter der Ewald als Baby auf einer Decke lag, wurde vom Sturm gefällt. Die Werre mit Irmgards vorgestelltem Lieblingsplatz, bis zu der damals der Garten reichte, war in den sechziger und siebziger Jahren zur stinkenden Kloake verkommen. Nun – mit dem Ende des alten Gewerbegebietes – ist das Flüsschen endlich wieder erlöst und renaturiert worden.

Ich steige hinauf zum Schwalbennest des Balkons, um die Nachtluft nach dem schwülen Tag zu spüren, genieße den Blick auf den erhabenen Birnbaum. Gerade trägt er wieder schwer an seinen Früchten. Abendliches Vogelkonzert, Ruhe. Ein schönes Haus, es könnten Menschen glücklich darin leben, wohl? Ich will in diesem Haus nicht länger sein, jetzt, da ich die Geschichte kenne, die in all den verschnürten Päckchen im Bodenzimmer verborgen war. Der alte Sekretär Carls, das Familienarchiv – sie sind schon in Berlin. In der Stadt also, mit der diese Geschichte viel zu tun hat. Zahlreiche Gestalten tappen in diesen Tagen mit mir durch das große Treppenhaus. Ich lebe mit diesen Geistern der Vergangenheit, habe gelernt mit ihnen zu sprechen. Ich stelle mir vor, wie es wäre, wenn man all ihre imaginären Schritte hörbar machen und zu einem Konzert vereinen könnte: das energische, lange Ausschreiten des jungen Fritz, die Hüpfer Irmgards, Magdalenas und Hildegards auf dem Weg in den Garten. Kleine, nervöse Wechs-Wechs Lenchens, die Sprünge, Wom, der Kinder, die vermutlich – wie ich – das Treppengeländer herunterrutschten und dann absprangen. Müde Wrochs-Wwuhs des alternden Paares Helene und Carl, die sich am Handlauf hochzogen, später Hildas langsame Weh-Wehs und die Tap-Taps meines Vaters, der alles miterlebt hat. Ich horche auf den Klang – lasse ihn anschwellen. Es vereinen sich die unerhörten Töne zu einem gewaltigen Crescendo! Die Dirigentin beschreibt einen Kreis und nimmt das Dröhnen fort. – Stille.

***

Nach und nach sind alle Spuren verwischt, und vergessen sind nicht nur die Fußspuren, sondern auch das Wasser und was dort unten ist. Den Rest besorgte das Wetter. Nicht der Atem von einer, die der Erinnerung entfallen und durch nichts belegt ist, sondern der Wind in den Dachgauben und das Frühlingseis, das zu schnell taut. Nur das Wetter. Bestimmt kein Schrei nach einem Kuss.
„Menschenkind."
Toni Morrison

Aus der Krankenakte

Handelnde Personen

Dr. Carius ist Internist im Krankenhaus Detmold. Bis 1924 nimmt er auch die Aufgaben eines Kreisarztes wahr.

Dr. Franz Dieckmann entscheidet 1929 über die Aufnahmen in westfälische Anstalten. Der gelernte Jurist, von 1919 – 33 Landeshauptmann Westfalens und Oberbürgermeister Münsters, gehört der überwiegend katholischen Zentrumspartei an.

Adele und Friedrich Dieckmeyer sind Hildegards Eltern. Sie wandern mit der Familie ihrer Tochter 1922 nach Brasilien aus, um sie dort zu unterstützen. 1929 kehren sie zurück nach Deutschland und leben bald wieder im Haushalt der Pfarrersfamilie Stellbrink.

Eduard Spitteler (Ed) ist die Figur, die die Autorin um den unbekannten Zirkusartisten erfindet, in den sich Irmgard Heiss/Stellbrink 1918 verliebt. Er ist durch Familienlegenden und das Entmündigungsgutachten verbürgt.

Dr. Frenzel ist der erste offizielle Kreisarzt des Detmolder Magistrats. 1886 in Berlin geboren, meldet er sich freiwillig im Ersten Weltkrieg und ist ab 1918 als Stabsarzt tätig. Er verfügt über das ab 1924 notwendige Kreisarztexamen und hat Erfahrung in der Tuberkulosefürsorge, was ihn besonders qualifiziert. Zeitweise ist er Volontärarzt an der Berliner Charité. Er gehört vor 1933 der Deutschnationalen Volkspartei an.

Prof. Dr. Erich Friedlaender leitet gemeinsam mit seinem Kollegen Georg Müller die Heil- und Pflegeanstalt Lindenhaus, Lippe. Später wird er von Hermann Simon für den Direktorenposten empfohlen, was seinen Kollegen Müller verärgert. Beide Psychiater denken wertekonservativ und teilen ein Menschenbild, das durch die Rassenhygiene beeinflusst ist. Dr. Friedlaender ist SPD-Mitglied.

Ewald Heiss ist der erste Sohn Irmgards und Hugos, der am 2. Juni 1920 in Langendreer bei Bochum geboren wird. Nach der Trennung der Eltern ist er ab 1925 in Pflegefamilien und Heimen untergebracht. 1930 wechselt er als Pflegesohn zu Fritz und Hildegard Stellbrink.

Hugo Heiss, Irmgards Ehemann, Jahrgang 1889, ist Bergmann und rätedemokratisch orientiert. Seit 1919 ist er Mitglied der USPD (Unabhängige Sozialdemokraten). Das Paar Irmgard und Hugo verlobt sich am 1.1.1919, heiratet im darauffolgenden Sommer und lässt sich in Langendreer nieder, wo Hugo Heiss als Maschinenführer auf der Zeche Bruchstraße Arbeit findet.

Hugomann Heiss (eigentlich nach seinem Vater genannt „Hugo"), geboren am 27.12.1921, ist der zweite Sohn des Paares Irmgard und Hugo Heiss. Bei der Trennung der Eltern Ende 1924 zunächst von seinem Bruder getrennt untergebracht, wechselt auch er 1930 in die Familie von Hildegard und Fritz Stellbrink.

Irmgard Heiss, geborene Stellbrink, auch Irma genannt, ist die zweitgeborene Tochter von Helene und Carl Stellbrink und die Schwester von Lenchen, Fritz und Magdalena. Sie kommt 1897 in Münster zur Welt und geht 1917 mit neunzehn Jahren allein nach Berlin. Kurz vor der Revolution kehrt sie in ihr Elternhaus zurück und heiratet Hugo Heiss, einen Bergmann, mit dem sie in Langendreer bei Bochum lebt. Sie wird zwischen 1920 und 1924 Mutter von drei Kindern. 1923/24 trennt sie sich von ihrem Ehemann und versucht, die Kinder allein durchzubringen. Sie ist eine Großtante der Autorin.

Fritz Kolbow ist der Nachfolger Dieckmanns als Landeshauptmann von Westfalen, der die NS-„Euthanasie" mitträgt und Patienten aus Westfalen nach Hessen verlegen lässt.

Dr. Lewig ist 1928 Oberarzt der Anstalt Marienthal in Münster und neben Prof. Friedlaender einer der Gutachter im Entmündigungsverfahren. Über ihn ist leider so gut wie nichts herauszufinden, außer, dass er Irmgard Heiss 1929 mit Hypnose behandelt.

Lotte, eigentlich Charlotte Schäfer, ist Hildas Lebensmensch und ihre Kollegin. Bis zu Lottes Tod 1943 lebt das Paar im gemeinsamen Haushalt einträchtig zusammen. Die Freundinnen unterrichten ab 1903 etwa 40 Jahre lang an derselben Volksschule in Brambauer bei Dortmund, nachdem sie sich 1900 im Lehrerinnenseminar in Burgsteinfurt kennengelernt haben.

Magdalena Donitzke, geb. Stellbrink, ist das Nesthäkchen, das Mutter Helene als viertes und letztes Kind 1902 in Detmold zur Welt bringt. Magdalena wird die Mutter von Dietrich, heiratet zweimal, wird zweimal geschieden und darf zeitweise am Rand ihres Elternhauses ein Gartenhaus bewohnen. Der zweite Sohn Magdalenas wächst bei seinen väterlichen Großeltern im Ruhrgebiet auf. Magdalena ist die Großmutter der Autorin, genannt Omi.

Meta Heiss wird im Februar 1925 in Detmold als Tochter Irmgards und eines unbekannten Vaters im Detmolder Krankenhaus geboren. Da das Ehepaar Heiss getrennt lebt, aber nicht geschieden ist, hat das Kind nach dem Bürgerlichen Gesetzbuch formal einen ehelichen Status.

Georg Müller ist zwischen 1924 und 1954 Oberarzt in der lippischen Anstalt Lindenhaus, einer der ältesten psychiatrischen Einrichtungen Deutschlands. Der Arzt weigert sich im Nationalsozialismus die T4-Fragebögen auszufüllen, obwohl er um 1933 NSDAP-Mitglied wird.

Olly (eigentlich **Oda Laux**) ist eine Freundin Irmgards aus ihrer Berliner Zeit. Sie ist verbürgt, wird jedoch von der Autorin erfunden, denn bis auf die Erwähnung in den Dokumenten gibt es keine weiteren Zeugnisse von ihr.

Margarete Reinert ist nachgewiesen die erste Fürsorgerin des Detmolder Magistrats.

Dr. Alfred Schmidt ist von 1924 –1933 Leiter der Anstalt Lengerich in Westfalen. Er ist ein überzeugter Anhänger rassenhygienischer Maßnahmen, wird aber nie NSDAP-Mitglied.

Dr. Ernst Schneider ist 1941 Direktor der Landesheilanstalt Weilmünster, Hessen und kein Mitglied der NSDAP. Er behauptet in einem „Euthanasie"-Prozess nach dem Krieg: „Bei uns ist nicht einer verhungert". 1953 wird das Verfahren gegen ihn und andere Ärzte sowie eine Reihe von Pflegern der Anstalt Weilmünster eingestellt.

Dr. Hermann Simon ist Leiter der Provinzialheilanstalt Gütersloh und wird in der frühen Weimarer Republik bekannt für seine konsequente Umsetzung der Arbeitstherapie. Er setzt sich auch für eine frühzeitige Entlassung der Patienten und für eine ambulante Nachsorge ein. Doch seine Reformanstrengungen, ohnehin häufig von Kollegen und Bürokratien torpediert, werden zunehmend von rassenhygienischen Vorstellungen überlagert. Er wird nicht NSDAP-Mitglied, engagiert sich aber verbandspolitisch als Psychiater stark für das GzVeN (Gesetz zur Verhütung erbkranken Nachwuchses).

Carl Stellbrink, 1855 geboren, ist Oberzollsekretär in preußischem Dienst. Aus seiner ersten Ehe gehen zwei Kinder hervor, Heinrich und Hilda. Deren Mutter Caroline stirbt zusammen mit dem dritten Kind unter der Geburt. Carl begründet 1890 mit Helene eine neue Familie und wird noch einmal Vater von vier Kindern: Lenchen, Fritz, Irmgard und Magdalena. Als sein ältester Sohn Heinrich von seiner ersten Fahrt auf einem Großsegler nicht zurückkehrt, zieht sich Carl in Münster zurück und wird bald aus Krankheitsgründen vorzeitig pensioniert.

Dietrich Stellbrink ist Magdalenas erster Sohn, geboren im September 1922, dessen Vater vorgeblich unbekannt ist. Er wächst im Haus seiner Großeltern auf, weitgehend betreut von Lenchen. Nach dem Tod des Großvaters Carl 1930 soll auch er in die Familie seines Onkels Fritz wechseln. Doch er bleibt lieber bei seiner Großmutter Helene und seiner Tante Lenchen im Haus in Detmold, das er mitsamt Schulden erbt. Er ist der Vater der Autorin.

Gerhard Stellbrink wird 1922 in Brasilien geboren. Er ist das älteste Kind des Paares Fritz und Hildegard und Cousin von Ewald, Hugomann und Dietrich.

Gisela Stellbrink, 1923 im südlichen Bundesstaat Rio Grande do Sul, Brasilien, geborenes Töchterchen des Paares Hildegard und Fritz, stirbt mit wenigen Monaten an einer Kinderkrankheit.

Gisela Stellbrink, geboren 1925 in Rio Grande do Sul, wächst dagegen heran und besucht – wie ihr Bruder Gerhard - gemeinsam mit den Kindern des Dorfes die Schule, in der ihr Vater Lehrer und Pfarrer gleichzeitig ist. Sie ist die Cousine von Ewald, Hugomann und Dietrich.

Heinrich Stellbrink, geboren 1881, ältester Sohn Carl Stellbrinks, heuert 1899 als Schiffsjunge auf der Dreimastbark „Bertha" an. Er gilt, nachdem das Schiff 1900 vor San Francisco in einen schweren Sturm gerät, als vermisst und wird 1907 für tot erklärt.

Helene Stellbrink, wird 1862 in Hagen in die Maurerfamilie Kirchhoff geboren. 1890 heiratet die Achtundzwanzigjährige Carl, den Witwer und sparsamen preußischen Beamten mit den zwei Kindern. Zwischen 1892 und 1902 wird sie selbst Mutter von vier Kindern und versorgt den großen Haushalt weitgehend ohne Unterstützung. Kurz vor der Geburt ihres vierten Kindes zieht sie in das neu erbaute Haus in Detmold ein, während Carl zunächst in Münster bleibt.

Hilda Stellbrink, 1883 geboren und Heinrichs Schwester, entstammt der ersten Ehe Carls. Sie beginnt 1903 als Lehrerin an einer Schule bei Dortmund zu unterrichten und lebt mit Charlotte Schäfer zusammen. Hilda ist die Halbschwester der Kinder Lenchen, Fritz, Irmgard und Magdalena.

Hildegard Stellbrink, 1895 als Hildegard Dieckmeyer geboren, ist ein Nachbarskind der Stellbrinks und Irmgards Jugendfreundin. Sie heiratet Fritz 1921 und gibt ihren Beruf als Lehrerin auf, um fortan die anspruchsvollen Aufgaben einer Pfarrersfrau zu erfüllen, ohne die – wie Fritz weiß – nichts geht. Schon gar nicht in Pfarrhäusern der damaligen Siedlungen São Lourenço, Arroio do Padre bei Pelotas im südlichen Bundesstaat Rio Grande do Sul, Brasilien. Sie zieht mit Fritz drei Kinder und zwei Pflegekinder auf: Gerhard, Gisela, Waltraut, Ewald, Hugomann.

Karl-Friedrich Stellbrink, genannt **Fritz**, ist Irmgards älterer Bruder. 1894 in Münster auf die Welt gekommen, lernt er über seine jüngere Lieblingsschwester Hildegard kennen, mit der er zunächst sieben Jahre lang verlobt ist. Das Paar heiratet 1921 und wandert nach Brasilien aus. Fritz betreut mit tatkräftiger Unterstützung Hildegards deutsche evangelische Gemeinden im Süden Brasiliens. Er zieht mit Hildegard drei Kinder und zwei Pflegekinder auf: Gerhard, Gisela, Waltraut, Ewald, Hugomann. Fritz Stellbrink ist ein Großonkel der Autorin.

Lenchen Stellbrink (eigentlich nach der Mutter „Helene"), geb.1892 in Münster, ist die älteste Tochter von Helene und Carl. Sie besucht ein Pensionat in Eisenach und geht für einige Zeit als Gouvernante nach Budapest. Unverheiratet, erzieht sie später ihren Neffen Dietrich, pflegt die Eltern und erhält lebenslanges Wohnrecht im Elternhaus.

Waltraut Kienitz geb. Stellbrink, wird als Nesthäkchen der Familie Stellbrink 1928 nahe Pelotas, Brasilien, geboren. Etwa ein Jahr nach ihrer Geburt kehrt die Familie nach Deutschland zurück und zieht zunächst nach Thüringen, wo ihr Vater Fritz eine Pfarrstelle erhält. 1930 werden Ewald und Hugomann als Brüder zu Gerhard, Gisela und Waltraut in die Familie aufgenommen. Waltraut Kienitz und die Autorin tauschen sich zwischen 2007 und 2017 intensiv über die Familiengeschichte aus.

Anmerkungen

Dieses Buch bewegt sich als „Dokufiktion" zwischen den Polen Dokumentation und Roman. Beide Elemente sind in der wissenschaftlichen Literatur zum Thema NS-„Euthanasie" verankert. „Es wird schwer sein, in allem die Wahrheit zu berichten. Doch etwas anderes zu versuchen, wäre sinnlos." – Dieser Satz von Pearl S. Buck war bei der Arbeit eines meiner Leitmotive, auch wenn mir sehr bewusst war, dass man sehr viele Bilder zu einem Thema zeichnen kann. Zu den Darstellungsweisen in Texten und Dokumenten:

Kursiv gesetzt sind immer Originaldokumente aus dem Familienarchiv, der Krankenakte, dem Landesarchiv NRW, den Stadtarchiven Lübeck und Bielefeld. Ebenso wurde mit den Prozessakten zu K.-F. Stellbrink im Bundesarchiv in Berlin, vorhanden auch im Landeskirchlichen Archiv der (Evangelisch-Lutherischen) Nordkirche in Kiel, sowie den Dokumenten des Gaugerichtes Schleswig-Holstein verfahren. Zitate aus anderen Quellen sind mit Anführungszeichen versehen und finden sich in den nummerierten Anmerkungen. Die Schreibweisen in den Familienbriefen wurden beibehalten und die Texte zuweilen zugunsten der Lesbarkeit gekürzt.

1) Wolfgang Uwe Eckart: Medizin in der NS-Diktatur Ideologie, Praxis, Folgen, S. 46. Böhlau, Wien, Köln, Weimar 2012.

2) Aus dem Vortrag „Zwischen kolonialem Völkermord und Holocaust. Narrative der Vernichtung in der deutschen Literatur 1900/1945", von Medardus Brehl auf der internationalen Konferenz Aghet und Shoah. Das Jahrhundert der Genozide in der Topographie des Terrors (Berlin), 8. bis 10. November 2015. Auszug aus einem 1895 unter dem Titel „Durch Afrika von Ost nach West" erschienenen Reisebericht des späteren Gouverneurs von Deutsch-Ostafrika Gustav Adolf von Götzen.

3) Johannes Hymmen war Pfarrer und seit 1903 Inspektor des Predigerseminars in Soest, ab 1912 Direktor des kirchlichen Auslandsseminars. Der Predigttext stammt aus einer Kladde Karl-Friedrich Stellbrinks, Stadtarchiv Lübeck.

4) Gabriele Jatho, Rainer Rother (Hg.): City Girls, Frauenbilder im Stummfilm, S. 89. Joe Lederer: Pierrot tippt. Aus der Zeitschrift Uhu, 1928 Bertz+Fischer 2007.

5) Claudia Piñeiro: Ein Kommunist in Unterhosen, S. 116. Roman, Unionsverlag, Zürich 2014.

6) Autorenkollektiv: Flugblatt des Kriegspresseamtes, gedruckt 1917 in der Linden-Druckerei nach dem Aprilstreik. Internationaler Arbeiter Verlag, 1929: Illustrierte Geschichte der Deutschen Revolution, S. 156. Wieder aufgelegt im Verlag Neue Kritik, Frankfurt 1970.

7) Autorenkollektiv: Illustrierte Geschichte der deutschen Revolution, S. 124, Internationaler Arbeiter Verlag, 1929. Wieder aufgelegt im Verlag Neue Kritik, Frankfurt 1970.

8) Die Klasse 10 c des Luisengymnasiums Hamburg hat für den Geschichtswettbewerb des Bundespräsidenten 2018/19 unter dem Thema „Anderssein – Außenseiter" geforscht. Ihr Beitrag wertet Quellen zur evangelischen Mitternachtsmission in Hamburg aus, die von 1920 bis 1942 in St. Georg ein Heim für „gefährdete und gefallene Mädchen" betrieben hat. Die Arbeit kann unter dem Titel „Es sind die Mädchen, die sich nicht fügen können" auf der Webseite der Körber Stiftung nachgelesen werden.

9) Manfred Gailus, Hartmut Lehmann: Nationalprotestantische Mentalitäten. Konturen, Entwicklungslinien und Umbrüche eines Weltbildes, S. 213. Vandenhoek & Ruprecht, Göttingen 2005.

10) Evangelisches Archiv in Detmold: Signatur: Archiv der ev.-ref. Kirchengemeinde St. Johann Lemgo, Nr. 115.

11) Hans Joachim Oeffler et al. (Hg.): Martin Niemöller, ein Lesebuch, S. 29. Pahl-Rugenstein, Köln 1987.

12) Erhard Lucas: Märzrevolution 1920, Neuausgabe in zwei Bänden, Buch 1, S. 420. Die Buchmacherei, Berlin 2019.

13) Der deutsche Ansiedler, Jg. 60 (1922) S. 4-14, Heft Jan./März 1922.

14) Jutta M. Bott: „Da kommen wir her, da haben wir mitgemacht." Lebenswirklichkeit und Sterben in der Lippischen Heil- und Pflegeanstalt Lindenhaus während der Zeit des Nationalsozialismus, S 68. Hg. Landesverband Lippe, Institut für Lippische Landeskunde, Lippische Studien, Bd. 16, 2001. Die Autorin zitiert hierzu Hermann Simon: „Möglichst in die Anstalt hinein, eben weil dadurch ein erheblicher Teil der Fürsorgelasten auf den Fürsorgeverband abgewälzt wird."

15) Franz-Werner Kersting, Hans-Walter Schmuhl (Hg.): Quellen zur Anstaltspsychiatrie in Westfalen Bd. 2, 1914-1955, S. 16. Westfälisches Institut für Regionalgeschichte, Landschaftsverband Westfalen-Lippe Münster; Forschungen zur Regionalgeschichte Band 48, Hg. Bernd Walter. Schöningh, Paderborn 2004.

16) Phyllis Chesler: Frauen – das verrückte Geschlecht? (Woman and Madness, 1972) Rowohlt, Reinbek 1974.

17) Alfred Ploetz: Die Tüchtigkeit unserer Rasse und der Schutz der Schwachen, Berlin 1895.

18) Karl Binding u. Alfred Hoche: Die Freigabe der Vernichtung lebensunwerten Lebens. Ihr Maß und ihre Form, Leipzig 1920.

19) Erwin Baur, Eugen Fischer, Fritz Lenz: Grundriss der menschlichen Erblichkeitslehre und Rassenhygiene, Bd. 1-3, München 1921.

20) Käte Frankenthal: Der dreifache Fluch: Jüdin, Intellektuelle, Sozialistin: Lebenserinnerungen einer Ärztin in Deutschland und im Exil. Hg. Kathleen Mc. Pearl, Campus, Frankfurt am Main 1981.

21) Wolfgang Ayaß: „Asoziale" im Nationalsozialismus, S. 13. Klett-Cotta, Stuttgart 1995.

22) Den Psychiater Julius Raecke im Artikel aus den Frankfurter Wohlfahrtsblättern zitiere ich nach Gabriele Kremer: „Sittlich sie wieder zu heben ..." Das Psychopathinnenheim Hadamar zwischen Psychiatrie und Heilpädagogik, S. 31. Jonas Verlag, Marburg 2002. – Den Sozialhygieniker Alfred Grotjahn gebe ich wieder aus Matthias Willing: Das Bewahrungsgesetz; 1918-1967. Eine rechtshistorische Studie zur Geschichte der deutschen Fürsorge, S. 230. Beiträge zur Rechtsgeschichte des 20. Jahrhunderts, Mohr Siebeck, Tübingen 2003.

23) Pfarrer Friedrich Happichs Äußerungen nach Manfred Kappeler: Der schreckliche Traum vom vollkommenen Menschen: Rassenhygiene und Eugenik in der sozialen Arbeit, S. 607. Schüren Verlag, Marburg 1999.

24) Hermann Muckermann zitiert nach Andreas Michael Weidmann: Professor Dr. med. Max Mikorey (1899-1977) – Leben und Werk eines Psychiaters der Psychiatrischen- und Nervenklinik der Ludwig-Maximilians-Universität München, S. 57. Institut für Geschichte und Ethik der Medizin. Technische Universität München (Hg.), 2006. https://mediatum. ub.tum.de/doc/618864/618864. pdf, Zugriff 5.8.2020.

25) Martin Holtkamp: Die Kontinuität des Minderwertigkeitsgedankens in der Jugend- und Sozialpsychiatrie, S. 74-76. Rolf Winau und Johanna Bleker (Hg): Abhandlungen zur Geschichte der Medizin und der Naturwissenschaften. Heft 97, Husum, 2002. Vgl. Gisela Bock: Zwangssterilisation im Nationalsozialismus. Studien zur Rassenpolitik und Frauenpolitik, S. 302: Die zentralen Diagnosen der Psychiatrie hatten demnach „mehr mit Politik als mit Krankheit zu tun." Schriften des Zentralinstitutes für sozialwissenschaftliche Forschung der Freien Universität Berlin, Band 48, Opladen 1986.

26) Wolfram Schäfer: „Bis endlich der langersehnte Umschwung kam ..."

Die Karriere des Werner Villinger. Schüren Verlag, Marburg 1991.

27) Marietta Meier, Brigitta Bernet, Roswitha Dubach, Urs German: Zwang zur Ordnung: Psychiatrie im Kanton Zürich, 1870-1970, Vorwort. Chronos Verlag, Zürich 2007.

28) Berichte der Kinder Ewald und Hugo: Um das Jahr 2014 gab mir meine Tante Waltraut Kienitz bei einem Besuch an ihrem Wohnort zwei handgeschriebene Berichte ihrer Brüder Ewald und Hugo zum Lesen, in denen diese – wie sie sagte – auf Bitten ihrer Pflegeeltern ihre Erinnerungen an die Zeit in Langendreer niedergeschrieben hatten. Die Texte müssen demnach um die Jahre 1929/30 entstanden sein. Ewald beschrieb darin die nächtliche Hausdurchsuchung, mit dem in meinem Text geschilderten dramatischen Verlauf. Die Berichte ließen bereits die unterschiedliche Haltungen erahnen, mit denen die Jungen ihrer Mutter begegneten und waren mir daher wichtige Anhaltspunkte bei der Charakterisierung der Kinder. Die Texte gelangten jedoch später aus mir unbekannten Gründen nicht ins Stadtarchiv Lübeck. Ich habe sie daher nach meiner Erinnerung aufgeschrieben. Die Szene des Streits um die Katze hat mein Vater geschildert. Sie muss sich um 1924 abgespielt haben, als Irmgard mit den Söhnen ins Elternhaus kam.

29) Andreas Heinz u. a.: Psychopathen und Volksgenossen – zur Konstruktion von Rasse und Gesellschaftsfeinden. In: Senatsverwaltung f. Bildung und Wissenschaft in Berlin (Hg.): Berliner Wissenschaftseinrichtungen in der NS-Zeit, 2001 (auch als pdf abrufbar).

30) Christine Lavant: Aufzeichnungen aus dem Irrenhaus, S. 64. Wallstein, Göttingen 2016.

31) Jochen Christoph Kaiser, Kurt Nowak, Michael Schwartz: Eugenik, Sterilisation, „Euthanasie". Politische Biologie in Deutschland 1895-1945, S. 151, Nr. 115. Reichsinnenminister Frick auf der ersten Sitzung des Sachverständigenbeirates für Bevölkerungs- und Rassenpolitik am 28. Juni 1933.

32) Hans Walter Schmuhl: Die Gesellschaft deutscher Neurologen und Psychiater im Nationalsozialismus, S. 209. Springer Verlag, Berlin 2016. Das Zitat von Hermann Simon stammt aus seinem Entwurf für ein neues Merkblatt zum Gesetz zur Verhütung erbkranken Nachwuchses. Er sandte es dem damaligen Vorsitzenden der Gesellschaft, Ernst Rüdin, mit folgenden Worten: „Wenn man nicht eine deutliche, ja bis zu einem gewissen Grade eine grobe Sprache spricht, läuft man immer Gefahr, nicht verstanden, ja noch nicht einmal gehört zu werden." (Ebenda)

33) Aus der Mitschrift der Autorin des Vortrages „Das große Schweigen" von Manfred Gailus in der Topografie des Terrors Berlin, 19.11. 2019.

34) Hansjörg Buss: „Entjudete Kirche" Die Lübecker Landeskirche zwischen christlichem Antijudaismus und völkischem Antisemitismus (1918-1950), S. 221. Schöningh Verlag, Paderborn 2011.

35) Vgl. Else Pelke: Der Lübecker Christenprozess 1943, S. 174. Matthias-Grünewald-Verlag, Mainz 1974: „Gerhard Stellbrink: 'Es dauerte nicht lange, so wurde mein Pflegebruder aus der Hitlerjugend ausgeschlossen, und bald danach trat auch ich aus. Unsere Familie wurde rasch und vollständig ernüchtert.'"

36) Ronen Steinke in der Süddeutschen Zeitung vom 20./21. Juli 2019 unter der Überschrift „Späte Ehre".

37) Jochen Christoph Kaiser, Kurt Nowak, Michael Schwartz: Eugenik, Sterilisation, „Euthanasie". Politische Biologie in Deutschland 1895-1945. Eine Dokumentation, S. 151, Nr. 116, Buchverlag Union, Berlin 1992. Ausschnitt aus: Martin Staemmler in: Eugenik – Erblehre – Erbpflege 3, 1933, S. 97-100.

38) Jochen Christoph Kaiser, Kurt Nowak, Michael Schwartz: Eugenik, Sterilisation, „Euthanasie". Politische Biologie in Deutschland 1895-1945. Eine Dokumentation, S. 188, Nr.140. Buchverlag Union, Berlin 1992.

39) Stefanie Westermann: Verschwiegenes Leid. Der Umgang mit NS-Zwangssterilisierten in der Bundesrepublik Deutschland. Böhlau, Köln, Weimar, Wien 2010. Zweimaliges Sitzenbleiben war ein Kriterium für die Überprüfung, ob das GzVeN zur Anwendung käme. Rassenpfleger durchkämmten die Schulen. Schüler, die die 8. Klasse nicht erfolgreich abschlossen, waren ebenso verdächtig wie Empfänger von Unterstützungsleistungen. Die Zwangsmaßnahmen der „negativen Eugenik" erforderten mindestens passive Duldung durch die Bevölkerung. Schätzungsweise 400 000 Menschen wurden zwangssterilisert. Vergl. auch Gisela Bock: Zwangssterilisation im Nationalsozialismus. Studien zur Rassenpolitik und Frauenpolitik, S. 337: „Auffallenderweise ist es nicht gerade selten, ... dass sich NSDAP-Mitglieder gegen das Gesetz stemmen, wenn sie selbst betroffen sind."

40) Guida Diehl im Neulandblatt, Staatsbibliothek Unter den Linden, Berlin.

41) Gustav Gründgens in Ingke Brodersen, Carola Stern (Hg.): Eine Erdbeere für Hitler, Deutschland unterm Hakenkreuz, S. 83. Fischer Verlag, Frankfurt am Main 2006.

42) Vgl. Heiner Fangerau, Sascha Topp, Klaus Schepker (Hg.): Kinder-

und Jugendpsychiatrie im Nationalsozialismus und in der Nachkriegszeit. Zur Geschichte ihrer Konsolidierung, S. 318. Springer Verlag, Berlin 2017.

43) Die fiktiven Gedanken meines Vaters lehnen sich an die Dia-Serie „Ausgewählte Lichtbilder zur Rassenkunde des deutschen Volkes" des Breslauer Rassenkundlers Egon Freiherr von Eickstedt an. Sie wurde 1933 im Auftrag des anthropologischen Institutes der Universität Breslau erstellt, erschien im Thieme Verlag und war für den Schulunterricht empfohlen. – Detlev Franz: Biologismus von oben. Das Menschenbild in Biologiebüchern, S. 35. Dissertation, diss-verlag, Duisburg 1993.

44) Ebenda, S. 36/37: „Dem jüdischen Volkstypus entspricht eine jüdische Volksseele. Es kann hier nicht unsere Aufgabe sein, alle gelegentlich unter Juden auftretenden geistigen und seelischen Eigenschaften zu zeigen, sondern … nur die wesentlichsten und häufigsten Züge. Dazu gehört in erster Linie die Abneigung gegen körperliche Arbeit. Der Jude ist in keinem Land Bauer oder Arbeiter geworden. … Er trägt Spitzfindigkeiten, eine materielle Wertung der Welt und die dem Juden eigentümliche Geschlechtlichkeit auch in die Literatur, in die bildende und darstellende Kunst. In der Musik bevorzugt er bezeichnenderweise Operette und Jazz."

45) Else Pelke: Der Lübecker Christenprozess 1943, S. 175 und 74. Matthias-Grünewald-Verlag, Mainz 1974.

46) Peter Delius: Das Ende von Strecknitz. Die Lübecker Heilanstalt und ihre Auflösung 1941, S. 46. Neuer Malik Verlag, Kiel 1988.

47) Elke Fröhlich: Die Tagebücher von Joseph Goebbels, Teil II, Bd. 1, S. 229-234. Hg.: Institut für Zeitgeschichte, München. De Gruyter, Berlin 1997.

48) Jochen Christoph Kaiser, Kurt Nowak, Michael Schwartz: Eugenik, Sterilisation, „Euthanasie". Politische Biologie in Deutschland 1895-1945. Eine Dokumentation, S. 286, Nr. 272. Bericht der SD (Sicherheits-Dienst) – Hauptaußenstelle Bielefeld vom 26. August 1941. Berlin, Buchverlag Union, 1992.

49) Alle Zitate aus Theophil Wurm: Die Grenzen, die dem nationalsozialistischen Staat von Gott gesetzt sind. In: Gott will Taten sehen. Christlicher Widerstand gegen Hitler. Ein Lesebuch. Ausgewählt, eingeleitet und kommentiert von Margot Käßmann und Anke Silomon, S. 220 und 225. Verlag C.H. Beck, München 2013. Auch enthalten in: Klaus Drobisch, Gerhard Fischer (Hg.): Kristallnacht und Kirchen, Ihr Gewissen gebot es, Christen im Widerstand gegen den Hitlerfaschismus. Berlin, Buchverlag Union 1980.

50) Peter Delius: Das Ende von Strecknitz. Die Lübecker Heilanstalt und ihre Auflösung 1941, S. 75. Malik Verlag Regional, 1988. Dort heißt es: „Fast die Hälfte der Lübecker Waggons mit insgesamt 302 Patienten wurde in die Heil- und Pflegeanstalt Weilmünster gebracht. Ebenda, S. 81: „Es war dem Anstaltspersonal verboten, sich mit den zwischenverlegten Patienten näher zu befassen."

51) Bernd Walter: Psychiatrie und Gesellschaft in der Moderne. Geisteskrankenfürsorge in der Provinz Westfalen zwischen Kaiserreich und NS-Regime, S. 734. Forschungen zur Regionalgeschichte Bd. 16, Schöningh, Paderborn 1996.

52) Bundesarchiv Aktenbestand NJ 13778, Bd. 2, Bl. 20: Prozessakten Karl-Friedrich Stellbrink,Vernehmungsprotokoll Rauch vom 27.4.1942.

53) Bundesarchiv Aktenbestand R 22/4089. Führerinformation des Reichsjustizministers; 1942, Nr. 139, vom 04.11.1942.

54) Else Pelke: Der Lübecker Christenprozess 1943, S. 20. Matthias-Grünewald-Verlag, Mainz 1974.

55) Bundesarchiv Aktenbestand NJ 13778 Bd. 3, Bl. 30 ZC 11548; Bl. 30 der Handakte Drullmann.

56) Else Pelke: Der Lübecker Christenprozess 1943, S. 43. Matthias-Grünewald-Verlag, Mainz 1974.

57) Peter Voswinckel: Geführte Wege. Die Lübecker Märtyrer in Wort und Bild, S. 120, Ansgar Verlag, Hamburg 2010: „Am folgenden Tag berichtete er auch seinem Bruder Paul und berichtete noch recht flapsig: Na, das wird ja wohl nicht gleich den Kopp ab kosten. (Er meinte die Tatsache, dass bei der vierstündigen Hausdurchsuchung auch ein Brief von ihm mitgenommen worden war.) Kaum drei Wochen später, am 15. Juni, sollte er selbst in Haft genommen werden; am 22. Juni erfolgte die Festnahme von Eduard Müller."

58) blog.vitos.de/vitos-welt/gedenken-zum-1-september; abgerufen am 8.8.2020. Landeswohlfahrtsverband Hessen, Aktenbestand K12 Nr. 2274 (2).

59) Ebenda.

60) Gutachterliche Äußerung Dr. Dr. Wilhelm Meywerk zu Karl-Friedrich Stellbrink vom 16.6.43. Bundesarchiv Berlin, Aktenbestand NJ 13778 Bd. 2, S.147-149.

61) Elke Fröhlich: Die Tagebücher von Joseph Goebbels, Teil II, Bd. 9, S. 53-59, Zeile 209-212. Hg.: Institut für Zeitgeschichte, München. De Gruyter, Berlin 1997.

62) Bundesarchiv, Bestand R 3001/ 147062 Bl. 47 r+v, enthalten in der

Materialsammlung des Lübecker Arbeitskreises 10. November, zusammengestellt von Peter Voswinckel.

63) Aussage Schneiders vom 10. 12. 1946 im Eichberg Prozess, zitiert nach Ernst Klee: „Euthanasie" im Dritten Reich. Die „Vernichtung lebensunwerten Lebens", S. 418. Fischer Verlag, Frankfurt am Main 1983. Vgl. Peter Sandner: Die Landesheilanstalt Weilmünster im Nationalsozialismus, in: 100 Jahre Krankenkhaus Weilmünster. 1897-1997 Heilanstalt Sanatorien Kliniken. Hg. Landeswohlfahrtsverband Hessen, Kassel 1997. „Dass gerade die IIIer-Häuser die Todesstationen waren, verweist auf eine Kontinuität zur Praxis der 'Zwischenanstalt' Weilmünster, als in diesen Häusern die zur Ermordung in Hadamar vorgesehenen Menschen untergebracht waren. Überdurchschnittlich hohe Sterberaten bei den ab August 1941 in Weilmünster verbliebenen 'Zwischenanstalts' Patienten und Patientinnen lassen vermuten, dass die IIIer Häuser zu einem 'Ersatz' für die plötzlich geschlossene Hadamarer Gaskammer wurden." (S. 150) „Mehr noch als in anderen Anstalten muss in Weilmünster eine systematisch verschlechterte Ernährung zu einer so eklatanten Schwächung der Patientinnen und Patienten geführt haben, dass selbst ansonsten normale Gaben von Beruhigungsmitteln den Tod herbeiführten" (S. 151). Der als katholischer Anstaltsgeistlicher in Weilmünster tätige Kaplan Walther Adlhoch protestierte vor medizinischem Personal und Patienten gegen die Morde, bevor Landesrat Bernotat ihm verbot, Gottesdienste abzuhalten. „Die Anstaltskapelle, deren Schließung Landesrat Bernotat anordnete, diente der Landesheilanstalt Weilmünster dann als Aufbewahrungsort für Leichen, da die hinter der Kapelle liegende Leichenhalle nicht mehr ausreichte." (Ebd. S. 152).

64) Der Brief von Wilhelm Jannasch ist ebenfalls in der Materialsammlung des Arbeitskreises 10. November enthalten und stammt aus dem Landeskirchlichen Archiv der Evangelischen Kirche von Westfalen, Bielefeld.

Hinweis

Ab 2021 können Zusatzmaterialien zu den Themen „Diagnose" Psychopathie in der Zwischenkriegszeit sowie zum Bewahrungsgesetz und die ungekürzten Briefe von Irmgard Heiss auf der Webseite des Verlags am Turm (zba-buch.de) sowie auf www.spielraum-fuer-kunst.de abgerufen werden. Für weitere Informationen wird die Webseite der Arbeitsgemeinschaft Bund der „Euthanasie"-Geschädigten und Zwangssterilisierten (AG BEZ): www.euthanasiegeschaedigte-zwangssterilisierte.de empfohlen.

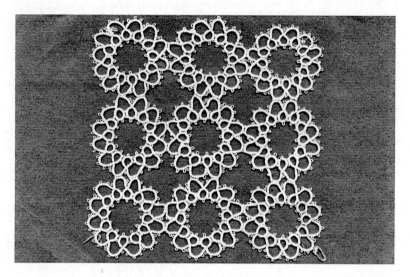

„Ich machs wieder gut, Spitze im Brief" (Irmgard Heiss)

Nachwort der Autorin
Was muss erzählt werden und wie wird es erzählt?

„Das Persönliche spielt hier eine Rolle, aber es ist hier nur ein Ausgangspunkt, der über sich hinausdeutet und universell wird. Was muss erzählt werden? Wir sind als Gesellschaft verantwortlich dafür, zuzuhören, was den Anderen geschehen ist. Denen, die zu uns geflüchtet sind und denen, über die geschwiegen worden ist. Wir müssen ein Narrativ schaffen, wenn die Würde von Menschen verletzt worden ist." Die Schauspielerin, Autorin und Filmemacherin Maryam Zaree im Interview zu ihrem Film „Born in Evin", 2019.

Diese Herausforderung begegnete mir bei der Aufarbeitung der Geschichte von Irmgard Heiss und ihrem Bruder Karl-Friedrich Stellbrink: Sehr verschiedene Elemente aus zwei Lebensläufen wie persönliche Briefe, eine Krankenakte, Familienerinnerungen, Prozessakten, Texte zum historischen Kontext sowie die eigenen Erfahrungen während des Schreibprozessess mussten zusammengefügt werden. Dazu schrieb ich Szenen als romanhafte Elemente auf der Grundlage der Dokumente und folgte damit dem Grundsatz Bernhard von Brentanos. Die Menschen lassen sich nichts sagen, aber etwas erzählen. Nur im Erzählen kann zudem ein Individuum lebendig werden.

In einer „Rechercheebene" verarbeite ich Erfahrungen während des Entstehungsprozesses, stelle Verknüpfungen her, gebe Hinweise auf die Herkunft der Dokumente und auf meine Schlussfolgerungen. Denn ich will Lesern die Möglichkeit geben, fiktive Elemente und Dokumentarisches zu unterscheiden, um meiner Rolle als Zeugin gerecht zu werden. Maryam Zaree erfuhr als erwachsene Frau, dass sie in einem iranischen Foltergefängnis geboren worden war, wollte einen Film über andere Menschen drehen, denen es ebenso ergangen war und dabei am liebsten selbst verborgen bleiben. Doch dann wurde ihr klar, dass sie sich – so nah an der Geschichte – nicht verstecken konnte. Denn es ging ja gerade ums Verdrängen. Indem ich durch den Rechercheprozess führe und so als Teil der „Unerhörten Geschichte" sichtbar bin, soll deutlich werden, wie die Vergangenheit in die Gegenwart hineinwirkt.

Thema dieses Buches ist folgerichtig auch der Umgang mit der nationalsozialistischen Geschichte und der Weitergabe in Familie und Gesellschaft. Ungewöhnlich erscheint die dritte Ebene. Im Dialog mit der Toten gebe ich meiner Großtante eine Stimme. Ich biete Reibungsfläche, lasse mich hinterfragen und reflektiere so meine Doppelrolle als Zeugin und Erzählerin. Ich will dabei Irmgard Heiss als die zeigen, die sie war, bevor sie aus dem Leben gedrängt wurde und als die, zu der sie in den Anstalten gemacht wurde. Eingeleitet werden die Dialoge jeweils mit dem Satz aus Paul Celans Gedicht Fadensonnen: „Es sind noch Lieder zu singen, jenseits der Menschen ..."

Ohne den Bericht der Schriftstellerin Christine Lavant (1915-1973) über ihren Aufenthalt in der Landesirrenanstalt Klagenfurt des Jahres 1930 wäre es mir kaum möglich gewesen, mich in die Situation eines „Pfleglings" dieser Jahre hineinzuversetzen. Von der bedeutenden Schriftstellerin, deren Biografie überraschende Parallelen zu der meiner Großtante Irmgard Heiss aufweist, habe ich so gelernt, mit den Geistern der Vergangenheit zu sprechen.

Geleitwort von Hansjörg Buss

Frau Stellbrink-Kesy lernte ich an einem bitterkalten Januarabend 2010 in einem Bistro in der Detmolder Innenstadt kennen. Unerwartet, sie hatte einen Vortrag von mir besucht und kam im Anschluss auf mich zu. In den Jahren zuvor hatte ich intensiv zu ihrem Großonkel geforscht. Als Pastor der Lübecker Luthergemeinde war Karl Friedrich Stellbrink am 10. November 1943 zusammen mit den drei katholischen Kaplänen Hermann Lange, Eduard Müller und Johannes Prassek in der Hamburger Untersuchungsanstalt am Holstenglacis hingerichtet worden. Ihr gemeinsames Sterben, versinnbildlicht in der knappen Formulierung *Ihr Blut floss ineinander*, war und ist prominenter Bestandteil der Lübecker Gedenk- und Erinnerungskultur. Über lange Jahre füllte vor allem die Katholische Kirche das Gedenken an die hingerichteten Geistlichen mit Leben, wobei sie Stellbrink von Beginn an mit nicht selbstverständlicher Selbstverständlichkeit einbezog. Ihr Credo *Sag niemals drei, sag immer vier!* wurde zu keiner Zeit in Frage gestellt. Die evangelische Kirche hingegen tat sich schwer. Erst 1993, anlässlich des 50. Jahrestags der Hinrichtung, rehabilitierte die Kirchenleitung der Nordelbischen Kirche, in der die Lübeckische Landeskirche mittlerweile aufgegangen war, Stellbrink offiziell: „Er ist den schweren Leidensweg eines Zeugen der evangelischen Wahrheit gegangen, der sein Leben für die erkannte Wahrheit geben musste."[1]

Ende der 1990er Jahre setzte sich die Nordelbische Kirche intensiv mit ihrer Geschichte während des Nationalsozialismus auseinander. Im Rahmen der von Dr. Stephan Linck, mittlerweile Studienleiter für Erinnerungskultur und Gedenkstättenarbeit der Evangelischen Akademie der Nordkirche, erarbeiteten Wanderausstellung Kirche, Christen, Juden in Nordelbien 1933 bis 1945 wurde Pfarrer Stellbrink nicht thematisiert. Während der Vorarbeiten hatte sich freilich abgezeichnet, dass seine Biografie noch lange nicht ,ausgeforscht' war, ebenso, dass die Kirche in ihrem Gedenken an Stellbrink vor neuen Herausforderungen stand. Die Einführung bis dahin unbekannter bzw. nicht beachteter Dokumente stellte die gängige Erzählung des geläuterten Nationalsozialisten, der den christentumsfeindlichen Unrechtscharakter des NS-Staates erkannt und schließlich „seine schlichte Erkenntnis, dass man Gott mehr gehorchen

---

[1] Vgl. Hansjörg Buss: Eine Herausforderung für die protestantische Gedenk- und Erinnerungskultur. Karl Friedrich Stellbrink, in: Siegfried Hermle / Dagmar Pöpping (Hg.): Zwischen Verklärung und Verurteilung. Phasen der Rezeption des evangelischen Widerstands gegen den Nationalsozialismus nach 1945, Göttingen 2017, S. 77-104.

müsse als den Menschen, unter dem Fallbeil" bezeugt habe, in Frage.[2] Wie aber konnte das Gedenken an einen Pfarrer aussehen, der zeitgenössisch, gerade in seinen ersten Lübecker Jahren, vor allem als Vertreter einer völkischen und „häretischen" Theologie wahrgenommen worden war und der – diese Punkte fanden nunmehr sehr viel stärkere Beachtung als früher – zeitweise einen offenen Antisemitismus und antikatholische Positionen vertreten hatte? Diese Fragen stellten sich umso mehr, als das Gedenken an die vier ‚Lübecker Märtyrer' im März 2004 einen neuen Schub erhalten hatte. Auf Anregung des Hamburger Erzbischof Dr. Werner Thissen leitete die Katholische Kirche bei angemessener und ehrender Würdigung von Pfarrer Stellbrink die Seligsprechungsverfahren „ihrer" drei Kapläne ein. Damit aber fand meine Forschungsarbeit auf ‚vermintem' Terrain und auf dem Boden akuter erinnerungspolitischer Interessen statt. Im ökumenischen Kontext wurden sie als problematisch und störend empfunden.

Bei unseren ersten Treffen begegnete mir Frau Stellbrink-Kesy entsprechend reserviert, erst im längeren Gespräch nahm ich eine gewisse Offenheit wahr. Mit der Geschichte ihrer Familie, so mein Eindruck, hatte sie noch längst nicht abgeschlossen, ohne dass ich ihre „Unruhe" einzuschätzen wusste. Unsere zweite Begegnung war eine Nichtbegegnung. Vier Jahre später, im Mai 2014, besuchte ich ein Podiumsgespräch, das im Rahmen des Begleitprogramms der Ausstellung *erfasst, verfolgt, vernichtet. Kranke und behinderte Menschen im Nationalsozialismus* geführt wurde. Engagiert und sehr persönlich gehalten sprach Frau Stellbrink über das Schicksal ihrer Großtante Irmgard und ihr Beschweigen innerhalb der Familie. Das Spannungsverhältnis im familiären Umgang mit ihrem omnipräsenten Großonkel Karl Friedrich und ihr Unbehagen darüber waren greifbar. In einem 2007 veröffentlichten Beitrag hatte ich die besondere Beziehung zwischen den beiden Geschwistern in einem einzigen Satz erwähnt und als Möglichkeit erwogen, dass Stellbrinks „persönliche Betroffenheit" handlungsleitend für seine kompromisslose Ablehnung der sogenannten ‚Euthanasie' und die Verteilung der Predigten des Münsteraner Bischofs Clemens August Graf von Galen gewesen sein könnte. Die Dimension dieser Beziehung und die mögliche Bedrohung, der Familie Stellbrink mit der Aufnahme von Irmgards Kindern Ewald und Hugo aufgrund der ‚rassenhygienischen' Ausgrenzung der Nationalsozialisten ausgesetzt war, waren mir in diesem Ausmaß nicht bewusst gewesen. Ich betrat Neuland und

---

[2] Rolf Saltzwedel: Die Luthergemeinde in Lübeck während der Zeit des Nationalsozialismus, in: Der Wagen (1995/96), S. 119-138, hier S. 138.

wusste – im November sollte ich auf einer Tagung über das Gedenken an Pfarrer Stellbrink seit 1943 referieren –, dass es einen neuen und überzeugenden Anknüpfungspunkt gab. Erneut drei Jahre später war es Frau Stellbrink-Kesy, die, für mich durchaus überraschend, den Kontakt suchte. Im Café der Topografie des Terrors sprachen wir uns an einem trüben Novembertag drei Stunden lang aus.

Ihre ‚Unerhörte Geschichte' durfte ich, zuerst unter dem Arbeitstitel ‚Die Farbe der Würde', in verschiedenen Stadien begleiten. In groben Zügen kannte ich Ausschnitte der Familiengeschichte, dennoch überraschte mich die subjektive Radikalität der Texte. Frau Stellbrink-Kesys fragendes Ringen um ihre eigene Geschichte war ihnen eingewoben. Sie waren persönlich, wütend und trauernd zugleich, bei aller Parteilichkeit empathisch und, ohne dem heute verbreiteten billigen Empörungsmoralismus Vorschub zu leisten, im besten Sinne aufklärerisch. Von Beginn an überzeugte mich der dem Roman innewohnende Perspektivenwechsel aus fiktionaler Erzählung, Reflexion und Dokumentation sowie den Dialogen der Autorin mit ihrer ‚Schwesterntante'. Personen, die ich mit der Distanz des Historikers vornehmlich aus amtlichen Akten ‚kannte', bekamen eine nachvollziehbare menschliche Tiefe: mit all ihren Hoffnungen und Enttäuschungen, Aufbrüchen und Rückschlägen, persönlichen und politischen Entscheidungen, Irrtümern, eklatanten Fehleinschätzungen, vergeblichem Aufbegehren und schließlich Resignation. Gefangen in ihren sozialen und konfessionellen Vorurteilen und Schranken waren sie ein Abbild der Zeit, vom spätwilhelminischen Kaiserreich über die Schrecken des Ersten Weltkriegs und die ungeliebte, verachtete Weimarer ‚Gottlosenrepublik' bis hin zu dem erwartungsfroh begegneten ‚nationalen Aufbruch' des Jahres 1933, der rasch in die Gewalt- und Weltanschauungsdiktatur der Nationalsozialisten umschlug.

In Romanform gekleidet hat Frau Stellbrink-Kesy ihrer Großtante und damit allen bis heute oftmals vergessenen Opfern des verharmlosend als ‚Euthanasie' bezeichneten staatlichen Mordprogramms an Menschen mit körperlichen und psychischen Beeinträchtigungen ein literarisches Denkmal gesetzt. Ihr Roman ist auch eine Zumutung. Manche der zitierten Zeitdokumente verstören. Sie sind insoweit auch – notwendige – Beiträge zur Debatte über Missstände und gesellschaftliche Mitverantwortung, der sich Diakonie sowie staatliche Heil-, Pflege- und Fürsorgeanstalten in den letzten Jahren verstärkt stellen. Ihr Buch hat mich berührt.

Danksagung

Zahlreiche Menschen haben auf unterschiedliche Weise zum Entstehen dieses Buches beigetragen. Es mag sein, dass dies Einzelnen gar nicht bewusst war oder ihnen selbst nicht der Rede wert schien. Jedoch trugen ihre Impulse dazu bei, schwierige Etappen auf dem langen und gelegentlich durchaus dornigen Weg der Entstehung dieses Buches zu überwinden. Denn es geht darin um unliebsame Wahrheiten.

Mein Dank geht insbesondere an Dr. Harald Jenner vom Arbeitskreis zur Erforschung der nationalsozialistischen „Euthanasie" und Zwangssterilisation für das beständige Interesse, den intensiven Austausch und die kritische Begleitung. Margret Hamm von der Arbeitsgemeinschaft Bund der Euthanasiegeschädigten und Zwangssterilisierten für gründliche Beratung und Ermutigung. Cornelia Becker für Schreibcoaching und anregende Gespräche sowie Dr. Niels Pörksen für die Rückmeldung in einem frühen Stadium des Manuskriptes.

Unserer Freundin Christine Reimann-Cannugi und Roland Walter vom Verlag am Turm, den zwei Menschen, ohne die dieses Buch nicht entstanden wäre.

Ich danke Daniela Martin, Christine Teller und Dr. Karen Meyer-Rebentisch von der Gedenkstätte der Kirchengemeinde Luther-Melanchton zu Lübeck für fachkundige und geduldige Betreuung. Dr. Hansjörg Buss für die sorgfältige, engagierte mehrfache Durchsicht des Manuskriptes in Bezug auf Aspekte der Kirchengeschichte, für die präzisen Korrekturhinweise und Rückmeldungen. Dr. Axel Weipert für den Faktencheck zu Revolutionszeit und „Kapp-Tagen" und sein Interesse.

Dr. Christoph Schneider, Dr. Maike Rotzoll, Prof. Dr. Thomas Beddies, Dr. Uwe Kaminsky und Prof. Dr. Andreas Heinz sowie Prof. Dr. Heiner Fangerau und Dr. Joanna Mamali für die Bereitstellung von Informationen.

Prof. Dr. Peter Voswinckel für die reichhaltige Materialsammlung zu Karl-Friedrich Stellbrink und dem Arbeitskreis 10. November in Lübeck dafür, dass ich sie nutzen konnte.

Den Mitarbeitern der Landesarchive NRW in Detmold und Münster sowie allen Mitarbeitern des Stadtarchivs Lübeck für die Unterstützung bei der Recherche.

Der AG-Gedenkpfad der LWL-Klinik Lengerich für die anregende Zusammenarbeit, Sonja Karow für die Überlassung der Fotografie ihrer Großeltern Marie Emma Esmeier und Friedrich Esmeier.

Den Teams der Gedenkstätten Hadamar und Neuengamme für die Möglichkeit zum Austausch und all denen, die die Nähe dieser Erzählung zu ihrer Familiengchichte ertragen müssen.

Den Bibliothekaren der „Topografie des Terrors" in Berlin und Prof. Dr. Frank Schneider und allen Mitarbeitern für die Initiierung und Betreuung der Wanderausstellung „erfasst verfolgt vernichtet".

Anne Alex für die Beratung und die Veranstaltungsreihe bei der Naturfreundejugend.

Prof. Dr. Hans-Walter Schmuhl und dem Team der Kirchlichen Hochschule Wuppertal-Bethel für die Gelegenheit zum Vortrag und für die Unterstützung bei der Literatursuche.

Dr. Gisela Notz für die szenische Lesung im Geschichtssalon des Beginenhofes in Berlin Kreuzberg und Joanna Lesniak für ihre Mitwirkung daran. Dr. Sławomira Walczewska vom Frauenzentrum eFKa für den Vortrag in Krakau und die phantastische Sprachmittlung.

Danken möchte ich insbesondere meinen kundigen Erstleser*Innen und/oder Gesprächspartner*Innen: Rita Auer, Vera Gaserow, Stefanie Grigoleit, Dagmar Haake-Teurer, Martina Hartmann-Menz, Claudia Hartwich, Andreas Hechler, Gisela Klein, Rebecca Maskos, Antje Müller-Guthof, Ruth Schneider, Bärbel Wang, Matthias Weiss, Carina Wlatczyk.

Und natürlich meinem Partner Udo Kesy für die unschätzbare Mitarbeit am dramaturgischen Aufbau und am Lektorat sowie für das Mittragen meiner gelegentlich obsessiven Beschäftigung mit allen Fragen, die mit der Entstehungsgeschichte dieses Buches verbunden sind.

Bild- und Textnachweis

Hessisches Landesarchiv, Hauptstadtarchiv: S.341, 361.
Landesarchiv NRW, Detmold: S. 109, 197, 221, 266, 288, 301, 305, 359, 361, 370, 371.
LeMo-online: S. 88.
LWL-Archivamt für Westfalen: S. 154.
Stadtarchiv Lübeck: S. 103, 313.
Stellbrink-Kesy, Barbara (Privat): übrige Abbildungen.

Die Textpassagen „Thomas Mann spricht auf BBC" auf S. 345 und S. 347-348 sind dem Buch „Deutsche Hörer! Radiosendungen nach Deutschland aus den Jahren 1940-1945" entnommen. Fischer Tb. 5003, Frankfurt 1987.

*

Hansjörg Buss, geb. 1971, ist Historiker und promovierte an der TU Berlin bei Manfred Gailus und Werner Bergmann. Zur historisch-kritischen Einordnung von Pfarrer Karl Friedrich Stellbrink förderte die Nordelbische Kirche seine Arbeit über die Lübecker Landeskirche in den Jahren 1918 bis 1950 mit einem Stipendium.

Gisela Notz, Gisela Notz, Jg. 1942, Berlin. Sozialwissenschaftlerin und Historikerin, Dr. phil. Bis Mai 2007 wissenschaftliche Referentin im Historischen Forschungszentrum der Friedrich-Ebert-Stiftung, Forschungsabteilung Sozial- und Zeitgeschichte, Bonn. Bis 1997 Redakteurin der Zeitschrift „beiträge zur feministischen theorie und praxis", jetzt Luna-Park21. Lehrbeauftragte. Arbeitsschwerpunkte: bezahlt und unbezahlt geleistete (Frauen)arbeit, Arbeitsmarkt-, Familien- und Sozialpolitik, Alternative Ökonomie, historische Frauenforschung.